文化部部长雒树刚参观中国国家博物馆"抗战与文艺：纪念抗日战争胜利70周年馆藏文物系列展"

文化部副部长、国家文物局局长励小捷参观重庆市大足石刻博物馆展览

国家文物局局长刘玉珠考察北京鲁迅故居

2015中国文化遗产日主场城市活动在重庆市举办

国家文物局在山东省济南市向乡土文化遗产国家重点科研基地、
明清官式建筑国家重点科研基地曲阜分基地授牌

国家文物局、中国海警局为"山东省管辖海域文化遗产保护联合执法办公室"揭牌

国家文物局和宁夏回族自治区人民政府联合主办"西夏陵突出普遍价值学术研讨会"

"文物保护理念与技术国际学术研讨会"举行

土司遗址申遗成功——湖南永顺老司城遗址

土司遗址申遗成功——湖北恩施唐崖土司城址

土司遗址申遗成功——贵州遵义海龙屯遗址

"十三五"规划编制培训班

第一次全国可移动文物普查

国家文物局文物违法举报
中心成立

为公安部门鉴定涉案文物

博物馆防爆演练

北京市延庆区大庄科矿冶遗址群

重庆市大足区宝顶山千手观音抢救性保护工程竣工

第十二届全国博物馆十大陈列展览精品奖——秦陵博物院"真彩秦俑"展

中国国家博物馆"抗战与文艺：纪念抗日战争胜利70周年馆藏文物系列展"

大堡子山流失文物回归移交仪式

文物援外工程——柬埔寨茶胶寺须弥台东踏道修复现场

中国文物年鉴

CHINA CULTURAL HERITAGE YEARBOOK

2016

国家文物局 编

文物出版社

编辑说明

　　《中国文物年鉴》由国家文物局主编，各省、自治区、直辖市文物行政部门和有关文博单位共同参与编纂，文物出版社编辑出版，综合记述我国文物事业年度发展情况。

　　《中国文物年鉴·2016》反映我国文物、博物馆事业2015年的发展情况，分为图片、特辑、综述篇、分述篇、纪事篇和附录等部分。《中国文物年鉴》的稿件、资料来自国家文物局机关各部门、各直属单位和各省、自治区、直辖市文物行政部门以及国内相关文博机构，不包含香港、澳门特别行政区和台湾省的资料。由于编辑水平所限，《中国文物年鉴·2016》编校工作难免存在不足，希望广大读者提出宝贵意见和建议。

编者

2016年12月

特约撰稿人 （按姓氏笔画顺序）

丁　婷　　于　丹　　于　洋　　马永红　　马晓丽

马晓雪　　马翔宇　　王汉卫　　王　军　　王武恒

王振华　　王梅梅　　王琴红　　艾静芳　　叶大治

史　勇　　任延庆　　祝刘木子　刘木子　　刘长桂

刘柏良　　刘　洁　　刘　微　　许　鑫　　孙小兵

孙雪冬　　牟锦德　　李克彬　　李英华　　李珊珊

杨　帆　　杨喜圣　　吴来明　　吴　兵　　吴建刚

何玉文　　余剑明　　宋　江　　宋智峰　　张　伟

张昊文　　张　洁　　张晓斌　　陈宁欣　　陈　亮

周　成　　周　宇　　周敢寿　　赵少军　　赵恬君

胡学才　　钟向群　　姜　波　　袁　斌　　夏慧敏

夏　磊　　高梦甜　　高智伟　　郭子男　　陶　鹏

黄　元　　黄丽霞　　龚英邓　　盛　夏　　崔　华

彭跃辉　　董少君　　韩　洋　　程春棒　　蔡　宁

黎吉龙　　燕海鸣　　魏聚锋　　蹇娅婷

特辑

综述篇

分述篇

国家文物局直属单位

各省、市、自治区

其他

纪事篇

附录

特辑

文物事业改革发展的根本指南

——学习习近平总书记关于加强历史文物保护、传承优秀传统文化重要论述体会

中共国家文物局党组

党的十八大以来，习近平总书记站在实现中华民族伟大复兴中国梦的战略高度，相继在国际国内不同场合就推动中华优秀传统文化传承和创新，发表了一系列重要论述，提出了一系列新思想、新观点、新要求，深刻阐述了中华优秀传统文化的历史地位和时代价值，多次就文物保护作出重要指示批示，思想深邃，内涵丰富，充分体现了党中央对中华优秀传统文化的高度自信，对文物工作的高度重视，为新时期文物事业发展指明了方向、提供了遵循。

习近平总书记重要论述，深刻阐明了中华优秀传统文化的历史定位。习近平总书记指出，五千年中华文明，是人类文化河流中唯一没有干涸、没有断流的文明。中华优秀传统文化是中华民族的精神命脉，是涵养社会主义核心价值观的重要源泉，也是我们在世界文化激荡中站稳脚跟的坚实根基。中华优秀传统文化是中华民族的突出优势，是我们最深厚的文化软实力。中华民族伟大复兴需要以中华文化发展繁荣为条件。中华民族创造了源远流长的中华文化，中华民族也一定能够创造出中华文化新的辉煌。

学习习近平总书记的这些重要论述，使我们进一步认识到丰富多彩、博大精深、源远流长的中华文化是中华民族形成和发展的精神命脉，是世界历史长河中最为灿烂辉煌的一部分。中华文明以其绵延不绝的唯一性和兼收并蓄的包容性为人类文明的发展做出了独特贡献。增强中华民族的向心力和凝聚力，离不开中华优秀传统文化的弘扬；提升国民素质，振奋民族精神，离不开中华优秀传统文化的滋养；实现国家治理体系和治理能力的现代化，同样离不开中国历史传统、中华优秀传统文化的传承。习近平总书记对中华优秀传统文化所具有的时代价值的新阐述，充分体现了党中央实现文化复兴、民族复兴的坚定决心，把中华优秀传统文化的历史地位提高到了新的高度。

习近平总书记重要论述，深刻阐明了弘扬中华优秀传统文化的根本任务。习近平总书记强调，实现中华民族伟大复兴的中国梦，必须要有中国精神，而中国精神必须在坚持社会主义核心价值体系的前提下，积极深入中华民族历久弥新的精神世界，把长期以来我们民族形成的积极向上向善的思想文化充分继承和弘扬起来，使之为培育和践行社会主义核心价值观服务，为建设社会主义先进文化服务，为党和国家事业发展服务。培育和弘扬社会主义核心价值观必须立足中华民族优秀传统文化。深入挖掘和阐发中华优秀传统文化讲仁爱、重民本、守诚信、崇正义、尚和合、求大同的时代价值，使中华优秀传统文化成为涵养社会主义核心价值观的重要源泉。

中国
文物年鉴

2016

学习习近平总书记的这些重要论述，使我们进一步认识到中华优秀传统文化是形成社会主义核心价值观的土壤与源泉，社会主义核心价值观是中华优秀传统文化的继承和升华。社会主义核心价值观只有根植于中华优秀传统文化的沃土，才能成为中国人民的价值追求和行为规范。中华优秀传统文化只有为弘扬社会主义核心价值观服务，才能彰显其当代价值，激发其时代活力，使之永续传承。

习近平总书记重要论述，深刻阐明了文化遗产保护的正确理念。习近平总书记在视察北京工作时指出，历史文化是城市的灵魂，要像爱惜自己的生命一样保护好城市历史文化遗产。要本着对历史负责、对人民负责的精神，传承城市历史文脉，下定决心，舍得投入，处理好历史文化和现实生活、保护和利用的关系，该修则修，该用则用，该建则建，做到城市保护和有机更新相衔接。习近平总书记针对正定古城保护批示，要秉持正确的古城保护理念，即切实保护好其历史文化价值。针对武汉中共中央机关旧址保护维修工程批示，要修旧如旧，保留原貌，防止建设性破坏。习近平总书记在不同场合多次要求，要系统梳理传统文化资源，让收藏在禁宫里的文物、陈列在广阔大地上的遗产、书写在古籍里的文字都活起来。

学习习近平总书记的这些重要论述，使我们进一步认识到做好文物工作必须坚持"保护为主、抢救第一、合理利用、加强管理"的方针，坚持立足于保、保用结合的理念。历史文物是不可再生的宝贵资源，是中华民族悠久历史的实物见证，历经数千年硝烟战火、自然损坏能够保存至今实属不易。我们必须深怀敬畏之心、自豪之情、历史之责，切实保护好祖先留给我们的珍贵财富，坚持真实性、完整性、最小干预的原则，传承其历史文化价值。历史文物也是国史、党史、民族史的生动教材，是爱国主义教育的丰富资源，必须正确处理保护与利用、传承与发展的关系，充分发挥文物资源的教育功能和公共文化服务作用，做到保护与利用相统筹，在保护中加强利用，在利用中促进保护。

习近平总书记重要论述，深刻阐明了传承中华优秀传统文化与城镇化建设的关系。习近平总书记强调，传承历史文脉，处理好城市改造开发和历史文化遗产保护利用的关系。发展有历史记忆、地域特色、民族特点的美丽城镇。城市建筑贪大、媚洋、求怪等乱象由来已久，这是典型的缺乏文化自信的表现，也折射出一些领导干部扭曲的政绩观。传承文化不是要简单复古，城市建设会不断融入现代元素，但必须同步保护和弘扬传统优秀文化，延续城市历史文脉。要让城市融入大自然，不要花大气力去劈山填海，很多山城、水城很有特色，完全可以依托现有山水脉络等独特风光，让居民望得见山、看得见水、记得住乡愁。城乡一体化发展完全可以保留村庄原始风貌，慎砍树、不填湖、少拆房，尽可能在原有村庄形态上改善居民生活条件。

学习习近平总书记的这些重要论述，使我们进一步认识到，城镇化是我国现代化的必经之路，传承文化是城镇化的基本原则。城镇化要遵循文物保护的基本原则，在城镇化建设中不存在文物保护要为城镇化让路的问题。文物保护要符合城镇化的发展规律，不论乡村还是城镇，保护历史传统建筑也要尽量满足原住居民提升生活质量、改善居住条件的迫切需求，有利于环境改善和生产发展，积极探索文物保护与新型城镇化协调发展之路。

习近平总书记重要论述，深刻阐明了推动中华优秀传统文化创造性转化、创新性发展的时代命题。习近平总书记强调，要努力实现传统文化的创造性转化、创新性发展，使之与现实文化相融相通，共同服务以文化人的时代任务。中国人民的理想和奋斗，中国人民的价值观和精神世界，是始终深深植根于中国优秀传统文化沃土之中的，同时又是随着历史和时代前进而不断与日俱新、与时俱进的。要加强对中华优秀传统文化的阐发，对历史文化特别是先人传承下来的价值理念和道德规范，坚持古为今用、推陈出新，有鉴别地加以对待，有扬弃地予以继承，努力用中华民族创造的一切精神财富来以文化人、以文育人。

学习习近平总书记的这些重要论述，使我们进一步认识到推动中华优秀传统文化创造性转化、创新性发展的重大意义。这些重要论述充分体现了党中央对待中华优秀传统文化继往开来的博大胸怀和宏伟志向，充分体现了党中央对传统文化的历史与现实、继承与扬弃、坚守与创新的辩证思维。文物工作要积极回答创造性转化、创新性发展的时代命题，深入研究和充分阐释各类文物的历史文化内涵，让文物说话，讲中国故事，围绕以文化人、以文育人的时代需要，创新文物保护维修与展示利用的技术和手段，努力实现文物事业治理体系和治理能力的现代化。

习近平总书记重要论述，深刻阐明了中华优秀传统文化交流互鉴的传播规律。习近平总书记强调，大力弘扬中华优秀传统文化，在推进人类各种文明的交流交融、互学互鉴中，增强我国的文化软实力，维护世界和平。推进人类各种文明交流交融、互学互鉴，是让世界变得更加美丽、各国人民生活得更加美好的必由之路。文明因交流而多彩，文明因互鉴而丰富。在长期演化过程中，中华文明从与其他文明的交流中获得了丰富营养，也为人类文明进步做出了重要贡献。只要秉持包容精神，就不存在什么'文明冲突'，就可以实现文明和谐。对人类社会创造的各种文明，都应该采取学习借鉴的态度，都应该积极吸纳其中的有益成分，使人类创造的一切文明中的优秀文化基因与当代文化相适应、与现代社会相协调，把跨越时空、超越国度、富有永恒魅力、具有当代价值的优秀文化精神弘扬起来。

学习习近平总书记的这些重要论述，使我们进一步认识到中华优秀传统文化兼容并蓄、海纳百川的包容精神，充分体现了党中央对待多样文明交流互鉴的平等态度和开放理念，充分体现了党中央对中华优秀传统文化蓬勃生命力的坚定自信和高远追求。文化如水，不管它产生于哪个国家、哪个民族的社会土壤之中，尽管因环境影响而程度不同，但总的讲都是流动的、开放的。珍贵文物既是中外文明交流互鉴的不朽见证，更是中华文明传播发展的互通桥梁。文物工作要为弘扬中华优秀传统文化、拓展中华文化国际影响力服务，与时代互动、与世界互动，丰富人类文明的色彩，使中华优秀传统文化始终彰显弥久不衰的磅礴力量，为实现中华民族伟大复兴中国梦提供正确的精神指引和强大的精神动力。

习近平总书记重要论述，饱含了对中华优秀传统文化的深厚感情，饱含了对文物工作的亲切关怀，是我们党新时期发出的大力弘扬中华优秀传统文化和高度重视文物工作的新信号和动员令，是指导我国文化文物事业发展的思想武器和行动指南。习近平总书记对文物保护身体力行、一以贯之，为各级党委政府负责同志、文物工作者和全社会做出了表率。全国文物系统要深刻领会习近平总书记关于中华优秀传统文化的重要论述，坚决落实习近平总书记关于文物保护的重要指示，把思想和行动统一到习近平总书记重要论述和重要指示精神上来，切实担负起保护中华民族文化遗产的神圣职责，切实发挥文物资源服务国家大局、教育启迪民众的作用，切实推进文物事业的改革与发展，努力实现文物工作治理体系和治理能力的现代化。

（原载于《人民日报》2015年1月12日12版）

中国
文物年鉴
2016

文化部副部长、国家文物局局长励小捷在2015年国家文物局局务扩大会议上的讲话

（2015年2月5日）

这次局务扩大会议的主要任务是，贯彻习近平总书记重要论述精神，落实全国文物局长会议部署，就局机关和直属单位年度工作进行总结，对2015年重点任务作出具体安排。

今天上午，局机关各司室、各直属单位主要负责同志分别汇报了2014年工作情况和2015年工作思路，保华、明康、玉才、新潮同志对分管部门和联系单位的工作作了点评，对做好今年的工作提出了要求，我完全赞同，要抓好落实。

一、关于2014年工作点评和2015年工作的总体要求

2014年是全面深化改革的元年。在过去的一年，我们紧紧围绕贯彻落实党的十八届三中、四中全会精神和党中央、国务院的决策部署，不折不扣贯彻落实习近平总书记关于加强文物保护的重要指示，以全面深化改革、全面推进文物法治建设为统领，自觉把握稳中求进的工作总基调，狠抓文保工程项目审批制度改革和部门职能转变，狠抓《文物保护法》修订和文物执法督察，狠抓文物保护重点工程和国保单位基础管理，狠抓文物合理利用，为培育弘扬社会主义核心价值观服务，不断巩固群众路线教育实践活动成果，很好地完成了2014年的各项重点任务。2014年重点任务分工方案的75项工作，除4项工作已做必要调整外，71项任务全部完成。特别是重中之重的几项工作，比如全面深化改革任务，《文物保护法》修订草案起草，可移动文物普查，传统村落整体保护利用等，都达到了预期效果。纵观2014年的工作，有几个明显特点：

一是围绕中心、服务大局的意识明显增强。围绕中央城镇化工作会议精神的贯彻，我们对270个国保省保集中成片的传统村落保护利用作出部署；围绕习近平总书记关于阜新万人坑遗址、侵华日军第七三一部队旧址保护的批示，我们主动开展抗战文物保存状况排查，实施抗战文物保护修缮和展示利用工程。围绕习近平总书记关于"让文物活起来"的要求，我们首次召开文物合理利用工作交流会，与教育部联合印发中小学生利用博物馆开展社会实践的指导意见，面向全社会开展弘扬优秀传统文化、培育社会主义核心价值观主题展览征集。配合国家"一带一路"战略，我们在首都博物馆、中国国家博物馆相继举办丝绸之路文物展，成功实现丝绸之路跨国申遗。配合中法、中坦建交50周年以及中马建交40周年，我们搭建平台，成功举办中国汉代文物、华夏瑰宝等文物展览。围绕国家海洋战略，我们组建了国家文物局水下文化遗产保护中心，建成我国第一艘水下考古研究船并下水作业。

二是转变职能，宏观管理的能力明显提升。经过全面深化改革，特别是一些审批事项取消下放后，统筹全局、深入基层、调查研究、业务指导逐步加强。2014年全局印发制

度、标准、规范性文件达到23项。依法查处并公开曝光徐州市韩桥煤矿旧址损毁案、阿尔山市阿尔山车站损毁案等8起法人违法典型案件，坚持开展年度重点工作专项督察。宏观管理、指导全国文物工作的力度明显加大，效果明显增强。

三是工作视野更加开阔，对外影响力逐步扩大。配合国家外交战略和中华文化走出去战略，我们不断加强与联合国教科文组织、国际文化遗产组织的合作，在敦煌召开文物返还国际专家大会、发布敦煌宣言，陆琼同志成功当选国际古迹遗址理事会执委。文物保护援助项目、援助国家有所增加。在北京亚太经合组织（APEC）领导人非正式会议上，习近平主席向各国来宾隆重推介丝绸之路文物展，盛赞该展览生动体现了和平合作、开放包容、互学互鉴、互利共赢的丝路精神。在中法建交50周年纪念活动中，习近平主席和奥朗德总统共同担任"汉风——中国汉代文物展"的监护人并为之作序、互致贺词。文物带你看中国3D系统走进海外中国文化中心。文物工作的国际视野、国际影响力逐步增强。

四是机关作风建设得到明显加强。经过党的群众路线教育实践活动，局机关、直属单位从主要领导到一般干部、科研人员，依法行政、依规办事，讲政治、讲纪律、讲规矩、服务社会、服务基层的主动意识明显增强；抵制四风、纠正四风的自觉意识明显增强，迎来送往、吃吃喝喝明显减少，文风、会风、节俭办事的作风正在逐步养成。

从局机关和直属单位整体工作看，应该说，大家都很努力，成效也很明显，用习近平总书记的话讲，我们的干部也是蛮拼的。

下面，我就机关各司室和各直属单位工作进行具体点评，既有评价也有要求。

办公室在行政运转、预算管理、对外交流方面，服务意识进一步增强，管理水平进一步提高。在重要会务和文件办理上没有出现纰漏，实为难得。办公室需要努力的，一是在搞好事务性工作的同时，要提高政务服务功能，发挥好参谋助手作用，特别是强化督促检查和提高工作效率这两个方面。二是预算管理工作，一方面要加强统筹、强化导向，另一方面要形成内控机制，进一步规范用钱制度。努力加强与财政部的沟通协调，解决一些工作上的急需和难题。三是信息化建设，作为全局信息化建设的牵头部门，不论平台建设还是软件集成都要加快，要有形象进度。春节过后要召开局信息化建设领导小组工作会，可预先做好准备。对全国性会议应加以控制，同时要保障工作需要，可重视用好电视电话会议系统；对文件简报控制的同时，要加大政务公开，开辟网络和微信传播渠道。

政策法规司在《文物保护法》修订上下了大功夫、出了大力气，改革方案的提出、一些重要政策的调查研究也有不少新的成果。文物宣传抓住了机遇，尤其是对习近平总书记重要论述精神的系列宣传，打了一个漂亮仗，达到了前所未有的社会效果。政法司需要努力的，一是继续把《文物保护法》修订作为重中之重，把力量下到与各部委的协调上，下到系统内形成共识上，力求达到坚持方针、跟进时代、解决问题、保证质量的要求。这件大事难度不小，一定要据理力争。二是调查研究要抓住重点抓住关键，找准制约文物事业发展的突出问题。在"十三五"规划的编制、政策法规的制定、重大问题的调查研究上要有所突破。比如，对文博类社会组织和民间文保志愿者的现状及如何积极引导他们发挥作用，对一般不可移动文物的管理机制等，都是必须破解的问题。三是宣传工作在重点时段宣传上积累了经验，应对舆情也顶得上去，今年要在文物工作成绩宣传和文博系统典型宣传上下更大功夫。在打好集中宣传战役的同时，努力实现常态化。

督察司的工作可以说亮点频出，敢于碰硬，对8起法人违法典型案件公开曝光，破获辽宁朝阳"11·26"重大盗掘案，采用卫星遥感技术监测不可移动文物消失状况，这些给全社会发出文物部门在硬起来的信号。督察司的工作，执法督察和安消防工程这两个方面比较，安消防工作显得滞后，已经定下的项目要抓紧推进，还要根据需要研究安排新的项目。对执法机构和队伍建设，要有一个总体、长远考虑，目前的工作重点是积极推动建立国家文物局文物违法案件举报中心，创新文物执法方式方法。

文保司的工作，在项目审批改革的深化、传统村落的整体保护利用、抗战文物的保护利用、世界遗产的申报与管理、重大文保工程的推进上都是可圈可点的。保护工程越抓越紧，宏观管理正逐步完善。文保司需要努力和研究的，一是要努力实现内部决策流程化，对行政许可和项目审批做到规范化，提高行政许可和审批时效，破解限时办理这个大难题。二是要加强对文保工程项目的事中事后监管，包括中介机构监管和资质资格管理，这项工作还涉及办公室、博物馆司和督察司，都要予以重视。三是进一步加强基础工作，指导督促各地切实落实国保单位的四有工作，要有明确的进度要求、相应的制约手段，从司里工作摆布上要像申遗那样明确基础管理工作的时间节点。

博物馆司的工作，概括起来说，就是在服务大局、服务社会方面迈出了新步伐。博物馆管理、公共文化服务，科技创新、标准化建设，社会文物管理等方面都取得了明显成绩，特别是两个丝绸之路文物展览，影响广泛，反响良好。博物馆司需要重点研究的：一是博物馆条例的学习和贯彻，以此推进各类博物馆管理水平上台阶。二是要在推动"文物活起来"上拿出实招，拿出办法，总结各地经验，找出可复制的措施，在全国加以推广；要面向基层接地气，切实帮助解决市县级博物馆藏品不多、难以办好基本陈列的问题；开展反映当代经济社会发展变迁实物征集是一个路子，要尽快发出通知，开展课题研究，着手进行试点。三是把去年已经启动的完善博物馆青少年教育试点和社会主义核心价值观主题展览形成项目、形成措施，落到实处、全面推开。对此要下大力量，鼓励原创，对大馆特别是央地共建馆要提出明确要求，切实发挥示范引领作用。

机关党委、人事司的工作，围绕群众路线教育实践活动整改措施落实、行政审批事项取消下放、落实中央和国务院决策、组织学习四中全会精神、实施人才培养"金鼎工程"、加强老干部服务等方面做了大量深入细致的工作，特别在机关作风建设、干部选拔和制度建设方面应当点赞。机关党委、人事司需要努力和抓好的，一是"三严三实"专题教育；二是局机关司处职能优化；三是推进干部轮岗和事业单位分类改革；四是强力推进干部培训。这些都是大事，也是大家最关心的，务求扎实细致。

可移动文物普查，基本摸清了我国国有单位文物收藏分布状况，登录的文物超过1000万件，这是一个实实在在的成果。可移动文物普查需要重点解决的，一是文物信息登录参差不齐进度不一的问题，二是登录平台问题，要尽快解决登录信息登不上来或者登录缓慢的问题。此外，在普查的过程中，要力争国家文物登录中心挂牌。

2014年，我们完成了新文化运动纪念馆与鲁迅博物馆的合并重组，新组建了国家文物局水下文化遗产中心，充实调整了鲁迅博物馆、水下文化遗产中心、机关服务中心的领导班子。可以说，在过去的一年里，各直属单位班子团结、思路明确、管理有效，取得了显著成效。

机关服务中心创新服务、节俭办事，有效保障了机关的正常运转，特别是在机关办公楼和食堂管理下了不少功夫、用了很多心思。车改方面及时封存上交，受到了主管部门的肯定。职工住宅配售配租工作有序进行。在南海基地建设项目上积极推动，取得了一定成效。南海基地建设涉及国家发改委，海南省土地、规划、建设等很多部门，2015年要完成设计招标、施工图纸设计、土地划拨手续，实现"七通一平"，保证年内开工建设。

鲁迅博物馆（新文化运动纪念馆）新组建后，很快完成了机构和人员调整。领导班子及时与西城区、北京市文物局联系，借助西城区历史文化保护园区建设，成立了博物馆功能提升改造工作小组，完成了《北京鲁迅旧居保护总体规划》的编制和规划立项报批工作。鲁迅博物馆周边环境的改善一直是一个难题，国家文物局曾多次联系过国家发改委和北京市有关部门，但都没有取得实质性突破。希望鲁迅博物馆抓住这一机遇，充分利用西城区历史文化保护园区建设机遇，加快启动改扩建项目，局有关司室要全力支持。

中国文物信息咨询中心作为国家文物局和文物系统信息研发、管理、服务机构，在保障局内外网安全运行，国家重点文物保护项目网络报审系统顺利运转的同时，积极开展网报网审平台研发，主动服务、不讲价钱，提供了技术支撑。拓展社会服务范围，组建了国文信公司，以第三方机构身份承担起文物保护方案审核工作。通过一年的运行，提高了评审效率，达到了改革的预期目的。信息中心下一步的工作，要着力围绕信息化建设，发挥好技术支撑和运行管理的作用，这是信息中心的主业，要以足够的人力物力来保证。与此同时，作为公益二类单位，应该开辟自身具有优势、社会具有需求的新业务领域。

中国文化遗产研究院在文物法制、理论研究、世界遗产、重大文保工程的规划和技术方案编制上，发挥了骨干带头作用。我们看到在大运河和花山岩画申遗、应县木塔加固、定陶汉墓保护展示等大项目、难项目中文研院发挥着重大而不可替代的作用，这正是国家级研究机构要发挥的作用。希望文研院在深化改革、强化管理的基础上，进一步发挥在重大文物保护工程项目勘查、设计和施工等方面的引领作用，在科研上出标准、出规范、出成果，在业务技术培训上成为重要基地。

中国文物交流中心，着力制度建设、业务建设，围绕国家外交大局，很好地完成了中法、中坦建交50周年以及中马建交40周年等国家外交层面的重点展览交流项目，特别是赴法文物展、赴坦海上丝绸之路展等成效明显，应当说交流中心的工作是非常给力的。目前，交流中心在完成好对外展览业务工作的同时，要考虑长远发展和外展举办权的放开，进一步研究明确新的职能定位问题。

国家文物局水下文化遗产保护中心2014年经过中编办批复正式组建，国家博物馆相关人员编制的划转已通过中编办审批，标志着我国水下文化遗产保护工作跨入了一个全新的发展阶段。第一艘水下考古工作船建成下水，水下基地建设顺利推进，水下文化遗产的调查、发掘、保护等各项工作全面启动。当前，对水下中心而言，最迫切的任务是抓紧完成人员整合、机构整合任务，分兵把口开展既定工作，要明确与各共建基地的分工协作关系，从长计议、统筹谋划水下文化遗产保护中心发展战略、发展规划，起好步、开好局。年内确定的重点水下考古调查、南海Ⅰ号发掘保护等业务工作，要确保圆满完成，在全国树立水下中心的新形象。

文物出版社在服务文博系统的同时，不断闯市场、优结构，不仅实现了图书出版结构的优化，成立了数字分社，而且平稳完成了印刷厂的搬迁工作，这一点值得充分肯定。希望文物出版社一鼓作气、再接再厉，在传统出版发行业务上发挥优势、多出精品，在数字出版上对接市场、选好切口、有所拓展，同时盘活印刷厂老厂区资源，尽快定位，充分利用起来，发挥作用。做好《中国文物志》编纂项目和文物普法宣传产品研发。

中国文物报社完成了报纸和局官网的全新改版，围绕《文物保护法》修订、世界文化遗产申报等全局重点工作开辟专栏专题，追踪报道、深度报道，稿件自采率、鲜活度明显

中国
文物年鉴
2016

上升，纪实性报道尤其是时评、侧记丰富多彩，特别是这次配合对总书记重要论述精神的学习宣传，总体策划、长时间跟进，发挥了重要的导向作用。希望在新的一年里，中国文物报社进一步发挥宣传工作的龙头导向作用，把局工作要点作为全面宣传的主要题材，全面贯彻局党组的工作思路和工作部署，不间断地报道地方工作的新经验、新成效，大力宣传文博系统的先进典型，及时反映中央和各地领导重视支持文博工作的事迹和举措。提高报网刊的内容生产与传播能力，加强与新闻广电出版总局和文资办的沟通联系，加快完成报社转企改制。

国文琰公司、国文信公司两个企业虽然没有单独汇报，但工作是富有成效的，是应该充分肯定的。两个公司的成立是依法合规的，是适应文物保护需求应运而生的。国文信公司主要是承担局里的任务，基本赚不上钱；国文琰公司独闯市场也面临很多困难，但效益尚可。要继续支持企业发展，加快完成与所属事业单位的脱钩，实现企业人员、财务独立核算，按照现代企业制度管理运营。总之，要通过改革理顺关系，通过改革激发内生活力、促进发展。

关于2015年的工作，1月20日局党组专门召开会议，审议了《国家文物局2015年工作要点》，对应当着力抓好的几件大事进行了认真研究。之前，工作要点和分工方案已经印发机关各部门和直属单位。与以往不同的是，今年我们采纳了直属单位的意见，将直属单位的重点工作也纳入了局年度工作要点。应当说，2015年的工作重点已经明确，关键是如何干、怎么干。对此，我谈三点意见。

一要以习近平总书记重要论述精神为统领，贯彻落实党的十八届三中、四中全会精神，不断把全国文物系统学习贯彻习近平总书记关于加强文物保护、传承弘扬优秀传统文化重要论述活动引向深入。新年伊始，中央电视台、新华社、人民日报、光明日报等各大媒体连续播发了习近平总书记关于文物保护的系列重要论述、指示批示，刊登了总书记关心、支持和保护文物的典型事例，在全社会引起热烈反响，全国文物系统迅速掀起了学习贯彻的热潮。习近平总书记的重要论述和重要指示，是文物工作的指南与遵循，给文物工作注入强大的动力与活力。我们常讲，要因势而谋、应势而动、顺势而为、乘势而上。什么是势，这就是势，什么是机遇，这就是机遇。我们必须紧紧抓住这一时机，在学好、悟透的同时，深入调查研究，从体制机制、机构队伍、安全责任，从保护利用、传承发展等各个方面，提出有针对性的、行之有效的改革举措、发展举措，把总书记的重要论述精神体现到文物保护的法律法规、政策文件之中，转化为各级政府履职尽责的遵循、考核评价的标准，转化为广大人民群众保护文物、传承优秀传统文化的自觉行动。局领导，司处领导要带头学习，带头思考，结合工作实际、结合存在问题，提建议、拿举措，通过问题的不断解决，推动工作开展、事业发展。

二要以研究制定关于加强文化遗产工作的政策性文件和编制"十三五"规划为抓手，推动党和国家决策部署在文物系统的落实。2005年国务院出台的《关于加强文化遗产保护的通知》，以10年为基本目标，规划了到2015年的发展任务和发展目标。同时，2015年也是"十二五"规划的收官之年、"十三五"规划的编制之年。基于这一点，经过局党组认真研究，准备报请党中央、国务院领导同志，建议再出台一部关于加强文化遗产工作的政策性文件。从当前文物工作的实际出发，提出一系列带有长远性的、有效管用的政策举措，并与"十三五"规划相衔接，形成一套组合拳，从而保障中央的决策部署、习近平总书记的系列讲话精神在文物系统落地生根、开花结果，推动整个文物事业健康可持续发展。国务院关于加强文化遗产工作的政策性文件起草是一项事关全局的大事，也是2015年我们工作的重中之重，必须举全局之力，凝全局之智慧，局领导、各司室必须参与其中，拿出人力精力，确保从草拟阶段就高起点、高要求，进而实现高质量。

三要以重大事项、重要任务推进为时间节点，狠抓落实。在改革方面，博物馆理事会制度，上半年发布博物馆理事会章程示范文本和指导意见，年底前完成博物馆理事会制度建设区域试点；行政审批事项，上半年完成下放馆藏一级文物的复制、拓印行政许可；事业单位分类改革，10月底前完成相关管理制度的建立，实现国文琰、国文信公司与事业单位的脱钩。几项重要活动和项目，一是纪念中国人民抗日战争胜利70周年，8月前全面完成抗战文物的保护及展示利用工程，策划推出一批有影响力的抗战文物专题陈列展览；9月前完成文物系统管理使用的国保单位中抗战文物的全面开放。二是社会主义核心价值观涵养工程的几个项目，上半年完成全部方案的审核，下半年逐步推开。三是"十三五"规划，3月底前完成拟纳入国家"十三五"规划《纲要》的指标研究测算，并上报国家发改委；5月前完成文物系统"十三五"规划编制省级人员培训；7月、8月完成局"十三五"规划指标研究测算，重大工程项目策划，重大政策措施调研；9月完成规划征求意见稿，年底前完成意见征求。四是加强文化遗产保护工作意见的起草，上半年各司提出具体政策要求，7月报政法司汇总，10月形成送审稿。五是专项督察，10月底前完成文物行政执法专项督察和博物馆青少年教育试点督察，11月完成重点工作专项督察，其间还要由局领导带队开展专题调研。

局领导要按照分工，加强组织领导。办公室要按照时间节点和《国家文物局2015年重点任务分工方案》加强督促检查，对存在问题及时通报研究，确保2015年各项工作落实到位。

二、切实加强作风建设和党风廉政建设

加强作风建设，反对"四风"，加强党风廉政建设，构筑"不敢腐、不能腐、不想腐"的制度体系，是党中央的重大决策部署，也是摆在党委政府和每个党员领导干部面前的一项长期的、艰巨的政治任务，我们必须高度重视，坚决贯彻。要着力围绕"严以修身、严以用权、严以律己，谋事要实、创业要实、做人要实"的"三严三实"专题教育，进一步加强机关和直属单位作风建设和党风廉政建设。

（一）进一步加强思想建设，严守政治纪律和政治规矩

要用中国特色社会主义理论体系武装头脑，把思想统一到党的决策部署上来，统一到习近平总书记关于加强文物保护、传承弘扬优秀传统文化的重要论述精神上来，坚持解放思想、实事求是，坚持与时俱进、改革创新，始终把文物工作放到国家发展大局中来谋划、来推动。我们系统的干部学历较高，专业素质较好，要自觉坚持德才兼备、以德为先，系统掌握中国特色社会主义道路、制度、理论和"四个全面"的战略布局，在懒政现象存在的情况下，我们首先不能懒，同时为了治懒，我们的工作力度要更大些、节奏更快些、要求更严些。要扎根大地、心向人民，既有远大抱负，又常怀感恩之心，立志报答祖国和人民。

要坚定理想信念，坚定中国特色社会主义道路自信、理论自信、制度自信和文化自信，从根本上弄清楚"我是谁、为了谁、依靠谁"的问题，增强政治上的免疫力和思想上的防腐性，做到心中有党、心中有民、心中有责、心中有戒，保持昂扬向上的干事激情，脚踏实地、履职尽责，切实担当起保护利用、传承发展文化遗产的历史责任。

要严守纪律、严明规矩，做到中央提倡的坚决响应、中央决定的坚决落实、中央禁止的坚决杜绝，不得对党中央的大政方针说三道四，不得公开发表同中央精神相违背的负面

言论，自觉维护中央权威、团结统一和政令畅通。自觉执行党章、党纪、法律法规，严格遵循组织程序，哪些事不能做，哪些话不能说；哪些要请示，哪些要报告；哪些要集体研究，哪些要征求意见，按纪律来、按规矩办、按程序走，不得越权办事，不得违背组织决定。要努力在机关、直属单位和党员干部中形成自觉讲纪律、守规矩的良好习惯和氛围。

（二）进一步加强作风建设，拓展群众路线教育实践活动成果

作风建设永远在路上。要按照中央下发的《关于深化"四风"整治、巩固和拓展党的群众路线教育实践活动成果的指导意见》，进一步加强机关和直属单位作风建设，着力抓常、抓细、抓长，抓出习惯、抓出长效。

要抓好整改落实、深化专项整治。对中央确定的21项整治任务，国家文物局确定的47项整改措施，要紧盯不放、一抓到底。对整改落实情况要进行一次回头看，看看哪些已经完成、需要巩固提高，哪些整改还不彻底、需要限期完成，哪些尚未整改、需要抓紧推进，持之以恒，坚决防止四风问题反弹回潮。中央抓作风建设的一个经验就是抓细抓小、抓住不放、抓出成效。出差报告制度和请销假制度要严格执行，关于局领导、司领导报告请假的具体规定，要尽快出台。

要坚持从严管理，以严的标准、严的措施、严的纪律约束我们的干部职工。上下班要守工作纪律，办事出差要守制度，该请销假的要请销假。我们有些直属单位，个别同志好长时间单位里看不到，一把手也不知道他去哪里了、干什么去了。这是决不允许的。要严守财经纪律，规范财务支出和审批流程，重大支出必须经由领导班子集体决策，要杜绝漏洞，防控风险。目前，全国正在开展治理庸懒散和"吃空饷"问题，局机关和直属单位也正在开展这方面工作。希望各直属单位，严格依规办事，实事求是，有错就纠，没有的要引以为戒。对于个别无视制度存在、工作不在状态的，该约谈的要约谈，该处理的要处理。

要坚持问题导向，深入基层接地气，认真开展调查研究。要紧紧盯住影响文物事业发展的关键问题、长远问题，对于一些带有体制机制性的问题一定要集中人力、集中时间，局领导要带头做表率，要多搞不打招呼的抽查暗访，多搞带着问题的蹲点调研。既关注国保单位、国家级博物馆，也关注省保、市县保和一般文物，以及县级博物馆、民办博物馆和行业博物馆，不能只把目光投在中央财政补助的工程项目上，要从实际出发研究那些未列入等级但数量巨大、生存状况差、与民众生产生活密切相关的不可移动文物点和博物馆。2014年，我们落实整改措施，制定了国家文物局调研工作管理办法，局领导带队开展了《文物保护法》修订、传统村落保护情况、博物馆青少年教育和四省藏区文物保护经费需求4个专题调研，形成了调研报告。同时，要适应公务接待和公车改革，决不能因此增加基层负担、影响工作质量。

要增强服务意识，树立良好形象。要推行文物行政审批许可事项限时办理承诺制，对申报材料要一次性告知，一次性受理，简化环节，提高效率，缩减时间，方便基层，真正做到对地方申报的项目、基层提出的问题件件有着落、事事有回音。做好全程咨询服务，切实做到忙时闲时一样耐心、大事小事一样认真。

（三）进一步加强廉政建设，营造风清气正的工作环境

习近平总书记在十八届中央纪委五次全会上强调，反腐败斗争形势依然严峻复杂，反腐败没有禁区，反腐败斗争永远在路上。文物部门作为国家行政管理部门，并非清水衙门、世外桃源。一方面，在权力上，国家文物局仍保留有20项行政审批事项，管理着100多亿的国家专项资金。另一方面，在制度上，我们的制度笼子并不十分严实，资金预算标准

也不十分规范，仍然存在着行政审批自由裁量权过大，可能出现权力设租寻租、滋生腐败的空间。同时，文物系统人员流动缓慢、人员交流少，许多部门、单位形成了相对稳定的工作关系和人际关系，对利益上的牵扯常常磨不开面子，容易放松警惕。表面上看，文物局机关与市场、与企业直接打交道不多，工作对象主要是地方文物行政部门，即使有了问题，地方上也轻易不会反映，似乎不容易出事，其实并非如此。关键是要管住自己。在反腐败问题上，我们必须利剑高悬、警钟长鸣。

要全面落实党风廉政建设主体责任。局机关各司室、直属单位领导班子特别是行政一把手，要切实担当起党风廉政建设主体责任，管好手中的权，种好自己的责任田。作为党组书记和局长，在此，我首先承诺，认真履行一岗双责责任，该要求的一定从严要求，该提醒的一定及时提醒，该严管的一定严加管理。同时，欢迎同志们监督我。这一点希望各位特别是党政一把手务必担起责任、从严要求，不要等问责问到自己头上了还麻木不仁。

要完善党风廉政建设各项制度，扎紧管权管钱管人的制度笼子。要遵循公开是常态，不公开是例外的原则，建立和公开国家文物局行政审批事项权力清单，提高审批透明度，压缩自由裁量权，特别是对审批权力集中的部门和岗位要制衡权力、定期轮岗。要强化内部流程控制，防止权力滥用，避免利益输送。一些带有社会管理职能的事业单位和中介机构也要建立风险防控和监督约束机制。要坚持制度面前人人平等，执行制度没有例外，真正把党规党纪和法律制度执行到人、落实到事，使制度成为硬约束而不是橡皮泥。要切实加强对干部的日常管理监督，从严要求、从严教育、从严管理。注意抓早抓小、抓苗头抓预防，对一些刚刚露头、蛛丝马迹的小问题，对一些司空见惯、习以为常的小毛病，要防微杜渐。

（四）进一步加强干部队伍建设，提高推进工作的整体效能

干部队伍建设首先是领导班子建设，要按照《党政领导干部选拔任用工作条例》，严格选拔原则，严格选拔程序，突出德才兼备、公平公正，切实做到选好用好干部，选优配强各部门、各单位领导班子特别是一把手。要坚持集体领导和分工负责相结合，健全领导班子议事规则和决策程序，实行重大事项集体决策制度，提高科学决策、民主决策、依法决策水平，防止议而不决、决而不行、行而无果。

要树立正确的用人导向，按照信念坚定、为民服务、勤政务实、敢于担当、清正廉洁的好干部标准选人用人。坚持老中青相结合的梯次配备，优化形成年龄、经历、专长、性格互补的领导班子结构，积极推进党政领导班子成员之间的分工调整和交流任职，切实增强领导班子的整体能力和工作合力。加大机关司处长岗位、各单位一把手定期轮岗力度和央地交流挂职力度，明确干部轮岗交流和挂职锻炼的范围、条件、时限和纪律要求，增强计划性和可操作性。

要加强干部培训和多岗位锻炼，努力为干部成长铺路搭桥、创造条件。注重在急难险重任务中锻炼干部，在关键岗位、矛盾突出的环境中砥砺品质、经受考验、积累经验。对那些看得准、有潜力、有闯劲的年轻干部，要敢于压担子，安排他们去经受锻炼。

总之，要以强有力的思想、作风、廉政和干部队伍建设，带动整个机关和直属单位形成为民、务实、清廉的工作氛围，增加正能量，发挥导向性，为全面完成2015年各项工作任务提供坚强保障。

中国
文物年鉴
2016

文化部副部长、国家文物局局长励小捷 在宣传贯彻《博物馆条例》 电视电话会议上的讲话

（2015年3月20日）

《博物馆条例》已经2015年1月14日国务院第78次常务会议通过，2015年2月9日国务院令第659号公布，自2015年3月20日起施行。今天，我们召开电视电话会议，主要任务是推动《博物馆条例》的学习（以下简称《条例》），部署贯彻《条例》各项工作。刚才有关单位的负责同志作了很好的发言，不论是谈学习体会，还是结合博物馆发展实际谈《条例》的贯彻，对于大家讲的这些意见，我都赞同。下面，就贯彻实施《条例》，我讲几点意见。

一、充分认识《条例》颁布实施的重要意义

首先，《条例》的颁布实施，是新时期博物馆事业发展的迫切需要。党中央国务院高度重视发展博物馆事业，从全面实现小康社会和促进人的全面发展的战略高度，大力推动公共文化服务体系建设，努力保障人民群众基本文化权益。我国博物馆事业进入了快速发展时期，博物馆门类日益丰富，社会力量兴办博物馆渐成风尚，初步形成中国特色博物馆发展新格局。目前，全国博物馆总数已达4165家，其中非国有博物馆总数已超过811家。全国博物馆每年举办2.2万个展览，接待观众6亿多人次。特别是2008年免费开放以来，博物馆日益受到全社会的关注，社会影响和积极作用显著提升，博物馆事业的专业化、现代化、社会化步伐大大加快。然而，与当前经济社会发展水平和人民群众日益增长的精神文化需求相比，我国博物馆总体数量还比较少，管理运行还不够规范，社会服务能力还明显不适应。尤其是在促进社会参与、公平对待国有和非国有博物馆等方面，仍然存在比较突出的问题。社会各界要求制定《博物馆条例》的呼声十分强烈。国务院颁布的《博物馆条例》，结合我国博物馆事业发展实际，针对亟待解决的一些重要问题，对博物馆的性质宗旨、法律地位、权利义务、管理运行、社会服务以及政府责任等作了明确规定，为规范和促进博物馆建设发展、健全和完善博物馆管理，有效发挥博物馆社会功能，提供了强大的法制保障。《条例》的出台必将对我国博物馆事业繁荣发展，产生重大而深远的影响。

第二，《条例》的颁布实施，体现了博物馆事业深化改革的要求。在新形势下，构建现代公共文化服务体系，是保障和改善民生的重要举措，是全面深化文化体制改革、促进文化事业繁荣发展的必然要求。博物馆作为公共文化服务体系的重要组成部分，同样面临着全面深化改革的任务。与发达国家相比，我国博物馆的社会化程度还比较低，社会服务质量和水平还不高，体制机制不畅不活阻碍了博物馆的主动性、创造性的发挥，不少博

物馆特别是非国有博物馆还面临着生存压力。这些问题都是客观存在的，必须通过全面深化改革加以解决。《中共中央关于全面深化改革若干重大问题的决定》提出，要加快事业单位分类改革，加大政府购买公共服务力度，推动公办事业单位与主管部门理顺关系和去行政化，建立事业单位法人治理结构，明确不同文化事业单位功能定位，建立法人治理结构，完善绩效考核机制，推动公共博物馆等组建理事会，吸纳有关方面代表、专业人士、各界群众参与管理。《条例》通篇贯彻十八届三中全会精神，所明确的发展要求和管理规定都体现了改革创新的精神，为博物馆事业全面深化改革指明了方向，提供了有力的法律依据。

第三，《条例》的颁布实施，加快了博物馆事业法治化进程。长期以来，博物馆建设发展中始终存在一些亟待通过立法解决的问题，博物馆立法的滞后，一定程度上制约了博物馆事业的健康持续发展。虽然文化部、国家文物局及一些地方政府先后制定了一些涉及博物馆的规章和规范性文件，对促进和规范博物馆发展起到了一定的积极作用，但是这些规章文件层级较低、效力有限，难以解决博物馆生存发展的根本问题。正是清醒地认识到博物馆立法对于博物馆事业发展的重要意义，国家文物局早在2007年就启动了《博物馆条例》的研究起草工作。博物馆立法不仅得到了社会各界的大力支持，国务院法制办等部门也为此做了大量细致、认真的调研、论证、协调工作。《条例》草案数易其稿，多次以不同形式征求各方面意见。《条例》为博物馆科学定性、准确定位、合理定责，为博物馆规范管理提供了基本遵循，对博物馆社会服务作了明确要求，是一部全面推进博物馆事业依法发展的里程碑式的行政法规。以这个法规为依据，相关配套制度措施将会陆续出台，以《条例》为核心的博物馆法规制度体系，将会得到进一步健全完善，博物馆事业法治化水平将会提升到一个新的高度。

二、正确理解和把握《条例》的主要内容

（一）博物馆属于非营利性公共文化服务机构

《条例》规定，博物馆是以教育、研究和欣赏为目的，收藏、保护并向公众展示人类活动和自然环境的见证物，经登记管理机关依法登记的非营利组织。由此可见，博物馆属于公共文化服务机构，具有公益属性，是负有特定使命和宗旨的非营利组织。设立博物馆不是为了获取利润，而是要承担公共文化服务职能。《条例》第一条明确宣示了立法目的，即促进博物馆事业发展，发挥博物馆功能，满足公民精神文化需求，提高公民思想道德和科学文化素质。《条例》要求博物馆开展社会服务应当坚持"双为"方向和"三贴近"原则，旨在丰富人民群众精神文化生活；博物馆陈列展览的主题和内容应当普及科学知识、传播优秀文化；博物馆还应当参与社区文化建设和对外文化交流与合作，对教育科研机构和专家学者开展科学研究等提供支持和帮助。

（二）博物馆要突出教育功能

教育是博物馆收藏、保护、展示人类活动和自然环境见证物的核心目的。博物馆开展教育活动、学校利用博物馆开展教育活动、博物馆为学校教育教学提供支持帮助等，都是博物馆教育功能的体现。《条例》规定：博物馆应当配备适当的专业人员，根据不同年龄段的未成年人接受能力进行讲解；学校寒暑假期间，具备条件的博物馆应当增设适合学生特点的陈列展览项目。《条例》要求：地方各级人民政府教育行政部门应当鼓励学校结合课程设置和教学计划，组织学生到博物馆开展学习实践活动；博物馆应当对学校开展各类相关教育教学活动提供支持和帮助；博物馆还应当开展形式多样、生动活泼的社会教育和

中国
文物年鉴
2016

服务活动。

（三）鼓励全社会参与博物馆事业

博物馆事业是社会公益性事业，离不开全社会的支持和参与。为此，《条例》规定国家鼓励企业、事业单位、社会团体和公民等社会力量依法设立博物馆，并通过依法享受税收优惠，进一步调动社会力量办馆积极性。同时《条例》规定，国家在博物馆的设立条件、提供社会服务、规范管理、专业技术职称评定、财税扶持政策等方面，公平对待国有和非国有博物馆；鼓励设立公益性基金为博物馆提供经费，鼓励博物馆多渠道筹措资金促进自身发展；政府应当对向公众免费开放的博物馆给予必要的经费支持。此外，《条例》在多渠道筹措资金、博物馆经营活动、法律责任等方面，也都充分体现了公平对待国有与非国有博物馆的原则。

（四）行政监管与政府服务并重

博物馆作为公共文化服务体系的重要组成部分，离不开政府的规范和引导，对博物馆进行规范管理也是政府相关部门的法律责任。为此，《条例》明确了监管主体，即文物主管部门负责博物馆监督管理工作，其他有关部门在各自职责范围内负责有关的博物馆管理工作；明确了监管方式，如通过制定博物馆事业发展规划实施的宏观管理，通过登记、备案等实施的微观管理，通过实施行政处罚进行的强制管理等。按照全面深化改革的要求，强化政府服务，充分调动博物馆的自主性、积极性、创造性是大势所趋。因此，《条例》也规定了政府服务的具体内容，如对博物馆依法实行税收优惠，文物主管部门及时公布博物馆信息，政府对免费开放博物馆给予经费支持，教育和文物部门共同制定利用博物馆资源开展教育教学、社会实践活动的政策措施等。监管与服务的目的都是为了确保博物馆依法建设和发展、正确发挥社会功能，因此两者缺一不可。

（五）博物馆建设应当坚持功能优先原则

近年来，博物馆建设不顾实际功能需要，贪大求洋、标新立异的不良现象在一些地方不同程度存在。藏品不多，展示不够，馆舍利用率低，缺乏吸引力等问题也比较突出。为解决以上问题，《条例》除对博物馆设立条件、博物馆举办陈列展览作了基本要求外，还特别规定"博物馆馆舍建设应当坚持新建馆舍和改造现有建筑相结合，鼓励利用名人故居、工业遗产等作为博物馆馆舍。新建、改建馆舍应当提高藏品陈列和保管面积占总面积的比重"。建设博物馆，主要就是收藏、研究、展示藏品，向社会提供优质公共文化服务。不论是新建、扩建、改建还是利用已有旧建筑作为博物馆，都应当将发挥博物馆社会功能作为核心目的，将藏品保管、陈列展览作为核心考虑要素，并以此为基础综合规划博物馆建设。

（六）支持博物馆文化产品开发

设立博物馆不以营利为目的是国际博物馆界公认的准则，这是博物馆非营利组织的性质所决定的。但是，不以营利为目的，并不意味着禁止博物馆从事经营活动。国内外博物馆发展实践表明，博物馆文化产品开发，既是博物馆文化推广与宣传、满足公众多层次需求，又是博物馆获得一定经济收入、促进博物馆可持续发展的普遍做法。因此，《条例》鼓励博物馆挖掘藏品内涵，与文化创意、旅游等产业相结合，开发衍生产品，通过合法经营收入补充博物馆发展资金，增强博物馆发展能力。博物馆在开展商业经营活动时，必须处理好社会效益与经济效益的关系，不得违反和削弱博物馆的性质、宗旨和使命，其收益应当用于博物馆的运营和发展。对于博物馆从事商业经营活动的界限，《条例》也作了明确界定。

三、贯彻实施《条例》的几项重点工作

（一）加强《条例》的宣传普及

全国文物系统要将学习、宣传、贯彻、落实《条例》作为2015年的重点工作抓紧抓实。各级文物主管部门要将《条例》的学习纳入党员干部学法用法制度，列入学习日程。要主动向政府主管领导和相关部门汇报宣传《条例》，争取政府支持，协调推进工作。要通过培训、研讨等方式，让每一位博物馆负责人和员工切实掌握《条例》的规定，并在工作中认真贯彻执行。要向有意创办博物馆或者支持博物馆的公民、法人和其他组织宣传《条例》的公平精神、鼓励措施、规范要求，调动社会力量参与博物馆事业的积极性。要把宣传《条例》作为国际博物馆日、中国文化遗产日的一项重要内容，列为博物馆行业培训必修课程。为便于学习贯彻《条例》，国家文物局印发了《关于贯彻执行〈博物馆条例〉的实施意见》，各地要将其与《条例》结合起来贯彻。

（二）积极完善相关配套制度措施

《条例》授权立法事项需要尽早完成，有些比较原则的规定有必要加以细化，现行规章和规范性文件需要作相应清理，《条例》规定的政策措施有些还需要加以健全和完善。为此，今年国家文物局将制定发布《博物馆章程示范文本》，编制《博物馆建设标准》和《中国博物馆教育指南》，出台《关于博物馆设立的指导性意见》和支持博物馆文化产品开发的政策性文件等。

（三）积极推进博物馆理事会制度

各级文物主管部门要认真贯彻落实十八届三中全会精神，根据深化文化体制改革的部署和要求，加快推进事业单位分类改革，建立事业单位法人治理结构，完善绩效考核机制，推动博物馆组建理事会，吸纳有关方面代表、专业人士、各界群众参与博物馆管理。建立博物馆理事会制度在我国还是一项新的探索，总基调是积极稳妥推进。时间表是，2015年上半年要完成博物馆理事会制度试点工作，下半年在总结经验基础上逐步推广；在2016年年底前，争取一半以上的省级博物馆建立理事会制度。各地要根据实际情况，因地制宜、大胆创新，加快构建以理事会为核心的博物馆法人治理结构。

（四）切实增强博物馆教育功能

文物主管部门要积极与教育部门沟通协作，按照《条例》的要求，制定利用博物馆资源开展教育教学、社会实践活动的政策措施，积极推动博物馆纳入国民教育体系，鼓励学校结合课程设置和教学计划，组织学生到博物馆开展学习实践活动。博物馆要主动研究制定具体方案，对学校开展各类相关教育教学活动提供支持和帮助。要进一步完善与教育部门特别是中、小学校联系机制，主动结合中小学课程和教学计划，增加面向学生的陈列展览，创制富有特色的教育活动项目，充分发挥展览在传承中华优秀传统文化，涵养社会主义核心价值观，满足人民群众精神文化需求方面的独特作用。积极利用现代数字技术和网络技术，开展数字博物馆和智慧博物馆建设，丰富和拓展公众参观体验。按照国家文物局2015年工作要点，要继续落实以弘扬社会主义核心价值观为主题的展览策划征集工作，推进利用多种方式提高馆藏文物利用率、让馆藏文物活起来的工作。

（五）充分发挥行业组织作用

《条例》对发挥博物馆行业组织作用提出了明确要求，将促进博物馆事业健康发展作为博物馆行业组织的重要任务。各级文物主管部门要指导博物馆行业组织依法开展活动，

按照简政放权的要求，以适当的方式将适合由博物馆行业组织实施的职责进行转移，共同推动博物馆行业的规范和健康发展。中国博物馆协会和各地博物馆行业组织，应着力推动行业自律和博物馆质量提升，推动博物馆评估的规范化、科学化；同时要在博物馆设立辅导、陈列展览内容审查、教育项目创制等工作中，积极提供科学专业的服务。

（六）规范权力运行、严格依法行政

《条例》是我国文化遗产保护领域一部新的重要法规，是我国文化遗产保护法律体系建设的又一重要成果，是文物主管部门依法履行职责、开展博物馆领域行政管理和社会服务的依据和标尺。各级文物主管部门必须严格依照法定权限和程序行使权力，牢固树立有法必依、违法必究、执法必严的施政理念。要认真依据《条例》，切实履行对博物馆的监督管理职责、设立备案职责、藏品建账建档管理职责、陈列展览备案等法定职责，对《条例》明确禁止的行为，要敢抓敢管，及时发现，依法查处。现有规定与《条例》不一致的，一律以《条例》为准；对与《条例》精神不符的具体规定要列出清单，分别进行修订与完善，失去作用的应予废止。同时，可以根据需要制定适合本地区实际的实施办法，做好有关职能、机构、人员的配置，为《条例》的贯彻实施创造良好条件。

文化部副部长、国家文物局局长励小捷在国家文物局纪念中国人民抗日战争胜利70周年推进抗战文物保护利用工作电视电话会议上的讲话

（2015年4月30日）

2015年是中国人民抗日战争暨世界反法西斯战争胜利70周年。我们今天召开电视电话会议，主要任务是贯彻落实中央关于举行中国人民抗日战争暨世界反法西斯战争胜利70周年纪念活动的通知精神，进一步推动抗战文物的保护利用工作。刚才四地代表围绕抗战文物的保护修缮和展示利用介绍了各自的情况，其中有许多值得总结的经验，希望各地学习借鉴。

2014年2月，全国人大常委会通过决议，设立了中国人民抗日战争胜利纪念日和南京大屠杀死难同胞国家公祭日。国家文物局随即发出通知，要求各地抓紧开展抗战文物、博物馆、纪念场馆的调查摸底、保护修缮、开放利用和展示提升工作。各地文物部门和抗战文物管理机构按照通知要求迅速展开工作，经过一年多的努力，取得了阶段性的显著成效。主要体现在以下几个方面：第一，安排并实施一批抗战文物的保护工程。国家文物局及时部署、重点倾斜，各地文物部门优先安排、抓紧实施。2014年共安排了2.5亿元资金，用于47处抗战文物的保护修缮、展示提升和规划编制，包括侵华日军第七三一部队旧址、阜新万人坑在内的大多数修缮项目实现了当年开工。2015年，抗战文物有关项目的资金安排预计达到3.9亿元。截至目前，新增开放国保单位抗战文物点达到40余处。按照目前的工程进度，8月底之前，全国186处抗战类国保单位中，113处由文物系统管理使用的能够实现以新的面貌全部对外开放，省市保抗战文物中也将有一大批经过修葺和改善正式对外开放。第二，丰富和提升了展览、展示水平。一批以前只有遗址展示的纪念地新建了纪念馆和展示馆，一批博物馆中的原有抗战方面的基本陈列从内容到展示手段有了新的提升，一批过去没有抗战内容的博物馆新策划推出了这方面的临时展览。第三，组织了内容丰富、形式多样的纪念活动。根据各地文物部门上报的纪念抗日战争胜利70周年活动计划，28个省共安排了333项以展览、展示为主的各类教育活动，体现了对可移动和不可移动、系统内和系统外、国有的和社会的抗战文物资源的充分利用，体现了省市县各级联动，文物部门与教育、档案、党史等各部门横向联合的开放姿态，体现了在文物利用上多样化、多形式的创新意识。总之，一年多来，通过全国文物系统的共同努力，抗战文物的整体保护状况得到了明显改善，教育功能得到了进一步发挥，为配合纪念中国人民抗日战争胜利70周年基本做好了准备。

我们的工作取得了阶段性的显著成效，但也还存在工作上的不平衡和思想认识上没完全到位的问题，特别需要指出的是，现在距离9月3日只有4个月时间了，时间紧迫，任务繁重，切不可满足现状，放松工作。据统计，全国各级抗战文物保存基本完好的占42%，存在局部残损的占45%，损坏严重或已无明显地上遗存的各占6.5%；国保单位中保存基本完好的占83%。随着文物级别的降低，保护状况也随之产生落差。从开放上看，抗战文物中一半以上实现了对公众开放，其中国保和省保单位开放率均接近80%，较低级别的抗战文物开放率相对较低。由于受产权、管理和使用权的限制，有近一半的抗战文物尚未发挥出应有的社会功能。由此可见，抗战文物在我国文物资源中占有重要地位，搞好抗战文物的保护和利用是文物工作的一项长期任务，不是一两年内就能完成的。

接下来，我就做好下一阶段抗战文物保护利用工作提几点要求。

一、深刻领会中央精神，正确把握活动导向

抗日战争是中国近代史上的一个重要阶段，中国人民经过艰苦卓绝的奋战，付出了极为惨痛的代价，最终彻底击败了日本军国主义侵略者，取得了中国近代以来反抗外敌入侵的第一次完全胜利。隆重举行中国人民抗日战争暨世界反法西斯战争胜利70周年纪念活动，对于团结全党全军全国各族人民更加奋发有为地为实现中华民族伟大复兴的中国梦而奋斗具有重要意义。全国文物系统应当增强大局意识、政治意识、责任意识，立足部门职责，积极主动地配合开展相关工作。要按照中央要求，严守正确导向，以"铭记历史、缅怀先烈、珍爱和平、开创未来"为主题，正确把握前6年局部抗战和后8年全面抗战的关系，正确把握正面战场和敌后战场的关系，正确把握中国人民抗日战争与世界反法西斯战争、东方主战场与欧洲战场的关系。要着力宣传中国人民抗日战争在世界反法西斯战争中的重要地位，特别是中国付出的巨大民族牺牲，宣传以爱国主义为核心的伟大民族精神和中国共产党的中流砥柱作用，宣传全民族抗战是中国人民抗日战争胜利的重要法宝。要以此为指导，深入研究和发掘各类抗战文物的思想内涵和精神价值，深入浅出、以小见大地加以展示，回顾抗战历史，重现民族记忆，要让抗战文物、博物馆、纪念馆成为中国人民抗日战争胜利70周年纪念活动的重要载体，成为开展爱国主义教育的重要阵地。为确保导向正确，有关展览、展陈大纲要报地方党委或党委宣传部门审核，组织国际性的研讨和论坛一定要按程序报批。最近中宣部印发了抗日战争若干问题的口径，希望各地各有关单位及时组织学习，在展览、解说中准确把握。

二、加快推进抗战文物保护工程，进一步扩大抗战文物对社会开放

实施抗战文物保护修缮工程，是配合抗战胜利70周年纪念活动，发挥抗战文物作用的前提。由于多种原因，抗战文物保护基础薄弱，历史欠账较多，抓住抗日战争胜利70周年的契机，争取加大各级财政对抗战文物保护的投入，整体提升保护水平，是各级文物部门应该具有的意识和责任。2014年以来已实施的抗战文物保护项目应当抓紧时间，盯紧进度，倒排工期，日夜兼程，在确保工程质量的前提下，务必要在8月底前竣工，达到在纪念日和公祭日期间接待参观的要求。对于重点工程，省市文物局的主要负责同志，要一线指挥，及时协调解决工程中出现的问题。目前已完成立项并准备今年实施的文物保护工程，应当在6月份经费下达后，先行开展抢救性或重点部位的维修，简化程序，尽早开工，力争在8月底前实现局部开放，整体的对外开放也要在年底前实现。对于事关重大的工程项目，国家文物局将组织开展督察工作。

此外，要进一步加强基础工作。各地文物部门应当结合第三次全国文物普查后续工

作，完善各级文物保护单位中抗战文物的"四有"工作，将普查登记的各类抗战文物点纳入保护视野。通过加强日常管理与维护，使抗战文物保持良好状态，长期开放。同时应根据实际情况，适时开展提升重要抗战文物的保护级别工作，以便在资金、技术和管理等方面得到更大力度的支持。

三、抓紧做好抗战文物展示提升工作，进一步发挥抗战文物的教育功能

抗战文物类型丰富，展示工作需要在加强研究的基础上，紧紧围绕主题，深入挖掘文物的价值和内涵，及时将最新研究成果充实到展览当中去，提升展览的深度和广度。要突出地域特色、文物特点，见物见人，讲好抗战故事，避免千篇一律、千"展"一面。应当优化展示手段，鼓励使用先进的技术，使展示更具专业性和感染力。要注意改进展陈设施和手段，增强互动性和观众体验。抗战题材的展览和陈列，其主题的严肃性决定了展示手段须庄重朴实，应避免豪华与铺张，甚至娱乐化倾向。

国家文物局委托中国文物报社编印《2015年中国抗战文物导览》，将选择收录部分重要的国、省保抗战文物，结合其在纪念日和公祭日期间的活动，向社会进行公开推介。《导览》将于6月份发布，随后寄送各省，免费向公众发放。各级博物馆的抗战展览目录也将在近期上网公布，以扩大影响，利于观众选择参观。

四、精心组织策划相关活动，为广大观众提供优质服务

首先要为中央在抗战纪念地和博物馆举行的纪念活动提供高质量的服务，确保万无一失。各省市有关博物馆、纪念地同样要全力以赴保证地方党委、政府举办的重要纪念活动。其次，抗战文物保护单位、博物馆、纪念馆应当加强与社会的广泛联系，努力延伸展示和宣传，做到"走出去、活起来"。文物部门要加强与其他部门、单位的联系，同学校、社区建立合作，面向各类群体开展多种形式的主题活动，例如举办流动展览，开辟学生第二课堂等，进一步拓宽展示渠道，扩大教育覆盖面。吉林、辽宁和黑龙江三省，由文物部门牵头成立了东三省抗战遗迹联盟，目前报名参加的单位已达105家，计划举办超过100场的各类活动，还将建立同盟网站。成员中不乏文物系统以外的抗战文物管理和使用单位，如大学、银行、医院等。吉林大学将首次开放其用于教学和办公的伪满交通部旧址等5处涉日文物建筑，一处部队医院还设立了对外开放月。目前，抗战文物中约有46.7％由文化文物部门主管，37.3％为其他党政机关（主要是所在地政府）主管。这是一块不小的公共文化资源。希望各地借鉴东三省的做法，加强跨地区、跨单位合作，探索建立联动机制，促进系统外抗战和涉日文保单位的对外开放。

第三，2014年以来，随着抗战文物保护利用工作力度的不断加大，社会各界前往抗战文物、博物馆、纪念馆参观的人数也有了大幅度增加，到今年八九月份将会形成一个新的高潮。面对新的情况，各级文保单位和各类博物馆应当抓紧研究对策，采取相应措施，改善参观环境，强化服务功能，扩大接待能力，做好讲解、咨询人员的培训，完善导览标识，检查落实各项安检、消防措施，做好突发情况的应急预案，努力实现软、硬件同步更新、升级，为70周年纪念活动做好充分准备。

五、加强文物系统有关活动宣传，扩大文物保护工作社会影响

各地文物部门要积极联系当地电视、广播、报纸、网站等媒体，主动发布相关信息和资料，包括已公布实施的保护规划、已开展的文物保护工程、已安排的各类活动和展览等，宣传抗战文物的历史价值和教育意义，宣传文物保护工作成果，宣传展览与陈列的主要内容，宣传活动效果和群众反映，扩大抗战文物保护利用工作的影响，反映文物工作主动服务中心、配合大局，为社会提供公共服务的良好形象。

2014年以来，中央和地方的媒体针对抗战文物的宣传报道不断深入。目前，国家文物局已同中央电视台、中央人民广播电台、人民日报等各大媒体策划了一些重点宣传项目，包括制作播出反映抗战文物精品故事的系列节目，有关人物访谈和介绍重要抗战遗迹的纪录片。涉及各地有关遗址和博物馆的，希望积极予以支持。

同志们，中国人民抗日战争是中国人民抗击外来侵略并取得全面胜利的伟大战争，举办中国人民抗日战争胜利70周年纪念活动是2015年党和国家的一件大事。全国文物系统要深入贯彻落实中央的有关部署和各项要求，发挥优势，积极作为，为纪念中国人民抗日战争胜利70周年做出应有的贡献。

文化遗产合理利用的实践与思考

——文化部副部长、国家文物局局长励小捷在第二届
海峡两岸及港澳地区文化遗产活化再利用研讨会上的主旨报告

（2015年5月25日）

时隔两年，再次出席由海峡两岸及香港、澳门地区遗产主管部门共同举办的文化遗产活化再利用研讨会，再次与各位同行们相聚，共话文化遗产活化利用，交流认识、做法和经验，我感到非常亲切，也感到特别高兴。借此机会，请允许我代表国家文物局，向研讨会的召开表示祝贺，向文资局和沈春池文教基金会为筹备本次会议所付出的努力表示感谢。

文化遗产活化利用，无论是在中国历史上，还是在国际语境下，一直是保护文化遗产、传承和弘扬历史文化传统的恒久话题。中国早在商周时期，就有贵族对宗庙建筑世代加以保护、以此缅怀先人的传统，《尚书》中就有"七世之庙，可以观德"的记载，是最为原始、最为朴素的文物保护与利用的实践。2002年修订的《文物保护法》确定了文物工作"抢救为主，保护第一，合理利用，加强管理"的十六字方针，合理利用以法律的形式予以明确。国际上对文化遗产的利用也屡屡见诸宪章、公约。1964年《威尼斯宪章》首次提出利用的概念，主张"为社会公用之目的利用古迹永远有利于古迹的保护"。2008年《关于文化遗产地的阐释与展示宪章》将"利用"定义为一切有利于增进对文化遗产正确认识和深入理解的活动。回顾历史，放眼国际，不难发现，合理利用已经与保护共同成为文化遗产工作紧密相连、不能分割的两个方面。

2013年12月，习近平总书记在讲话中指出，要系统梳理传统文化资源，让收藏在禁宫里的文物、陈列在广阔大地上的遗产、书写在古籍里的文字都活起来。2015年在西安博物院考察时强调指出，要把凝结着中华民族传统文化的文物保护好，管理好，同时加强研究和利用，让历史说话，让文物说话，在传承祖先的成就与光荣、增强民族自尊和自信的同时，谨记历史的挫折和教训，以少走弯路、更好前进。领导层的重视与自觉，使文化遗产合理利用方面取得了新的明显进展。

首先是积极构建文化遗产合理利用的法律体系。自2013年开始启动《文物保护法》的修订工作。目前，已经完成了修订草案的起草，并征求了国务院相关部门的意见。在此次修订稿中，我们设立了合理利用专章。这是继2002年修订的《文物保护法》将合理利用以法律的形式明确以来，对合理利用在立法层面的进一步丰富和完善。在此基础上，国家文物局在总结实践经验和广泛征求意见的基础上，经过系统的调查研究，先后编制了工业遗产、乡土建筑和名人故居保护利用导则，制订了国家重点文物保护专项补助经费管理办法，使展示利用成为不可移动文物保护工程的组成部分，在程序和资金上得到了保障。此外，作为中国文化遗产保护工作的行业规则和主要标准，时隔15年之后重新修订的《中

国文物古迹保护准则》设立了合理利用专章，并对合理利用进行了定义。从立法到行业标准，大陆文化遗产合理利用的法律体系正在加快完善的过程中，这是大陆文化遗产合理利用的法律保障和重要基础，对大陆文化遗产事业的发展具有重要的指导意义。

二是结合社会影响广泛的文化遗产重点工作，大力推进活化利用，为保护与利用的协调发展提供经验与示范。中华文明植根于农耕文明，传统村落传承了形式丰富、价值独特的文化遗产，既是中国农耕文明的根基、精粹，又是不可再生的并富有利用价值的文化遗产资源，寄托着当代中国人的乡愁。随着新型工业化、信息化、城镇化、农业现代化持续推进，传统村落衰落、消失的现象日益加剧。传统村落的保护任务十分紧迫，受到各级政府以及全社会的高度重视和广泛关注。国家文物局于2014年5月启动了国保和省保单位集中成片传统村落整体保护利用工作。由于传统村落文化遗产具有综合性、活态性以及脆弱性等特点，对传统村落的保护必须突破以往单纯修老房子的做法，统筹保护与利用的关系，以文物保护为重点，通过合理利用将文物保护与民生改善、文化传承、生态保护、经济发展有机结合起来，从而实现对传统村落的整体、可持续的良性保护。因此，国家文物局在部署、推进和实施传统村落保护时，始终将保护和利用摆在同等重要的位置，先后发布了《国保和省保单位集中成片传统村落整体保护利用工作实施方案》和《国保和省保单位集中成片传统村落乡土建筑保护利用导则》，自上而下的推动各级文物部门在传统村落保护中重视合理利用。在经过保护整修的传统村落中形成了一批利用民居开办农家乐、民宿以及非遗的生产性展示和民俗展示等利用方式，形成了延续原有功能、彰显文化内涵、满足社会需求的新的利用方式。在本届研讨会上，我们将重点与在座的各位同行交流在传统村落保护，尤其是以利用促进保护方面的实践与体会。

2015年是中国人民抗日战争暨世界反法西斯战争胜利70周年。各类抗战文物是对抗日战争这段历史最为真实和直观的见证，对抗战纪念设施和抗战遗址、遗物进行保护和利用，有助于多角度、多层次的重现抗战历史，宣传中华民族为抗击侵略付出的巨大牺牲，进一步激发全民族的爱国精神。我们在对抗战文物实施保护修缮工程、切实改善抗战文物保存状况的基础上，着力加强了对抗战文物的展示利用。主要是加强史实研究，深入挖掘抗战文物的价值和内涵，扩大抗战文物的开放范围、提升展示水平和展览质量；同时积极运用先进技术，丰富展示手段，使展览、展示更具专业性和感染力，已经收到成效。从展览、展示方面看，共有28个省安排了300多项展览、展示等教育活动，一批以前只有遗址展示的纪念地兴建了纪念馆和展示馆，一批博物馆中的原有抗战方面的基本陈列从内容到展示手段有了新的提升。从开放上看，抗战文物中55％实现了对公众开放，其中全国重点文物保护单位和省级文物保护单位开放率接近80％。按照目前的工作进度，到2015年8月底，由文物系统管理使用的113处抗战类国保单位将全部以新的面貌对外开放。抗战文物中还有37％由文物系统外的机构和部门主管，对这些抗战文物，我们积极创造条件，一部分由机关、学校、医院使用的抗战文物也做到了局部开放和定时开放。譬如，吉林、辽宁、黑龙江成立了东三省抗战遗迹联盟，成员单位不乏文物系统外的抗战文物管理和使用单位，其中，吉林大学将首次开放其用于教学和办公的伪满交通部旧址等5处涉日文物建筑，一处部队医院设立了对外开放月。这些展示提升和开放利用受到了社会的广泛欢迎，取得了很好的社会反响。

三是交流推广各地开展合理利用的新鲜经验。2014年在宁夏首次召开全国性会议专题研究文化遗产的合理利用。通过这次会议，我们看到了各地文物部门在文化遗产合理利用方面的积极探索，也看到了文化遗产资源在弘扬和传承中华传统文化中发挥的重要作用，使我们对文物合理利用的广阔前景充满信心。来自不同省份的12家文博机构在会议上发言，从不同侧面反映了文化遗产合理利用工作的成果。其中，北京市文物局围绕打造首都形象的定位，在大事中体现优势，在重要时间节点上显示影响力；内蒙古博物院针对内蒙古地域辽阔、广大农牧区缺少博物馆的实际，打造流动博物馆、数字博物馆，将展览、讲座和教育活动送到孩子们的身边；恭王府管理中心深入挖掘王府文化和古建筑文化内涵，开展文博产品开发和服务，中国传统的"福"文化的活化利用受到了广大观众的追捧。本届研讨会上，我们专门邀请了来自安徽黟县和山西曲沃文物部门的代表，希望各位专家学者能对他们的实践多提宝贵意见，并为他们在实践中遇到的问题出谋划策。

这些经验不仅在文物系统，也在社会上引起广泛关注，文物合理利用成为热门话题。就整体而言，经过多年的努力，文化遗产合理利用工作积累了一定的经验，也取得了不少成果。特别是近年来呈现出主动作为、积极探索、加快推进的态势。同时，我们还应当看到，合理利用在制度安排上还有待进一步完善，存在一些目前难以逾越的障碍，展示利用的标准没有形成体系，展示利用与保护工程还没有形成无缝衔接；在认识上对保护与利用的关系还没有完全做到协调统一，也存在一些畏难情绪；在管理上精细化程度不高，对展示利用还没有做到按类型、按年代、按保护状况分类施策的精准管理。解决这些问题，对于推动文化遗产利用朝向有利于文化遗产保护、有利于文化传承的方向发展至关重要。下面，我想就大陆的文化遗产合理利用工作谈几点思考。

第一，要正确处理利用与保护的关系，发挥文化遗产的作用。文化遗产是中华文化源远流长、一脉相承的实物见证，具有铭刻历史、传承文明的重要作用；文化遗产资源的禀赋特性决定了它具有教化功能，具有教育公众、以文化人的作用；文化遗产的真实性、无可辩驳性使它能够印证历史、彰显主权；文化遗产作为独特的人文资源，它的多重价值具有促进发展、改善民生的作用。每一个列入世界文化遗产的遗址都会形成新的旅游热点，每一个国家考古遗址公园的建成都会带来当地环境的改善和就业岗位的增加。文化遗产资源可以丰富城市内涵、提升城市品质，可以转化为旅游、文化创意等产业发展的资源。作为文化遗产资源大国，我们尤其需要从发挥资源作用的角度出发，重视并且认真做好文化遗产合理利用工作。

长期以来，我们在如何看待和处理好保护与利用的关系方面存在一些偏差。主要表现在将保护与利用对立起来，没有认清保护与利用的辩证关系。客观上，在城镇化加快、房地产趋热的形势下，的确有人打着利用的旗号搞过度开发经营，损害了文物利用的声誉。必须指出的是，这些问题的出现并不是合理利用造成的。在文物工作中，保护永远是第一位的，但保护优先并不意味着利用不重要。合理利用的工作做好了，还会为文化遗产的可持续保护和长效维护提供保障和支撑。在开展合理利用的过程中，动员社会力量参与，可以扩大文化遗产保护的群众基础，有助于化解低级别文物建筑保护的经费与日常维护的困境；实现文物的展示和利用可以破解保护修复中的一些难题，能够促进文化遗产保护科技水平的提高；加强对合理利用的理论研究和分类管理，有助于提升文物事业精准管理程度，服务和促进文化遗产保护事业的全面发展。

第二，合理利用应以提供公共文化服务为重，坚守合理利用的底线。文物保护单位和博物馆承担着为公众提供公共文化服务的职能。文化遗产的公共资源性质和它的不可再生性要求我们在合理利用工作中必须树立底线思维，不能突破原则红线。一是利用必须以保

中国
文物年鉴
2016

护为前提，应当对文物做到最小干预，特别是对一些古建类、石窟壁画类应当避免不加限度的过度利用，尽可能创造有利于保护的环境条件；二是利用必须要建立在对文物历史、艺术、科学价值深入研究、准确把握的基础之上，利用必须坚持以增进公众对文物的正确认识和理解为根本宗旨，坚持文化价值优先；三是利用必须以服务公众为目的，应该是面向社会、服务公众的，不能改变文物的公共资源性质，只为私人或特定人群服务；四是利用必须尊重科学精神和文化传统，遵守社会公德，避免庸俗化，不能为封建迷信、伪科学提供舞台，更不能突破道德底线。

第三，进一步扩大文化遗产的开放程度。开放是文化遗产公益性的基本体现，包括大遗址、国家考古遗址公园、石窟寺、古建筑和近现代建筑在内的不可移动文物对公众开放，是文化遗产合理利用最基本的也是最重要的形式。为此，我们要积极创造条件尽可能全面的向社会开放。对于作为办公、生产经营等场所的国有不可移动文物，凡有条件的都要鼓励其采取措施做好对公众的开放展示，暂时不能全部开放的也要争取局部或定期开放。对于私人产权的不可移动文物，应做出标示和文字说明，鼓励其通过预约提供展示服务，并给予支持和帮助。考古工地和可移动文物修复现场可以确定固定开放日或向有组织的群体开放。此外，还要注重现代科技的运用，提升开放水平。我们的遗址大多为土遗址，地上物少，可看性差，又不能提倡复建，采用虚拟现实、3D场景再现等展示手段，有助于加深公众对文化遗产的理解和认识。将信息、网络等数字技术引入文化遗产的展示利用，创新展示形式和手段，建立互动体验、即时共享平台，拉近文化遗产与社会大众的距离。

第四，提高馆藏文物的展出率，让收藏在博物馆里的文物活起来。我国馆藏可移动文物数量巨大且分布不平衡，随着近年来博物馆数量的大幅增长，出现了大馆文物藏品闲置而中小博物馆藏品匮乏、缺乏基本陈列的问题。为了解决这个问题，我们要求各地博物馆打破地域、行政级别的限制，整合馆藏文物资源，形成博物馆藏资源共享机制。支持博物馆通过联展、借展、巡展等方式，扩大馆际展览合作，促进文物资源的利用。在这方面，南京博物院通过搭建总分馆制的平台与基层博物馆共享藏品，做出了有益的探索和尝试。

第五，鼓励社会力量参与。文化遗产保护是公益事业，应当充分调动公众"各尽其能"参与文化遗产保护，也应当充分尊重公众在共享文化遗产保护成果上"各得其所"。我国文化遗产资源丰富，较低级别的不可移动文物是文物资源金字塔的底座，总量高达64万多处，不论是保护还是利用，让各级政府都管起来，让各级财政都包起来难以做到，需要引导社会力量参与保护利用。多年来，我们一直对此持鼓励和支持的态度，广东、山西、安徽等地尝试动员社会力量认领认养低级别文物建筑，在不改变文物所有权的前提下，投资者可以获得一定期限的使用权。这种做法保住了一批文物，赢得了社会赞誉。但是总的说来，鼓励的力度不够大，政策的吸引力也不够强。现在要推动这项工作，需要做大量细致的工作，尤其要做好法规和制度设计，确保达到保护目的，确保过程公开、程序公正，确保保护与利用的责权利明晰。在这方面，台湾、香港和澳门地区的经验值得我们学习和借鉴。

第六，合理利用要自觉为稳增长、惠民生服务。文物是促进经济社会可持续发展的文化基因和优势资源。仅以考古遗址公园为例，根据有关的公众满意度调查，周边社区民众普遍认为国家考古遗址公园的建立改善了生活、美化了环境，其中大明宫、隋唐洛阳城、高句丽、三星堆周边超过95％的居民对此高度认同。不仅于此，文化遗产的合理利用还为当地带来更多的就业机会，公众调查显示，74％的周边社区居民认为考古遗址公园发展为地方创造了旅馆、餐饮娱乐等方面的就业机会，给区域就业带来积极影响。文化遗产只有实现保护与利用的协调发展，才能真正将关注民生、重视民生和保障民生落到实处，才能使我们的政策、措施更加符合实际，更有吸引力，实现社会公众的现实利益和长远利益，才能使保护文化遗产成为全社会的共同责任。

各位同仁，前不久，习近平主席在会见国民党主席朱立伦时，提出建设两岸共同体的5点主张，希望"两岸同胞要加强文化交流，发挥各自优势，共同传承中华文化优秀传统，建设共同精神家园，实现心灵契合"。中华传统文化是联系海峡两岸及港澳地区的情感纽带和精神桥梁，保护好、传承好中华民族的文化遗产是我们共同的责任。希望通过今天的交流与合作，通过我们共同的努力，能够让我们民族弥足珍贵的文化遗产在广阔大地活起来，让中华传统文化得到更好的传承与弘扬。

文化部副部长、国家文物局局长励小捷在2015年文化遗产日重庆大足主场城市活动开幕式上的讲话

（2015年6月13日）

中国
文物年鉴
2016

今天，我们相聚在世界文化遗产地大足，共同庆祝我国第十个文化遗产日。在此，我谨代表国家文物局，对前来参加主场城市活动的各位嘉宾表示热烈的欢迎！对辛勤工作在文物战线的同行们致以节日的祝贺！对长期以来关心、支持和参与文物事业的各级党委政府、社会各界表示衷心的感谢！

文化遗产日重庆大足主场城市活动得到了重庆市委、市政府、市人大、市政协的高度重视，大足区委、区政府以及区直各部门特别是文化文物部门为筹备工作倾注了很大精力。今年主场城市活动围绕"保护成果 全民共享"的主题，重点宣传近年来全国重点文物保护维修成果。其中，大足石刻千手观音造像抢救性保护工程，因其体量大、结构复杂、技术难度高，被国家文物局列为我国石质文物保护的"一号工程"。工程得到了重庆市和大足区党委政府的高度重视和大力支持，由中国文化遗产研究院联合相关科研院所和高校组成的项目团队，历时8年艰苦攻关，创新性地运用多种现代科技手段，深入发掘传统工艺的优秀成果，解决了保护修复中的一系列技术难题，今天终于竣工并正式向社会开放。

在今天开幕式的现场，我们还对全国各地涌现出的社会力量参与文物保护的典型事例进行宣传推介，希望借此引导、鼓励广大公众共同保护文化遗产。今天下午，我们在重庆中国三峡博物馆举办三个展览：有全方位、全景式展示我国"十二五"时期世界遗产申报管理、抗战文物保护利用、水下文化遗产保护、大遗址保护等工作成绩的全国文物保护成果展；有用镜头记录我国传统村落保护成果、留住人们浓浓乡愁的中国传统村落摄影作品展；还有用绘画形式反映今年我国世界文化遗产申报项目——土司遗址的第二届中国文化遗产美术展。这些内容都从不同侧面反映了近年来我国文物保护工作的成就和全社会关心支持参与文物保护的可喜变化，为今年的文化遗产日活动增添了亮丽的风采。

近年来，重庆市充分发掘特色文物资源，文物工作取得显著成绩，在抗战文物保护、三峡文物抢救保护、水下文物保护展示、红色文物保护利用、文物保护宣传等方面走在了全国前列。最近，《重庆市历史文化名城保护规划》正式公布，将重庆市文化遗产分为"三层七类"，重庆主城区有20个传统风貌片区被纳入规划保护。我相信，在规划指导下，重庆市文物保护工作将迈上新台阶。大足区多年来围绕大足石刻这项人类艺术瑰宝的保护利用，持续加大文物保护投入，健全文物保护机构队伍，文物工作在重庆市名列前茅。希望重庆市和大足区以举办文化遗产日主场城市活动为契机，进一步落实各级政府的

文物保护责任，提升文物展示利用水平，增强全民文物保护意识，更好地服务社会、促进发展、惠及民生，为我国文物事业发展做出新的贡献。

最后，让我们对重庆市委、市政府给予主场城市活动的关心支持，对大足区委、区政府做出的巨大努力，对文物部门修复工作者付出的辛勤汗水，以及全区人民的理解支持，表示衷心的感谢和崇高的敬意！

文化部副部长、国家文物局局长励小捷在 2015年全国文物局长座谈会上的讲话

(2015年7月29日)

今天，我们在贵州遵义召开全国文物局长座谈会。这次座谈会的主题是：深入贯彻落实党的十八大和十八届三中、四中全会精神，认真学习贯彻习近平总书记系列重要讲话精神特别是关于文物保护的重要论述，总结工作，分析形势，探讨问题，凝聚共识，研究新常态下进一步加强文物工作的思路和举措。

下面，我讲几点意见。

一、上半年的主要工作

2015年上半年，我们以贯彻落实习近平总书记关于文物保护的重要指示精神为统领，坚持稳中求进工作总基调，狠抓改革攻坚，提升法治水平，进一步加强管理，进一步夯实基础，各项工作继续保持稳中有进、稳中有为的良好态势。

（一）坚决贯彻落实中央领导同志重要指示精神

党的十八大以来，习近平总书记站在党和国家工作全局的高度，多次就弘扬中华优秀传统文化发表了重要论述，先后10多次就加强历史文物保护作出了重要批示，为文物事业发展指明了方向。2015年初，集中开展了习近平总书记重视历史文物保护、传承中华优秀传统文化的专题宣传，召开了学习贯彻座谈会，印发了学习贯彻通知，编印了《习近平总书记关于传统文化和文物保护重要论述摘编》。各地文物部门广泛开展学习宣传活动，迅速掀起了深入学习贯彻的热潮，文物工作得到了全社会进一步关注和支持。

2015年以来，习近平总书记就不可移动文物消失问题和长城保护工作作出了两个重要批示。

2月5日，习近平总书记在中央网信办的互联网舆情专报《历史文物何以大规模消失，历史文化遗产保护不是经济建设附属品》上作出重要指示，刘云山等中央领导同志就贯彻总书记重要指示精神也都作出了重要批示，要求出台硬性举措，坚决扭转文物保护被动的局面。接到中央领导同志的重要批示之后，文化部、国家文物局认真学习研究，提出了开好全国文物工作会议、出台加强文物工作政策性文件的工作方案，得到国务院领导同志的同意。围绕这两件大事，国家文物局开展了文物事业重大问题调查研究，组织专门班子抓紧起草新时期进一步加强文物工作的政策性文件代拟稿。初稿形成后，征求了相关部门意见，召开了专家座谈会。6月3日，刘延东同志主持召开了文物工作专题协调会，要求各部门进一步提高对文物保护重要性的认识，对文件起草工作在思想上给予重视，在政策上给予倾斜，在措施上给予支持，同时对设立分阶段文物保护目标、建立文物保护责任终身追究制、筹备全国文物工作会议等事宜提出了具体要求。会后，我们对文件稿进行了数次修

改，局党组和局务会进行了专题研究。目前，已经起草完成了《关于进一步加强文物工作的指导意见（征求意见稿）》。这次会议将拿出专门时间听取大家意见。

今年7月2日，习近平总书记在中办调研室的情况专报《长城遗址保护引舆论关注》上作出重要指示，刘延东就认真落实总书记重要指示、切实加强长城保护也作出了重要批示。7月12日，刘延东同志赴河北张家口调研长城保护情况，要求严格遵循《长城保护条例》，加强顶层设计，加快保护规划编制，加大执法力度，使长城保护成为文化遗产保护的典范。7月16日至17日，国家文物局赴河北卢龙县、抚宁县、山海关区实地调研了长城保护状况。关于下一阶段的长城保护工作，首先，要坚持正确的保护理念，整体以现状保护为主，部分加固，重点修复，发挥长城在凝聚民族精神、推动经济社会发展中的作用。其次，落实长城沿线省、市、县、乡各级政府保护责任制，健全长城保护员制度，加强巡查，及时发现并遏止破坏长城行为。第三，抓紧相关省份长城保护规划编制工作，国家文物局近期将出台长城保护规划编制指南；抓紧部署长城沿线重要点段标志、护栏的设立；抓紧开展打击盗卖、销售长城砖的违法犯罪专项行动；抓紧确定相关省份2016年长城重点修复项目。国务院主管领导要求适时召开长城保护工作现场会，对相关工作进行部署。

（二）精心准备文物系统纪念抗战胜利70周年有关文物维修与展陈工作

在2014年工作的基础上，召开文物系统纪念抗战胜利70周年推进抗战文物保护利用电视电话会，统筹部署相关工作。集中实施40个抗战类国保单位维修项目，安排经费3.9亿元。完成侵华日军第七三一部队旧址、阜新万人坑遗址、重庆南泉抗战旧址群等抗战文物保护修缮和展示提升工程。文物系统管理使用的113处抗战类国保单位基本完成保护修缮和展示提升工作，9月前可以全部对外开放。开展全国抗战文物陈列展览征集活动，重点推介93个优秀展览；开展36项纪念抗战胜利70周年精品展览数字化展示项目。编制《全国重要抗战文物导览（2015）》，成立东三省抗战遗迹联盟。

（三）统筹实施文物保护重点项目

首批51个国保省保集中成片传统村落保护工程全面开工，第二批100个传统村落保护利用项目全面启动。大足千手观音等修缮工程圆满竣工，正定古城保护、应县木塔抢险加固和文物消防安全百项工程等扎实推进。完成古建筑类国保单位重大险情专项排查，排查出重大险情352处，为安排本体保护项目打下基础。土司遗址成功申遗，贵州、湖南实现了文化遗产零的突破。西沙海域水下考古调查取得进展，海上丝绸之路申遗前期工作加紧推进。

（四）《博物馆条例》公布施行

2015年1月14日，李克强总理主持召开国务院常务会议，审议通过了《博物馆条例》，总理要求支持博物馆事业发展，鼓励博物馆向社会免费开放，强化服务教育、科研、文化建设和大众生活的社会功能，开发相关文化创意产品，丰富人民群众精神文化生活。3月20日，《博物馆条例》正式施行。我们及时召开了全国文物系统贯彻落实《博物馆条例》电视电话会议，印发了实施意见。开展全国博物馆展览展出季，推出13个彰显社会主义核心价值观的优秀展览。与教育部印发《关于加强文教结合，发挥博物馆青少年教育功能的指导意见》，推进博物馆青少年教育资源与学校教育的有效衔接。在北京、山西、山东、四川、广东5省市开展经济社会发展变迁物证征藏试点。实施可移动文物保护项目284项，安排经费7.2亿元，组织95家博物馆开展预防性保护工作。

（五）继续深化文物系统改革

完成国务院取消下放行政审批事项的阶段性任务，下放馆藏一级文物的复制、拓印行政许可和文物拍卖经营许可，清理中央指定地方实施的116项文物行政审批事项。新增4家承担国保单位技术方案审核的第三方评估咨询机构，完成2398个文物保护项目咨询评估工作。2015年预算项目安排总数2177个，国家重点文保专项资金投入73亿元。制定《关于推进博物馆理事会建设的指导意见》和《公共博物馆章程示范文本》。

2015年是文物保护项目审批制度改革的第三年。在大家的共同努力下，各项改革配套制度基本建立，改革的成效逐渐显现。4月，我们在四川成都召开了文物保护项目审批制度改革座谈会，多次与各司室专题研究过深化改革的措施，形成了以提升文物保护工程审批质量为前提、以精简立项审批为突破口，简化环节、优化流程、提高效率、搞好服务的一揽子措施。国家文物局近期将下发通知作具体部署。

（六）切实强化文物执法和安全防护

加大文物行政执法督察力度，重点督办南京市颜料坊49号民居被损毁案等25起文物违法案件，启动270处传统村落文物保护专项督察。与公安部共同督办地方公安机关，破获辽宁朝阳"11·26"大案，抓获犯罪嫌疑人217名，收缴涉案文物1901件（其中一级文物222件）；破获河北定州特大文物盗窃案，追回6件被盗文物（其中一级文物4件），抓获涉案13名犯罪嫌疑人。跟踪督办云南巍山拱辰楼火灾等重大文物安全案件。对河北、山西、安徽、湖北、贵州、福建6个省54处文物建筑消防安全进行了暗访检查，督促整改了10处较为严重的安全隐患。国家文物局文物违法举报中心筹建工作基本就绪。

（七）流失文物返还取得新成果

促成32件甘肃大堡子山遗址被盗掘流失珍贵文物回归；在台湾佛光山举行河北幽居寺释迦牟尼佛佛首捐赠仪式，实现佛像身首合璧。国务院批准与柬埔寨、尼泊尔、罗马尼亚签署打击走私文化财产双边协定，与西班牙签署《关于促进文化遗产领域交流与合作的谅解备忘录》。积极推动联合国教科文组织《1970年公约操作指南》在第三届缔约国大会上通过。基本完成中国政府援助柬埔寨吴哥古迹茶胶寺保护修复主体工程。举办第二届海峡两岸及港澳地区文化遗产活化利用研讨会、赴港"汉代文物展"和澳门申遗成功十周年文物保护成果展。

（八）基础工作扎实推进

基本完成第一次全国可移动文物普查的文物认定工作，已经登录信息的藏品达到2567万件。完成《文物保护法》修订草案起草工作，即将提交国务院法制办；全国人大常委会公布关于《文物保护法》四个条款的修改决定。印发《古建筑日常保养技术规程》和《文物建筑防火设计导则（试行）》。举办20个培训主体班次，培训学员1000余人次。公布9个国家文物局文博人才培训示范基地，完成国家职业分类大典中文物行业9个职业修订工作。在国家自然基金化学学部和材料学部设立文物保护方向，支持文物保护基础研究。会同工信部、重庆市启动国家文物保护装备产业基地建设，成立文物保护装备产业化及应用协同工作平台。组织文化遗产日重庆大足主场城市活动、国际博物馆日河北博物院主会场活动，举办"十二五"文物保护成果展和社会力量参与文物保护典型事例推介等活动。深入开展"三严三实"专题教育活动。

二、关于当前文物工作需要探讨研究的几个问题

当前，我国经济社会正经历着巨大而深刻的变革，处在这样一个大背景下的文物工作也面临着不少新变化、新情况、新问题。这些问题的产生既有内部因素的作用，也有外部因素的影响。在这些现实问题中还隐藏着一些深层次问题，直接或间接影响着事业发展和工作推进，需要我们给予正视、认真研究思考。

（一）关于事权划分

长期以来，我国行政管理体制执行属地管理、分级负责的原则，文物管理体制也是如此。这种管理体制符合我国国情，从文物工作的管理上看，4296处国保、12万余处各级文保单位、76万余处不可移动文物、3841万件/套馆藏文物的保护责任，不依靠属地管理是很难完成的。当然，有些文化遗产大国，文物资源也很丰富，地域也很大，实行的是垂直管理体制，如印度除中央政府设立国家考古局外，还向各邦派出27个直辖分支机构，全面负责、统一管理3684处国家级文物古迹。像希腊、埃及也实行这种管理体制，层次分明、权责清晰，属中央管的管到底，连设计施工队伍都是自己的；地方的责任让地方依法履行，中央不过多干预。这种管理体制有其优势，但在中国实行并不现实。实事求是地讲，我们现行的属地管理体制也存在着文物保护事权划分不清，事权与财权相互脱节，给钱的管不了事、管事的又没有钱等诸多问题。

一方面，国保单位保护维修经费主要由中央财政负责，项目立项和专项资金审批权在中央，项目招标和施工则在地方，而且多在县，容易造成开工不足拖进度、预算执行不规范、工程质量难以把控等问题。各省在省保单位保护维修中也面临着类似问题。

另一方面，市县级文物保护单位和一般不可移动文物是我国文物资源金字塔的底座，占比高达97.5％。按照属地管理的原则，这些文物的保护管理责任主要是在县（市）政府，而这些低级别文物的保护维修尚无上级财政转移支付的资金渠道，许多县（市）的财力难以承担。这属于较低层级的政府承担着较多的事权，真正的小马拉大车。

十八届四中全会明确要求，推进各级政府事权规范化、法律化，完善不同层级政府特别是中央和地方政府事权法律制度。大家知道，中央和地方的事权划分，这是一个国家治理问题，也是全面深化改革的一个重点。目前，在不改变大的管理体制的前提下，如何破解现实中存在的问题，需要我们开动脑筋、积极探索。对此，我谈点个人看法。

对国保单位的保护维修项目，既然资金保障主要在中央财政，就应该加大国家文物局在项目实施中的话语权，也可以委托省级文物行政部门负责项目实施。有的地方已经把国保单位项目实施集中到省一级，这不一定作为普遍的要求，但考虑到文物保护的特殊性，应该开个口子。对需要出标准出规范的试验项目，对需要先行试点、面上推开的样板工程，对价值极高、技术难度很大的科技保护项目，可以参照科研课题，由国家文物局或省局采取竞争性磋商采购方式，选择确有实力的团队承担。

以上措施是让事权匹配财权的思路，逻辑上还存在着一种让财权匹配事权的思路。也就是说，按照属地管理原则，既然项目实施在地方，就应把目前的文物保护专项转移支付改为一般性转移支付，按照因素法切块到各省。这样做行不行？有哪些利弊？这样做，有利于充分调动地方积极性，但问题也是明显的。首先，文物保护工程是非标准化的工程，每一项工程的技术要求都不一样、缓急程度也大不同，很难用切块方法下达；其次，作为一般性转移支付下达不能直接到项目，很有可能造成资金的挤占挪用。第三，这不利于全国文物事业的协调发展，失去了宏观调控的一个重要手段，有可能助长地方保护主义，影响文物行业资源的统筹和统一市场的形成。

作为研究问题，这两种模式我们都可以作深入思考。从我国文物保护力量实际看，主要力量集中在中央、省两级，部分市和大部分县实力很弱，有些县甚至只有一两个人管。考虑到实际执行力问题，我的倾向性意见还是在大体制不变的前提下，加大中央、省两级在项目实施中的作用。

对大量一般不可移动文物的保护，应当考虑纳入基本公共文化服务范畴，加大财力统筹，中央财政和地方财政确定合理比例，共同分担。这块钱可以按照文物资源分布状况，作为一般性转移支付下达。与此同时，制定导向鲜明、灵活多样的政策措施，努力形成文物保护资金多元化的新格局、社会力量广泛参与市县级文保单位和一般不可移动文物保护的新架构。

（二）关于经费导向

"十二五"以来，中央财政文物保护资金投入逐年大幅度增长，2011年至2014年分别达到96亿元、128亿元、140亿元、160亿元；其中国家重点文保专项资金增幅最高，年均增长30%。2015年受经济下行压力的影响，国家重点文保专项资金从2014年的78.01亿元下调为72.65亿元，首次出现负增长。从未来趋势看，中央财政对文保经费投入显然不可能像"十二五"那样快速递增，同样地方财政对文保经费投入的增长也会放缓。

面对"十二五"这样一个状况，我们每年的主要精力放在了怎么把这些钱安排出去，而对于资金导向、资金结构、资金效益问题，尽管看到了，也年年在强调，但收效不大。很可怕的是，这可能助长了文保专项资金钱好要的思维定式，以要钱多少作为政绩的衡量标准，进而偏离"保护为主、抢救第一"的需求导向。据统计，三年来，中央财政专项资金中文物本体保护预算经费呈递减态势，年均下降4%，而文保项目前期费用年均增长14%。首先要说明的是，这一结构调整增加了中央财政专项资金的支出范围，一些过去不能花的钱能花了，这不是坏事。但对于"一减""一增"也必须保持清醒头脑，要控制在一个合理的幅度。是不是文物本体保护经费够多了？现在还不能讲这话，最近地方自查出古建筑类国保单位重大险情就达352处。这个问题让我最担心的是，放下文物本体保护的根本，而去追求比较好要的前期费用。

资金投入既是我们事业发展的基本保障，也是搞好宏观调控的重要杠杆。在经济进入新常态，文保专项资金由逐年大幅度增长转变为保持平稳增长的情况下，我们应该更加重视资金使用的结构和效益问题，充分发挥资金的导向作用。具体讲，要突出抓好3件事情。

一是实行项目优选、年度资金安排总量控制。近三年，预算安排项目占到当年申报项目的93%，比重偏高，照此下去，很难解决立项报告水平和方案编制质量问题。保持一定的项目淘汰比例，既是实现项目优化的必要前提，也是文物工作保持一个向上态势的重要因素。是保持30%还是20%的项目淘汰率，这还要进行认真论证。但是没有淘汰率肯定是不行的。另外要说明的是，保持一定的项目淘汰率，与我们正在推进的精简审批环节、提高审批效率等工作并不矛盾。

二是调整项目结构。首先，要做到一放一收。放，就是对存在重大险情的国保单位本体抢救性保护项目要放，在项目审批上开辟绿色通道，在资金安排上优先保障。具体到什么是抢救性保护项目，文保司要抓紧研究相关标准。收，就是对非本体保护的前期项目要收，如保护规划，"十二五"以来，累计预算安排国保单位保护规划项目已达1596个。大部分国保单位保护规划编制是必要的（有一些单体的国保单位保护规划编制并非是必要的），目前这项工作钱安排了不少但进度不理想，因此，这类费用要根据完成情况逐步安排，在取费标准上也要规范。其次，加强宏观指导，增强重大项目的计划性。近几年从山西南部早期建筑到传统村落、抗战文物，我们在文保专项资金使用导向上是逐步加强的。现在的问题是指导性重大项目的比重还要增加，项目宏观调控的及时性、指导性和有效性还要加强。这里说的重大项目既包括配合国家大局和形势需要的重大项目，也包括分量重、价值高、影响大的重要文保工程，还包括重大考古发掘项目。第三，根据新的需求，拓展中央财政专项资金使用的新途径，如配合"一带一路"、扶贫开发等国家战略，对有关省保单位文保项目给予引导性支持；加强预防性保护，争取对国保单位日常养护和岁修给予一定的经费安排；开展国保单位保护涵养工程，对有希望进入国保的不可移动文物进行提前保护、排除险情；部分专项资金可通过注资文保基金会，资助修缮传统村落中属于私人产权的文物建筑等。这样，中央财政文保专项资金的覆盖面就更广了，导向作用就更大了。经过几年的探索，摸到一定规律，就能够让中央财政文保专项资金形成抢救性保护项目、指导性重大项目、前期费用、引导性资金这几部分的黄金比例。

三是提高资金使用效益。各类项目包括本体维修项目、安消防项目、预防性保护项目都要实事求是，杜绝开大药方，严查重复申报、交叉申报。全面推进预算绩效管理，加强与财政部驻各地专员办的协作，加强随机抽查和日常检查相结合，围绕招投标、开工、完工、验收四个关键环节，创新全程监管手段。

（三）关于能力建设

十八届三中全会提出的改革目标是两个现代化——治理体系和治理能力的现代化，可见能力建设的重要性。这一点，我们文物系统感受尤深。加强能力建设是一项系统工程，要统筹谋划、多措并举。加强能力建设既有提高个体和整体素质的问题，也有改善结构、整合资源的问题。按照系统论的观点，系统大于各部分之和，所以加强能力建设也应该着眼于整个文物系统。这里，我谈一谈如何整合资源、彰显优势，打造地方"国家队"，在全国文物系统能力建设中发挥旗舰作用的问题。

各级文物行政部门偏弱偏小，这将是一个长期存在的现实。但是纵观全国，我们文物系统的事业力量并不弱，在一些地方某些方面还有很强的优势。像陕西和河南的考古，山西和河北的古建筑，敦煌的壁画，荆州的木漆器，浙江的传统村落保护，都是业内公认的保护品牌；在高度重视发挥国家队（像故宫博物院、中国国家博物馆、中国文化遗产研究院）作用的同时，同样重视地方队的作用，盘活资源，挖掘潜力，创造条件，打造一批地方的"国家队"，使之成为引领支撑事业发展的新动能，这是提高文物系统能力建设的一个必然选择。

这几年，我们在国家文物局重点科研基地建设上先行一步，已建22个，由系统内拓展到系统外，我们要吸取其中的有益经验。在此基础上，要按照整体布局、打造平台、项目扶持、人才优化的工作思路，造就一批涵盖考古、古建筑（官式和民居）、土遗址、壁画彩塑、石质文物、大遗址数字化展示等若干工程保护中心。每个地方"国家队"都要有一个主攻方向，大的做优做强，小的做优做特，充分发挥其在重大文保工程实施、标准规范制定、关键工程技术联合攻关以及学科建设和人才培养的旗舰作用，努力成为各自领域的排头兵和领头羊。如何打造？概括起来就是四句话：挂牌子、给项目、打市场、聚人才。

这里需要指出的是，既然是地方的"国家队"，就要发挥辐射带动作用，对基础薄弱、人才匮乏的地区，以大带小、以强扶弱，注重为当地培养一支带不走的人才队伍。要加强人才队伍梯级建设，尊重老专家、发挥好他们的作用，按照新老结合、以老带新的原则遴选新增专家，扩大专家选用、培养的覆盖面。

（四）关于保护理念

2015年6月，历时8年、备受关注的大足石刻千手观音修复工程竣工，一尊久病痊愈、妙相庄严的彩绘贴金摩崖石刻造像风采如初，坊间舆情再次对"修旧如新"引发争议甚或质疑，"修旧如旧"如何理解，到底何为旧，何为新？这个界定问题业内已经争论很多年。千手观音修复工程无疑是值得肯定的保护范例，但也从一个侧面说明了一个躲不开、绕不过的现实问题，保护理念中哪些是普遍适用的还是分类适用的？哪些是可坚守、可传承还是要调适、要扬弃？哪些方面是空白，要探索要创新？需要业界专家和文物工作者一起来做作业、给答案。

保护理念是一个专业性很强的课题，但又与我们的每一项工作、每一个项目、每一处工程都密不可分。在保护理念问题上，文物行政管理部门既不能越俎代庖，也不能退避三舍。这里，我也谈点不成熟的看法。

研究形成中国特色文物保护理念，是我们作为文物资源大国的现实需要和历史使命。文物保护是科学，有其客观规律。近百年来，国际社会已经形成了一些为各国所普遍接受的保护理念，如真实性、完整性、最小干预原则，突出文物本体，保持环境协调，传承突出普遍价值等。同时，各个国家、各个民族因其文化多样性和文物特殊性，也因时因地因物形成了各具特色的保护理念，如俄罗斯文物建筑外墙每年粉饰一次，包括民居也是如此，这就是民族传统。我们中国的文物保护理念也是基于中国特色和与国际接轨的两个维度而产生的，如梁思成先生提出的修旧如旧、祛病延年，罗哲文先生提出的原形制、原结构、原材料、原工艺的"四原"原则。这些都是中国文物保护理念进步的基石，应该加以坚持与传承。随着文物事业的发展、文物类型的增多、保护手段的丰富、保护认知的深化，文物保护理念也应该随之发展与完善，包括对原有理念的阐释也应与时俱进。

作为文物行政管理部门，我认为，对文物保护理念的创新和发展应采取的基本态度有四条：一是坚持百家争鸣，允许讨论，持宽容态度，不要过早下结论。二是在工作实践中，像石窟寺的窟檐搭建，散落田野的石碑石像集中保护，神道石像生的病害清理，选择哪种理念要以有利于文物保护为基本标准。比如陕西乾陵神道的石像生，因常年日晒雨淋，表面风化较为严重，大多出现不同程度的残缺、损伤，通过清洗—修复（注浆填缝）—防风化处理，尽管历史沧桑感少了，但实践证明对保护是管用的，就应该坚持。同样，法国人也会给巴黎圣母院的外墙"洗澡"，不论巴黎圣母院的外墙被清洗得多么洁净，但有一点是明确的，此时此刻的行动是为了让后人长久地、日复一日地与历史的不朽遗迹共同生活。三是重视案例的总结与积累，为保护理念的深化与完善提供实践支撑。四是对于保护理念的理论研究或实践探索，既要重视业内圈内的评论，也要重视社会各界的反映和参与，不要画地为牢、"自娱自乐"，因为让社会各界参与保护理念的讨论，是让群众了解文化遗产价值的重要渠道。

三、文件起草的几点说明

（略）

中国
文物年鉴
2016

秉持文物保护正确理念　传承中华优秀传统文化

文化部副部长、国家文物局局长　励小捷

党的十八大以来，习近平总书记就加强文物保护发表了一系列重要论述，深刻阐明了文物工作在传承中华优秀传统文化、实现中华民族伟大复兴中国梦中的重要地位和作用，丰富发展了中国特色社会主义文化遗产理论，为新时期文物事业发展指明了前进方向。

一、把握历史机遇，增强文物保护的责任感

中华文明源远流长、一脉相承，为人类发展留下了丰富的文化遗产和历久弥新的精神财富。习近平总书记站在党和国家全局的战略高度，明确指出中华文明积淀着中华民族最深层的精神追求，代表着中华民族独特的精神标识，为中华民族生生不息、发展壮大提供了丰厚滋养。文物是祖先留下的不可再生的珍贵资源，不仅属于我们，也属于子孙后代。保护文物是国家法律赋予每个人的责任，不能为了谋取眼前或局部利益而破坏全社会和后代的利益，要像爱惜自己的生命一样保护历史文化遗产。习近平总书记的重要论述，饱含着对中华优秀传统文化的深厚感情，体现了对文物保护的高度重视，是我们党新时期发出的大力传承弘扬中华优秀传统文化和加强文物保护的动员令，为文物事业发展开辟了广阔前景。

回顾改革开放30多年来文物事业发展历程，随着我国经济实力大幅提升，综合国力显著增强，文物保护投入持续增长，文物事业发展的物质基础进一步筑牢；人民群众精神文化需求日趋旺盛，文物工作的社会关注度显著提升，文物事业发展的社会基础进一步坚实；文物保护法律法规日渐完善，文物保护能力长足进步，中国特色文物事业发展道路、制度体系和理论体系基本形成，文物工作在传承中华优秀传统文化、弘扬社会主义核心价值观、促进经济社会发展中的作用进一步增强。同时，也应当清醒看到，当前我国文物事业发展还面临诸多问题和挑战。文物保护与城乡建设矛盾依然突出，文物安全形势严峻，法人违法案件呈多发态势。政府保护文物的主体责任没有落实到位，社会参与文物保护的格局尚未形成。文物工作同党和国家的要求相比、同人民群众的期待相比、同世界文明古国应有的地位相比，仍然存在很大差距，文物系统的体制改革有待深化，法治建设、队伍建设、能力建设亟待加强。

面对机遇和挑战，我们要深入学习贯彻习近平总书记的重要论述，切实履行政府保护文物的职责，切实提高公民保护文物的意识。文物系统要进一步增强大局意识、责任意识、创新意识，勇于担当、认真履职，切实使祖国和民族珍贵文化遗产得到应有保护，让中华优秀传统文化生生不息、代代相传。

二、秉持正确理念，提高文物保护水平

习近平总书记明确指出，要秉持正确的古城保护理念，切实保护好其历史文化价值。要传承历史文脉，发展有历史记忆、地域特色、民族特点的美丽城镇，让居民望得见山、看得见水、记得住乡愁。要修旧如旧，保留原貌，防止建设性破坏。这些重要论述是对文物保护规律的科学把握，是对文物保护理念的深刻总结，是指导文物保护工作的根本遵循。

中国
文物年鉴
2016

秉持正确的文物保护理念，必须深入研究文物的历史文化价值。文物是人类文明的物质载体，蕴含着丰富的历史、艺术和科学价值。要以敬畏历史、抱朴求真之心对待文物。搞好任何一种类型的文物保护，都要首先研究其自身价值，特别是在印证国家历史、凝聚民族精神、展示先民智慧等方面的价值作用。同时，要弄清文物的历史断代、沿革传承，挖掘文物所经历的各个历史时期的真实信息。要弄清文物遗存的地域环境，研究文物所反映的人地关系。要弄清文物与历史事件、历史人物的关联，揭示文物背后的故事。

秉持正确的文物保护理念，必须注重传承历史文脉。文物保护的真实性、完整性原则，是由文物的自身价值和不可再生属性决定的，要坚决反对拆古建新、拆真建假。要坚持修旧如旧，保护文物真实性、完整性的原则。对于古建筑保护维修，要按照原规制，使用原材料、原工艺，尽可能原址保护，减少迁建；除非详尽掌握了原有建筑的信息资料，一般不提倡在建筑遗址上进行复建。经批准在文物建筑周边建设的设施，也要突出文物本体、保持风貌协调。对于传统村落保护，既要重视文物本体的保护，又要注重保持和恢复村落的格局肌理、山形水系，以体现文物保护的整体性。所有文物的保护，都要坚持最小干预，注重日常维护和预防性保护，减少落架大修，防止因过度干预造成对文物的损害或破坏。

秉持正确的文物保护理念，必须正确处理好几个关系。一是文物保护与城乡建设的关系。传承文化是新型城镇化的基本原则之一，文物建筑和其他文化遗产往往是一个城市或乡村的文化基因，加强文物保护，对于优化城乡面貌、彰显地域魅力、促进经济社会发展具有重要作用，不能视文物保护为城乡建设的包袱，不能要求文物保护必须为开发项目让路。要把文物保护纳入城乡建设总体规划，建设工程选址要尽量避开各级文物保护单位，大型基本建设要预先进行考古勘探，根据城乡规划需要迁移拆除的文物要依法履行审批手续。二是文物保护与群众生产生活的关系。文物保护要坚持以人为本、惠及民生，始终把文物保护人人参与、保护成果人人共享作为文物工作的出发点和落脚点。对于正在使用的古民居的保护，要充分考虑居民生活的便利和生活质量的提升，根据古民居的年代、等级和保存状况，分别采取整体保护、局部保护和外貌保护等措施。要把文物保护与产业发展相结合，依托文物资源积极发展旅游、特色农业、文化创意等产业，使其成为改善民生、发展经济的助推器。三是政府主导与社会参与的关系。要增强全社会文物保护意识，拓宽人民群众参与文物保护的渠道。对涉及群众利益的文物保护规划、工程项目，充分听取群众意见，自觉接受社会监督。要拓宽投资渠道，充分发挥社会力量和资金参与文物保护利用。

三、促进合理利用，让文物资源活起来

习近平总书记明确提出，要系统梳理传统文化资源，让收藏在禁宫里的文物、陈列在广阔大地上的遗产、书写在古籍里的文字都活起来。这是推动文物工作服务大局、教育人民的新要求，是指导文物合理利用的行动纲领。

突出教育功能，为弘扬社会主义核心价值观服务。要深入挖掘和阐发中华优秀传统文化讲仁爱、重民本、守诚信、崇正义、尚和合、求大同的时代价值，使中华优秀传统文化成为涵养社会主义核心价值观的重要源泉。从2015年开始，我们将围绕弘扬社会主义核心价值观的主题，发挥博物馆优势推出系列文物展览，以国宝级文物为素材拍摄典藏中华系列电视短片，依托大遗址打造中华民族历史再现工程，引导公众增强民族自豪感和国家认同感。

扩大开放范围，充分发挥文物保护单位的公共文化服务作用。文物系统管理的各级文物保护单位，包括大遗址、国家考古遗址公园、石窟寺、古建筑和近现代建筑，要积极创造条件全面向社会开放。对于作为办公、经营等场所的国有文物保护单位，要鼓励其采取措施做好对公众开放展示，暂时不能全部开放的也要争取部分或定期开放。为纪念中国人民抗日战争胜利70周年，文物系统管理的186处抗战类全国重点文物保护单位，在2015年9月前将全部向社会开放。

提高展出率，让收藏在博物馆里的文物活起来。打破地域、行政级别的限制，整合馆藏文物资源，通过博物馆联盟、对口帮扶、总分馆制等办法，形成博物馆馆藏资源共享平台。将文物展出率作为博物馆考核评估的重要指标，支持博物馆通过联展、借展、巡展等方式，扩大馆际展览合作，促进文物资源利用，有针对性地解决大馆、省馆文物藏品闲置而基层中小博物馆藏品匮乏、缺少基本陈列的问题。推动考古发掘品尽快向博物馆移交。拓展博物馆藏品征集范围，以经济社会发展物证征集收藏展示为重点，将体现乡土记忆、区域发展历程和地方民族民俗的物证纳入工作范围。

讲好文物故事，扩大中华文化影响力。加强文物对外交流合作，配合外交大局，推动一批富含中国文化、凝聚中国智慧、展现中国气派的精品文物展览"走出去"。配合"一带一路"战略，在丝绸之路沿线国家联合开展文物展览、考古发掘、文物保护项目。开展海上丝绸之路文物资源调查，为申遗做准备。

四、强化文物执法，坚守文物安全底线

文物安全是文物工作的生命线。文物部门要始终把文物安全摆在重中之重的位置，做保护历史文物、传承文化根脉的守护人。

提升文物行政执法效能，严惩各类违法行为。要严格履行各级文物部门的监督和巡查责任，建立文物违法案件举报中心，及时发现问题，迅速上报违法信息，及时反馈处理情况，坚决杜绝有法不依、知情不报。要对文物违法行为零容忍，加强文物行政部门的执法地位和责任，通过实地督察、交叉检查、第三方暗查等方式，加强对各地文物行政执法监督。要落实执法责任主体，敢于履行执法职责，坚决排除各种干扰，努力实现文物违法案件"件件有结果、事事有回音"。要探索和推进文物行政执法体制改革，建立国家文物督察制度，重点严办破坏文物本体、在文物保护范围内搞违法建设等大案要案，增强文物执法的震慑力。

健全文物安全责任体系，落实责任追究机制。落实各级政府保护文物的主体责任，加强文物执法机构和队伍建设，加大文物安全投入，切实解决文物执法机构不健全、力量弱的问题。落实各部门保护文物的法定职责，充分发挥文物安全工作联席会议制度的统筹协调作用，深化与公安、海关、工商、海洋等部门合作，建立健全打击各类文物犯罪长效机制，遏制频发势头、保持高压态势。落实各级文物行政部门和各文博单位的文物安全职责，全面落实治安、消防等各项安全管理要求。推动地方政府将文物安全纳入政府绩效考核。全面落实文物行政执法责任，把行政处罚与行政处分、刑事处罚衔接起来，建立健全文物安全责任追究机制。

加强文物安全防范建设，切实防患于未然。坚持预防为主，排查整治安全隐患，深入开展文博单位安全管理综合达标工程，大力推进文物平安工程，启动实施文物消防安全百项工程，推广先进适用的电气火灾防控技术，推进科技手段在文物安全防范领域的应用。开展不可移动文物遥感监测、防爆安全检查系统、高原地区文物建筑灭火装备试点，提升防盗、防火、防雷、防破坏技术能力。要加快推进文物安全消防领域标准规范体系建设，加快《文物保护法》和文物犯罪刑事案件适用法律司法解释修订进程，为文物安全防范提供坚强的制度保障。

（原载于《求是》2015年第15期）

文化部副部长、国家文物局局长励小捷
在国家文物局文博人才培训示范基地
暨文物保护职业教育教学指导委员会
工作会议上的讲话

（2015年9月18日）

国家文物局文博人才培训示范基地（试点单位）（以下简称培训示范基地）名单和新一届文物保护职业教育教学指导委员会（以下简称文保行指委）的公布，是2015年文博人才培养和队伍建设工作中两件值得瞩目的事，标志着我们按照需求导向、坚持协同创新，在构建多层次、多类型的文博人才培养体系的道路上又迈出了可喜的一步。今天，我们这个工作会议，既为培训示范基地授牌，为文保行指委委员颁发聘书，同时也是对培训示范基地和文保行指委两项工作进行研究梳理，进而谋划未来一个阶段的工作任务。刚才教育部职教司的同志就文博职业教育讲了很好的意见，我完全赞成。在此，我谈三点意见。

一、把握机遇，迎接挑战，全力打造适应事业发展要求的人才队伍

中国五千年悠久历史留下了灿烂丰富的文化遗产。我国现有全国重点文物保护单位4296处、其他各级文保单位12万余处、不可移动文物76万余处、馆藏文物3841万件／套。经联合国教科文组织认定的世界遗产有48处，其中世界文化遗产34处、世界文化与自然双重遗产4处，世界遗产总量居世界第二位，是当之无愧的文化遗产大国。党和国家领导人历来高度重视文物保护工作，特别是党的十八大以来，习近平总书记就推动中华优秀传统文化传承和创新发表了一系列重要论述，多次就文物保护作出重要指示批示，成为新时期文物事业发展的工作指南。为支持文物事业发展，"十二五"期间，中央财政不断加大对文物保护工作的经费投入，2011年至2014年分别达到96亿元、128亿元、140亿元、160亿元，极大地缓解了文物保护经费紧缺的问题。

与文物工作良好发展态势相对应的是，我国文博人才队伍总体状况相对较弱。根据2013年国家文物局组织开展的调研，我国有文物机构7737个、博物馆机构3473个、文物从业人员137173人。虽然人员数量在近年有所增加，但还是无法从根本上满足文博工作的需求。全国文博人才总量不足，队伍结构不合理，人才素质参差不齐。全国文博专业技术人员中具有高级职称的仅5.5%、具有中级职称的仅13.5%，而各高等院校每年培养的考古文博专业毕业生到文博单位就业的不足25%（2013年）。机构编制与部门职责不对等，人才队伍与工作任务不相称，已成为制约文物事业发展的严重问题。

文博人才是推进提升文物保护工作的根本和重要依靠，是促进文物事业发展、确保文化强国战略目标实现的战略性资源。文物工作总体目标的实现，各项工作任务的完成，离不开高素质的文博人才队伍。当前，我国文物工作面临新的发展机遇，社会形成了广泛的文物保护共识，文物工作日益融入经济社会发展，成为新型城镇化建设、构建美丽中国等国家战略的重要内容。我们要把"人"的文章做扎实，加大文博人才培养力度，努力打造一支高素质、高水平、具有战斗力的文博人才队伍，以人的创造力激发事业发展的活力，以人的素质提高增强事业的动力，带动文物事业迈向一个新的高度。

二、解放思想，开拓创新，着力构建多层次、多类型文博行业人才培养体系

国家文物局高度重视文博人才培养和队伍建设。为破解文博人才队伍的瓶颈问题，我们积极探索，采取了一系列措施。2014年，印发了《全国文博人才发展中长期规划纲要（2014～2020年）》和《国家文物局文博人才培养"金鼎工程"实施方案》，提出培养高层次领军人才、科技型专业技术人才、技能型职业技术人才、复合型管理人才等四类人才培养目标，构建多层次、多类型的文博行业人才培养体系。为落实规划与"金鼎工程"实施方案，国家文物局主要开展了以下工作。

第一，公布培训示范基地，丰富人才培养途径。2015年4月，将故宫博物院、中国文化遗产研究院等9家单位公布为国家文物局文博人才培训示范基地试点单位。这9家单位中，有文博事业单位，有知名高等院校，也有民办职业院校。它们具备较好的办学条件和资源优势，通过长期与各级文物部门合作，在建筑遗产保护、文物修复、考古等方面积累了丰富的人才培训经验，具备大规模、广泛深入开展文博人才培训的条件和潜力。

第二，推进文博行业职业教育，拓展人才培养领域。国家文物局会同教育部调整并公布了新一届文保行指委名单，编制印发了《文物保护行业职业教育教学指导委员会章程》及《文物保护行业职业教育教学指导委员会秘书处工作细则》。文保行指委是受教育部委托，由国家文物局牵头组建和管理，对文博专业职业教育教学工作进行研究、咨询、指导和服务的专家组织。文保行指委由国家文物局人事司牵头组织，组成人员来自文博单位、职业院校和从事文物保护的相关企业，秘书处设置在中国文化遗产研究院。文保行指委是推动文博行业职业教育和教学工作的重要阵地，是凝聚各方力量，共同推进文博行业职业教育的重要平台。

第三，加强制度保障建设。国家文物局配合教育部开展《高等职业学校专业目录》修订工作，文博行业有考古探掘技术、文物保护与修复、文物博物馆服务与管理三个专业进入该目录。2015年7月，人社部组织召开的国家职业分类大典修订工作委员会全体会议审议通过了2015版修订的《中华人民共和国职业分类大典》。国家文物局组织中国文化遗产研究院和相关行业专家，经过多年工作努力，将包括考古专业人员等9个文博行业的职业列入大典。上述工作为文博人才培养使用与成长奠定了扎实的制度基础。

与此同时，全国各地也围绕"金鼎工程"的贯彻实施，采取了积极有效的措施。部分省级文物行政部门在省级层面制定出台了"金鼎工程"实施方案，使方案的总体目标在省市各级文物部门得以深入贯彻。各地不仅积极参加国家文物局组织的培训班，有条件的省份还自行组织培训班，有的班次质量非常高，对辖区内的文博干部和专业人才进行了更加有针对性的专题培训。北京、陕西等地文物局采用建立培训基地的方式，搭建人才培养平台，促进干部教育培训工作的常态化和制度化。部分省局采用与高等院校合作的形式，借助其在教学、师资和研究等方面的优势，为人才培养开拓途径。

今天，文博人才培训示范基地公布和文物保护职业教育教学指导委员会成立，是落实"金鼎工程"实施方案两项极其重要的举措，是实现规划的人才培养目标、完善文博人才培养体系的重要途径和手段。文博行业没有行业的专业院校,要通过文博人才培训示范基地的作用,借助示范基地中相关院校、相关单位的资源优势,开展文博行业亟须的专业技术人才、复合型管理人才的培养。通过培训示范基地的工作,带动和辐射全国文博人才培训工作,推动培训工作专业化、规范化和体系化。要充分发挥文保行指委在文博职业教育中的引擎和推动作用,依托这个平台,为职业院校与行业单位搭建沟通的桥梁,逐步建立形成产、学、研一体的文博职业教育体系。要借助国务院召开全国职业教育工作会议的东风和印发《关于加快发展现代职业教育的决定》的有利契机,牢牢把握发展机遇,大力推进文博行业职业教育,加大文博技能型人才的培养力度,为文博行业发展奠定扎实的人才基础和智力保障,释放助推文博行业发展的人才红利。

三、明确重点,夯实措施,推动文博人才培养整体水平的提高

对于培训示范基地和文保行指委,国家文物局将采取有效措施,在政策、项目上给予大力支持,推进两项工作取得实质性进展。国家文物局正在组织制订《文博人才培训基地管理办法》,稍后将征求各有关单位的意见。希望通过该办法,规范基地的运行、项目组织、评估等各方面工作,形成职责明确、管理有力、利于执行、评价科学的基地制度体系。对于文保行指委的工作,国家文物局将加强与教育部的沟通,指导中国文化遗产研究院,按照行指委章程的有关要求,制订工作计划,明确工作任务,狠抓工作成效。文保行指委是党中央国务院推进职业教育、促进产业发展的战略部署,关键要搞协同创新,打破行业部门的界限,充分利用整合现有社会资源,实现改革发展。近几年,国家文物局的工作贯彻了这一思路。如人才培养打破系统观念,依托培训示范基地的平台,通过挂牌子、给项目、搭梯子,将现有的教育资源为我所用,全面推进培训工作,并积极协调解决人才毕业出口问题。

为整合专家资源,国家文物局将建立文博人才培养专家库,将考古、可移动、不可移动文物保护等各方面德才兼备的专家纳入专家库,鼓励专家参与文博人才培养相关的教育、教学和研究工作,对各地的文博人才培训和教学给予科学指导;积极推行"双师制",用行业专家充实职业院校的师资队伍,解决职业教育师资队伍紧缺的问题。

对于今后这两方面的工作,我提几点希望:

一是统一思想,凝聚共识,切实加强组织领导。人才培养作为一项长期工作,各有关单位要给予高度重视,将其作为基础工作,常抓不懈。国家文物局人事司要加强与教育部相关司局的沟通与交流,及时了解政策导向,争取在政策、项目上的支持与倾斜。人事司的任务确实比较重,职业教育是人才培养重要的一部分,要加强和教育部、人社部的沟通,关注普通高等院校的专业设置、教育教学等内容,对如何提升、调整和完善提出意见。要使学历教育、在职培训和职业教育成为一个体系,增强人才培养的整体性、系统性、协同性。各省级文物主管部门要加强对培训示范基地和文博职业教育工作的行业指导,组织调动在文物保护工程专业技术、师资力量等方面的资源,采取灵活多样的形式,帮助培训示范基地和职业院校解决在实训、师资等方面的问题。培训示范基地所在单位要将基地的建设与发展纳入本单位的发展规划,在政策、经费和人员等方面提供支持和保障。要建立基地的组织领导架构和运行管理机制,基地所在单位应有一名领导同志全面负责基地的各项事务,协调其他相关部门,调动可利用的资源,为基地的顺畅运行创造良好条件和氛围;要明确基地的运行机构,指定专人负责基地的日常管理和相关活动的开展。要不断加强基础教育教学设施的建设,完善实验场所、培训教室、食宿等设施,以适应不

同人才培训的要求。

文保行指委各位委员要充分认识行指委工作的重要性，积极主动参与行指委的工作，积极为行指委工作建言献策。与此同时，要妥善处理本职工作和行指委工作的关系，主动汇报、积极沟通，争取所在单位领导对行指委工作的支持，调动和引导所在单位参与行指委工作，在更大范围内发挥作用。中国文化遗产研究院作为文保行指委秘书处的挂靠单位，要为秘书处开展工作创造条件，鼓励和激励相关人员投入秘书处工作的积极性，为秘书处工作的开展建立长效保障机制。

二是立足事业发展，把握文博行业的形势特点和需求。文博行业有其自身的发展规律和特殊属性，在人才布局上也呈现出不同的特点。不同性质、不同层级的单位对人才培养的需求不尽相同，人才培养的内容、方式就应有所不同。坚持需求导向，是文博人才培养的一个重要原则。各级文物主管部门，各文博人才培养单位，都应该将需求研究作为一项重要的工作内容。既要全面把握，又要解剖麻雀，摸清各单位的人才组织架构，根据其需求，建立有针对性的教育培训体系。

各培训示范基地要通过多种方式，长期、动态地了解并分析文博行业人才需要，并将其作为开展文博人才培养的依据，采取相应的培养方式和培养内容。文博职业教育的开展必须以研究行业属性和特点为基础，同时要借鉴其他行业的先进经验，在两者结合的基础上探索具有自身特色的发展道路。

三是建立教育培训体系，完善相关标准。教育培训标准体系是指导教学和培训的核心内容，直接影响到人才培养的方向和质量。教育培训体系的完善，将促进文博人才培养体系的整体完善。培训示范基地不应仅满足于举办几个培训班，要立足于基地的重点方向，逐步建立和完善教育培训体系。要针对初级、中级和高级等不同层次的培训对象，结合行业发展的新趋势与新要求，设置相应的教学时长和课程内容，组织适当的师资力量。要经过摸索与实践，使每个基地在其重点方向，都形成一套相对完整和成熟的培训体系。在此基础上，各基地要通过培训体系的完善，探索基地教学特点与文博人才培养的契合点，形成科学系统的、符合文博行业实际工作特点的人才培养教学教材体系。各基地要以建立完善培训体系为目标，制订基地发展年度工作计划和中期规划（3～5年），报国家文物局审核。

文博职业教育的学科体系和标准建设任务比较繁重。各职业院校应将《高等职业学校专业目录》和《中华人民共和国职业分类大典》作为依据，结合自身优势，准确定位，紧贴行业、产业和职业，科学设置专业。要根据国家发布的相关标准，抓紧开展文物保护与修复等3个高职专业目录的专业和教学标准、课程标准的制订工作，尽快发布实施。相关标准的制订中要体现文博行业特点，反映文博行业的要求，实现职业教育与行业发展的紧密结合。任何教育和培训都要坚持树人立人的原则，有两门课应作为各个班次通用课，一个是《文物保护法》，一个是《中国文物、博物馆工作者职业道德准则》，要为各班次开设这两方面的讲座，编写统一教材、课件。文保行指委要研究文博职业教育的人才培育目标、教学基本要求和人才培育质量评价方法，对职业院校的文博专业教育教学情况进行评估，对专业设置、教学计划制定、课程开发、教材建设等提出建议。

四是发挥优势，明确定位，办好主体班次，形成品牌效应。培训示范基地未来的发展方向不应追求面面俱到，不能希冀包打天下，而应体现各自特点，根据自身条件和基础，明确发展定位，确定人才培养的重点方向。要集中优势力量，着力打造各自的主体班次，重点发展优势领域，强化精品意识，形成品牌效应。对于主体班次，课程设计要精雕细琢，师资

中国
文物年鉴
2016

要精挑细选，培训质量要严格把控，将主体班次办成品牌，办出效果，办出影响力。

在这里我想举两个范例。一个是新中国成立后由国家文物局举办的古建筑保护培训班。这个班从1952年起共举办4期，梁思成、罗哲文、陈明达、祁英涛、杜仙洲、余鸣谦等古建筑保护权威为培训班授课，为各地培养了一代古建筑保护中坚力量，包括杨烈、梁超、孔祥真、杨玉柱、姜怀英等业界翘楚，奠定了新中国成立初期古建筑保护的专业人才基础，其影响一直延续到现在。第二个是1994年底至1995年初，国家文物局委托故宫博物院举办的书画鉴定培训班。该班邀请到启功、徐邦达、刘久安、傅熹年、杨新、单国强等泰斗级专家，对全国博物馆专业人员进行了3期培训，极大地提高了博物馆专业人员的鉴定水平。该班的很多学员，包括现任国家鉴定委员会委员鲁力，辽宁省博物馆馆长马宝杰，已经成长为相当有影响力的书画鉴定专家。这两个例子的成功经验值得我们认真研究、总结和借鉴。要抓住我们的优势，紧贴行业，从招生，师资、课程等方面精心设计，使得培训班能够出人、出影响。

五是坚持理论与实践相结合，多形式、多渠道培养人才。文博培训和教学的开展，必须遵循文物保护的科学规律，依照文物保护的科学理念，坚持理论与实践相结合。要多措并举，形成专业培训与学历教育相结合，线下培训与线上学习相结合，形式多样、梯次合理的人才培养新架构。

各培训示范基地、文博职业院校，要将文物保护相关法律法规、规范性文件、文物保护理念和原则作为教育和培训的重要内容，纳入课程体系，在教育教学中予以贯彻实施。

培养专业技术人才和技能型人才，实践操作尤为重要。缺少实践操作经验，无异于纸上谈兵；在实操技能不过关的情况下就动手修复文物，很可能对文物造成损坏。因此，相关培训示范基地和职业院校在培训和职业教育教学中都要高度重视实践操作，采用多种形式为学生创造实践操作的机会和条件。要打通两个通道，一个是培训基地和保护工程的通道。重大文保工程，如大足石刻"千手观音"，嘉峪关保护工程，定陶汉墓保护工程，江西南昌的墎墩汉墓等项目，任务重、时间长、技术要求高，是人员培训的重要机会。要赋予重大工程项目培训人才的任务，将用人和育人结合起来，发挥文物保护工程的综合效益。另一个通道是要让重大文保项目面向文博职业院校，创造实习的机会。要促进职业院校与文博行业的深度融合。职业院校可向企事业单位派驻学生实习，使学生了解行业一线的实际操作要求；企事业单位也可将生产线设置在学校，将实操要求贯彻到日常教学中，直接加强学生的动手能力。

六是勇于人才培养上的体制机制创新。人才培养是一个系统工程，要全面推进人才培养工作，根本上还是要破解在体制机制上的障碍和藩篱。要做到这一点，不能等、靠、要，必须有敢为人先的精神，坚持改革创新。要将人才培养的视野放宽，不仅仅局限于文博系统内部，而要放眼全行业，将系统外从事文物保护工作的人员纳入人才培养的范畴，使其成为文博人才队伍的有生力量。近年来，国家对财政经费用于培训实施了严格的管理，这在一定程度上限制了原本就不充足的培训经费作用的发挥。要认真研究相关政策要求，积极寻求突破口，通过合理合规的方式，拓宽经费渠道，增加经费数量。用人机制不畅是文物系统人才现状的一个重要原因。一方面，文博单位人才紧缺的呼声日益强烈，而另一方面，苦于编制所限无法招到满意的人才。各文博单位要开拓思路，勇于体制机制创新，探索灵活的人才聘用方式，吸引真正适宜的人才投身文物工作，为专业技术人才、技能型人才打通就业渠道，描绘美好的职业前景和事业蓝图。

国家文物局党组书记、局长刘玉珠在国家文物局系统学习贯彻十八届五中全会精神学习培训班上的讲话

（2015年11月9日）

10月26日至29日，党中央召开了十八届五中全会，审议通过了《中共中央关于制定国民经济和社会发展第十三个五年规划的建议》（以下简称《建议》），习近平总书记作重要讲话。深入学习贯彻落实全会精神，是当前和今后一个时期全党全国的一项重要政治任务。按照中央的统一部署，局党组决定集中四天时间，举办局系统学习贯彻十八届五中全会精神学习培训班，目的就是要认真学习、深刻领会、全面贯彻全会精神，把思想和行动统一到全会精神上来。

下面，我首先谈谈对五中全会精神的学习体会，再就国家文物局系统的贯彻落实提几点要求。我讲四个方面的内容。

一、深刻认识十八届五中全会的重大意义

十八届五中全会是在我国全面建成小康社会进入决胜阶段党中央召开的一次重要会议。全会通过《建议》，是到2020年全面建成小康社会、如期实现我们党确定的第一个百年奋斗目标的纲领性文件，是指导今后5年经济社会发展的行动指南。制定与实施好"十三五"规划建议的重要性，习近平总书记概括为"三个事关"：事关四个全面战略布局的协调推进，事关我国经济社会持续健康发展，事关社会主义现代化建设大局。

第一，"十三五"规划建议是全面建成小康社会的路线图。小康社会是20世纪70年代末80年代初邓小平同志提出来的，到20世纪末我们已经实现人民生活总体达到小康水平。党的十六大提出全面建设小康社会，十七大提出新的更高要求，十八大提出到2020年全面建成小康社会，这是我们党向全体人民做出的庄严承诺，也是"十三五"时期必须完成的目标任务。《建议》作为全面建成小康社会的收官规划建议，就是要进一步明确全面建成小康社会的指导思想、基本理念和基本原则，进一步细化目标要求、主要任务和重大举措，进一步做好补齐短板这篇大文章，着力提高发展的协调性和平衡性，为实现第二个百年奋斗目标、实现中华民族伟大复兴中国梦奠定更加坚实的基础。

第二，"十三五"规划建议是引领经济发展新常态的行动纲领。新常态下，我国经济发展表现出速度变化、结构优化、动力转换三大特点，增长速度要从高速转向中高速，发展方式要从规模速度型转向质量效率型，经济结构调整要从增量扩能为主转向调整存量、做优增量并举，发展动力要从主要依靠要素投入转向创新驱动。制定"十三五"规划建议和纲要，必须按照适应新常态、把握新常态、引领新常态的总要求进行战略谋划。这是新

中国
文物年鉴

2016

时期我国经济发展的大逻辑，也是我国跨越"中等收入陷阱"向更高发展阶段艰难跃升的关键一程。

第三，"十三五"规划建议是协调推进"四个全面"战略布局的实施蓝图。十八大以来，以习近平同志为总书记的党中央提出了"四个全面"战略布局，与"五位一体"总体布局构成治国理政的顶层架构。"十三五"时期，是在"四个全面"战略布局和"五位一体"总体布局全面展开的关键阶段。三中全会部署了全面深化改革，四中全会部署了全面依法治国，五中全会部署了全面建成小康社会，三次全会部署了三个全面，都是紧紧围绕着战略布局而具体展开的。《建议》充分反映了党的十八大以来党中央的决策部署，充分反映了习近平总书记系列重要讲话精神，是动员全党全国各族人民夺取全面建成小康社会伟大胜利的实践指针。

二、准确把握"十三五"规划建议的丰富内涵

《建议》分3大板块、8个部分。导语和第一、第二部分构成第一板块，属于总论，讲全面建成小康社会决胜阶段的发展形势、指导思想、主要目标和基本理念。第三至第七部分构成第二板块，属于分论，分别就坚持创新发展、协调发展、绿色发展、开放发展、共享发展进行阐述和部署。第八部分和结束语构成第三板块，讲加强党的领导及号召。《建议》具体内容已经公布，大家已有所了解，在此不再详述。深刻理解五中全会的精神实质，必须准确把握《建议》的四个突出亮点。概括起来就是"四个新"，即新理念、新原则、新目标、新部署。

第一，对新时期中国特色发展规律有了新认识。《建议》中，"发展"一词出现了248次，这说明，在未来五年，发展依然是重要主题。发展理念是发展行动的先导，是管全局、管根本、管方向、管长远的东西。发展理念搞对了，目标任务就好定了，政策举措也就跟着好定了。《建议》提出，实现"十三五"时期发展目标，破解发展难题，厚植发展优势，必须牢固树立创新、协调、绿色、开放、共享的五大发展理念。坚持创新发展，着力提高发展质量和效益，注重解决发展动力问题；坚持协调发展，着力形成平衡发展结构，注重解决发展不平衡问题；坚持绿色发展，着力改善生态环境，注重解决人与自然和谐问题；坚持开放发展，着力实现合作共赢，注重解决发展内外联动问题；坚持共享发展，着力增进人民福祉，注重解决社会公平正义问题。5个方面整合在一起作为一个相互支撑、相得益彰的整体发展理念是首次提出，体现了我们党不断开拓发展新境界的智慧、勇气和担当。这五大发展理念，是"十三五"乃至更长时期我国发展思路、发展方向、发展着力点的集中体现，是改革开放30多年来我国发展经验的深刻总结，是以习近平同志为总书记的中央领导集体治国理政新思想的高度概括，是中国特色社会主义理论的最新成果，是马克思主义中国化的新发展。这五大发展理念，既是指导"十三五"规划编制和"十三五"发展的思想灵魂，也是"十三五"规划建议的核心内容。

第二，对全面建成小康社会的发展原则作了新概括。为确保如期实现全面建成小康社会奋斗目标，推动经济社会持续健康发展，《建议》提出了"六个坚持"的基本原则，即坚持人民主体地位、坚持科学发展、坚持深化改革、坚持依法治国、坚持统筹国内国际两个大局、坚持党的领导。坚持人民主体地位，必须把增进人民福祉、促进人的全面发展作为发展的出发点和落脚点，使改革发展成果更多、更好、更公平地惠及全体人民；坚持科学发展，必须加快转变发展方式，保持经济中高速增长、迈向中高端水平，实现更高质量、更有效率、更加公平、更可持续的发展；坚持深化改革，必须加快完善各方面的体制机制，为发展提供制度保障和持续动力；坚持依法治国，必须建设中国特色社会主义的法治体系、法治国家、法治经济和法治社会，把经济社会发展纳入法治化轨道；坚持统筹国内国际两个大局，必须推进全方位对外开放，推动形成互利共赢、共同发展的开放格局；坚持党的领导，必须不断增强党的创造力、凝聚力、战斗力，不断提高党的执政能力和执政水平，确保我国发展航船沿着正确航道破浪前进。可以说，坚持人民主体地位，明确发展目的，回答"发展为了什么"的问题；坚持科学发展，明确发展路径，回答"实现什么样的发展"的问题；坚持深化改革，明确发展动力，回答"如何以改革促发展"的问题；坚持依法治国，明确发展要求，回答"如何规范发展"的问题；坚持统筹国内国际两个大局，明确发展视野，回答"发展如何对接世界"的问题；坚持党的领导，明确发展保证，回答"发展需要怎样的政治领导"的问题。这"六个坚持"充分体现了以习近平同志为总书记的党中央治国理政的基本遵循。

第三，对全面建成小康社会的目标要求进行了新阐述。《建议》提出今后五年，要在党的十六大、十七大、十八大已经确定的全面建成小康社会奋斗目标要求的基础上，努力实现五个方面新的目标要求，即经济保持中高速增长；人民生活水平和质量普遍提高；国民素质和社会文明程度显著提高；生态环境质量总体改善；各方面制度更加成熟更加定型，国家治理体系和治理能力现代化取得重大进展。这五个方面，涉及"五位一体"总体布局的各个方面，而且每一个方面都有细化具体的指标。比如，到2020年国内生产总值和城乡居民人均收入比2010年翻一番，迈进创新型国家和人才强国行列；中等收入人口比重上升，我国现行标准下农村贫困人口实现脱贫，贫困县全部摘帽，解决区域性整体贫困，等等。这些新目标的设定具有三个特点：一是符合国情，充分体现新常态下必须更加注重经济增长的质量和效益。二是贴近百姓，重在坚持以人民为中心的发展思想。三是问题导向，收入、脱贫、环保等目标要求都体现了问题导向。

第四，对"十三五"时期的重大战略、重大工程和重大政策作出了新部署。

在重大战略层面，《建议》提到了12个战略，要求深入实施创新驱动战略，就业优先战略，人才优先发展战略，食品安全战略和国家安全战略；加快实施优进优出战略，自由贸易区战略，藏粮于地、藏粮于技战略，网络强国战略，国家大数据战略和军民融合发展战略；奉行互利共赢的开放战略。

在重大工程层面，《建议》提出了18个重大工程。比如，实施脱贫攻坚工程，坚决打赢脱贫攻坚战。再如，实施工业强基工程和智能制造工程，开展加快发展现代服务业行动。又如，实施一批国家重大科技项目，在重大创新领域组建一批国家实验室，积极提出并牵头组织国际大科学计划和大科学工程。

在重大政策层面，《建议》提出一系列针对性强、含金量高的重大举措。比如，全面实施一对夫妇可生育两个孩子政策；实施全民参保计划，推进健康中国建设；推进基础设施互联互通和国际大通道建设，共同建设国际经济合作走廊。再如，与以往规划相比，《建议》在诸多方面作出了令人瞩目的政策调整。在小康目标的定量界定方面，从总量到人均和底线，从以前单纯强调GDP总量到要求人均收入和全部脱贫达标。在发展战略方面，从以前跟随型的"后发优势"到开始强调引领型的"先发优势"，塑造更多依靠创新驱动、更多发挥先发优势的引领型发展。在外交战略方面，从以前的"韬光养晦"到开始调整为"引导议程"，提高制度性话语权，构建海外利益保护体系。在城镇化方面，从以前简单的人口城镇化到特别强调户籍人口城镇化目标。在土地和环保方面，与以前的严守

中国
文物年鉴

2016

红线相比，这次明确使用了四个"最严格"，即坚持最严格的节约用地制度和耕地保护制度，实行最严格的水资源管理制度和环境保护制度，探索实行耕地轮作休耕制度试点，实行省以下环保机构监测监察执法垂直管理制度，实行能源和水资源消耗、建设用地等总量和强度双控行动。在市场化改革方面，除了国企改革之外，令人注目的就是对公共服务领域明确提出了能由政府购买服务提供的，政府不再直接承办的原则。

总的看来，《建议》通篇贯穿问题意识和创新精神，具有4个鲜明特征：一是坚持目标导向和问题导向相统一，既从实现全面建成小康社会目标倒推，厘清到时间节点必须完成的任务，又从迫切需要解决的问题顺推，明确破解难题的途径和办法。二是坚持立足国内和全球视野相统筹，既主动适应和积极引领经济发展新常态，又重视提高在全球范围配置资源的能力。三是坚持全面规划和突出重点相协调，既着眼于全面推进经济建设、政治建设、文化建设、社会建设、生态文明建设、对外开放、国防建设和党的建设，又着力解决薄弱环节和明显短板。四是坚持战略性和操作性相结合，既强调规划的宏观性、战略性、指导性，又突出规划的约束力和可操作、能检查、易评估，做到虚实结合。

三、科学谋划"十三五"时期文物事业发展

《建议》对文化建设给予高度重视，可以说，文化建设融入《建议》全篇之中。与"十一五""十二五"规划建议相比，"十三五"规划建议的文化部分篇幅长、分量重、提法新。结合文物工作，《建议》中有8个方面的内容需要我们深刻领会。

一是总要求。推动物质文明和精神文明协调发展。坚持"两手抓，两手都要硬"，坚持社会主义先进文化前进方向，坚持以人民为中心的工作导向，坚持把社会效益放在首位、社会效益和经济效益相统一，坚定文化自信，增强文化自觉，加快文化改革发展，加强社会主义精神文明建设，建设社会主义文化强国。

二是根本任务。坚持用中国梦和社会主义核心价值观凝聚共识、汇聚力量。增强国家意识、法治意识、社会素质意识、倡导科学精神、弘扬中华传统美德。

三是发展目标。国民素质和社会文明程度显著提高。公共文化服务体系基本建成，文化产业成为国民经济支柱性产业。中华文化影响持续扩大。

四是构建中华优秀传统文化传承体系。加强文化遗产保护，振兴传统工艺，实施中华典籍整理工程。

五是深化文化体制改革。实施重大文化工程，完善公共文化服务体系、文化产业体系、文化市场体系。推动基本公共文化服务标准化、均等化发展，引导文化资源向城乡基层倾斜，创新公共文化服务方式，保障人民基本公共文化权益。推动文化产业结构优化升级，发展骨干文化企业和创意文化产业，培育新型文化业态，扩大和引导文化消费。

六是坚持公共文化服务均等化。按照人人参与、人人尽力、人人享有的要求，坚持普惠性、保基本、均等化、可持续方向，增加公共服务供给，努力实现基本公共文化服务全覆盖。创新公共服务提供方式，能由政府购买服务提供的，政府不再直接承办；能由政府和社会资本合作提供的，广泛吸引社会资本参与。

七是加强国际传播能力建设。创新对外传播、文化交流、文化贸易方式，推动中华文化走出去。

八是坚决维护国家文化安全。牢固树立安全发展观念，实行党政同责、一岗双责、失职追责，强化预防治本，健全预警应急机制，加大监管执法力度，及时排查化解安全隐患。

下面，我就如何贯彻落实五中全会精神，科学谋划"十三五"时期文物事业发展谈点看法。

贯彻五中全会精神，切实抓好文物领域"十三五"规划编制，对全面推进文物保护利用与传承发展至关重要。前不久，我听了文物事业"十三五"规划编制情况的汇报，1个事业规划和7个专项规划的编制工作正在有序推进。

研究考虑"十三五"时期文物事业发展，要以五中全会精神为统领，与学习贯彻习近平总书记系列重要讲话，特别是关于加强文物保护重要论述精神相结合，与推进《文物保护法》修订相结合，与拟出台的国务院关于加强文物工作的政策性文件相结合。

一要将创新、协调、绿色、开放、共享的发展理念在事业规划和文物工作中搞好对接。文物工作要有国家意识和大局观，立足文物资源特性，坚持文物工作方针，把握文物保护规律，秉持正确保护理念，让义物活起来，处理好历史文化和现实生活、保护和利用的关系，切实做到在保护中发展、在发展中保护。

二是文物工作要成为构建中华优秀传统文化传承体系的重要内容。要找准自身定位，搭建共享平台，以物知史，以物见人，传播优秀传统文化，引领社会文明风尚，为用中国梦和社会主义核心价值观凝聚共识、汇聚力量提供弥足珍贵的物质资源和历久弥新的精神财富。

三要坚持创新发展理念，继续深化文物系统改革。要推进理论创新、制度创新、科技创新和观念创新，开阔思路，主动加强与相关部门的沟通协调，形成协同创新机制。在深化改革上，既要立足当前又要着眼长远，更加注重改革的顶层设计，更加注重制度安排和改革举措的务实管用，要在做实做细上下功夫；进一步完善文物保护工程项目审批机制，简政放权、转变职能、放管结合、优化服务。

四要明确文博领域到2020年公共文化服务体系基本建成的目标要求。要制定文博领域基本公共文化服务的标准化、均等化、法治化的要素指标。积极引导文物资源向城乡基层倾斜，深入推进博物馆免费开放和文物保护单位对外开放，大力提升博物馆展陈水平，有效开展国际国内馆际交流，增加公共产品和公共服务供给，提高公共服务共建能力和共享水平。

五要发挥文物在促进经济社会发展中的优势资源作用和在新型城镇化中的文化传承作用。要挖掘阐释好文物价值，丰富城乡文化内涵，彰显地域文化特色，优化社区人文环境。研究文博领域相关文化产业发展的具体路径，开发受欢迎、有效益的文创产品和服务，借鉴北京故宫和台北故宫文博衍生产品开发与推广经验，培育新型文化业态，扩大和引导文化消费，推动文化产业投资基金参与、扶持、引导文博创意产业发展，畅通社会力量和社会资金参与文物保护利用的项目、资金、技术和人才通道。

六是增强中华文化国际影响力。文物工作既要服务国家外交大局，更要拓宽渠道，向世界推介中华文明，推动中华文化走出去。丰富对外文物交流合作内涵和外延，努力形成深度融合的互利合作格局。扩大对外文物援助规模，完善对外文物援助方式，发挥对外文物援助工程作用。推进"一带一路"沿线国家的文物保护交流与合作。

七要深入实施人才优先发展战略。要采取多种措施加强文博人才队伍建设，切实解决人员短缺、人才结构不合理等突出问题。推动文博单位与职业院校的工作对接和深度合作，打通技能人才进入文博行业的就业渠道。发挥政府投入引导作用，鼓励企业、高校、科研院所、社会组织、个人等有序参与文博人才培养。

八要聚焦目标、突出重点。研究提出一批事关全局、带动性强的重大项目、重大工程，让正在实施的项目、已经部署的项目和新部署的项目形成梯次接续的系统布局，发挥好重大项目的支撑引领作用。要加强对项目实施情况的监督检查，采取坚决措施解决"不作为、乱作为"的问题。

九要解决突出问题和明显短板。深入研究文物事业的短板在哪里，哪些是突出短板，哪些是明显短板？深入剖析短板产生是认识原因还是制度原因，是主观原因还是客观原因，是宏观原因还是微观原因？补上短板的突破口和具体措施是什么？对此，我们都要增强问题意识，提高针对性，推动这些方面的工作取得实质性进展。

十要坚持全面从严治党。要落实党风廉政建设主体责任和监督责任，健全改进作风长效机制，为事业发展营造良好政治生态。我们文物部门管项目、管资金，对廉政风险和作风问题要高度重视，任何时候都不能掉以轻心。各部门各单位一把手要切实承担主体责任，严格履行监督责任，决不能在党风廉政建设上出问题。

四、学习贯彻五中全会精神的几点要求

第一，迅速掀起学习宣传贯彻热潮。各部门、各单位党组织要高度重视、精心组织，及时开展形式多样的学习宣传贯彻活动，确保全会精神传达到每一位干部和群众。中国文物报以及国家文物局官网、官方微博要发挥优势、突出特色，设置专题专栏，推出一批有深度有分量的综述、报道、评论、专访和理论文章，及时报道学习贯彻情况。

第二，积极谋定"十三五"。各部门、各单位要高度重视"十三五"规划编制，在深入调研的基础上加强谋划论证，在国家经济发展新常态的大背景下，把握文物工作大局，突出重点和难点，进一步完善、调整和优化各部门各单位"十三五"时期的发展思路、总体布局和重大举措，激发内在动力，释放发展潜力，履行好行政管理职责，发挥好国家队骨干作用。

第三，抓紧抓实当前各项工作。现在，距离年底不到两个月时间。要做好两个对照，对照"十二五"规划，对照2015年工作要点，对任务完成情况要分析原因、分清责任，继续抓好各项重点工作落实，继续抓好"三严三实"专题教育，盯紧目标、鼓足干劲，确保2015年目标任务圆满完成和"十二五"规划圆满收官，总结"十二五"规划编制和执行的经验和不足，为"十三五"良好开局奠定坚实基础。要集中力量、加大力度，抓紧推动需要2015年完成的几件大事，一要按照国务院的部署要求，力争国务院《关于进一步加强文物工作的指导意见》的出台和全国文物工作会议的召开；二要筹备好2015年全国文物局长会议，总结2015年工作，部署2016年任务；三是组织开展好年度重点工作专项督察。

第四，切实提高学习班质量。本次学习班，局系统处以上领导干部都要参加。临近年底，各单位工作任务繁重，尤其是领导干部更忙。希望大家排除干扰、严肃纪律，集中精力学、集中时间学，结合本系统本部门本单位的发展思路和工作重点，边学习边讨论边思考边整理，确保学有所获、学有所得。各单位主要负责同志一定要高度重视，统筹安排，确保学习研讨和日常工作两不误。在学习期间，无特殊情况不得请假。希望大家深入思考、积极发言，带着问题学，做到深学深悟、常思常新。各单位主要负责同志要带头学习，强化学以致用、学用结合、学用相长，努力把学习成果体现到推动事业发展的具体工作上。

以上讲的，前三部分是我初步的学习心得和结合工作的一点思考；第四部分是工作要求，要认真加以贯彻。

博物馆条例

（2015年1月14日国务院第78次常务会议通过，自2015年3月20日起施行）

第一章　总则

第一条　为了促进博物馆事业发展，发挥博物馆功能，满足公民精神文化需求，提高公民思想道德和科学文化素质，制定本条例。

第二条　本条例所称博物馆，是指以教育、研究和欣赏为目的，收藏、保护并向公众展示人类活动和自然环境的见证物，经登记管理机关依法登记的非营利组织。博物馆包括国有博物馆和非国有博物馆。利用或者主要利用国有资产设立的博物馆为国有博物馆；利用或者主要利用非国有资产设立的博物馆为非国有博物馆。国家在博物馆的设立条件、提供社会服务、规范管理、专业技术职称评定、财税扶持政策等方面，公平对待国有和非国有博物馆。

第三条　博物馆开展社会服务应当坚持为人民服务、为社会主义服务的方向和贴近实际、贴近生活、贴近群众的原则，丰富人民群众精神文化生活。

第四条　国家制定博物馆事业发展规划，完善博物馆体系。国家鼓励企业、事业单位、社会团体和公民等社会力量依法设立博物馆。

第五条　国有博物馆的正常运行经费列入本级财政预算；非国有博物馆的举办者应当保障博物馆的正常运行经费。国家鼓励设立公益性基金为博物馆提供经费，鼓励博物馆多渠道筹措资金促进自身发展。

第六条　博物馆依法享受税收优惠。依法设立博物馆或者向博物馆提供捐赠的，按照国家有关规定享受税收优惠。

第七条　国家文物主管部门负责全国博物馆监督管理工作。国务院其他有关部门在各自职责范围内负责有关的博物馆管理工作。县级以上地方人民政府文物主管部门负责本行政区域的博物馆监督管理工作。县级以上地方人民政府其他有关部门在各自职责范围内负责本行政区域内有关的博物馆管理工作。

第八条　博物馆行业组织应当依法制定行业自律规范，维护会员的合法权益，指导、监督会员的业务活动，促进博物馆事业健康发展。

第九条　对为博物馆事业作出突出贡献的组织或者个人，按照国家有关规定给予表彰、奖励。

第二章　博物馆的设立、变更与终止

第十条　设立博物馆，应当具备下列条件：

（一）固定的馆址以及符合国家规定的展室、藏品保管场所；

（二）相应数量的藏品以及必要的研究资料，并能够形成陈列展览体系；

（三）与其规模和功能相适应的专业技术人员；

（四）必要的办馆资金和稳定的运行经费来源；

（五）确保观众人身安全的设施、制度及应急预案。

博物馆馆舍建设应当坚持新建馆舍和改造现有建筑相结合，鼓励利用名人故居、工业遗产等作为博物馆馆舍。新建、改建馆舍应当提高藏品展陈和保管面积占总面积的比重。

第十一条 设立博物馆，应当制定章程。博物馆章程应当包括下列事项：

（一）博物馆名称、馆址；

（二）办馆宗旨及业务范围；

（三）组织管理制度，包括理事会或者其他形式决策机构的产生办法、人员构成、任期、议事规则等；

（四）藏品展示、保护、管理、处置的规则；

（五）资产管理和使用规则；

（六）章程修改程序；

（七）终止程序和终止后资产的处理；

（八）其他需要由章程规定的事项。

第十二条 国有博物馆的设立、变更、终止依照有关事业单位登记管理法律、行政法规的规定办理，并应当向馆址所在地省、自治区、直辖市人民政府文物主管部门备案。

第十三条 藏品属于古生物化石的博物馆，其设立、变更、终止应当遵守有关古生物化石保护法律、行政法规的规定，并向馆址所在地省、自治区、直辖市人民政府文物主管部门备案。

第十四条 设立藏品不属于古生物化石的非国有博物馆的，应当向馆址所在地省、自治区、直辖市人民政府文物主管部门备案，并提交下列材料：

（一）博物馆章程草案；

（二）馆舍所有权或者使用权证明，展室和藏品保管场所的环境条件符合藏品展示、保护、管理需要的论证材料；

（三）藏品目录、藏品概述及藏品合法来源说明；

（四）出资证明或者验资报告；

（五）专业技术人员和管理人员的基本情况；

（六）陈列展览方案。

第十五条 设立藏品不属于古生物化石的非国有博物馆的，应当到有关登记管理机关依法办理法人登记手续。

前款规定的非国有博物馆变更、终止的，应当到有关登记管理机关依法办理变更登记、注销登记，并向馆址所在地省、自治区、直辖市人民政府文物主管部门备案。

第十六条 省、自治区、直辖市人民政府文物主管部门应当及时公布本行政区域内已备案的博物馆名称、地址、联系方式、主要藏品等信息。

第三章　博物馆管理

第十七条 博物馆应当完善法人治理结构，建立健全有关组织管理制度。

第十八条 博物馆专业技术人员按照国家有关规定评定专业技术职称。

第十九条 博物馆依法管理和使用的资产，任何组织或者个人不得侵占。博物馆不得从事文物等藏品的商业经营活动。博物馆从事其他商业经营活动，不得违反办馆宗旨，不得损害观众利益。博物馆从事其他商业经营活动的具体办法由国家文物主管部门制定。

第二十条 博物馆接受捐赠的，应当遵守有关法律、行政法规的规定。博物馆可以依法以举办者或者捐赠者的姓名、名称命名博物馆的馆舍或者其他设施；非国有博物馆还可以依法以举办者或者捐赠者的姓名、名称作为博物馆馆名。

第二十一条 博物馆可以通过购买、接受捐赠、依法交换等法律、行政法规规定的方式取得藏品，不得取得来源不明或者来源不合法的藏品。

第二十二条 博物馆应当建立藏品账目及档案。藏品属于文物的，应当区分文物等级，单独设置文物档案，建立严格的管理制度，并报文物主管部门备案。未依照前款规定建账、建档的藏品，不得交换或者出借。

第二十三条 博物馆法定代表人对藏品安全负责。博物馆法定代表人、藏品管理人员离任前，应当办结藏品移交手续。

第二十四条 博物馆应当加强对藏品的安全管理，定期对保障藏品安全的设备、设施进行检查、维护，保证其正常运行。对珍贵藏品和易损藏品应当设立专库或者专用设备保存，并由专人负责保管。

第二十五条 博物馆藏品属于国有文物、非国有文物中的珍贵文物和国家规定禁止出境的其他文物的，不得出境，不得转让、出租、质押给外国人。国有博物馆藏品属于文物的，不得赠与、出租或者出售给其他单位和个人。

第二十六条 博物馆终止的，应当依照有关非营利组织法律、行政法规的规定处理藏品；藏品属于国家禁止买卖的文物的，应当依照有关文物保护法律、行政法规的规定处理。

第二十七条 博物馆藏品属于文物或者古生物化石的，其取得、保护、管理、展示、处置、进出境等还应当分别遵守有关文物保护、古生物化石保护的法律、行政法规的规定。

第四章　博物馆社会服务

第二十八条 博物馆应当自取得登记证书之日起6个月内向公众开放。

第二十九条 博物馆应当向公众公告具体开放时间。在国家法定节假日和学校寒暑假期间，博物馆应当开放。

第三十条 博物馆举办陈列展览，应当遵守下列规定：

（一）主题和内容应当符合宪法所确定的基本原则和维护国家安全与民族团结、弘扬爱国主义、倡导科学精神、普及科学知识、传播优秀文化、培养良好风尚、促进社会和谐、推动社会文明进步的要求；

（二）与办馆宗旨相适应，突出藏品特色；

（三）运用适当的技术、材料、工艺和表现手法，达到形式与内容的和谐统一；

（四）展品以原件为主，使用复制品、仿制品应当明示；

（五）采用多种形式提供科学、准确、生动的文字说明和讲解服务；

（六）法律、行政法规的其他有关规定。

陈列展览的主题和内容不适宜未成年人的，博物馆不得接纳未成年人。

中国
文物年鉴
2016

第三十一条　博物馆举办陈列展览的，应当在陈列展览开始之日10个工作日前，将陈列展览主题、展品说明、讲解词等向陈列展览举办地的文物主管部门或者其他有关部门备案。各级人民政府文物主管部门和博物馆行业组织应当加强对博物馆陈列展览的指导和监督。

第三十二条　博物馆应当配备适当的专业人员，根据不同年龄段的未成年人接受能力进行讲解；学校寒暑假期间，具备条件的博物馆应当增设适合学生特点的陈列展览项目。

第三十三条　国家鼓励博物馆向公众免费开放。县级以上人民政府应当对向公众免费开放的博物馆给予必要的经费支持。博物馆未实行免费开放的，其门票、收费的项目和标准按照国家有关规定执行，并在收费地点的醒目位置予以公布。博物馆未实行免费开放的，应当对未成年人、成年学生、教师、老年人、残疾人和军人等实行免费或者其他优惠。博物馆实行优惠的项目和标准应当向公众公告。

第三十四条　博物馆应当根据自身特点、条件，运用现代信息技术，开展形式多样、生动活泼的社会教育和服务活动，参与社区文化建设和对外文化交流与合作。国家鼓励博物馆挖掘藏品内涵，与文化创意、旅游等产业相结合，开发衍生产品，增强博物馆发展能力。

第三十五条　国务院教育行政部门应当会同国家文物主管部门，制定利用博物馆资源开展教育教学、社会实践活动的政策措施。地方各级人民政府教育行政部门应当鼓励学校结合课程设置和教学计划，组织学生到博物馆开展学习实践活动。博物馆应当对学校开展各类相关教育教学活动提供支持和帮助。

第三十六条　博物馆应当发挥藏品优势，开展相关专业领域的理论及应用研究，提高业务水平，促进专业人才的成长。博物馆应当为高等学校、科研机构和专家学者等开展科学研究工作提供支持和帮助。

第三十七条　公众应当爱护博物馆展品、设施及环境，不得损坏博物馆的展品、设施。

第三十八条　博物馆行业组织可以根据博物馆的教育、服务及藏品保护、研究和展示水平，对博物馆进行评估。具体办法由国家文物主管部门会同其他有关部门制定。

第五章　法律责任

第三十九条　博物馆取得来源不明或者来源不合法的藏品，或者陈列展览的主题、内容造成恶劣影响的，由省、自治区、直辖市人民政府文物主管部门或者有关登记管理机关按照职责分工，责令改正，有违法所得的，没收违法所得，并处违法所得2倍以上5倍以下罚款；没有违法所得的，处5000元以上2万元以下罚款；情节严重的，由登记管理机关撤销登记。

第四十条　博物馆从事文物藏品的商业经营活动的，由工商行政管理部门依照有关文物保护法律、行政法规的规定处罚。博物馆从事非文物藏品的商业经营活动，或者从事其他商业经营活动违反办馆宗旨、损害观众利益的，由省、自治区、直辖市人民政府文物主管部门或者有关登记管理机关按照职责分工，责令改正，有违法所得的，没收违法所得，并处违法所得2倍以上5倍以下罚款；没有违法所得的，处5000元以上2万元以下罚款；情节严重的，由登记管理机关撤销登记。

第四十一条　博物馆自取得登记证书之日起6个月内未向公众开放，或者未依照本条例的规定实行免费或者其他优惠的，由省、自治区、直辖市人民政府文物主管部门责令改正；拒不改正的，由登记管理机关撤销登记。

第四十二条　博物馆违反有关价格法律、行政法规规定的，由馆址所在地县级以上地方人民政府价格主管部门依法给予处罚。

第四十三条 县级以上人民政府文物主管部门或者其他有关部门及其工作人员玩忽职守、滥用职权、徇私舞弊或者利用职务上的便利索取或者收受他人财物的，由本级人民政府或者上级机关责令改正，通报批评；对直接负责的主管人员和其他直接责任人员依法给予处分。

第四十四条 违反本条例规定，构成犯罪的，依法追究刑事责任。

第六章　附则

第四十五条 本条例所称博物馆不包括以普及科学技术为目的的科普场馆。

第四十六条 中国人民解放军所属博物馆依照军队有关规定进行管理。

第四十七条 本条例自2015年3月20日起施行。

国务院关于进一步促进展览业改革发展的若干意见

国发〔2015〕15号

各省、自治区、直辖市人民政府，国务院各部委、各直属机构：

近年来，我国展览业快速发展，已经成为构建现代市场体系和开放型经济体系的重要平台，在我国经济社会发展中的作用日益凸显。同时，我国展览业体制机制改革滞后，市场化程度发展迟缓，存在结构不合理、政策不完善、国际竞争力不强等问题。为进一步促进展览业改革发展，更好发挥其在稳增长、促改革、调结构、惠民生中的作用，现提出以下意见：

一、总体要求

（一）指导思想。全面贯彻党的十八大和十八届二中、三中、四中全会精神，贯彻落实党中央、国务院各项决策部署，深化改革，开拓创新，充分发挥市场在资源配置中的决定性作用，更好发挥政府作用，积极推进展览业市场化进程。坚持专业化、国际化、品牌化、信息化方向，倡导低碳、环保、绿色理念，培育壮大市场主体，加快展览业转型升级，努力推动我国从展览业大国向展览业强国发展，更好地服务于国民经济和社会发展全局。

（二）基本原则。坚持深化改革。全面深化展览业管理体制改革，明确展览业经济、社会、文化、生态功能定位，加快政府职能转变和简政放权，稳步有序放开展览业市场准入，提升行业管理水平，以体制机制创新激发市场主体活力和创造力。

坚持科学发展。统筹全国展馆展会布局和区域展览业发展，科学界定展览场馆和展览会的公益性和竞争性，充分调动各方面积极性，营造协同互补、互利共赢的发展环境。

坚持市场导向。遵循展览业发展规律，借鉴国际有益经验，建立公开公平、开放透明的市场规则，实现行业持续健康发展。综合运用财税、金融、产业等政策，鼓励和支持展览业市场化发展。

（三）发展目标。到2020年，基本建成结构优化、功能完善、基础扎实、布局合理、发展均衡的展览业体系。

——发展环境日益优化。完善法规政策，理顺管理体制，下放行政审批权限，逐步消除影响市场公平竞争和行业健康发展的体制机制障碍，形成平等参与、竞争有序的市场环境。

——市场化水平显著提升。厘清政府和市场的关系，规范和减少政府办展，鼓励各种所有制企业根据市场需求举办展会，市场化、专业化展会数量显著增长，展馆投资建设及管理运营的市场化程度明显提高。

——国际化程度不断提高。遵循国际通行的展览业市场规则，发挥我国产业基础好、市场需求大等比较优势，逐步提升国际招商招展的规模和水平。加快"走出去"步伐，大幅提升境外组展办展能力。在国际展览业中的话语权和影响力显著提升，培育一批具备国际竞争力的知名品牌展会。

二、改革管理体制

（四）加快简政放权。改革行政审批管理模式，按照属地化原则，履行法定程序后，逐步将能够下放的对外经济技术展览会行政审批权限下放至举办地省级商务主管部门，并适时将审批制调整为备案制。运用互联网等现代信息技术，推行网上备案核准，提高行政许可效率和便利化水平。

（五）理顺管理体制。建立商务主管部门牵头，发展改革、教育、科技公安、财政、税务、工商、海关、质检、统计、知识产权、贸促等部门和单位共同参与的部际联席会议制度，统筹协调，分工协作。加强展览业发展战略、规划、政策、标准等制订和实施，加强事中事后监管，健全公共服务体系。

（六）推进市场化进程。严格规范各级政府办展行为，减少财政出资和行政参与，逐步加大政府向社会购买服务的力度，建立政府办展退出机制。放宽市场准入条件，着力培育市场主体，加强专业化分工，拓展展览业市场空间。

（七）发挥中介组织作用。按照社会化、市场化、专业化原则，积极发展规范运作、独立公正的专业化行业组织。鼓励行业组织开展展览业发展规律和趋势研究，并充分发挥贸促机构等经贸组织的功能与作用，向企业提供经济信息、市场预测、技术指导、法律咨询、人员培训等服务，提高行业自律水平。

三、推动创新发展

（八）加快信息化进程。引导企业运用现代信息技术，开展服务创新、管理创新、市场创新和商业模式创新，发展新兴展览业态。举办网络虚拟展览会，形成线上线下有机融合的新模式。推动云计算、大数据、物联网、移动互联等在展览业的应用。

（九）提升组织化水平。鼓励多种所有制企业公平参与竞争，引导大型骨干展览企业通过收购、兼并、控股、参股、联合等形式组建国际展览集团。加强政策引导扶持，打造具有先进办展理念、管理经验和专业技能的龙头展览企业，充分发挥示范和带动作用，提升行业核心竞争力。

（十）健全展览产业链。以展览企业为龙头，发展以交通、物流、通信、金融、旅游、餐饮、住宿等为支撑，策划、广告、印刷、设计、安装、租赁、现场服务等为配套的产业集群，形成行业配套、产业联动、运行高效的展览业服务体系，增强产业链上下游企业协同能力，带动各类展览服务企业发展壮大。

（十一）完善展馆管理运营机制。兼顾公益性和市场原则，推进展馆管理体制改革和运营机制创新，制订公开透明和非歧视的场馆使用规则。鼓励展馆运营管理实体通过品牌输出、管理输出、资本输出等形式提高运营效益。加强全国场馆信息管理，推动馆展互动、信息互通，提高场馆设施的使用率。

（十二）深化国际交流合作。推动展览机构与国际知名的展览业组织、行业协会、展览企业等建立合作机制，引进国际知名品牌展会到境内合作办展，提高境内展会的质量和效益。配合实施国家"一带一路"等重大战略及多双边和区域经贸合作，用好世博会等国际展览平台，培育境外展览项目，改善境外办展结构，构建多元化、宽领域、高层次的境外参展办展新格局。

四、优化市场环境

（十三）完善展览业标准体系。按照总体规划、分步实施的原则，加快制修订和推广展馆管理、经营服务、节能环保、安全运营等标准，逐步形成面向市场、服务产业、主次分明、科学合理的展览业标准化框架体系。

（十四）完善行业诚信体系。加快建立覆盖展览场馆、办展机构和参展企业的展览业信用体系，推广信用服务和产品的应用，提倡诚信办展、服务规范。建立信用档案和违法违规单位信息披露制度，推动部门间监管信息的共享和公开，褒扬诚信，惩戒失信，实现信用分类监管。

（十五）加强知识产权保护。加快修订展会知识产权保护办法，强化展会知识产权保护工作。支持和鼓励展览企业通过专利申请、商标注册等方式，开发利用展览会名称、标志、商誉等无形资产，提升对展会知识产权的创造、运用和保护水平。扩大展览会知识产权基础资源共享范围，建立信息平台，服务展览企业。

（十六）打击侵权和假冒伪劣。创新监管手段，把打击侵权和假冒伪劣列入展览会总体方案和应急处置预案。完善重点参展产品追溯制度，推动落实参展企业质量承诺制度，切实履行主体责任。加强展览会维权援助举报投诉和举报处置指挥信息能力建设，完善举报投诉受理处置机制。

五、强化政策引导

（十七）优化展览业布局。按照国民经济结构调整和区域协调发展战略需要，科学规划行业区域布局，推动建设一批具有世界影响力的国际展览城市和展览场馆。定期发布引导支持展览会目录，科学确立重点展会定位，鼓励产业特色鲜明、区域特点显著的重点展会发展，培育一批品牌展会。

（十八）落实财税政策。按照政府引导、市场化运作原则，通过优化公共服务，支持中小企业参加重点展会，鼓励展览机构到境外办展参展。落实小微企业增值税和营业税优惠政策，对属于《国务院关于推进文化创意和设计服务与相关产业融合发展的若干意见》（国发〔2014〕10号）税收政策范围的创意和设计费用，执行税前加计扣除政策，促进展览企业及相关配套服务企业健康发展。

（十九）改善金融保险服务。鼓励商业银行、保险、信托等金融机构在现有业务范围内，按照风险可控、商业可持续原则，创新适合展览业发展特点的金融产品和信贷模式，推动开展展会知识产权质押等多种方式融资，进一步拓宽办展机构、展览服务企业和参展企业的融资渠道。完善融资性担保体系，加大担保机构对展览业企业的融资担保支持力度。

（二十）提高便利化水平。进一步优化展品出入境监管方式方法，提高展品出入境通关效率。引导、培育展览业重点企业成为海关高信用企业，适用海关通关便利措施。简化符合我国出入境检验检疫要求的展品通关手续，依法规范未获得检验检疫准入展品的管理。

（二十一）健全行业统计制度。以国民经济行业分类为基础，建立和完善展览业统计监测分析体系，构建以展览数量、展出面积及展览业经营状况为主要内容的统计指标体系，建设以展馆、办展机构和展览服务企业为主要对象的统计调查渠道，综合运用统计调查和行政记录等多种方式采集数据，完善监测分析制度，建立综合性信息发布平台。

（二十二）加强人才体系建设。鼓励职业院校、本科高校按照市场需求设置专业课程，深化教育教学改革，培养适应展览业发展需要的技能型、应用型和复合型专门人才。创新人才培养机制，鼓励中介机构、行业协会与相关院校和培训机构联合培养、培训展览专门人才。探索形成展览业从业人员分类管理机制，研究促进展览专业人才队伍建设的措施办法，鼓励展览人才发展，全面提升从业人员整体水平。

各地区、各部门要充分认识进一步促进展览业改革发展的重要意义，加强组织领导，健全工作机制，强化协同配合。各地区要根据本意见，结合自身经济社会发展实际研究制订具体实施方案，细化政策措施，确保各项任务落到实处。各有关部门要抓紧研究制订配套政策和具体措施，为展览业发展营造良好环境。商务部要会同相关部门做好指导、督察和总结工作，共同抓好落实，重大事项及时向国务院报告。

国务院
2015年3月29日

全国人民代表大会常务委员会关于修改《中华人民共和国文物保护法》的决定

（2015年4月24日第十二届全国人民代表大会常务委员会第十四次会议通过）

第十二届全国人民代表大会常务委员会第十四次会议决定对《中华人民共和国文物保护法》作如下修改：

一、将第三十四条第二款修改为："考古发掘的文物，应当登记造册，妥善保管，按照国家有关规定移交给由省、自治区、直辖市人民政府文物行政部门或者国务院文物行政部门指定的国有博物馆、图书馆或者其他国有收藏文物的单位收藏。经省、自治区、直辖市人民政府文物行政部门批准，从事考古发掘的单位可以保留少量出土文物作为科研标本。"

二、删去第四十一条中的"交换馆藏一级文物的，必须经国务院文物行政部门批准"。

三、删去第五十三条第一款中的"国务院文物行政部门或者"。

四、将第五十四条第一款中的"国务院文物行政部门"修改为"省、自治区、直辖市人民政府文物行政部门"。

本决定自公布之日起施行。

《中华人民共和国文物保护法》根据本决定作相应修改，重新公布。

国务院关于公布第二批国家级抗战纪念设施、遗址名录的通知

国发〔2015〕47号

各省、自治区、直辖市人民政府，国务院各部委、各直属机构：

为隆重纪念中国人民抗日战争暨世界反法西斯战争胜利70周年，经党中央、国务院批准，现将第二批100处国家级抗战纪念设施、遗址名录予以公布。

各地区、各有关部门要进一步加强抗战纪念设施、遗址的保护管理，做好抗战史料文物和英烈事迹的发掘整理、宣传陈展工作，广泛组织开展群众性拜谒、参观活动，教育引导广大群众特别是青少年充分认清日本法西斯侵略者犯下的罪行，牢记中华民族抵御侵略、奋勇抗争的历史以及中国人民为世界反法西斯战争胜利作出的巨大民族牺牲和重要历史贡献，学习宣传抗日英烈的英雄事迹，大力弘扬伟大的民族精神和抗战精神，进一步增强民族凝聚力、向心力，为实现中华民族伟大复兴的中国梦不懈奋斗。

国务院
2015年8月13日

第二批国家级抗战纪念设施、遗址名录

（按行政区划序列排序）

北京市

赵登禹将军墓　位于北京市丰台区西道口甲1号

佟麟阁将军墓　位于北京市海淀区香山北正黄旗18号

平西抗日战争纪念馆　位于北京市房山区十渡镇十渡村

北京焦庄户地道战遗址纪念馆　位于北京市顺义区龙湾屯镇焦庄户村

古北口战役阵亡将士公墓　位于北京市密云县古北口镇古北口村

河北省

梅花惨案纪念馆　位于河北省石家庄市藁城区梅花镇梅花村

冀东烈士陵园　位于河北省唐山市路南区陵园路2号

潘家戴庄惨案纪念馆　位于河北省唐山市滦南县程庄镇潘家戴庄村

喜峰口长城抗战遗址　位于河北省唐山市迁西县滦阳镇石梯子村

涉县八路军一二九师纪念馆　位于河北省邯郸市涉县河南店镇赤岸村

晋冀鲁豫抗日殉国烈士公墓旧址　位于河北省邯郸市涉县辽城乡石门村

晋察冀边区革命纪念馆　位于河北省保定市阜平县城南庄镇城南庄村

晋察冀烈士陵园　位于河北省保定市唐县军城镇南关村

雁宿崖、黄土岭战斗遗址　位于河北省保定市涞源县银坊镇黄土岭村

热河革命烈士纪念馆　位于河北省承德市双桥区翠桥路西9号

马本斋纪念馆　位于河北省沧州市献县本斋回族乡本斋村

山西省

大同煤矿万人坑遗址纪念馆　位于山西省大同市大同煤矿煤峪口矿建新街1号

平型关烈士陵园　位于山西省大同市灵丘县武灵镇灵源村

太行太岳烈士陵园　位于山西省长治市城区英雄南路东华门67号

抗日五专署旧址　位于山西省长治市城区五马街道南石槽村

黄崖洞革命纪念地　位于山西省长治市黎城县黄崖洞镇上赤峪村

八路军太行纪念馆　位于山西省长治市武乡县太行街363号

李林烈士陵园　位于山西省朔州市平鲁区井坪镇平万路1号

麻田八路军总部纪念馆　位于山西省晋中市左权县麻田镇上麻田村

晋绥边区革命纪念馆　位于山西省吕梁市兴县蔡家崖乡蔡家崖村

内蒙古自治区

土默特左旗青山烈士陵园　位于内蒙古自治区呼和浩特市土默特左旗察素齐镇把什村

百灵庙抗日武装暴动纪念碑　位于内蒙古自治区包头市达尔罕茂明安联合旗百灵庙镇女儿山

抗联英雄园　位于内蒙古自治区呼伦贝尔市阿荣旗那吉镇东山

巴彦汗日本关东军毒气实验场遗址　位于内蒙古自治区呼伦贝尔市鄂温克族自治旗巴彦托海镇

五原抗日烈士陵园　位于内蒙古自治区巴彦淖尔市五原县隆兴昌镇

侵华日军阿尔山要塞遗址　位于内蒙古自治区兴安盟阿尔山市

辽宁省

中共满洲省委旧址纪念馆　位于辽宁省沈阳市和平区皇寺路福安巷3号

沈阳二战盟军战俘营旧址　位于辽宁省沈阳市大东区地坛街30-3号

抚顺平顶山惨案纪念馆　位于辽宁省抚顺市新抚区南昌路17号

赵尚志纪念馆　位于辽宁省朝阳市双塔区中山大街2段

吉林省

吉林市革命烈士陵园　位于吉林省吉林市船营区环山路27号

老黑沟惨案遗址　位于吉林省舒兰市新安乡联合村

延边革命烈士陵园　位于吉林省延边朝鲜族自治州延吉市公园街烟集路8号

黑龙江省

哈尔滨烈士陵园　位于黑龙江省哈尔滨市香坊区体育街1号

江桥抗战纪念馆　位于黑龙江省齐齐哈尔市泰来县江桥镇江安社区

侵华日军虎头要塞遗址博物馆　位于黑龙江省虎林市虎头镇虎东山

饶河抗日游击队纪念碑　位于黑龙江省双鸭山市饶河县饶河镇小南山

上海市

四行仓库抗战纪念馆　位于上海市闸北区光复路1号

国歌展示馆　位于上海市杨浦区荆州路151号

金山卫城南门侵华日军登陆处　位于上海市金山区金山卫镇南安路87号

江苏省

禹王山抗日阻击战遗址纪念园　位于江苏省邳州市戴庄镇李圩村

新四军江南指挥部纪念馆　位于江苏省溧阳市竹箦镇水西村

常熟市沙家浜革命历史纪念馆　位于江苏省常熟市沙家浜镇芦苇荡路

新四军联抗烈士陵园　位于江苏省南通市海安县墩头镇千步村

侵华日军向新四军投降处旧址　位于江苏省高邮市熙和巷70号

泰州市烈士陵园　位于江苏省泰州市海陵区迎春西路115号

浙江省

侵浙日军投降仪式旧址和千人坑遗址　位于浙江省杭州市富阳区银湖街道受降村

宁波樟村四明山烈士陵园　位于浙江省宁波市鄞州区章水镇振兴中路66号

安徽省

新四军江北指挥部纪念馆　位于安徽省合肥市庐江县汤池镇松元村

戴安澜烈士墓　位于安徽省芜湖市镜湖区赭山公园

藕塘烈士陵园　位于安徽省滁州市定远县藕塘镇塔山

宿州烈士陵园　位于安徽省宿州市埇桥区雪枫路1号

福建省

永安抗战旧址群　位于福建省永安市

江西省

南昌新四军军部旧址陈列馆　位于江西省南昌市西湖区友竹路7号

万家岭大捷纪念园　位于江西省九江市德安县翰林路

马垱炮台遗址　位于江西省九江市彭泽县马垱镇马垱山

山东省

淄博市革命烈士陵园　位于山东省淄博市周村区南郊镇大埠山

八路军抱犊崮抗日纪念园　位于山东省枣庄市山亭区北庄镇双山涧村

梁山歼灭战遗址纪念园　位于山东省济宁市梁山县水泊街道独山村

泰安市岱岳烈士陵园　位于山东省泰安市岱岳区祝阳镇陈良村

肥城烈士陵园　位于山东省肥城市安临站镇东陆房村凤凰山

天福山革命遗址　位于山东省威海市文登区文登营镇天福山

沂水革命烈士陵园　位于山东省临沂市沂水县沂城街道荷叶官庄村跋山

山东省政府和八路军115师司令部旧址　位于山东省临沂市莒南县大店镇中心街128号

滨海革命烈士陵园　位于山东省临沂市临沭县临沭街道叠翠路1号

冀鲁边区革命纪念园　位于山东省乐陵市朱集镇旅游路99号

鲁西北革命烈士陵园　位于山东省聊城市莘县大王寨镇东丈八村

鲁西南烈士陵园　位于山东省菏泽市曹县韩集镇曹楼村

河南省

冀鲁豫边区革命根据地旧址纪念馆　位于河南省濮阳市清丰县双庙乡单拐村

湖北省

八路军武汉办事处旧址纪念馆　位于湖北省武汉市江岸区长春街57号

石牌抗战遗址　位于湖北省宜昌市夷陵区三斗坪镇石牌村

鄂豫边区革命烈士陵园　位于湖北省孝感市大悟县城关镇长征中路39号

中国
文物年鉴
2016

湖南省

　　国民革命军陆军第七十三军抗战阵亡将士公墓　　位于湖南省长沙市岳麓区桔子洲街道岳王亭路

　　大云山三战三捷摩崖石刻　　位于湖南省岳阳市岳阳县大云山国家森林公园

　　抗日战争湘西会战阵亡将士陵园　　位于湖南省怀化市溆浦县龙潭镇肇山村弓形山

广东省

　　三灶岛侵华日军罪行遗迹　　位于广东省珠海市金湾区三灶镇

　　西海抗日烈士陵园　　位于广东省佛山市顺德区北滘镇西海村烈士中路116号

　　大岭山抗日根据地旧址　　位于广东省东莞市大岭山镇大王岭村

广西壮族自治区

　　八路军桂林办事处旧址　　位于广西壮族自治区桂林市叠彩区中山北路14号

海南省

　　六连岭烈士陵园　　位于海南省万宁市和乐镇六连村

重庆市

　　国民参政会旧址　　位于重庆市渝中区中华路174号

　　保卫中国同盟总部旧址（重庆宋庆龄旧居陈列馆）　　位于重庆市渝中区两路口街道新村5号

　　同盟国中国战区统帅部参谋长官邸旧址（重庆史迪威博物馆）　　位于重庆市渝中区嘉陵新路63号

贵州省

　　和平村旧址　　位于贵州省黔东南苗族侗族自治州镇远县阳镇和平街150号

云南省

　　国立西南联合大学旧址　　位于云南省昆明市五华区一二一大街298号云南师范大学一二一西南联大校区

　　抗战胜利纪念堂　　位于云南省昆明市五华区云瑞西路49号

　　松山战役旧址　　位于云南省保山市龙陵县腊勐乡大垭口村

　　南洋华侨机工回国抗日纪念碑　　位于云南省德宏傣族景颇族自治州瑞丽市畹町国家森林公园

　　怒江驼峰航线纪念馆　　位于云南省怒江傈僳族自治州泸水县片马镇

陕西省

　　八路军西安办事处纪念馆　　位于陕西省西安市新城区北新街七贤庄

　　中国人民抗日军政大学纪念馆　　位于陕西省延安市宝塔区北二道街

新疆维吾尔自治区

　　八路军驻新疆办事处纪念馆　　位于新疆维吾尔自治区乌鲁木齐市天山区胜利路392号

　　乌鲁木齐烈士陵园　　位于新疆维吾尔自治区乌鲁木齐市天山区燕儿窝路524号

香港特别行政区

　　乌蛟腾抗日英烈纪念碑　　位于香港特别行政区新界沙头角乌蛟腾村

最高人民法院、最高人民检察院关于办理妨害文物管理等刑事案件适用法律若干问题的解释

(2015年10月12日最高人民法院审判委员会第1663次会议、
2015年11月18日最高人民检察院第十二届检察委员会第43次会议通过)

为依法惩治文物犯罪，保护文物，根据《中华人民共和国刑法》《中华人民共和国刑事诉讼法》《中华人民共和国文物保护法》的有关规定，现就办理此类刑事案件适用法律的若干问题解释如下：

第一条 刑法第一百五十一条规定的"国家禁止出口的文物"，依照《中华人民共和国文物保护法》规定的"国家禁止出境的文物"的范围认定。

走私国家禁止出口的二级文物的，应当依照刑法第一百五十一条第二款的规定，以走私文物罪处五年以上十年以下有期徒刑，并处罚金；走私国家禁止出口的一级文物的，应当认定为刑法第一百五十一条第二款规定的"情节特别严重"；走私国家禁止出口的三级文物的，应当认定为刑法第一百五十一条第二款规定的"情节较轻"。

走私国家禁止出口的文物，无法确定文物等级，或者按照文物等级定罪量刑明显过轻或者过重的，可以按照走私的文物价值定罪量刑。走私的文物价值在二十万元以上不满一百万元的，应当依照刑法第一百五十一条第二款的规定，以走私文物罪处五年以上十年以下有期徒刑，并处罚金；文物价值在一百万元以上的，应当认定为刑法第一百五十一条第二款规定的"情节特别严重"；文物价值在五万元以上不满二十万元的，应当认定为刑法第一百五十一条第二款规定的"情节较轻"。

第二条 盗窃一般文物、三级文物、二级以上文物的，应当分别认定为刑法第二百六十四条规定的"数额较大""数额巨大""数额特别巨大"。

盗窃文物，无法确定文物等级，或者按照文物等级定罪量刑明显过轻或者过重的，按照盗窃的文物价值定罪量刑。

第三条 全国重点文物保护单位、省级文物保护单位的本体，应当认定为刑法第三百二十四条第一款规定的"被确定为全国重点文物保护单位、省级文物保护单位的文物"。

故意损毁国家保护的珍贵文物或者被确定为全国重点文物保护单位、省级文物保护单位的文物，具有下列情形之一的，应当认定为刑法第三百二十四条第一款规定的"情节严重"：

（一）造成五件以上三级文物损毁的；

（二）造成二级以上文物损毁的；

（三）致使全国重点文物保护单位、省级文物保护单位的本体严重损毁或者灭失的；

（四）多次损毁或者损毁多处全国重点文物保护单位、省级文物保护单位的本体的；

（五）其他情节严重的情形。

实施前款规定的行为，拒不执行国家行政主管部门作出的停止侵害文物的行政决定或

者命令的，酌情从重处罚。

第四条 风景名胜区的核心景区以及未被确定为全国重点文物保护单位、省级文物保护单位的古文化遗址、古墓葬、古建筑、石窟寺、石刻、壁画、近代现代重要史迹和代表性建筑等不可移动文物的本体，应当认定为刑法第三百二十四条第二款规定的"国家保护的名胜古迹"。

故意损毁国家保护的名胜古迹，具有下列情形之一的，应当认定为刑法第三百二十四条第二款规定的"情节严重"：

（一）致使名胜古迹严重损毁或者灭失的；

（二）多次损毁或者损毁多处名胜古迹的；

（三）其他情节严重的情形。

实施前款规定的行为，拒不执行国家行政主管部门作出的停止侵害文物的行政决定或者命令的，酌情从重处罚。

故意损毁风景名胜区内被确定为全国重点文物保护单位、省级文物保护单位的文物的，依照刑法第三百二十四条第一款和本解释第三条的规定定罪量刑。

第五条 过失损毁国家保护的珍贵文物或者被确定为全国重点文物保护单位、省级文物保护单位的文物，具有本解释第三条第二款第一项至第三项规定情形之一的，应当认定为刑法第三百二十四条第三款规定的"造成严重后果"。

第六条 出售或者为出售而收购、运输、储存《中华人民共和国文物保护法》规定的"国家禁止买卖的文物"的，应当认定为刑法第三百二十六条规定的"倒卖国家禁止经营的文物"。

倒卖国家禁止经营的文物，具有下列情形之一的，应当认定为刑法第三百二十六条规定的"情节严重"：

（一）倒卖三级文物的；

（二）交易数额在五万元以上的；

（三）其他情节严重的情形。

实施前款规定的行为，具有下列情形之一的，应当认定为刑法第三百二十六条规定的"情节特别严重"：

（一）倒卖二级以上文物的；

（二）倒卖三级文物五件以上的；

（三）交易数额在二十五万元以上的；

（四）其他情节特别严重的情形。

第七条 国有博物馆、图书馆以及其他国有单位，违反文物保护法规，将收藏或者管理的国家保护的文物藏品出售或者私自送给非国有单位或者个人的，依照刑法第三百二十七条的规定，以非法出售、私赠文物藏品罪追究刑事责任。

第八条 刑法第三百二十八条第一款规定的"古文化遗址、古墓葬"包括水下古文化遗址、古墓葬。"古文化遗址、古墓葬"不以公布为不可移动文物的古文化遗址、古墓葬为限。

实施盗掘行为，已损害古文化遗址、古墓葬的历史、艺术、科学价值的，应当认定为盗掘古文化遗址、古墓葬罪既遂。

采用破坏性手段盗窃古文化遗址、古墓葬以外的古建筑、石窟寺、石刻、壁画、近代现代重要史迹和代表性建筑等其他不可移动文物的，依照刑法第二百六十四条的规定，以盗窃罪追究刑事责任。

第九条 明知是盗窃文物、盗掘古文化遗址、古墓葬等犯罪所获取的三级以上文物，而予以窝藏、转移、收购、加工、代为销售或者以其他方法掩饰、隐瞒的，依照刑法第三百一十二条的规定，以掩饰、隐瞒犯罪所得罪追究刑事责任。

实施前款规定的行为，事先通谋的，以共同犯罪论处。

第十条 国家机关工作人员严重不负责任，造成珍贵文物损毁或者流失，具有下列情形之一的，应当认定为刑法第四百一十九条规定的"后果严重"：

（一）导致二级以上文物或者五件以上三级文物损毁或者流失的；

（二）导致全国重点文物保护单位、省级文物保护单位的本体严重损毁或者灭失的；

（三）其他后果严重的情形。

第十一条 单位实施走私文物、倒卖文物等行为，构成犯罪的，依照本解释规定的相应自然人犯罪的定罪量刑标准，对直接负责的主管人员和其他直接责任人员定罪处罚，并对单位判处罚金。

公司、企业、事业单位、机关、团体等单位实施盗窃文物，故意损毁文物、名胜古迹，过失损毁文物，盗掘古文化遗址、古墓葬等行为的，依照本解释规定的相应定罪量刑标准，追究组织者、策划者、实施者的刑事责任。

第十二条 针对不可移动文物整体实施走私、盗窃、倒卖等行为的，根据所属不可移动文物的等级，依照本解释第一条、第二条、第六条的规定定罪量刑：

（一）尚未被确定为文物保护单位的不可移动文物，适用一般文物的定罪量刑标准；

（二）市、县级文物保护单位，适用三级文物的定罪量刑标准；

（三）全国重点文物保护单位、省级文物保护单位，适用二级以上文物的定罪量刑标准。

针对不可移动文物中的建筑构件、壁画、雕塑、石刻等实施走私、盗窃、倒卖等行为的，根据建筑构件、壁画、雕塑、石刻等文物本身的等级或者价值，依照本解释第一条、第二条、第六条的规定定罪量刑。建筑构件、壁画、雕塑、石刻等所属不可移动文物的等级，应当作为量刑情节予以考虑。

第十三条 案件涉及不同等级的文物的，按照高级别文物的量刑幅度量刑；有多件同级文物的，五件同级文物视为一件高一级文物，但是价值明显不相当的除外。

第十四条 依照文物价值定罪量刑的，根据涉案文物的有效价格证明认定文物价值；无有效价格证明，或者根据价格证明认定明显不合理的，根据销赃数额认定，或者结合本解释第十五条规定的鉴定意见、报告认定。

第十五条 在行为人实施有关行为前，文物行政部门已对涉案文物及其等级作出认定的，可以直接对有关案件事实作出认定。

对案件涉及的有关文物鉴定、价值认定等专门性问题难以确定的，由司法鉴定机构出具鉴定意见，或者由国务院文物行政部门指定的机构出具报告。其中，对于文物价值，也可以由有关价格认证机构作出价格认证并出具报告。

第十六条 实施本解释第一条、第二条、第六条至第九条规定的行为，虽已达到应当追究刑事责任的标准，但行为人系初犯，积极退回或者协助追回文物，未造成文物损毁，并确有悔罪表现的，可以认定为犯罪情节轻微，不起诉或者免予刑事处罚。

实施本解释第三条至第五条规定的行为，虽已达到应当追究刑事责任的标准，但行为人系初犯，积极赔偿损失，并确有悔罪表现的，可以认定为犯罪情节轻微，不起诉或者免

中国
文物年鉴

2016

予刑事处罚。

第十七条 走私、盗窃、损毁、倒卖、盗掘或者非法转让具有科学价值的古脊椎动物化石、古人类化石的，依照刑法和本解释的有关规定定罪量刑。

第十八条 本解释自2016年1月1日起施行。本解释公布施行后，《最高人民法院、最高人民检察院关于办理盗窃、盗掘、非法经营和走私文物的案件具体应用法律的若干问题的解释》（法（研）发〔1987〕32号）同时废止；之前发布的司法解释与本解释不一致的，以本解释为准。

住房和城乡建设部、国家文物局关于公布第一批中国历史文化街区的通知

建规〔2015〕51号

各省、自治区住房城乡建设厅、文物局（文化厅），直辖市规划局（规划委）、文物局：

为了更好地保护我国优秀历史文化遗存，完善历史文化遗产保护体系，进一步做好历史文化街区保护工作，按照《住房和城乡建设部、国家文物局关于开展中国历史文化街区认定工作的通知》（建规〔2014〕28号），在各地推荐的基础上，经专家评审和主管部门审核，住房和城乡建设部、国家文物局决定公布北京市皇城历史文化街区等30个街区为第一批中国历史文化街区（见附件）。

请你们督促各地做好中国历史文化街区保护工作，依法编制保护规划并严格实施，完善保护管理工作机制，及时协调解决保护工作中出现的问题。要积极改善历史文化街区基础设施和人居环境，激发街区活力，延续街区风貌，坚决杜绝违反保护规划的建设行为。

住房和城乡建设部、国家文物局将对中国历史文化街区的保护工作进行指导、监督和检查，并建立动态维护机制；对由于保护管理工作不力，致使历史文化街区历史文化价值受到破坏、已经不再符合规定条件的，住房和城乡建设部、国家文物局将撤销其中国历史文化街区的称号。

各地应积极组织开展省级历史文化街区认定工作，扩大保护范围，完善保护体系，加强历史文化街区保护利用工作。工作中有关情况及时报住房和城乡建设部及国家文物局。

住房和城乡建设部
国家文物局
2015年4月3日

附件

第一批中国历史文化街区名单

1. 北京市皇城历史文化街区
2. 北京市大栅栏历史文化街区
3. 北京市东四三条至八条历史文化街区
4. 天津市五大道历史文化街区
5. 吉林省长春市第一汽车制造厂历史文化街区
6. 黑龙江省齐齐哈尔市昂昂溪区罗西亚大街历史文化街区
7. 上海市外滩历史文化街区
8. 江苏省南京市梅园新村历史文化街区
9. 江苏省南京市颐和路历史文化街区
10. 江苏省苏州市平江历史文化街区
11. 江苏省苏州市山塘街历史文化街区
12. 江苏省扬州市南河下历史文化街区
13. 浙江省杭州市中山中路历史文化街区
14. 浙江省龙泉市西街历史文化街区
15. 浙江省兰溪市天福山历史文化街区
16. 浙江省绍兴市蕺山（书圣故里）历史文化街区
17. 安徽省黄山市屯溪区屯溪老街历史文化街区
18. 福建省福州市三坊七巷历史文化街区
19. 福建省泉州市中山路历史文化街区
20. 福建省厦门市鼓浪屿历史文化街区
21. 福建省漳州市台湾路—香港路历史文化街区
22. 湖北省武汉市江汉路及中山大道历史文化街区
23. 湖南省永州市柳子街历史文化街区
24. 广东省中山市孙文西历史文化街区
25. 广西壮族自治区北海市珠海路—沙脊街—中山路历史文化街区
26. 重庆市沙坪坝区磁器口历史文化街区
27. 四川省阆中市华光楼历史文化街区
28. 云南省石屏县古城区历史文化街区
29. 新疆维吾尔自治区库车县热斯坦历史文化街区
30. 新疆维吾尔自治区伊宁市前进街历史文化街区

文化部办公厅、国家文物局办公室关于开展 2015年文化遗产日活动的通知

办文物函〔2015〕117号

各省、自治区、直辖市文化厅、文物局；新疆生产建设兵团文化广播电视局、文物局：

根据《国务院关于加强文化遗产保护的通知》，2015年6月13日为我国第10个文化遗产日。现就2015年文化遗产日活动的有关事项通知如下：

一、指导思想

深入贯彻落实党的十八大和十八届三中、四中全会精神，认真贯彻落实习近平总书记关于文化遗产保护重要论述精神，围绕"四个全面"战略布局，大力宣传《中华人民共和国文物保护法》和《中华人民共和国非物质文化遗产法》，宣传文化遗产保护的成就，宣传文化遗产保护成果惠及民生的实践，提高全民文化遗产保护意识，动员全社会积极参与文化遗产保护。

二、活动主题及宣传口号

（一）活动主题

保护成果　全民共享

（二）宣传口号

1．像爱惜自己生命一样保护文化遗产

2．为文化遗产点赞　为美丽中国添彩

3．文化遗产千秋传承　保护弘扬万代受益

4．珍惜定格的历史　爱护不朽的文明

5．心与梦的石刻　你和我的大足

三、时间安排

2015年4月下旬到6月下旬。

四、活动安排

（一）文化部将在河南省召开全国非物质文化遗产保护工作座谈会，开展书香中国——文房四宝制作技艺展、传统戏剧展演月、非物质文化遗产保护讲座月、非物质文化遗产摄影作品展、启动"中国非物质遗产传承人群研修、培训计划"试点等活动（具体活动安排见附件）。

（二）国家文物局将组织开展重庆市大足区文化遗产日主场城市活动、全国文物保护工程成果展、中国传统村落摄影展、社会力量参与文物保护先进典型事例推介等活动（具体活动安排见附件）。

请各地围绕上述活动主题和宣传口号，结合当地实际，参照文化部、国家文物局的相关活动安排，加强策划组织，丰富文化遗产日活动的内容与形式。

五、有关要求

（一）周密部署，精心组织。各地文化文物行政部门要高度重视文化遗产日宣传工作，及早制定本地区、本部门的文化遗产日活动方案和突发事件应急处理方案。严格落实中央八项规定要求，突出主题、讲实际、重实效。文化文物系统的领导干部要面向基层、深入一线，加强指导、统筹谋划，落实安全措施，确保文化遗产日活动安全顺利开展。

（二）传播理念，积极引导。各地要充分利用文化遗产宣传平台，借助传统媒体和新兴媒体，广泛征集宣传口号，设置宣传专栏专刊，张贴宣传海报，印发宣传材料，传播文化遗产保护理念，弘扬优秀传统文化。要将文化遗产日活动与群众生产生活相结合，努力使文化遗产日主题和文化遗产保护理念深入人心，激励公众自觉参与文化遗产保护实践。

（三）贴近实际，讲求效果。各地要注重结合当地实际，充分展示地方政府文化遗产保护的积极行动和工作成果，大力宣传文化遗产保护服务社会、推动发展、惠及民生所采取的举措和取得的成效，大力宣传文化遗产保护志愿者的先进事迹，强化价值导向，注重宣传效果。要善于借助各种媒体的力量，提高正面引导能力，切实增强宣传活动的辐射效应。

（四）多方合作，协调联动。各地要增强工作的主动性，积极争取当地党委政府的支持，主动加强与宣传、教育、出版、广电、共青团、妇联等部门的联系，联合开展宣传活动。要充分发挥文化遗产保护社会组织和志愿者的作用，积极参与相关宣传活动。

请各地文化文物行政部门于5月25日前报送2015年"文化遗产日"活动安排，并于6月22日前报送本地区"文化遗产日"活动总结。

非物质文化遗产类活动报送邮箱：feiyichu@sina.com

文物类活动报送邮箱：xinwenxuanchuanchu@sach.gov.cn

附件：2015年中国文化遗产日主要活动安排

文化部办公厅
国家文物局办公室
2015年5月8日

附件

2015年中国文化遗产日主要活动安排

一、重庆市大足区文化遗产日主场城市活动

2015年文化遗产日主场城市活动将在重庆市大足区举办，届时国家文物局将在重庆市大足区和重庆中国三峡博物馆开展一系列主题活动。6月13日，大足石刻文化遗产博览园正式对外开放，大足石刻博物馆正式开馆，宝顶山石刻千手观音像抢救性保护工程举行竣工仪式，中国石质文物保护国际学术研讨会召开，大足石刻保护中心、大足石刻监测预警中心正式挂牌。

二、传统戏剧展演月

5月底至6月底，文化部在国家大剧院、梅兰芳大剧院、长安大戏院等剧场展演我国入选联合国教科文组织非物质文化遗产名录的昆曲、京剧、藏戏、粤剧、皮影戏、木偶戏的经典剧目，以及充分体现教育传承成果的豫剧、越剧等地方戏经典剧目。

三、社会力量参与文物保护典型事例推介

4月至6月，国家文物局开展社会力量参与文物保护典型事例征集活动，通过典型事例展示推介发挥示范作用，调动社会力量参与文物保护的积极性，提高全社会的文物保护意识。

四、全国文物保护成果展

4月至6月，国家文物局将系统梳理近年来重大文物保护工程，于6月13日开始举办"全国文物保护成果展"，展览将通过丰富的图文材料全面介绍文物保护维修工程的意义、工作内容和丰硕成果，向社会展示文物保护维修在传承文化、改善民生中的重要作用。

五、中国传统村落摄影展

4月至7月，国家文物局与中国摄影家协会共同主办"中国传统村落摄影展"。将从全国投稿作品中精选100幅反映中国传统村落特色建筑、人文魅力和保护成果的摄影作品，6月在重庆市大足石刻博物馆举办摄影展，推动传统村落整体保护利用工作。

六、非遗传承，人人参与——非物质文化遗产摄影作品展

6月，文化部在国家图书馆举办非物质文化遗产摄影作品展。从参与"非遗传承，人人参与——2014中国非物质文化遗产摄影活动"的3.7万余幅（组）作品中，评选出200余幅（组）优秀作品并举办展览。

七、非物质文化遗产保护讲座月

6月至7月，文化部在国家图书馆邀请文化遗产领域专家学者、非物质文化遗产代表性传承人围绕文化遗产保护整体概况、学术成果、典型案例等主题开展普及性讲座。

八、书香中国——文房四宝制作技艺展

6月至7月，在文化部恭王府管理中心展示与笔、墨、纸、砚制作技艺相关的16个国家级非物质文化遗产代表性项目的生产性保护成果，同时销售相关产品。

九、"中国非物质文化遗产传承人群研修、培训计划"试点

6月文化遗产日活动期间宣布启动"中国非物质文化遗产传承人群研修、培训计划"试点。该计划拟通过研修和培训，提高非遗传承水平，扩大传承人群，增强传承后劲。

十、全国非物质文化遗产保护工作座谈会

6月底，文化部在河南省举办"全国非物质文化遗产保护工作座谈会"，总结我国10余年来非物质文化遗产保护工作成果，统一工作思路，部署下一步工作。

国家文物局、教育部关于加强文教结合、完善博物馆青少年教育功能的指导意见

文物博发〔2015〕9号

各省、自治区、直辖市文物局（文化厅）、教育厅（教委），新疆生产建设兵团文物局、教育局：

为认真贯彻落实习近平总书记关于文化遗产工作、教育工作的一系列重要讲话精神，

引导广大中小学生了解中华优秀传统文化，积极践行社会主义核心价值观，实现博物馆青少年教育资源与学校教育的有效衔接，探索构建具有均等性、广覆盖的中小学生利用博物馆学习的机制，特提出如下指导意见：

一、指导思想和实施原则

（一）指导思想。坚持以邓小平理论、"三个代表"重要思想、科学发展观为指导，深入贯彻落实党的十八大，十八届三中、四中全会精神和习近平总书记系列重要讲话精神，全面贯彻文物工作方针和教育方针，积极培育和践行社会主义核心价值观，以建立中小学生利用博物馆学习的长效机制为重点，整体规划、分层设计、有机衔接、系统推进，培养青少年学生的民族自信心和爱国主义精神，促进他们全面发展，成为社会主义事业建设者和接班人。

（二）实施原则。坚持"均等便利"的原则，教育项目实施要做到广覆盖，保障广大青少年特别是农村青少年的文化鉴赏权益；把博物馆资源与中小学课堂教学、综合实践活动的实施有机结合，增强博物馆青少年教育的针对性；坚持"机制创新"原则，以构建中小学生利用博物馆学习的长效机制为目标，使利用博物馆学习成为中小学校日常教学的有机组成部分。

二、主要任务

（三）开发教育项目。按照"重参与、重过程、重体验"的教育理念，进一步突出博物馆教育特色，紧密结合国家课程、地方课程与学校课程，设计研发丰富多彩的博物馆青少年教育课程。博物馆教育课程可涵盖幼儿园、小学低年级、小学中高年级、初中、高中不同年龄段，要明确每个课程的目标、体验内容、学习方式及评价办法。

（四）建设教育资源库和项目库。可结合国家颁发的学科课程标准，进一步深化博物馆教育资源分析，系统整理各地、各级各类博物馆的馆藏、展览展示、教育项目、数字化资源、研究成果，研究提炼博物馆资源与学校教育的有机结合点，鼓励开发各类博物馆教育教学资源，建设博物馆青少年教育资源库和项目库。建立资源共享机制，推广示范课程。

（五）加强课程教材中博物馆教育有关内容。进一步加强博物馆教育与学校教育的契合度，积极推动在中小学德育、语文、历史、艺术、体育等教学中，增加博物馆学习环节。地理、数学、物理、化学、生物等学科，应充分挖掘和利用博物馆资源，开展动手操作、科学实验等活动。

（六）实施流动教育项目。为使博物馆资源相对薄弱的中小城市和农村地区中小学生能够有效利用博物馆学习，进一步提高流动展览教育项目的实施效果，各地文物部门要组织博物馆设计适合进校园、下基层的流动展览和教育项目，利用青少年之家、乡村少年宫等活动平台，精心设计开展经常性、参与面广、实践性强的博物馆展示教育活动。

（七）实施远程教育和网络教育。利用现有的远程教育终端系统、电视电台及其他网络视频互动系统，进一步扩大博物馆青少年教育的覆盖面，将现场教学以实时或录播的形式实现博物馆教育课程全面覆盖中小学校，将教学视频以光盘形式提供给远离博物馆的基层学校和学生，切实增强博物馆教育辐射力。

（八）加强博物馆教育资源统筹。各级各类博物馆要围绕青少年教育的需求，进一步加强资源统筹，设置充足的适合开展青少年教育的馆内场地，配套必要的教育设备，配备专业人员，在设计实施基本陈列、展览项目时要充分考虑青少年教育项目的需求，在进行藏品数字化、智慧博物馆建设中，要兼顾青少年教育项目实施的功能。

（九）建立中小学生利用博物馆学习的长效机制。文物部门和博物馆要加强与教育部

中国
文物年鉴
2016

门和学校的联系，根据教学需要实施相关教育项目，配备专职辅导人员，使博物馆教育与学校教育相互补充、相互促进。未实施免费开放的遗址类博物馆，应当对中小学生集体参观博物馆实行免费。中小学校要把教育教学活动与博物馆学习有机结合，合理安排时间，并做好具体组织工作。

三、保障措施

（十）加强组织领导。各地文物、教育部门要建立协调机制，定期召开工作会议，研究年度规划，实施推进重点项目，协调落实日常工作，建立相关的监督管理机制。利用"全国青少年校外教育工作联席会议"的统筹协调职能，协调重大政策和重大问题。

（十一）加强师资培训。各地文物、教育部门根据实际举办不同形式的联合培训。通过教师研习会、双师课堂、教师博物馆之友会员等多种方式，增强博物馆教辅人员与在校教师的双向互动，使博物馆教育人员熟悉学校教育，中小学教师熟悉博物馆教育项目。

（十二）完善督导评价机制。将中小学生利用博物馆学习项目纳入博物馆运行评估、定级评估、免费开放绩效考评等体系，纳入学校督导范围，定期开展评估和督导工作。

国家文物局

教育部

2015年6月11日

国家文物局、公安部关于印发《文物建筑消防安全管理十项规定》的通知

文物督发〔2015〕11号

各省、自治区、直辖市文物局（文化厅），公安厅、局：

为加强文物建筑消防安全工作，现将《文物建筑消防安全管理十项规定》印发给你们，请结合本地实际，认真贯彻落实。

国家文物局

公安部

2015年6月26日

文物建筑消防安全管理十项规定

一、切实落实消防安全责任

文物建筑的产权人或者管理、使用人是消防安全责任主体。

文物建筑产权单位或者管理、使用单位应当依法建立并落实逐级消防安全责任制，

明确各级、各岗位的消防安全职责。单位主要负责人为消防安全责任人，统筹安排本单位消防安全管理工作。属于消防安全重点单位的文物建筑应当确定消防安全管理人，负责组织实施日常消防安全管理工作，主要履行制定落实消防工作计划和消防安全制度，组织开展防火巡查和检查、火灾隐患整改、消防安全宣传教育培训、灭火和应急疏散演练等职责。

二、建立完善专门机构和专兼职消防队伍

文物建筑产权单位或者管理、使用单位应当设置（确定）内设专门机构，或者确定专（兼）职消防管理人员，具体实施消防安全管理工作。应当依法建立专职或者志愿消防队伍，结合实际配备相应的消防装备和灭火器材，定期开展防火灭火训练。

三、严格消防设施管理

对文物建筑应根据防火需要和实际情况，确定消防车通道（消防道路），配置必要的消防给水系统、消防设施、设备和器材，确定疏散通道、安全出口，保持防火间距。用于参观、游览和经营场所的文物建筑，要切实采取人员的安全保障措施。

文物建筑毗邻区域和保护范围内不得擅自扩建或搭建建（构）筑物、占用防火间距和消防车通道（消防道路）。对文物建筑消防设施、设备和器材要加强日常保养维护和定期检测，确保使用功能。

四、严格用火管理

文物建筑内严格控制使用明火。用于宗教活动场所或者民居建筑等确需使用明火时，应加强火源管理，采取有效防火措施，并由专人看管，必须做到人离火灭。

五、严格用电管理

文物建筑内配电设备、电气线路、电器选型、安装等应符合相关规范和防火要求，并配备适用的电器火灾防控装置。文物建筑内宜使用低压弱电供电和冷光源照明，一般不得使用电热器具和大功率用电器具。确需使用的，要采取安全防护措施，制定并严格落实使用管理制度。严禁私拉乱接电气线路，室内外电气线路应采取穿金属管等保护措施。对电气线路和电器要定期检查检测，确保使用安全。

六、严格危险品管理

文物建筑保护范围内严禁生产、使用、储存和经营易燃易爆危险品，严禁燃放烟花爆竹。用于居民生产生活的民居类文物建筑和其他作为住宿、餐饮等功能的文物建筑，因生产生活需要使用燃气，堆放柴草等可燃物，要采取切实有效的安全防护措施。其他文物古建筑内，严禁使用燃气，不得铺设燃气管线，不得堆放柴草、木料等可燃物，并应明显设立"禁止燃放烟花爆竹""禁止吸烟""禁止烟火"等标志。

七、严格大型活动管理

在文物建筑保护范围内举办祭祀、庙会、游园、展览等大型活动，主办单位应进行防火检查，增设必要的消防设施、设备和灭火器材，同时制定灭火和应急疏散预案并预先组织演练。要按规定事先将活动情况和消防措施报当地公安部门审核同意后，方可举办活动。

八、全面开展防火巡查检查

文物建筑的消防安全责任人或管理人每季度应至少组织一次防火检查，重点检查以下内容：

（一）消防安全管理制度落实情况，管理使用单位负责人和其他员工防火意识和消防知识、技能的掌握情况；

（二）开展日常防火巡查情况；

（三）疏散通道、安全出口和消防车通道（消防道路）是否畅通，防火间距是否被占用情况；

（四）消防设施、设备和器材完好有效情况；

（五）消防水源是否满足使用需求；

（六）有无违章用火、用电、用油、用气情况；

（七）电器产品的安装、使用及其线路、管线的敷设是否符合消防技术标准和管理规定；

（八）按规定允许烧香、点蜡等使用明火的场所，是否符合相关规范，并落实安全防护措施；

（九）重点部位的消防安全措施情况；

（十）火灾隐患整改和防范措施落实情况；

（十一）其他消防安全管理情况。

专（兼）职消防管理人员应当对前款规定的第（三）、（四）、（六）、（七）、（八）、（九）项内容开展日常的防火巡查；文物建筑对社会开放期间，至少每2小时进行一次防火巡查，并强化夜间巡查。

九、开展消防演练

文物建筑产权单位和管理使用单位应当制定本单位灭火和应急疏散预案，明确每班次、各岗位人员及其报警、疏散、扑救初起火灾的职责，每半年至少开展一次演练。在宗教活动、民俗活动等人员集中的重点时段，应当结合实际制定专门预案。

十、认真开展消防安全宣传教育

文物建筑产权单位和管理使用单位应当开展经常性消防安全教育培训，增强防火安全意识，掌握防火技能。单位人员应当懂得本单位、本岗位的火灾危险性和防火措施，会报警，会扑救初起火灾，会疏散逃生自救。要结合实际对公众开展消防宣传，在醒目位置设立消防安全警示标识，张挂消防安全宣传图标。

国家文物局、公安部关于加强打击和防范文物犯罪工作的通知

文物督发〔2015〕12号

各省（自治区、直辖市）文物局，公安厅、局：

近年来，在公安部、国家文物局打击和防范文物犯罪联合长效机制指导下，各地公安和文物部门密切配合，强力打击文物犯罪，取得了显著成效。

当前，盗掘古文化遗址古墓葬、盗窃田野石刻造像和文物建筑构件、倒卖文物等犯罪活动依然猖獗，严重损害文物管理秩序，社会影响恶劣。为进一步加大打击力度，增强防

范能力，遏制文物犯罪高发势头，确保文物安全，现通知如下：

一、建立健全打防文物犯罪长效机制。各地公安、文物部门要将打击文物犯罪作为一项长期任务，要力足长远，常抓不懈。要按照公安部、国家文物局打击和防范文物犯罪联合长效工作机制，进一步建立和完善符合自身实际的打击文物犯罪联合工作机制。制订落实具体可行的工作制度和措施，摸清掌握辖区内地上地下文物资源状况和被盗风险情况，定期研判文物安全形势，安排部署打击防范文物犯罪工作，督办或者侦办大案要案，通过采取严打、严防、严管、严治措施，始终保持对文物犯罪活动的高压强震态势。

二、进一步加大打击文物犯罪力度。各地公安机关要将文物犯罪列入日常重点打击范围，将盗掘古文化遗址、古墓葬，盗窃田野石刻、文物建筑构件，特别是破坏损毁长城、盗卖长城砖等犯罪活动，作为重点打击内容。文物资源丰富、文物犯罪频发地区今年要集中部署开展区域性集中打击行动。要将团伙犯罪、集团犯罪作为打击重点，加强串并案侦查，深挖犯罪团伙组织者、骨干分子、幕后主谋，狠打销赃单位和个人，彻底端掉销赃窝点，截断犯罪链条、摧毁犯罪网络。要建立"重大文物案件快侦快破机制"，做到接警处警快、勘查访问快、追击堵截快、文物追缴快，避免案件积压。对近年来尚未侦破的文物犯罪大案、要案要组织力量，集中攻坚，尽快破案。文物部门要密切配合公安机关做好涉案文物认定、鉴定等相关工作。要通过坚决有力的打击，形成对文物犯罪的强大震慑。

三、切实增强文物安全防控能力。各地文物部门要积极主动争取当地政府支持，将文物安全纳入当地各级政府绩效考核内容或者社会治安综合治理范畴。要逐一明确各处文物单位安全责任主体，落实主体责任和安全措施。同时，要结合本地实际，建立完善专兼职文物保护员队伍，补充专业力量的不足。对确有较大安全风险的文博单位，要有针对性的配置安防设施设备，提高物防技防水平。对已配置安防设施设备的，要加强日常维护保养，严格值班值守，确保安防系统运行有效，发挥应有功能。要强化安全监管检查，对安全值守不在岗、值守期间擅自关闭安防系统、发生报警不处置、发现安全隐患不治理等突出问题，开展专项检查和整治，一经发现，要依法依纪严肃追责。

四、充分发挥文物犯罪信息中心实战作用。各地公安、文物部门要全面加强打击防范文物犯罪信息的沟通交流和共享共用。2011年，公安部和国家文物局委托陕西省公安厅刑侦局建立了"全国文物犯罪信息中心"，开发了"全国文物犯罪信息管理系统"，近年来在陕西等地打击文物犯罪工作中发挥了较好的实战作用。各地公安、文物部门要高度重视"全国文物犯罪信息中心"建设工作，各省级公安机关要确定专门人员作为"全国文物犯罪信息中心"联络员，负责日常沟通联系和信息录入工作，要及时将管辖范围内办理的打击文物犯罪案件信息、犯罪人员和涉案文物等各类信息录入"全国文物犯罪信息管理系统"，不断充实系统数据库，扩大文物犯罪信息管理系统分析研判文物犯罪案件的能力和范围，进一步拓展该系统的实战功能，为全国各地打击文物犯罪工作提供科技和信息支撑。

特此通知。

国家文物局

公安部

2015年8月2日

中国
文物年鉴
2016

国家文物局2015年工作要点

2015年是全面深化改革的关键之年，是全面推进依法治国的开局之年，也是全面完成"十二五"规划的收官之年。要全面贯彻党的十八大和十八届三中、四中全会精神和习近平总书记系列重要讲话精神，坚持稳中求进工作总基调，紧紧围绕全面深化改革、全面推进依法治国和社会主义文化强国建设，加强管理、转变作风，着力推动"十二五"规划任务全面完成，认真谋划"十三五"规划编制，统筹推进文物保护利用各项工作。

一、深入学习贯彻习近平总书记系列重要讲话精神

1．召开文物系统学习贯彻习近平总书记关于加强文物保护重要指示精神座谈会，印发关于学习贯彻习近平总书记关于传承弘扬中华优秀传统文化、加强文物保护重要论述精神的通知。

2．会同新华社、中央电视台等中央媒体开展系列宣传报道，在《人民日报》《光明日报》等中央媒体发表局党组、局领导学习体会、记者专访。在《中国文物报》开辟文物系统学习体会专栏，在局官方网站、微博开设专题报道和链接。

3．召开学习贯彻习近平总书记关于加强文物保护重要论述理论研讨会，出版学习贯彻习近平总书记关于加强文物保护重要论述文集。

4．编制意识形态领域文化遗产重大工程实施方案，实施社会主义核心价值观涵养工程，继续面向全社会开展弘扬中华优秀传统文化、培育社会主义核心价值观主题展览项目征集，推出100个培育社会主义核心价值观主题文物展览、巡回展览、数字展览，推出100集体现社会主义核心价值观的文物鉴赏电视短片，依托大遗址推出10个中华民族历史再现工程。

5．草拟国务院关于加强文化遗产工作的指导性文件。

二、贯彻四中全会精神，全面推进文物法治建设

6．推进《文物保护法》修订进程，完成第一稿征求国务院各部门意见后的修改，向国务院法制办提交草案，争取列入国务院立法计划。配合最高人民法院、最高人民检察院争取出台关于文物犯罪的司法解释。

7．贯彻落实《博物馆条例》，加强博物馆管理。

8．出台国家重点文物保护专项补助资金预（概）算编制、文物安全设施配置、可移动文物修复和预防性保护等系列标准规范。

9．建立权责明确、行为规范、监督有效、保障有力的文物违法行为查处机制，制订《文物行政违法案件督察督办管理办法》《文物违法案件举报受理办法》，完善文物行政执法督察方式。

10．开展省级文物行政执法工作考评试点。实施文物行政执法专项督察，发布一批行政执法指导性案例。扩大不可移动文物遥感监测试点。

11．会同中国海警局联合制定我国管辖海域水下文物保护执法规程，推动开展联合执法专项行动。

12．健全普法宣传教育机制，联合司法部开展《文物保护法》普法宣传，推出全媒体文物普法产品。

三、落实三中全会要求，不断深化文物系统改革

13. 深化文物保护项目审批制度综合改革，完善文保工程、安消防工程、可移动文物修复项目网报网审平台。完成下放馆藏一级文物的复制、拓印行政许可。推动事业单位分类改革，完善相应管理制度，完成局直属企业脱钩。

14. 加强对取消下放行政审批事项的事中事后监管，制定对中介机构服务绩效的评估办法，开展考核与评估。增设第三方评估机构，健全专家评审咨询制度。

15. 编制国家文物局审批事项服务指南和内部业务手册，推行办理时限承诺制和受理单制度。做好全程咨询服务，设立咨询热线电话。

16. 适应国家科技管理改革要求，召开文物科技工作会议，规范文物科技项目管理。发布博物馆理事会章程示范文本和指导意见，开展博物馆理事会制度建设区域试点。

17. 公布国家文物局的责任清单和权力清单，修订《国家文物局工作规则》。

四、努力拓展文物合理利用

18. 围绕纪念中国人民抗日战争胜利70周年，策划推出一批有影响力的抗战文物专题陈列展览。9月前完成文物系统管理使用的国保单位中抗战文物的展示开放，推动非文物系统管理使用的文物保护单位创造条件对外开放。

19. 基本完成第一批51个国保省保集中成片传统村落的保护利用项目，启动第二批国保省保集中成片传统村落保护利用项目。推广名人故居、工业遗产、乡土建筑保护利用导则，开展工业遗产保护利用状况评估，制定开放类古建筑保护利用规程。

20. 开展经济社会发展变迁物证征集工程研究与试点，加大对乡土记忆、区域发展历程和地方民族民俗的物证的征集力度。

21. 推广博物馆青少年教育试点经验和示范项目，与教育部门开展联合督察。建设博物馆青少年教育项目资源库，建立中小学生利用博物馆开展社会实践活动联席会议机制。

22. 开展全国博物馆展览展出季，推出一批彰显社会主义核心价值观的优秀展览。编制《2015中国博物馆海外展览推介目录》。

23. 建立国家一级博物馆与基层博物馆借展、联展、巡展合作机制。指导中国博物馆协会开展群众最喜爱的十大文博创意产品和最具影响力的十大文博创意产业示范单位推介。

五、加快实施文物保护重点项目

24. 实施新疆、西藏、川滇甘青四省藏区、山西南部国保单位保护维修工程。开展第七批国保单位重点文物抢修工程。推动茶马古道、海上丝绸之路、万里茶道、蜀道的专项调查与保护。推进石质文物保护、彩塑壁画修复项目。

25. 启动明清海防文物考古调查项目，完成三峡工程文物保护专项验收。召开考古工作会，指导做好重大考古发掘项目。

26. 实施文物消防安全百项工程，建成一批古城古镇古村落防火设施和古墓葬防盗掘设施。

27. 开工建设南海基地，开展西沙海域、山东沿海等水下文物考古调查，做好南海Ⅰ号考古发掘和丹东一号沉船调查。

28. 做好土司遗址、花山岩画申遗工作，推进世界文化遗产监测预警国家平台和基础数据库建设。加强对大运河、丝绸之路等世界遗产地的保护管理。

29. 重点实施纺织品、漆木器、青铜器修复项目。实施一批市县级博物馆预防性保护项目。

30. 实施"一带一路"对外文物交流工程。举办赴匈牙利"华夏瑰宝展"、赴斯里兰卡"海上丝绸之路展览"和赴港"汉代文物展"，赴台参加第二届海峡两岸及港澳地区文

化遗产活化利用研讨会。推进"文物带你看中国"3D展示项目进入海外中国文化中心，做好援外文物保护工程项目。

六、着力提升宏观管理能力

31．加快推进国保单位四有工作，督促完成第六至七批国保单位记录档案备案，完善提升国保单位综合管理系统，推动完成第七批国保单位保护范围和建控地带的公布任务。

32．制定文保项目施工、检查、验收和文物安全防护工程项目管理办法，建立文物工程施工企业征信制度。

33．召开第四次全国文物安全工作部际联席会议第四次会议，支持全国文物安全工作部际联席会议办公室文物犯罪信息中心完善信息建设。

34．完成全国博物馆年检备案。开展民办博物馆运行评估，规范民办博物馆准入制度。

35．制定文物交易负面清单，评估文物拍卖企业经营活动，研究建立文物拍卖企业和购销企业的征信制度。

36．排查历年已批项目，对三年以上未开工项目的沉淀资金试行按程序收回，根据专项资金管理办法和文物保护需求另行申报。

37．出台开放全国重点文物保护单位游客承载量标准。

七、加强直属单位重点工作指导管理

38．指导机关服务中心做好南海基地开工建设及前期准备工作，配合三沙市永兴学校及相关配套设施建设工作。

39．积极稳妥推进北京鲁迅博物馆（北京新文化运动纪念馆）功能提升改造工程。制定《北京鲁迅旧居保护总体规划》，启动前期基础工作。

40．指导中国文物信息咨询中心完成国家文物局行政审批网报网审平台开发，实现上线运行。做好第一次全国可移动文物普查项目平台一期后续技术管理工作。启动文物数字博物馆综合服务平台建设。

41．完成文物出版社印刷厂老厂区利用规划。做好《中国文物志》《抗战遗迹概览》等重点图书的编辑出版。

42．充分发挥中国文化遗产研究院在文物保护教育培训领域的骨干引领示范作用，加强文博人才培训基地建设。完善中国世界文化遗产监测预警总平台和通用平台建设，继续做好援柬、援乌、援蒙等援外文物保护项目，启动与塞浦路斯文物保护合作项目。积极推进应县木塔、定陶汉墓等重要文物保护工作，启动川渝地区石窟寺现状调研。

43．继续推进中国文物报社转企改制。重点做好《文物保护法》修订工作和《博物馆条例》的宣传。

44．研究明确中国文物交流中心的定性、定位。做好"华夏文明洲际行"展览策划、"华夏瑰宝展"东欧巡展；与斯里兰卡、尼泊尔、塞浦路斯等国合作举办丝绸之路主题文物展览。

45．加强国家文物局水下文化遗产保护中心建设，完成中心机构、人员整合，开展南海海域、舟山海域、丹东港区和胶东海域水下文物重点调查，继续实施南海Ⅰ号发掘保护项目。

八、积极完善保障措施

46．加快推进信息化建设及数据整合工作。召开局信息化工作领导小组第二次全体会议，加快局电子政务外网平台建设，完成文物保护、安全防护、可移动文物保护修复工程项目及预算审批管理系统上线使用，做好局电子政务内网建设工作。

47．基本完成可移动文物普查数据转换和批量导入，启用普查平台综合管理和社会服务功能。加强文物信息采集登录审核，建立普查数据在线抽样审核工作机制。

48．推进文物保护装备产业化及应用计划，指导文物保护装备产业园区建设，组建联合实验室，做好国家科技计划项目的组织协调和第三方评估咨询。

49．继续实施人才培养"金鼎工程"。举办50个左右培训主体班次，培训学员3000人次以上。完成县级文物行政部门负责人、文物安全管理与执法督察人员培训任务。启动文物系统在职人员专业学历教育招生试点工作。建成文博网络学院网站，制作文博名家精品教程。完成文物保护职业教育教学指导委员会改选换届，发布促进文物保护职业技能人才培养指导意见。

50．开展抗战胜利70周年和传统村落保护利用成果的专题宣传。开通国家文物局官方微信，抓好国家文物局官网、官方微博运行。全面开展《中国文物志》编纂工作。举办文化遗产日、国际博物馆日和国际古迹遗址日活动以及中国加入世界遗产公约30周年纪念活动。

51．编制文物博物馆事业"十三五"规划及专项规划。力争使文物事业发展规划纳入中央整体规划并与国家相关规划相衔接。

52．贯彻中纪委十八届五次全会精神，强化党风廉政建设主体责任，开展"三严三实"专题教育，继续落实整改任务，进一步巩固群众路线教育实践活动成果。

国家文物局关于公布2013年度国家二、三级博物馆运行评估复核结果及下一步工作安排的通知

文物博函〔2015〕6号

各省、自治区、直辖市文物局（文化厅）：

为实现国家二、三级博物馆的动态管理，2014年3月，我局印发《关于开展2013年度国家二、三级博物馆运行评估工作的通知》（文物博函〔2014〕242号），正式启动首次国家二、三级博物馆运行评估工作。目前，各省已顺利完成本省运行评估的组织实施工作，并将评估结果报我局复核。现将复核情况及下一步工作安排通知如下：

一、本次运行评估共有29个省、自治区、直辖市（海南、西藏除外）的629家二、三级博物馆（二级223家、三级406家）参与。根据《通知》及《国家二、三级博物馆运行评估规则（试行）》要求，我局在组织专家评审并对个别馆进行抽查复核的基础上，拟订了《2013年度全国二、三级博物馆运行评估结果复核意见》（详见附件）。请各省（自治区、直辖市）文物（文化厅）根据复核意见向社会公布本省结果。

二、请各省参照国家一级博物馆运行评估报告的格式、体例，编制本省二、三级博物馆运行评估报告，并于2015年5月底前报我局（电子版请同时发送：jiaolidan@sach.gov.cn）。我局将从中遴选出5～8个优秀报告在《中国文物报》《文物工作》《中国博物馆》

等文博刊物上选登。

三、对于在本次运行评估中结果评定为优秀、基本合格、不合格档次的国家二、三级博物馆，依据《全国博物馆评估办法》《国家二、三级博物馆运行评估规则（试行）》的有关规定，提出如下具体处理意见：

（一）恭王府博物馆、邯郸市博物馆等24家评估结果为"优秀"的二级博物馆，我局将优先推荐其参加下一次国家一级博物馆定级评估；

（二）中国长城博物馆、廊坊市博物馆等33家评估结果为"优秀"的三级博物馆，经履行《全国博物馆评估办法》第七、第九条规定的认定程序后，可晋升为二级博物馆；

（三）16家评估结果为"基本合格"的二级博物馆和28家评估结果为"基本合格"的三级博物馆，应根据评估意见进行整改，由各省（自治区、直辖市）文物（文化厅）监督落实，并将整改落实情况报我局备案；

（四）2家评估结果为"不合格"的二级博物馆和4家评估结果为"不合格"的三级博物馆，由省里重新对其进行定级评估，根据评估结果降低或取消其博物馆资质等级，并报我局备案。

四、山西省大同市博物馆、晋城市博物馆，山东省中国海军博物馆、即墨市博物馆因新建、改扩建未参与评估，请山西省文物局、山东省文物局就相关博物馆的运行情况专文报送我局，并将博物馆年度工作报告作为附件一并提交。

特此通知。

附件：国家二、三级博物馆运行评估复核结果（略）

国家文物局
2015年1月6日

国家文物局关于公布"弘扬优秀传统文化、培育社会主义核心价值观"主题展览项目征集结果的通知

文物博函〔2015〕8号

各省、自治区、直辖市文化厅（局）：

为切实提升博物馆陈列展览的质量，充分发挥博物馆在弘扬优秀传统文化、培育社会主义核心价值观中的阵地作用，2014年9月，我局启动了"弘扬优秀传统文化、培育社会主义核心价值观"主题展览项目征集工作。该项工作得到了各地的积极响应和踊跃报名，共收到来自28个省（区、市）申报的60个主题展览项目。经组织专家评审，最终确定南京博物院"和·合——中国传统文化和人文精神系列展"等13个项目入选（见附件）。现就具体事宜通知如下：

一、对入选展览项目，我局给予8万元／项的策展方案编制补助。请专款专用，确保项目绩效。

二、请有关单位进一步完善、细化现有展览名称和展览策划方案，按照预定展期做好组织实施，及时向我局报送展览筹备进展。

三、我局委托中国文物报社承担入选展览的集中宣传。请入选展览项目单位指派专人负责对接，并于2015年1月15日前将人员名单报我局博物馆与社会文物司博物馆处。

联系人：焦丽丹

电话（传真）：010-56792096

此函。

国家文物局

2015年1月6日

附件：

"弘扬优秀传统文化、培育社会主义核心价值观"主题展览项目征集结果

序号	单位	入选展览项目名称	策展人	计划展期
1	南京博物院	和·合——中国传统文化和人文精神系列展	陈同乐	2015年7月5日～2015年10月5日
2	安徽博物院	贾而好儒　家国天下——古代徽州文化展览	朱良剑	2015年5月18日～2015年11月30日
3	福建博物院	绿叶对根的情谊——华侨华人爱国奉献展	吴志跃	2015年9月1日～2015年11月30日
4	西藏博物馆	历史的见证	何晓东	2015年5月1日～2015年12月31日
5	广东省博物馆	千星过洋：万历时代的海贸传奇	魏峻	2015年9月16日～2016年3月21日
6	北京鲁迅博物馆（北京新文化运动纪念馆）	旧邦新命——新文化运动百年纪念展	黄乔生	2015年4月20日～2015年7月20日
7	天津杨柳青木版年画博物馆	寓教于像——中国年画中的传统美德	钱程	2015年3月～2015年6月
8	天津自然博物馆	生态文明——人与自然和谐的实践	李勇	2015年6月1日～2015年9月30日
9	黑龙江省博物馆	保家卫国　一门英烈——戍边将军寿山家族卫国事迹展	庞学臣	2015年3月1日～2015年6月15日
10	中国文字博物馆	汉字——中华优秀传统文化的载体	冯克坚	2015年7月10日～2015年10月10日

序号	单位	入选展览项目名称	策展人	计划展期
11	湖北省博物馆	铸鼎镕金——先秦材料科学的智慧特展	王纪潮	2015年5月22日～2016年2月22日
12	甘肃省博物馆	陇上初曙——甘肃的华夏早期文明	俄军	2015年5月18日～2015年10月20日
13	重庆红岩革命历史博物馆	红岩风范　千秋楷模	朱军	2015年8月1日～2015年11月1日

国家文物局关于学习贯彻习近平总书记传承弘扬中华优秀传统文化、加强文物保护重要论述精神的通知

文物政发〔2015〕1号

中国
文物年鉴
2016

各省、自治区、直辖市文物局（文化厅），各计划单列市文物局（文化局），新疆生产建设兵团文物局，局机关各司室，各直属单位：

党的十八大以来，习近平总书记站在实现中华民族伟大复兴中国梦的战略高度，就传承弘扬中华优秀传统文化、加强文物保护发表了系列重要论述，为新时期文物事业发展指明了方向、提供了遵循。为做好习近平总书记重要论述精神的学习宣传和贯彻落实工作，现通知如下。

一、充分认识习近平总书记重要论述精神的重大意义

习近平总书记关于传承弘扬中华优秀传统文化、加强文物保护的重要论述，深刻阐述了中华优秀传统文化的历史地位和时代价值，深刻阐述了文物保护的正确理念和基本原则，思想深邃，内涵丰富，充分体现了党中央对中华优秀传统文化的高度自觉、对文物工作的高度重视。习近平总书记的重要论述，对传承弘扬中华优秀传统文化、建设社会主义文化强国、实现中华民族伟大复兴中国梦具有重大意义，是推动新时期文物事业科学发展的思想武器和行动指南。

全国文物系统要树立高度的政治自觉和强烈的文化自信，把思想和行动统一到习近平总书记重要论述精神上来，统一到全面深化文物系统改革和全面推进文物法治建设的理论创新和实践创新上来，统一到新时期文物工作的目标任务全面完成上来，切实担当保护文化遗产的神圣职责，切实发挥文物资源服务国家大局、教育启迪人民的作用，切实推进文物事业改革发展，努力实现文物事业治理体系和治理能力的现代化。

二、准确把握习近平总书记重要论述的精神实质

学习贯彻习近平总书记重要论述，关键是要领会核心要义、实践要求，系统把握辩证思维、问题意识和价值导向，在提升学习实效上下功夫，用论述精神统一思想、凝聚力量、推动发展。

要深刻领会习近平总书记的重要论述，准确把握中华优秀传统文化的历史定位，充分认识中华优秀传统文化是中华民族的精神命脉，是涵养社会主义核心价值观的重要源泉，是我们在世界文化激荡中站稳脚跟的坚实根基，也是实现中华民族伟大复兴中国梦的历史基点。深刻领会习近平总书记的重要论述，准确把握为弘扬社会主义核心价值观服务是传承弘扬中华优秀传统文化的根本任务。深刻领会习近平总书记的重要论述，准确把握文化遗产保护的正确理念，坚持文物工作方针，贯彻立足于保、保用结合的理念，切实保护好文物的历史文化价值。深刻领会习近平总书记的重要论述，准确把握文物保护与城镇化的关系，既遵循城镇化建设的基本原则，又遵循文物保护的基本规律，积极探索文物保护与新型城镇化协调发展之路。深刻领会习近平总书记的重要论述，准确把握中华优秀传统文化创造性转化、创新性发展的时代命题，深入研究和充分阐释文化遗产的历史文化内涵，围绕以文化人、以文育人的时代需要，让文物说话，讲好中国故事。深刻领会习近平总书记的重要论述，准确把握中华优秀传统文化交流互鉴的传播规律，充分发挥文物资源在深化对外文化交流合作、提升中华文化国际影响力中的作用。

三、以学习贯彻习近平总书记重要论述精神为动力，推动文物工作各项重点任务的完成

全国文物系统要把学习宣传和贯彻落实习近平总书记重要论述精神作为当前和今后一个时期的重要政治任务，迅速掀起学习贯彻的热潮，做到学习跟进、认识跟进、工作跟进，推动习近平总书记重要论述精神在文物工作中的落实。

各地文物部门要制订学习贯彻方案，广泛开展宣传，将习近平总书记重要论述精神的学习纳入中心组学习和干部教育培训计划，纳入工作重点和目标任务。要加强调查研究，紧密结合文物工作实际，撰写学习体会，开展专题研讨，把学习贯彻活动不断推向深入。各地文物部门要及时向本地党委、政府汇报，切实解决制约文物事业科学发展的突出问题。

要以习近平总书记重要论述精神为指导，推进文物系统全面深化改革，提高法治建设水平。加紧制定和完善有利于文物事业发展的法律制度和标准规范，加快政府职能转变和行政审批制度改革。要增强大局意识、开放意识、问题意识、创新意识，切实研究破解事关传承弘扬优秀传统文化、搞好文物保护的重大问题。要周密组织、提前谋划，研究确定"十三五"规划的发展目标和主要任务，努力把学习贯彻习近平总书记重要论述精神转化为发展的动力、工作的思路和解决问题的举措。国家文物局机关要在学习贯彻活动上走在前、做表率。中央文博单位要充分优势，推动学习贯彻活动出实效、出成果。

请各地各单位于5月1日前将学习贯彻情况以纸质件和电子版形式上报我局。

联 系 人：岳志勇　彭跃辉

电子邮箱：zhy@sach.gov.cn

联系电话：010-56792051　56792052

特此通知。

国家文物局

2015年1月9日

国家文物局关于提升博物馆陈列展览
质量的指导意见

各省、自治区、直辖市文物局（文化厅）：

近年来，我国博物馆陈列展览数量和观众人数不断增加，社会影响力不断提高。优秀博物馆陈列展览对弘扬优秀传统文化、践行社会主义核心价值观起到了十分重要的作用。为深入学习贯彻党的十八大、十八届三中四中全会精神和习近平总书记一系列重要讲话精神，充分发挥文物引领社会风尚、践行核心价值、维护国家文化安全、提升国家文化软实力的积极作用，切实提升博物馆陈列展览的质量，扩大博物馆陈列展览的影响力和传播力，现提出如下指导意见：

一、提高馆藏文物利用率，让收藏在博物馆里的文物活起来

（一）建立文物藏品资源共享机制。各省文物部门要协调省、市、县（区）各级博物馆，在互利共赢的基础上，打破地域和行政级别限制，建立博物馆藏品交流共享平台，通过博物馆联盟、对口帮扶、总分馆制等办法，形成博物馆馆藏资源共享机制。国有博物馆可以通过调拨、交换、借用等方式，优化藏品体系结构，特别是一些藏品数量丰富的大馆，要帮助馆藏较少的博物馆形成有特色的藏品体系，支持其举办符合其使命与职能的陈列与展览。

（二）加强陈列展览项目交流。支持各地区、各级博物馆积极开展展览交流合作，举办各种联展、互换展览。各地文物行政部门要积极扶持学术水准高、社会反响好的临时展览做好巡展，扩大展览影响。资源丰富的大馆可以通过办分馆，长期借展藏品，在基层博物馆举办中长期陈列，帮助基层博物馆提高陈列展览策划、编写、设计和实施水平等方式，加强对中小博物馆的扶持。

（三）提高藏品展示利用率。鼓励各博物馆通过基本陈列改造提升与展品更换，适当增加临时展览数量、频次和时长，增加藏品展示数量等，扩大藏品展示范围。鼓励藏品数量众多、展示空间条件充分的博物馆，创新展示手段，合理提升展览频次，使更多的藏品有机会展示给广大观众。

（四）积极展示考古新成果。考古院所要向博物馆依法按期移交出土文物，适合进行展出的，要及时策划组织相关展览。有重大展示价值但暂时无法办理移交手续的重要考古新发现，可采取暂不改变权属，交由博物馆代为保管并联合进行展示利用的方式，及时向公众传播推广。

（五）加强数字化展示手段。积极通过博物馆网站、数字博物馆、微博微信等新媒体，加强文物藏品的数字化展示。利用虚拟现实技术、3D技术等，增强虚拟展示效果，丰富数字展品数量、展示信息及体验手段。

二、提升陈列展览质量，扶持原创性主题性展览

（六）积极策划实施主题性陈列展览。鼓励各地、各级博物馆，依托丰富文物资源，深入挖掘优秀传统文化的思想内涵，策划出一系列具有鲜明教育作用、彰显社会主义核心价值观的主题展览，讲好中国故事。国家文物局每年面向全国文博机构、陈列展示设计机构、策展人等征集遴选一批以弘扬优秀传统文化、践行社会主义核心价值观为主题的优秀陈列展览策划方案，给予一定的后补助性支持。鼓励多馆联合申报、跨级别跨地区联合申报。

（七）夯实原创性陈列展览的学术基础。加强博物馆学术研究，明确博物馆研究的公众服务目标功能，增强博物馆陈列展览的学术基础；提高陈列展览创意策划水平，完善陈列展览从研究、策划、实施到推广的工作流程，积极策划实施一批学术基础扎实、具有感染力和传播力的原创性陈列展览；将学术活动作为陈列展览的整体进行策划和实施，提升学术活动的影响力和效果。

（八）注重陈列展览配套青少年教育项目的策划与实施。原创性陈列展览要设计、开发相关的青少年教育项目，增强青少年教育项目的针对性、趣味性。博物馆基本陈列和重要展览要充分考虑博物馆青少年教育项目实施的需求，充分考虑中小学生利用博物馆开展课程学习、实践活动、研究性学习和研学旅行等的需求，设计针对不同学段的富有特色的教育项目体系，开发相关教具、学材和教材。

（九）依托展览开发文化创意产品。提高博物馆文化创意产品设计水平，围绕陈列展览开发基于展品文化元素、文化内涵的博物馆文化创意产品，利用社会力量参与博物馆文化创意产品的设计、开发、生产与经营，通过对文化创意产品的经营，增强博物馆陈列展览的影响力，让观众把博物馆带回家。

（十）建立博物馆陈列展览策展人制度。推动各级博物馆建立责任明确、权利清晰、人员专业、评价科学的策展人制度，加强策展团队建设，构建有利于发挥策展人和策展团队学术水准、业务能力、创意水平的内部环境机制；加强对策展人才的培养，通过举办策展人培训班、策展学术研讨会等，提升策展专业水准；建立策展人行业组织和专业学术团体，促进策展人和策展机构间的学术交流。

三、完善评价机制，加强对优秀展览的推广力度

（十一）建立展览的批评机制。逐步建立中立、客观、科学的陈列展览批评体系，利用新媒体、互联网、传统媒体等途径建立规范严肃的展览批评机制。在《中国文物报》《中国博物馆》杂志等专业媒体开设展评专栏、专号，邀请社会人士参与评价，构建良好的博物馆展览评价舆论环境。通过观众调查、社区意见反馈等途径，顺畅公众展览批评的渠道。

（十二）完善相关政策措施。完善细化免费开放补助资金中展示提升项目的补助办法，向具有原创性的主题展览倾斜。推动出境展览项目享受有关文化创意产业的优惠政策，鼓励优秀展览项目走出去。

国家文物局
2015年1月9日

国家文物局关于做好2014年度
博物馆检查、备案工作的通知

文物博函〔2015〕58号

各省、自治区、直辖市文物局（文化厅）：

为加强博物馆行业管理，现就2014年度博物馆检查、备案工作有关事宜通知如下：

一、年检对象

凡于2014年12月31日前依据《博物馆管理办法》在各省、自治区、直辖市文物行政部门登记注册的博物馆，均应参加2014年度检查。

二、年检内容

（一）博物馆执行《中华人民共和国文物保护法》《中华人民共和国文物保护法实施条例》《公共文化体育设施条例》《事业单位登记管理暂行条例》《民办非企业单位登记管理暂行条例》《博物馆管理办法》等有关法律法规和本馆章程的情况；

（二）博物馆藏品、展览、人员、机构变动情况；

（三）博物馆社会教育和开放服务工作情况；

（四）博物馆安全工作情况；

（五）博物馆财务管理情况。

三、工作程序

（一）凡参加2014年度博物馆年检备案的博物馆，应于2015年3月10日前向所在地市（县）级文物行政部门提交以下材料（含电子版）：

1.《××博物馆2014年度年检登记表》3份（见附件1，电子版请从国家文物局网站下载，下同）；

2.《××博物馆2014年度陈列展览情况统计》1份（见附件2，电子版请以Excel表格式提供）；

3. 本单位2014年度工作总结1份；

4. 本单位2014年度审计报告或资产负债表1份。

（二）市（县）级文物行政部门应于2015年3月31日前完成对本行政区域内博物馆年检材料的初审，并向省级文物行政部门提交以下材料（含电子版）：

1.《××市（县）域博物馆2014年度年检备案情况汇总表》1份（见附件3，电子版请以Excel表格式提供）；

2.《××市（县）域博物馆2014年度陈列展览情况汇总表》1份（见附件4，电子版请以Excel表格式提供）；

3. 博物馆提交的相关年检登记材料。

（三）省级文物行政部门应于2015年4月25日前完成复核工作，并将以下材料（纸质、电子各1份）报我局博物馆与社会文物司备案：

1.《××省（区、市）2014年度博物馆年检备案情况汇总表》（见附件5，电子版请以Excel表格式提供）；

2.《××省（区、市）2014年度博物馆陈列展览实施情况汇总表》（见附件6，电子版请以Excel表格式提供）

3.《××省（区、市）2014年度博物馆增减变动情况表》（见附件7）；

4.《××省（区、市）2014年度博物馆工作总结》（重点梳理本省博物馆事业发展的现状及存在问题，总结本省博物馆管理方面的主要举措及实施成效，提出下一步工作思路等）。

（四）我局将对各省（区、市）文物行政部门上报的年检结果进行备案复核，并统一汇总录入"博物馆管理平台"，供公众检索查询。

四、年检结论和审查标准

（一）博物馆年检结论分别为"合格""基本合格""不合格"；

（二）博物馆在2014年度遵守博物馆管理法规，按照章程开展活动，正常向社会开放，无违法行为，无安全事故的，年检结论确定为合格；

（三）博物馆登记名称不符合《事业单位登记管理暂行条例实施细则》或《民办非企业单位名称管理暂行规定》的，年检结论不得确定为合格；

（四）除依托历代墓葬、遗址、历史建筑等不可移动文物而建的博物馆之外，展厅面积不足400平方米的，年检结论不得确定为合格；

（五）博物馆有违反博物馆管理法规的情形，情节较轻且及时补救的，年检结论确定为基本合格；情节严重，影响恶劣的，年检结论确定为不合格；

（六）无正当原因，国有博物馆在2014年全年向社会开放时间少于300天，民办博物馆少于240天的，年检结论确定为不合格；

（七）博物馆在2014年度发生安全事故，造成影响轻微的，年检结论确定为基本合格，造成严重影响的，年检结论确定为不合格；

（八）博物馆已不具备《博物馆管理办法》规定成立条件的，年检结论确定为不合格；

（九）博物馆逾期未参加年检的，年检结论确定为不合格。

五、年检监督

（一）年检结论确定为基本合格的博物馆，由省级文物行政部门以书面形式向其提出具体整改意见，责令其限期整改，责令其限期整改的通知同时抄送其上级主管部门和法人登记机关；

（二）年检结论确定为不合格的博物馆，由省级文物行政部门责令其限期整改，经整改仍不符合有关法律、法规规定的，依法撤销同意其成立的审核意见，并由相关行政部门撤销其法人资格。

特此通知。

附件：1.《××博物馆2014年度年检登记表》

2.《××博物馆2014年度陈列展览情况统计》

3.《××市（县）域博物馆2014年度年检备案情况汇总表》

4.《××市（县）域博物馆2014年度陈列展览情况汇总表》

5.《××省（区、市）2014年度博物馆年检备案情况汇总表》

中国
文物年鉴
2016

6.《××省（区、市）2014年度博物馆陈列展览实施情况汇总表》

7.《××省（区、市）2014年度博物馆增减变动情况表》

（注：附件详见国家文物局政府网站）

国家文物局

2015年1月21日

国家文物局关于2014年度文物安全监管与行政执法工作情况的通报

文物督发〔2015〕4号

各省、自治区、直辖市文物局，新疆生产建设兵团文物局，天津、上海、重庆市文化市场执法总队：

按照《文物安全与行政执法信息上报及公告办法》（文物督发〔2012〕1号），我局对各省级文物行政部门上报的2014年度文物安全与行政执法工作和督办查处的文物案件（事故）情况进行了汇总统计。现通报如下：

一、基本情况

2014年，全国大多数省份积极开展文物行政执法巡查和安全检查，查处和督办文物案件（事故），并按规定上报了有关情况。但也有少数省份开展工作不力，不按时报送工作情况，其中海南省文物局至今未报。

（一）行政执法督察

2014年，全国省、市、县级文物行政部门及文物行政执法机构开展文物执法巡查170589次，检查发现违法行为902起。对大多数一般性情节轻微的违法行为，适用文物行政处罚简易程序进行了立纠立改；对情节较为严重的163起已构成文物行政违法案件的行为，适用文物行政处罚一般程序进行了立案查处和重点督办。其中，对全国重点文物保护单位巡查22460次，发现违法行为95项，对情节较为严重31起行政违法案件进行了立案查处和重点督办；在责令改正违法行为的27起案件中已整改拆除保护范围或者建设控制地带内违法建筑的10起，实施罚款等行政处罚的14起，目前仍在调查处理的4起。

2014年接报文物保护单位遭受故意损毁案件5起，其中涉及全国重点文物保护单位2起，省级文物保护单位1起，市县级文物保护单位2起，当地文物行政部门均已移送公安机关立案侦办，并已经或者正在追究直接责任人的刑事责任。

（二）安全监管

2014年，全国省、市、县级文物行政部门开展安全检查共208805次，发现各类安全隐患80019项，对其中76566项隐患进行了整改。对全国重点文物保护单位检查29785次，发现各类安全隐患4439项，整改完毕3778项；对核定为一级风险单位的文物收藏单位检查1920次，发现安全隐患166项，整改完毕165项。

2014年，各级文物行政部门督察督办或者配合相关部门处置文物安全案件（事故）159起，包括古遗址、古墓葬被盗掘案件104起，盗窃、盗抢文物案件30起，火灾事故18起，其他文物安全事故7起。其中，全国重点文物保护单位发生的文物安全案件（事故）21起，包括古遗址、古墓葬被盗掘案件7起，文物保护单位被盗窃案件6起，火灾事故6起，雷击造成文物受损事故1起，因古树腐朽倾倒致使文物受损事故1起。文物收藏单位发生的安全案件（事故）2起，其中盗窃馆藏案件1起，发生火情1起。

二、形势分析

（一）行政执法

2014年，文物行政执法既面临老问题，又呈现出新特点，执法工作取得一定成效，但任务依然繁重。

一是督办追责力度明显加大，责任追究整改问效成为常态。2014年，国家文物局直接督办文物违法案件、损毁文物案件64起，经督办公安机关实施刑事拘留21人，治安拘留5人，逮捕7人；纪检监察机关对不依法履责、失职渎职的机关、企事业单位人员给予党纪、政纪处分29人，其中县级以上党委、政府负责人5人。64起督办案件，罚款总额509万元，北京天宁寺、河北沽源梳妆楼元墓、沈阳故宫、江西三清山古建筑群、四川平武报恩寺、西安明城墙、长春东本愿寺等一大批文保单位保护范围或监控地带内违法建筑被拆除整改。通过督办，一些地方加强了执法队伍建设，强化了安全措施，其中，四川省平武县文物管理所升格为文物保护管理局，增加人员编制；山东省淄博市临淄区恢复设立区文物局。

二是文物保护单位保护范围和建设控制地带内违法建设问题仍然是文物行政执法的主要任务。在32起涉及全国重点文物保护单位的行政违法案件中，在保护范围、建设控制地带内违法建设、施工、作业的29起，占总发案数的90.6%。

三是破坏文物保护单位本体的违法犯罪案件数量虽少，但社会影响恶劣，后果极其严重。如，黑龙江全国重点文物保护单位侵华日军第731部队旧址中的细菌弹壳厂旧址内，两座40米高烟囱遭人为拆毁；内蒙古自治区全国重点文物保护单位阿尔山车站主楼北侧平房被拆毁102.3平方米；江苏省级文物保护单位徐州韩桥煤矿旧址在省市文物部门多次制止情况下，仍被拆除7处文物建筑。

四是低等级文物、新发现文物遭破坏的现象日益突出。2014年国家文物局部署各省市对100个文物分布集中的县域单元进行自查，共排查统计不可移动文物31928处，上报消失506处，约占1.6%。国家文物局抽取了其中的10个县域单元进行卫星督察，监测不可移动文物3719处，卫星遥感发现消失175处。一般不可移动文物的过快消失，应引起各级政府与文物部门高度重视。

（二）文物安全

2014年，接报的文物安全案件总体有所下降，全年接报安全案件（事故）159起，较2013年（227起）减少了68起，同比下降43.7%。但安全形势依然严峻，防火、防盗仍是两项重要的长期任务。

一是火灾事故呈上升趋势，防火是首要任务。2014年，共接报文物火灾事故18起，其中全国重点文物保护单位6起，省级文物保护单位4起，市（县）级文物保护单位4起；古城2起，古村落3起，作为宗教活动场所的文物建筑发生火灾7处。其中，古城镇、古村寨和作为宗教活动场所的文物建筑火灾呈上升趋势，云南独克宗古城、丽江古城区束河街道、贵州报京侗寨和山西圆智寺、浙江宁波天主教堂等发生的火灾事故，损失严重。增强防火能

中国
文物年鉴
2016

力、强化消防管理、整治火灾隐患，是当前文物安全工作的首要任务。

二是上报案件数量有所下降，但打防任重道远。2014年，各地上报文物盗窃、盗抢案件30起，较2013年（43起）减少了13起，同比下降30.2％；盗掘古遗址、古墓葬案件104起，较2013年（155起）减少了51起，同比下降32.9％。全国重点文物保护单位发生盗窃、盗掘案件14起，较2013年（30起）减少了16起。但接报的上述案件数据并不能完全反映全国文物犯罪的真实情形，从我局通过舆情等方式监控的情况看，一些地方还存在瞒报、谎报文物案件的问题。而且，当前古墓葬被盗掘、文物建筑构件和附属文物被盗卖情况较为严重，社会影响恶劣。如，近年来，青海格萨尔三十大将军灵塔及达那寺连续数次被盗，山西、广西连续发生文物建筑构件或者附属文物被盗卖案件，湖南常德九里楚墓群保护范围内发现6个盗洞等。打防文物犯罪仍是长期艰巨任务。

三是文物安全隐患较为突出。从国家文物局组织的文物安全抽查和各地上报的文物安全案件情况看，一些文物建筑，尤其是列为文物保护单位的古村寨火灾隐患突出，消防设施设备不完善、乱堆乱放易燃可燃物品、生活用火用电不规范、消防检查巡查不到位等问题普遍存在。同时，一些文物、博物馆单位负责人安全意识淡薄，安全责任和措施不落实，安全管理松懈。甚至存在安全值守空岗，发生报警不及时处置，或者随意关闭安防报警系统等严重问题，给犯罪分子以可乘之机。

三、各地取得的成效

2014年度，各级文物部门积极争取当地党委政府及有关部门支持、配合，不断加强和改进文物行政执法与安全监管工作，一些地方取得较好成效。

（一）建立完善长效机制

湖南省将文物安全纳入各市、州党委、政府绩效考核内容，规定对国有文物保护不力，造成文物损毁、遗失或者被盗的，每起扣2分。湖北省社会管理综合治理委员会将文物安全防护纳入全省市州社会综合治理目标考核范围，作为公共安全管理工作的组成部分，考评分值为1分。四川省人民政府全省范围通报平武报恩寺建控地带内违法建设案，明确要求各级政府建立完善城乡建设与文物保护有效衔接机制，各级规划委员会必须将文物部门作为成员单位，统筹考虑城乡建设和文物保护工作。中国铁路总公司印发《铁路文物保护管理暂行办法》，明确铁路文物的范畴、种类、管理职责与管理要求。

（二）联合执法取得成效

经积极联系沟通，中国海警局已将近海22处重要古沉船遗址纳入海警日常巡航范围。2014年5月，在中国海警局和国家文物局指导下，浙江省文物监察总队、中国海监浙江省总队联合举办了"浙江省部分管辖海域内文化遗产联合执法演习活动"。同时，河北、河南、湖南、陕西等多省份，认真贯彻落实三部局《关于加强历史文化名城名镇名村及文物建筑消防安全工作的指导意见》，省文物和公安消防部门联合开展文物消防检查与火灾隐患专项治理，取得了明显成效。

（三）引导社会力量参与执法

近年来，社会力量关注、参与文物安全与执法活动的热度呈上升趋势，许多文物违法案件或者安全事故信息来源于志愿者或者社会文物保护人士。为进一步发挥社会力量积极作用，在国家文物局指导下，北京市文物局在全市开展了"文物安全保护志愿服务行动"，目前实际到岗志愿者536人，有866处文物点被志愿者认领，覆盖全市不可移动文物的24.8％，扩大了社会力量参与文物执法与安全工作的广度和深度，取得良好社会反响。

（四）打击文物犯罪成果显著

在公安部和国家文物局指导下，各地公安和文物部门落实联合打击文物犯罪长效机制，加大打击力度，取得重要战果，极大震慑了文物犯罪。如，陕西省公安和文物部门联合开展的"秦鹰"行动中，破获各类文物犯罪案件347起，抓获犯罪嫌疑人442人，追缴各类文物1701件／套。辽宁省朝阳市公安机关破获系列盗掘古文化遗址、古墓葬案件，扣押文物和其他涉案物品2700余件，已鉴定涉案文物1503件，其中三级以上文物334件。浙江省绍兴市公安机关破获系列盗掘古墓葬、盗卖文物案，抓获犯罪嫌疑人106名，缴获文物400余件。

四、工作要求

2015年度，各地要深入学习贯彻习近平总书记关于传承中华优秀传统文化、加强文物保护重要论述精神，针对当前文物安全形势和特点，开拓思路，创新方法，突出重点，全面强化安全监管与执法督察，并重点做好以下工作：

（一）继续加大执法督察力度

要将文物执法作为文物行业监管的重要抓手，充分发挥文物执法机构、执法力量和执法队伍的整体作用，全面开展执法巡查，有效监控违法行为，做到有案必查、执法必严、违法必究。要对破坏文物本体、在保护范围和建设控制地带内违法建设等违法行为，实施重点监控，及时发现、依法惩处。要充分发挥舆论媒体作用，公布重大违法案件处理情况，扩大文物执法的社会影响。

（二）严格实施执法责任追究

建立健全并严格实施责任追究机制，是确保文物执法效能的重要保障。各地要对文物违法行为严格实施行政处罚，涉嫌犯罪的，要按照规定移交司法机关处理，不得以罚代刑。对执法过程中发现的因失职渎职造成文物损失的行为，尤其是法人违法行为，要依法依纪严格惩处。同时，对发生文物违法行为，有案不立、立案不查、查处不力或者不依法处罚的，上级文物部门要通报属地政府及有关部门严肃追责。

（三）开展火灾隐患专项治理

针对当前文物建筑火灾频发的形势，要将文物消防安全列入首要工作。要积极协调当地公安机关消防部门，在本辖区内开展文物火灾隐患专项整治，重点针对古城、古镇、古村寨和作为宗教活动场所的文物建筑群，责成产权人和管理、使用单位（人）严控和清除火灾危险源，检查更换老化和不规范的电气线路，加快建设完善消防基础设施、维护好已有消防设备，明确消防安全责任，充实消防力量，有效预防火灾事故。要对重大文物火灾隐患进行跟踪督办，直至彻底整改；要对因安全责任不清、管理不善、失职渎职等行为致使发生文物建筑火灾事故的，严格追责，绝不放过；要按照《火灾损失统计方法》（GA185-2014），督促有关部门和机构科学评估文物建筑火灾损失，严肃追究责任人法律责任。

（四）强力打击防范文物犯罪

要贯彻落实公安、文物部门联合打击防范文物犯罪长效工作机制，协调督促和密切配合公安机关快侦快破文物案件。文物犯罪频发地区要适时集中开展区域性专项打击行动，形成强大威慑。同时，要加强安全管理，完善安防措施，加大防范力度，要对安全值守不在岗、值守期间关闭安防系统、发生报警不处置、发现安全隐患不治理等突出问题，开展专项检查和集中整治。

（五）研发利用专用技术装备

要按照我局统一部署，认真实施文物消防安全专项规划编制试点、电气火灾智能防控、移动式高压水雾灭火装置、田野文物安全防范和巡查集成装备的试点示范项目，发挥试点示范效能，为推广文物安全防护专用设施设备奠定基础。要以文物建筑火灾防控和古遗址古墓葬安全防范为重点方向，积极主动结合本地实际，依托科研单位组织研发、试点和应用文物安全防护专用技术和装备。要将科技创安作为重要手段，通过科技应用、装备升级，提升文物安全防护的智能化和专业化水平。

（六）全面贯彻落实法规标准

我局组织编印的《文物安全法规文件选编》已发至各省级文物行政部门，各地要认真组织学习，全面贯彻实施各项法规、制度和标准，提高依法开展行政执法与安全监管的能力水平。同时《博物馆条例》即将公布实施，各级文物法机构要认真梳理条例规定的各项法律责任，纳入执法范围和内容。我局组织编制并印发了《文物建筑防火设计导则（试行）》，各地要参照《导则》要求，科学合理组织好文物消防工程方案设计和项目实施工作。

附件：1. 2014年度全国重点文物保护单位和核定为一级风险单位的文物收藏单位安全案件统计表（略）
2. 2014年度全国重点文物保护单位行政违法案件统计表（略）
3. 2014年度文物保护单位遭破坏损毁案件统计表（略）

国家文物局
2015年3月9日

国家文物局关于贯彻执行《博物馆条例》的实施意见

文物博发〔2015〕5号

各省（自治区、直辖市）文物局（文化厅）、新疆生产建设兵团文物局：

《博物馆条例》（国务院令第659号，以下简称《条例》）是国务院发布的我国博物馆行业第一部全国性法规文件。《条例》根据全面深化改革、全面依法治国的新要求和我国博物馆事业发展的实际，针对亟待解决的一些重要问题作出了明确规定，为规范博物馆监督管理、加强行政执法提供了法律依据，对于推动我国博物馆事业可持续健康发展具有重要意义。各级文物主管部门要充分认识贯彻实施《条例》的重要意义，将认真学习宣传和贯彻执行《条例》，作为贯彻落实党的十八届三中、四中全会决定的重要举措，列入重要议事日程，进一步加强对属地内博物馆发展的管理，确保《条例》的各项规定真正落到实处。现就深入学习宣传、贯彻执行《条例》提出如下实施意见。

一、增强对博物馆公益属性的认识，进一步完善博物馆社会教育和公共文化服务功能

博物馆要始终坚持公益属性，积极培育和践行社会主义核心价值观，清晰诠释博物馆

的教育目标、理念与宗旨，普及科学知识，弘扬科学精神。博物馆藏品受法律保护，列入清单账册的藏品归属博物馆法人所有，包括出资举办者在内的其他任何机构和个人均不得侵犯。应加强藏品保护及研究，拓展藏品征集，推动馆际藏品资源交流共享，盘活存量资源，提高利用效率。博物馆应自觉维护博物馆声誉，维护自身权益不受侵害，不得从事文物藏品的商业经营活动。凡存在文物等藏品商业经营活动的博物馆，都必须坚决纠正。博物馆要增加面向中小学生的陈列展览项目，常设陈列应清晰地标识适合未成年人认知、欣赏的重点展品，充实符合青少年认知特征的文字说明；要结合中小学课程和教学计划，创新富有特色的教育活动项目。要完善博物馆开放服务制度，尽可能降低开放门槛；增强陈列展览的学术性、知识性、趣味性和观赏性，增加文化内涵，丰富传播形式和手段；拓展博物馆的文化休闲功能，营造良好参观氛围，使博物馆文化成果惠及更多人民群众。

二、国家大力发展博物馆事业，鼓励支持社会参与博物馆建设

国家公平对待国有和非国有博物馆。县级以上文物主管部门应按照属地管理原则，引导规划博物馆的规模、种类及布局，指导博物馆按照责权利相一致原则，承担应尽的社会责任和义务；指导新建博物馆建设立足实际需求，注重实用功能，避免相互攀比、贪大求洋；加强历史建筑保护和文物保护单位的利用、开放。要按照博物馆行业标准和规范，依法分类开展博物馆的备案工作。国有博物馆按属地原则实行分级登记管理，由上级主管部门批准成立后，依法办理事业单位登记，并由举办者向省级文物主管部门提出备案。省级文物主管部门应向符合备案条件的出具"博物馆备案确认书"并及时向社会公告；对不符合备案条件的，应依据专业标准，出具具体的指导意见，并协助其整改完善。申请设立非国有博物馆的，举办者应当向省级文物主管部门备案；并凭省级文物主管部门出具的确认书依法办理法人登记手续；不符合备案条件的，省级文物主管部门应出具明确的文字意见。2016年起，省级文物主管部门应在每年3月1日前，向社会公布上一年度本行政区域内已备案的博物馆名录，并向国家文物局报备。

三、确保博物馆质量和水平，强化行业指导和专业服务

博物馆通过建立在藏品体系基础上的陈列展览实现其社会价值，要加强对博物馆设立环节的指导监督，按照独立开展相关业务工作的需要，细化和准确把握博物馆设立条件。博物馆展厅（室）面积应与展览规模相适应，原则上不宜低于馆舍建筑面积的40%或小于400平方米。博物馆藏品应真实可靠且来源合法，原则上不应少于300件／套。藏品应造册登记、建立档案并向社会公布。博物馆应配备具相关领域学术专长和一定博物馆从业经验、无不良从业记录的专职馆长或副馆长。博物馆举办者应深入评估、充分保障正常开放和发展所需经费。县级以上文物主管部门要在博物馆筹备阶段加强辅导。对暂不具备设立条件的，应严把质量关口，通过指导帮扶，推动条件达标。对当前不完全具备条件、但已经在文物主管部门备案的，应加强专业指导，帮助其在事业发展中逐步达标。

四、完善以理事会为核心的博物馆法人治理结构，推动事业可持续发展

落实关于分类推进事业单位改革的任务，建立具有中国特色的博物馆体系和博物馆管理体制，推动公众和社会组织参与博物馆的决策和评价，强化博物馆的公益性、增加管理的公开透明度，使理事会成为公共参与监督管理博物馆建设发展的纽带，吸纳更多的社会参与。遵循"分类推行、循序渐进、积极稳妥、不断完善"的基本原则，推动博物馆订立章程，建立和完善以理事会及其领导下的管理层为主要架构的事业单位法人治理结构，把行政主管部门对事业单位的具体管理职责交给理事会，逐步实行理事会决策、馆长负责的

运行机制。推动博物馆在有关部门和社会的监督下依法自主运作，优化组织结构，改进内部管理，创新服务方式，提高运营效率，独立承担民事责任，实现发展模式由封闭型向开放型转变。

五、积极发挥博物馆行业组织的作用，推动行业自律和博物馆专业化水平提升

博物馆行业组织应进一步开发利用其在专业资源、沟通联络、协调合作等方面的独特优势，在博物馆事业多元化、专业化发展进程中，继续发挥好博物馆行业与政府管理部门之间的桥梁和纽带作用，积极建言献策，服务改革发展；积极探索和拓展行业引导、自律、规范和反映行业诉求的新功能；进一步强化服务理念，提高服务行业的能力与水平，努力做到自我完善、自我发展。中国博物馆协会及各地各级博物馆行业组织应在博物馆专业评估的组织督导，推动评估规范化、科学化并提出针对性改进意见等方面发挥更大作用，要在博物馆设立辅导、教育项目创新指导、专家学术论证等活动中积极配合主管部门，提供专业化服务。

六、完善博物馆社会服务，加强博物馆文化产品开发

积极拓展博物馆的文化休闲、文化消费功能，丰富和完善博物馆社会服务，优化观众参观体验，增加博物馆自身发展动力，为博物馆的可持续发展发挥更大作用。支持、鼓励博物馆以体现办馆宗旨和扩大博物馆文化传播为目标，满足公众多层次、多元化、个性化文化消费和社会服务，增强博物馆自身可持续发展能力。博物馆文化产品开发应立足藏品的生动元素开发博物馆文化产品，更加注重实用性，更多体现生活气息。各级文物主管部门要大力支持博物馆文化产品的创意开发，推动博物馆联合社会资源，培育创造博物馆文化产品特色品牌，增强博物馆文化产品在文化产业和消费体系中的竞争力。

七、规范权力运行、严格依法行政

《条例》是我国文化遗产保护领域一部新的重要法规，是我国文化遗产保护法律体系建设的又一重要成果，是文物行政主管部门依法履行职责、开展博物馆领域行政管理和社会服务的依据和标尺。各级文物行政管理部门必须严格依照法定权限和程序行使权力，牢固树立有法必依、执法必严、违法必究的施政理念。要认真依据《条例》，切实履行对博物馆的监督管理职责、设立备案职责、藏品建账建档管理职责、陈列展览备案制度等。对《条例》明确禁止的行为，要及时发现，依法查处。现有规定与《条例》不一致的，一律以《条例》为准；对与《条例》精神不符的具体规定要列出清单，逐一清理、废止、修订与完善。

各地贯彻实施《条例》过程中有关重要情况和问题，请及时报告我局。

国家文物局
2015年3月20日

国家文物局关于开展古建筑类全国重点文物保护单位重大险情排查工作的通知

文物保函〔2015〕814号

各省（自治区、直辖市）文物局（文化厅）：

为全面掌握我国古建筑类全国重点文物保护单位的重大险情状况，及时采取有效措施排除安全隐患，科学规划"十三五"期间相关保护展示项目，不断提升古建筑保护、管理、展示和利用的整体水平，我局决定开展古建筑类全国重点文物保护单位重大险情排查工作，现将具体事宜通知如下：

一、排查工作范围

第一批至第三批公布类型为"古建筑及历史纪念建筑物"类、第四批至第七批公布类型为"古建筑"类的全国重点文物保护单位。

二、排查内容和重点

此次排查工作重点了解古建筑类全国重点文物保护单位的重大险情状况、已实施文物保护工程情况、抢险工作计划，以及各地在"十三五"期间古建筑保护管理的相关工作思路、措施和重大项目。

重大险情状况主要指大木梁架、承重墙体及基础等建筑承重结构失稳，或屋面、墙体等维护结构出现坍塌、严重变形等危及古建筑安全，急需进行抢险工作的情况。通过日常保养维护可以解决的文物病害问题，不列入此次排查范围。

三、排查工作组织

（一）排查工作于2015年3月至6月间开展。

（二）请各省（自治区、直辖市）文物局（文化厅）加强管理，明确相关工作安排和责任人，组织、督促县级文物部门及时开展险情排查和资料填报工作，确保工作进度和质量。同时，请认真审查、汇总相关材料，编写排查工作报告，针对排查发现的重大险情，研提下一阶段抢险工作计划，以及"十三五"期间本辖区古建筑类全国重点文物保护单位保护展示的工程措施和重大项目。

（三）县级文物部门具体负责排查工作并填写《古建筑类全国重点文物保护单位重大险情调查表》。应认真核查古建筑保存现状，按要求详细记录病害和文物受损情况，确保文字和照片资料的真实、准确。我局将对排查情况以抽查方式进行复核。

四、排查工作报告

请各省（自治区、直辖市）文物局（文化厅）将排查工作报告（附件1）和排查工作调查表（附件2、3）的纸质材料在6月20日前提交我局。同时，结合全国重点文物保护单位综合管理系统填报工作，及时完成古建筑类全国重点文物保护单位重大险情状况的网上填报工作，网上填报内容应与纸质材料相同，具体填报内容和相关要求请参见我局《关于全国重点文物保护单位综合管理系统试运行及组织开展信息数据报送工作的通知》。

中国
文物年鉴
2016

五、联系方式

文物保护与考古司文物保护处

电　　话：010-56792085、56792087

传　　真：010-56792133

电子邮箱：wenwuchu@sach.gov.cn

特此通知。

附件：1. 古建筑类全国重点文物保护单位重大险情排查工作情况报告（提要）（略）

　　　2. 古建筑类全国重点文物保护单位重大险情调查表（略）

　　　3. 古建筑类全国重点文物保护单位保存状况汇总表（略）

国家文物局

2015年3月23日

国家文物局关于加强古建筑
日常保养维护工作的通知

文物保发〔2015〕7号

各省、自治区、直辖市文物局（文化厅）：

为指导各地切实做好古建筑的日常保养维护工作，完善工作制度，明确保护责任，提升管理水平，确保古建筑安全和合理使用，我局组织制定了《古建筑保养维护规程》，并就相关工作提出以下意见：

一、充分认识古建筑日常保养维护工作的必要性和紧迫性

各级文物行政部门、古建筑管理使用单位（个人）应充分认识日常保养维护工作的必要性和紧迫性，树立正确的古建筑保护理念，通过持续、规范、科学地开展日常保养维护工作，及时发现、妥善处理病害威胁，保持古建筑的良好状态，延续古建筑的使用寿命，最大限度地保存、延续古建筑的真实性和完整性。

二、坚持正确的古建筑日常保养维护工作原则

（一）坚持预防为主原则。各级文物行政部门、地方政府、古建筑管理使用单位（个人）应树立预防性保护的理念，将日常保养维护和岁修工作作为一项重要职责，建立工作制度，及时发现、记录、汇报和妥善处理古建筑病害，保持古建筑整洁、安全、稳定的良好状态，避免小病拖成大病、小修拖成大修。

（二）坚持最小干预原则。在日常保养维护工作中，应尽量减少对文物本体及其周边环境的人为干预和影响，必须采取的干预措施应以延续现状、缓解损伤为主要目标，且只用于最必要的部分。一切技术措施应当不妨碍再次对古建筑进行保护处理，避免过度维修、过度使用、管理不善对古建筑造成不可逆转的损害。

（三）坚持抢救第一原则。古建筑管理使用单位（个人）在巡视检查中发现严重影响古建筑结构安全的情况时，应马上记录并及时上报市县级文物行政部门，在其指导下采取必要的临时性抢险加固措施，确保文物安全。市县级文物行政部门在接到报告后应及时提出处理意见；情况特别严重的，应组织开展专项巡查，并根据巡查结果明确下一步措施。

三、明确古建筑日常保养维护的工作任务和责任

（一）古建筑管理使用单位（个人）是日常保养维护工作的责任主体，应在每年12月底前编制下一年度的巡视检查工作计划，并按计划有序开展相关工作，及时上报文物险情，汇总、整理资料档案，接受上级文物行政部门的指导、监督。

（二）市县级文物行政部门应做好监督、咨询和管理工作，审核、备案古建筑的年度巡视检查工作计划，为管理使用单位（个人）提供必要的政策和专业咨询，督促其认真履行日常保养维护责任。

（三）省级文物行政部门应做好检查、指导和监督工作，通过定期检查和抽查方式督促本地区落实古建筑日常保养维护工作，及时掌握古建筑险情状况。同时，指导市县级文物行政部门妥善处理地方上报的古建筑险情，按要求做好抢险加固工程报批工作。

四、积极探索、建立古建筑保养维护的保障体系

（一）省级文物行政部门应全面掌握本地区古建筑保存现状，合理确定古建筑保养维护工作的总体目标、主要任务和重点区域，及时组织或指导开展专业人员培训工作。同时，积极协调相关部门和地方政府加大投入力度，为古建筑日常保养维护工作提供必要条件。

（二）各级地方政府应切实承担起文物保养维护的责任，在政策、经费、人员编制等方面给予保障，明确古建筑日常保养维护的责任主体、经费来源和保障措施，将相关工作纳入政府部门的绩效考核指标。

（三）各级文物行政部门应加强培训力度，结合人员岗前培训、职业技能培训和专项培训等普及专业知识，确保古建筑管理使用单位（个人）准确掌握保养维护工作的基本原则、主要内容和操作要求，提升人员队伍的整体素质和专业水平。国家文物局也将在培训工作中增加古建筑日常保养维护内容。

（四）国家文物局在申报、审批文物保护工程立项时，将结合古建筑保养维护情况统筹考虑工程立项的必要性和紧迫性。对因缺乏保养维护，造成文物重大险情的典型案例予以通报批评，并建议有关地方政府追究相关人员的责任；情节严重、造成古建筑损毁等重大责任事故的，将依法追究法律责任。

五、结合上述意见，现将《古建筑保养维护规程》一并印发，请你局（厅）组织、指导相关文物行政部门和古建筑管理使用单位（个人）认真学习、尽快推行。同时，可根据本地区实际情况，进一步组织编制适于地方操作的古建筑保养维护操作要求，确保相关工作贯彻落实。

附件：《古建筑保养维护规程》

《古建筑保养维护规程》附表（详见国家文物局政府网站）

国家文物局

2015年3月23日

附件

古建筑保养维护规程

第一章 总则

第一条 适用范围

（一）本规程规定了古建筑日常性、季节性保养维护操作内容和程序，适用于古建筑类全国重点文物保护单位的保养维护工作。

（二）古建筑保养维护包括针对古建筑本体及其周边环境所开展的巡视检查与记录、管理和小修保养等工作。

（三）非全国重点文物保护单位的古建筑保养维护工作可参照本规程执行。

第二条 规范性引用文件

《中华人民共和国文物保护法》（2013年修订版）

《中华人民共和国文物保护法实施条例》（2013年修订版）

《文物保护工程管理办法》（2003年版）

《中国文物古迹保护准则》（2015年版）

《古建筑木结构维护与加固技术规范 GB 50165-1992》

第三条 术语和定义

（一）巡视检查

1. 指古建筑的管理使用单位、人员或其委托的专业技术人员，对古建筑本体的病害情况、危害程度，保护性设施的使用情况，以及周边环境开展的检查工作。

2. 巡视检查包括日常巡视检查、定期巡视检查和专项巡视检查。

3. 巡视检查以目测观察为主，也可根据实际情况配合使用简易或小型的观测、检测工具。

（二）日常巡视检查

指古建筑的管理使用单位、人员开展的常规性检查，其目的是及时发现、记录古建筑保存现状和病害发展情况、保护性设施现状情况等。

（三）定期巡视检查

指古建筑的管理使用单位或其委托的专业技术人员开展的季节性全面巡视检查，其目的是准确、全面地掌握古建筑保存现状和病害发展情况，保护性设施现状情况，建筑周边环境的变化情况，以及对古建筑的影响情况。

（四）专项巡视检查

指因自然因素（如风、雨、雪、冰雹、雷击等气象灾害，地震、泥石流等地质灾害，虫害、蚁害等生物病害）或人为因素，明显影响古建筑安全时，古建筑的管理使用单位或其委托的专业技术人员开展的巡视检查，其目的是及时发现、记录灾害对古建筑产生的不利影响和病害情况。

（五）小修保养

指对古建筑进行屋面维护、简易修整补配、简易支顶加固、疏通水道、庭院整理等经常性的小修保养，维持古建筑的良好状态。

中国
文物年鉴
2016

第二章　巡视检查与记录

第四条　巡视检查

（一）日常巡视检查

1．周期

可根据古建筑保护级别、地区差异、保存情况、单体建筑数量、管理人员力量等，自行合理安排日常巡视检查路线、周期，每月应至少进行一次。

2．内容

（1）地面、散水

与前次巡视检查记录相比较，地面砖、散水砖、条石等是否缺失、碎裂、酥碱；地面、散水是否凹凸不平、明显变形；院落内植物根系是否有拱起地面现象等。

（2）屋面

屋面是否积存落叶，长草长树；附近树木枝叶是否影响屋面；瓦件是否破损、松动、脱落、缺失；脊饰是否破损、残缺；屋面是否漏雨等。

（3）椽头、椽望

椽头、椽望等构件是否糟朽、残缺、洇水、渗漏等。

（4）大木构架

柱、梁、枋等构件是否歪闪、弯折变形、移位、糟朽、缺失、虫蚁蛀蚀，以及出现水渍等。

（5）斗拱

斗拱是否歪闪、变形、移位、糟朽、缺失等。

（6）木装修

室内外木装修是否扭闪变形、构件饰件残缺等。

（7）油饰彩画

地仗是否起甲、龟裂、脱落等。彩画是否有裂缝、龟裂、空鼓、脱落等。

（8）墙体

墙体是否酥碱风化、裂缝、歪闪、构件缺失和移位、基础下沉及沉降变化等；抹灰、粉刷是否空鼓、粉化、脱色脱落、霉变等。

（9）月台、台明

阶条石、垂带、踏跺、下碱等是否歪闪、移位、下沉、破损、碎裂、酥碱等。

（10）排水

天沟及明暗排水沟是否通畅，泄水口是否有淤泥杂物堵塞等。

（11）保护性设施

室外檐幪网是否发生破损，有无鸟窝、蜂巢；锚杆、铁箍等支顶加固设施是否移位、变形损坏；玻璃罩、护栏等防护设施是否损坏、残缺；窟檐、碑廊等保护性设施是否使用正常等。

（12）其他

安防、消防、避雷等设施设备、用电设备、电气线路等是否使用正常；是否存在火灾隐患等。

3．应针对结构性病害进行连续检查，注意方法、位置的科学性、连贯性，以及检查数据的完整性。

（二）定期巡视检查

1．周期

（1）可根据古建筑地区差异、气候条件、保存情况、单体建筑数量，自行合理安排定期巡视检查路线、周期，每年应至少进行两次。

（2）病害严重、保存环境恶劣（如受风受雨面、无阳光、易积水等）、易产生结构变形（如牌楼等）的古建筑，应适当增加定期巡视检查次数，保障古建筑的安全与正常使用。

2．内容

应在日常巡视检查内容的基础上，增加以下内容：

（1）古建筑基础、梁架是否发生移位或沉降变化。

（2）已经完成的病害保养维护及修缮工程情况。

（3）古建筑周边环境是否遭到破坏，景观风貌是否和谐。

（4）保护范围内是否存在影响古建筑安全的生产活动或建设行为。

（三）专项巡视检查

1．周期

因自然或人为因素，明显影响古建筑安全时，应在24小时内启动专项巡视检查。可根据灾害影响程度，科学安排检查周期。

2．内容

古建筑影响因素类型，受损面积、数量、程度，应急措施及初步防护效果。

第五条　记录

（一）巡视检查中应对古建筑保存现状、病害和受损情况等拍照、记录，现场填写报表，整理相关文字及影像资料，及时存档。

（二）日常巡视检查报表、定期巡视检查报表、专项巡视检查报表示例可参见附录A、B、C。管理使用单位可根据实际情况调整表格内容、样式。

（三）巡视检查中发现威胁古建筑及其环境安全的情况时，应立即上报主管部门。如发现病害已严重威胁古建筑的结构安全，须立即在专业技术人员的指导下采取临时支顶等必要的抢救性防护措施。

（四）应在年底汇总巡视检查资料，分析评估病害类型、程度及发展变化趋势，提出结论。

第三章　保养维护管理

第六条　制度管理

（一）根据实际情况制定古建筑保养维护工作制度，明确人员分工与责任、工作标准、工作程序、培训要求、奖惩制度等相关内容。

（二）每年12月底前应根据古建筑保存情况、病害程度、往年巡视检查结果，制定下一年度巡视检查工作计划，并遵照执行。

第七条　保洁管理

（一）制定古建筑及其周边环境的保洁制度，明确保洁责任单位及责任人。

（二）管理使用单位负责古建筑的定期清洁打扫、日常通风换气等工作，保持古建筑整洁、无蛛网、无浮尘，做好相应记录。

（三）扬沙、浮尘等恶劣天气不宜通风换气。连日高湿、多雨等不适于通风的天气，可适当减少通风换气次数。

（四）室内外文物陈设、壁画、彩画、塑像、匾联等附属文物的保洁工作，应委托专业技术人员或在其指导下完成，确保文物安全。

第八条　应急管理

（一）应针对灾害性天气，编制古建筑保护应急预案。

（二）气象预报部门发布橙色以上级别预警时，应及时采取必要的应急措施。雷电天气应关闭电器。

（三）受灾后，应及时组织专项巡视检查，统计灾损情况。

（四）雨后、雪后应及时清理积水、积雪，适当通风换气，合理调节室内温湿度。

（五）对外开放的古建筑应加强游客管理，明确游客承载量，制定应急疏散预案，确保文物及人员安全。

第九条　资料管理

（一）建立、健全日常保养维护工作的资料档案，全面记录古建筑本体、保护性设施和周边环境的现状情况、病害情况等基础信息，作为后续观察、分析比对、巡视检查和维修保护工作的依据。

（二）及时整理巡视检查和保养维护记录，并归入"四有"档案。

（三）日常巡视检查、定期巡视检查、专项巡视检查的记录应备份，并电子化。

中国
文物年鉴
2016

第四章　小修保养

第十条　小修保养

（一）原则要求

1. 日常巡视检查如发现病害，应随发现、随组织保养维护。

2. 小修保养可由管理使用单位，或委托熟练掌握当地传统工艺技术的专业技术人员完成。工作过程中不得改变文物现存结构、材料、外观、装饰和色彩，并应向相应的文物行政部门备案。

3. 小修保养不包含彩画、壁画、塑像、安防、消防、避雷、虫蚁害防治等专项保养工作。

（二）屋面维护

1. 清除屋面土垢、树叶、苔藓等杂物，清除杂草、小树，清理干净植物根系。如用水冲垄，不得自下而上逆向冲水；冲水应适度，不得影响建筑其他部位安全，必要时须做好防护。

2. 检查屋面构件，发现个别残损、缺失应及时更换、添配。

3. 发现屋面局部渗漏应及时勾抹，如渗漏水面积较大应做标记，进行详细检查，确定具体渗漏位置、范围，及时上报。

（三）简易修整补配

1. 检查门、窗等木装修，发现松动、脱落应及时修整紧固；如有门窗残损、缺失，应及时按原样补配。

2. 检查建筑地面铺装，发现个别歪闪、移位、缺失，应及时归安、添配。

（四）简易支顶加固

1．梁柱、墙体突发局部歪闪、下沉等险情时，应在专业技术人员指导下进行必要的简易支顶加固，并增挂危险警示标志。

2．简易支顶加固措施应坚持最小干预原则，具有可逆性。

3．简易支顶加固后，应加强巡视检查；如险情加重，应及时上报。

（五）院落内外排水疏导

1．日常应注意检查院落内外排水系统，及时清除泄水口周围杂物垃圾，疏通天沟及明暗排水沟，更换破损构件。

2．雨季前，应及时排查排水设施情况，确保排水系统通畅。

3．发生大面积积水时，应查找原因及时排除。

（六）庭院整理

1．清理庭院范围内的杂物垃圾，保持庭院及周边环境整洁卫生，物品摆放有序。

2．庭院内不得存放易燃易爆物品，距离建筑散水1米范围内不应堆积杂物。

3．及时清理影响古建筑安全的植被。

国家文物局关于开展 "经济社会发展变迁物证征藏工作" 试点申报的通知

文物博函〔2015〕978号

各省、自治区、直辖市文物局（文化厅），新疆生产建设兵团文物局：

为配合以人为本的新型城镇化建设，保存1949年以来特别是改革开放以来中国社会经济发展的相关实物物证，以及构成藏品体系必需的1949年以前的实物，"为明天收藏今天"，拓展博物馆职能和藏品体系，充分发挥各级博物馆，特别是基层博物馆在配合中心工作、凝固家国记忆、留住乡愁方面的作用，国家文物局拟开展"经济社会发展变迁物证征藏工作"试点申报工作。

为充分调动和发挥各方面积极性，确保试点效果，试点工作采取自愿申报、专家评估、择优确定、统一部署的原则，现将试点申报有关事宜通知如下：

一、试点原则

按照"明确机制、注重体系、规范流程、拯救濒危"的原则，开展试点工作。

一是要建立领导机制。试点工作省份要建立经济社会发展物证征藏试点领导机构，调动各有关资源部门的积极性，统筹相关工作，参与试点的单位（博物馆）要制定职责明确、任务分工明确的工作机制。

二是要注重入藏品体系的研究与建设。按照藏品体系建设目标有规划地研究制定征藏范围、品种、标准，对达到文物级别的，及时组织鉴定。

三是要规范征藏流程。研究制定征藏流程，设立收藏准入机制、责任追溯机制，编写好著录规范、记录格式等相关文件。

四是要对已濒临灭失或存量稀少、在社会经济发展中被迅速淘汰的关键性物证，在综合考虑征藏体系的前提下，优先抢救征藏。

二、试点任务

（一）开展"经济社会发展变迁物证征藏"工作机制研究与试点。探索建立政府主导、收藏单位实施、各方配合联动、动员社会广泛参与的征藏工作体系。

（二）开展经济社会发展变迁物证征藏的体系研究与规划。对入藏门类、时限、标准，征藏专题、藏品内涵发掘、展示利用途径等深入研究，制定本地经济社会发展变迁物证征藏框架、路线图、标准规范；制定各级博物馆征藏范围与职责分工方案，并开展相应试点工作。

（三）开展"经济社会发展变迁物证征藏资源调查"。对涉及区域经济发展、建设成就、生产生活方式、社会变迁、民间民俗文化、衣食住行等方面的物证存世情况、资源分布、涉及部门与单位、征藏途径等进行调查，撰写相关调查报告。

（四）开展经济社会发展变迁物证征藏工作流程的研究、制定与试点实施。对征集对象入选标准、征集对象确定、收藏准入程序、责任追溯机制、登记著录规范、流传过程记录、自然状况记录等进行规范设计，并开展相应试点。

三、试点周期

2015年4～11月。

四、试点成果

（一）制定《经济社会发展变迁物证征藏工作流程》和《经济社会发展变迁物证征藏范围标准导则》；

（二）完成本省《经济社会发展变迁物证征藏资源调查报告》；

（三）完成《"经济社会发展变迁物证征藏工作"试点工作报告》，总结试点经验并提出下一步工作建议；

（四）其他相关研究成果。

五、各省（自治区、直辖市）文物行政部门要高度重视此次试点工作，根据要求精心编报本地区试点方案，并于2015年4月底前报送国家文物局博物馆与社会文物司（科技司）博物馆处。我局将组织专家对各省申报方案进行评审，择优确定试点省份（不超过10个），并给予一定经费补助，于2015年5月初前统一部署开展试点工作。

特此通知。

国家文物局

2015年4月3日

国家文物局关于公布国家文物局文博人才培训示范基地名单的通知

文物人函〔2015〕2383号

各省、自治区、直辖市文物局（文化厅），各有关单位：

根据《全国文博人才发展中长期规划纲要（2014～2020年）》和《国家文物局文博人才培养"金鼎工程"实施方案》的要求，我局组织开展了文博人才培训基地的申报和评审工作。经国家文物局2015年第2次局务会议审议通过，故宫博物院、中央文化管理干部学院、中国文化遗产研究院、中国文物信息咨询中心、北京建筑大学、山西警官高等专科学校、陕西师范大学、西北大学、陕西文物保护专修学院9家单位被列入国家文物局文博人才培训示范基地（以下简称培训示范基地）名单。

请各单位加强培训示范基地的基础设施建设和组织人员安排，立足于满足文博行业的实际需要，进一步明确基地的建设方向和措施，改善基础设施和办学条件，突出特点和优势，积极探索文博人才培养和从业人员素质提升的有效途径。国家文物局将按照工作安排，公布培训示范基地管理的相关规章制度，组建专家组加强对培训示范基地的指导，并定期对培训示范基地的组织和建设情况进行评估，以推动建立文博人才培养和评价体系，为文物事业的发展培养更多优质人才。

特此通知。

国家文物局
2015年4月30日

国家文物局关于开展2016年度"弘扬优秀传统文化、培育社会主义核心价值观"主题展览项目征集工作的通知

文物博函〔2015〕2412号

各省、自治区、直辖市文化厅（局），新疆生产建设兵团文物局：

为贯彻落实党的十八大和习近平总书记关于文化遗产保护与利用的重要指示精神，充分发挥博物馆作为公共文化服务机构、社会教育机构，在弘扬优秀传统文化、培育社会主

义核心价值观中的阵地作用，"让收藏在博物馆里的文物、陈列在广阔大地上的遗产、书写在古籍里的文字都活起来"，国家文物局拟面向全国征集2016年度以"弘扬优秀传统文化、培育社会主义核心价值观"为主题的优秀展览项目。现将相关工作事宜通知如下：

一、指导思想

以邓小平理论、"三个代表"重要思想和科学发展观为指导，认真贯彻党的十八大、十八届三中、四中全会和习近平总书记系列重要讲话精神，充分发挥文物引领社会风尚、践行核心价值、维护国家文化安全、提升国家文化软实力的积极作用，切实提升博物馆陈列展览的质量，扩大博物馆陈列展览的社会影响力，增强优秀传统文化的传播力。

二、展览要求

（一）展览开展时间应安排在2016年1月至12月期间，展期不少于3个月。展品保护有特殊需要的，展期要求可适当放宽。

（二）展览选题应紧紧围绕社会主义核心价值观的基本主题，即"倡导富强、民主、文明、和谐，倡导自由、平等、公正、法治，倡导爱国、敬业、诚信、友善"。

（三）展览内容应深入挖掘、凝练中华优秀传统文化的思想内涵，突出以爱国主义为核心的团结统一、爱好和平、勤劳勇敢、自强不息的伟大民族精神，以天人合一、人与自然和谐相处的可持续发展之道，以及孝悌忠信、礼义廉耻等中华传统文化的道德精髓，使广大观众从优秀传统文化中得到启迪、得到涵养。

（四）展览策划应坚持"让文物说话，讲中国故事"的原则，充分发挥馆藏文物资源优势，加强藏品研究，整合社会史、文化史、人类学、民俗学等相关领域的最新研究成果，积极策划实施具有学术性、感染力和传播力的原创性文物展览。

（五）注重展览相关学术活动与教育项目实施。将学术活动、教育项目作为展览的整体来进行策划和实施，提升学术活动的影响力和传播效果，增强教育项目的针对性、趣味性。

（六）明确策展人在展览项目策划与实施中的地位，注重策展团队建设。

（七）鼓励通过联合办展、巡展等多种方式加强馆际交流与合作，盘活馆藏文物资源，进一步提高藏品利用率。

三、申报及评选

（一）凡参加2014年度全国博物馆年检备案工作的博物馆（含非国有博物馆）均可自愿参与项目申报。

（二）展览项目应为计划于2016年度实施的原创性主题展览，现有展览项目或已展出过的展览项目不在评选之列。

（三）申报单位需认真填写《"弘扬优秀传统文化、培育社会主义核心价值观"主题展览项目申报文本》（见附件），并根据申报文本要求提供相关文字及图片资料（该申报文本可从国家文物局官方网站www.sach.gov.cn下载）。每单位限报1个展览项目，于2015年8月15日前将申报资料报送至所在省、自治区、直辖市文化厅（局）。

（四）各省、自治区、直辖市文化厅（局）负责本地区展览项目申报的组织工作。按照公平、公正、公开的原则，对各单位申报材料进行审核，确保申报材料的真实、完整；并组织专家对申报项目进行推荐，原则上各省、自治区、直辖市推荐的项目不超过2个。

（五）由各省、自治区、直辖市文化厅（局）将本地区推荐的展览项目申报资料统一报送至国家文物局博物馆与社会文物司（科技司）博物馆处，并同时将申报资料电子版发送至jiaolidan@sach.gov.cn。报送日期截至2015年8月31日。

中国
文物年鉴
2016

（六）中央和国家有关部门所属博物馆可直接向国家文物局进行申报，每馆限报1个项目，不占用各省、自治区、直辖市推荐项目指标。

（七）国家文物局组织专家对各省（区、市）推荐的申报项目进行评选，择优确定展览项目（不超过12个），并给予一定经费补助。同时，入选项目将统一纳入国家文物局2016年下半年组织的"全国博物馆精品展览展出季活动"安排。展出季活动期间，国家文物局将对部分入选项目的展览情况进行实地考察。

特此通知。

附件："弘扬优秀传统文化、培育社会主义核心价值观"主题展览项目申报文本（详见国家文物局政府网站）

国家文物局

2015年4月30日

国家文物局关于做好拍卖企业经营文物拍卖许可审批工作的通知

文物博函〔2015〕2526号

各省、自治区、直辖市文物局（文化厅）：

根据《全国人民代表大会常务委员会关于修改〈中华人民共和国文物保护法〉的决定》（2015年4月24日第十二届全国人民代表大会常务委员会第十四次会议通过，以下简称《决定》），拍卖企业经营文物拍卖许可已下放至省、自治区、直辖市文物行政部门管理，为使相关工作平稳过渡、有序开展，现就有关事项通知如下：

一、做好审批对接工作

自《决定》公布施行之日起，拍卖企业经营文物拍卖许可职能下放至省、自治区、直辖市文物行政部门，我局不再受理相关审批申请。

各省、自治区、直辖市文物行政部门应按照《文物保护法》规定和本通知要求，做好文物拍卖许可对接工作，认真履行审批职责，严格执行审批程序和标准，积极协调工商、商务等相关部门，确保《文物拍卖许可证》审批、年审、变更、注销等工作正常开展，切实加强事中、事后监管，不断提升服务质量。

二、实行事后备案制

为促进文物拍卖市场健康有序发展，加强国家对文物拍卖市场的宏观管理与政务公开，各省、自治区、直辖市文物行政部门应于开展《文物拍卖许可证》审批、年审、变更、注销等工作后30个工作日内，将相关信息报我局备案，以便我局通过政府网站统一向社会公告。

三、完善监管机制

各省、自治区、直辖市文物行政部门应根据实际工作需要，安排专门机构、人员负责本辖区文物拍卖企业审批和文物拍卖标的审核管理工作，积极配合商务、工商、公安、海关、文化执法等职能部门，依法查处违法违规经营行为。同时，认真研究审批工作中出现的新情况、新问题，进一步完善相关工作监管机制。

各省、自治区、直辖市文物行政部门应及时向社会公告拍卖企业经营文物拍卖许可行政职能变更情况，做好相关政策、法规和业务办理程序的解释说明工作。

特此通知。

国家文物局

2015年5月16日

国家文物局关于推进博物馆理事会建设的指导意见

文物博函〔2015〕2761号

各省、自治区、直辖市文物局（文化厅），新疆生产建设兵团文物局：

为深入贯彻党的十八届三中全会通过的《中共中央关于全面深化改革若干重大问题的决定》精神和《博物馆条例》有关规定，落实中共中央、国务院《关于分类推进事业单位改革的指导意见》的改革任务，建立具有中国特色的博物馆体系和博物馆管理体制，促进博物馆公共文化服务能力的提升，进一步推动公众和社会力量参与博物馆的各项决策和建设，强化博物馆的公共性、增加管理的公开透明度，现就推进博物馆理事会建设提出如下指导意见。

一、充分认识推进博物馆理事会建设的重要意义

博物馆是人类收藏记忆凭证和熔铸新文化的殿堂，是重要的公共文化机构。为确保博物馆的持续发展，不断提升博物馆的专业化水平和服务社会的能力，必须推动博物馆的体制机制改革，完善法人治理结构，建立健全有关组织管理制度。博物馆理事会建设，是当前博物馆发展的重要任务之一，既是贯彻落实党的十八届三中全会关于全面深化改革有关要求的重要举措，也是实现博物馆决策管理的民主化、科学化的重要途径，必须把理事会建设作为博物馆发挥公共文化服务职能作用的重要手段加以推进。

二、基本原则、总体目标和实施阶段

遵循"分类推行、循序渐进、积极稳妥、不断完善"的基本原则。

根据各类不同的博物馆办馆主体，区别对待、分类实施，因地制宜采取多种组织形式和运作模式。非国有博物馆按照《民办非企业单位登记管理暂行条例》（1998年国务院令第251号）、国家文物局《关于民办博物馆设立的指导意见》（文物博发〔2014〕21号）的

有关规定，订立章程、组建理事会；国有企事业单位所属博物馆，具有多个举办主体的，可通过举办单位委派、社会人士征选等方式组建理事会，增强博物馆的公共性和运营独立性；国有博物馆已经建立博物馆理事会的，要认真总结历年来各类博物馆理事会建设的经验和做法，积极探索，不断完善；正在组建理事会的，可首先完善其建议、咨询、指导、监督职能，循序渐进，在实践过程中不断加大理事会参与决策管理的深度和广度。

2015年内，各省（自治区、直辖市）要部署开展区域试点，选择1～2个市（地、州）开展理事会建设试点；2016年，各地要在总结试点经验的基础上，逐步全面推开理事会制度建设工作。

三、明确博物馆理事会职责

博物馆理事会是博物馆的决策和监督机构，依照法律法规、国家有关政策和博物馆的章程开展工作，接受政府和社会监督，负责博物馆的发展规划、财务预决算、重大业务、章程拟定和修订等决策事项，按照有关规定履行人事管理方面的职责并监督本博物馆业务工作的运行。应保障博物馆机构作为法人单位在人事和财务方面的合法权益，明确理事会在重要核心管理人员的人事选拔、任命和聘用，对博物馆财政预算的审核、预算执行的监督、社会资金的筹措等方面的职责，避免博物馆理事会流于形式。

博物馆理事会的职责应包含以下内容：确保博物馆的使命、宗旨和目的的持续性；确保博物馆能最广泛地为公众服务；鼓励公众积极参与博物馆的各项业务活动；根据博物馆的使命和宗旨提供相应支持，确保博物馆藏品在当前和未来的安全和维护；支持博物馆通过研究，客观准确地诠释和传播有关藏品的知识；根据博物馆的使命和宗旨，监察和批准各项制度并监督这些制度的执行；规划博物馆的工作，检查和批准博物馆目标和实现途径，监督博物馆计划的执行；通过检查、批准、监督预算和财务报告，决策博物馆财政预算支出和募集资金，保证博物馆的财政稳定；审议博物馆馆长提名并与其签订合同，评估馆长的工作；确保博物馆有充足的人员实施博物馆的各项功能。

四、规范博物馆理事会组织结构

要根据博物馆的规模、职责任务和服务对象等方面的特点，兼顾代表性和效率，合理确定理事会的构成和规模。国有博物馆的理事会应由政府有关部门、举办单位、事业单位、服务对象和其他利益相关方的代表组成。直接关系公众切身利益的博物馆，本单位以外人员的理事要占绝对多数。

五、规范制定博物馆章程

作为博物馆法人治理结构的制度载体和理事会的运行规则，博物馆要根据《博物馆条例》的规定，制定符合自身宗旨和使命的章程。章程除应包括《博物馆条例》所规定的各项事项外，特别要明确以下内容：举办单位与理事会、理事会与管理层的关系，包括理事会的职责、构成、会议制度，理事的产生方式和任期，管理层的职责和产生方式等。博物馆章程草案由理事会通过，并经举办单位同意，再报登记管理机关核准备案。

六、处理好博物馆主管部门与理事会的关系

建立和完善以理事会及其领导下的管理层为主要架构的事业单位法人治理结构，把行政主管部门对事业单位的具体管理职责交给理事会。充分发挥理事会作用，根据实际情况做好博物馆的基本制度设计，明确博物馆理事会的设置基本标准和基本权限。博物馆理事会建立后，博物馆主管部门主要履行监督、宏观政策制职责，博物馆的管理制度与规章经理事会决议后向主管部门备案。

七、加强组织领导

各地文物行政部门、博物馆主管部门和各级各类博物馆要统一思想，高度重视培育和发展博物馆理事会工作的重要性，各省（自治区、直辖市）文物行政部门要制定本省（自治区、直辖市）区域试点工作方案，并将确定的试点市（地、州）名单及其试点工作计划进度在8月底前报送国家文物局。要与有关部门积极沟通，出台配套措施，确保博物馆理事会建设工作顺利进行。要及时跟踪指导，注意总结经验，以点带面，推广好的做法。

国家文物局

2015年6月11日

国家文物局关于做好当前基本建设考古工作保障重大建设项目顺利实施的通知

文物保函〔2015〕2885号

各省、自治区、直辖市文物局（文化厅）：

基本建设考古工作是我国文物事业的重要组成部分，与经济社会发展具有密不可分的联系。长期以来，文物考古工作者服务大局，不畏艰苦，推动基本建设考古工作依法进行，在保障涉建区域地下文物安全、促进基本建设工程顺利实施中发挥了重要作用。

党的十八大以来，党中央、国务院出台了一系列稳增长、调结构、惠民生的政策措施。各级文物部门应深刻领会、认真贯彻中央精神，紧密围绕总体部署，积极改进、做好文物保护的各项工作。在基本建设考古工作中应进一步加强组织领导，理顺工作程序，保证质量，提高效率，为信息电网油气等重大网络、水利、中西部铁路、棚户区和城乡危房改造等重点建设工程提供良好服务和有力保障。现就做好当前基本建设考古工作的有关要求通知如下：

一、强化基础工作，为建设工程规划设计提供重要依据。省级文物主管部门应根据第三次全国文物普查和各级文物保护单位认定的情况，督促、指导相关市县人民政府和文物部门进一步做好文物保护单位的"四有"工作，划定、公布地下文物埋藏区等重点文物保护区域；对重要大遗址开展必要的考古调查工作，进一步搞清遗址的范围、布局，为制定城乡发展规划和建设项目选址提供依据。

二、加强部门沟通、协作，保障国家重大建设项目顺利实施。省级文物主管部门应与发改、水利电力、能源、交通等部门建立合作机制，对关系国计民生的重大建设项目，尽早组织开展沿线和建设区域内考古调查和文物影响评估，为工程选址和建设方案提出优化建议。正确处理城乡建设、基本建设与文物保护的关系，统筹考虑文物价值、保护手段、建设投入等多种因素，提出既依法合规又积极可行的建设工程中的文物保护方案。积极推行三峡、南水北调文物保护工程中所建立的规划先行的成功做法，对建设项目涉及文物点的保护工作先期进行统筹安排，确保在建设项目开展前完成各项调查、保护任务。

三、增强服务意识和工作主动性，确保城乡基本建设工程中考古工作的及时开展。各级文物主管部门应与规划、国土、住建等部门加强沟通，及时掌握城乡规划、棚户区改造、工业园区建设等信息，指导专业考古机构开展必要的考古工作。各地可借鉴北京、成都等地在建设用地出让前全面开展考古工作的经验，积极探索提高工作效率和服务水平的有效途径。对于批准实施的基本建设考古项目，地方文物主管部门应督促相关单位尽快完成各项准备，提供有利的场地条件，尽早开展考古工作。严格控制基本建设考古调查勘探的收费，杜绝超标准收费，尽量减少建设单位负担。

四、明确审批程序和申报资料要求，提高审批效率。应按照我局《关于加强基本建设工程中考古工作的指导意见》，向社会公布基本建设工程审批过程中文物部门的审核程序和考古工作申报的时间、资料要求，明确内部审批流程，积极推进网上申报和在线审批，严格按照规定时限办理基本建设工程中考古工作的审核和许可。其中，考古发掘项目由专业考古机构直接向省级文物主管部门申报，审核同意后报我局审批；建设工程实施中发现遗址和文物的，经省级文物主管部门确认需开展抢救发掘的，应第一时间组织专业考古机构进行发掘，并按程序补报审批手续；建设工程涉及大型古墓葬的，应在项目建议书或可研报告阶段提出更换选址意见，避免造成破坏。

五、加强工作的计划性，提高考古调查工作的效率。承担基本建设考古任务的专业考古机构应当抓紧制定工作计划，尽快调集人员、设备进场实施，应在约定时间内完成考古工作，并限时提出项目的文物保护意见评估；如遇重要发现或其他意外情况无法按时完成的，应向文物主管部门和建设单位说明情况。对于重大建设工程中的考古项目，省级文物主管部门应当加强组织协调，督促、指导辖区内考古机构协同开展工作，确保进度；必要时，可向我局提出申请，调集省外力量进行支援。

六、增强科研意识，确保考古质量。基本建设考古工作要增强研究意识、课题意识，充分运用先进技术手段，积极开展多学科合作，尽量全面、系统地采集、保存相关的历史信息，为考古和相关学科研究提供重要依据。考古工作必须严格按照《田野考古工作规程》的程序和技术要求，确保工作质量，不得使用大型工程机械赶进度。地方各级文物主管部门应按照《考古发掘项目检查验收办法》，加强对考古发掘项目的事中和事后监管。

七、完善工地现场管理制度，保障工地安全。考古工地必须严格执行领队现场负责和统一管理，制定完备的工地安全防护预案、出土文物临时性保管方案，规范围栏、管理用房、水电线路、监控系统等设施建设，及时排查排除隐患，确保人员和文物安全。应重点加强重要工地的安全防护，必要时争取地方公安部门配合，坚决杜绝考古发掘现场文物盗抢事件发生。进一步加强考古工地工作人员（包括临时雇用人员）管理，制定监督措施，防范监守自盗。

八、加强队伍建设，不断壮大工作力量。各级地方文物主管部门要进一步加强对辖区内专业考古机构的规范管理，着力推进考古所（院）等专业机构建设和专业人员培养。省、市考古所（院）的人员配置要以考古、文物保护等专业人员为主，发挥好主力军作用；同时要充分组织利用好市县当地的文管所、博物馆等基层文博机构和相关高等院校、科研机构的人员力量，在基本建设考古工作中培养人才，锻炼队伍，促进基层文物部门的能力建设。专业考古机构应保障田野考古人员必要的工作条件和生活待遇，提高考古人员的工作积极性；要重视技术工人的培养使用，开展必要的专业技能和职业道德培训，在技术职务评聘、工资待遇等方面保障其合理权益。

请你局（厅）根据通知意见，指导有关单位认真研究落实，并积极与相关部门和建设单位进行沟通、衔接，切实做好基本建设考古工作，为重大基本建设工程的胜利实施做出应尽的努力。

国家文物局

2015年6月28日

国家文物局关于改进文物拍卖标的审核备案工作的通知

办博函〔2015〕992号

各省（自治区、直辖市）文物局：

近年来，各地文物行政部门和文物拍卖企业认真贯彻执行我局《关于进一步做好文物拍卖标的审核工作的意见》等相关规定，按照文物拍卖标的审核标准和备案程序要求开展工作，对遏制文物拍卖领域存在的知假拍假、虚假宣传、超范围经营等突出问题发挥了重要作用。

根据国务院有关简化事前审批，不搞重复审批，加强事中、事后监管的工作要求，现就有关事项通知如下：

一、各省级文物行政部门负责文物拍卖企业标的审核工作。受理申请后，应于20个工作日内办理批复文件，并同时抄报国家文物局备案（含电子版、合法来源证明）。国家文物局网站将即时公告备案收文确认信息。

二、各省级文物行政部门应认真查验文物拍卖经营资质及文物拍卖专业人员从业情况，不得受理不符合规定的标的审核申请。要严格按照文物拍卖标的审核标准和程序进行审核，重要文物拍卖可进行现场监拍，避免不符合要求的文物标的上拍。

三、各省级文物行政部门应加强监管文物拍卖企业标的征集工作，强化文物拍卖专业人员的标的初审责任，将拍卖标的审核情况记入企业和个人诚信档案，以此作为对企业和文物拍卖专业人员进行监管的重要依据。

四、各省级文物行政部门应安排具体部门和人员负责文物拍卖标的审核备案工作。我局将对各地文物拍卖标的审核工作的情况开展年度评估、加强督察，促进我国文物拍卖市场健康有序发展。

特此通知。

国家文物局办公室

2015年7月1日

国家文物局关于开展传统村落
文物保护专项督察的通知

文物督发〔2015〕10号

各省、自治区、直辖市文物局，天津、上海、重庆市文化市场执法总队：

为贯彻落实习近平总书记关于文物保护的重要论述，按照中央城镇化工作会议决策部署，国家文物局决定组织开展传统村落文物保护专项督察，切实督促加强村落以及分布其中的文物建筑保护工作。现就有关事项通知如下：

一、工作目标

以《中华人民共和国文物保护法》及其实施条例等法律法规和《国家新型城镇化规划（2014～2020年）》为依据，全面开展传统村落文物保护执法检查，及时发现和查处各类破坏文物建筑本体的违法行为，全面查找和整治文物建筑火灾隐患，督促落实安全防护措施，为"留住乡愁"提供坚实的安全保障。

二、督察范围与内容

督察重点范围为纳入"中国传统村落整体保护利用项目"270处传统村落中的建筑类文物保护单位，以及未核定公布为文物保护单位的建筑类不可移动文物。

督察重点内容：

（一）擅自迁移、拆除文物建筑本体的行为；

（二）文物建筑消防设施设备及防火措施；

（三）文物安全责任制落实情况及应急管理措施；

（四）其他违反文物保护法律法规的行为。

三、督察方式

本次专项督察采用属地自查、省级抽查、国家文物局督察的工作方式。

属地自查由市县级文物行政部门自行组织，各市县级文物行政部门及其行政执法机构，对辖区内纳入督察范围的文物保护单位，实地检查率不应低于80%，对历史文化名村中的建筑类不可移动文物，实地检查率应达到100%。

省级抽查由各省级文物行政部门组织开展（天津、上海、重庆市文物行政部门应会同市文化市场综合执法总队，共同作出工作部署），对纳入督察范围的省级以上文物保护单位，实地检查率不应低于50%，并重点检查3～5个历史文化名村中建筑类不可移动文物保护情况。鼓励有条件的省（自治区、直辖市）组织开展辖区内交叉检查。

四、工作安排

专项督察时间为2015年7月至9月，分三个阶段：

（一）自查抽查阶段（2015年7月至8月）。各省（自治区、直辖市）文物行政部门根据专项督察通知要求，部署自查、抽查，于8月25日前将工作情况上报国家文物局。工作报告应包括以下内容：

本省（自治区、直辖市）纳入督察范围的不可移动文物基本情况；专项督察组织落实情况；检查发现的主要问题，以及处理、整改情况；传统村落文物行政执法、安全管理领域具有指导意义的典型案例（1～2个）；传统村落文物建筑保护工作存在的突出问题及政策建议。

（二）我局督察阶段（2015年7月至9月）。国家文物局组成督察组，选取部分地区进行实地督察，督察意见反馈省级文物行政部门及属地政府。

（三）汇总通报阶段（2015年9月）。实地督察结束后，国家文物局形成专项督察报告，向全国文物系统和全国文物安全部际联席会议成员单位通报，适时向社会公布。

五、工作要求

（一）高度重视，精心组织。各级文物行政部门要将组织实施专项督察，作为贯彻落实习近平总书记关于文物保护重要论述的重大举措，以高度的政治意识和责任意识，精心组织，认真实施。通过专项督察，摸清传统村落文物建筑保护领域基本情况，科学分析，找准问题，总结经验，梳理典型，推动传统村落文物保护工作迈上新台阶。

（二）严格执法，服务为民。传统村落文物保护工作关乎群众切身利益，涉及面广，政策性强。各级文物行政部门在专项督察中要牢固树立执法为民理念，重注把握工作尺度，既要严格执行文物保护法律法规，也要倾听群众诉求，着力解决群众反映的问题。

（三）及时报告，认真整改。专项督察中发现的文物执法与安全领域问题，各级文物行政部门应及时报告属地政府，依法作出处理。省级文物行政部门应就突出问题建立台账，逐项督促整改；对于辖区内带有普遍性的问题，应结合本地区实际情况，形成指导性意见。国家文物局将在总结各地典型经验基础上，针对传统村落文物执法与安全管理工作，印发一批指导性案例。

特此通知。

国家文物局
2015年7月1日

国家文物局关于印发《文物违法行为举报管理办法（试行）》的通知

文物督发〔2015〕13号

各省、自治区、直辖市文物局（文化厅），天津、上海、重庆市文化市场综合执法总队：

现将《文物违法行为举报管理办法（试行）》印发给你们，请结合本地实际，认真贯彻落实。执行过程中如发现问题，请及时反馈我局。

特此通知。

国家文物局
2015年8月10日

中国
文物年鉴
2016

文物违法行为举报管理办法（试行）

第一条　为规范文物违法行为举报管理工作，推动各地文物行政部门主动接受社会监督，依法履行文物行政执法职责，及时查处文物行政违法案件，根据《中华人民共和国文物保护法》等法律法规，制定本办法。

第二条　本办法所称文物违法行为举报管理，是指各级文物行政部门对公民、法人和其他组织举报的涉嫌违反文物保护法律法规、应由文物行政部门调查处理的文物违法行为信息，依法开展的受理、核查与信息反馈等工作。

第三条　文物违法行为举报管理工作按照"属地管理，分级负责，便民高效，公开公正"的原则实施。

第四条　鼓励公民、法人和其他组织举报文物违法行为。各级文物行政部门保障举报人依法行使举报权利，保护举报人个人信息安全。

举报人应保证举报信息的真实性，不得虚假举报。故意虚构或歪曲事实，应承担相应法律后果。

第五条　国家文物局指导全国文物违法行为举报管理工作，受理涉及全国重点文物保护单位、馆藏一级文物，以及涉嫌损毁省级文物保护单位的违法行为举报信息，并予督办、转办，对重大案件线索组织调查核实。

国家文物局设立文物违法举报中心，承担文物违法行为举报受理的具体工作，并对各地工作情况进行统计分析。

第六条　各省、自治区、直辖市文物行政部门负责本行政区域内文物违法行为举报管理工作，受理涉及省级以上（含省级）文物保护单位、馆藏珍贵文物，以及涉嫌损毁不可移动文物本体的违法行为举报信息，并予督办、转办。对重大案件线索组织调查核实。

第七条　设区的市级文物行政部门对辖区内各县（市、区）文物违法行为举报受理工作进行督促检查，受理辖区内各级文物保护单位、馆藏文物，以及涉嫌损毁不可移动文物本体的违法行为举报信息，并组织调查处理。

第八条　各县（市、区）文物行政部门受理、核查辖区内不可移动文物、馆藏文物违法行为举报信息，并依法处理。

第九条　各级文物行政部门应建立信函、电话、网络等多种举报受理渠道，并主动对社会公开。适时开通文物违法举报热线。

第十条　文物违法行为信息举报受理范围：

（一）涉嫌损毁不可移动文物本体的行为；

（二）在文物保护单位的保护范围或者建设控制地带内发生的违法建设行为；

（三）擅自迁移、拆除不可移动文物或者擅自修缮不可移动文物，明显改变文物原状的违法行为；

（四）擅自在原址重建已全部毁坏的不可移动文物，造成文物破坏的违法行为；

（五）施工单位未取得文物保护工程资质证书，擅自从事文物修缮、迁移、重建的违法行为；

（六）涉及考古发掘的违法行为；

（七）涉及国有文物收藏单位和馆藏文物的违法行为；

（八）其他违反文物保护法律法规、应由文物行政部门调查处理的违法行为。

第十一条　对属于下列情形的举报信息，各级文物行政部门不予受理，登记后予以存档：

（一）不属于文物行政部门行政执法职责范围的；

（二）未提供违法行为信息或者无具体违法事实的；

（三）同一举报已经受理，举报人再次举报，但未提供新的违法事实的；

（四）已经或者依法应当通过诉讼、仲裁或行政复议等法定途径解决的；

（五）已经信访终结的；

（六）案发时间超出行政处罚时效的。

不属于受理范围的举报事项，应及时一次性告知举报人有权处理机关及相应举报途径。

第十二条　国家文物局和省级文物行政部门受理并督办、转办的举报信息，按照逐级交转原则，交由属地文物行政部门核查处理。重大案件线索，或属地文物行政部门应予回避的举报信息，国家文物局和省级文物行政部门可指定举报信息核查单位，或直接组织调查核实。

第十三条　设区市和县（市、区）文物行政部门受理举报信息，或接到上级督办、转办的举报信息后，应在15个工作日内完成实地核查。上级文物行政部门明确有核查时限的，应在时限要求内办结；情况复杂的，经上级交办部门同意，可适当延长办理期限。

举报信息经实地核查不属实的，由举报受理单位存档结项；属实或部分属实，确有违法行为的，由具有管辖权的文物行政部门依法实施行政处罚。

第十四条　各级文物行政部门受理举报信息后，对于实名举报，应自受理之日起60个工作日内，将办理情况反馈举报人。举报人对办理结果不满意的，应认真做好解释；举报人提供新的证据、需要进一步核实的，可进行复查并反馈。举报人对复查结果仍不满意，并以同一事实和理由重复举报的，不再受理。

第十五条　举报人对案件办结报告或执法文书申请信息公开的，应告知其案件文书基本信息，由文书制作单位负责具体信息公开事宜。

第十六条　各级文物行政部门应将文物违法行为举报管理经费纳入行政办公经费。鼓励各级文物行政部门建立文物违法行为举报奖励制度，设立举报奖励经费，对因举报使文物得到有效保护或免于重大损失的，给予举报人精神或物质奖励。

第十七条　各级文物行政部门应建立文物违法举报信息档案管理制度，妥善保管受理、核查及信息反馈过程中形成的资料，并及时整理归档。

第十八条　各级文物行政部门应建立文物违法举报信息季度、年度统计分析制度。各省、自治区、直辖市文物行政部门应将工作情况纳入《文物安全与行政执法工作情况统计表》，按照规定时限要求统计上报国家文物局。

第十九条　各地应根据实际情况，参照本办法制定实施细则。各级文物行政部门可将文物违法行为举报相关具体工作委托文物行政执法机构实施，并加强监督管理。

第二十条　本办法由国家文物局负责解释，自公布之日起实施。

国家文物局关于印发《国家文物局、海关总署合作备忘录》的通知

文物博函〔2015〕3301号

各省、自治区、直辖市文物局（文化厅）：

为加强文物进出境监管，打击走私文物违法犯罪活动，切实保护文化遗产，国家文物局、海关总署于2015年5月7日在北京正式签署《国家文物局、海关总署合作备忘录》（见附件，以下简称《合作备忘录》）。现将《合作备忘录》印发你局（厅），并就有关要求通知如下：

一、各地文物部门要认真贯彻《合作备忘录》确定的原则精神，切实履行《合作备忘录》做出的相关承诺，积极落实《合作备忘录》明确的各项重点工作。

二、各地文物部门应注意加强与当地海关的联系配合，建立健全双方的合作机制。并可结合各地实际情况，商海关研究制定具体的合作办法，并报我局备案。

三、各地文物部门要及时评估总结《合作备忘录》的执行情况，注意整理和上报双方合作成果、查办案件情况等相关信息。对于《合作备忘录》执行中遇到的问题，也应及时向我局报告。

特此。

附件：《国家文物局、海关总署合作备忘录》

国家文物局
2015年9月8日

附件

国家文物局　海关总署
合作备忘录

根据《中华人民共和国海关法》和《中华人民共和国文物保护法》，为加强文物进出境监管，打击走私文物违法犯罪活动，切实保护文化遗产，海关总署与国家文物局经友好协商，决定进一步加强合作，签署本合作备忘录。

一、加强文物进出境协同监管

（一）双方共同加强文物进出境监管工作。文物部门推动文物进出境审核机构建设，加强文物进出境审核人员力量，提高文物进出境审核工作信息化水平。海关加大文物进出境监管力度，严格文物进出境申报程序，完善文物进出境监管措施。

（二）双方联合在各主要文物进出境口岸开展宣传警示，通过多种媒介广泛宣传文物进出境相关法律法规。海关积极开展针对监管人员的文物鉴定专业知识教育培训，文物部

中国
文物年鉴
2016

门对此类培训工作提供师资和标本支持。

（三）双方及时对文物进出境监管中出现的问题进行调研磋商，不断完善文物进出境监管的法规和制度体系。

二、加大打击文物走私力度

（四）海关加强对走私文物违法犯罪活动的查缉力度，文物部门积极协助配合海关工作。双方根据工作需要，针对重点地区、重点口岸、重点渠道适时联合开展查缉走私文物专项行动。

（五）双方建立走私文物案件联合督办、督察和倒查机制，对在进出境环节发现的重特大文物走私线索或者案件，双方联合挂牌督办，并倒查文物来源、犯罪团伙和境内外犯罪网络。

（六）双方适时对打击和防范走私文物违法犯罪工作进行联合调研，分析走私文物违法犯罪态势，研究相关措施，推动完善相关法律法规。

三、建立查扣罚没文物移交工作机制

（七）双方进一步贯彻落实《国家文物局、财政部、公安部、海关总署、国家工商行政管理局关于依法没收、追缴文物的移交办法》（文物保发〔1999〕017号），建立查扣罚没文物移交工作机制。海关总署督促、协调各地海关按照有关规定向文物部门移交文物，文物部门为海关快速、无偿提供涉案、罚没文物鉴定。

（八）对于结案前不具备文物安全保管条件，或者自扣押之日起逾一年未能结案的案件，可由当地海关将案件所涉文物移送文物部门指定的国有博物馆暂存。暂存博物馆负责文物的安全，并为海关办案提供便利。

四、完善国有公益性收藏单位文物保护工作

（九）双方积极推动国有公益性收藏单位名单调整补充工作，协调解决国有公益性收藏单位进口藏品免税事宜。海关进一步规范国有公益性收藏单位进境展览担保手续，文物部门加强免税进口藏品的建账、备案、保管、科研和非营利性展示工作。

（十）海关总署进一步加强中国海关博物馆建设。国家文物局积极支持该馆的藏品征集保护、科学研究和陈列展示工作，并在业务管理和人才培养等方面给予政策倾斜和经费支持。

五、建立信息交流、评估报告和激励机制

（十一）双方定期对走私文物违法犯罪案件有关信息、情报信息和其他工作信息按照约定格式进行相互通报。走私文物违法犯罪案件有关信息包括：各类口岸监管现场查获的走私文物违法案件信息、海关缉私部门查处的走私文物犯罪案件信息，以及文物部门接报的各地发生的文物盗窃、盗掘案件信息等；情报信息包括：有关境外海关、文物及其他部门向我海关或文物部门提供的涉嫌文物非法进出境的信息等。

（十二）双方积极按照相关国际公约及政府间双边协议要求，向有关国际组织、双边协议缔约国和港澳地区提供国内被盗或者走私文物信息，所提供信息的内容和形式由双方共同商定。

（十三）双方建立文物进出境协同监管绩效年度报告制度和查扣罚没文物移交情况年度报告制度。

（十四）双方建立有关工作激励机制，对在文物进出境实际监管、打击走私和查扣罚没文物移交工作中作出突出贡献的单位和个人，双方联合提请予以表彰奖励。

六、建立协商和日常联系机制

（十五）海关总署和国家文物局建立日常联系机制，双方有关领导同志不定期会晤，及时沟通协调双方工作中遇到的需要对方研究支持的重大问题。海关总署、国家文物局分别指定一名司局级负责同志担任联络员，定期会晤，协商和开展本备忘录确定的具体工作。

（十六）对于本备忘录未定事宜，双方本着友好合作的原则，协商一致后开展相关工作。

（十七）各级海关和文物部门可以按照本备忘录的原则精神，结合本关区、本地区的实际，建立合作机制，商定具体合作事项。

七、其他事项

（十八）本备忘录一式二份，双方签定之日起生效。

国家文物局关于开展全国重点文物保护单位安防消防防雷工程工地检查的通知

文物督函〔2015〕3312号

中国
文物年鉴
2016

各省、自治区、直辖市文物局（文化厅）：

为进一步加强全国重点文物保护单位安防消防防雷工程管理，强化工程实施的事中事后监管，我局决定于2015年9月至12月开展全国重点文物保护单位安防消防防雷工程工地检查工作。

一、检查范围

2012年至2014年我局批复同意的全国重点文物保护单位安防消防防雷项目的工程实施情况。

二、检查内容

（一）工程实施情况：工程是否及时开工与竣工，工程实施中的协调组织，已竣工的项目是否已经相应主管部门检测或者验收，工程监理与审计情况等。

（二）工程实施质量：工程实施中设计方案与工程施工是否一致，施工过程是否规范有序，施工工艺是否符合相关标准规范要求，施工是否对文物本体及环境风貌造成破坏等，已竣工的项目是否运行有效且达到预期防护效果等。

三、检查要求

（一）请各省级文物行政部门按照上述要求认真组织开展本省行政区域内全国重点文物保护单位安防消防防雷工程工地检查工作，于9月底前填写《2012年至2014年全国重点文物保护单位安防消防防雷工程项目实施情况表》报我局，12月中旬前将本省全国重点文物保护单位安防消防防雷工程工地检查情况报我局。

（二）各地应将长期未开工项目、工程实施中设计施工严重脱节及工程质量存在严重问题的工程项目作为检查重点，及时发现问题，按照相关法律、规章的要求，督促整改落实。

我局将适时组织抽查工作，并对在抽查中发现的突出问题向全国通报。

特此通知。

附件：《2012年至2014年全国重点文物保护单位安防消防防雷工程项目实施情况表》（略）

国家文物局

2015年9月11日

国家文物局关于深化行政审批制度改革和完善审批事项工作流程的通知

文物人发〔2015〕15号

各省、自治区、直辖市文物局（文化厅）：

根据国务院关于推进行政审批制度改革工作部署，按照简政放权放管结合优化服务的工作要求，结合我局行政审批制度改革工作实际，现就深化我局行政制度改革工作，完善文物保护工程类、珍贵文物修复类、安防消防防雷工程类审批事项工作流程等有关事项通知如下：

一、文物保护工程类

（一）立项报告编报

1. 简化立项报告的填写内容，必要性、相关平面图、工程实施范围（规划范围）、拟采取的措施（技术路线）等作为必填项。经费预（估）算只作为工程或规划立项的选填项。

2. 立项报告由文物保护单位的管理机构独立编写，亦可委托有资质的文物保护工程勘察设计单位编写。

3. 简化申报环节，项目单位可直接向省级文物行政部门提交立项申请，不必再通过市、县级文物行政部门，但申报时应抄送市、县级文物行政部门。

4. 进一步拉大立项报审与方案报审的时间间隔（一般应不少于两个月），以提高方案的编写质量，同时缓解每年的集中评审压力。

（二）增强工程项目统筹和针对性

1. 同一国保单位同类型工程可一次性跨年度申报立项，但应附年度实施计划（年度实施范围）。

2. 壁画、彩塑、石质文物保护、白蚁防治、展示利用工程可与本体修缮工程一并申报立项，但要单独表述。

3. 环境整治、保护设施建设、数字化、监测等项目仍应单独申报立项。

4. 大遗址保护范围内的拆除和整治项目应以环境整治工程申报立项，环境整治工程主要包括：不合理占压文物的建构筑物等现代设施的拆除、垃圾清运、道路改线、电线迁埋、建筑外立面整饬、现有基础设施改造、适当绿化等；根据文物保护展示需要所进行的参观道路、标识牌、附属服务设施及其配套基础设施等建设应纳入文物保护展示工程中统筹考虑，不纳入环境整治工程。

其他国保单位保护范围和建设控制地带内的整治项目按行政许可报审。

（三）保护规划立项

由省级文物行政部门根据本省国保单位的具体情况统筹安排，一年分两次集中申报本省国保单位保护规划编制计划，将各国保单位保护规划立项报告作为附件。

二、珍贵文物修复类

（一）项目申请单位提出馆藏珍贵文物修复申请，申请材料包括文物修复方案（方案编制单位应具备可移动文物修复资质，方案应按照相关文物保护行业标准编制），并通过网报网审系统进行填报。

（二）省级文物行政部门对方案进行初核，明确意见，将符合审批要求的方案，通过网报网审系统报送国家文物局。

（三）国家文物局受理流程

1．形式审查，审查申报材料是否完备；

2．技术审查，国家文物局组织第三方机构（或专家）对申报材料进行技术审核；

3．作出决定，符合条件的，作出同意批复。

（四）审批标准

1．文物修复方案应当由具有资质的单位编制；

2．文物修复事项属于修复资质单位业务范围；

3．文物信息、修复的必要性和工作目标明确；

4．修复程序及修复技术路线科学合理；

5．预防性保护措施明确。

三、安防消防防雷工程类

（一）编制项目实施计划

安防消防防雷工程类不再履行立项申报程序。为加强工程管理，由省级文物行政部门按照轻重缓急，分年度组织编制本省拟实施的国保单位安防消防防雷工程项目实施计划，填写《安防消防防雷工程项目申报表》，明确拟实施的具体项目，初步提出每个项目的防护范围、防护对象、防护措施，报我局确认。各地应将国保单位中被盗或者被破坏风险较大的古遗址古墓葬石窟寺等作为安防工程重点，火灾风险大的古城镇、古村落、古建筑群作为消防工程重点，将高大古建筑作为防雷工程重点。

各省级文物行政部门应将下一年度的项目实施计划于本年度10月31日前报至国家文物局。

（二）方案编制和评审

安防消防防雷工程类的实施计划经我局确认后，由具体项目的国保单位管理使用机构按照《关于加强全国重点文物保护单位安全防护工程申报审批与管理工作的通知》（文物督发〔2014〕37号）要求组织编制工程实施方案，通过网报网审系统送第三方评估机构进行技术审核。第三方评估机构重点审查以下内容：工程实施方案材料是否完备，要件是否齐全，方案设计内容是否符合实施计划提出的防护范围、对象，提出的具体措施是否合理适度，是否对文物本体及其周边环境产生负面影响等。

（三）正式申报行政许可

工程实施方案经第三方评估机构评审通过且已按照评审意见修改完善后，由项目单位填写安防消防防雷工程行政许可申报书，并将通过评审且修改完善的方案送省级文物行政部门确认。省级文物行政部门重点核查以下内容：是否符合实施计划、是否按照评审意见修改完善。如无异议，省级文物行政部门出具初核意见，并通过网报网审系统正式提交行政许可申请。

（四）批准行政许可

我局正式受理安防消防防雷工程行政许可后，将在20个工作日内作出决定。

特此通知。

国家文物局

2015年9月17日

国家文物局关于开展"博物馆及可移动文物管理综合调研"的通知

办博函〔2015〕1326号

各省、自治区、直辖市文物局（文化厅）：

为加强对全国博物馆及可移动文物的管理，及时掌握基层有关情况，总结各地有益经验和做法，适时梳理有关政策措施，结合我局年度重点工作安排，拟于2015年10月至12月，集中开展"博物馆及可移动文物管理"综合调研。现将有关事项通知如下：

一、调研目的

了解掌握文物修复工作开展情况，对有关保护修复项目的开展及其成效进行重点评估，提出改进工作的意见和建议；综合考察国有和非国有博物馆文化创意产品发展开展情况，研究制定相关政策措施；加强对各地贯彻落实《博物馆条例》工作的指导，及时掌握有关情况，研究推进落实的具体措施。

二、调研内容

（一）各地开展可移动文物修复项目的组织实施和执行、博物馆文化产品开发以及贯彻落实《博物馆条例》的实际情况。

（二）总结"十二五"期间可移动文物修复、博物馆文化创意产品开发领域有关经验，汇总各地贯彻落实《博物馆条例》的具体做法，摸清遇到的困难和问题，总结工作经验和教训；研究有关瓶颈问题或障碍。

（三）提升可移动文物修复项目执行、博物馆文化产品开发水平以及更好贯彻落实《博物馆条例》的意见和建议。

三、调研方式

为增强调研工作的针对性，本次调研采取书面调研和实地调研两种方式进行。

四、请各省（区、市）文物局根据调研提纲（详见附件），系统梳理本辖区相关工作开展情况，形成专题调研报告，于2015年11月30日之前报送我局博物馆与社会文物司。

五、10月至12月，我局将组织调研组赴重点省份开展实地调研，通过现场察看、座谈交流、查阅资料、观众调查等方式全面掌握第一手资料。实地调研的具体时间和地点另行通知。

联 系 人：支小勇

联系电话：010-56792098

电子邮箱：zhixiaoyong2008@163.com

附件：《博物馆及可移动文物管理综合调研提纲》

国家文物局

2015年9月30日

附件

博物馆及可移动文物管理综合调研提纲

一、博物馆及可移动文物管理有关工作的基本情况

（一）"十二五"期间立项的可移动文物修复项目相关的全面、汇总信息（包括项目执行时间、项目负责人、文物等级、数量、现文物收藏单位、项目执行情况、项目执行效果自评估、项目实施后文物照片、现保存条件、保存措施等）；

（二）各地博物馆文化产品开发工作进展情况（包括管理机构和运行模式、商品种类与类型、产值与销量规模、资金运转与使用、版权专利维护、营销手段与效果等基本情况，博物馆主管部门、财政部门对博物馆文化产品开发的认知理解程度等）；

（三）《博物馆条例》的贯彻实施情况（包括条例实施以来，各地宣传普及、贯彻落实的具体做法、相关的配套政策措施，如新增博物馆设立备案、陈列展览备案情况的具体做法、国有和非国有博物馆登记备案程序异同及具体做法、对博物馆藏品合法来源说明、藏品退出馆藏的程序规定的具体做法等）。

二、总结、提炼推动博物馆及可移动文物管理有关工作的有关经验

（一）总结可移动文物保护修复项目实施的经验（包括有益经验及教训，项目成果转化使用情况，项目成果的经济、社会效益分析评估等）；

（二）开展国有和非国有博物馆文化创意产品开发工作的经验（包括开发合作模式创新、版权开发经验、有关财政和税收的支持情况等）；

（三）开展《博物馆条例》宣传、贯彻、落实中的有关经验（包括依靠地方党委政府及社会力量推动条例落实等）。

三、对推动博物馆及可移动文物管理有关工作的有关意见和对策建议

（一）可移动文物保护修复项目的科学实施（包括科学组织谋划、规范管理制度、完善经费申请、健全监督机制与效果考核评估、推动科学应用等方面）；

（二）博物馆文化创意产品开发（包括当前拓展文化产品开发所面临的著作权及其维护、财税政策瓶颈等核心问题、主要困难及解决建议等方面）；

（三）《博物馆条例》的贯彻落实（包括条例宣传、贯彻、落实中的有关问题、对策与建议等方面）。

国家文物局关于公布2016年度"弘扬优秀传统文化、培育社会主义核心价值观"主题展览项目征集结果的通知

文物博函〔2015〕3440号

各省、自治区、直辖市文化厅（局）：

为切实提升博物馆陈列展览的质量，充分发挥博物馆在弘扬优秀传统文化、培育社会主义核心价值观中的阵地作用，今年4月，我局启动了"弘扬优秀传统文化、培育社会主义核心价值观"主题展览项目征集工作。该项工作得到了各地的积极响应和踊跃报名，共收到来自23个省（区、市）申报的37个主题展览项目。经组织专家评审，最终确定天津博物馆"器与道（暂定）"等12个项目入选（见附件）。现就具体事宜通知如下：

一、对入选展览项目，我局给予8万元／项的策展方案编制补助。请专款专用，确保项目绩效。

二、请有关单位进一步完善、细化现有展览名称和展览策划方案，按照预定展期做好组织实施，及时向我局报送展览筹备进展。

三、我局委托中国文物报社承担入选展览的集中宣传。请入选展览项目单位指派专人负责对接，并于2015年10月30日前将人员名单报中国文物报社。

联系人：崔波

电　话：13683380234

此函。

国家文物局

2015年10月10日

附件

"弘扬优秀传统文化、培育社会主义核心价值观"主题展览项目征集结果

序号	单位	入选展览项目名称	策展人	计划展期
1	天津博物馆	器与道（暂定）	刘翔	2016年7月～2016年9月

序号	单位	入选展览项目名称	策展人	计划展期
2	山西博物院	山西最新考古发现特展	石金鸣	2016年12月～2017年3月
3	南京市博物馆总馆（梅园新村纪念馆）	崇高的精神　永远的榜样	徐海涛	2016年5月～2016年8月
4	安徽博物院	执着坚守　匠心筑梦——文物背后的匠人精神	朱良剑	2016年5月～2016年11月
5	瑞金中央革命根据地纪念馆	中央苏区反腐倡廉史	周景春	2016年6月～2016年12月
6	泰安市博物馆	泰山——中华民族的精神家园主题文化展	柳建新	2016年4月～2016年5月
7	内乡县衙博物馆	中国楹联文化展	王晓杰	2016年1月开展，长期
8	辛亥革命武昌起义纪念馆	孙中山与武汉——纪念孙中山先生诞辰150周年特展	何广	2016年11月～2017年4月
9	四川攀枝花三线建设博物馆（攀枝花市博物馆）	铭刻峥嵘岁月　熔铸历史丰碑——中国三线建设博物馆展陈	莫兴伟	2016年1月～2016年12月
10	西藏博物馆	千山之巅，万水之源——西藏博物馆精品文物展	巴桑罗布	2016年7月～2016年11月
11	陕西历史博物馆	泥火幻彩——唐两京三彩精华展	董理	2016年1月～2016年4月
12	宁夏固原博物馆	青铜之路——宁夏固原两周时期北方青铜器特展	王效军	2016年1月～2016年12月

国家文物局关于做好
冬季文物消防工作的通知

文物督函〔2015〕3602号

各省、自治区、直辖市文物局（文化厅）：

　　2015年10月29日，重庆市级文物保护单位江全泰号发生火灾，造成文物建筑木质楼板、楼梯和门窗等基本烧毁。今年以来，国家文物局已接报文物火灾火险事故17起，其中甘肃兴隆山古建筑群祖师殿、云南拱辰楼和重庆江全泰号等火灾事故，文物损失严重，全国文物安全形势较为严峻。当前已进入冬季，并将集中迎来元旦、春节等节假日，各类火灾诱因和风险增加，防控难度加大，是火灾易发多发期。为加强和改进文物消防工作，严防火灾事故发生，现通知如下：

一、高度重视，认真组织安排好消防工作。各级文物主管部门和各文物博物馆单位要认清形势，吸取教训，将文物消防列入重要议事日程，认真安排部署。各级文物主管部门要强化监管指导，及时部署本辖区内消防检查和隐患整治活动。对核定公布为文物保护单位的古城、古镇、古村落和古建筑群等重点防火区域，要开展专项督察活动。对作为办公、居住使用和餐饮等经营活动的文物建筑，要会同当地公安消防部门加大执法检查力度，严格监管。

各文物博物馆单位负责人是消防安全第一责任人，要健全消防安全机构，充实人员，将消防安全规章制度建设、消防设施管理与维护、安全检查与隐患整改、应急预案演练、宣传教育培训等各项工作和措施落到实处。

二、全面排查，切实整改和消除火灾隐患。各级文物行政部门和各文物博物馆单位要按照《文物消防安全检查规程（试行）》《文物消防安全管理十项规定》等要求，认真开展消防安全检查和巡查。要加强火灾源头管控，重点排查生产生活用火、易燃易爆物品堆放存储、电气线路安装敷设、用电设备使用、吸烟燃香烧纸、燃放烟花爆竹等火灾诱因；严格规范管理环节，重点核查消防安全岗位责任落实、消防安全制度执行、消防设施设备运行维护和消防安全管理的各个环节。消防安全排查要贯穿到边底、深入到角落、关注到细节。对排查发现的火灾隐患要立即整改，不能立即整改的要明确整改期限和要求，并安排人力物力严看死守。对于重大火灾隐患，各级文物主管部门要跟踪督促整改，并向当地公安机关消防部门或者向当地人民政府通报。对不具备消防安全条件的文博开放单位和使用文物建筑的经营场所，要责令停止开放或者营业，直至彻底整改。

三、加强管理，有针对性的强化消防安全措施。各文物博物馆单位要建立健全专兼职消防队伍，严格落实人防、物防和技防措施，改善和提升火灾防范条件，全力降低火灾事故发生率。对重点单位要重点监管，重点区域要重点管控，重点部位要专人负责。对容易发生区域性火灾的古城、古镇、古村落和文物建筑群等，要会同当地公安消防部门加强宣传引导，规范生产生活用火用电用油用气。要结合电改、水改、灶改等推进消防基础设施建设，清除堵塞消防通道或者防火隔离带的私搭乱建构筑物；对位于寒冷地区的文物单位，要对消火栓及供水管网采取防冻措施，并提前进行测试，确保冬季正常使用。

四、及时预警，建立完善安全应急机制。要增强火灾预警能力，及时分析评估和掌握本单位及其周边环境存在的火灾风险，尤其是遇到重大节假日、举办重大活动、出现气候持久干燥、大风天气等可能导致火灾危险增加的情况，要提前行动，事先做好应急预案，做好应急处置准备。要立足于实战需要，制定和完善防火应急预案，有针对性地开展灭火应急救援演练，提高扑救初起火灾能力和应急处置水平。要提升协调联动能力，主动与当地公安消防机构联系与沟通，建立科学有效的火灾扑救联动机制。一旦发生火灾事故，要按要求及时报告、快速响应、妥善处置，将损失降到最低。

五、落实主体责任，严格实施责任追究。文物保护单位产权人或者管理使用人承担文物消防安全主体责任，要加大消防安全投入，自查自纠、认真履责，防止"等靠要"思想，戒除侥幸麻痹心理。要认真落实消防安全责任制，把消防工作任务分解到具体单位、部门、岗位和人员，层层签订责任书，要根据国务院《消防工作考核办法》等规定，建立并严格实施考核评价和奖惩制度，确保责任的有效落实。对于消防安全检查不力、监管不严、隐患不除、失职渎职造成火灾事故的，要按照事故原因不查清不放过、事故责任者不处理不放过、整改措施不落实不放过、教训不吸取不放过的原则严肃处理。涉嫌触犯法律和纪律的，要依法依纪追责。

特此通知。

国家文物局
2015年11月17日

国家文物局关于发布《石质文物保护工程勘察规范》等10项文物保护行业标准的通知

文物博发〔2015〕17号

各省、自治区、直辖市文物局（文化厅），各直属单位，各重点科研基地：

现将《石质文物保护工程勘察规范》等9项推荐性文物保护行业标准和《大遗址保护规划规范》文物保护标准化指导性技术文件（见附件）发布，自2016年1月1日起施行。

特此通知。

国家文物局
2015年11月26日

附件

序号	标准编号	标准名称
1	WW／T0063-2015	石质文物保护工程勘察规范
2	WW／T0064-2015	文物出境展览协议书编制规范
3	WW／T0065-2015	砖石质文物吸水性能测定表面毛细吸收曲线法
4	WW／T0066-2015	馆藏文物预防性保护方案编写规范
5	WW／T0067-2015	馆藏文物保存环境控制甲醛吸附材料
6	WW／T0068-2015	馆藏文物保存环境控制调湿材料

7	WW／T0069-2015	馆藏文物防震规范
8	WW／T0070-2015	文物保护项目评估规范
9	WW／T0071-2015	文物保护项目评估机构服务质量评价规范
10	WW／Z0072-2015	大遗址保护规划规范

综述篇

【概述】

2015年是"十二五"规划的收官之年，文物保护基础工作不断夯实，文物资源状况基本廓清，文物保护状况明显改善，博物馆建设步伐加快，公共文化服务水平稳步提高，文物对外交流合作日益扩大，国际影响力进一步增强，文物法规体系框架初步形成，这些都为建设社会主义文化强国、全面建成小康社会、实现中华民族伟大复兴中国梦贡献了力量。

一、认真学习贯彻习近平总书记文物保护重要论述精神

国家文物局党组召开文物系统学习贯彻习近平总书记关于文物保护重要论述精神座谈会，编印《习近平总书记关于传统文化和文物保护重要论述摘编》。协调新华社、人民日报、中央电视台等中央主要媒体集中开展习近平总书记关心重视文物保护的专题宣传活动，促进各级党委政府和全社会更加重视文物工作，取得良好反响。

国家文物局党组认真学习领会中央领导同志重要批示精神，组织起草国务院进一步加强文物工作的指导意见，筹备召开全国文物工作会议。2015年6月，召开由国务院有关部门负责同志参加的文物工作专题协调会，刘延东副总理出席会议并对国务院文件起草工作提出具体要求。

落实习近平总书记重要指示精神，积极推进长城保护工作。制定工作计划及任务分工方案，印发长城保护规划编制指导意见，督促长城沿线地方落实保护责任，开展长城全线巡查，指导河北文物、公安部门开展打击盗卖长城文字砖专项行动，加快推进一批中央财政支持的长城保护重点工程，部署实施重点段落安全防护工程，起草《长城执法巡查办法》《长城保护员管理办法》，组织中央媒体开展长城保护实地采访报道，举办小学生长城文化遗产公开课，开展"长城卫士"新媒体征文活动。

习近平总书记关心的一批重点文物保护项目取得显著成果。辽宁阜新万人坑死难矿工遗址修缮完毕，纪念馆新馆落成开放并举行隆重公祭仪式。侵华日军第七三一部队旧址保护修缮工作全面完工，罪证陈列馆正式开馆并对外开放。河北正定古城保护工程进展顺利，武汉中共中央机关旧址保护利用工程全面启动。

二、学习贯彻十八届五中全会精神，科学编制文物事业发展规划

认真学习贯彻十八届五中全会精神，举办两期国家文物局系统学习贯彻五中全会精神培训班，认真学习《中共中央关于制定国民经济和社会发展第十三个五年规划的建议》，并将建议要求贯彻到文物事业发展"十三五"规划的编制之中。深入开展调查研究，广泛征求意见，形成文物事业发展的重大项目、重大工程和重大政策，起草完成文物事业发展"十三五"规划征求意见稿。

编制古建筑石窟寺及石刻保护、大遗址保护、近现代重要史迹和代表性建筑保护等专项规划。加大对地方特别是边疆少数民族地区文物事业发展规划编制工作的指导，组织西藏、新疆和四省藏区"十三五"重点文物保护项目论证会，明确实际需求，确定重点工程和项目。

三、深化文物系统改革，提高依法行政水平

落实国务院简政放权工作部署，清理中央指定地方实施的116项文物行政审批事项，取消"馆藏文物拍摄许可"等4项行政审批事项，取消"全国重点文物保护单位修缮方案编制"等3项中介服务事项，取消考古发掘领队、文物进出境责任鉴定员2项职业资格。

加强行政审批事项后续监管，印发《关于进一步做好取消和下放行政审批事项后续工

中国
文物年鉴
2016

作的通知》。将"文物拍卖许可"等6项列入国家发改委市场准入负面清单。制定《国家文物局行政审批审查工作细则》，公布新版《国家文物局行政审批事项服务指南》。运行新版国家文物局网报网审平台，加快审批速度，优化审批流程。

推进博物馆理事会建设，出台《关于推进博物馆理事会建设的指导意见》，制定博物馆理事会建设指导示范文本。与中编办联合调研云南省博物馆，并将其作为试点单位，积极探索博物馆理事会建设经验。指导河南、湖南等省级博物馆成立博物馆理事会。

四、深入开展文物资源调查，不断夯实工作基础

全面推进第一次全国可移动文物普查。统一平台登录收藏单位11601家，其中8301家单位完成登录任务，共登录文物4203万件（合1548万件／套）。普查社会服务平台进入试运行，提供收藏单位、展览、藏品等多角度的信息检索。重庆、河南等地在普查基础上结合文物资源特点开展专项调查。北京、山东、山西、辽宁等省政府与各地市签订责任书，将普查工作情况纳入年度考核指标。浙江、江苏、湖北、四川等省文物与教育部门联合建立教育系统普查工作机制。青海、西藏等地通过普查将宗教场所收藏保管文物纳入文物保护管理体系。

加强"三普"后续文物保护基础管理，完成第六、七批国保单位记录档案建立备案工作。研究制定《未定级不可移动文物保护管理导则》《近现代建筑保护利用导则》，发布《古建筑日常保养技术规程》，完成《古建筑开放利用规程》《古建筑保护工程施工组织设计编制要求》。

分门别类开展文物保存状况调查。首次组织对古建筑类国保单位的保存现状进行专项调查。完成全国壁画彩塑现状调查。完成全国抗战文物资源调研，基本摸清保护利用现状。开展流失海外中国文物专项调查，完善流失海外中国文物调查项目数据库。

五、加大文物保护力度，改善文物保存状况

围绕纪念抗战胜利70周年加强抗战文物保护维修。召开文物系统纪念抗战胜利70周年推进抗战文物保护利用电视电话会议，印发《关于做好抗战文物保护和纪念抗战胜利70周年活动的通知》。实施40个抗战类全国重点文物保护单位维修项目，文物系统管理的113处抗战类国保单位在2015年8月底前全面实现开放。

重点文物保护工程稳步实施。重庆大足石刻千手观音造像保护修复项目全面竣工。山西南部早期建筑保护工程中的105处文物维修工程完工95处，应县木塔保护工程进入专业施工阶段。西藏"十二五"重点文物保护工程22个古建筑维修项目全部完工，四川芦山地震灾后文物抢救保护工程130个项目全部开工，延安革命旧址22个灾后文保项目基本完成，赣南等原中央苏区革命旧址保护利用工程启动150项。

传统村落整体保护项目有序开展。推进首批51个国保省保集中成片传统村落整体保护利用项目，启动第二批100个项目。确定浙江松阳为国家文物局传统村落保护利用试验区。

考古和大遗址保护不断加强。三峡文物保护工程专项验收全面完成。组织国内相关领域专家对南昌西汉海昏侯墓考古发掘进行现场指导，获得一系列重要发现。持续推进大遗址保护及国家考古遗址公园建设，实施景德镇御窑厂遗址保护等一批大遗址保护展示重点工程。开展山东曲阜鲁国故城、江苏扬州城遗址、安徽凌家滩遗址等8处大遗址综合效益评估。

世界遗产工作成果丰硕。湖北、湖南、贵州三省土司遗址成功列入《世界遗产名录》，我国世界遗产数量达48项。左江花山岩画文化景观、厦门鼓浪屿申遗项目前期准备

工作进展顺利，海上丝绸之路申遗前期工作加紧推进。组织丝绸之路、大运河保护状况巡查，完成中国世界文化遗产地监测预警体系建设评估一期项目。

水下文化遗产保护有序实施。召开全国水下文化遗产保护工作会议，国家文物局水下文化遗产保护中心独立建制。全年实施14项水下考古项目。推进《水下考古工作规程》编制。"南海Ⅰ号"考古发掘、出土文物保护和数字化展示工作有力推进，"丹东一号"水下调查获得重要发现，西沙海域等水下考古调查取得阶段性进展。

六、发挥文物资源作用，提升博物馆工作水平

加强博物馆建设和管理。《博物馆条例》颁布实施，博物馆数量已达4692家，其中国有博物馆3582家，非国有博物馆1110家。辽宁省博物馆、贵州省博物馆、云南省博物馆新馆建成并对外开放。制定非国有博物馆运行评估办法及指标体系，对符合评估条件的846家非国有博物馆进行评估。

提升博物馆展览质量。发布《关于提升博物馆陈列展览质量的指导意见》，持续开展"全国博物馆十大陈列展览精品推介"，重点推介天津博物馆"器与道"等12项展览作为"弘扬优秀传统文化、培育社会主义核心价值观"主题展览。首次举办"全国博物馆展览季"活动。故宫博物院建院90周年"《石渠宝笈》特展"盛况空前。加强抗战文物展览展示，策划推出了一批有影响力的抗战文物专题陈列展，支持四川建川博物馆与美国海外抗日战争纪念馆合作举办"尊重历史·珍惜和平"展。编制《全国重要抗战文物导览（2015）》并免费发放，出版《文物在诉说——抗战遗迹概览》。

开展经济社会发展变迁物证征藏试点。召开"经济社会发展变迁物证征藏工作"专家座谈会，遴选北京、山西、山东、四川、广东5省市和北京鲁迅博物馆进行试点。山东省将新中国成立以来农村经济社会发展变迁情况作为征藏试点，制定13大类数百项物品的征藏标准和程序。

发挥博物馆教育功能。与教育部联合发布《关于加强文教结合，发挥博物馆青少年教育功能的指导意见》，与中国博物馆协会、教育部联合召开博物馆青少年教育工作研讨会。继续部署北京、内蒙古等10个试点工作完成情况较好的省份继续开展2015年度试点工作。

推动博物馆文创产品开发。对故宫博物院、首都博物馆的文化产品开发进行专题调研，组织召开博物馆文化产品开发工作推进座谈会，制定《博物馆商业经营活动管理办法》。确定中国国家博物馆等10家单位为首批"全国博物馆文化产品示范单位"。举办"博物馆及相关产品与技术博览会"。

提升文物流通管理服务水平。下放文物拍卖经营许可审批，简化文物拍卖标的审核备案环节，研究制定文物拍卖标的审核办法和标准，加强事中事后监管，做好政策衔接。研究制定文物拍卖企业经营评估方案和评估标准体系，对8省（市）38家文物拍卖企业进行重点抽样评估。联合相关部门，加大查处无资质经营文物、未经审核拍卖文物行为力度。会同新闻出版广电总局举办文物类节目主持人、编导、鉴定人员培训班，加强对相关节目监看排查和治理整改，不断提升此类节目整体品质。深化民间收藏文物鉴定试点，初步建立鉴定人员、程序、标准、结论的科学管理模式。根据新的办理妨害文物管理等刑事案件司法解释，遴选、指定首批13家涉案文物鉴定评估机构，指导各地开展涉案文物鉴定工作，为打击文物犯罪活动提供基本保障。推动文物科技鉴定研究与应用。

加强文物进出境审核监管。与海关总署签署《合作备忘录》，积极落实文物进出境监管各项重点工作。加强文物进出境审核人员培训与考核。运行文物进出境审核管理信息系

中国
文物年鉴
2016

统和电子标签。

七、强化执法督察，加强安全监管

加大文物督察力度。设立国家文物局文物违法举报中心，出台《文物违法案件举报受理办法（试行）》，开通"12359"文物违法举报热线、网站。制定《文物违法案件督察督办管理办法》，加大文物违法案件督察力度，全年直接督办文物违法事项120余件，重点督察甘肃景泰明长城索桥堡段损毁案等重大案件。实地督察郑州上街区、福州仓山区等地不可移动文物消失情况，在安徽黄山、河南洛阳两市12个区县开展不可移动文物遥感执法监测。对270处传统村落中的不可移动文物进行全面执法检查。遴选推介2014～2015年文物行政执法十大指导性案例。完善苏浙沪文物执法协作机制，指导北京、杭州、南京完善文物安全执法志愿服务机制。

强化文物安全。与公安部联合印发《文物建筑消防安全十项规定》，开展文物建筑消防安全专项检查。加快推进"平安故宫"工程，全面部署100处国保单位中文物建筑集中分布的古城镇、古村寨、古建筑群消防工程建设，跟踪督办云南巍山拱辰楼火灾、重庆黄山抗战遗址草亭火灾等重大文物安全案件。出台《文物建筑防火设计导则》，制修订《古村寨火灾防控技术规范》等4项文物建筑消防标准。

联合打击文物违法犯罪。与公安部联合印发《关于加强打击和防范文物犯罪工作的通知》，重点督察辽宁朝阳公安、文物部门破获"11·26"盗掘古文化遗址古墓葬案，破获河北定州特大文物盗窃案。健全与海关总署打击文物走私联合工作机制。与中国海警局协商确定将沿海重要水下遗址纳入海警日常执法巡航范围，推进南海海域文物执法专项巡查前期工作，指导沿海省份文物、海洋等部门持续开展水下文化遗产执法巡查。

八、强化保障机制，加强能力建设

文物法治建设深入推进。扎实推进《文物保护法》修订，起草完成并上报《文物保护法》修订草案（送审稿），国务院法制办已将该草案公开向社会征求意见。全国人大常委会公布关于《文物保护法》四个条款的修改决定。召开全国文物系统贯彻落实《博物馆条例》电视电话会议，发布《关于贯彻执行〈博物馆条例〉的实施意见》，编著《博物馆条例释义》。推动最高法、最高检联合公布《关于办理妨害文物管理等刑事案件适用法律若干问题的解释》。

文博队伍建设力度加大。考古专业人员、文物修复师等9个文博行业职业纳入新修订的《中华人民共和国职业分类大典》。遴选9家单位作为国家文物局文博人才培训示范基地。圆满完成为期5年、25期的全国县级文物行政部门负责人培训项目，累计培训2716人。扎实推进文博人才培养"金鼎工程"，全年举办《博物馆条例》、"十三五"规划编制等50多个培训班，培训人员3000余名。与西北大学、北京建筑大学合作实施"高层次文博行业人才提升计划"。推进全国文博网络学院一期项目建设。

文物保护与科技创新和信息化的进一步提升融合度，不断推进与科学技术部、工业和信息化部、国家自然基金委员会、中国科学院的科技战略合作，完成《关于加强我国文物保护若干基础科学研究和学术前沿的建议》；联合教育部等11个部门和3省地方科技厅向科技部共同申报《"一带一路"文化遗产保护与传承科技专项》国家重点研发任务建议；多措并举加快科技成果的转移扩散；落实文物"活起来"要求和国家"互联网+"战略，推进精品文物、精品展览数字化产品和智慧博物馆试点，各级文博单位全年主导和参与的智慧导览和文博APP产品首次超过5000个；发布10项行业标准，文物保护专用设施分技术委员会正式成立，并指导开展团体标准培育；构建"制造商+用户""产品+服务"的战略新兴产业发展模式，推进文物保护装备产业化及应用，设立文物保护装备产业化及应用协同工作平台，会同工业和信息化部、重庆市启动国家文物保护装备产业基地建设。

文物宣传工作取得明显成效。举办重庆文化遗产日主场城市活动、河北博物院国际博物馆日主会场活动，策划推出全国"十二五"文物保护成果展，开展社会力量参与文物保护典型事例宣传推介，与中国摄影家协会联合征集传统村落摄影作品并举办专题展。召开可移动文物普查、《博物馆条例》颁布实施、抗战文物保护利用等新闻发布会，组织中央媒体对河北幽居寺佛首金身合璧、甘肃大堡子山流失文物回归、辽宁朝阳古遗址盗窃盗掘大案告破等进行实地采访报道。局官方微博运行良好，累计发布信息超过2000条，原创率超过95％。加大文博舆情监测报送工作力度，积极应对云南巍山拱辰楼火灾等舆情事件，及时发声，正确引导舆论。扎实推进《中国文物志》编纂工作。

九、扩大交流合作，中华文化影响力不断提升

海外流失文物追索成果丰硕。美国政府向我国移交海关截获的22件流失文物和1件古生物化石，这一成果列入国家领导人访美联合公报和成果清单。促成法国政府及原始捐赠人先后两次向我国返还56件甘肃大堡子山遗址流失金饰片文物。在台湾佛光山成功举行河北幽居寺流失释迦牟尼佛佛首捐赠仪式，实现佛像身首合璧。开展福建阳春村被盗流失的宋代章公祖师像追索工作。

政府间交流合作不断加强。与柬埔寨、尼泊尔、罗马尼亚签署打击走私文化财产双边协定，与中国签署协定的国家已达19个。与西班牙签署《关于促进文化遗产领域交流与合作的谅解备忘录》。实质性参与中美、中俄、中欧、中法、中英高级别人文交流机制，作为中方成员单位参与中美、中欧投资贸易协定谈判，亚洲投资银行创始章程中增加"文化遗产"的表述和标准。

国际组织交流日益深化。联合国教科文组织1970年公约第三次缔约国大会正式通过《公约操作指南》，有关条款充分吸收了《敦煌宣言》内容。参加联合国教科文组织水下公约缔约国大会，介绍我国近年来水下文化遗产保护工作情况。履行与国际文化财产保护与修复研究中心（ICCROM）框架协议，成功举办博物馆库房重整培训班。

对外展览扩大中华文化影响力。习近平主席对新加坡中国文化中心"文物带你看中国"3D触摸屏给予充分肯定。配合李克强总理访问秘鲁，举办"天地之中——中华文明之源"文物图片展。赴法"汉风——中国汉代文物展"取得圆满成功。

文物援外工作不断拓展。基本完成中国政府援助柬埔寨吴哥古迹茶胶寺保护修复主体工程，援乌兹别克斯坦花剌子模州希瓦古城历史文化遗迹修复项目进展顺利，援助蒙古国科伦巴尔古塔抢险维修项目完成实地勘察、方案编制设计工作并进场施工。完成中国政府援助尼泊尔文物修复建议报告，加德满都杜巴广场九层神庙修复项目列入我国对尼震后重建重点项目。

与台湾、香港、澳门地区的交流日益活跃。第二届海峡两岸及港澳地区文化遗产活化再利用研讨会在台湾成功举办，以"分享、交流、发展"为宗旨共同探讨文化遗产保护与合理利用的平衡发展之路，目前已成为文化遗产领域海峡两岸及港澳地区共同参与的机制性交流平台。成功举办赴香港"汉代文物展"和澳门"申遗成功十周年文物保护成果展"。

十、党风廉政建设深入推进

深入开展"三严三实"专题教育，国家文物局党组主要负责同志讲授党课，深入查摆

中国
文物年鉴
2016

不严不实问题，认真开好专题民主生活会，做好整改落实和立规执纪工作。认真学习贯彻《中国共产党党组工作条例》，深入开展《中国共产党廉洁自律准则》《中国共产党纪律处分条例》学习活动，不断增强全体党员纪律规矩意识。召开2015年党风廉政建设会。

落实中纪委文件精神，开展文物保护单位内违规私人会所自查。中央教育实践活动办公室提供的会所名单中，文化文物部门管理使用的文物保护单位（含不可移动文物点）内的27个私人会所全部处置完毕。

【第一次全国可移动文物普查】

普查培训

全国可移动文物普查办公室举办普查数据审核与管理培训班，对普查进度管理和质量控制要求、普查数据安全与数据管理利用、普查数据审核工作要求与流程进行统一培训，来自全国各省（区、市）普查办、文物收藏单位的一线普查工作人员近300人参加培训。各地相继召开省级可移动文物普查办主任会议，明确工作重点，开展年度培训。

文物信息采集登录

截至2015年12月30日，可移动文物普查信息登录平台全国已登录收藏单位11388家，7181家单位完成普查登录任务；已登录文物3750万件，照片2957万张。登录文物数量居全国前五位的省份是山东、北京、陕西、湖北、广东，登录文物数量居前五位的文物收藏单位是故宫博物院、国家博物馆、国家动物博物馆标本馆、北京自然博物馆、首都博物馆。

普查数据审核

全国可移动文物普查办公室印发《第一次全国可移动文物普查数据审核工作管理办法》，规范数据质量和工作流程，为逐级审核提供依据。针对部分省和省级博物馆存在的平台申报文物数量与实际收藏量不符的问题，全国可移动文物普查办公室印发《关于做好第一次全国可移动文物普查信息登录审核工作的通知》，要求各省级普查办加大检查核对力度，对未如实申报藏品数量的单位要求予以更正。2015年下半年，全国可移动文物普查办公室委托北京鲁迅博物馆开展普查数据抽样审核工作，对山东、山西、天津、甘肃、安徽、广西、新疆等7省（区、市）进行普查数据抽样审核，共抽取2000余条数据，审核类别包括钱币、近现代文物、陶器、瓷器、书画、玉石器（宝石器）、文具、牙骨角器等类别，90%以上的数据质量为优。

中期评估

11月，全国可移动文物普查办办公室与第三方评估机构北京化工大学共同开展可移动文物普查中期评估，选取山东、上海、山西、新疆4省（区、市）进行实地评估，结合各省的问卷调查，重点调研普查组织与保障、普查进度、普查质量三方面内容，为下一阶段推进普查工作提供对策建议，确保如期完成普查登录审核任务。完成山东、上海的实地评估任务。

专项调查研究

随着普查深入开展，一些省（自治区、直辖市）和文物收藏单位以普查为基础，结合本省文物特点，开展各类专项调查研究工作。全国可移动文物普查办公室根据各省份的专项调查开展情况，围绕标本化石、考古出土品、钱币、甲骨、铜鼓、漆木器、丝织品、田野零散石刻、近现代音像资料、抗战文物、宗教文物等普查中的重点难点类别，组织相关省（自治区、直辖市）开展文物藏品调查保护课题研究，形成规范性文件，深化普查成果。

普查信息登录平台优化

全国可移动文物普查办公室委托中国文物信息咨询中心管理、协调各建设方并监测平台，每周报送平台运行和普查数据处理情况。为满足普查数据登录审核和普查数据量激增的工作要求，扩充平台带宽，提升运转效率，优化后平台日均登录数据量是优化前的三倍。完成平台二期综合管理和社会服务子系测试和试运行。为保障普查数据安全，启动普查数据异地备份工作，8月已将60TB普查数据备份新疆，普查数据异地备份将坚持每年持续开展。

社会服务

建成普查数据的社会服务平台，制定普查数据抽取规则，逐步公布登录平台的100万件／套的文物数据，公布范围涉及全国各级收藏单位（考古所、宗教场所、档案馆例外），涵盖35个文物类别。公布的普查数据均经省级普查办终审，以程序自动抽取和收藏单位主动推送两种方式公布。普查数据公布内容包括文物基本指标项、图片和收藏单位信息。每个文物收藏单位公布藏品数据量至少占全部藏品量的5％，上限为2万条。

【法治建设】

《文物保护法》修改

4月24日，第十二届全国人大常务委员会第十四次会议通过《全国人民代表大会常务委员会关于修改〈文物保护法〉的决定》，对《文物保护法》第34、41、53、54条条款做出修改。

《文物保护法》修订

国家文物局完成《文物保护法》修订草案（送审稿）起草工作并上报。12月28日，国务院法制办公布《中华人民共和国文物保护法修订草案（送审稿）》，征求社会各界意见。

《博物馆条例》施行

《博物馆条例》经2015年1月14日国务院第78次常务会议通过，2月9日中华人民共和国国务院令第659号公布，自2015年3月20日起施行。国家文物局召开全国文物系统电视电话会议，部署贯彻落实《博物馆条例》；发布《关于贯彻执行〈博物馆条例〉的实施意见》，编著《博物馆条例释义》。

文物犯罪案件司法解释出台

12月30日，最高人民法院、最高人民检察院联合公布新修订的《关于办理妨害文物管理等刑事案件适用法律若干问题的解释》，自2016年1月1日起施行。修订重点包括：一是贯彻从严打击文物犯罪的原则；二是进一步明确和细化涉文物犯罪案件的量刑标准；三是盗掘古文化遗址、古墓葬无论是否成功盗窃到文物均视为犯罪既遂；四是倒买文物罪构成犯罪由组织倒买文物的完整链条调整为参与倒卖文物的环节；五是将文物破坏的单位犯罪案件——即法人违法案件纳入打击范围；六是将盗窃文物建筑构件纳入打击范围；七是进一步明确涉案文物价值的司法鉴定主体。

《国务院关于进一步加强文物工作的指导意见》起草

2月，在国务院办公厅的指导下，国家文物局研究提出召开全国文物工作会议、出台国务院文物工作政策性文件的工作方案。在深入调查研究、多次讨论修改、广泛征求中央有关部门、地方文物系统和文物专家学者的意见建议的基础上，形成了《国务院关于进一步加强文物工作的指导意见（征求意见稿）》。6月，刘延东副总理主持召开了由有关部门负责同志参加的文物工作专题协调会，对国务院文件起草和修改工作提出了明确意见。7月，国家文物局将文件征求意见稿印发各省（自治区、直辖市）文物部门征求意见，在全国文物局长座谈会上组织了讨论。10月，文化部、文物局将《意见》稿上报国务院。国务院办公厅核改后，两次征求了有关部门意见并达成共识，拟提交国务院常务会议审议通过。

《国家文物事业发展"十三五"规划》编制

国家文物局领导带队深入基层调研，积极谋划"十三五"时期文物工作的总体思路、重大项目、重大工程和重大政策。在评估"十二五"规划实施情况、专题研究、集中研讨、征求意见、多次修改的基础上，起草完成《国家文物事业发展"十三五"规划（征求意见稿）》。

【文物宣传】

习近平总书记关于文物工作重要论述专题宣传

在中宣部组织指导下，2015年年初集中开展习近平总书记重视历史文物保护、弘扬中华优秀传统文化的专题宣传，全国文物系统掀起深入学习贯彻习近平总书记重要论述的热潮。召开文物系统贯彻落实习近平总书记关于加强文物保护重要论述精神座谈会，印发文物系统学习贯彻通知和《习近平总书记关于传统文化和文物保护重要论述摘编》，在《人民日报》和《求是》杂志刊发学习体会文章，在《光明日报》刊发局领导访谈文章。

可移动文物普查宣传

全国可移动文物普查办公室委托中国文物报社承担普查宣传工作。3月召开2014年第一次全国可移动文物普查成果发布会，新华社、人民日报、中央电视台、光明日报、中央人民广播电台等25家媒体参加发布会。利用《中国文物报》，开展专题报道、刊发特刊版、开设普查专栏，在红楼橱窗举办专题展览，全方位宣传普查进展情况、工作亮点、新发现文物和普查员事迹，刊发相关稿件百余篇。及时更新第一次全国可移动文物普查公众网，累计发布普查资讯150余条，转载各媒体对可移动文物普查的新闻报道108篇，刊发一线普查工作者文章20篇，营造普查工作的良好氛围。组织人民日报、光明日报等中央媒体到山东开展实地采访，对山东可移动文物普查工作进行全面深入报道。

国际博物馆日宣传活动

举办河北博物院国际博物馆日主会场活动，指导各地推出系列活动，通过让博物馆"动起来"，吸引更多的参观人群。推动将博物馆志愿者队伍和项目参加中央文明办组织的全国志愿者"四个一百"评选表彰活动。

文化遗产日主场城市活动

举办重庆大足文化遗产日主场城市活动，策划推出全国"十二五"文物保护成果展，开展社会力量参与文物保护典型事例宣传推介，与中国摄影家协会联合征集传统村落摄影作品并举办专题展。

重点工作宣传

召开可移动文物普查、《博物馆条例》颁布实施、抗战文物保护利用等新闻发布会，组织中央媒体对河北幽居寺佛首金身合璧、甘肃大堡子山流失文物回归、辽宁朝阳古遗址盗窃盗掘大案侦破等进行实地采访报道。

官方微博运行

国家文物局官方微博运行良好，累计发布超过2000条，原创率超过95%。

文博舆情监测

加大文博舆情监测报送工作力度，积极应对云南巍山拱辰楼火灾等舆情事件，及时发声，正确引导舆论。

【执法督察】

文物行政执法制度建设

出台《文物违法案件举报受理办法（试行）》，起草《文物违法案件督察督办管理办法》《长城安全与执法巡查办法》，完成《非国有不可移动文物行政执法理论与方法研究》《文物行政执法体制及行政执法机构建设标准研究》，委托开展"文物建筑定损评估办法研究""文物安全保护志愿服务制度研究""文物行政执法与刑事司法衔接机制研究"。

国家文物局文物违法举报中心

8月14日，依托中国文物交流中心，国家文物局文物违法举报中心在北京揭牌，开通"12359"文物违法举报热线、举报网站。委托文物违法举报中心开展"文物违法社会监督员"制度建设试点，向社会公开招募社会监督员，配合文物违法举报中心工作。

重大文物行政违法案件督办查处

加强对领导交办、地方上报、群众举报和媒体曝光的重大文物违法案的督察督办，全年下发文物行政执法督办单60件、转办单8件，严肃处理一批违法单位和责任人。将甘肃景泰索桥堡长城损毁案、山东即墨古城违法建设案等重大案件确定为重点督办案件，进行实地督察，约谈地方党委、政府主要负责人。督促案发地政府加强基层文物机构和队伍建设，年内新设4个文物局。委托中国文物报社开展"2014～2015文物行政执法十大指导性案例遴选推介活动"。

传统村落文物保护专项督察

组织地方文物部门对纳入"中国传统村落整体保护利用项目"的270处传统村落中的建筑类文物保护单位以及尚未核定公布为文物保护单位的建筑类不可移动文物实施执法检查，查处破坏文物建筑本体的违法行为，查找整治文物建筑火灾隐患。

不可移动文物执法监测

组织开展"2015年度不可移动文物执法监测"。选定安徽省黄山市、河南省洛阳市12个区县，运用卫星遥感技术，核查不可移动文物变化，检查全国重点文物保护单位保护范围、建设控制地带内违法建设情况。

地方文物执法队伍建设

建立文物行政执法人员数据库，在全国范围采集文物行政执法人员信息，统一换发执法证件，实现文物行政执法人员动态管理与持证上岗。选择执法能力薄弱的福建、吉林、四川、广西开展文物行政执法人员培训，培训基层执法骨干500余人。推动文物执法基础好、人员队伍相对健全的部分省市，建立"苏浙沪"等文物行政执法协作片区，开展区域性文物执法交流与合作，组织交叉检查。为推动各地落实文物行政执法职责，委托中国行政管理学会作为第三方评估机构，试点开展"省级文物行政执法评估"工作。

我国管辖海域文物保护联合执法

国家文物局与中国海警局组织起草《我国管辖海域内文物执法工作办法及操作规程》，初步商定黄岩岛海域专项文物执法巡查工作方案，共同指导山东省文物、海洋部门设立"山东省管辖海域文化遗产保护联合执法办公室"，10月28日在山东烟台举行"水下

中国
文物年鉴
2016

文化遗产保护和执法演练活动"。

【文物安全】

打击文物犯罪

国家文物局、公安部不断加大打击文物犯罪工作力度，联合印发《关于加强打击和防范文物犯罪工作的通知》，加强全国文物犯罪信息中心建设，举办"文物安全联合执法人员鉴定能力培训班"，联合督办"11·26辽宁朝阳盗掘古文化遗址古墓葬案""四川彭山盗掘古文化遗址案""河北定州临时文物库房文物被盗案"等重大文物犯罪案件。

国家文物局、公安部联合督办辽宁省、朝阳市公安机关成功破获"11·26辽宁朝阳盗掘古文化遗址古墓葬案"。"11·26辽宁朝阳盗掘古文化遗址古墓葬案"案是新中国成立以来一次性一个案件抓获人数最多（217人）、收缴珍贵文物最多（一级文物238件／套、二级文物137件／套、三级文物244／套）的案件。

文物建筑消防专项检查

推动公安部将文物建筑消防列为夏季消防检查三项重点任务之一，会同公安部联合印发《文物建筑消防安全十项规定》，组成联合检查组赴北京、湖南、广东等地开展文物建筑消防安全专项检查。

文物安全防护工程

全面推进100处全国重点文物保护单位中文物建筑集中分布的古城镇、古村寨、古建筑群消防工程建设；继续推进孚王府消防工程等历史遗留问题；继续部署被盗风险性大、火灾风险性大的国保单位实施安全防护工程。部署重点段落安全防护工程；配置长城保护员巡查手持集成终端；出台《长城保护员管理办法》。

文物安全制度

完成《文物建筑火灾风险评估办法》《文物建筑集中分布区域消防安全专项规划编制办法》《文物建筑电气火灾防控技术规范》起草工作；研究编制《全国重点文物保护单位安全风险评估办法》《全国重点文物保护单位安全防范工程设计导则》；推动《文物建筑消防检查规程》《文物建筑消防设计导则》《古村寨火灾防控技术规范》制修订工作。

【考古工作】

基本建设考古

印发《关于做好当前基本建设考古工作保障重大建设项目顺利实施的通知》，完善基本建设考古工作的行政许可指南和工作流程。全年审批基本建设考古发掘项目500余项，不断加强对国家原油及成品油管网建设、高速公路、铁路等国家重大基本建设工程以及各地城市建设中的考古项目审批和指导，确保工程建设和文物保护双利双赢。

主动性考古

组织评估2014年度主动性考古发掘项目，对当年开展的206项发掘项目进行审查、评估。举办主动性考古发掘项目咨询会，对年度主动性考古发掘项目进行集中研究，审批260项主动性考古发掘项目。组织指导江西南昌西汉海昏侯墓考古发掘工作。

境外考古

组织开展境外考古工作实施状况评估，系统总结2006～2015年我国科研机构在境外开展合作考古工作的经验与成果，为进一步深入科学推进该项工作奠定基础。

十大考古新发现

4月，指导中国考古学会、中国文物报社成功举办"2014年度全国十大考古新发现"评选活动，陕西宝鸡石鼓山商周墓地等10项考古发掘项目入选。

考古队伍建设

组织考古发掘资质和领队资格评审工作，批准3家单位获得考古发掘资质、114人获得领队资格。指导新获领队资格人员的岗前培训工作。组织考古人员高级研修班，宣传推广新的考古工作理念，培养新型高端考古专业人才。组织开展对全国考古发掘领队人员的情况摸底和资料建档工作，加强领队人员管理。

【大遗址保护】

大遗址保护规划

编制《大遗址展示利用要求》，起草《大遗址保护"十三五"专项规划》。

大遗址保护工程

持续推进大遗址保护和国家考古遗址公园建设，实施景德镇御窑厂遗址保护等一批大遗址保护展示重点工程。

大遗址保护评估

对"十二五"期间江苏扬州城遗址、安徽凌家滩遗址等8处大遗址保护工作进行评估，形成评估报告，并提出指导性意见。

【水下文化遗产保护】

国家文物局水下文化遗产保护工作会议

3月，召开国家文物局水下文化遗产保护工作会议，组织沿海、内水各相关省份研究部署年度工作，建立水下文化遗产保护工作年会制度。

水下考古项目

全年批准实施14项水下考古项目。现场指导西沙海域水下考古调查、长江口一号沉船调查工作；成立"南海Ⅰ号"抢救发掘项目领导机构，推进其考古发掘、出水文物保护和数字化展示工作；指导"丹东一号"水下调查项目实施和成果论证工作，基本确定沉船性质、保存状况。

联合国教科文组织水下公约缔约国大会

派员参加联合国教科文组织水下公约缔约国大会，介绍中国近年来水下文化遗产保护工作开展情况，交流经验，探讨合作。

【不可移动文物保护管理】

文物保护工程项目审批改革

围绕转变职能、优化流程、提高效率、保证质量、服务基层，制订精简完善立项审批工作方案，拟定不可移动文物的国家文物局行政许可办事指南和国家文物局行政审批事项审查工作细则；新增浙江省文物考古研究所、四川省古迹遗址保护协会、陕西省文物考古工程协会、北京观远咨询有限公司为文物保护项目咨询评估机构，运行新版国家重点文物保护项目网络报审系统。

中国
文物年鉴
2016

全国重点文物保护单位管理

完成全国重点文物保护单位综合管理系统研发并试运行，基本用户现为各级文物部门，逐步扩展至全国重点文物保护单位的管理使用者，提供文物信息咨询社会服务。各地已完成基础数据采集工作的80%。印发《关于进一步加强不可移动文物基础工作的通知》，部署各地梳理各县域单元的第三次全国文物普查不可移动文物名录公布情况，抓紧全面完成全国重点文物保护单位记录档案建立备案工作和第七批全国重点文物保护单位保护区划的划定公布，以及研究制定本区域内尚未核定公布为文物保护单位的不可移动文物保护管理导则和加大文物保护维修力度。完成第六、七批全国重点文物保护单位记录档案备案。

《古建筑、石窟寺及石刻"十三五"规划》编制

在总结"十二五"全国文物保护工程成果的基础上，结合国家"十三五"规划编制的总体思路，编制完成《古建筑、石窟寺及石刻"十三五"规划》。

文物保护重点工程

继续推进承德避暑山庄及周围寺庙文化遗产保护、长城保护工程以及清西陵、清东陵、武当山古建筑群等重点工程，组织专家赴承德验收一批竣工工程，加强对工程的现场监督管理，加快工程实施进度。大足石刻千手观音造像抢救性保护工程全面竣工。西藏"十二五"重点文物保护工程22个古建筑维修工程全部完工。四川"4·20"芦山地震灾后文物抢救保护工程130个项目全部开工，完成全部工作任务的70%。山西南部早期建筑保护工程105处文物维修工程完工95处，完成全部工作任务的90%。应县木塔保护工程进入实施阶段，专业队伍进场作业。文物保护样板工程一期工程顺利完成，有序推进二期工程并完成后续项目储备及保护利用实施规划论证工作。

长城保护

7月，习近平总书记对长城保护作出重要指示，刘延东副总理作出重要批示。为贯彻落实习近平总书记长城保护的重要指示，7月11~12日和8月8~9日，刘延东副总理率队分别赴河北、内蒙古深入调研长城保护情况，实地查看张家口和鄂尔多斯长城段的保护现状，听取地方人民政府、长城专家及当地居民的情况介绍和保护建议，找准长城保护问题，研究长城保护对策。8月27日，刘延东副总理在北京主持召开由长城沿线15个省（区、市）人民政府、国务院有关部门参加的长城保护工作会议，研究部署当前和今后一个时期的长城保护工作，要求各地各部门切实增强长城保护的紧迫感和责任感，完善政策举措，加大工作力度，提升管理水平，改善保护状况。

国家文物局和长城沿线地方人民政府认真贯彻落实习近平总书记重要指示精神和国务院长城保护工作会议部署要求，研究制定长城保护工作计划及任务分工方案，切实采取有力举措，加紧推进相关工作。一是全面落实长城保护责任制，健全县（市、区）、乡镇（街道）、村（社区）三级长城保护网络，认真落实长城全线巡查报告制度。二是推广河北省文物、公安部门联合开展打击盗卖长城文字砖专项行动的经验，把打击破坏长城犯罪活动纳入地方社会治安综合治理责任制，坚决遏制各种破坏长城的违法犯罪行为。三是长城沿线地方人民政府在确保工程质量前提下，有序推进一批长城保护工程。四是中央财政文物保护专项资金拨出专款，对长城保护重点工程予以经费保障。五是鼓励支持社会力量积极参与长城保护。六是加强宣传教育，组织中央媒体实地采访报道，评选一批优秀长城保护员，举办小学生长城文化遗产公开课，开展"长城卫士"新媒体征文活动，普及长城知识、弘扬长城精神。

长江三峡工程文物保护专项验收

按照国务院长江三峡工程建设委员会部署，组织长江三峡工程文物保护专项验收工作，完成专项验收的初验及终验的现场验收和行政性验收环节，完成《终验报告》编写工作并经三峡移民验收委员会审议通过，标志着三峡文物保护工程圆满结束。

抗战文物保护利用

印发《关于做好抗战文物保护和纪念抗战胜利70周年活动的通知》，召开文物系统纪念抗战胜利70周年推进抗战文物保护利用电视电话会，部署进一步加强抗战文物保护利用工作。2015年启动40个抗战文物保护利用项目，完成阜新万人坑遗址、侵华日军第七三一部队旧址等抗战遗址保护重点工程。文物系统113处抗战类全国重点文物保护单位于8月底前全面实现对外开放。成立东三省抗战遗迹联盟，编制《全国重要抗战文物导览（2015）》，启动抗战文物保护利用导则研制。

革命文物保护

江西赣南等原中央苏区革命旧址保护利用工程170多个项目基本完工，150个项目启动。陕西延安凤凰山旧址、杨家岭、清凉山旧址、西北局旧址、保安革命旧址等灾后重建抢救保护共计22个项目基本完成。湖北武汉原中共中央机关旧址保护利用工程启动。

国保省保集中成片传统村落整体保护利用

全面推进首批51个国保省保集中成片传统村落整体保护利用项目，启动第二批100个项目。举办首期浙江、福建、安徽、江西、湖南60个村所在县、村长培训班。确定浙江松阳为国家文物局传统村落保护利用试验区，谋划推进县域传统村落保护利用。完成《国保省保集中成片传统村落整体保护利用评估指南及年度报告体例》编制前期研究。联合住建部、文化部、财政部等7部门开展传统村落保护专项督察。

历史文化名城名镇名村保护

联合住房和城乡建设部完成对瑞金、温州等4城市申报历史文化名城的考察，国务院公布新增常州、瑞金、惠州为历史文化名城。联合住建部公布首批中国历史文化街区30个。指导太原等20个城市对总体规划进行制修订。

文物保护管理制度

印发《关于开展全国文物保护工程和考古发掘工地检查的通知》，组织各地开展文物保护工程检查、梳理和总结工作，推进工程进度、提高工程质量。发布《古建筑日常保养技术规程》，推动古建筑日常保养、岁修和预防性保护工作。完成《未定级不可移动文物保护管理导则》《近现代建筑保养维护工程技术规程》编制的前期研究，推进《近现代建筑保护利用导则》研制和《全国重点文物保护单位保护规划编制要求》修编。完成《古建筑开放利用规程》《文物保护工程市场主体征信制度预研究项目》《古建筑壁画数字化勘察测绘技术规程》编制工作，开展《文物保护工程检查管理办法》《文物保护工程招投标文件及合同文本规范预研究项目》编制工作。开展《中国文物古迹保护准则》进校园推广活动。

【世界文化遗产保护】

世界文化遗产申报

土司遗址成功申遗。7月，在德国波恩举行的第39届联合国教科文组织世界遗产委员会会议将中国土司遗址项目（湖南永顺土司城遗址、贵州遵义海龙屯土司遗址、湖北恩施唐

中国
文物年鉴
2016

崖土司遗址）列入《世界遗产名录》，成为中国第34项世界文化遗产。

继续推进左江花山岩画文化景观申遗工作。推进花山岩画文物保护、环境整治、展示诠释、监测管理工作，完成国际古迹遗址理事会专家检查，指导编制申遗补充材料，完成申遗国际答辩。

重点推进上丝绸之路申遗工作。召开"海上丝绸之路申遗专家座谈会"和"海上丝绸之路保护和申遗工作会议"，讨论研究海上丝绸之路保护和申遗的重点难点，对"海丝"申遗协调机制、主题研究、遗产点梳理、保护管理等相关工作作出明确部署；"海丝"相关省、自治区、直辖市文物行政部门梳理提交"海丝"申遗潜力点名单；委托开展"海上丝绸之路申报世界文化遗产前期研究""海上丝绸之路申遗潜力点核查调研"等工作。

确定2017年申遗项目。同意推荐鼓浪屿作为我国2017年申遗项目，正式将鼓浪屿申遗文本报送联合国教科文组织世界遗产中心进行预审，指导遗产所在地政府进一步完善申遗文本，开展申遗前期各项准备工作。

培育申遗潜力项目。对于具备近期申报潜力的良渚古城遗址、普洱景迈山古茶林、西夏陵、江南水乡古镇等预备项目加强现场调研指导。召开"江南水乡古镇申报世界文化遗产工作推进会"和"西夏陵突出普遍价值学术研讨会"。

世界文化遗产反应性监测

配合国际组织开展对拉萨布达拉宫历史建筑群反应性监测工作，组织指导湖北、山东、西藏以及国际古迹遗址理事会西安国际保护中心、大运河遗产保护管理办公室开展武当山古建筑群，曲阜孔庙、孔林、孔府，拉萨布达拉宫历史建筑群，丝绸之路：长安—天山廊道的路网和大运河5个世界文化遗产项目的保护状况报告编制工作，并按时报送世界遗产中心。

为进一步提升各世界文化遗产地监测工作质量，组织开展"中国世界文化遗产地监测预警体系建设评估（一期）"，完成对周口店北京人遗址、丽江古城、苏州古典园林、大足石刻、高句丽王城王陵及贵族墓葬、杭州西湖文化景观、莫高窟等国家文物局确定的监测试点单位评估；委托开展对丝绸之路22处遗产点监测工作的专项评估。

中国世界文化遗产基础数据库建设

完成中国世界文化遗产基础数据库建设一期、二期项目，研究制定基础数据库技术规范，全面采集各世界文化遗产地基础数据，完成部分遗产地基础地图制作工作。启动三期建设项目，计划2016年完成数据库建设并投入使用。

【博物馆管理】

博物馆备案

完成2015年度博物馆备案，全国博物馆数量4692个，其中国有博物馆3582个，非国有博物馆1110个。

博物馆理事会制度建设

制定《公共博物馆章程示范文本》，发布《关于推进博物馆理事会建设的指导意见》。与中编办联合调研，以云南省博物馆为试点，探索博物馆理事会制度建设经验。

非国有博物馆运行评估

制定非国有博物馆运行评估办法及指标体系，组织各省开展非国有博物馆运行评估。

博物馆陈列展览

制定《关于提升博物馆陈列展览质量的指导意见》，指导各地通过提高馆藏文物利用率、扶持原创性主题展览、完善评价机制等方面，切实提升博物馆陈列展览的质量。

围绕纪念抗战胜利70周年，面向全国征集专题展览325个，重点推介94个优秀展览。推介13项"弘扬优秀传统文化、培育社会主义核心价值观"主题展览。组织开展"全国博物馆十大陈列展览精品推介"和"全国博物馆展览季"活动。加强出入境文物展览管理，全年收到出入境展览申报62项，其中出境展41项、入境展21项；编印《中国博物馆展览海外推介目录2016》。

完善博物馆青少年教育功能试点

国家文物局、教育部联合发布《关于加强文教结合，发挥博物馆青少年教育功能的指导意见》。继续部署北京、内蒙古等10个试点工作完成情况较好的省份继续开展完善博物馆青少年教育功能试点工作。

经济社会发展变迁物证征藏试点

委托北京鲁迅博物馆开展"经济社会发展变迁物证征藏"总体研究，遴选北京、山西、山东、四川、广东5省市开展经济社会发展变迁物证征藏试点，探索入藏门类、入选标准、价值制定、征藏范围、工作机制等。

馆藏文物保护修复

全年组织实施保护修复项目284项，指导95个博物馆开展预防性保护工作，积极改善馆藏文物保存环境，减缓文物腐蚀；针对纺织品、漆木器、青铜器等腐蚀损失严重的珍贵文物，抢救性修复馆藏文物8000余件。

【社会文物管理】

海外流失文物的追索与返还

3月，澳大利亚政府将其截获的一尊清代观音像归还我国。

4月13日和5月13日，驻法国大使翟隽、国家文物局宋新潮副局长分别在巴黎、北京接收法国政府通过原始捐赠人皮诺、戴迪安返还的吉美博物馆原藏32件大堡子山流失金饰片。7月20日，"大堡子山流失文物回归特展"在甘肃省博物馆开幕，文化部副部长、国家文物局局长励小捷，法国驻华大使顾山等出席开幕式。9月21日，戴迪安再次以个人名义返还其持有的24件大堡子山流失方形金饰片。

9月，在国家主席习近平访美期间，两国宣布"美方将在不久的将来向中方返还22件中国文物"，这是文化遗产领域成果首次写入中美元首会晤的外交文件。12月10日，根据《中华人民共和国政府和美利坚合众国政府对旧石器时代到唐末的归类考古材料以及至少250年以上的古迹雕塑和壁上艺术实施进口限制的谅解备忘录》，中美双方在中国驻美国使馆举行文物交接仪式，美国政府向中国政府移交美国海关截获的包括16件玉器、5件青铜器、1件陶器在内的22件中国流失文物和1件古生物化石。

开展流失海外中国文物调查项目。制定流失海外文物信息指标体系，完善流失海外中国文物调查项目数据库。

文物市场监管

创新文物拍卖市场监管方式，下放文物拍卖经营许可审批，研究制定文物拍卖企业经营评估方案和评估标准体系，对8省38个文物拍卖企业进行抽样评估。改进文物拍卖标的审核备案工作，简化文物拍卖标的拍前备案程序，研究制订《文物拍卖标的审核办法》。2015年共审核备案文物拍卖标的469174件/套，依法撤拍标的495件/套。

文物进出境审核

健全文物进出境监管和打击文物走私联合工作机制，与海关总署签署《合作备忘录》，积极开展《合作备忘录》明确的各项重点工作。加强国家文物进出境审核管理处机构建设，指导新设立的内蒙古、西藏管理处开展文物进出境审核管理工作，对上海、湖北、河北管理处机构建设中存在的问题进行督察。提高文物进出境审核信息化、规范化水平，全国试点运行文物进出境审核管理系统，研究制定电子标签的使用规范。2015年，各文物进出境审核机构共审核出境文物及复仿制品211676件／套，禁止出境文物2780件／套。另开展涉案文物鉴定、馆藏文物鉴定、征集文物鉴定及各类其他鉴定427981件／套。

文物鉴定

会同新闻出版广电总局举办文物类节目主创人员培训班，健全文物鉴定类广播电视节目监管机制，不断提升文物类电视节目的整体品质。召开文物科技鉴定工作座谈会，调研文物科技鉴定发展现状，指导有关单位推进文物年代测定、成分分析、工艺检测研究与应用。深化民间收藏文物鉴定试点工作，研究起草关于规范民间收藏文物鉴定活动的指导意见。

国家文物鉴定委员会工作

完成中纪委、最高人民检察院、公安部、国务院机关事务管理局等单位委托的1万余件书画、陶瓷、钱币、青铜器等文物鉴定，指导各省开展文物司法鉴定工作。

完成美国、瑞士、阿根廷、澳大利亚等国政府有关部门查扣疑似中国文物的鉴定评估，为有关文物的追索返还打下基础。完成大量民间信访、机构收藏及境内外拟捐赠文物鉴定。

研究健全国家文物鉴定委员会工作机制，组织鉴委会委员开展文物普查、文物征集、司法鉴定、标的审核、人才培养等多项工作。

【文物保护科技】

联合教育部等11个部门和3省地方科技厅向科技部共同申报"'一带一路'文化遗产保护与传承科技专项"国家重点研发任务建议，已列入科技部《推进"一带一路"建设科技合作专项规划》。

完成国家科技支撑计划"遗址博物馆预防性保护关键技术与古建筑传统工艺科学化研究"和"文化遗产国内公共服务平台关键技术研发"结项验收。组织第三方评估机构开展"中华文明探源及其相关文物保护技术研究"等4项国家科技支撑计划项目执行情况检查。

向国家自然基金委提出《关于加强我国文物保护若干基础科学研究和学术前沿的建议》并获审议通过，9月15日签署《国家自然科学基金委员会、国家文物局关于建立战略合作关系的协议书》，在文物保护基础研究、应用需求和青年科学人才培养等方面开展合作。组织有关单位在古代文物材质与工艺认知、文物病害成因与劣化机理、文物安全稳定性评价、保护材料研发与应用效果评价、智慧博物馆体系建设等5个层面形成了32个项目建议。

通过技术培训、工程示范、专利实施许可、专利权转让等方式，积极推动重大科技成果的转化。一批科研成果应用于重点文物保护工程和可移动文物保护项目。

【文物保护标准化建设】

审议发布10项行业标准，报审20项国家标准。指导完成《博物馆建设标准》国家标准的编制工作。完成10项行业标准制修订项目的立项工作。开展已颁布标准的复审工作。文物保护专用设施分技术委员会正式成立，指导完成文物保护专有设施标准化体系框架构建和21项团体标准的编制。

【文物信息化工作】

统筹谋划、点线面结合，积极推进精品文物数字产品制作与推广、精品陈列展览数字产品制作与推广和智慧博物馆试点工作。在政策与项目的带动下，相关文博单位积极与社会力量合作，文博单位主导和参与的智慧导览和文博APP产品，年产出超过5000个，文物数字产品进一步丰富。

指导文物保护领域物联网建设技术创新联盟组织召开主题为"博物馆智慧化之路——数据知识化和呈现方式"的学术研讨会。

【文物保护装备产业化及应用示范】

会同工业与信息化部联合设立重庆市建设国家文物保护装备产业基地，成立文物保护装备产业化及应用协同工作平台。联合工信部装备司对山西、陕西、甘肃、新疆、四川等多地调研，形成"2015年文物保护装备产业化及应用示范项目重点方向"。会同工信部组织申报2015年文物保护装备产业化及应用示范项目，"文物专用高、超光谱成像设备"等8个方向共13个项目获准立项。指导故宫博物院与中国电子科技集团公司签署合作框架协议，推进文物保护装备产业化及应用示范。

【对外交流与合作】

文物出境展览

2015年，国家文物局主办政府间出境展览4个，包括赴秘鲁"天地之中——中华文明之源"图片展、赴美国"尊重历史 珍惜和平"展、赴匈牙利"华夏瑰宝展"和赴塞浦路斯"中塞文化对话展"。

赴秘鲁"天地之中——中华文明之源"图片展。5月23日，围绕国务院总理李克强对秘鲁的访问，国家文物局委托中国文物交流中心在秘鲁人类考古历史博物馆举办"天地之中——中华文明之源"图片展，展现自新石器时代晚期至秦汉王朝（约公元前3500年～公元220年）中华文明孕育、萌芽、生长、壮大的发展进程。

赴美国"尊重历史·珍惜和平"展。为纪念中国人民抗日战争暨世界反法西斯战争胜利70周年，应美国海外抗日战争纪念馆的邀请，国家文物局委托四川省建川博物馆赴美国举办"尊重历史·珍惜和平"抗战专题展览，8月15日在旧金山开幕。此展是海外举办的规模最大的纪念抗战胜利70周年主题展，也是国家文物局首次直接支持非国有博物馆参与文物外交活动。该展览重现了中美联合抗日历史，向美国民众宣传中华民族为世界反法西斯战争胜利所做的重要贡献。

赴匈牙利"华夏瑰宝展"。为增强中华文化的国际影响力，拓展中国与中东欧国家的友好合作与文化交流，2月6日～4月19日，国家文物局与匈牙利人力资源部联合主办的"华夏瑰宝展"在匈牙利工艺美术馆举办。

赴塞浦路斯"中塞文化对话展"。9月30日～12月14日，国家文物局与塞浦路斯通讯与工程部主办的"中塞文化对话展"在塞浦路斯利马索尔区考古博物馆举办，这是中国首次在塞浦路斯举办文物展览。

中国
文物年鉴
2016

文物援外工程

援助柬埔寨项目。援柬二期茶胶寺保护修复主体工程基本完成，计划2018年全面竣工。

援助乌兹别克斯坦项目。完成花剌子模州希瓦古城的现场勘测勘察、技术难度预测等前期工作和设计方案的编制。西北大学与乌兹别克斯坦科学院考古研究所联合开展"西天山西段区域古代游牧文化遗址考古调查、发掘与研究"项目，中国社会科学院考古研究所与乌兹别克斯坦科学院考古研究所合作开展"中亚东北部地区古代及中世纪早期附带东方文化交流考古研究"合作研究项目。

援助蒙古项目。援助蒙古国科伦巴尔古塔抢险维修项目完成实地勘察、方案编制设计等工作，夏季进场施工，预计2017年完工。

援助尼泊尔项目。4月尼泊尔强震后，国家文物局组派专家组实地调研尼泊尔文化遗产受损情况，完成中国政府援助尼泊尔文物修复建议的报告。10月，商务部将尼泊尔加德满都杜巴广场9层神庙修复项目列为我国对尼震后重建重点项目，委托中国文化遗产研究院承担项目的前期可行性研究工作。12月，国家文物局选派的首批专家赶赴加德满都进行调研，编制前期可行性研究报告。

重要来访与外访活动

（一）重要来访活动

2月4日，文化部副部长、国家文物局局长励小捷在京会见波兰文化和民族遗产部部长玛格扎塔·欧米拉诺夫斯卡一行，就进一步加强两国在文化领域的交流与合作进行会谈。双方相互介绍了中波两国在博物馆和文化遗产方面的概况，交流了近期在文化领域上的合作项目。

3月9日，国家文物局副局长顾玉才在京会见马来西亚博物馆局局长拿督阿伯拉罕·宾·伊斯马尔，就互换文物展览事进行交流。

3月31日，文化部副部长、国家文物局局长励小捷在京会见旧金山侨领、海外抗日战争纪念馆馆长方李邦琴，就旧金山海外抗日战争纪念馆开馆展览、纪念世界反法西斯战争暨中国抗日战争胜利70周年的抗战主题文物展览相关事宜进行沟通。

4月2日，国家文物局副局长顾玉才会见日本中国文化交流协会专务理事中野晓，就来华汉字展的筹备事宜以及加深两国文化遗产与博物馆领域的合作进行商讨。

4月24日～5月1日，法国国家图书馆馆长布鲁诺·拉辛于访华，4月25～26日赴敦煌研究院讨论建立长期合作关系相关事宜，推动敦煌研究院与法国国家图书馆的务实合作。

5月25～29日，根据《中华人民共和国政府和大韩民国政府文化交流执行计划》，韩国遗产促进司长率5人代表团来华访问，与中国国家文物局探讨中韩两国文化遗产领域合作的议题。

5月25日，法国巴黎吉美博物馆馆长马卡利乌女士赴上海，与相关单位商谈并建立合作交流，推动吉美博物馆与我国博物馆建立长期沟通机制。

6月7～25日，盖蒂保护所春季工作组一行6人访问北京、承德和敦煌三地；10月5～21日，美国盖蒂保护所秋季工作组访问北京和敦煌两地。

7月17～20日，法国驻华大使顾山一行4人赴甘肃，出席"甘肃大堡子山流失文物回归特展"展览开幕式。

11月27日，国家文物局局长刘玉珠在京会见沙特旅游与民族遗产总机构副主席哈班一行，共同商讨在中国举办"阿拉伯之路"沙特文物展相关事宜，双方就互换展览事达成一

中国
文物年鉴
2016

致，为进一步推动中沙两国人民对彼此文化的了解而努力。

（二）重要外访活动

6月，经国务院批准，应西班牙文化国务秘书何塞·马里亚·拉萨略、印度国家考古局总局长拉科什·特瓦里邀请，文化部副部长、国家文物局局长励小捷率中国政府文物代表团访问西班牙和印度两国。在西班牙期间，励小捷与拉萨略签署《中国国家文物局与西班牙教育、文化与体育部关于促进文化遗产领域交流与合作的谅解备忘录》，这是两国在文化遗产领域首个政府层面合作文件。在印度期间，励小捷与拉科什·特瓦里就进一步加强中印文物交流与合作深入交换意见。

9月，经国务院批准，应柬埔寨文化与艺术部大臣彭萨格娜邀请，文化部副部长、国家文物局局长励小捷率中国政府文物代表团访问柬埔寨，会见柬埔寨副首相索安和文化与艺术部大臣彭萨格娜，就进一步加强中柬两国文化遗产领域的交流，尤其是吴哥和柏威夏寺古迹保护修复的合作深入交换意见。访问期间，励小捷与彭萨格娜代表两国政府在柬埔寨金边签署《中华人民共和国政府与柬埔寨王国政府关于防止盗窃、盗掘和非法进出境文物双边协定》，迄今与我国签署此类双边协定的国家已达19国。

11月，根据外交部、文化部统一安排，国家文物局副局长顾玉才率中国文物代表团访问新加坡，围绕国家主席习近平为新加坡中国文化中心揭牌进行"文物带你看中国"3D触摸屏演示。

12月，按照中央落实习近平主席访美成果领导小组办公室统一部署，国家文物局副局长顾玉才率中国文物代表团访问美国，根据中美两国政府关于对中国文物实施进口限制的谅解备忘录，代表中国政府接收美国政府向我国移交的22件流失文物和1件古生物化石，并就2017年举办中国文物展览事与美国国家美术馆馆长鲍威尔、纽约大都会艺术博物馆馆长康柏堂进行工作会谈。

"文物带你看中国"多媒体展示设备

2015年，"文物带你看中国"3D触摸屏设备先后落户澳大利亚、巴基斯坦、比利时和新加坡。11月7日，"文物带你看中国"触摸屏演示作为习近平主席为新加坡中国文化中心揭牌仪式配套活动，习近平主席动手体验，指出"通过这个（展示）方式使观众更加生动地观赏文物，也更便于研究"。

国内外文化遗产机构间合作

启动中国文化遗产研究院与法国国家文化遗产学院的进修计划，中国文化遗产研究院首批3名青年文物保护骨干已在法国国家文化遗产学院注册；中国文物交流中心与卡地亚基金会合作举办的第一期策展人培训于11月完成；国家文物局水下遗产保护中心与法国水下考古中心、希腊水下考古局商签合作协议；法国国家图书馆向敦煌研究院无偿捐赠伯希和带走的敦煌写经数字化成果等，为我国文物事业发展进行人才储备与项目储备。

世界文化遗产保护国际活动

出席国际古迹遗址理事会2015年大会、顾问委员会会议、科学研讨会，发送新修订出版的《中国文物古迹保护准则》（2015年修订）和《红河哈尼梯田文化景观可持续发展国际研讨会论文集》，扩大中国国家委员会的影响。出席在波兰华沙举行的国际古迹遗址理事会成立50周年相关纪念活动。

中国
文物年鉴
2016

【党的建设】

"三严三实"专题教育

根据《中共中央办公厅印发〈关于在县处级以上领导干部中开展"三严三实"专题教育方案〉的通知》，对局党组、局机关各党支部、直属单位党组织开展"三严三实"专题教育提出要求。举办"三严三实"专题教育党课，局党组主要负责同志作《践行"三严三实"要求推动文物事业科学发展》的党课报告。

党支部书记培训班

国家文物局党组负责同志为培训班作开班动员，并作新修订的《中国共产党廉洁自律准则》《中国共产党纪律处分条例》解读报告，70名学员认真学习准则和条例，不断增强纪律规矩意识。

学习贯彻十八届五中全会精神

组织国家文物局直属机关党委编制学习贯彻五中精神工作方案，举办两期国家文物局系统学习贯彻党的十八届五中全会精神培训班，专题学习《中共中央关于制定国民经济和社会发展第十三个五年规划的建议》，局机关副调研员以上干部及服务中心、各直属单位领导班子成员和内设机构负责人共计142人参加培训。

【廉政建设】

2015年党风廉政建设会

国家文物局党组主要负责同志总结2014年党风廉政建设工作，深入分析党风廉政建设存在的风险，部署2015年党风廉政建设任务。

违规私人会所自查

印发《文化部、国家文物局关于开展私人会所全面自查的通知》。经全面自查，4296处全国重点文物保护单位、15392处省级文物保护单位、108135处市县级文物保护单位没有发现违规私人会所。经过重点自查，中央教育实践活动办公室提供的94家会所名单，实际为75家，由文化文物部门自行管理使用的文物保护单位（含不可移动文物点）内的私人会所为27个，已经全部处置完毕。

【行政审批】

深化行政审批事项改革

深入贯彻落实国务院简政放权放管结合职能转变电视电话会议精神，清理中央指定地方实施的116项文物行政审批事项，逐项研究现有行政审批事项的取消和下放事宜。对保留事项，明确理由，积极推进行政审批规范化建设；对拟取消下放事项，同步提出加强事中事后监管措施。将"文物拍卖许可"等6项列入国家发改委市场准入负面清单。制定《国家文物局行政审批审查工作细则》，公布新版《国家文物局行政审批事项服务指南》。运行新版国家文物局网报网审平台，加快审批速度，优化审批流程。

取消下放行政审批事项的后续监管

取消"馆藏文物拍摄许可"等4项行政审批事项，下放馆藏一级文物的复制、拓印行政许可和文物拍卖经营许可。印发《关于进一步做好取消和下放行政审批项目后续工作的通知》，对已取消和下放行政审批事项加强后续监管。

中国
文物年鉴
2016

规范中介服务

对现有行政审批事项需要在受理后委托有关中介机构提供技术性服务进行梳理规范，取消"全国重点文物保护单位修缮方案编制"等3项中介服务事项，取消考古发掘领队、文物进出境责任鉴定员2项职业资格。

【文博教育与培训】

干部教育培训

按照中组部、中央国家机关工委等部门要求，组织国家文物局机关和局系统领导干部10人次参加司局级领导干部选学，各级领导干部10人次参加调训，中央联系专家2人次参加高层次专家国情研修。参训干部在党性修养、理想信念、国家大政方针等方面受到了深刻的教育，收到了良好的学习效果。

年度培训工作计划

贯彻落实《全国文博人才发展中长期规划纲要（2014～2020年）》，全面推进《国家文物局文博人才培养"金鼎工程"实施方案》，召开2015年度"金鼎工程"联络员工作会议，在总结2014年人才培养工作的基础上，部署2015年工作，积极谋划"十三五"人才培养任务。

2015年举办了十八届五中全会精神专题学习、贯彻《博物馆条例》、社会主义核心价值观、"十三五"规划编制、文物安全管理人员、田野考古高级研修、藏传佛教文物保护与管理等45个培训班，培训学员3046人次。其中，举办第22～25期全国县级文物行政部门负责人培训班，培训学员411人。"十二五"期间，圆满完成共25期的全国县级文物行政部门负责人培训班，总计培训学员2716人，覆盖全国31个省、直辖市、自治区和新疆生产建设兵团的县级文物行政部门，提升了全国县级文物行政部门负责人的能力、素质和管理水平。

文博人才培训示范基地

创新人才培训方式，加大人才培养力度，在2014年工作的基础上，认定故宫博物院、中央文化管理干部学院、中国文化遗产研究院、中国文物信息咨询中心、北京建筑大学、山西警官高等专科学校、陕西师范大学、西北大学、陕西文物保护专修学院共9家单位为国家文物局文博人才培训示范基地，为文博人才培训工作提供了广阔的平台和空间。启动文博人才培训示范基地管理体系建设，完成《国家文物局文博人才培训基地管理办法》征求意见稿。

高层次文博人才提升计划

满足文博行业在职人员提升学历的需求，积极探索高层次文博人才培养模式，与西北大学和北京建筑大学签署联合培养协议，启动"高层次文博人才提升计划"，完成组织文博行业报考西北大学"考古学""文物与博物馆"、北京建筑大学"建筑遗产保护"3个专业硕士研究生工作，累计报名人数261人。支持北京建筑大学开展服务国家特殊需求人才博士培养项目，连续4年招收"建筑遗产保护理论与技术人才培养项目"博士研究生。

全国文博网络学院

充分发挥网络教学的优势与作用，提供多样、即时的培训，启动全国文博网络学院建设工作，完成了一期项目框架建设。

文博行业职业教育

推进文博行业职业教育工作。3月，在教育部统一安排下，完成了文物保护行业职业教育教学指导委员会的换届工作，并组建了秘书处，印发了《文物保护行业职业教育教学指导委员会章程》及《文物保护行业职业教育教学指导委员会秘书处工作细则》。9月，国家文物局召开了文博人才培训示范基地暨文物保护职业教育教学指导委员会工作会议，研究2015~2016年工作计划，推进文物保护职业教育培训工作。

技能人才培养

组织完成了《高等职业学校专业目录》文物保护相关专业及其简介的制、修订工作，文物保护与修复、考古探掘技术、文物博物馆服务与管理3个专业进入该目录。

文博职业资格体系建设

7月29日，2015年版《中华人民共和国职业分类大典》（以下简称《大典》）正式颁布。9个文博行业职业由国家文物局承担修订并纳入《大典》，分别为考古专业人员、文物藏品专业人员、可移动文物保护专业人员、不可移动文物保护专业人员、讲解员、考古探掘工、文物修复师、古建琉璃工、古建筑工。

研究建立文物修复师职业资格管理制度，开展了文物修复人员职业现状调研工作，完成《文物修复人员现状调研报告》。

高级职称评审

完成2015年高级职称评审工作。北京鲁迅博物馆（北京新文化运动纪念馆）戴晓云，中国文化遗产研究院李黎，长江水利委员会宣传出版中心宁应城等3人获得文博研究馆员任职资格；北京鲁迅博物馆（北京新文化运动纪念馆）陈洁，中国民族博物馆唐兰冬，民族文化宫博物馆辛宇玲等3人获得文博副研究馆员任职资格；中国文化遗产研究院崔明获得古建高级工程师任职资格；文物出版社李睿、贾东营、窦旭耀，中国文物报社张俊梅、李学良、冯朝晖等6人获得编审任职资格；文物出版社李薇获得副编审任职资格。

专家管理工作

完成2014年文化名家暨"四个一批"人才、"万人计划"哲学社会科学领军人才人选的推荐工作，中国文化遗产研究院郭宏、中国文物交流中心姚安2人入选；组织开展2015年"千人计划"文化艺术人才项目、第十四届中国青年科技奖等项目申报工作。配合文物保护工程方案审核工作的开展，强化沟通机制，组织召开了2015年度文物保护项目评审专家研讨会，加强对专家技术审核的指导。

【人事工作】

机构调整

研究提出机关部分内设机构和职责调整工作方案。在中国文物交流中心加挂国家文物局文物违法举报中心牌子；批复国家文物局水下文化遗产保护中心"三定"规定；对直属单位有关内设机构进行调整。

干部管理

按照干部管理权限，选拔任用直属单位司局级干部5人次；副巡视员1人次；机关处级干部和直属单位助理8人。从直属单位调出1人；从机关调出2人，离职1人；直属单位2名领导班子成员到龄办理退休手续；试用期转正20人次。

按照中组部要求，选派张后武同志赴河南省淮阳县挂职村第一书记；按照扶贫办要求，选派郑绍亮同志赴河南省淮阳县省挂职县委常委、副县长。

开展机关公务员招录工作，计划招录公务员4名，军转干部接收1名；为直属单位办理2

名京外调干人员，解决5名干部两地分居事宜。

干部档案专项审核

据中组部要求，开展干部档案专项审核工作，重点检查"三龄二历一身份"，根据检查中发现的问题，对局属干部档案提出整改意见。

分述篇

北京鲁迅博物馆（北京新文化运动纪念馆）

【概述】

北京鲁迅博物馆是为了纪念和学习中华民族的思想文化巨人鲁迅先生而建立的社会科学类人物博物馆，是中央国家机关思想教育基地、北京市爱国主义教育基地。

北京新文化运动纪念馆是依托原北京大学红楼而建立的全国唯一一家集收藏、研究、展示新文化运动历史，研究"五四"爱国运动，开展爱国主义教育的旧址类纪念馆，是全国百家红色旅游经典景区、北京市爱国主义教育基地。

【制度建设】

北京鲁迅博物馆（北京新文化运动纪念馆）馆党委领导班子狠抓建章立制，完善规章制度。着眼博物馆正规化建设，多次开会研究博物馆发展规划、规范管理、干部聘任等问题，先后出台人事、财务、参加学术会议及公章管理办法等56项，并于2015年10月编印《北京鲁迅博物馆（北京新文化运动纪念馆）规章制度汇编》，下发到每名职工。博物馆工作学习生活秩序进一步规范，正规化建设水平进一步增强。

【馆藏文物】

北京鲁迅博物馆（北京新文化运动纪念馆）现有藏品、图书等8万余件（套、册）。其中，文物藏品3万余件／套，包括一级藏品759件／套，主要有鲁迅文物、鲁迅亲属文物、鲁迅同时代文化名人的手稿、照片、生平史料、藏书、藏画等；图书5万余册，主要有鲁迅著译版本、鲁迅研究著作、新文化运动研究著作、新旧期刊、社科图书等。

【业务建设】

北京鲁迅博物馆（北京新文化运动纪念馆）认真贯彻落实习近平总书记关于文物保护的重要指示精神，努力"让收藏在博物馆里的文物活起来"，紧紧围绕业务建设发展中心地位不动摇，学术研究、陈列展览、社会教育和馆藏文物研究及信息化建设等均取得长足发展和进步。12月11日，文化部党组成员、国家文物局党组书记、局长刘玉珠同志到博物馆进行调研，参观了鲁迅故居以及"鲁迅生平陈列展""品味经典、感受大师——新文学作家作品展"，听取了馆党委工作情况汇报，对博物馆建设发展取得的可喜成绩给予了高度赞扬和评价。

（一）学术科研扎实推进

鲁迅研究室和新文化运动研究室主要承担鲁迅和新文化运动时期著名人物、重大事件的研究和展览任务。鲁迅研究室还承担《鲁迅研究月刊》的出版编辑工作。两个研究室坚持以学术研究为先导，以研究带动其他业务工作，以其他业务工作促进研究的方针，取得丰硕科研成果。《鲁迅研究月刊》展示鲁迅研究新成果，迄今出版400期，被中国社会科学评价中心评价为文学学科核心期刊。承担多项国家社科基金项目，目前正在积极推进全国哲学社科重大项目"鲁迅手稿全集整理与研究"A卷的科研工作。

（二）精心策划陈列展览，讲述中国故事

积极传播中华优秀传统文化，讲好中国故事。一是精心策划两大原创展览。为纪念新文化运动百年推出"旧邦新命——新文化运动百年纪念展"，精心挑选馆藏文物217件/套，其中一级文物19件/套，入选2015年度"弘扬优秀传统文化、培育社会主义核心价值观"主题展览。为纪念中国人民抗日战争暨世界反法西斯战争胜利70周年策划推出"中国战斗——抗日战争时期木刻版画展"，展出抗战版画原作300余幅，先后在湖北、江西、福建、安徽、河北等地巡展，并制作数字展览，出版展览图录，取得了良好的社会效益。二是扎实做好巡展工作。将历年策划的10个展览于国内外先后进行巡展，主要有"鲁迅的读书生活展""新时代的先声：五四新文化运动展览""中国新文学作家与作品展""新文化运动与北京大学——纪念《新青年》创刊一百周年""胡适文物图片展""新文化运动急先锋钱玄同文物展""感受大师·品味经典——中国新文学作家与作品展""纪念中国人民抗日战争胜利70周年——文化名人与民族精神""印记：法国文化在中国"和"回眸胡适"。其中"回眸胡适"在美国休斯敦中美寺、洛杉矶佛光山西来寺展出。三是积极引进展览，拓宽交流渠道。积极与兄弟博物馆合作，引进"山东民间木版年画展""1976～1979巨变前夜——意大利记者马达罗镜头中的中国""不屈的抗争——东北抗战十四年抗战史实展""人民的歌手——尼泊尔诗人德夫科塔生平展""百年梦想，先生长歌——中国近现代文化学人图文展""战争·国家·女性：抗战时期的宋庆龄和她的姐妹""历史的放大镜：辛亥革命时期漫画展""'先生回来'致敬展""干城曲——纪念中国人民抗日战争胜利七十周年书画展""戏剧之戈——抗战戏剧文献特展"和"冯雪峰与鲁迅"等15个展览，分别在两个馆区展出，拓宽了文化交流渠道。以上展览累计观众人数约50余万人次，收到了良好的社会反响。

（三）积极开展丰富多彩的社会教育活动

坚持搞好日常对外开放工作，全年开放306天，参观人数159416人，其中鲁博馆区86647人、红楼馆区72769人，观众人数比往年有大幅增加。

充分发挥馆藏文物资源优势，依托北京市爱国主义教育基地、北京市中小学生社会大课题教育基地的打造和建设，开展了内容丰富、形式多样的教育活动，形成了比较成熟的体系。主要有：一是配合临展特展进行推广和教育活动；二是开展节庆特色教育活动，包括清明节鲁迅纪念月系列活动、五四青年节系列活动、"5·18"国际博物馆日系列活动等；三是开展传统系列教育活动，包括文学教育系列活动、艺术教育系列活动、近现代文化系列教育活动等；四是与社会单位联合举办学习教育活动；五是开展馆际合作社会教育活动。此外，注重与社区单位联合举办学习教育活动，如与金融街街道办事处合作开展"书香满西城之三味书屋读书会"活动，与展览路少年宫合作开展"寻找鲁迅足迹、品味书香西城"活动；配合东城区委开展理论中心组学习活动等。

（四）积极推进文物资料保管与征集

大力推进馆藏文物数字化。利用全国第一次可移动文物普查的契机，建立馆藏文物数据管理系统及电子图库，为深度彻底的数字化打下基础。积极开展馆藏文物整理研究和出版。积极拓宽征集渠道和思路，通过征集形成独有的藏品体系，巩固和扩大馆藏优势。

（五）积极推进信息化建设

完成网站更新工作，建立微信公众平台，积极发布信息，包括社会教育活动介绍，展览、展品宣传，馆藏文物介绍等。对全馆工作推进和扩大社会影响发挥了积极作用。

【机构及人员】

（一）机构

北京鲁迅博物馆（北京新文化运动纪念馆）下设办公室、资产财务处、安全保卫处、鲁迅研究室、新文化运动研究室、文物资料保管部、社会教育部、信息中心、文化发展服务中心。挂靠单位1个：中国博物馆协会秘书处。

2015年，北京鲁迅博物馆（北京新文化运动纪念馆）获北京市"第十届（2015）阳光少年文化科普进校园活动"先进集体；北京市西城区新街口地区社会治安综合治理工作先进集体；北京市西城区金融街地区资源共享先进集体。

（二）人员

按学历分：博士研究生8人，硕士研究生15人，大学本科41人，大学专科5人，高中及以下3人。其中，2015年新增硕士研究生1人、大学本科1人、大学专科2人。

按职称分：研究馆员10人，副研究馆员11人，中级职称22人，初级职称9人。其中，2015年新增副研究馆员1人、助理馆员2人。

【对外交流与合作】

（一）文物引进及赴外展览

1．文物引进展览

3月20日～4月18日，由北京鲁迅博物馆（北京新文化运动纪念馆）与湖北省博物馆联合举办的"1976～1979巨变前夜——意大利记者马达罗镜头中的中国"专题摄影展在北京鲁迅博物馆展出。4月11日，该展览主题活动"观众现场交流会暨《老马——一个孩提时代的中国梦》中文版图书首发式"在北京鲁迅博物馆隆重举行，来自外交、文博、出版、文化、艺术等各界人士、热心观众和众多新闻媒体参加了此次活动。人民日报、人民网、中央电视台、北京电视台、北京青年报、北京晚报等10余家媒体参加了交流会并进行了报道。

9月7日，由北京鲁迅博物馆（北京新文化运动纪念馆）和尼泊尔德夫科塔—鲁迅学会联合主办，中国人民大学文学院、北京阿尼哥艺术公司协办的"人民的歌手——尼泊尔诗人德夫科塔生平展"在北京鲁迅博物馆开幕，中尼嘉宾40余人出席开幕式。此次展览以德夫科塔的手稿、书籍等文物及图片、画像、音像资料展示了德夫科塔短暂而辉煌的一生。新京报、北京电视台、千龙网、信报等媒体分别进行了采访报道。

2．文物赴外展览

2015年4～7月，北京鲁迅博物馆（北京新文化运动纪念馆）分别在美国休斯敦和洛杉矶举办"回眸胡适"展。当地时间4月25日上午，由北京鲁迅博物馆（北京新文化运动纪念馆）与国际佛光会休斯敦协会中美文化讲坛联合举办的"回眸胡适"展览于在美国休斯敦中美寺隆重开幕。当地时间5月31日上午，"回眸胡适"展在美国休斯敦佛光山中美寺圆满结束后，移至洛杉矶佛光山西来寺佛光缘美术馆继续展出一个月。"回眸胡适"展览共展出59块展板、50件展品，集中展示了新文化运动重要代表人物胡适在新文化运动和中国文化建设中做出的积极贡献。胡适曾长期在美国学习工作，展品特别选取了胡适在美学习

中国
文物年鉴
2016

工作的记录，如胡适的美国哥伦大学博士学位证书、哈佛大学授予的胡适名誉博士学位证书、胡适1940年在美国期间全年演讲目录索引等。

（二）重要来访及外访活动

1．匈牙利大使向裴多菲献花

3月16日下午，在匈牙利1848～1849年革命及独立战争167周年之际，匈牙利驻华特命全权大使齐丽女士率大使馆工作人员20余人，向安放在北京鲁迅博物馆院内的裴多菲·山多尔像献花。裴多菲·山多尔是匈牙利爱国诗人和英雄，自由主义革命者。他被认为是匈牙利民族文学的奠基人，1848年匈牙利革命的重要人物之一，同时他还是匈牙利著名的爱国歌曲《国民歌》的作者。1849年7月31日，匈牙利爱国诗人裴多菲在瑟克什堡大血战中同沙俄军队作战时牺牲，年仅26岁。鲁迅先生在《为了忘却的纪念》一文中，曾引用了裴多菲的一首诗："生命诚可贵，爱情价更高；若为自由故，二者皆可抛！"

2．韩国代表团参观访问

8月25日下午，为促进2015～2016年中韩旅游年的成功举办，进一步推进中韩两国文化交流，韩国文化体育观光部副部长金钟、韩国旅游发展局局长郑昌洙、韩国驻华大使馆公使参赞兼文化院长金辰坤、报道本部统一放送研究所所长申冈均（高级记者）等一行8人利用来华访问之际，专程到北京鲁迅博物馆（北京新文化运动纪念馆）鲁迅博物馆区参观访问。

3．与尼泊尔学术代表进行学术交流

9月7日～12日，尼泊尔德夫科塔—鲁迅学会代表团到北京鲁迅博物馆（北京新文化运动纪念馆）开展"人民的歌手——德夫科塔的文学道路"相关学术交流活动。9月8日上午，召开了"德夫科塔与鲁迅"学术研讨会，中尼双方学术代表先后发表学术演讲，讨论气氛活跃。中国国际广播电台新闻记者现场进行了采访报道。9月9日上午，尼泊尔德夫科塔—鲁迅学会代表团在中国人民大学文学院与师生见面，尼方代表 Niranjan Chapagain 和 Mahesh Paudyal 分别作了关于尼泊尔文学现状的学术报告，使与会学者充分了解了尼泊尔文学的历史与发展历程。作为第三世界国家，中尼双方学者一致认同在文学发展方面有着共同的担当，即如何将亚洲文学推向世界，在外来思潮的影响下保持民族性和独创性。此次文化活动始终在友好的氛围中进行，最后双方就如何持续合作、深入展开文学对话交换了意见。

4．参加国际鲁迅研究会第六次学术论坛

7月1～3日，"国际鲁迅研究会第六次学术论坛：德国论"在德国著名诗人海涅的故乡杜塞尔多夫市举行。本次会议由国际鲁迅研究会、德国杜塞尔多夫孔子学院、北京外国语大学全球史研究院共同主办，来自中国、德国、韩国、日本、印度、丹麦、奥地利、葡萄牙等10多个国家和地区的30多位专家出席了会议。这是德国在20世纪60年代于原东德举行鲁迅研讨会之后，时隔50年再次举行鲁迅研讨会。与会学者围绕着"鲁迅与东西方文化的对话""鲁迅与东西方科学的对话""鲁迅与东西方文学的对话""鲁迅的梦与呐喊""鲁迅的新女性观""鲁迅与翻译"等主题进行了深入讨论。

中国文物信息咨询中心

【概述】

2015年，中国文物信息咨询中心领导班子在国家文物局党组的正确领导下，全面贯彻党的十八大和十八届三中、四中、五中全会精神，深入学习贯彻习近平总书记系列重要讲话精神，着力加强班子自身建设，切实发挥领导核心作用，团结带领全体职工，圆满完成全年各项任务。

【内部建设】

（一）扎实做好党建工作

认真传达学习中央精神。全体党员干部认真学习党的十八届四中、五中全会和习近平总书记系列重要讲话精神，特别是习近平总书记关于文物工作的一系列重要论述和指示批示，切实把党员干部的思想行动统一到中央精神和国家文物局的决策部署上来。

不断推进党支部建设。在抓好原有支部建设的基础上，进一步加强对中心劳务派遣党员职工和国文信公司党员职工的管理，经报国家文物局直属机关党委批准，完成支部整合。调整后，中心党总支由原来下属两个支部增加到三个支部，新增党员13名，有效提升了各支部的组织化程度。

完成民主生活会整改。针对2014年度民主生活会领导班子自查自摆找出的问题，分别制定整改措施，并全部得到落实。

落实全面从严治党。严格遵守政治纪律和政治规矩，贯彻落实中央八项规定精神。落实"两个责任"，一方面将两个责任和一岗双责纳入领导班子、领导干部目标管理，明确责任和任务；另一方面加强对分管部门主体责任落实情况的检查，充分发挥第一责任人的作用。

扎实开展"三严三实"专题教育。通过召开中心动员部署大会，由一把手进行专题辅导；各支部分别开展专题学习，领导班子成员分别参加所在支部的专题学习，每个党员都结合"三严三实"进行了对照检查等，有效推动了各项重点工作的开展。

（二）预算执行率达到100%

根据国家文物局对中心2015年预算批复，认真制定工作方案，对重点项目和工作的经费使用情况实行统一监督、管理，预算执行达到100%。

（三）调整业务部门

根据业务发展需要，适时整合原有部门业务职能，达到部门业务和技术人员合理配置，有效促进工作开展。

（四）跨部门实行项目组合

一是根据项目要求，将项目内容进行合理拆解，释放到不同的部门承担，发挥各自部门技术优势，长短互益、互相帮扶，促进项目工作高效高质完成。二是根据项目建设技术要求和进度计划，临时抽借其他部门符合条件且暂无重要任务的职工参加项目工作，有效配置内部人力资源、降低成本，有效保障项目完成。

（五）强化人才队伍建设

2015年，中心（包括国文信公司）引进了15名硕士研究生，其中具有高级职称的1人，具有中级职称的2人，专业涉及建筑、博物馆、计算机、保护规划设计等方面。推荐1人参加文博系列高级职称评审，有1人通过考试获得计算机专业高级工程师资格证书。

（六）完善制度建设

为有效调动技术人员的工作积极性，调整了《中心技术咨询服务办法》；为科学有效地使用和管理数据资源，制定了《中心数据资源管理办法》等，促进单位内部管理上了一个新台阶。

【改革创新】

2015年是中心响应国家文物局行政审批改革，成立北京国文信文物保护有限公司的第二年。在已取得成绩的基础上，公司锐意进取，不断调整工作思路。一方面继续发挥在方案评估上的突出优势，积极在保质量、求高效上做文章。截至12月31日，公司共完成方案评估3421份，向国家文物局报送评估工作周报6期、月报10期。在3～5月各地方案申报急剧增加的情况下，公司及时调整审批方式，中心信息部加班加点升级更新网络报审系统，公司员工采取"5+2"、远程办公等科技和创新型工作方式，保证了评估工作顺利完成。另一方面不断加强业务拓展，勇于在市场中找方向、求出路。2015年，共完成文物保护规划编制、立项报告、文物影响评估等业务50余项。

除此以外，还承办了国家文物局2015年度文保工程专家研讨班，对提高和促进文物保护项目的评估效率和质量起到了积极作用；完成了郑韩故城等8处"十二五"期间大遗址综合效益评估工作；对河北、广东、新疆三地的长城等34项世界文化遗产文物保护工程进行了竣工评估，为国家文物局督促各地提高文物保护工程管理水平，实现事前审批、事中事后监管起到了积极作用；完成了《文物保护项目评估规范（讨论稿）》课题任务；积极参与"4·25尼泊尔地震灾害损失评估"、联合国教科文组织对布达拉宫建筑群反应性监测等国际任务，凸显了中国在保护世界文化遗产中的重要作用，有效提升了国家形象。

【国家文物局委托工作】

（一）国家文物局网报网审平台上线运转

为提高工作效率、支持行政审批制度改革，中心研发的网报网审平台于2015年2月上线运行。该平台将国家文物局现行所有审批项目全部纳入，建成国家文物局"网上政务大厅"，真正实现了"一键进入，联网审批"。与此同时，经过技术人员不断打磨，现已实现包括网报网审（即"文物保护技术方案在线审核系统"）系统、档案系统、文件管理系统、考古发掘项目系统等多个业务系统与OA系统的对接。

（二）开展项目工作

承担"十二五"文物保护成果评价项目，完成《"十二五"文物保护成果评价》，以此为基础的"十二五"文物保护成果展于6月13日文化遗产日期间在重庆举办。研究起草《国家文物局卫星遥感辅助督察办法（试行）》初稿，为有效遏制文物违法行为、完善文物行政执法督察方式、建立监督有效的违法行为查处机制提供依据。协助完成文物数据资源目录访问规范、数据库设计规范的研究工作。配合开展文物数据库建设各类调研，包括细化政务信息化需求、数据库框架设计原则、数据资源之间的关联关系研究等。继续协助开展年度不可移动文物遥感监测工作。承担全国文物行政执法人员信息采集管理项目等。

（三）开展文博舆情监测

截至12月底，共完成每日舆情摘报250余期、文博舆情专报40余期。对行业和社会影响较大的相关事件，如"习近平总书记关心历史文物保护工作纪实""大理巍山拱辰楼火灾""福建大田肉身坐佛失窃"等进行实时跟踪监测，为国家文物局及时掌握事件动态，稳妥、合理应对事态提供有效支撑。

（四）配合第一次全国可移动文物普查做好服务工作

受国家文物局普查办委托，中心负责全国可移动文物信息登录平台的运行维护工作。中心向普查办派驻了高级工程师全职参与工作；成立了普查技术支持专项工作小组，负责采集软件的下发、培训与技术支持。协助开展普查信息登录平台建设。截至12月底，一期项目已完成硬件验收和软件安装，二期项目已完成基础设施验收，为21个省（区、市）处理和入库各类文物数据2709964件／套、5055029件。

（五）其他工作

中心日常维护国家文物局OA等8个系统正常运行。保障国家文物局数据中心机房和机关网络网站安全。2015年继续优化OA系统功能，新开发公文归档、历史文件查询等功能；升级了一个审核系统；完成了三个系统研发。

制作2015年国际博物馆日主题宣传片《博物馆致力于一个可持续发展的社会》和2部社会文物保护普法动画短片。完成11件国家重点珍贵文物向国家博物馆的移交工作。完成2015年文物进出境责任鉴定员及文物拍卖标的备案工作。组织2015年度文物拍卖企业专业人员考试报名工作。

【基础研究工作】

结合中心自身优势和事业发展需要，脚踏实地地开展基础性工作，总结相关工作理论和实践经验，为今后工作开展打下基础。对全国省（区、市）级文物保护单位的数据情况进行整理和归纳研究；编制《建设项目文物影响评估的理论与实践》，指导业内文物影响评估工作规范化；梳理研究历年遗址类保护规划，研究分析陶瓷遗址类保护规划等。

【专业咨询服务工作】

建设、完成5个系统，启动、完成10个文物保护规划和文物影响评估。完成9个数字化展示项目设计方案编制。承担北京市域可移动文物普查。与山西省文物局、中国海洋博物馆、上海市人民检察院、重庆中国三峡博物馆、西藏博物馆、北京画院美术馆等多家单位展开项目合作。

中国
文物年鉴
2016

文物出版社

【概述】

2015年，文物出版社在国家文物局的领导下，认真贯彻落实党的十八大和十八届三中、四中、五中全会精神，贯彻落实习近平总书记系列重要讲话精神及关于文物保护重要指示精神，以扎实的专业素养、踏实的工作作风完成了全年各项工作。

2015年，文物出版社继续以抢救、保护中国文化遗产为己任，以展示中国传统文化内涵和艺术魅力为宗旨，所出版的文物考古、文化艺术等图书均保持一贯的"高、新、精"的特色，获得专业领域与大众市场的认可。同时，文物出版社贯彻国家文物局坚持稳中求进、改革创新的总基调，以"创新、协调、绿色、开放、共享"五大发展理念为引领，主动适应新常态，调整图书结构，继续数字化转型工作，完善机构建设，进一步推动文物出版与文化宣传工作，在出版实践中实现中华传统文化的创造性转化、创新性发展。

【党的建设】

2015年文物出版社认真组织学习贯彻党的十八届三中、四中、五中全会精神和习近平总书记系列重要讲话及关于文物保护重要指示精神，认真贯彻落实中央的"八项规定"精神和一系列反腐倡廉举措，将党风廉政建设"两个责任"落到实处。扎实推进群众路线教育实践整改活动，组织开展"三严三实"专题教育活动，将践行"三严三实"制度化、常态化、长效化。制定出台了《文物出版社处级以上领导干部开展"三严三实"专题教育实施方案》。发放了《习近平谈治国理政》《习近平关于党风廉政建设和反腐斗争论述摘编》等学习辅导材料。

同时，结合文物工作实际，组织学习习近平总书记关于加强历史文物保护、传承优秀传统文化的重要论述，编辑出版并学习了《习近平总书记关于传统文化和文物保护重要论述摘编》，深刻领会精神实质，将其贯彻落实到思想和行动中，使其成为指导文物出版工作的行动指南。

【机构调整与制度建设】

为更好地提升文物出版工作实效，2015年文物出版社一方面做强主业出版，实现主业质量的再优化，继续推进文化传承精品工程建设和图书产品线的打造。另一方面着力推动产业转型升级，构建多元化产业发展新格局，拓展新业态、多元化和规模化经营，打造新经济增长点。

2015年，文物出版社根据新的出版环境和业务需要，对部分内设机构进行调整，调整后下设中心及部室18个，其中图书编辑中心6个。

为更好地"让文物活起来"，同时适应出版新环境新趋势，借力新媒体技术促进自身发展，文物出版社于2014年启动数字化转型工作。2015年成立数字出版中心，着力推广文物出版数字产品，完成了全媒体普法产品、多媒体文博名家精品教程、博物馆珍贵文物数字化保护等数字产品的制作。

为强化管理，规范出版活动，制定完善了相关规章制度，颁布《文物出版社书刊编校质量管理办法》《文物出版社书刊质量检查实施办法》《文物出版社书刊稿酬规定》《文物出版社书稿校对流程》《文物出版社图书书封设计规范》《图书书名页排印规范》等。

■ 【出版概况】

2015年，文物出版社全年出版图书310种，其中新书277种，重印书33种；出版《文物》月刊12期，《书法丛刊》6期。出版了《权力与信仰——良渚遗址群考古特展》《襄汾陶寺——1978～1985年考古发掘报告》《中国唐卡文化研究系列丛书》《隋智永真草千字文》《陈簠斋彝器全形拓精选（一）》等一系列考古发掘报告、文物考古、博物馆学术专著、传世和出土的重要文献资料、绘画碑帖、珍本图书的复制品以及近现代文物史迹等内容的图书。围绕"纪念中国人民抗日战争暨世界反法西斯战争70周年"，推出了《文物在诉说——中国抗战遗迹概览》《四万万人民——中国抗日战争暨世界反法西斯战争胜利七十周年特展》《航空劳作教材（手稿影印本）》等系列主题图书。配合"一带一路"国家发展战略，重印了《丝绸之路》《海上丝绸之路》等系列大型图录。

为适应新的阅读环境的需求，主动调整图书结构。2015年，继续加大古籍整理影印和高端收藏图书的出版力度，持续推动古籍类图书出版。截至2015年年底，古籍图书板块整体布局已初见端倪，已推出雕版印刷图书20种、珂罗版复制图书2种、线装图书35种、龙鳞装图书2种，其中珍稀古籍丛刊14种。

同时，加强大型套书出版力度，编辑出版了《中国皮影戏全集》（全24册）、《中国唐卡文化研究系列丛书》（12种）；再版《中国绘画全集》（全30册）、《中国石窟》（全5卷）等图书。《中国文物志》编纂工作顺利推进。

■ 【年度精品】

《中国唐卡文化研究系列丛书》：此为文物出版社首次大范围、系统性推出的展示、研究唐卡的最新成果作品集。该系列图书大致分为两类。一类为图录，所收作品绝大部分为首次发表，艺术及学术价值极高，包括《中国唐卡》《匦嘎利》《噶玛噶孜画派唐卡》《新概念唐卡》。另一类为研究性论著，均为唐卡研究的最新成果，学术水平较高，包括《唐卡艺术概论》《唐卡艺术解读》《中国唐卡文化研究论文集》《2015北京·中国唐卡文化论坛文集》《康·格桑益希文集》《藏文书法精粹》。

《权力与信仰——良渚遗址群考古特展》：此书为配合同名展览而编辑出版的一本专题性图录。利用近些年来的考古资料，主要是良渚遗址群中心的反山、瑶山贵族墓地和遗址群周边次一级聚落出土的玉器材料，从"王的葬礼""权力的展现""以玉事神"三个方面集中展示了良渚古城的结构与秩序，良渚社会权力的分配和社会的分化，以及良渚社会的统一信仰。

《柬埔寨吴哥古迹茶胶寺考古发掘报告》：吴哥古迹茶胶寺考古是中国考古工作者参与实施的一项重要涉外考古调查和发掘项目，也是中国商务部合同内容规定的茶胶寺保护维修工程项目中结构加固、材料修复、考古研究等三大任务之一，包括对茶胶寺及其周边遗址调查、茶胶寺勘探和发掘等内容。本报告对这项考古工作的初步成果进行了介绍。

《簠斋彝器全形拓精选（一）》：本书收录中国文化遗产研究院藏陈介祺全形拓12幅。编者在几百幅藏品中，按照器物类型优中选优，所选拓片具有极高的历史文物价值和艺术价值，兼具学术性与鉴赏性。本书以手工宣纸原大复制，在最大程度保留原拓历史信息的同时，更是一件难得的艺术品。

【重大出版项目】

2015年，文物出版社完成"十二五"国家重点图书、音像、电子出版物规划的项目中《中国皮影戏全集》（全24册）的出版工作，《中国考古学的方法和技术》《文物藏品定级标准图例》《长沙走马楼三国吴简》以及音像出版项目《走进博物馆》已陆续出版部分成果。同时启动"十三五"规划编制工作。

《中国皮影戏全集》全面、系统地反映了中国皮影戏有关的各项综合形态，全景式展示了中国皮影戏的历史发展、表演形式、戏出、剧本、唱腔、造型特征、雕制工艺、民俗和文论。主创人员长期从事民间原生态文化遗产的抢救和研究工作，近20年来考察和访问过25个省市170多个县的两千多名皮影艺人和相关人士，积累了大量的考察笔记和调查问卷，查阅了大量的相关资料，潜心研究，编撰成24册的《中国皮影戏全集》。

【获奖情况】

2015年，文物出版社所出版图书在国家新闻出版广电总局、中国出版协会、古籍出版工作委员会、中国文物报社以及各地方举办的评奖活动中获得共计17项荣誉。具体情况如下：

2015年文物出版社图书获奖情况

序号	书名	奖项
1	《襄汾陶寺——1978～1985年考古发掘报告》	中国社会科学院创新工程2015年度基础研究重大成果
2	《开成石经（珍藏版）》	"优秀古籍图书奖"一等奖
3	《敦煌莫高窟题记汇编》	"优秀古籍图书奖"二等奖
4	《中国唐卡文化研究系列丛书》（12种）	第二十四届优秀美术图书"金牛杯"银奖
5	《丝绸之路》	第二十四届优秀美术图书"金牛杯"铜奖
6	《秦始皇帝陵出土二号青铜马车》	2015年第66届美国印制大奖优秀奖
7	《中华历史文化名楼系列丛书》（10种）	国家新闻出版总局首届向全国推荐中华优秀传统文化普及图书
8	《二里头（1999～2006）》（全5册）	2014年度全国文化遗产十佳图书
9	《中国绘画全集》	2014年度全国文化遗产十佳图书

续表

序号	书名	奖项
10	《丝绸之路》	2014年度全国文化遗产十佳图书
11	《让文物活起来：文物合理利用经验集萃》	2014年度全国文化遗产优秀图书
12	《跨湖桥独木舟遗址原址保护》	2014年度全国文化遗产优秀图书
13	《仙人洞与吊桶环》	2014年度全国文化遗产优秀图书
14	《说陶论瓷——权奎山陶瓷考古论文集》	2014年度全国文化遗产优秀图书
15	《第一次全国可移动文物普查工作手册（修订版）》	2014年度全国文化遗产优秀图书
16	《宝安三十年史（1949～1979年）》	深圳市第七届哲学社会科学优秀成果奖

中国
文物年鉴
2016

2015年，文物出版社编辑出版的《文物》杂志获得"中国人文社会科学综合评价AMI"权威期刊、RCCSE中国核心学术期刊（A）、2015年度中文报刊海外发行最受海外机构欢迎TOP50、2015期刊数字影响力100强（学术／科技期刊类）、2015中国最具国际影响力学术期刊等荣誉。

【业务往来】

文物出版社关注文博领域与出版行业的业内动态，通过业务交流增加互利发展。2015年，文物出版社组织参加新闻出版广电总局举办的编辑人员业务培训班、第十四期全国古籍整理出版编辑培训班等业务培训，参与第五届韬奋杯全国出版社青年编校大赛，以此提升编辑人员的专业素养与业务水平。组织召开了《中国青铜器全集（续编）》《中国陶瓷史》编委会会议，参加第30届全国古籍出版社社长年会、第二届世界考古论坛、《丝绸之路美术全集》第二次编务会等相关业务交流活动。

【对外交流与合作】

加强与境外出版机构的合作交流，借助合作出版、版权交易及相关活动促进图书品牌及图书形象建设，增强中华文化在国际主流市场的传播力。

2015年，完成版权引进项目《早期东南亚大陆：从最初的人类到吴哥》。与科学出版社东京分社就《文物定级标准图例》（全六卷）签订的日文版权输出项目，已出版《玉器卷》《造像卷》《兵器卷》及《铜器卷》，最后两卷预计将在2016年完成。此外，与英国海德出版公司合作完成2014年度"经典中国"国际出版工程《中国最有意思的80件雕塑》，该书英文版 *Eighty Pieces of Most Interesting Chinese Sculpture Works* 已由英国海德出版公司出版发行。《文物》月刊的英文版 *Chinese Cultural Relics* 在美国由 East View Press 正式出版发行。

　　2015年度文物出版社组织编辑参加2015年美国BEA书展、2015年东京国际图书博览会、2015年法兰克福书展、君子之风——梅兰竹菊书画交流笔会及文物出版社台北书展五项外事活动，参与第二十二届北京国际图书博览会。通过多样的交流合作，一方面推进文物图书国际化"走出去"战略，另一方面将先进理念和成熟经验"引进来"，增强出版实力。

中国文化遗产研究院

【概述】

2015年是"旧都文物整理委员会"成立80周年的喜庆之年，也是中国文化遗产院"十二五"发展规划的收官之年。在国家文物局党组的正确领导和大力支持下，院领导班子带领全体同志，稳中求进，取得了新的成绩。

【社会科学】

（一）长城保护

2015年，长城项目主要开展了长城保护工程（2005～2014）十年工作总结评估、建设长城资源信息系统、长城遗产监测预研究、长城保护技术相关标准规范前期研究以及继续开展《长城资源调查报告》编写5项主要工作。

中国文化遗产研究院作为"长城保护工程"项目管理单位，负责具体协调、技术指导、组织专家检查验收，对各省（区、市）报告进行整理汇总等工作。项目组开展了总结评估指标设计、研发和部署基础信息采集系统、信息审核和重点省份长城保护工程实地检查等工作，已经完成总结评估报告初稿

承担"早期长城资源数据整合与长城保护管理信息系统升级"项目，为长城资源数据应用和服务于管理和公众提供了良好的条件。

在长城保护工程项目管理上，开展了长城监测预警体系建设预研究，目前已形成初稿，为下一步开展长城遗产监测提供了研究基础；开展长城保护员核查统计工作，对15个省市自治区提交的长城保护员名单进行反复信息核实和整理，最终确定全国长城保护员3410人。

受国家文物局委托，为进一步规范和提高长城保护维修工作的管理和技术规程，承担长城保护工程技术相关标准规范前期研究，对长城保护工程技术标准规范体系的建立提出了建议和计划，为开展相关研究奠定了基础。研究报告已正式提交国家文物局。

《长城资源调查报告》编写工作持续推进，目前已完成初稿并提交总编审核。

（二）社科基金重大项目"大遗址保护行动跟踪研究"结项

2015年6月，社科基金重大项目"大遗址保护行动跟踪研究"通过了社科基金的结项审查，并于9月收到全国哲学社会科学规划办公室颁发的结项证书（证书编号：2015&J029），标志着这个文博行业内研究机构首次承担的应用对策类社科基金重大项目顺利结项。

（三）2011创新工程

2014年底，中国文化遗产研究院与清华大学等九校一所联合申报的"出土文献与中国古代文明研究协同创新中心"（2011创新工程）正式得到批准并实施。该工程包括了长沙五一广场简牍整理、银雀山汉简的保护和再整理、肩水金关汉简整理等项目。2015年，项目均按计划顺利实施，取得了预期效果。3月7～8日，在山东博物馆联合召开"银雀山汉简保护、整理与研究项目启动暨专家咨询会"；6月8～10日，吉林大学、清华大学专家分别携带红外照相设备和高分辨率彩色照相设备，结合山东博物馆的红外扫描设备，对部分简牍进行实验性数据采集工作；7月28日～9月28日，顺利完成全部7600余支竹简资料采集工作，包括2647件没有田野编号的残简，而且在简背发现了划痕和反印文字等信息，对于竹简的再整理提供了重要依据。

（四）国保单位档案整理项目

中国文化遗产研究院承担了国家文物局"国保档案整理项目"，通过搭建工作平台、修订档案规范、开展人员培训等措施和方法，完成了第六、七批全国重点文物保护单位记录档案的接收工作。共接收档案32102卷，包括纸质档案21316册，电子档案光盘7000张。同时开发了"全国重点文物保护单位记录档案管理系统"，实现了对第六、七批国保单位档案的电子化管理、查询、阅览和统计分析，以及对第一至五批国保单位基本信息的查询。2015年12月3日，该项目通过国家文物局验收并结项。

（五）2014年度主动性考古发掘项目评估

受国家文物局委托，中国文化遗产研究院承担了2014年度全国主动性考古发掘项目评估工作。从2014年12月底至2015年3月，完成了相关评估表格设计、下发、接收、审核和专家评估等工作，并完成评估报告撰写。该报告对全国2014年审批立项的208个主动性考古项目进行了较系统的评估。

【世界文化遗产】

（一）中国世界文化遗产监测预警总平台和通用平台建设

2015年，继续完成了基础数据相关规范、监测数据报送规范等多项规范编制；采集了25处遗产地的基础数据；处理整合了17处遗产地保护区划数据，发布了11处遗产地高清影像；搜集了世界遗产地百余份评估报告及监测报告；完成了总平台与三处遗产地平台（大运河、龙门石窟、左江花山岩画）的对接功能，实现了总平台与遗产地平台实时监测数据的同步；搜集了12处遗产的前端监测设备基本信息及运行状况；将专题数据、影像、各类规范通过总平台发布共享，初步建成了中国世界文化遗产服务资源共享平台。中国世界文化遗产监测预警通用平台已成功在左江花山岩画定制扩展使用，后续会应用到更多遗产地平台，并应用遗产监测信息移动采集系统，扩展遗产地监测数据采集模式。

5月27日，中国世界文化遗产监测中心2015年年会在中国文化遗产研究院召开，发布了"中国世界文化遗产监测2014年度报告"。

（二）左江花山岩画文化景观申报世界文化遗产

2015年1月，按照国家文物局部署，项目组提交了申遗文本正式稿及监测系统方案。3月，完成了沿江景观保护与展示方案设计、标识系统设计，并通过了国家文物局的评审。3～10月，协助开展迎检工作，主要包括保护与展示工程施工指导、博物馆布展咨询、导览系统文案、监测系统施工指导、迎检方案咨询等。10月13～17日，全程陪同ICOMOS专家现场考察左江花山岩画文化景观，并负责现场答疑、翻译、补充相关材料等工作。11月，应ICOMOS要求提交书面补充材料。项目组利用中国文化遗产研究院内部资源成立了跨多学科的申遗团队，还组织富有经验的岩画专家进行了现场授课、交流、答疑。

（三）钓鱼城遗址申报世界文化遗产前期工作

7月，中国文化遗产研究院正式承担重庆钓鱼城遗址申报世界文化遗产文件及保护管理规划的编制工作。启动以来，项目组整理了钓鱼城遗址相关研究资料，基本厘清了钓鱼城遗址历史文化遗存构成要素、形制／结构特征、遗存年代、维修记录等信息，初步确定了价值框架并初步划定了保护区划。

（四）江南水乡古镇申报世界文化遗产预研究

3月26日，在苏州召开的"江南水乡古镇申报世界文化遗产工作推进会"上，中国文化遗产研究院与苏州市文物局签署了《关于委托编制江南水乡古镇申报世界文化遗产文本及保护管理规划的框架协议》。根据框架协议精神，中国文化遗产研究院承担"江南水乡古镇申报世界文化遗产预研究"项目，就申遗的突出普遍价值、对比分析等方面开展研究，并提出申报范围的初步建议，为江南水乡古镇申遗工作的顺利开展奠定了良好的基础。

（五）中国世界文化遗产地监测预警体系建设评估（一期）

受国家文物局委托，中国文化遗产研究院于2014年9月承担了"中国世界文化遗产地监测预警体系建设评估（一期）"项目。截至2015年年底，已完成12处试点单位中6处的现场评估和报告编写工作。项目组根据与中国世界文化遗产监测相关的行业规范以及现阶段监测工作的特点，建立了包括制度规范、人力资源、数据体系、监测预警平台以及监测效果等5个一级指标以及17个二级、53个三级和109个四级的评估指标体系，并根据各层级指标对遗产地监测工作的相对重要程度制定了相应的权重体系。

4～8月，项目组对丽江古城，苏州古典园林，周口店北京人遗址，西湖文化景观，大足石刻，高句丽王城、王陵及贵族墓葬进行了监测预警体系建设评估工作。根据现场考察、遗产地专项汇报、资料提交等情况，对遗产地监测预警体系建设的进展情况和实施效果进行了详细评估，总结了现阶段我国监测预警体系建设取得的成绩和工作中存在的问题，并对下一阶段我国世界文化遗产地监测预警体系建设提出了相关建议。

【重点工程与规划项目】

（一）大足石刻千手观音造像抢救性保护工程

历经8年，中国文化遗产研究院组织实施的大足石刻千手观音造像抢救性保护工程在2015年顺利完成。3月，造像区下部包括主尊、斜侍以及22件彩绘法器在内修复工作的完成，标志着本体雕刻区内修复工作的基本结束。技术人员启动底层须弥山及两侧龛檐风化基岩渗透加固、局部残缺部位补型；同时完成对底层两力士像、穷人像及饿鬼像表层清洗、盐析部位脱盐、风化部位渗透加固，局部缺失部位的补形、补色等工作；并开展修复细部检查与成果汇总、资料整理等工作。5月5～6日，重庆市文物局在大足组织专家召开了工程验收会，顺利通过验收。

（二）山东定陶汉墓保护项目

2015年，山东定陶汉墓项目组开展了黄肠题凑环境监测，确定了M2汉墓土遗址保护技术，开展了施工图设计，一期保护工程施工正式启动。项目组多次赴汉墓遗址开展现场木材监测评估工作，木材取样150余个，监测记录120余次；培训、指导当地保护人员进行临时性保护工作；现场监督检查喷淋系统的安装实施，并及时提出整改意见。5月18～21日，召开了定陶汉墓现场喷淋系统结项验收专家会和环境监测系统专家咨询会。9～10月，基本完成环境监测系统的实施工作。根据专家意见，修改并完成了《山东定陶王墓地M2汉墓保护设施地下部分施工图—第一阶段设计》《山东定陶王墓地（王陵）M2汉墓保护工程岩土工程勘察报告》。10月31日，山东定陶王墓地（王陵）M2汉墓一期保护工程施工启动仪式在定陶王陵举行。一期保护工程将在3～5年内按照保护方案要求实施地下保护设施和地上保护设施建设以及相关保护工作，将黄肠题凑汉墓置于一处独立的温湿度可控环境内，以利于后续综合性保护工作开展。

（三）"南海Ⅰ号"发掘及现场文物保护

"南海Ⅰ号"考古工作不断取得新进展。2015年，沉船上部淤泥完成清除，已进入船舱内清理提取器物。与考古发掘同步，中国文化遗产研究院保护人员持续开展木船的防霉、保湿、防虫和各类文物的保护处理及相关的科学检测与监测工作，及时梳理并撰写"南海Ⅰ号"沉船发掘现场保护阶段性总结报告；完成间歇期间的船木本体保湿防霉及病害监测，归还完成脱盐保护的瓷器文物，继续保护处理金属、木质、漆器、果核等各类文物的现场稳定性处理。在下半年发掘季，改进升级了现场船体的自动喷淋系统，选择具有代表性的船体构件典型病害部位，采用色差计、三维激光扫描及实验室分析设备开展了木材的色泽、裂缝、微生物以及环境等病害的监测，多方位、多角度监控木船的各类病害，当病害出现变化时，及时应对，科学有效地预警船体的各类病害。截至2015年年底，累计保护处理陶瓷器4057件、碎片317筐，金器113件／套，银器66件／套；共提取铁器46件／套，铜钱万余枚（707组），其他铜器159件／套，其他材质金属器25件／套，漆木器小件53件／套、漆器残片标本59组，果核标本300组、骨质标本370组，凝结物45吨，其他材质文物121件／套。

（四）应县木塔严重倾斜部位加固及变形监测

2015年是应县木塔严重倾斜部位及严重残损构件加固工程施工的开局之年。中国文化遗产研究院与山西省古建筑保护研究所联合成立施工项目部，配齐现场施工技术和管理人员，进一步深化研究和设计加固方案，完成《应县木塔严重倾斜部位及严重残损构件加固施工深化和优化设计》，并通过专家评审。进场后搭建施工临时设施，熟悉应县木塔的特点及施工环境，消化掌握加固方案施工技术细节，并与甲方与监理等单位技术人员对接；在施工现场试验研究模型制作，并全方面开展施工技术工人培训。同时，中国文化遗产研究院继续开展应县木塔变形监测，结合木塔二层抢险加固工程相关需求，依据建筑变形监测技术标准规范，参照前期相关监测成果经验，着手实施应县木塔变形专项监测。

（五）高句丽墓葬壁画原址保护项目

该项目已完成前期调查与研究工作，进入文物本体保护工程实施阶段。2015年，在系统总结前期研究成果的基础上，项目组编制了《高句丽麻线一号墓壁画本体保护修复》《高句丽五盔坟5号墓壁画保护修复》以及《高句丽四座墓葬防渗水工程》（五盔坟4号墓、三室墓、舞俑墓、角觝墓）的工程立项报告，并获得国家文物局批准立项，根据批复文件，完成方案设计工作。同时完成《高句丽五盔坟5号墓和麻线一号墓微生物及环境监测》立项报告编制及方案设计。在进行壁画本体保护修复方案设计、墓葬建筑防渗水工程设计和施工的同时，继续开展五盔坟5号墓、麻线一号墓防渗工程施工效果跟踪观察、监测，并针对危害高句丽墓葬壁画的最主要病害——壁画表面微生物的清除与防治这一难题，积极开展科研活动，完成课题"文保有机材料抗菌性研究——以高句丽五盔坟5号墓为例"。以该课题研究成果为基础，成功申请国家文物局优秀青年培养计划课题"文物保护有机高分子材料生物老化性研究"，并按计划完成本年度任务。

（六）清东陵文物保护工程设计及施工技术跟踪

2015年，项目组继续完善清东陵中的9座陵寝和孝陵神道、裕陵地宫防渗等11项维修工程的勘察与设计工作。在此次维修工程设计中，我院工程技术人员与合作单位紧密协作，采用三维激光扫描技术和传统人工测绘相结合的方式，对各建筑进行实地测绘，采集和检测了多个建筑构件样品，为维修设计提供充分依据，并对每座建筑逐一进行病害勘察与分析。同时，在以传承清代同时期建筑特点、传递古建筑历史信息的原则指导下，采取重点维修、尽可能少干预的思路进行工程设计，以期充分展示文物原貌。截至2015年年底，项目组先后完成了慈禧陵方案设计和定妃园寝施工图设计，并在辽宁有色勘察研究院的协助下完成了裕陵地宫维修工程方案修改设计，同时定陵的维修工程方案设计正完善修改。此外，裕陵维修工程已于2015年6月正式开工，目前施工进展顺利。

（七）山西新绛县福胜寺彩绘泥塑保护工程

2015年，中国文化遗产研究院继续开展福胜寺彩塑保护工程。工程针对彩塑不同病害情况，充分尊重文物保护原则，使用科学、安全、合理的保护修复方法对文物本体进行保护修复。10月底，工程完工，共完成福胜寺23尊塑像及1组渡海观音悬塑的除尘、清洗、回贴、加固、残缺补全复位、全色等修复保护工作。针对施工过程中塑像缺失头部补塑这一难点，工程项目组利用三维扫描及虚拟修复，并结合历史照片对塑像头部关键数据进行确认，最大程度予以复原。同时为遵循文物保护修复可逆性原则，新补头像、手部均可拆卸。11月13日，工程通过新绛县文物旅游局和山西省古建筑维修质量监督站联合组织的竣工验收。

（八）承德避暑山庄及周围寺庙石质文物科技保护工程

2015年，在前期调查和凝灰岩基本物理力学性质试验基础上，项目组进一步补充分析当地凝灰岩特殊的板条状破碎与龟裂形成模式与其破坏机理，并增加其破坏方向性与岩石微结构的分析；4月6日，顺利中标承德避暑山庄（一期）、普乐寺、普陀宗乘之庙石质文物保护科技工程，于7月正式实施，至11月底基本完成普乐寺8个喇嘛塔的保护修复任务。

（九）大遗址保护展示

2015年，中国文化遗产研究院在大遗址保护与展示研究领域进行了深层调整，在持续加强原有科研优势的基础上，对业务结构进行了进一步优化。

首先，考古遗址公园规划向精品项目转化。正式启动郑城考古遗址公园规划的编制工作，开始尝试按全新的项目运作方式以规划为抓手整体引导公园建设筹备工作。其次，工程实践由规划阶段向实施阶段转化。陆续启动了辽上京乾德门遗址保护展示工程（一期）设计方案、郑韩故城保护规划修编、郑韩故城遗址北城墙中段保护展示设计方案以及郑韩故城冷藏井、铸铁遗址保护展示设施设计方案等一系列延续项目，稳步开展工程实践。再次，科研工作向专题研究转化。出版了《国家考古遗址公园实用手册》；《国家考古遗址公园管理办法（试行）》修编工作进入了现场考察和专题研究阶段；启动了"大遗址展示中的景观设计原则研究——以陕西五陵塬总体景观设计为例"的专项研究。最后，学术交流持续加强。5月，参加由沈春池文教基金会、中华文物交流协会、香港特区政府发展局与澳门特区政府社会文化局主办的第二届海峡两岸及港澳地区文化遗产活化再利用研讨会；

11月，参加大遗址保护与旅游融合高峰论坛暨国家考古遗址公园联盟第五届联席会。

【援藏援疆】

（一）西藏哲蚌寺壁画修复工程

2015年，中国文化遗产研究院项目组已完成全部壁画的现场修复工作，并通过寺院管委会以及拉萨市文物局的初步验收。2015年主要对壁画修复质量进行跟踪监测，组织相关专家对内转经道壁画内容进行考证与研究。同时，完成了工程资料整理、竣工报告撰写等工作。

（二）西藏大昭寺壁画保护修复工程

2015年，西藏大昭寺壁画保护修复工程项目组按照设计方案和工程合同中规定的施工范围和施工内容，完成了大昭寺转经廊、觉康主殿一至三层、一层大殿回廊、一层大殿门廊以及一层天井回廊等处壁画的本体修复，主要工作包括地仗层修复（裂隙修补、缺失修补、加固、空鼓灌浆等）、颜料层修复（广告色去除、起甲病害修复、加固回贴等）以及缺失画面的补全修复（补绘及封护、做旧），合计修复壁画面积4392.64平方米，顺利完成了工程的施工任务。11月13日，拉萨市文物局在大昭寺组织召开了工程预验收会议，通过预验收。

（三）新疆彩塑与壁画保护修复工程

龟兹研究院馆藏彩绘泥塑保护修复工程在2014年工作的基础上，完成了《新疆龟兹研究院馆藏彩绘泥塑文物保护修复工程报告》；对286件彩绘泥塑的档案基础资料进行了逐一整理，完成了《新疆龟兹研究院馆藏彩绘泥塑文物保护修复档案》；已将正式技术文本交付甲方。

库木吐喇石窟揭取壁画保护修复工程在总结2014年修复实践工作的基础上，完成了《新疆库木吐喇石窟揭取壁画保护修复工程报告》和《新疆库木吐喇石窟壁画颜料的分析研究》；对135幅壁画的档案基础资料进行了逐一整理，完成了《新疆库木吐喇石窟已揭取壁画文物保护修复档案》；编制完成《新疆库木吐喇石窟已揭取壁画文物保护修复工程竣工图集》；已将正式技术文本交付甲方。

【公益项目】

（一）贵州塘都传统村落保护与发展研究

本课题为中国文化遗产研究院履行公益机构职责的延续性项目，旨在通过发挥综合性团队优势，对中国传统村落的保护问题进行剖析，并提出行业建议。2015年，项目组在前期广泛调研的基础上，选定已列入第三批中国传统村落名单的贵州省黄平县塘都村为主要研究对象，进行塘都村保护与发展研究。项目组几次深入塘都及周边村落进行田野调查，完成了村落航拍、相似村落比较分析、传统建筑结构现状分析、村落产业形态分析等工作，并按照中国传统村落档案编制要求基本完成了《塘都传统村落档案》。项目组还组织召开了现场专家与村民意见咨询会，广大村民在会上积极踊跃发表意见，初步实现了文化遗产事务的公众参与。此外，协助国家文物局团委于8月在塘都顺利开展了"根在基层·青春担当"中央国家机关青年干部调研实践活动。

（二）高棉的微笑——柬埔寨吴哥文物与艺术展

在中国政府援助柬埔寨吴哥古迹保护修复工程顺利开展的背景下，为进一步增进中柬合作与交流，在国家文物局、我驻柬使馆及柬埔寨王国文化部的支持下，中国文化遗产研究院与北京华协文化发展有限公司联合首都博物馆、广东省博物馆、陕西历史博物馆，引进了"高棉的微笑——柬埔寨吴哥文物与艺术展"。继2014年12月26日～2015年3月29日在首都博物馆进行首站展出后，该展于2015年4月18日～7月15日在广东省博物馆展出，7月30日～10月15日在陕西历史博物馆展出。10月9日，中国文化遗产研究院在陕西西安组织召开"高棉的微笑"展览研讨会，为今后类似的办展模式提供经验和参考。

（三）长城宣传工作

长城保护工作历来是社会关注的热点，中国文化遗产研究院长城项目组利用报纸、社会活动等积极参与长城的社会宣传工作，针对部分媒体和社会人士对长城破坏情况和保护管理工作的不严谨报道，通过各种渠道进行了有理、有力、有节的回应，表达了能够代表最广大长城保护管理工作者的意见。在纪念中国加入《世界遗产公约》三十周年之际，项目组编写了《世界文化遗产——长城保护管理工作总结》；在《长城保护条例》颁布十周年宣传活动中，编写了《长城这十年——长城保护与管理取得阶段性成果》。

【培训工作】

（一）2015年度考古发掘领队初任培训班

2015年6月1～7日，由国家文物局主办、中国文化遗产研究院承办、河南省文物考古研究院协办的2015年度考古发掘领队初任培训班在河南郑州举办。来自26个省、自治区、直辖市，56个研究院所及18所高校的113名学员参加了培训。培训班以考古发掘现场保护技术为核心，旨在加强新任考古发掘领队现场保护意识，提高新任考古发掘领队现场保护和决策水平，加大考古现场保护技术在考古发掘中的力度。培训班采用理论学习、专题讲座、学员交流与考古工地现场调研等多种形式开展教学，顺利完成了各项预期培训目标。培训班结业时，参加培训的人员获得了国家文物局颁发的考古发掘领队证书和业务培训证书。

（二）现代分析技术在文物保护中的应用培训班

现代分析技术在文物保护中的应用培训班是中国文化遗产研究院多年来以培养分析检测人员为目的的培训项目，2015年度的培训班于6月28日开班，7月31日结业，来自全国14个省市的14名学员参加了培训。此次培训主要针对无机质文物保护中应用的X射线衍射、X射线荧光、扫描电镜—能谱、显微激光共聚焦拉曼光谱以及金相显微镜等仪器的使用及数据解析进行培训，每位学员均对系统完整的样品分析进行了实践，并完成了详尽的分析报告，收到了良好的效果。

（三）油画修复技术培训班

2015年度油画修复技术培训班于7月6日开班，学时3个月。本次培训针对博物馆馆藏油画展开，来自全国各级博物馆的10名油画保护修复技术专业人员参加了培训。通过培训，不仅加强了对油画保护与修复专业技术人员的培养，对油画保护与修复技术的研发和应用进行了推广，同时也促进了我国油画保护技术的研究和发展。

（四）ICCROM博物馆库房重整（RE-ORG）培训班

2015年ICCROM博物馆库房重整（RE-ORG）培训班于9月在成都举办，招收了10名中国学员和10名外籍学员，是一次覆盖欧洲、非洲、亚洲、拉美四大洲的国际培训。本次培训班学员以成都武侯祠博物馆文物库房为实习地，通过管理、建筑、库房和柜架4个方面对库房条件进行量化评估，并通过数据核算和平面图绘制，编制、实施升级重整方案，重整

中国
文物年鉴
2016

完成后再次进行量化评估，验证重整效果。

（五）海洋出水金属文物保护修复技术培训班

为期5周的"2015年度海洋出水金属文物保护修复技术培训班"于2015年10月10日～11月11日在广东省阳江市广东海上丝绸博物馆举办。培训期间，学员们完成了70课时的理论课和84课时的实践课，对58件青铜文物（包括铜钱、铜环、铜盒以及铜碗）进行了保护修复，提交了58份海洋出水金属文物保护修复档案。与此同时，16名学员分成4组，共提交4篇具有较高学术水准的关于海洋出水金属文物保护修复的结业论文。

【对外援助与交流】

（一）中国政府援助柬埔寨茶胶寺修复项目

2015年，中国政府援柬茶胶寺修复项目的建筑本体保护与修复施工、须弥台石刻保护与修复、考古发掘与研究、国际合作与交流等各项工作进展顺利。

1. 建筑本体保护与修复

2015年主要对第三阶段的南外塔门、西外塔门、北外塔门实施了保护与维修，并对各处新补配的石构件进行了细部雕凿处理。为保障建筑本体结构长期的稳定性及游客人身安全，选择位于重要游览参观通道上的3处竣工项目点（东外塔门、南藏经阁、北藏经阁），对其寻配归安的山花石构件采取可逆防护措施进行加固处理。此外，为了完善和留取详细的维修档案资料，对维修施工结束后各施工项目点及场地周边散落的石构件进行了调查及分类统计。在完成建筑本体保护修复工作的同时，对茶胶寺修复项目前期研究及维修施工中所取得的成果进行了总结归纳，编辑完成了《茶胶寺修复工程研究报告》书稿，已印刷出版。

2. 考古发掘与研究

2015年，考古专项完成2009年以来考古报告的整理与出版工作。另外，还开展了吴哥古迹考古研究前期工作，《吴哥古迹考古》的整理与编写工作按计划开展，并取得阶段性成果。7～9月，对东壕沟北段东南角处区域进行了考古发掘，发掘探明区域内存在一过水通道，通道走向东南—西北，为砂岩和少量角砾岩砌筑。同时，为了便于遗址发掘区的长久、科学的保护，得到柬方同意后，中国文化遗产研究院对临时进行考古发掘成果展示的3处发掘区进行了回填保护，在回填地表对发掘成果进行了标示展示。

3. 须弥台石刻保护修复

为了更加深入探明石刻表面风化及开裂剥落病害发育机理及对其趋势进行更好的预测，在前期微型气象站建设的基础上，2015年在须弥台四面新增设了石材表面温度变化及裂缝变形监测器。此外，搭建了石刻保护修复施工平台，并从10月份开始对须弥台东侧及南侧进行全面抢救性加固保护实施工作。

4. 中国吴哥古迹保护研究中心及茶胶寺管理与展示中心建设

在刘曙光院长和许言副院长的积极努力磋商和协调下，APSARA局将局内办公区一处闲置的二层独立办公用房提供给工作队作为中国吴哥古迹保护研究中心办公楼。援柬工作队已就室内功能改造及装修与APSRA局相关领导进行了沟通，计划于2016年完成室内装修并投入使用。此外，茶胶寺管理与展示中心的选址及设计方案已得到柬方APSARA局的批准，计划于2016年建设完毕。

5. 国际合作与对外交流活动

由许言副院长带队，分别于6月、12月分别参加了每年举办一次的联合国教科文组织吴

中国文物年鉴 2016

哥保护协调委员会（ICC）技术大会和全体年会，在会上就我国援柬茶胶寺修复项目各项工作进行了介绍。

（二）援助乌兹别克斯坦花剌子模州历史文化遗迹修复项目

根据2014年中国文化遗产研究院组织编写的《中国政府援助乌兹别克斯坦花剌子模州历史文化遗迹修复项目可行性考察报告》和《中国政府援助乌兹别克斯坦花剌子模州历史文化遗迹修复项目对外援助成套项目立项建议书》，商务部于2015年9月下达了《商务部关于承担援乌兹别克斯坦花剌子模州历史文化遗迹修复项目实施任务的通知》，正式委托中国文化遗产研究院承担乌兹别克斯坦花剌子模州历史文化遗迹修复项目，确认希瓦古城内的 Amir Tura 经学院和 Khasahmurad 清真寺文物本体保护及其周边场地环境整治作为中国文化遗产研究院援乌项目的援助对象。

收到商务部援乌项目实施任务通知书后，中国文化遗产研究院立即组成了由许言副院长为项目负责人、文物保护工程与规划所乔云飞所长等技术骨干组成的援乌项目组，与商务部有关部门及项目相关管理单位进行多轮有效洽商，合理、快速、稳步推进项目开展。在"可研报告"和"项目立项建议书"的基础上，编制完成了《Amir Tura-khasahmurad 经学院与清真寺保护工程及周边环境整治工程勘察与方案设计工作计划》，并已提交商务部完成文本审查工作。截至2015年年底，该项目已完成赴乌兹别克斯坦遗址现场专项考察前的全部准备工作。

（三）援助蒙古国科伦巴尔古塔抢险加固工程

2015年，援助蒙古国科伦巴尔古塔抢险加固项目组完成了维修工程设计方案和蒙方审核程序，筹备施工前的各项准备，现场建造砖窑并烧制青砖，以及实施科伦巴尔古塔抢险加固工程4项工作。2月底，项目组完成了设计方案的修改稿；4月将设计方案上报蒙古国文化、教育与科技部批准，并按照蒙古方面专家对设计方案进行了调整；6月底，技术人员赴蒙古国科伦巴尔古塔现场，指导砖窑建造和烧制青砖工作；7月下旬砖窑建造完成；8月初，青砖烧制正式开始，历时25天，共烧制青砖8300块。9月2～22日，项目组刘江副研究员赴蒙古国进行科伦巴尔古塔塔体的抢险加固技术指导工作。加固工作第一步主要是砖砌体的补砌，砌筑工作于9月20日结束，完成了一层除入口以外的内壁砌筑和一层砖檐约60%的工程量。11月18日下午，院党委书记、总工程师侯卫东与来华参加会议的蒙古国文物保护技术中心主任 Galbadrakh ENKHBAT 进行会谈，商定2016年5月底开始施工准备，2016年6～7月完成科伦巴尔古塔抢险加固工程的全部内容。

（四）援助尼泊尔加德满都杜巴广场九层神庙修复项目

2015年4月25日，尼泊尔发生8.1级强烈地震。中国政府迅速开展援助行动，商务部组织召开的尼泊尔灾后重建援助规划会议商定意见，由民政部牵头组建防灾减灾专家评估组。国家文物局选派中国文化遗产研究院副总工程师王金华、文物保护工程与规划所所长乔云飞等组成专家组，于6月7～13日赴尼泊尔地震灾区开展文物损失现场调查评估工作，在震损评估基础上，从影响力、残损程度、典型性与代表性、实施可行性、援助效果等方面进行对比分析，提出拟援助维修项目的建议，并完成了《尼泊尔地震灾区世界文化遗产灾害调查评估报告》。

10月26日～11月12日，中国文化遗产研究院专家再次赴尼进行现场考察。考察组在中国驻尼使馆安排下与尼文化旅游与民航部文物局就有关合作问题进行洽商，在认真听取尼方对该项目具体需求建议后，双方确认将杜巴广场标识性建筑——九层神庙及附属建筑作为修复对象，并对其可行性达成初步共识。考察组对修复对象进行了现场踏勘，收集维修相关基础资料，考察周边典型保护工程，应用三维激光扫描技术进行数字化测绘并进行地震震动性测试，综合掌握修复对象残损现状及原因。经过与尼方洽商，11月10日签订会谈纪要。考察结束后，中国文化遗产研究院于11月18日就该项目《可行性研究报告》与《立项建议书》向国家文物局汇报并通过专家评审，12月8日得到商务部最终确认。

（五）与意大利国家研究委员会交流合作

根据2014年中国文化遗产研究院与意大利国家研究委员会签署的《关于科学合作的协议》及《合作项目协议》的要求，2015年5月，中国文化遗产研究院与意大利国家研究委员会分别发布了双边合作项目的征集公告并收到积极响应。

6月16日，意大利国家研究委员会代表团一行5人赴中国文化遗产研究院商讨具体项目合作事宜。双方围绕边缘遗产利用模式、水文化遗产、颐和园古代石桥监测、岩土类文物保护、饱水木质文物保护方法比较以及川渝地区石窟寺及石刻保护等选题方向交换意见。

11月，中意双方分别召开立项评审会，对合作项目申报书进行评审，在各自评审结果的基础上，经过沟通，最终决定开展"土遗址微波加固可行性试验研究""藏式壁画传统制作工艺研究""中意饱水考古木质文物分析检测及脱水加固方法比较研究""边缘考古遗址的综合利用——洛阳大运河体系价值推广研究""大型文化遗产的利用和管理——以大运河江苏淮安段为例"等科研项目。双边合作项目将于2016年开始执行。

（六）赴国外参加国际学术会议

5月9～15日，文物修复与培训中心副研究员李黎、邵明申参加了在加拿大蒙特利尔举办的第十三届国际岩石力学大会。

6月3～4日，受国家文物局及中国文化遗产研究院委派，文物保护工程与规划所副研究员葛琴雅作为中国高句丽墓葬壁画原址保护项目的代表，参加了UNESCO世界遗产中心在德国柏林举办的"壁画的利用、研究和保护"专家研讨会。

10月14～17日，文物研究所副研究员刘爱河赴韩国，参加了由韩国文化财厅、韩国埋藏文化财协会联合主办的"文物调查制度国际学术研讨会"。

11月18～20日，国际文物保护与修复研究中心（ICCROM）第29届成员国大会在意大利罗马联合国粮农组织总部召开。作为中国代表团成员，文物修复与培训中心张亦弛全程参加了会议。

11月18～21日，文物保护工程与规划所高级工程师查群赴韩国参加山地佛教建筑国际研讨会，在会上作了题为《中国藏地佛教建筑选址的认识和思考》的主题发言。

【学术及获奖成果】

2015年，全院共发表各类论文95篇，正式出版著作20部。《城镇类世界文化遗产监测保护刍议——以丽江古城为例》获钱学森城市学金奖；"广州南越王宫博物馆遗址保护性展示工程"获中国勘察设计协会优秀建筑工程设计奖。

中国文物报社

【概述】

2015年，中国文物报社在国家文物局党组的正确领导下，贯彻落实党的十八大和十八届三中、四中、五中全会精神，深入学习领会习近平总书记系列重要讲话精神，紧紧围绕"四个全面"战略布局，着力加强领导班子自身建设，切实发挥党总支的政治核心作用，团结带领全社干部职工，凝心聚力，扎实工作，以数字和网络技术运用为抓手，不断提升报网刊采编能力和传播实力；以推进转企改制为契机，着力完善制度、优化管理，努力向具有行业号召力、品牌影响力、市场竞争力的现代文博传媒企业转型发展，圆满完成全年和"十二五"期间的各项任务。

【《中国文物报》】

全年编辑出版报纸102期，传统的4个品牌周刊专业板块越来越优化成型，新创办了《文博出版传媒周刊》和《文博技术产品专刊》。很多周刊版面经过精心策划，做出了新意，经过网络再次传播，影响很大，很受欢迎。报纸内容质量稳中有升。

报纸配合重大学习宣传任务推出的专栏，如年初推出的"学习贯彻习近平总书记文物保护重要论述精神"专栏，年末推出的"学习贯彻十八届五中全会精神"专栏以及"文物事业'十二五'回眸"等专栏，既及时有力，又别具特色。报纸围绕中心工作、重点工作推出的系列报道、深度报道、特别报道，如聚焦"两会"、抗战文物保护利用、第一次全国可移动文物普查、长城保护、《博物馆条例》颁布、《文物保护法》修法建言、申遗工作、古村落保护等，也有可圈可点之处。报纸配合重要节庆推出多个专刊特刊，如《国际博物馆日专刊》《中国文化遗产日特刊》，也有很好反响。

国家文物局政府网、中国文物信息网、中国文物报官方微博、中国文物报官方微信（"文博中国"）快速反应，杂志、"红楼橱窗"等媒体及时跟进，抓好选题切入，互补推出专栏、专刊、特刊、特展等深入跟踪宣传，实现报网刊与官博、官微等多媒体统一联动、彼此呼应，加快官方口径、主流声音的传播速度和深度。

做好对重点选题和宣传报道活动的策划组织，优化采编方案，提升稿件自采率。盯紧可移动文物普查工作，推出"我是普查员""我是国宝"等专栏；关注大足石刻千手观音保护、故宫博物院建院九十周年等热点话题开展专访，进行深度报道，增进新闻报道的鲜活度和可读性。

1985年8月16日，《中国文物报》的前身《文物报》创刊。8月，中国文物报社、河南省文物局合编的《回眸·展望——文物报创刊30周年纪念文集》由文物出版社出版发行，中国文物报社制作的《中国文物报1985～2015》全文检索U盘也同时推出。8月28日，中国文物报社、河南省文物局在京召开《文物报》创刊30周年纪念座谈会。

中国
文物年鉴
2016

【网络建设】

完成中国文物报社采编系统上线运行调试工作，实现报纸等媒体内容的采、编、发全过程管理；逐步推进报、刊、网多媒体融合发展，完善多媒体联动运行机制，不断强化报纸、刊物和网络媒体的权威性、专业性。

开通中国文物报社官方微信"文博中国"，制定《中国文物报社官方微信管理办法》，与社外机构联合研发"看展览"云平台，充分利用现代互联网传播技术和平台拓展宣传渠道和品牌影响。

根据国务院办公厅《关于开展第一次全国政府网站普查的通知》精神和国家文物局的部署，认真完成国家文物局政府网站普查工作，并对普查中发现的问题及时整改完善。

扎实推进"文博在线——文博数字化传播与服务平台"项目建设。

【《文物天地》】

2015年《文物天地》共编辑出版12期。策划推出"四川博物院典藏精品""陕西历史博物馆典藏精品""河南博物院典藏精品""甘肃省博物馆典藏精品""贵州省博物馆典藏精品""天津博物馆典藏精品""广西壮族自治区博物馆典藏精品""岭南地区抗战文物""湖南省博物馆典藏精品""洛阳民俗博物馆藏契约文书""常州博物馆典藏精品""文物科技鉴定"等专题。结合收藏年度热点和关注点推出"西藏首次考古出土的古象雄天珠""文物中的羊""庞莱臣和他的'虚斋'藏画""伯希和的箱子""安思远藏品专拍启示录""北齐汉白玉释迦牟尼佛首复归因缘记""艺术市场依然在等待""启功十年祭""核雕也疯狂""攻玉山房收藏的明式家具""《石渠宝笈》著录书画""沈阳故宫藏佛教风格漆器"等专题或文章。

【《中国文化遗产》】

2015年《中国文化遗产》共编辑出版6期。在约稿和编辑、排版过程中，注意突出学术性、专业性，策划推出了"传统村落""《中国文物古迹保护准则》的修订与中国文化遗产保护的发展""建筑遗产真实性""抗战遗产保护利用""工业遗产""成都田野考古与大遗址保护"等专题。

【《文物工作》】

2015年《文物工作》共编辑出版12期。及时刊发文物工作方针政策和国家文物局领导讲话，根据国家文物局重点工作编辑"学习贯彻习近平总书记文物保护重要论述精神""2014年全国文物局长会议""《博物馆条例》专家解读"等专题，为基层文博工作者了解全国文物工作的方针政策提供了重要渠道。

【红楼橱窗】

红楼橱窗全年共展出10期。先后策划推出"传承中华文明　促进文化交流——中国文物交流中心交流合作回顾""九九阳春——乙未新春羊文物联展""第一次全国可移动文物普查2014年度成果展""国际古迹遗址日特展：道法唯真——首届十佳文物保护工程展""博物馆日特展：岁月留痕——辽宁省博物馆馆史回顾""中国文化遗产日特展：留住乡愁——中国传统村落摄影展""文明的腹地——河南省全国十大考古新发现展""山东 让文物在保护和利用中'活'起来""回望古都——首都博物馆新馆试运行十周年纪念展""大美三湘湖南文化遗产掠影"等。

【评选活动】

（一）2014年度全国十大考古新发现评选

评选结果于4月9日揭晓。广东郁南磨刀山遗址与南江旧石器地点群、河南郑州东赵遗址、湖北枣阳郭家庙曾国墓地、云南祥云大波那墓地、浙江上虞禁山早期越窑遗址、西藏阿里故如甲木墓地和曲踏墓地、内蒙古正镶白旗伊和淖尔墓群、河南隋代回洛仓与黎阳仓粮食仓储遗址、北京延庆大庄科辽代矿冶遗址群、贵州遵义新蒲播州杨氏土司墓地被评为"2014年度全国十大考古新发现"。

（二）第十二届（2014年度）全国博物馆十大陈列展览精品评选

评选结果于5月18日揭晓。

第十二届（2014年度）全国博物馆十大陈列展览精品奖

序号	展览名称	组织单位
1	真彩秦俑	秦始皇帝陵博物院
2	大汉绝唱——满城汉墓	河北博物院
3	六朝历史文明	南京市博物馆
4	抗战岁月基本陈列	重庆中国三峡博物馆
5	家园·生命	天津自然博物馆
6	漫漫雄关道——中国海关博物馆常设陈列	中国海关博物馆
7	伟大贡献——中国与世界反法西斯战争	中国人民抗日战争纪念馆
8	BEIXNUENGX（贝侬）——壮族文化展	广西民族博物馆
9	周口店遗址博物馆基本陈列	周口店北京人遗址博物馆
10	呦呦鹿鸣——燕国公主眼里的霸国	首都博物馆

第十二届（2014年度）全国博物馆十大陈列展览优胜奖

序号	展览名称	组织单位
1	西域历史的记忆——新疆历史文物陈列	新疆维吾尔自治区博物馆
2	探索与奠基——武昌中央农民运动讲习所历史陈列	武汉革命博物馆
3	唐风晋韵——晋国历史文化及晋侯墓地遗址展	晋国博物馆

续表

序号	展览名称	组织单位
4	为天下先——辛亥革命武昌起义史迹陈列	辛亥革命武昌起义纪念馆
5	唐代洛阳	洛阳博物馆
6	东北抗联圣地——梧桐河抗日历史陈列	梧桐河抗联纪念馆
7	非洲野生动物大迁徙	山东博物馆
8	"港通天下"中国港口历史陈列	港口博物馆
9	禾兴之源——史前时期的嘉兴	嘉兴博物馆
10	科技大庆——创新·奉献·和谐	大庆石油科技馆

第十二届（2014年度）全国博物馆十大陈列展览国际及港澳台合作奖

序号	展览名称	组织单位
1	印度的世界——美国洛杉矶郡艺术博物馆藏印度文物精品展	山西博物院
2	岭南印记——粤港澳考古成果展	广东省博物馆

（三）第二届（2014年度）全国十佳文物保护工程评选推介

评选结果于11月6日揭晓。河北承德普乐寺保护修缮工程，山西省太原市窦大夫祠保护工程，辽宁锦州广济寺古建筑群维修工程，黑龙江中东铁路建筑群横道河子机车库及东正教圣母进堂教堂抢救保护工程，江苏南京国民政府主席官邸旧址修缮工程，湖南永顺县老司城遗址文物本体保护工程，四川茶马古道—观音阁灾后抢险维修工程，云南曹溪寺宝华阁修缮工程，甘肃武山水帘洞石窟群壁画、彩塑及浮雕保护修复工程，青海玉树达那寺建筑抢险修缮工程等获评"第二届（2014年度）全国十佳文物保护工程"（按行政区划排列）。

（四）2014年度全国文化遗产十佳图书评选推介

评选结果于6月揭晓。

2014年度全国文化遗产十佳图书评选推介活动十佳图书

序号	书名	作者	出版社
1	《中国古代物质文化》	孙机（著）	中华书局
2	《中国考古学大辞典》	王巍（总主编）	上海辞书出版社
3	《故宫识珍》	郑欣淼（著）	故宫出版社
4	《博物馆变迁：博物馆历史与功能读本》	[美]爱德华·P.亚历山大、玛丽·亚历山大（著），陈双双（译）	译林出版社

序号	书名	作者	出版社
5	《丝绸之路》	国家文物局（编）	文物出版社
6	《二里头1999～2006》	中国社会科学院考古研究所（编著）	文物出版社
7	《何以中国：公元前2000年的中原图景》	许宏（著）	三联书店
8	《奢华之色——宋元明金银器研究》	扬之水（著）	中华书局
9	《中国绘画全集（修订版）》	中国古代书画鉴定组（编）	文物出版社
10	《感悟考古》	李伯谦（著）	上海古籍出版社

2014年度全国文化遗产十佳图书评选推介活动优秀图书

序号	书名	作者	出版社
1	《东北考古学研究（一）》	赵宾福（著）	科学出版社
2	《让文物活起来：文物合理利用经验集萃》	国家文物局（编）	文物出版社
3	《陕西博物馆百年史》	张礼智（著）	陕西出版传媒集团三秦出版社
4	《中国古代居民体质人类学研究》	朱泓（著）	科学出版社
5	《第一次全国可移动文物普查工作手册（修订版）》	国家文物局第一次全国可移动文物普查工作办公室（编）	文物出版社
6	《跨湖桥独木舟遗址原址保护》	杭州市萧山跨湖桥遗址博物馆（编著）、吴健（主编）	文物出版社
7	《永顺老司城》	湖南省文物考古研究所等（编）	科学出版社
8	《出土陶质彩绘文物保护关键技术研究》	秦始皇帝陵博物院等（编）	科学出版社
9	《佛教考古：从印度到中国》	李崇峰（著）	上海世纪出版股份有限公司上海古籍出版社
10	《磨砺集：韩汝玢冶金史论文选》	韩汝玢（著）	科学出版社
11	《说陶论瓷——权奎山陶瓷考古论文集》	权奎山（著）、北京大学中国考古学研究中心等（编）	文物出版社
12	《夏商周考古探研》	刘绪（著）	科学出版社
13	《仙人洞与吊桶环》	北京大学考古文博学院、江西省文物考古研究所（编著）	文物出版社
14	《中国佛教石窟考古文集》	马世长（著）	商务印书馆
15	《中国古代金属冶铸文明新探》	陈建立（著）	科学出版社

中国文物年鉴 2016

（五）首届（2014年度）全国十佳文博技术产品评选

评选结果于7月15日揭晓。

首届（2014年度）全国十佳文博技术产品

序号	产品名称	单位
1	文物出土现场保护移动实验室	敦煌研究院
2	"中国考古01"考古工作船设计与制造	中国船舶重工集团公司第七〇一研究所、重庆长航东风船舶工业公司
3	低反射博物馆展柜玻璃	北京玻名堂玻璃有限公司
4	低氧气调储藏柜（智稳系列）	天津森罗科技股份有限公司
5	馆藏文物保存环境监测系列产品	西安元智系统技术有限责任公司
6	流动数字化博物馆展车	内蒙古博物院
7	流动博物馆多功能展览车	四川博物院
8	场馆智慧导览服务与管理系统	天津恒达文博科技有限公司
9	掌上微游	万达信息股份有限公司
10	考古工地数字化管理平台	武汉海达数云技术有限公司

首届（2014年度）十佳文博技术产品提名奖

序号	产品名称	单位
1	博物馆建筑功能空间和设施规划及建筑设计方案评估和咨询	北京LORD国际文化发展有限公司
2	博物馆电源管理系统	金大陆展览装饰有限公司
3	"文物带你看中国"展览展示设备	中国文物交流中心、金琥珀数字科技（北京）有限公司
4	文物展示柜	文博时空科技（北京）有限公司
5	文物库房门	湖南宏瑞文博集团股份有限公司
6	魔幻明信片	易游无限科技（北京）有限公司
7	多功能数字展柜	苏州金螳螂展览设计工程有限公司
8	RTONG牌超薄空气洁净屏	北京融通新风洁净技术有限公司
9	手势识别控制器	清华大学艺术与科学研究中心
10	norament	诺拉建筑材料（上海）有限公司

【其他】

3月，由国家文物局主办、中国文物报社承办的全国文物新闻宣传骨干培训班在浙江绍兴举办，同时召开2015年中国文物报社通联工作会议。中国文物学会文博出版传媒专业委员会在绍兴成立，中国文物报社社长李耀申任会长，副总编辑李让任副会长兼秘书长，专委会秘书处设在中国文物报社。

组织2015年中国文化遗产日主题口号征集、评选、推介。评选出主题为"保护成果 全民共享"，口号5条："像爱惜自己生命一样保护文化遗产""为文化遗产点赞 为美丽中国添彩""文化遗产千秋传承 保护弘扬万代受益""珍惜定格的历史 爱护不朽的文明""心与梦的石刻你和我的大足"。

组织开展国家文物局委托的首批"全国博物馆文化创意产品示范单位"评选工作，评选出中国国家博物馆、文化部恭王府管理中心、上海博物馆、苏州博物馆、浙江省博物馆、观复博物馆、陕西华夏文化创意有限责任公司、南京博物院、山西博物院、湖北省博物馆10家示范单位。

10月，与机械工业仪器仪表综合技术经济研究所共同组织召开"首届全国文博技术产品发展论坛"，启动全国文博技术产品发展联盟发起仪式等系列活动。

组织开展国家文物局委托的2014～2015文物行政执法十大指导性案例遴选推介、非国有博物馆运行评估等工作。

编辑出版《全国文博机构资讯大全》。

完成国家文物局委托的"抗战文物保护利用状况调研"，编辑出版《全国重要抗战文物导览》。

完成国家文物局委托的"中国特色文物理论体系预研究"，完成约6万余字的报告。

中国文物交流中心

【概述】

2015年是"十二五"规划最后一年，也是中心任务繁重、工作亮点纷呈的一年：配合国家战略及外交大局的文物展览重点项目顺利完成，文物交流与合作领域不断拓展、平台作用进一步发挥，按要求保质保量完成国家文物局各项委托事项，学术研究水平进一步提高，国家文物局文物违法举报中心在中心挂牌成立并正式运行，文博文化产业进一步发展，基础建设不断增强。

【思想建设】

按照中央和国家文物局的统一部署，处级及以上领导干部严格按照相关要求认真开展"三严三实"教育实践活动，召开动员大会，领导班子带头讲党课，认真学习《廉政准则纪律处分条例》《中央国家机关工委办公室关于坚持把纪律挺在前面切实加强纪律审查工作的通知》等相关文件，召开"严以修身""严以律己""严以用权"专题研讨会，领导班子同志做主题发言，结合自身工作岗位，彻底查找"不严不实"相关问题，提出整改措施，确保活动取得实效。

【组织建设】

发挥领导班子集体领导作用，重点项目和重要事项集体研究决策。全年召开中心办公会15次、中心主任办公会16次。加强党建，召开党员大会，按计划发展预备党员1名，确定发展对象1名，划分新的党小组。

以党建带动团建。积极开展团学活动，中心团支部在河北涿州市博物馆建立青年活动基地，帮助涿州博物馆设计研发文创商品；1名青年干部参加"根在基层·青春担当"中央国家机关青年干部赴贵州黄平调研实践活动。中心团支部被授予"国家文物局优秀团支部"荣誉称号；3名青年分别被授予"文化部优秀共青团干部""国家文物局优秀共青团员""青年岗位能手"荣誉称号。

组织全体职工赴河北涿州开展植树活动，强化了职工"深入文化基层、共建文化遗产绿色家园"的思想观念。组织开展第六届摄影比赛、职工游泳健身活动，组织职工义务献血，丰富了精神文化生活，陶冶了高尚的道德情操，凝聚了全体职工的思想意志。

2015年接收军转干部1名，通过公开招聘录取2名工作人员，中心队伍进一步壮大。加强职工教育培训，提高履职能力。全年举办各类讲座8场，派员参加人事、财务、政府采购、语言与翻译能力等专题培训班，提高干部职工履职能力和综合素质。

积极组织参观学习活动，组织职工赴劳动人民文化宫参观"知古鉴今——《资治通鉴》展览"，赴故宫博物院参观"《石渠宝笈》特展"，组织参观北京市汽车博物馆和中国园林博物馆。

【制度建设】

印发《中国文物交流中心财务管理办法》《中国文物交流中心人事管理办法（试行）》，规范财务、人事管理；印发《关于严肃工作纪律　进一步加强作风建设的通知》《中国文物交流中心督促检查工作暂行规定》，严肃工作纪律。

【对外文物展览】

2015年配合高访和外交大局，中心共举办出境展览11项。如配合李克强总理高访的赴秘鲁人类考古历史博物馆"天地之中——中华文明之源"图片展；赴台湾佛光山佛陀纪念馆举办的"佛光普照——河北幽居寺塔石佛暨佛塔宝藏艺术展"，让分离近20载的千年佛首与佛身"金身合璧"；首次赴韩国汉城百济博物馆举办了"中国古代都城文物展——汉魏晋南北朝"。

2015年出境展览一览表

序号	展览名称	展出国家（地区）	展览时间	展览地点
1	华夏瑰宝展	匈牙利	2015年2月6日～2015年4月19日	匈牙利工艺美术馆
2	七宝瑞光——中国南方佛教艺术展	台湾	2015年4月2日～2015年5月24日	台北历史博物馆
3	佛光普照——河北幽居寺塔石佛暨佛塔宝藏艺术展	台湾	2015年5月23日～2015年8月20日	台湾佛光山佛陀纪念馆
4	天地之中——中华文明之源图片展	秘鲁	2015年5月23日开展	秘鲁人类考古历史博物馆
5	兰房旧梦——中国明清贵族妇女生活展	日本	2015年6月8日～2015年7月26日	日本松涛美术馆
6	汉武盛世展	香港	2015年6月23日～2015年10月5日	香港历史博物馆
7	中国古代都城文物展——汉魏晋南北朝	韩国	2015年9月8日～2015年12月6日	韩国汉城百济博物馆
8	古代佛教艺术展	韩国	2015年9月24日～2015年11月15日	韩国国立中央博物馆
9	中塞文化对话展	塞浦路斯	2015年9月28日～2015年12月14日	塞浦路斯利马索尔区考古博物馆
10	以法相会——明清水陆画展	台湾	2015年11月14日～2016年2月28日	台湾佛光山佛陀纪念馆
11	吴冠中：大美无垠展	新加坡	2015年11月25日～2016年5月3日	新加坡国家美术馆

此外，2014年开幕、2015年闭幕的展览6个，中心认真做好展览闭幕、撤展、文物回运归还以及项目结项工作。为强化文物安全管理，全年派出布撤展工作组和代表团30多个，执行文物点交4923件次。

【交流与合作】

中心先后与法国卡地亚当代艺术基金会和法国吉美博物馆签署了战略合作框架协议，其中与卡地亚当代艺术基金会的协议已经顺利落地，一是双方于6月在成都成功合作举办了四川展览交流培训班；二是于10月合作举办2015年策展人学术交流项目，从全国文博系统选派3名专业人员赴法国、瑞士开展为期两个月的学术交流与培训。与美国、日本、沙特、秘鲁等国博物馆机构加强交流，达成合作意向。

召开中国博协展览交流专业委员会年会，与中国博协、吉林博物院合作举办科技文创培训班，与新疆文物局合作举办新疆文化遗产创意产业暨文博版权保护利用培训班，促进馆际人员和学术交流。

【国家文物局委托项目】

加强调研，广泛征求意见，完成《"一带一路"文化遗产工作规划》初稿，目前正根据国家文物局相关部门要求继续修改完善。

继续推进"文物带你看中国"项目。2015年，"文物带你看中国"3D展示设备在澳大利亚、比利时、新加坡、巴基斯坦的中国文化中心落户。11月，习近平总书记在新加坡中国文化中心参观此项目，并表示赞赏。中心研发的"文物带你看中国"展示设备获得首届全国十佳文博技术产品提名奖。

受国家文物局委托，做好展览初审项目共53项；接待来访团组4个；办理出访团组112个（不含台湾地区），签证224人次；组织完成2015年展览策划培训班、文化遗产创意产业暨版权授权培训班、全国文物外事工作业务培训班，培训人数达500人次；积极配合政府双边工作，做好流失美国文物的回运工作；赴法"汉风展"的成功举办有力推进了甘肃大堡子山文物的回归；成功承办"古道记忆——驻华使节茶马古道考察活动"，来自孟加拉、马来西亚、沙特阿拉伯、缅甸、越南、捷克6个国家的8位驻华使节参加活动。

【文物违法举报中心】

8月14日，国家文物局在中心挂牌成立"文物违法举报中心"。为保障举报受理工作有序进行，制定了《文物违法举报受理工作制度》《受理工作流程》《举报中心工作人员守则》等规章制度。开通举报网站、北京1652专用信箱、全国文物违法统一举报电话"12359"等举报途径。利用《中国文物报》、中央人民广播电台中国之声、红楼橱窗等媒介向公众宣传举报政策。截至2015年12月31日，共接群众举报147件，督办、转办49件，实地暗访核实1件。按照规定时限对举报人反馈查处结果，已反馈110件，反馈率75%。

【学术研究】

编写《中长期及2015年度文物交流政策性建议》，开展中外文化遗产保护比较研究。编制出版《中国文物交流中心交流合作回顾》《2015年精品展览海外推介目录》《2016年精品展览海外推介目录》，向国外博物馆推介优质中国文物展览。完成宣传用书《在兹中国》的

中国
文物年鉴
2016

编辑、版式设计，即将印刷。配合每个展览编印图录。编印文物交流《年刊》。

开通中国博物馆交流网站，中国博物馆展览交流平台于5月正式投入运营，同期开通平台微信。研发并推广使用文物点交软件。建设文化遗产对外交流信息库。

此外，2015年中心职工发表学术文章共17篇。

【宣传工作】

加强中心微信公众订阅号建设，2015年全年共编辑发布微信158条，新增关注用户700余人。截至2015年12月31日，中心微信公众号关注人数共1884人。配合展在《中国文物报》发新闻稿12篇，央视新闻频道报道3次。原发报道154次，转载上千次。利用中心官网、国家文物局官网、红楼橱窗、《中国文物报》，开辟举报宣传专栏，提高中心的社会关注度和影响力。

【文博创意产业】

经国家文物局批准，2015年12月5～8日，中国文物交流中心与广州市文化广电新闻出版局（版权局）在广州共同主办了首届"2015广州国际文物博物馆版权交易博览会"。期间还举办了"首届国际文物博物馆版权保护利用高峰论坛"。本次博览会吸引102家境内外文博单位、69家境内外文化企业参展，版权资源1000余类，观众15000余人，展会期间50余家博物馆与文化企业达成版权合作意向。

以文物展览为基础开展文创产品开发及营销。编制2015年中心文创产品图册。与商务印书馆（香港）有限公司签订文物创意衍生品长期合作协议。与香港历史博物馆合作开展文创商品营销活动，取得了一定的经济效益和公众影响，截至12月下旬销售营业额已近6万港币。

【效能建设及预算财务管理】

制定和分解《年度重点工作计划》，明确时间表、路线图和责任人，抓好落实。修订《财务管理制度》，规范财务审批程序，严控"三公"经费支出。坚持财政预算执行节点提醒制度，保证项目预算执行率，2015年7月预算执行进度为55.88%；9月执行进度66.41%；年度预算执行率为100%。增收节支，努力提高职工收入水平。

国家文物局水下文化遗产保护中心

【概述】

国家文物局水下文化遗产保护中心是国家文物局所属事业科研单位，也是国内唯一的国家级水下文化遗产保护专业机构。

2015年，国家文物局水下文化遗产保护中心继续发挥国家水下文化遗产保护工作总平台、主阵地的职能，会同相关省市兄弟单位组织、实施全国水下考古调查、发掘项目，开展海港、海岛、海防遗迹调查工作；加强机构建设，完成国家博物馆水下考古人员与资产整体划转工作，充实和提高水下中心的专业人才队伍和技术装备水平；"南海Ⅰ号""丹东一号"和西沙水下考古调查发掘等项目顺利实施并取得重要成果；参与编制行业发展"十三五"规划，为未来五年国家水下文化遗产保护事业布局谋篇；积极开展科研工作与学术交流活动，在海上丝绸之路研究、水下沉船考古和出水文物保护等领域取得重要进展。

【法规建设】

2015年，水下中心着手起草《中华人民共和国水下文物保护条例（修订建议稿）》，并委托厦门大学等机构开展条例修订的前期研究工作，实施问题导向，明确条例修订的基本原则与框架结构。

开展联合国教科文水下公约组织"2001《水下文化遗产保护国际公约》"关联性研究工作，委托大连海事大学对国际水下公约的实施开展调研工作，为中国是否批准加入该公约进行前期研究。

起草《水下考古操作规程（征求意见稿）》，并在多个水下考古工地开始试行，为出台《水下考古操作规程》作前期准备。

【世界文物遗产】

受国家文物局委托，水下中心协助开展海上丝绸之路申遗前期学术研究与准备工作，完成国家文物局委托课题"海上丝绸之路申遗前期研究"与"海上丝绸之路申遗潜力点遴选"项目，确定海上丝绸之路申遗学术概念与时空框架，为海上丝绸之路申遗工作提供学术支撑。

【考古发掘】

（一）概况

2015年全国涉水水下考古项目共计28项（含跨年度项目）。其中，广东"南海Ⅰ号"保护与发掘项目、辽宁"丹东一号"水下考古调查项目、西沙群岛海域水下考古调查与发掘项目、广西北部湾水下考古调查项目、广东上下川海域水下考古调查项目、浙江舟山群岛海域水下考古项目、辽宁绥中姜女石水下考古项目、湖北丹江口库区水下考古调查项目等均取得重要成果。

2015年水下考古项目统计

序号	项目名称	合作机构
1	西沙水下考古调查	海南省文物局
2	"南海Ⅰ号"保护发掘项目	广东省文物考古研究所
3	辽宁"丹东一号"沉舰调查	辽宁省文物考古研究所
4	辽宁绥中姜女石水下调查	辽宁省文物考古研究所
5	河北东坑坨沉船调查	河北省文物研究所
6	天津水下考古调查	天津市文物保护中心
7	山东青岛胶州湾沉舰调查（延期实施）	青岛市文物局
8	上海"长江口一号"沉船调查	上海市文保中心
9	浙江舟山海域水下调查	宁波市文物考古研究所、舟山市文物保护所
10	福建水下考古调查	福建博物院
11	福建海坛海峡调查	国家海洋局海洋三所
12	广东上下川岛水下考古调查	广东省文物考古研究所
13	广西北部湾水下考古调查	广西壮族自治区文物考古研究所
15	海南岛沿海水下考古调查	海南省文物局
16	辽宁海防遗迹考古调查	辽宁省文物考古研究所、大连市文物考古研究所
17	浙江（宁波）海防遗迹调查	宁波市文物考古研究所
18	海南岛伊斯兰遗迹调查	海南省博物馆
19	福建海坛海峡岛屿调查	福建博物院
20	山东庙岛群岛调查	山东省水下文化遗产保护中心

序号	项目名称	合作机构
21	山东登州港遗址调查	登州博物馆
22	河北海丰镇遗址调查	河北省文物研究所、河北黄骅海盐博物馆
23	舟山群岛双屿港遗址调查	浙江省文物考古研究所、舟山市文物保护所
24	湖北丹江口库区调查	水下文化遗产保护武汉基地
25	安徽太平湖水下考古调查	安徽省文物考古研究所
26	山东东平湖水下考古调查	山东省水下文化遗产保护中心
27	江苏太湖水下考古调查（延期实施）	南京博物院等
28	2015水下文化遗产保护（考古）培训（广东阳江、福建平潭、辽宁绥中）	广东省文物考古研究所、福建博物院、辽宁省文物考古研究所

（二）重要考古项目

1. "南海Ⅰ号"发掘与保护项目

2015年"南海Ⅰ号"沉船保护发掘项目按春、冬两个季度进行。

春季发掘工作于3月9日开始，至5月26日结束；冬季发掘工作于10月8日开始，至2016年1月25日结束。该项目由国家文物局水下文化遗产保护中心、广东省文物考古研究所联合开展，中国文化遗产研究院、广东省博物馆、广东海上丝绸之路博物馆等多家文博单位参与。在前期工作基础上，2015年继续进行船内凝结物清理、船载文物提取和艉部外围堆积清理的考古工作。

发掘显示，"南海Ⅰ号"船体残长22.15米，最大船宽约9.9米，计有14道横向隔舱壁板。从已发掘暴露的船体结构和船型判断，"南海Ⅰ号"沉船属于我国古代三大船型之一的"福船"。发掘表明，"南海Ⅰ号"是一条满载货物的沉船，船内现存货物以瓷器、铁器为主，钱币亦有相当数量。截至2015年年底，总共提取文物14000余件／套、标本2575件、凝结物55吨，其中瓷器13000余件／套、金器151件／套、银器124件／套、铜器170件、铅锡器53件、铁器11件、竹器13件、木器46件、漆器28件、石器25件、朱砂30公斤、水银30克、铜钱约17000枚，此外还有人类骨骼（一枚臼齿及一副完整下颌骨）、大量动植物标本、船木等。发掘者推测该沉船年代应属南宋中晚期，即13世纪早中期。

"南海Ⅰ号"是迄今为止有关海上丝绸之路最为重要的考古发掘成果，引起国内外各界的广泛关注，为海上丝绸之路学术研究和海上丝绸之路申遗提供了重要的学术支撑。

2. 辽宁"丹东一号"水下考古调查项目

2015年8～10月，由国家文物局水下中心和辽宁省文物考古研究所联合组队实施的"丹东一号"水下考古调查工作继续进行。按工作进展安排，本年度工作目标是探明"丹东一

号"沉船的具体身份及整体保存状况，工作大体可分为两个阶段：第一阶段集中清理沉舰
舰部，用时一个半月，陆续揭露出沉舰的舰部、左右舷后端，并发现与"致远舰"沉舰身
份相关的多层穿甲板结构、鱼雷引信、方形舷窗等遗物；第二阶段在沉舰舰部左舷前侧进
行局部试掘，布设两个1米×1米的小探方，了解了沉舰的埋藏状况，并清理出两件带中、
英文"致远"文字款识的白瓷盘，由此确认沉舰为北洋水师致远舰。本年度水下考古工作
过程中，考古队还采取多角度近景全息数码拍摄的方式对致远舰进行拍摄和三维建模，获
得较大范围的遗迹三维影像，特别是穿甲与锅炉部位。

"丹东一号"水下考古调查项目开启了我国水下考古学界对近现代沉舰进行水下考古
调查与发掘的新篇章，为甲午海战和世界海军舰艇史的研究提供了十分珍贵的考古资料。

3. 西沙水下考古调查与发掘项目

西沙群岛水下考古调查与发掘项目于2015年4月7日开始实施，5月26日结束。此项工作
由国家文物局水下中心、海南省文物局共同组织实施，按预定方案先后完成了"珊瑚岛一
号"沉船遗址水下考古发掘、"金银岛一号"沉船遗址水下考古调查、永乐环礁礁盘外海
域物理探测调查和甘泉岛遗址陆上考古调查等多项工作，取得重要成果。

"珊瑚岛一号"沉船遗址水下考古发掘共计提取出水石质类文物37件，包括石像7件、
石像断手1件、石板8件、石条6件、石柱础1件、石柱8件、擂钵3件、石杵3件，另外还发掘
出水了瓷器碎片13片。初步推测，"珊瑚岛一号"沉船遗址为明清时期堆积。

"金银岛一号"沉船遗址水下考古调查过程中，确认遗址表面散落有大量的石质类
文物和瓷器残片。石质类文物分布相对集中，主要有石板、石磨盘、石臼、屋檐、柱础、
方柱等房屋构件和石质生活器具等。瓷片主要分布在北部，有青花瓷碗、印花盘和白瓷碟
等，种类较单纯，为清代晚期德化窑或安溪窑的产品。此外还对永乐环礁海域进行了海洋
物探调查，对金银岛上考古遗迹进行了实地踏查。

2015年度西沙水下考古调查与发掘项目，是继2008年西沙"华光礁Ⅰ号"沉船发掘项
目实施以后，我国水下考古学界在西沙海域开展的第二次大规模考古调查与发掘工作，为
南海考古和海上丝绸之路学术研究提供了重要考古资料。

4. 辽宁绥中姜女石遗址水下考古调查项目

2015年辽宁绥中姜女石水下考古调查项目旨在通过水下探摸、物探扫描和水下测绘诸
多手段，结合陆地遗迹调查，探究姜女石等海蚀柱与岸上秦汉宫殿建筑之间的关系。本年
度还开展了陆地调查、三维航空摄影和水下浅地层剖面测量等工作，水下测绘面积实际达
6600平方米，总潜水计时43190分钟。

经水下探摸、物探扫测和遗迹测绘，在碣石底部发现疑似"水下构筑物"，平面略呈
边长约60米的方形平台。此次水下考古工作还确认了碣石与陆上石碑地秦汉宫殿遗址相连
的水下"甬道"。经水下考古确认，现存四块碣石原属两根海蚀柱（右侧石柱崩塌以后，
裂为三块）。本次水下考古调查工作确认了碣石海蚀柱的原始景观，找到了疑似人工的水
下方形平台，探明了隐没于水下的甬道，为碣石宫的研究提供了重要的信息。

【可移动文物保护】

（一）概况

2015年相继开展了"南海Ⅰ号"出水文物现场保护、"丹东一号"出水文物保护和西
沙群岛出水文物保护等工作，为水下考古项目的组织实施提供有力支撑。

（二）可移动文物保护科研基地建设

继续推进南海水下考古基地立项工作。

北海水下考古基地（山东青岛）获得立项批复，并按计划启动基建工程，预定2016年10月主体建筑结构封顶。

【科技与信息】

（一）行业工作会议

2015年3月1日，"国家文物局水下文化遗产保护中心2015年工作年会"在北京召开，柴晓明主任作年度工作报告。会议总结了2014年度水下文化遗产保护工作，讨论了2015年度工作计划。来自国家文物局水下文化遗产保护中心、中国文化遗产研究院、北京大学、中国社会科学院考古研究所、国家海洋局第三海洋研究所、国家海洋博物馆、交通运输部广州打捞局，以及辽宁等17个省、市、自治区文物局和专业机构的代表共80余人出席会议。

（二）学术会议

2015年，国家文物局水下中心举办或参与组织了5次重要学术会议。

6月14日在重庆举行的"出水文物保护学术论坛"是2015年度文化遗产日主题活动之一，推动了我国水下考古学界与国际同行的交流与合作。

12月9~10日在海口举行的"第二届海丝丝绸之路论坛"由国家文物局、海南省人民政府共同主办，水下中心和海南省文体厅共同承办，会上发表了《第二届海上丝绸之路文化遗产保护论坛倡议书》，推动了我国与东盟国家在水下文化遗产保护领域的国际合作。

（三）其他

2015年，国家文物局水下中心继续实施"国家水下文化遗产资源数据库"和"国家文物局水下中心图书档案资料库"的建设工程，为推动水下文化遗产保护事业发展和水下考古学科建设打下基础。

【文博教育与培训】

2015年4~9月，完成"2015·全国水下文化遗产保护（考古）培训班"培训工作，分别在广东阳江、福建平潭和辽宁绥中开展潜水基础培训、水下考古实习和水下考古测绘培训，共计培训水下考古队员20名，我国经过专业培训的水下考古队员总数达到127人。

【文博宣传与出版】

（一）文博宣传

2015年6月14日，国家文物局水下文化遗产保护中心与重庆中国三峡博物馆共同举办文化遗产日主题活动——"出水文物保护学术论坛"，来自中国、韩国、日本、菲律宾、斯里兰卡等国家的代表约40人参加。

（二）图书出版

《新技术·新方法·新思路：首届"水下考古·宁波论坛"文集》，宁波市文物考古研究所、宁波中国港口博物馆、国家文物局水下文化遗产保护中心编著，由科学出版社2015年10月出版。

《水下考古在中国：专题陈列图录》，宁波市文物考古研究所、宁波中国港口博物馆、国家文物局水下文化遗产保护中心编著，由宁波出版社2015年10月出版。

《渔山遗珠：宁波象山小白礁Ⅰ号出水文物精品图录》，宁波市文物考古研究所、宁波中国港口博物馆、国家文物局水下文化遗产保护中心编著，由宁波出版社2015年12月出版。

《国家文物局水下文化遗产保护中心年报·2015》，国家文物局水下文化遗产保护中心编印。

【机构及人员】

2014年6月4日，中编办批复国家文物局水下文化遗产保护中心于独立建制，定额编制30人。截至2015年年底，在编人员28人，其中博士4人、硕士8人、本科15人，包括高级职称13人（正高级职称5人、副高级职称8人）、中级职称9人、初级职称3人。

【对外交流与合作】

（一）学术出访

1. 赴法国、希腊访问交流

10月7~14日，以柴晓明为团长的国家文物局水下中心代表团一行3人赴法国、希腊开展学术交流，访问了法国国家水下考古所与希腊水下考古局，并与法国水下考古所签订了框架合作协议。

访法期间，代表团重点访问了位于马赛（Marseilles）的法国国家水下考古所总部，并参观了南特（Nantes）Arc-Antique文物保护修复实验室、格勒诺布尔（Grenoble）Arc-Nuclear文物保护修复实验室和阿尔勒（Arles）A-Corros实验室。代表团还赶赴法国"月亮号"（La Lune）沉船水下考古发掘现场进行观摩考察。

访问希腊期间，代表团参访了希腊水下考古局，并实地考察了希腊柯林斯（Corinth）古代港口水下考古工作现场。

2. 赴韩国访问交流

10月26~30日，以宋建忠为团长的国家文物局水下中心代表团一行5人赴韩国参加由韩国国立海洋文化遗产研究所（NRIMCH）主办的"第四届韩中水下考古学国际学术大会"。会后，代表团考察了韩国国立海洋文化遗产研究所水中发掘科、海洋遗物博物馆、文物保护实验室、韩国考古工作船等。

3. 赴斯里兰卡访问

5月25~30日，应斯里兰卡印度洋合作事务委员会秘书处的邀请，水下中心王大民主任助理赴科伦坡参加"海上丝绸之路研讨会"。会议就海上丝绸之路国际合作交流进行了专门讨论。

4. 参加联合国教科文水下公约组织缔约国大会

4月27日~5月1日，受国家文物局委派，姜波等二人以观察员的身份参加在巴黎联合国教科文总部召开的"第五届水下公约缔约国大会"。会议期间，代表团成员列席参加缔约国大会，并出席该组织所属的"科学与技术咨询委员会"会议。

5. 其他

2015年，国家文物局水下中心还派员赴德国和我国台湾地区开展了学术交流活动。

（二）学术来访

2015年，国家文物局水下中心接待多国学者到访，并邀请4位国外学者发表专题演讲。

2015年水下中心学术邀请国外学者专题演讲一览表

时间	演讲题目	演 讲 者
6月24日	东方与西方——玻璃技术与中世纪丝绸之路	英国诺丁汉大学 Julian Henderson 教授
10月8日	玛丽·罗斯号的发掘与保护	英国玛丽·罗斯号博物馆考古部主任克里斯多夫博士
10月25日	丝绸之路上的拜占庭钱币	波兰华沙大学考古学家史葆恪
12月11日	肯尼亚国立博物馆与文化遗产保护	肯尼亚国家博物馆馆长 Mzalendo N. Kibunjia

北京市

【概述】

2015年，北京市文物局共启动文物修缮项目160项，修缮面积15.7万平方米；与天津市、河北省文物管理部门多次就建立京津冀历史文化遗产保护体系进行协商，成立了京津冀地区历史文化遗产保护领导小组，鼓励、支持京津冀地区考古和文化遗产保护机构在相关领域开展合作与交流，搭建文物科研、信息化管理平台。

【执法督察与安全保卫】

2015年，对文保单位开展执法检查4062次、安全巡查4007次。完成对全市126处国保单位、216处市保单位的安全巡查任务。配合公安机关打击文物违法犯罪行为，协调涉案文物鉴定59次、2570件。

1月5日，北京市文物局联合北京市消防局开展全市文物消防安全专项督察行动，会同属地文物部门、消防支队，对北海、广济寺、报国寺、大栅栏商业建筑等文物保护单位进行了重点督察。

2月12日，文化部部长雒树刚、国家文物局局长励小捷一行对北京市的全国重点文物保护单位智化寺、孚王府、北大红楼等进行了节前安全检查，并慰问文博系统干部职工。

2月13日，北京市文物局召开安全工作专题会议，通报了前阶段检查中发现的问题隐患，部署了春节及"两会"期间的具体工作任务，要求各单位从严落实安全管理工作各项制度。

3月5日，北京市文物局邀请部分新闻媒体，对拈花寺、大慧寺、万寿寺、大钟寺、老舍纪念馆、宁郡王府、袁崇焕祠等文博单位的安全管理及"两会"期间安全工作进行了突击检查。

5月7日，北京市文物局、西城区文委对西城区杨椒山祠、朱彝尊故居、旌勇祠、沈家本故居、粤东新馆等文保单位进行了安全隐患专项调研，要求各文物管理使用单位要落实主体责任，彻底排查安全隐患，落实各项安全防范措施。

7月24日，国家文物局和公安部消防局组成联合检查组，先后到中国人民抗日战争纪念馆、卢沟桥、宛平城及门头沟斋堂下村进行了检查，对北京市的文物安全防火工作提出了具体要求。

8月13日，北京市文物局组织到市属多个考古发掘工地进行安全检查，并提出安全生产要求，特别强调对发掘现场的警戒，加强对工地现场的安全防护，严防不法分子乘机盗掘文物。

12月29日，北京市文物局召开"2016年元旦、春节期间安全和烟花爆竹管理工作部署会"，通报了"国务院安委会关于近期事故和重要工作的部署要求"，传达了北京市政府"安全生产和烟花爆竹安全管理会议精神"，并结合北京市文物局系统实际部署了元旦、

中国
文物年鉴
2016

春节期间的具体工作任务。

【不可移动文物的保护和管理】

2015年，与北京市规划委联合完成第九批文物保护范围和建控地带的划定、论证工作，划定文物保护单位保护范围及建设控制地带39项。启动了现有市级及以上文物保护单位保护范围和建设控制地带的修订工作，启动了第五批地下文物埋藏区划定工作。

启动了皇城墙修缮工程、天安门东西朝房修缮工程、天安门地区石质文物清洗保护工程，完成了天安门城楼及城台检测工程。完成了景山寿皇殿文物建筑群修缮工程的设计编制、审批工作，大高玄殿文物保护工程已经开工。

颐和园园墙修缮（三期）工程、镜桥修缮工程已开工。圆明园遗址福海周边环境整治、黄花阵维修、主游线道路桥遗址环境整治等工程立项和西洋楼片区数字展示和阐释系统设计方案已上报国家文物局，大宫门考古发掘工程已开工。

平谷区红石门长城段及彰作长城段修缮工程主体完工。周口店遗址第1地点（猿人洞）保护设施工程已开工，遗址监测工作继续开展。

4月3日，中华人民共和国住房和城乡建设部、国家文物局公布了第一批中国历史文化街区名单，北京市皇城历史文化街区、北京市大栅栏历史文化街区、北京市东四三条至八条历史文化街区入选。

5月21日，"北京市文物系统抗战文物保护及利用工作会"召开，会议传达了国家文物局关于推进抗战文物保护与利用工作电视电话会议精神，相关单位作抗战文物保护与修缮、展示情况交流发言。

9月10～11日，由大运河联合申报世界文化遗产办公室及中国文化遗产研究院专家组成的考察组对北京市大运河遗产进行了专项巡查，现场查看了通惠河通州段、北运河及通惠河旧城段，并与北京市文物局及相关单位进行了交流座谈，听取保护管理工作汇报。

9月18日，北京市文物局组织召开"京津冀三地长城保护工作座谈会"，京津冀三地文物局共同签署了《京津冀三地长城保护工作框架协议》，正式确立了京津冀长城保护全方位战略合作关系，共同解决长城保护工作中出现的各类问题。

【考古发掘】

2015年，共完成勘探项目158项，勘探面积1700万平方米。经勘探工作后需进行发掘的项目占已完工勘探项目的43%，已完成发掘面积32700平方米，发掘和保护古墓葬等遗址1600多座，出土文物共计1322件／套。

2月11日，北京市文物局召开"圆明园大宫门遗址考古发掘工作专家论证会"。与会专家谢辰生、黄景略、张忠培等听取了考古发掘方案汇报，对圆明园大宫门遗址考古发掘方案在现有基础上提出意见，为今后圆明园遗址考古发掘及保护、展示、规划和利用提供科学依据。

4月9日，北京延庆大庄科辽代矿冶遗址群被评为"2014年度全国十大考古新发现"。该矿冶遗址群主要由矿山、冶炼、居住及炒钢等遗址构成，遗址类型系统且丰富，为国内目前辽代矿冶遗存中保存冶铁炉最多且炉体保存最好的冶铁场所。

7月17日，周口店遗址管理处公布了2011～2014年周口店遗址第1地点（猿人洞）抢救性清理发掘成果。除了近4000件石制品，还出土可鉴定的大中型动物骨骼标本3000多件、小型动物化石2000余件。清理过程中，火塘、原地烧结土、烧石、烧骨等古人类用火遗物、遗迹的密集出现，为"北京人"用火行为的研究提供了重要的科学素材。

【博物馆与可移动文物】

（一）博物馆

2015年，认真总结"2014北京博物馆展览季"工作，全面提升博物馆展览水平，完成"展览季"中"饮水思源——南水北调中线工程展""日内瓦：时光之芯——瑞士钟表文化之源"等延续项目。5月18日，国家文物局公布了"第十二届（2014年度）全国博物馆十大陈列展览精品"评选结果。北京地区的中国海关博物馆基本陈列、首都博物馆"呦呦鹿鸣——燕国公主眼里的霸国"、中国人民抗日战争纪念馆"伟大贡献——中国与世界反法西斯战争"、周口店遗址博物馆新馆基本陈列等4项展览名列其中。

2月15日～5月12日，"守护平安 迎祥纳福——天津杨柳青门神年画展"在北京正阳门举办。此次展出的门神年画均来自于天津杨柳青木版年画博物馆，大部分展品是首次对外展出，其中不乏孤品及手稿年画。

5月18日，2015年国际博物馆日主会场活动在首都博物馆举办。活动当日，由北京市文物局主编的《博物馆基础英语》正式向社会发布，并聘任著名主持人陈铎、虹云为"北京博物馆形象大使"。

6月23日～10月7日，"地域一体·文化一脉——京津冀历史文化展"在首都博物馆展出。展览按时间顺序回顾新石器时代至民国初年京津冀一体化形成的历史特点、原因及表现，共展出三地文物232件/套。

7月22日～10月22日，"比德尚玉——龙泉窑瓷器艺术展"在北京艺术博物馆举办。共展出龙泉窑瓷器141件/套，具有重要学术意义。

7月28日～10月25日，"玉泽陇西——齐家文化玉器展"在北京艺术博物馆展出。集中展出了分藏在甘肃、青海、宁夏三省区博物馆和市县级博物馆中考古出土、采集、征集的齐家文化玉器213件/套，从多个角度展示齐家文化玉器与玉文化。

8月18日，北京古代建筑博物馆制作的"中华古塔"展开幕。该展以"中国古代建筑展"为基础制作，通过图片、模型等形式将古塔在中国的发展变迁、历史文化进行了较为详细的展示。

8月18日～11月15日，"梦落华枕——金代瓷枕艺术展"在北京辽金城垣博物馆展出。展览分"简约之美""灵动之美""文韵之美""独特之美"四部分，精心遴选广州西汉南越王博物馆馆藏的83件金代陶瓷枕，从造型、纹饰、工艺等角度再现了中国古代瓷枕发展繁盛期的辉煌。

9月8日，"筑起抗战的货币长城"在北京市古代钱币展览馆开幕。展览共选用了近500件/套历史资料和货币实物，再现了货币在抗日战争暨世界战场中所发挥的重要作用。

9月26日～10月18日，"我的满族人生——清代满族文化展"在团城演武厅管理处展出。展览分"童年记趣""成家立业""戎马生涯""太平安乐"四部分，以团城演武厅的真实环境为背景，以3D画、特定声效、行为艺术、道具或展品展示作为载体，真实再现满族人民的衣、食、住、行等方面内容。

10月28日，北京市文物局与北京市教委联合主办的展览"读城——追寻历史上的北京城池"在首都博物馆开展。该展览是为贯彻落实"四个一"工程而专门为广大中小学生打造的，旨在向中小学生展示历史上北京城池的位置变迁、设计布局、建筑工艺、功能规划以及遗存现状。

11月30日，"京津冀文化区域建设"活动正式启动。该活动由北京市西周燕都遗址博物馆倡议，河北博物院、廊坊市博物馆、涿州博物馆、天津博物馆等单位共同参与，并签署了"京津冀文化区域建设"发展倡议书。

（二）第一次全国可移动文物普查

2015年，继续推进北京市第一次全国可移动文物普查工作，在全国可移动文物普查平台上已采集藏品总数3562870件／套，登录藏品总数2320836件／套；建成"北京市国有可移动文物普查数据管理平台"，可移动文物管理工作水平不断提高。

【社会文物管理】

2015年，完成全市243场拍卖会170843件／套文物标的依法审核工作，成交额177.48亿元人民币。继续与雅昌网络数据监测中心合作，开展对全市文物流通领域相关数据监测以及市场调研工作，并全面开展北京文物拍卖数据库建设。组织开展了《文博服务及相关产业发展现状调查与趋势分析》调研工作。

5月19日，北京市质量技术监督局和北京市文物局组织召开"北京市地方标准《文物艺术品元数据规范》专家审查会"。经过专家组认真研究、讨论，一致同意该项标准通过审查。该项标准结合北京市文物艺术品市场的实际需求，规范了文物艺术品的元数据描述，是全国范围内第一项文物艺术品信息化标准。

9月16日，"2015金秋文物艺术品拍卖月"正式启动。活动期间，嘉德、保利、翰海等17家拍卖公司共组织19场拍卖会，还有多场平价或无底价拍卖会。北京市文物局还在各拍卖现场免费发放《拍卖法规手册》《拍卖知识手册》等宣传品。

10月29日～11月1日，北京市文物局组织首都博物馆等十余家博物馆参加"第十届中国北京国际文化创意产业博览会"，并承办"文物及博物馆相关文化创意产品展馆"。期间共接待观众7万多人次，现场成交额300余万元，意向及项目合作签约金额600余万元。

10月29日～11月2日，"2015北京·中国文物国际博览会"在全国农业展览馆举行。本届博览会在传统展销模式的基础上丰富了参展类别，以形式多元为着眼点，突出展示创新亮点，累计成交额约人民币1.8亿元，客流量达2万人次。

【科技与信息】

2015年，组织孔庙和国子监博物馆"北京国子监乾隆石经研究与保护"等6项课题参与申报北京市社会科学基金项目；与北京市地勘局探索新技术用于配合大型基本建设考古勘探，积极开展将超导量子高科技手段用于考古勘探设备研究，"文物勘探领域超导测量系统研制与应用示范"课题已在市科委立项。

地方标准《文物建筑修缮工程实施控制规范》《文物建筑修缮工程验收规范》和《地下文物埋藏区划定规范》获得立项。《古建筑结构安全鉴定技术规范　第1部分：木结构》完成报批，《文物艺术品元数据规范》《文物建筑修缮工程实施控制规范》完成送审。

首都博物馆"古代书画生物揭展剂研究"通过专家鉴定。该项技术利用生物揭展剂高活性、低浓度的特性，使命纸与画心能轻易分离，减少了机械外力对画心的损伤，提高了书画命纸与画心揭离过程的安全性。与传统方法相比，避免了揭展过程中画心霉变、画面色彩损伤等问题，实现了古代珍贵书画及其装裱材料（如命纸、绫、绢、签条等）的完整保存。

【学术研讨】

7月28～30日，主题为"挖掘燕文化厚重历史促进京津冀区域文化建设"的学术研讨会召开。本次研讨会采取主题阐述与自由发言相结合的模式，就燕国历史文化进行了深入的学术交流，从考古资料、古代文献、历史地理、政治思想等多角度对西周燕文化在内的整个燕国历史提出了新锐见解。

11月11～13日，北京市文物局组织召开"京津冀联合开展文博课题研究工作会"，围绕京津冀三地文物部门联合开展课题研究的项目、内容以及文物地方标准化、刊物合作等相关事宜进行了研讨。

【文博宣传与出版】

2015年，积极开展新闻宣传，以"5·18"国际博物馆日、中国文化遗产日、纪念反法西斯战争胜利70周年、北京建城3060年等为重点，组织开展了一系列有计划、重特色、全方位的新闻宣传活动，共举办各类新闻发布会、媒体记者集体采访以及主动发放新闻宣传素材33次，政务微博"@北京文博"发布各类信息300余条，展示了北京市文博行业取得的重要工作成果。

4月18日，北京市文物局、北京市慈善义工协会、北京市各区县文化委员会在全市16个区县同时开展了"文物保护志愿服务宣传活动"，300余名文物保护志愿者为过往游客进行相关咨询讲解，并发放宣传资料2万余份。

6月14日，在圆明园举办主题为"保护成果　全民共享"的文化遗产日宣传活动，北京市首处"公众考古"场所在圆明园西洋楼遗址正式开放，市民可以近距离参观考古现场。当日，北京市文物局还与北京电视台联合启动"我为古都代言"活动，向社会发出保护文化遗产倡议书《保护文物，从我做起》。

8月24日，由北京市委宣传部组织多家出版社共同出版的《北平抗战实录丛书》出版发行，其中包括北京市文物局主持编写的《家风传承的背后——我们家鲜为人知的抗战故事》《文物背后的抗战故事》《永远的丰碑——北平抗战英雄谱》3部图书。

9月9～28日，第五届北京孔庙国子监国学文化节在北京孔庙和国子监博物馆举办。此次文化节着重实践"全民国学"的理念，延续"国学圣地、德化天下"的主题，通过"礼仪·国学""欣赏·国学""体验·国学"三大板块共11项重点活动为居民奉上一席国学饕餮盛宴。

11月16日，以"《北京文博》与北京文博行业共同成长"为主题的"纪念《北京文博》创刊20周年学术座谈会"在首都博物馆召开。《北京文博》所涵盖的"北京史地""文物保护""博物馆学""考古研究"等各领域的专家对该领域20年来的发展进行了回顾，同时对今后的刊物编辑工作提出了新的设想。

【机构及人员】

北京市文物局机关内设办公室、政策法规处、文物保护处、博物馆处等9个职能处室及执法队，现有在职人员75人。另有局属事业单位30个，其中博物馆18个、文物公司1个、文

中国
文物年鉴
2016

物科研机构3个。

截至2015年12月31日，30家局属事业单位实有岗位1226个，在职人员920人。按学历情况划分：高中及以下40名；大专80名；大学本科620名；研究生180名，其中博士生31名、硕士生139名、研究生毕业（未取得相应学位）10名。按岗位等级划分：初级专业岗位191个；中级专业岗位152个；高级专业岗位77个，其中正高级专业技术岗位34个、副高级专业技术岗位43个。

【对外交流与合作】

2015年，严格落实因公出国（境）有关规定，共办理出国及港澳团组17批47人次，赴台团组4批19人次。

3月25日，"中日夹缬联合展——中国蓝夹缬·日本蓝板缔、红板缔"在北京艺术博物馆举办。展出的102件展品分别由中华文化促进会织染绣艺术中心张琴女士、日本岛根县立古代出云历史博物馆、日本石塚広先生提供，包括中日两国夹缬类艺术品各51件。

5月9日～10月11日，由北京古代建筑博物馆制作的"土木中华——中国古代建筑展"在法国利摩日艺术博物馆展出，通过图片、模型、文字、视频等形式展示了中国古代建筑悠久的发展历史、丰富的建筑类型以及精巧的建筑技艺。

8月1日，"庆祝中尼建交60周年暨中尼友谊钟捐赠仪式活动"在大钟寺古钟博物馆举办。尼泊尔的尼中经贸协会仿制了该国的"塔莱珠女神大钟"作为"友谊钟"捐赠给大钟寺古钟博物馆。尼泊尔已故著名外交家尼兰詹·巴塔拉伊先生珍藏的一系列照片资料，见证了不断发展的中尼友好关系。

8月10～14日，由北京西山大觉寺管理处制作的"禅与茶——中国茶文化展览"在美国芝加哥市展出，通过中国茶具展览、茶文化讲座、书法讲座、茶艺表演、插花表演等观赏及体验内容，使中国的传统文化真正走到美国人民身边。

11月26～29日，北京市文物局组织首都博物馆、北京古代建筑博物馆等单位参加"第19届北京·香港经济合作研讨洽谈会"。围绕"京港博物馆馆藏资源开发合作"的主题，与香港地区的博物馆及文创设计企业进行充分的交流，并就今后的合作提出设想和建议。

11月27日，"水路城市，首尔：清溪川的变迁"在首都博物馆开幕。展览分"开川""覆盖""复原""复原10年后，今日的清溪川"等部分，通过首尔城市河道清溪川的历史变迁，向北京观众展示首尔这座城市600年的历史与城市建设。

【其他】

2015年，完成了《北京市文物保护单位巡视检查报告制度暂行规定（修改意见稿）》的调研报告初稿。围绕京津冀一体化，开展了《北京市文物和博物馆事业"十三五"发展规划》起草工作。

按照市政府统一部署，全面梳理了北京市文物局职能范围内的行政审批事项和非行政许可审批事项清单，对固定资产投资审批事项环节进行了优化，压缩了办事时限。完成了权力清单的梳理及上报，已将权力清单录入"北京市行政执法信息服务平台"系统。为配合中心城棚户区和文保区改造，做好文物保护工作，采取简化相关审批程序、主动沟通、专项办理等切实可行的保障措施，积极配合核心区完成相关改造项目的审批、试点，协助相关单位提出文物保护规划方案。

天津市

【概述】

2015年是全面深化改革、建设美丽天津的关键之年，是全面推进依法治国的开局之年，是全面完成"十二五"规划的收官之年。天津市文化广播影视局（天津市文物局）全面贯彻党的十八大和十八届三中、四中、五中全会精神，深入学习贯彻习近平总书记系列重要讲话精神，文物博物馆工作再上新台阶。

【执法督察与安全保卫】

（一）开展文物保护单位执法巡查

2015年，天津市文化市场行政执法总队积极开展文物保护单位执法巡查工作，对天津市辖区内全国重点文物保护单位、天津市文物保护单位进行执法巡查，累计出动132人次，检查文物保护单位74个，对各区、县文化市场行政执法大队文物巡查工作进行督察，全市累计出动3372人次，检查文物保护单位519个。

（二）深化文博单位专项整治

天津市文化广播影视局（天津市文物局）结合局系统安全工作特点和工作实际，在全局全面开展安全生产大检查、大排查、大整治工作。召开局党委扩大会议筹划部署，成立了由局领导带队，分管业务处室负责同志为成员的六个督导检查组，对局属单位进行拉网式安全大检查。强化安全督导检查，深化文博单位专项整治，彻查安全隐患，堵塞管理漏洞。局主要领导亲自带队深入基层单位检查，并多次指导全局督导检查情况。专题召开局党委扩大会议，听取督导检查汇报，研究隐患整改落实工作，确保安全隐患整改落实到位，取得实效。

（三）举办天津市博物馆安全工作培训班

为强化天津市博物馆安防工作，天津市文化广播影视局（天津市文物局）委托天津市文物博物馆学会安全专业委员会举办天津市博物馆安全工作培训班，于6月29～30日举办。全市50余家博物馆、纪念馆从事安全保卫工作的60多名管理干部及技术人员参加培训。培训班邀请中国文物保护基金会、中国公安大学、中国博物馆协会安全专业委员会、天津市公安局、天津市华安消防职业培训学校的文博与安防行业知名专家授课，通过课堂讲授、互动交流、经验介绍等形式，增强学员文物安全意识，提高学员安防技能和管理水平。

【不可移动文物的保护和管理】

（一）文物保护单位

1. 批复实施天津市境内国家级、市级文物保护单位保护区划

1月，天津市人民政府正式批复实施天津市境内国家级、市级文物保护单位保护区划，

内容涉及全市27处全国重点文物保护单位和211处天津市文物保护单位的保护范围和建设控制地带。保护区划由天津市文化广播影视局（天津市文物局）会同市规划局起草施划。此次保护区划的批复实施，为今后的保护管理工作提供了强有力的法律依据，对推动全市文物保护管理与经济社会发展具有重要作用。

2．启动天津五大道近代建筑群保护规划编制

5月，由天津市文化广播影视局（天津市文物局）组织申报的天津五大道近代建筑群保护规划编制工作启动。天津五大道近代建筑群位于天津市和平区，2013年经国务院批准公布为第七批全国重点文物保护单位。五大道近代建筑群保护规划编制项目由中国建筑设计研究院建筑历史研究所所长陈同滨等担任主持人，和平区文物管理所作为项目实施单位全程负责保护规划的协调和监管，该项目计划在两年内编制完成。

（二）世界文化遗产

1．京津冀地区长城保护工作座谈会在京召开

由北京市文物局、天津市文化广播影视局（天津市文物局）和河北省文物局共同组织召开的"京津冀地区长城保护工作座谈会"于9月18日在北京举行，会上签署了《京津冀三地长城保护工作框架协议》。

2．召开大运河（天津段）遗产监测预警平台数据填报会

天津市文化广播影视局（天津市文物局）于12月23日会同天津市水务、规划、国土房管、环保及大运河沿线各区县相关部门召开大运河（天津段）遗产监测预警平台数据填报会，进一步明确大运河监测预警的责任分工，为大运河（天津段）遗产监测预警平台的建立和常态化运行奠定基础。

【考古发掘】

1月，进行武宁公路（宝坻宁河界—九园公路）工程线路考古调查工作，在宝坻区尔王庄乡程四淀村西南发现遗址1处。

3月，进行北辰区桃花寺遗址调查，调查面积15000平方米。

4月底至5月初，与吉林大学边疆考古中心联合开展蓟县旧石器考古调查，新发现旧石器遗址14处，包括洞穴遗址1处。天津旧石器遗址达到27处，天津人文历史推进到10万年以上。

6月，进行蓟县康平路西侧、水厂南侧地块考古调查，调查面积12694平方米。

9月6日～10月4日，对锡林郭勒盟—山东1000千伏特高压交流输电线路工程140千米路径范围内进行考古调查。

10月，对北京新机场项目供油工程（场外项目天津段）津京第二输油管道137千米线路进行考古调查。

11月，对板滨Ⅱ回500KV输变电工程、天津宝北—芦台Ⅱ回500千伏输变电工程进行考古调查。

【博物馆与可移动文物保护】

（一）博物馆

1．博物馆建设

（1）博物馆评估

8月27日，2014年度天津市博物馆纪念馆绩效考评工作部署会在天津美术馆召开，正式

启动考评工作。经专家对申报材料进行审查、评估、现场复核与公示，天津自然博物馆等5座文博系统博物馆、曹禺故居纪念馆等3座行业博物馆、天津市静海县萨马兰奇纪念馆等3座非国有博物馆被评为优秀，天津杨柳青博物馆等38座博物馆被评为合格，3座博物馆被评为不合格。

（2）加强文教结合，推进博物馆青少年教育

为全面推进素质教育，深入推动天津市文化、教育事业的紧密结合和共同发展，天津市文化广播影视局（天津市文物局）与天津市教育委员会联合下发了《转发〈国家文物局、教育部关于加强文教结合、完善博物馆青少年教育功能的指导意见〉的通知》，对天津市的相关工作提出具体要求。根据《关于建设天津市中小学生实践课堂的意见》，天津市文化广播影视局（天津市文物局）与天津市教育委员会共同命名天津美术馆等5座博物馆、纪念馆为第二批"实践课堂"资源单位。

2．博物馆间的交流与合作

3月20日，周恩来邓颖超纪念馆原创展览"为民 务实 清廉——党风楷模周恩来"在上海宋庆龄故居纪念馆展出。

4月10日，"丝绸之路文物精品大展"在天津博物馆展出。展览汇集了西北5省（自治区）18家文博单位及天津博物馆的206件／套精品文物，是近年来国内举办的综合反映丝绸之路悠久历史和伟大意义的大规模展览之一。

6月23日，"地域一体·文化一脉——京津冀历史文化展"在首都博物馆展出。展览由北京市文物局、天津市文化广播影视局（天津市文物局）、河北省文物局主办，首都博物馆、天津博物馆、河北博物院承办。这是京津冀三地文博界首次协同合作、倾力呈现的一场文化盛宴，共展出文物精品232件。

8月7日，"海上丝绸之路文物精品大展"在天津博物馆展出。该展览以我国古代海上贸易与文化交流为主线，展出来自江苏省、浙江省、福建省、山东省、广东省、广西壮族自治区、海南省、上海市的37家博物馆及天津博物馆的267件／套文物。

9月24日，天津美术馆、天津博物馆举办的"翰墨之光——馆藏历代书法展"在天津美术馆展出。展览遴选历代书法精品60余幅，时代序列清晰，书体种类完备，形制规格丰富。

10月18日，李叔同故居纪念馆、天津博物馆举办的"海河之子——李叔同与天津"在天津博物馆展出。展览以李叔同青少年时期的在津生活为切入点，展示其与近代天津文化发展的渊源。

11月10日，"发现契丹——辽代文物精华展"在天津博物馆展出。天津博物馆与内蒙古博物院携手，通过百余件绚丽多彩、内涵丰富的文物，展示了契丹民族在公元10世纪前后兴起直至成为纵横欧亚草原、影响中国乃至世界历史的古代北方游牧民族的过程。

11月18日，平津战役纪念馆与侵华日军南京大屠杀遇难同胞纪念馆共同制作的"血写的历史——侵华日军南京大屠杀暴行展"在平津战役纪念馆展出。

3．重要展览

2月10日，天津博物馆推出"江南双盛——金陵画派、新安画派绘画作品联展"，展出龚贤、吴宏等25位金陵画派画家与弘仁、查士标等11位新安画派画家的绘画作品。

2月11日，天津自然博物馆推出"喜气'羊羊'"展览。展览以分为"自然羊""文化羊""消费羊"三部分，形态逼真的标本烘托了吉祥如意的气氛。

2月11日，以"寓教于像——杨柳青年画中的传统美德"为主题的年画展在天津杨柳青

木版年画博物馆展出。展览分为"梦源神州""育启家国""训承华夏"三部分，展示了杨柳青木版年画中蕴藏的传统美德。

4月29日，"名家录周恩来青年时代诗词书法作品展"在周恩来邓颖超纪念馆展出。展览展出了60位名家书录的周恩来青年时代诗作，配以周恩来青年时代的照片和文物手迹。

5月18日，天津自然博物馆的"家园·生命"展览荣获第十二届（2014年度）全国博物馆十大陈列展览精品奖。该展览采用主题单元展示方式，展出古生物化石、岩矿及现生动植物标本近万件，依托新的地球观和最新科学研究成果，讲述地球诞生38亿年生命演化的全过程，展示我们生命家园的繁盛与瑰丽，反映人与自然和谐相处的重要性和必要性，旨在提高社会公众的环境意识及生态意识。

7月16日，"醵之韵——长芦盐业与天津城市文化"展在天津博物馆展出，展示生活在天津的长芦盐商及其家族的文化传承，以及与各地来津文人墨客的交往。

9月30日，"曲韵流芳 艺彩纷呈——周恩来与新中国文艺"展在周恩来邓颖超纪念馆展出，是周总理关心新中国文艺事业的历史见证。

10月14日，国家文物局公布《2015年度全国博物馆展览季活动推介目录》，天津市共10项展览入选，包括天津博物馆3项，天津美术馆、平津战役纪念馆、李叔同故居纪念馆、曹禺故居纪念馆、天津沉香艺术博物馆、天津西洋美术馆、天津大港奥林匹克博物馆各1项。

10月24日，"南花北移的佼佼者——天津市表演艺术咨询委员会越剧委员艺术成就资料展览"在天津文庙博物馆展出，展示了裘爱花、筱少卿等6位越剧表演艺术家对"南花北移"事业所作的贡献。

12月30日，"砚拓——天津博物馆藏古砚与拓片展"在天津博物馆展出，分为"砚田题铭""山水清音""鸟啭花浓""雅士好古"四个单元。

此外，为纪念中国人民抗日战争胜利暨世界反法西斯战争胜利70周年，天津市各博物馆坚持"让文物说话，讲中国故事"的原则，积极举办系列展览。如天津美术馆推出从中国抗日战争纪念馆引进的"伟大贡献——中国与世界反法西斯战争"；周恩来邓颖超纪念馆举办"凝聚中国力量——周恩来与全民族抗战"；平津战役纪念馆推出"为抗战呐喊——中国共产党与抗战文艺""中国抗日名将展""中国人民抗日战争胜利——芷江受降""见证抗战——天津市纪念抗日战争胜利70周年图片展""新四军抗战纪实"等；元明清天妃宫遗址博物馆推出"御侮见证——天津的抗战遗址"；天津市滨海新区塘沽大沽口炮台遗址博物馆推出"津沽御侮——天津市纪念抗日战争胜利70周年"。

（二）可移动文物保护

为加强馆藏文物的保护管理，确保馆藏文物的安全，充分发挥馆藏文物的作用，天津市文化广播影视局（天津市文物局）制定《天津市文物局局属文物收藏单位馆藏文物管理办法》，于2015年7月17日发布执行。该办法共六章三十一条，从藏品交接、登账、编目和建档，藏品库房管理，藏品提用、注销和统计等方面，对藏品管理进行规定。

《天津博物馆馆藏文物预防性保护方案》《天津博物馆可移动文物数字化保护方案》《天津自然博物馆馆藏文物预防性保护方案》《"家园·生命"精品展览数字化保护方案》《蓟县出土画像石保护修复方案》《天津出土金属文物保护修复方案》获国家文物局批复。

经单位申报与专家论证，天津市文化广播影视局（天津市文物局）批复同意天津图书馆、天津自然博物馆获得可移动文物修复资质。批准天津图书馆从事古籍善本、碑帖拓本、书法、绘画、文件、宣传品、档案文书、邮品、票据类文物修复，批准天津自然博物馆从事现生动物标本、古生物化石标本类文物修复。

（三）第一次全国可移动文物普查

2015年，天津市第一次全国可移动文物普查工作在藏品信息采集登录、数据转换导入、普查数据质量控制等方面有序推进。

藏品信息采集登录方面：截至2015年12月31日，全市累计登录文物648263件／套，实际数量1687513件，较年初增长555074件／套和1271724件；全市完成文物登录的单位为109家，占应登录单位的83%。

数据转换导入方面：在天津图书馆的大力支持下，10家单位进行了古籍普查向文物普查的数据转换，转换古籍数据42940条；天津自然博物馆完成37万余条藏品的数据离线采集工作；天津博物馆对2万余条文物数据进行了离线采集。在国家文物局普查办的支持下，绝大部分数据已导入可移动文物登录平台。

普查数据质量控制方面：梳理各单位文物登录重点问题，举办"一普"文物登录对口培训；制定专家审核工作流程、规则，为"一普"工作重点由登录转向审核奠定基础。

【社会文物管理】

2015年审核拍卖标的12006件，撤拍17件；文物商店售前审核253件；审核出境文物及文物复仿制品459件，经审核禁止出境的文物6件；审核临时进境文物14件；受天津海关委托，现场鉴定疑似文物2257件，经鉴定禁止出境文物130件。

为贯彻落实国务院关于简化事前审批，加强事中事后监管的工作部署，按照国家文物局《关于改进文物拍卖标的审核备案工作的通知》要求，天津市文化广播影视局（天津市文物局）于2015年9月8日印发《关于进一步做好我市文物拍卖标的审核备案工作的通知》，从审批权限、严格标的报审管理、申报程序等方面加强文物拍卖标的审核备案工作。

为加强文物拍卖经营活动的规范管理，促进文物拍卖市场健康发展，天津市文化广播影视局（天津市文物局）制定了《天津市文物拍卖管理暂行办法》，自2015年12月10日～2020年12月9日施行，从文物拍卖许可证、拍卖当事人、拍卖标的审核、拍卖实施、年度报告等方面规范文物拍卖管理工作。

【文博教育与培训】

（一）天津市文博系统第三期"名师教室"

7月31日，天津市文博系统第三期"名师教室"启动仪式在天津博物馆学术报告厅举行。第三期"名师教室"的学制由2年改为3年，设置古陶瓷研究与鉴定、文化遗产保护、博物馆学等19个专业方向，邀请国内文博领域26名专家、学者担任导师，吸纳18个文博单位的37名学员。第三期"名师教室"陆续举办14场系列学术讲座，内容包括国家博物馆孙机先生主讲"当前文物研究中的一些问题"、中国社会科学院扬之水先生主讲"文物与文学"等。

（二）举办文物保护工程资质培训

12月，天津市文化广播影视局（天津市文物局）举办天津市文物保护工程资质培训班。培训班分两期，第一期参训人员主要为新申领资质单位的技术人员，课程以基础性内容为主；第二期参训人员主要为已获得文物保护工程资质单位的专业技术人员，课程以拓

中国
文物年鉴
2016

展性内容为主。

（三）文博系列专业技术人员继续教育工作

天津市2015年度文博系列专业技术人员继续教育于6月8～11日在天津博物馆学术报告厅举办，300余名学员参加，来自中国国家博物馆、北京大学考古文博学院、中国文物报社等单位的专家学者作8场讲座。

【文博宣传与出版】

（一）国际博物馆日宣传活动

2015年国际博物馆日期间，天津市围绕"博物馆致力于社会的可持续发展"主题推出系列活动，搭建博物馆与公众沟通互动的平台。

天津市文化广播影视局（天津市文物局）委托天津市文物博物馆学会开展天津市首届博物馆纪念馆优秀展览评选活动，天津博物馆的"天津人文的由来"、天津市武清区博物馆的"武清历史沿革展"等4项展览获评优秀展览。

天津市文化广播影视局（天津市文物局）委托天津市文物博物馆学会社教专业委员会举办天津市第五届讲解员大赛。天津博物馆，天津市滨海新区塘沽大沽口炮台遗址博物馆、天津沉香艺术博物馆等23家博物馆的69名选手参加比赛。

2015年国际博物馆日期间，天津市举办多种题材的文博展览与活动，包括天津市博物馆日的主展览"百姓寻常物、历史深辙痕——'昨日天津卫'老物件展暨天津市第九届民间收藏展"，天津博物馆"看天博展览听天津故事——寻访解放北路"特别活动，天津义和团纪念馆"红桥区碑碣石刻拓片展"进社区、校园活动，天津华夏鞋文化博物馆"5·18世界博物馆日老美华携残联公益活动"等。天津市文化广播影视局（天津市文物局）组织印制了大批精美的《天津市博物馆一览》和《博物馆条例》等宣传材料，免费向公众发放。天津市文化广播影视局（天津市文物局）在曹禺故居纪念馆组织专家进行"书画鉴定常识""初识沉香"等6场公益讲座。

（二）文化遗产日宣传活动

2015年6月13日是全国第十个文化遗产日。按照国家文物局通知要求，天津市文化广播影视局（天津市文物局）组织天津市文物管理中心、天津市滨海新区文化广播电视局等单位开展以"保护成果　全民共享"为主题的为期一个月的系列宣传活动。活动期间，承办单位组织开展了文化遗产图片巡回展，天津抗战纪实展，个人收藏展，专题讲座进校园、进社区活动，非遗展示表演，京津冀非遗展示交流活动等内容丰富、形式多样的宣传活动，进一步扩大了文化遗产对人民群众的影响力，营造人人参与文化遗产保护的良好社会氛围。

（三）学术研究与出版

1. 首届"天津市文物博物馆科研课题"申报与评审

由天津市文化广播影视局（天津市文物局）主办、天津文博院承办的首届"天津市文物博物馆科研课题"申报工作于2015年8月20日正式启动。2015年12月1日，首届"天津市文物博物馆科研课题"立项申请专家评审会在天津博物馆举办。13位专家组成评审会，对29项申报课题进行评审并投票，16项课题通过评审。

2. 北疆博物院藏品发掘地联合会议召开

11月29～30日，北疆博物院藏品发掘地联合会议召开，甘肃、内蒙古、河北、山西等地区的代表出席。会议回顾了天津自然博物馆自北疆博物馆开放以来的百年历程，倡议充分发挥北疆博物院的作用，促进地区之间的合作，提高北疆博物院与各发掘地区在国内专业领域及国际上的影响，促进藏品发掘地区的科教、文化事业的发展。与会代表共同签署了《北疆博物院藏品发掘地联盟共识》。

3．文博出版物

康金凤：《实践·研究·收获——周恩来邓颖超纪念馆论文集》，天津人民出版社2015年4月出版。

天津博物馆：《天津博物馆论丛·2014》，科学出版社2015年10月出版。

天津自然博物馆：《天津自然博物馆论丛·2015》，科学出版社2015年10月出版。

李叔同故居纪念馆：《"海河之子：李叔同与天津"展览图录》，百花文艺出版社2015年10月出版。

陈克：《东鳞西爪大津卫》，天津大学出版社2015年12月出版。

【机构及人员】

2015年，天津市共有文博单位75个。其中，文物保护管理机构8个，正常开放的博物馆65个（文物系统博物馆26个、行业博物馆21个、非国有博物馆18个），文物商店1个，文物科研单位1个。文物系统在编人员747人。

【对外交流与合作】

截至3月21日年底，"西班牙现代雕塑大师——苏比拉克中国巡回大展"在天津美术馆展出。展览注重中西文化交流给观众带来的多元艺术享受和对人类文明发展的理性思考，展出苏比拉克艺术作品119件。

周恩来邓颖超纪念馆的"团结·友谊·合作——周恩来与万隆会议"展览，于2015年4月在印度尼西亚雅加达展出，5月底在印度尼西亚万隆亚非会议纪念馆展出。

9月30日，"璀璨的欧洲绘画：16～18世纪的欧洲艺术"在天津美术馆展出。展览的作品来自意大利都灵萨包达美术馆，向观众呈现了美妙绝伦、穿越三个世纪的欧洲艺术旅程。

河北省

【概述】

2015年以来，河北省文物工作深入贯彻习近平总书记系列重要讲话精神，坚持"保护为主、抢救第一、合理利用、加强管理"的文物工作方针，秉持正确保护理念，自觉服务国家大局，强化依法管理，积极改革创新，提升工作质量，文物保护、利用和管理工作取得阶段性进展。

【法规建设】

起草《河北省长城保护管理办法》，落实长城保护管理责任制。

【执法督察与安全保卫】

（一）执法督察

对重大违法犯罪案件进行重点督察，协调河北省公安厅加大文物盗窃案件督办力度，及时侦破了2015年发生的定州临时文物库房被盗、正定广惠寺华塔被盗、清东陵景陵妃园寝被盗案件，追回被盗文物，抓获犯罪嫌疑人员。

会同河北省公安部门依法打击破坏长城的违法行为。针对不法分子盗卖长城文字砖、长城建筑构件、盗掘长城烽火台等问题，与河北省公安厅联合印发了《关于加强长城保护管理严厉打击违法犯罪行为的通知》，严厉打击和遏制破坏长城行为。

支持地方公安机关打击文物犯罪行为，委托河北省文物研究所、河北博物院对行唐县、蠡县、定州市、赤城县、献县、临漳等县（市）公安机关破获盗窃案件的盗掘地点和失窃文物进行了鉴定，为公安机关打击文物犯罪提供了依据。

（二）安全保卫

组织实施文物保护单位安防、消防、防雷项目，发挥安全防范设施的作用。联合河北省公安消防总队制定《河北省文物建筑消防安全标准化管理规则（试行）》。配合住建等部门开展清理整治历史建筑中私人会所专项工作。加强文物安全和执法队伍建设，规范文物行政执法行为，提高安全管理及文物行政执法能力和水平。

开展消防物联网应用试例研究。河北省文物局与省消防部队、公安部沈阳消防研究所签署了《消防物联网在河北省文物古建筑及古村落的应用示范项目战略合作框架协议》，以正定古城文物建筑为试点，选择了正定县文庙和开元寺两处文物建筑，开展消防物联网应用试例研究。

加强长城旅游管理。针对当前存在的擅自将长城段落辟为参观游览区、擅自在保护范围和建设控制地带建设旅游服务设施、游览人数超过核定的旅游容量指标、在未辟为参观游览区的长城段落旅游探险等问题，与河北省旅游局联合印发了《关于加强长城保护规范旅游管理的通知》，加强长城旅游管理，规范长城旅游活动。

启动长城安防项目。在长城沿线选定21处有文字砖的段（点）实施安全技术防护项目。2015年，启动了其中2处段（点）安防项目，先行先试，积累经验，逐步推开。加强文物建筑消防安全管理工作，对全省286处高火灾风险等级全国重点文物保护单位和省级文物保护单位进行抽检，依法排查整治火灾隐患。

科学安排使用省级长城保护专项资金，强化长城违法执法督察，整合各方力量，加强长城保护员队伍和志愿者队伍建设，动员社会各界参与长城保护。

开展了古建筑类文物险情排查。按照国家文物局要求，对河北省古建筑类136处全国重点文物保护单位的重大险情状况、已实施文物保护工程情况、抢险工作计划进行了梳理和险情排查。

【不可移动文物的保护和管理】

（一）大遗址保护

1. 大遗址保护规划方案编制工作取得成效

泥河湾遗址群（大田洼片区）保护规划经国家文物局批复同意。隆化土城子遗址、隆尧柏人城遗址、冀州古城遗址保护规划由国家文物局批复同意立项。

编制完成《邢窑遗址保护规划（临城卷）》《磁州窑遗址保护规划》并上报国家文物局；完成张柔墓、涿鹿故城（黄帝城）等遗址的保护规划编制工作。定窑遗址、黄骅海丰镇、沽源小宏城、迁安爪村、邢台东先贤、平泉会州城、沧州旧城、藁城台西、元氏常山郡故城等遗址以及景县封氏墓群、邯郸赵王陵、献县汉墓群、邢国墓地的保护规划正在编制中。

2. 大遗址保护工程取得阶段性成果

推进张北元中都遗址保护工程，基本完成元中都中心大殿保护工程、西南角楼排水等保护工程，以及遗址内的环境整治工程；宫城西城墙南段保护工程经国家文物局批准立项，方案已经通过第三方评审。

实施了易县燕下都遗址鼓楼台、9号夯土基址、12号地下夯土建筑遗迹保护工程，赵邯郸故城4号门阙保护与展示工程，以及秦皇岛北戴河秦行宫遗址、内丘邢窑遗址保护设施工程和中山靖王墓防渗工程。

（二）国家考古遗址公园

全面推进邯郸赵王城遗址、张北元中都遗址、阳原泥河湾遗址等国家遗址公园建设，元中都遗址、泥河湾遗址实施遗址公园环境整治工作。实施赵王城西门的保护和展示、城内环境整治等工作，目前完成龙台的土地征用、王城内的土地租用等相关手续。

马圈沟遗址保护棚、赵王城遗址龙台保护、元中都遗址西城墙保护等经国家文物局批准立项。

（三）文物保护维修工程

1. 加大正定古城保护工程推进力度

隆兴寺天王殿、毗卢殿，正定文庙大成殿保护维修工程完工并恢复对外开放；隆兴寺方丈院维修工程完工并开辟为梁思成文物保护史迹陈列馆对公众开放，取得良好效果；正定城墙一南门系统修缮工程进展顺利，南城墙修缮工程全面开工，城墙南门夯土工程基本完工。

中国
文物年鉴
2016

隆兴寺整体保护工程、正定城墙—西城墙南段、西门系统南部遗址、隆兴寺壁画保护工程即将开工；隆兴寺文物保护规划已经国家文物局批复同意；临济寺澄灵塔规划正在修改完善中；正定城墙保护规划正加快编制。

2. 长城保护工程取得阶段性进展

河北省明长城总体保护规划已完成初稿，进入初审论证阶段。山海关、金山岭、乌龙沟、紫荆关、大境门、九门口、万全右卫城等7处明长城重点地段保护规划的编制工作加快进度；明确长城保护责任点段，把长城保护真正落到实处；将河北省已认定，尚未公布为省级文物保护单位的389处长城，提请省人民政府公布为河北省级文物保护单位。

长城保护工程进展顺利。涞源乌龙沟长城（一期）、明长城大境门段城台及东侧部分长城墙体加固保护工程完工并通过省级技术验收；滦平金山岭长城、抚宁板厂峪长城（一期）、迁西青山关长城（一期A段）修缮工程基本完工，易县紫荆关长城（三期）、山海关长城二期三个段落、万全右卫城南北瓮城、宽城喜峰口段长城保护工程正在抓紧实施；遵化大石峪长城、卢龙桃林口长城、义院口长城、抚宁县罗汉洞段长城、板厂峪长城（二期）保护工程具备开工条件，正抓紧前期准备工作。河北省文物局多次组织专家现场督导检查长城保护工程，确保长城保护工程顺利实施。

为更好配合推进京津冀协同发展，河北省文物局与北京市文物局、天津市文物局联合召开了京津冀地区长城保护工作座谈会，签订了《京津冀三地长城保护工作框架协议》，建立长城保护合作机制，搭建京津冀三地合作保护长城平台，破解长城保护过程中遇到的"边界"难题，促进京津冀三地长城保护工作全面、统筹、协调发展。

3. 承德避暑山庄及周围寺庙文化遗产保护工程进入收尾阶段

"十二五"期间，中央财政投入专项资金6亿元，实施承德避暑山庄及周围寺庙文化遗产保护工程。2015年承德遗产保护项目进入收尾阶段，除彩画等10项（处）外，其他63项（处）均已实施，其中53项（处）工程已完工、10项已基本完工。国家文物局组织对已通过省级验收的28项工程进行了国家级验收。普乐寺保护修缮工程获评"第二届（2014年度）全国十佳文物保护工程"。完成承德具备验收条件的18项（处）工程报验材料的初审工作，将尽快组织专家对维修工程进行省级技术验收。

4. 积极推进清代皇家陵寝保护维修工程

实施清东陵孝陵主神道石桥、景陵圣德神功碑亭、裕陵和清西陵泰东陵、清西陵行宫、昌妃园寝、泰妃园寝、慕东陵等保护维修工程。

抓紧修改、编制清东陵文物保护规划；清东陵定妃园寝、裕陵妃园寝、惠妃园寝、普祥峪定东陵方案经河北省文物局核准，具备开工条件；清东陵孝陵主神道石桥修缮工程以及景陵圣德神功碑亭、裕陵保护工程已开工。

清西陵总体规划正抓紧编制；崇陵油饰彩画等8项科技保护工程即将开工；泰东陵、清西陵行宫、昌妃园寝、泰妃园寝、慕东陵等5项保护工程进展顺利；崇陵、崇妃园寝、慕陵、昌西陵保护工程已开工。

5. 其他

观音禅寺塔（金）修缮工程已完工，响堂山石窟常乐寺塔（宋）塔基加固工程、常乐寺塔本体修缮工程正在实施中。武安禅房寺中殿、行唐封崇寺大殿、庆云文庙、滦平庆成寺等省级文物保护单位保护工程陆续实施。

继续实施蔚县古建筑保护工程，西古堡董家会馆工程已通过省级技术验收，玉皇阁修缮工程具备开工条件，华严寺修缮工程正在抓紧实施，常平仓维修工程方案按国家文物局意见进行修改完善。

结合纪念中国人民抗日战争胜利70周年活动，积极做好抗战文物保护修缮和展陈提升工作，重点抓好晋察冀边区政府及军区司令部旧址等重要文物保护维修工程。

（四）世界文化遗产

按照福建、河北等8省文物部门的沟通协作和统一部署，完成了"万里茶道"河北段文物资源调查，确定了张家口市节点城镇名单。向国家文物局推荐宣化古城、正定城墙、永年城参与申报"中国明清城墙"世界文化遗产项目，推荐"海丰镇遗址"参与申报"海上丝绸之路"世界文化遗产项目。

（五）传统村落

河北省鸡鸣驿、南腰山、西古堡3个传统村落入选国家文物局首批公布的51个国保省保单位集中成片传统村落名单；伯延村、于家村已列入国家文物局第二批国保省保集中成片传统村落整体保护利用实施村落名单。

启动河北省第一批实施单位怀来鸡鸣驿村、蔚县西古堡村、顺平南腰山村的整体保护利用工作，组织第二批实施单位开展文物维修项目立项申报和方案编制工作。鸡鸣驿城内文物保护工程（22处）已竣工并通过省级技术验收。组建了河北省文物局传统村落整体保护利用专家组。

【考古发掘】

（一）重要考古项目

1. 泥河湾遗址群

推进泥河湾东方人类探源工程和黄帝城中华文明起源工程，力争纳入国家重大科技项目支撑，正式启动建设泥河湾研究中心。河北省文物研究所、河北师范大学、中国科学院古脊椎动物与古人类研究所、中国社会科学院考古研究所等单位对泥河湾遗址群进行了考古发掘，收获丰硕，石沟遗址发现人类活动场面。泥河湾盆地旧石器考古调查面积6平方公里，发现早更新世遗址3处，中更新世晚期遗址群1处，包含20余处地点。石沟遗址、麻地沟遗址、油房遗址等的发掘，发现古人类活动面1处，发现石制品、动物化石1200余件。

2. 赵邯郸故城遗址

完成赵邯郸故城遗址三号台的解剖，在三号台和二号台之间发现一新台基，并发现有院落遗存。

3. 邺城遗址

2015年临漳邺城遗址的田野工作主要集中在曹村北朝窑址和邺南城宫城区的勘探与发掘。曹村北朝窑址的发掘，对认识东魏北齐时期邺城陶瓷器作坊区的位置与范围、北朝陶瓷窑的形制与规模、釉陶及青瓷器的烧制特点等具有重要意义。邺南城宫城区西北区域内新勘探出6座大型殿址及多条道路、回廊、围墙、排水设施等遗迹，丰富了对宫城区范围、建筑布局和文化层堆积的认识，确认了宫城内西宫墙及部分殿堂的位置和结构、宫内院墙及道路的走向和建筑特点，为今后大规模发掘和宫城区的全面保护以及邺城考古遗址公园规划建设提供了极为重要的参考资料。

4. 康保县西土城遗址

河北师范大学等单位对康保县西土城遗址进行了考古勘察和发掘，发现丰富的金代寺庙建筑遗存，取得重要收获。

5．崇礼县大水沟遗址

为助力2022年冬季奥运会，河北师范大学等单位对崇礼县大水沟遗址进行了发掘，发现了丰富的仰韶、龙山时代遗存，为清水河流域考古学文化谱系研究提供了重要的资料。

6．正定古城

为配合正定古城保护工程，对正定城墙南城墙瓮城、月城城台进行考古发掘，揭露瓮城、月城城台平面面积1000余平方米，初步廓清城台平面布局、四至范围。另外对阳和楼、开元寺等进行了考古勘探和解剖。

7．尚义县四台遗址

河北省文物研究所、张家口市文物考古研究所对尚义县四台遗址进行了抢救性发掘。发掘面积200平方米，发现距今8000～7500年的新石器时代文化遗存，出土了大量的石器和部分陶器，为坝上地区的首次发现，填补了该地区的空白。

8．行唐县故郡墓地

对行唐县故郡墓地进行了勘探和抢救性发掘。勘探面积32万平方米，发现墓葬（车马坑）166座，发掘长方形土圹竖穴积石墓5座、车马坑1座，出土青铜器、玉器、金器、骨器、海贝等文物。

9．磁县冶子村窑址

河北省文物研究所会同磁县文物保管所对磁县冶子村窑址进行了抢救性考古发掘。发掘面积296平方米，共发现窑炉2座、灰坑14个，出土各种完整或可复原瓷器近2万件、各类瓷片标本近6万片。发掘的重大突破是在冶子窑址发现了唐代地层，在1987年观台窑遗址发掘成果的基础上将漳河流域磁州窑烧造年代上限由五代提到了唐代。

10．唐山东坑坨沉船

水下考古工作取得新进展。在国家文物局水下文化遗产保护中心的支持下，河北省对唐山东坑坨沉船进行了第三次考古勘察工作，探明了沉船的规模、建造及沉没年代及文物的具体情况。

11．柳河故道

开展了沿海地区陆上文化遗产的调查工作，取得重要收获。主要对黄骅市与海丰镇遗址密切相关的柳河故道进行系统考古调查，对遗址周边的河道开展考古钻探和试掘工作，进一步确定柳河故道与海丰镇遗址的关系。

12．满城要庄遗址

继续开展满城要庄遗址发掘工作，发现西周至汉代遗存，发现火炕、墓葬、陶窑、灰坑等遗迹；对城墙西北角进行了解剖，通过解剖确定了城墙的建造年代应为西周中期。

13．大名府故城

通过调查，初步了解了大名府故城的保存现状，并在宫城与外城之间发现皇城的城垣迹象。通过勘探了解了外城南城垣、东城垣的走向，在南城垣外侧新发现一道夯土墙，其性质还需要进一步工作。经过勘探确认了皇城城垣的存在，最终明确了大名府由宫城、皇城、外城三套城垣构成的布局和形制。通过发掘了解了外城城垣的结构、规模、方向和保存状况。

（二）配合基本建设考古

完成南水北调配套水厂以上输水管道工程任丘后赵遗址发掘，永清县南八里庄汉代遗址、墓地的考古勘探。南水北调配套水厂以上输水管道工程所有文物保护项目基本结束。完成天津港—华北油田输油管道工程勘探、发掘工作；完成京港澳高速工程主线站的考古发掘；完成陕京四线输气管道工程前期考古调查；完成河北省内超高压输电项目、承德和秦皇岛核电项目的文物调查和保护方案编制工作；石济铁路客专考古工作正在进行中。

【博物馆与可移动文物保护】

（一）博物馆

1. 概况

河北省现有注册博物馆、纪念馆105座，馆库藏文物131万余件／套，其中珍贵文物79695件／套。

2. 博物馆间的交流与合作

为配合中央"京津冀一体化协同发展战略"的实施，展示京津冀"地缘相接、人缘相亲、地域一体、文化一脉"的历史渊源，北京市文物局、天津市文物局、河北省文物局于2015年6月推出"京津冀历史文化展"，由三地省级博物馆共同承办，轮流展出。"地域一体·文化一脉——京津冀历史文化展"于2015年6月23日～8月23日在巡展第一站首都博物馆隆重展出。本次展览中河北博物院、河北省文物研究所及承德避暑山庄博物馆等单位精选了包括长信宫灯、金缕玉衣在内的113件文物参展。

唐山市博物馆、廊坊市博物馆、黄骅市博物馆等全省各级博物馆、纪念馆推出与省内外其他馆之间的文物展览交流活动，互办、联办展览，交流互鉴，提高当地市民精神文化生活。

3. 重要陈列与展览

为庆祝中国人民抗日战争胜利暨世界反法西斯战争胜利70周年，积极部署全省相关纪念展览活动，督导河北博物院"抗日烽火——英雄河北"展览的陈展工作。重点组织抗战胜利70周年精品展览数字化展示项目和省内优秀抗战题材展览数字化项目工作，于9月3日抗战胜利纪念日前夕，完成涉县八路军一二九师纪念馆"我们在太行山上"、冉庄地道战纪念馆基本陈列展览两个数字化展览项目，通过互联网向社会开放。河北博物院《"抗日烽火——英雄河北"陈列数字化展示项目方案》已经国家文物局批准。

河北博物院"大汉绝唱——满城汉墓"展览荣获第十二届（2014年度）全国博物馆十大陈列展览精品奖。

（二）可移动文物保护

加大文物科技保护，组织编制重点文物收藏单位金属文物、丝织和石质等文物保护修复方案，实施河北省文物保护中心可移动文物预防性保护项目，开展河北省文物研究所战国中山国铁足大铜鼎以及有关市县文物收藏单位馆藏文物保护项目。

开展可移动文物修复保护项目的申报工作，其中7项得到国家文物局批复，包括河北省文物保护中心馆藏金属文物及可移动文物预防性保护项目，以及邢台市馆藏青铜文物、宣化区保管所青铜文物、黄骅市海丰镇出土瓷器保护等修复项目。

（三）第一次全国可移动文物普查

按照国务院关于第一次全国可移动文物普查的统一部署，在国家文物局的领导下，继续推进河北省可移动文物普查工作。截至2015年年底，全省已完成可移动文物信息采集280762件／套，共1213931件。除少数县区和单位外，文物信息采集登录工作基本接近尾声。

中国
文物年鉴
2016

【社会文物管理】

2015年，河北省文物局承办了巨力国际拍卖有限公司从事第二、三类文物标的拍卖审批并向其颁发《文物拍卖许可证》；批准河北一梦山房文物销售有限公司设立文物商店；承办各拍卖公司报审的6场拍卖会拍卖标的审核，组织专业人员实物审核拍卖标的3093件／套，并对重要文物进行现场监拍，做好每场拍卖会拍后备案管理工作；对廊坊市艺海文物商店进行年审并换发新证；依法办理大马河北拍卖有限公司法人变更事项并予以换发《文物拍卖许可证》。

完成出入境文物审核292件／套。

【文博教育与培训】

加强人才培养。举办了可移动文物普查、文物执法人员、文物保护工程施工资质单位从业人员、文物勘探、文物统计年报汇审等业务培训。

【文博宣传与出版】

为更好地贯彻落实《博物馆条例》，河北省文化厅与河北省教育厅在国际博物馆日主场活动期间签署了《贯彻落实〈博物馆条例〉合作框架协议》，进一步加强沟通合作，建立工作机制，共同推动《博物馆条例》落地生根，使博物馆成为"没有围墙的学校"。各地加大宣传力度，利用节假日及国际博物馆日等开展系列宣传，利用展板、宣传单、宣传条幅和座谈会、讲座等多种形式向社会公众广泛宣传。

5月18日，由国家文物局、河北省政府主办，中国博物馆协会、河北省文化厅、河北省文物局、石家庄市政府承办的"5·18"国际博物馆日全国主场城市活动在河北博物院举办，活动期间组织了专家讲座、研讨会、文物捐赠等系列活动。

6月8～10日，由河北省文物局与凤凰河北主办，相关单位承办的"踏梦泥河湾 寻访燕赵魂"第十个中国文化遗产日暨第二届泥河湾公众考古活动在阳原举办。活动内容丰富，组织有序，公众参与度高，取得了圆满成功。遗产日当天，全省各地举办了丰富多彩的活动，百余家文物单位减免费对公众开放，得到广大好评。

【机构及人员】

截至2015年年底，河北省各类文物机构300个，其中文物保护管理机构165个、文物保护科研机构5个、文物行政主管部门23个、文物商店2个、文物拍卖企业4个、其他机构3个。全省从业人员8433人。

2015年，完成2家文物保护工程资质单位资质增项，1家资质单位资质申报，4家资质单位资质证书变更等初审工作，并上报国家文物局。完成了6家文物保护资质单位资质证书换证工作。

【对外交流与合作】

1. 积极促成灵寿幽居寺释迦牟尼佛佛首回归

经过多方努力，5月23日，在台湾高雄佛光山举行"金身合璧 佛光普照——河北幽居寺佛首赠仪式"，佛光山星云大师将流失海外近20年的灵寿幽居寺北齐高睿时期的释迦牟尼佛佛头赠予河北省,成为两岸一家亲、合力保护流失文物的一段佳话。为配合此次活动,河北省选送76件相关文物精品至台湾高雄佛光山,举办"河北省佛教文物展",数百万观众参观展览,盛况空前。

2．对外展览

配合中国文物交流中心,做好2017年赴美国大都会艺术博物馆"秦汉文明"展览、赴美国国家美术馆中国文物展等外展项目前期准备工作。

6～10月,精选7件汉代文物参加国家文物局和香港特别行政区主办的"汉代文物大展"。

9月24日～11月15日,精选17件展品参加中国文物交流中心与韩国国立中央博物馆合作的"古代佛教艺术展"。

【其他】

认真贯彻执行中央简政放权、构建服务型政府精神,积极沟通河北省审改办,根据法律法规规章等衔接并下放行政审批权限。河北省文物局确定委托下放3项行政许可审批事项。2015年共办理64项行政许可审批,1项行政许可变更审批;完成《河北省文物局行政权力清单》的变更,增加行政权力3项,变更行政权力3项。

组织编制全省文物事业发展"十三五"规划。成立了河北省文物事业发展"十三五"规划编制领导小组和起草组,深入开展调查研究,确定"十三五"期间文物工作的发展思路、目标任务和工作措施。

中国
文物年鉴
2016

山西省

【概述】

2015年，山西省文物保护工作在国家文物局的大力支持和省委省政府的正确领导下，认真学习领会习近平总书记系列重要讲话精神和关于文物保护的重要论述，坚决贯彻执行文物保护工作方针，以"六个认真、六个突出"（即认真组织开展学习讨论落实活动，突出抓好党风廉政建设和反腐倡廉；认真推进重点文物保护工程，突出抓好工程质量和经费使用；认真开展红色和廉政文化遗存保护展示工作，突出抓好八路军太行纪念馆展陈提升和于成龙墓地及故居修复；认真深化可移动文物普查工作，突出抓好普查进度和质量控制两个关键环节；认真拓展文物安全执法督察领域，突出抓好古建筑安全；认真开展第五批省级文物保护单位公布工作，突出抓好核查申报的总体工作思路）为工作抓手，迎难而上，奋力拼搏，圆满完成了各项工作任务。

【法规建设】

《山西省文物建筑构件保护办法（草案）》经省政府常务会议研究同意，正式列入2016年度省政府规章项目出台计划。

《山西省古建筑抢救保护工作实施意见》和《关于加强文物安全工作的意见》的草案稿已征求了省内相关部门意见，正在修改完善。

【执法督察与安全保卫】

（一）执法督察

一是调整充实了山西省打击文物犯罪工作领导小组成员名单，为持续有效发挥该组织在打击文物犯罪方面的组织领导作用提供了保障。

二是与山西省公安厅联合转发了国家文物局、公安部《关于加强打击和防范文物犯罪工作的通知》并提出具体工作要求。全年配合公检法部门开展涉案文物鉴定40余起，涉及各类文物7204件。

三是全年督办处理了8起文物行政违法案件，完成了临汾、吕梁和朔州市文物行政执法与安全效能考核，向国家文物局报送了晋中市文物行政执法指导性案例推介材料，文物行政执法工作水平不断提升。

（二）安全保卫

一是在全省范围内持续开展了13次规模较大的文物消防安全专项检查，通过开展"文物古建筑消防安全联合督察""夏季文物古建筑消防安全检查""文物古建筑消防安全专项检查"等行动，对不同地域、不同特色、不同权属的文博单位进行了重点检查和分析，归纳出各种不同条件下整治消防安全隐患的经验，向全省其他文博单位推广并逐级落实。

二是专门印发《关于规范文物建筑内用火用电用气管理工作的通知》，对文物建筑消防安全管理进行了规范，明确了占用或使用单位的消防安全主体责任。

三是专题组织召开了遗产地文物消防安全专题工作会，督促平遥县政府和五台山区政府开展了市政管网和天然气使用等文物安全隐患的整改消除工作。

【不可移动文物的保护和管理】

（一）概况

2015年，山西在不可移动文物保护管理方面取得了突破性进展。

一是成立了由分管副省长担任组长的山西省古建筑抢救保护工作领导小组，成员单位包括发改、公安、财政、住建、文化、工商、法制办等部门，其主要职能是对古建筑保护工作进行协调督促落实。

二是山西省政府决定从2016年起，每年拿出1000万对全省的国、省保古建筑进行日常养护，这项工作在全国开了先例，得到了国家文物局的肯定。

三是为了更好地把文物保护主体责任落到实处，山西省委、省政府从2015年起把文物保护工作以减分形式纳入全省目标责任考核。山西省文物局围绕"文物保护工作措施不力、文物安全发生较大问题"两项减分内容，研究制订了《山西省文物局2015年度文物保护目标责任考核减分办法》，明确了具体的减分依据和标准。

四是第五批省级文物保护单位核定公布工作已经省长办公会研究、省政府常务会研究通过，即将公布。一些市、县也相继公布了一批市县级文物保护单位名单并划定了保护范围和建控地带。

五是在全省范围内组织开展了古建筑专项核查，共核查各级文物保护单位6220处。其中，整体保存较好的占41%，存在重大险情的占31%，存在一般险情的占28%，存在不同程度险情的单体建筑达到8437座。通过核查，强化了政府保护文物的主体责任意识，督促了古建筑保护"有人、有钱、有规划，防火、防盗、防破坏"工作的落实。

（二）大遗址

"十二五"期间，山西的陶寺遗址、侯马晋国遗址、曲村—天马遗址、晋阳古城遗址、蒲津渡与蒲州故城遗址等5处遗址列入了国家文物局大遗址保护规划项目库，其中晋阳古城遗址和蒲津渡与蒲州故城遗址列入了国家文物局考古遗址公园立项名单。

2015年，晋国都城大遗址保护及晋文化核心地带开发建设规划编制工作正在有序推进；陶寺遗址与陶寺文化的考古研究与宣传推介工作有了新推进，出版了《襄汾陶寺——1978至1985年发掘报告》，联合中科院考古研究所在北京召开了陶寺遗址与陶寺文化学术研讨会。

（三）重点文物保护工程

应县木塔加固工程对原有设计方案进行了进一步完善，不仅尽最大可能地减少了对本体的干扰，而且也使得加固性能更为牢靠。105处山西南部早期建筑保护工程剩余的27处项目主体工程年内基本完工。长城保护方面，编制了山西明长城总体保护规划和5个县域重点段落保护规划，完成了偏关寺沟段墙体顶部100米青砖铺墁和繁峙平型关段60米墙体维修。古村落整体保护利用首批启动的3个试点村落中，沁水湘峪村14处院落正在进行维修，沁水窦庄村20处院落正在进行维修，介休张壁村8处院落的维修即将展开。组织开展的28处重要抗战遗存本体维修保护和22处重要抗战遗存内容展陈提升工作全面完成。作为山西省委加强廉政文化建设的重要任务之一的于成龙故居及墓地修复工程年内顺利竣工并通过验收。

太原西山文化带文物保护、彩塑壁画保护等重点工程按年度计划顺利推进。

由山西承担的《文物保护工程工地检查制度预研究》正在征求国家文物局意见。《文物建筑保护工程预算定额（北方地区）》的深化修订工作已经结束。《山西省文物保护工程各责任主体质量行为及施工现场标准化管理规则》正在向有关资质单位征求意见。《山西古建筑保护修缮导则》等7个标准化研究项目已完成2项。

（四）世界文化遗产

五台山重点寺庙的维修，除南山寺、殊像寺正在实施外，菩萨顶、龙泉寺、金阁寺、罗睺寺全部竣工，监测预警体系建设项目立项已获国家文物局批复。云冈石窟五华洞第11、12、13窟壁画及泥塑彩绘抢救性保护修复工程竣工并通过验收，第3窟、第21～30窟危岩体抢险加固工程设计方案已编制完成并上报审批。对平遥古城出现险情的地段实施了抢险加固，编制上报了14段危墙抢险修缮方案和监测预警体系建设立项报告。

【考古发掘】

蒲津渡与蒲州故城发掘面积1670平方米，发现了大面积金元至明清不同时期的夯土基址；曲村—天马遗址在勘探中新发现夯土城墙遗迹，极有可能是西周时期的晋国都城遗址；绛州州署遗址发掘面积1500平方米，出土了大量器物，对州署后宅区域的建筑布局和文化面貌认识更加全面。另外7个抢救性田野考古项目累计发掘面积17795平方米，出土不同时代的器物2万余件。

【博物馆与可移动文物保护】

（一）博物馆

"十二五"期间，山西省博物馆建设工作持续推进，一批市县级博物馆、民办博物馆和行业博物馆相继建成开放，博物馆类型不断丰富，馆际交流日益活跃，公共文化服务水平不断提升。

1.博物馆建设

2015年，山西认真贯彻落实《博物馆条例》，完成了全省126家博物馆的年检工作，组织召开了全省博物馆发展研讨会。大同市博物馆馆御东新馆对外开放，年累计接待游客接近百万人次。长治市博物馆完成了"战国车马坑"和"历代古墓葬"两个陈列专题的改造提升。太原市博物馆陈列布展和配套设施建设工作进入最后冲刺阶段。运城市、临汾市博物馆展陈工作正在有序进行。忻州市博物馆主体已经封顶，正在编制陈列布展大纲。永济市博物馆、岢岚县博物馆、西河头地道战纪念馆等一批市县级博物馆和专题类博物馆在完成展陈改造提升后相继对外开放。陶寺遗址博物馆的立项已经启动。

《山西省市县级博物馆建设导则》《山西省博物馆免费开放绩效考核办法》和《山西省非国有博物馆考核办法》等一系列事关博物馆建设管理的规范性文件即将出台。

2.博物馆间的交流与合作

"十二五"期间，全省各级各类博物馆共举办展览活动1568次，接待观众上亿人次。山西博物院作为山西博物馆发展的龙头，策划引进了"花草精神——居巢居廉绘画精品展""送您一片吉祥——智慧文殊迎春特展""北美洲原住民艺术展""凤鸣岐山——周原青铜艺术展""虞山画派书画精品展""弘扬两弹一星精神　共铸中国梦——暨百名将军名家书赞两弹一星特展""神形妙和——明清肖像展""欧风雅韵——欧洲玻璃艺术展""中国梦·太行魂——纪念抗战胜利70周年大型摄影展""妙造自然——刘奎龄画展"等10个临时展览；策划推出了"秦晋之好——山西出土西周文物精华展"在宝鸡青铜器博物院展出、"美成在久——山西出土玉器精品展"在广州艺术博物院展出、"霸：迷失千年的古国"在成都金沙遗址博物馆展出、"山西出土玉器精品展"在晋城博物馆展出、"赵梅生90艺术回顾展"在国家博物馆和太原美术馆展出、"霸国文物精品展"在深圳博物馆展出、"山西古代艺术展"在西藏博物馆展出、"以法相会——明清水陆画艺术展"在台湾佛光缘美术馆展出等。同时，还与俄罗斯国立历史博物馆达成了双向展览交流意向，确定2016年"山西古代艺术展"赴俄展出，"18～19世纪沙皇俄国艺术精品展"来晋展出。

3．重要陈列展览

2015年，晋国博物馆推出的"唐风晋韵"荣获了第十二届（2014年度）全国博物馆十大陈列展览精品推介优胜奖，山西博物院引进的"印度的世界"荣获第十二届（2014年度）全国博物馆十大陈列展览国际及港澳台合作奖，山西博物院的"霸国文化精华展"、八路军太行纪念馆的"八路军抗战史陈列"和晋国博物馆的"晋国历史文化及晋侯墓地遗址展"入选国家文物局精品展览数字化项目库。

4．经济社会发展变迁物证征藏工作

山西作为经济社会发展变迁物证征藏工作的试点省份，先后成立了领导小组和调查工作组，并邀请了山西大学以及太原理工大学作为合作方，外聘了多名省内外专家组成了专家组。经过前期调研与论证，确定了试点工作的时间范围是新中国成立后至20世纪90年代初，征藏范围主要是酒、醋等轻工行业和与经济社会发展变迁密切相关的民俗方面的物证，征藏工作应遵循抢救濒危为主，突出山西地域特点，同时关注系统性的原则。调查工作组在专家指导下，已经结束了省内各区域经济社会发展变迁资料的整理工作，形成了省内各区域经济社会发展变迁综述，梳理出了64家重点调查企业和相关物证名单并启动了杏花村汾酒厂重点物证资料调查工作。之后的主要任务是整理采集有关资料，制定《经济社会发展变迁物证征藏工作流程》和《经济社会发展变迁物证征藏范围标准导则》，撰写《经济社会发展变迁物证征藏资源调查报告》和《经济社会发展变迁物证征藏试点工作报告》。

（二）第一次全国可移动文物普查

截至2015年12月31日，山西第一次全国可移动文物普查共落实普查经费5767万元，培训专业人员2039人次，向数据平台上报可移动文物2885360件，占摸底统计的98.45%，是2004年统计数字的2.4倍。除个别收藏量巨大的省直单位外，市县两级收藏单位已经完成了普查登录工作，实现了年初制定的目标任务。

【文博教育与培训】

2015年成功举办了全省文物局长培训班；分四期选派了26名县文物局长参加国家文物局举办的县级文物局长培训班；组织局直属单位工作人员报名参加国家文物局举办的展览策划、玉器鉴定、油画修复技术、纸质文物修复、古建筑油饰彩画传统工艺及修复、官式建筑保护与修复等培训班以及文物进出境责任鉴定员考试。

【文博宣传】

以"走进云冈石窟共享保护成果"为主题的2015年中国文化遗产日山西主会场活动，

在世界文化遗产地大同云冈石窟景区举行。主会场举办了"云冈石窟保护60年展"、"画家眼中的云冈"油画展示、"云冈晒宝贝文物展览"等活动,向公众展示了文化遗产保护取得的丰硕成果。山西文博志愿者之家的志愿者举办"爱护文物守望历史家园"主题宣传活动,向游客讲解文物保护的重要性,营造全社会共同关注和保护文物的良好氛围。

【机构及人员】

山西省文物局是山西省政府设置的主管全省文物工作的直属机构,正厅级建制,班子配备是一正、两副、一总工,另配备一名副巡视员。局机关内设10个职能处室,分别是办公室、人事教育处、政策法规处、规划财务处、文物管理处、博物馆管理处、执法督察处、机关党委、离退休人员工作处、行政审批管理处。局机关核定公务员编制41名,工勤人员编制8名;现有在职公务员36人,在职工勤人员7人,离退休人员25人。

内蒙古自治区

【概述】

2015年，内蒙古自治区文物局在国家文物局、自治区党委政府的大力支持下，在自治区文化厅党组的领导下，以邓小平理论、"三个代表"重要思想和科学发展观为指导，认真学习贯彻习近平总书记、李克强总理和刘延东副总理关于长城保护工作的重要批示和重要讲话精神；结合贯彻国家"一带一路"战略，认真开展万里茶道内蒙古段申遗工作；按照全国和自治区文物工作会议的部署，进一步加强文物执法、文物安全工作；大力推进文物保护项目建设、申报、维修、管理、督察工作；加强可移动文物普查、博物馆展览和免费开放工作，以及考古发掘、文物科研、对外交流、文物人才培训等工作，为促进自治区经济、文化、社会事业的全面发展做出积极贡献。

【法规建设】

内蒙古自治区文物局会同锡林郭勒盟开展《元上都遗址保护管理条例》立法调研，列入2015年自治区人大立法计划，9月按程序上报自治区人民政府审核，10月由自治区人民政府法制办公室上报自治区人大教科文委员会。

【执法督察与安全保卫】

（一）执法督察

根据国家文物局的安排部署，内蒙古自治区文物局开展了文物行政执法年审、文物行政执法、文物安全检查的统计工作。按照自治区人民政府法制办要求，内蒙古自治区文物局会同自治区文化厅机关办公室完成了文物行政执法主体资格确认等工作。

针对央广网5月4日发布"昆都仑召文物保护修缮工程"烂尾至今，并对当地"围绕召庙周边建设文化旅游休闲区"提出质疑一事进行了实地调查，经确认属不实报道。会同呼和浩特市文化局、和林格尔县文化文物部门，对自治区级文物保护单位大红城遭破坏案件进行了查处。

2015年，配合公安部门依法开展严厉打击文物犯罪专项行动，全区各级公安部门共破获文物案件8起，收缴涉案文物196件，抓获犯罪嫌疑人25名，组织专家对涉案文物进行了司法鉴定；配合中纪委专案组和自治区纪委对涉案文物进行了鉴定。

（二）安全保卫

2015年，自治区文物局会同各级公安消防部门，对全区重点文物建筑以及一、二级博物馆风险等级单位进行了文物安全大检查，并会同公安、消防部门在重大节日期间对部分盟市重点文物建筑单位以及博物馆进行了重点督察。

与公安边防合作，建立以苏木政府、边防派出所、草原监理所为主要力量的"3+1"

中国
文物年鉴
2016

联防工作机制，组建牧民文物保护队伍统一编入草原110群防体系，并准备在全区7个盟市、19个边境旗市适时推广。

2015年，在自治区文物局大力支持下，锡林郭勒盟已发展文物保护队员118名。在锡林郭勒盟影响下，阿拉善盟文物局、阿左旗文物局组建"驼峰长城保护队"，包头市达茂旗边境牧民成立了7支马背文物保护队。

【不可移动文物的保护和管理】

（一）概况

内蒙古自治区文物局经报请自治区文化厅党组研究同意，会同自治区财政厅向财政部、国家文物局申报了《内蒙古自治区2015年度全区文物保护经费申请》；会同自治区发改委上报了"十二五"内蒙古文化与自然遗产抢救性设施建设项目13项。同时，按照文物保护前置条件和要求，大力做好文物保护工程立项、规划、保护设计技术方案前期工作。2015年，向财政部和国家文物局申报文物保护专项资金3.9亿多元，项目总数70余项。认真贯彻执行《国家重点文物保护专项补助资金管理办法》，经自治区文化厅党组审议，制定通过并向全区文化、文物部门下达了《专项资金管理办法》。

（二）全国重点文物保护单位

为传达贯彻习近平总书记、李克强总理关于长城保护工作的重要批示，2015年8月9日，刘延东副总理在鄂尔多斯主持召开了长城保护工作座谈会并发表重要讲话。8月25日，自治区党委副书记、自治区主席巴特尔同志主持召开自治区政府第50次常务会议，会议决定2015年从主席预备费列支1000万元作为"长城保护专项经费"，2016年起将长城保护经费纳入自治区本级财政预算。会议同意设立自治区长城保护管理机构，设立长城保护基金；原则同意《内蒙古自治区关于进一步加强自治区境内长城保护工作的实施意见》。

9月11日，自治区人民政府在呼和浩特召开了"全区长城保护工作会议"，部署了全区长城保护工作，与各盟市负责人签订了《长城保护责任状》。11月，内蒙古自治区人民政府向全区颁布了《加强自治区境内长城保护工作的意见》。

（四）世界文化遗产

结合国家实施"一带一路"战略，启动万里茶道内蒙古段相关线路遗址遗迹的调研和材料搜集工作。在全区文化文物工作会议上把万里茶路内蒙古段的文物调查、文物保护、申遗基础工作列为2015年全区文物工作重点，列出20万元用于专项调查工作。在内蒙古展览馆举办了"万里茶道内蒙古段申遗文物展览"。按照国家文物局要求，自治区文物局推荐了内蒙古段沿线申遗的节点城镇，包括呼和浩特市、包头市、乌兰察布市、二连浩特市、锡林郭勒盟，选择与"万里茶路"沿线有关的文物建筑明细。

（五）其他

自治区文物局会同自治区住房与建设厅制定、颁发《关于全区传统村落建筑评审管理办法》，积极推动传统村落的保护工作。在继续做好被列入第一批中国传统村落保护利用项目实施名单的呼伦贝尔市奇乾村的基础上，推荐乌兰察布市隆盛庄为第二批拟开展实施的中国传统村落保护利用项目。

【考古发掘】

"蒙古族源"工程考古研究取得重要成果，陈巴尔虎旗岗嘎墓地考古发现被评为"中国社会科学院考古论坛·2014年度中国考古新发现"。锡林郭勒盟正镶白旗伊和淖尔鲜卑墓群获评"2014年度全国十大考古新发现"。向国家文物局上报7项考古发掘项目申请，已批复4项。

2015年7～9月，内蒙古文物考古研究所在锡林郭勒盟多伦县发现一处契丹皇族萧氏贵妃家族墓地，发掘清理2座辽代墓葬，获得重大考古新发现。

在配合基本建设考古方面，自治区文物考古研究所对和林格尔盛乐古城、察右前旗旗杆山墓地等6处配合基本建设项目用地进行了调查和发掘。完成了《内蒙古自治区配合国家经济建设项目考古调查、勘探、发掘审批工作程序》及《工作流程图》的梳理。完成了呼和浩特市地铁、赤峰至北京高铁、兴安盟文得根水利枢纽工程项目的申报工作，目前前两项已获国家文物局批准。

【博物馆与可移动文物保护】

（一）博物馆

1. 博物馆建设

《博物馆条例》颁布后，内蒙古自治区文物局召开文物局扩大会议，就学习贯彻《博物馆条例》工作进行了专题研究，向全区发文部署，并依据《条例》完成了对全区各级各类博物馆的年检工作。

对部分国有博物馆和非国有博物馆进行了调研和检查，完成非国有博物馆运行评估工作，以及113家博物馆、纪念馆免费开放绩效考评工作。内蒙古博物院和呼伦贝尔民族博物院建立了理事会制度，完成了改革试点工作。

向全区转发了国家文物局关于提升博物馆陈列展览质量和完善博物馆青少年教育功能的两个指导性文件，并结合实际，提出建立博物馆联盟、开展馆际合作、与教育部门配合开展青少年教育活动等方面的贯彻意见。完成"博物馆青少年教育项目库"建设任务。

根据自治区人民政府2015年第45次常务会议以及自治区发改委有关计划，执行"自治区智慧博物馆建设项目"。项目内容包括两个方面，一是国家一级博物馆1座（内蒙古博物院）、二级博物馆9座、三级博物馆16座的数字化建设；二是以内蒙古文物保护中心为重点，开展全区古建筑数字化博物馆录入建设工程。

2. 重要陈列展览

中国人民抗日战争胜利70周年之际，自治区文物局下发通知，全区各级博物馆举办了丰富的专题纪念展览。自治区文物局在恩格贝抗日烈士纪念碑前举行自治区文物系统纪念中国人民抗日战争胜利70周年启动仪式。通辽市在《大刀进行曲》作者麦新烈士陵园，呼和浩特市在大青山抗日根据地旧址，包头市在绥远抗战烈士厅，呼伦贝尔市在海拉尔"万人坑"举办了纪念展览。9月1日，内蒙古博物院"血沃草原——纪念中国人民抗日战争胜利70周年大型文物展览"开幕。

（二）可移动文物保护

向国家文物局申报获批4项馆藏文物预防性保护和文物修复项目，获得项目经费1507万元。

配合全国馆藏壁画保护修复方案编制工作，内蒙古壁画保护中心与敦煌研究院保护所专家合作，对赤峰博物馆及内蒙古文物考古研究所收藏的辽代和元代的墓葬壁画进行了为期十天的前期调查，调查壁画总面积45.51平方米，编制了《赤峰博物馆藏塔子山辽墓、砂子山元墓壁画保护修复方案》《内蒙古自治区文物考古研究所藏巴林右旗耶律弘世墓壁画保护修复方案》。

鄂尔多斯博物馆开展壁画"摹制法"保护研究课题。8月25日～9月20日，鄂尔多斯博物馆组织组织精干力量深入乌审旗、鄂托克旗进行了部分墓葬的二次清理工作，共清理鄂托克旗凤凰山墓葬2座、米拉壕墓葬1座，乌审旗巴日松古敖包墓葬2座，调查了鄂托克旗察罕淖儿壁画墓1座。组织专业人员对该批墓葬及乌审旗乌审召、乌兰布拉格召、伊金霍洛旗新召、准格尔旗准格尔召壁画进行了拍摄，搜集了较为完整的古代壁画材料，随后开展摹制工作。

（三）第一次全国可移动文物普查

积极推进第一次全国可移动文物普查工作。为顺利完成普查任务，普查项目部于年初派出3个督察组，在内蒙古自治区文物局领导的带领下对全区各盟市普查工作进展情况进行了督察。各盟市根据督察意见对存在的问题进行了整改。截至2015年年底，自治区已登记上传馆藏文物969523件／套，上传报送率为96.44％，位居全国前列。

【文博教育与培训】

按照《内蒙古自治区草原文博人才培养"金鼎工程"实施方案》，2015年，内蒙古自治区文物局主要开展了以下文博人才培养工作：5月，在鄂尔多斯市恩格贝生态园区保护中心举办了全区文物管理人员培训班。7月，在满洲里市承办了全国文物安全管理人员（内蒙古地区）培训班及文物保护执法人员培训班。8～10月，在北京中央文化管理干部学院举办了两期全区文物保护管理人员高级研修班；在呼和浩特、呼伦贝尔市举办了两期全区可移动文物普查管理人员培训班；在赤峰承办了全国非国有博物馆馆长培训班。10～12月，在呼和浩特市举办了全区文物保护规划人员培训班、全区博物馆陈列展览专业人员培训班、全区长城保护工作座谈会暨长城保护人员培训班。此外，还举办了4期可移动文物普查骨干培训班。这些培训，极大地提高了自治区文博队伍建设及文博工作者的业务水平和履职能力。

【文博宣传与出版】

5月18日，以内蒙古博物院为主开展了"5·18"国际博物馆日宣传活动；6月13日，在北京故宫及赤峰市开展了中国文化遗产日主场宣传活动；9月6日，在乌海市开展了草原文化遗产日主场宣传活动。

【对外交流与合作】

2015年10月，自治区文化厅、文物局以及内蒙古文物考古研究所与蒙古国科学院考古研究所在蒙古国召开学术座谈会，总结、发布了联合考古十年取得的重要成果。通过十年的友好合作，双方进一步认识到中蒙两国作为山水相连的友好邻居，在匈奴、鲜卑、柔然、突厥、回鹘、蒙古、契丹考古方面，以及岩画考古与申报世界遗产方面有着广阔的合作空间，深入开展合作对于增进两国的文化交流具有重要的意义。

辽宁省

【概述】

2015年，在辽宁省委、省政府的正确领导下，在国家文物局的大力支持下，辽宁省文物局按照辽宁省文化厅党组的决策部署，深入贯彻科学发展观，按照构建社会主义核心价值观体系，全面落实党的十八届五中全会精神，严格贯彻执行《中华人民共和国文物保护法》，坚持文物工作方针，紧紧围绕文物保护和有效利用工作，群策群力，扎实推进，圆满完成了年度工作任务，文物执法督察、不可移动文物的保护与管理、考古发掘、博物馆与可移动文物保护、社会文物管理、文物对外交流与合作等各项工作均取得了显著成绩，为构建和谐辽宁、文化辽宁做出了积极贡献。

【执法督察与安全保卫】

（一）执法监督

查处了一批文物违法、违规案件。

调查处理沈阳故宫南门前武功坊木柱受撞击事件。1月23日早6点20分，一辆车牌照为辽A3557F的大众牌小汽车，由沈阳路西侧冲入沈阳故宫门前路段，该车先是撞到路旁维修石材，后越过故宫西侧禁行警戒线，撞到武功坊南侧中间西面戗柱之上，之后司机弃车逃逸。沈阳故宫博物院值班人员随后赶到现场，对武功坊文物本体、肇事车辆等现场情况进行查验，并向沈阳市文物局和公安部门报告、报案。事后经有关专家鉴定，该肇事车辆对武功坊木戗柱等造成表面损伤。沈阳故宫博物院对沿街文物建筑遭受风险情况进行排查，封闭故宫门前路段，防止类似问题再次发生。肇事司机已向公安部门投案自首，公安和交警部门对其依法进行处理。

调查处理全国重点文物保护单位磨石沟砖塔地宫遭盗掘破坏案件。2月初，接葫芦岛市文物局报告，位于兴城市的全国重点文物保护单位磨石沟砖塔地宫发生被盗案件。接案后，当地文物部门有关人员即赴现场进行调查处理。经查，盗洞位于塔正南面，呈矩形，长2米、宽1米、深1米，部分盗土已回填，塔基一定程度受损，文物部门已向当地公安报案。案发后，辽宁省文物局即责成省文物考古研究所对被盗塔进行了调查和清理。据辽宁省文物考古研究所报告，该塔在2010年曾进行过全面维修，维修期间该所曾对古塔进行过清理，未发现重要遗物。此次调查和清理也未发现古代遗物痕迹，塔总体结构未受影响。为加强对该塔的保护，避免类似问题再次发生，辽宁省文物局已向当地文物部门下发通知，提出要求，明确责任，加强监管，确保安全。

查处锦州北镇市盗墓案。2015年年初，接群众举报，位于北镇市富屯街道办事处洪家街屯北一古墓被盗，当地文物部门即派人到现场勘察，并向当地公安部门报案。该墓位于洪家街村北300米处的"林园子"的耕地中，盗洞为长方形，长1.4米、宽0.7米、深4米。此墓为青砖砌筑，可见墓室内西、北砖砌墙体及部分券顶，墓室早期塌陷。经初步勘察，此墓应为辽代晚期，墓葬级别较高。辽宁省文物局已责成当地文物部门加强看护，配合公安部门尽早破案，防止古墓再次遭到盗掘和破坏。

成功侦破"部督2015年第1号专案"。2014年下半年以来，朝阳市公安局联合文物部门主动出击，成功侦破"部督2015年第1号专案"——以侵害红山文化遗址为主要目标的"11·26"盗掘古文化遗址和古墓葬犯罪案件。共打掉涉案团伙10个，抓获犯罪嫌疑人160名，追缴文物2000余件／套，其中一级文物123件／套。在全省乃至全国对打击文物犯罪形成了强大的震慑力。国家文物局、公安部授予朝阳市公安局"文物保护特别奖"，并为专案组记集体一等功。

（二）安全保卫

严格落实文物安全工作相关规定。元旦、春节、十一等重要节假日期间，辽宁省文物局组织检查组对全省部分省级以上文物保护单位以及省博物馆、文物考古研究所和文物总店的文物安全工作进行了重点检查、抽查。

完成了一批安防工程。组织有关安防专家对全国重点文物保护单位锦州广济寺、北镇庙及朝阳博物馆安全技术防范建设工程进行验收，对今后安防系统使用、管理等工作提出了要求。根据国家文物局的统一部署，经考查论证，向国家文物局上报了一批2016年"三防"工程建设计划。经国家文物局审查，明确了辽宁省2016年可实施"三防"工作项目及单位，其中安防工程25项、消防工程项目6项、防雷工作项目3项。目前，所有项目均在按有关程序进行方案编制上报。

【不可移动文物的保护和管理】

（一）概况

辽宁省共有全国重点文物单位128处，省级文物保护单位数量472处。2015年完成了第九批省级文物保护单位保护标志碑的制作和运输工作；开展了第七批全国重点文物保护单位、第九批省级文物保护单位保护范围和建设控制地带划定工作；完成了第六、七批全国重点文物保护单位记录档案的编制工作；开展了2015年度全国重点文物保护单位和省级文物保护单位调查登记工作统计，初步摸清了当年省内国、省两级文物保护单位现状及存在问题；配合国家文物局开展了辽宁省各级文保单位中私人会所自查工作和辽宁省长城资源信息采集系统的信息填报工作。

（二）全国重点文物保护单位

根据国家文物局文保工程项目审批改革精神，开展了2015年全国重点文物保护工程立项和工程方案编制工作。组织上报了《赫甸城城址保护规划编制立项报告》等10个全国重点文物保护单位保护规划编制立项报告，其中4个项目得到国家文物局批准，并启动了部分保护规划编制工作。组织有关单位编制了鞍山驿堡、千山古建筑群、五女山山城、赫甸城城址等60余项全国重点文物保护单位的保护工程方案和立项报告，其中30余项获得国家文物局审批；实施了兴城城墙整体维修工程、元帅林哨楼祭台抢险工程等10余项全国重点文物保护单位的文物保护工程。2015年，申请国家重点文物专项补助经费项目44个，从财政部、国家文物局共争取国家重点文物保护专项补助资金1.7亿元。

全国重点文物保护单位记录档案编制工作有序推进，举办了国保单位记录档案编制培训班，开展了全国重点文物保护单位保护记录档案制作的文字编写、档案资料收集和专家审核工作。第六批、第七批全国重点文物保护单位保护记录档案通过国家文物局审核，已报送至指定接收单位。

（三）抗战遗址保护和管理

开展辽宁省抗战纪念设施和遗址中的国保、省保文物保护单位问题排查，对部分保护单位进行了实地调研。启动了国保、省保抗战文物保护工程方案编制工作。向省政府上报了全省抗战纪念设施和遗址中14处省级文物保护单位所需保护和修缮资金的请示，并建议省政府安排专项资金予以支持。编制完成并向国家文物局上报了旅顺监狱旧址、南子弹库旧址、抚顺战犯管理所旧址、本溪湖工业遗产群（肉丘坟）4处全国重点文物保护单位的相关文物保护工程立项报告，获得国家文物局批准。组织相关单位完成了柳木桥抗联密营遗址、下五家子惨案遗址、台吉万人坑的保护工程方案编制、论证和审批工作。开展了纪念抗战胜利70周年文物保护和主题宣传工作。与吉林、黑龙江两省文物局共同筹划，召开东北抗战遗迹联盟成立大会，辽宁省抗战遗迹联盟成员单位达42家。

中共满洲省委旧址纪念馆、沈阳二战盟军战俘营旧址、抚顺平顶山惨案纪念馆、赵尚志纪念馆进入第二批国家级抗战设施、遗址名录。

重点完成阜新万人坑保护工作。按照中央领导对阜新万人坑保护重要批示精神，根据省委、省政府的统一部署，积极与阜新市政府及相关部门进行沟通和对接，精心谋划，科学实施，积极争取项目和资金支持，全程严格监督管理。统筹协调相关业务单位和部门，全面完成阜新万人坑死难矿工纪念馆维修保护展示工程。8月15日，阜新万人坑死难矿工纪念馆新馆举办开馆暨日本帝国主义侵华时期死难矿工公祭仪式。

（四）世界文化遗产

辽宁省有世界文化遗产地6处（九门口长城、沈阳故宫、清永陵、清福陵、清昭陵、五女山山城），列入世界文化遗产预备名单项目3处（义县奉国寺大雄殿、朝阳市的牛河梁遗址、兴城市的兴城城墙）。各世界文化遗产地加大了文物保护和管理力度。2015年，实施了清昭陵油饰及防雀网工程、沈阳故宫古建筑油饰彩画保护修复（一期）和左右翊门抢险加固工程、五女山山城遗址保护工程；启动了清永陵四碑楼修缮工程，沈阳故宫师善斋修缮工程，清昭陵隆恩殿、五凤楼修缮工程；启动了五女山山城、沈阳故宫、清永陵世界文化遗产监测工程。

【考古发掘】

（一）配合基本建设考古工作

完成了通辽连接京沈客专快速铁路、赤峰连接京沈客专至喀左北站、抚顺石化长输管道改造、海城市滕海大道改扩建、鞍山天然气管道、青河水库水电站建设、葫芦岛市京哈公路改造、本溪龙新矿业、鹤大高速前阳互通立交、沈海高速汤岗子互通立交、鞍钢电厂等基本建设项目的考古调查工作，调查里程约275公里，面积约1292万平方米。

完成了朝阳市双塔区龙腾苑一号遗址、通辽连接京沈客专快速铁路、赤峰连接京沈客专至喀左北站、葫芦岛市京哈公路改、鞍山天然气管道、鞍钢电厂等基本建设项目的考古勘探工作，勘探总面积42万平方米。

完成了朝阳上河首南地遗址、阜新八家子遗址、阜新高林台遗址、北镇镇边堡城址、葫芦岛杏树沟遗址、辽阳苗圃汉魏墓地等考古发掘工作，发掘面积约4200平方米，清理墓葬143座。

（二）主动性考古工作

开展了医巫闾山辽代重要遗迹、江官屯窑址、燕州城山城、半砬山积石冢等考古发掘工作，编制《大凌河中上游地区红山文化遗迹考古调查五年计划（2016～2020）》并上报至国家文物局。

医巫闾山辽代重要遗迹之新立辽代建筑遗址发掘面积约5000平方米，发现大型建筑基址2组；洪家街辽墓通长23.5米，墓室直径7.6米、深5.2米，已完成了对该墓墓道、天井、墓门、额墙及墓室顶部等清理工作。这两项考古发掘为寻找辽代乾显二陵位置提供了重要线索。江官屯窑址发掘725平方米，清理灰坑115个、房址2座，出土文物1000余件，为研究辽金时期陶瓷烧造技术提供了重要资料。半砬山积石冢发掘面积近1000平方米，出土了玉猪龙、玉璧等珍贵文物，为进一步研究红山文化分布、墓葬特点等提供了新的重要资料。

（三）水下考古工作

配合国家文物局水下文化遗产保护中心，继续对丹东东港海域一号沉船进行重点调查，进一步了解其性质及保存状况，确认其为清北洋水师致远舰。成功承办了全国水下文化遗产保护（考古）培训班，结合培训对姜女石海域进行了水下考古调查。配合国家文物局水下文化遗产保护中心，启动了辽宁明清海防调查项目，完成了大连旅顺口区、甘井子区明清海防设施调查工作。

【博物馆与可移动文物保护】

（一）博物馆

完成2014年度全省博物馆年检工作。按照国家文物局的统一要求，3月下发了《关于做好2014年度我省博物馆年检、备案工作的通知》，启动了全省2014年度博物馆年检工作。截至2014年年底，全省博物馆年检对象109家，其中国有博物馆78家、民办博物馆31家，在78家国有博物馆中，归属文化文物系统管理的博物馆64家，行业博物馆14家。经博物馆自检上报，各市文化局初审和省文化厅审核，批准其中85家博物馆为年检合格单位，15家博物馆为年检基本合格单位，9家博物馆为不合格单位

开展全省非国有博物馆运行评估工作。按照国家文物局《关于组织开展2014年度非国有博物馆运行评估工作的通知》要求，制定了辽宁省2014年度非国有博物馆运行评估方案及评分细则。9月30日，辽宁省文化厅向全省下发了《关于开展我省2014年度非国有博物馆运行评估工作的通知》，启动非国有博物馆评估工作。

编制博物馆数字化展示方案。按照国家文物局《关于报送抗战70周年精品展览数字化展示项目设计方案的通知》要求，组织编制并推荐的沈阳"九·一八"历史博物馆、张氏帅府博物馆、阜新万人坑死难矿工纪念馆等3家单位的三维数字展馆系统设计方案获国家文物局批准。

（二）可移动文物保护

推进文物科技保护方案编制工作。完成了《辽宁省文物考古研究所珍贵文物预防性保护方案》《旅顺博物馆珍贵文物保存环境监控保护方案》2项可移动文物预防性保护方案。完成了《辽宁省葫芦岛市博物馆藏三道岗沉船遗址出水瓷器保护修复立项报告》《辽宁省北镇市文物处藏青铜器保护修复立项报告》《辽宁省阜新市博物馆藏青铜器保护修复立项报告》《辽宁省锦州市博物馆藏青铜器保护修复立项报告》4项可移动文物修复方案的立项报告。完成了《辽宁省燕州城山城出土铁质文物保护修复方案》《沈阳工业博物馆铁质金

属品保护修复方案》《辽宁省桓仁五女山山城出土铁质文物保护修复方案》3项文物保护修复方案立项报告。以上9项方案和立项报告均已得到国家文物局批复及经费支持。

加强可移动文物保护修复资质管理。根据国家文物局下发的《可移动文物修复管理办法》的有关规定，对辽宁省文物考古研究所可移动文物修复业务范围予以核定。

辽宁省博物馆可移动文物修复与保护方面已具备一级文物修复资质和甲级文物保护设计资质，计划建设文物修复室、文物复制室、文物科技保护实验室、专家工作室等。成立文物保护中心，初步建成纺织品、纸质、壁画3个工作室并投入使用；新组建科技考古实验室；继续实施馆藏纺织品保护、辽瓷制作工艺研究、纸质文物修复等科研项目。中心不仅对馆藏金属类、陶瓷类、书法绘画、壁画类、漆木器、钱币、织绣、石刻砖瓦、玺印符牌等近20种类10余万件文物提供日常维护，还在文物修复技术与修复保护新工艺和材料方面加大研发力度。2015年，结合文物保护项目和所举办的展览，全年修复馆藏书画、铁器等各类文物共计145件／套；编写了沈阳市文物考古研究所《石台子山城出土铁质文物保护修复方案》《铁质文物保护修复方案》，以及台安县博物馆《书画文物保护修复方案》；为浙江金华博物馆、锦州市博物馆、台安县博物馆提供文物保护技术支持，并协助修复文物68件／套；完成北京故宫博物院斋宫彩画的高光谱数据采集和分析工作；赴中国社会科学院考古研究所参与妇好墓玉器综合研究工作。

（三）第一次全国可移动文物普查

2015年，辽宁省第一次全国可移动文物普查工作在省政府的高度重视和密切关注下，在辽宁省全国第一次可移动文物普查领导小组的具体领导下，将"一普"项目列为省内的重点工作内容，积极筹划、全面部署、狠抓落实，积极稳妥地推动了全省"一普"的实施落实。特别是围绕全国第一次可移动文物普查办公室确定的文物认定、数据登录和批量导入等重点工作目标，大力协调省内相关部门，形成工作合力，各级普查机构深入县区单位，及时了解情况，帮助克服困难，力保指标落实，基本完成了全年的预计任务。

【社会文物管理】

进一步规范文物拍卖标的审核工作。严格审批程序，规范拍卖审核，依法对省内从事文物拍卖的企业进行监督管理，规范文物拍卖行为。2015年，辽宁省文物拍卖企业先后举办拍卖会8次，审核拟拍卖标的4813件，其中10件被禁止拍卖。

加强文物进出境审核工作。全年文物复仿制品出境审核10次，审核出境复仿制品92996件；文物临时进境审核4次，审核物品29件，其中文物2件，余为仿古工艺品；文物临时进境复出境审核1次，审核物品4件，均为仿古工艺品；文物进境展览审核2次，审核文物183件。

严格涉案文物鉴定管理工作。严把鉴定程序关，确保鉴定工作准确无误。全年完成涉案文物鉴定235次，鉴定核实被盗遗址和墓葬123处，鉴定物品3476件，其中一级文物193件、二级文物173件、三级文物1000件、一般文物710件。

【文博教育与培训】

全省各级各类博物馆通过专业培训、职业培训、学习考察、公益培训等方式，组织博物馆工作人员和社会人士参加业务培训、专题消防和志愿者服务培训等百余次，提高了博物馆工作人员和志愿者的专业技能和服务水平。

12月7～10日，辽宁省文物局委托辽宁省文物考古研究所承办了"2015年辽宁省可移动文物科技保护培训班",培训邀请了国家文物局和省内知名文物保护专家、学者讲授文物科技保护与相关科技研究成果,来自全省各市、县文博单位的30名学员参加了此次培训。

12月7~11日,辽宁省文物局委托辽宁省文物保护中心主办了辽宁省第三届文物鉴定培训班,主要讲授了《中国绘画鉴赏》及《中国玉器鉴定(商至清)》等,来自全省文博系统的60余名专业人员参加培训。

【文博宣传与出版】

举办"5·18"国际博物馆日宣传纪念活动。按照国家文物局的部署,全省博物馆、纪念馆围绕"博物馆致力于一个可持续发展的社会"的宣传主题,开展了丰富多彩、生动活泼的系列宣传活动,隆重纪念第39个"5·18国际博物馆日"。主会场在沈河区朝阳一校,举办"5·18国际博物馆日"辽宁主场宣传庆祝活动暨"省市流动博物馆联合走进校园"活动。辽宁省博物馆、沈阳故宫博物院、张氏帅府博物馆、沈阳"九·一八"历史博物馆等多家辽沈地区博物馆参加了活动,现场有博物馆日宣传展板及讲解,并现场发放了宣传册、书籍、《中国文物报》特刊等。本次活动是辽宁省多家博物馆首次联合走进校园的序幕,文物部门和教育部门将继续加强合作并形成长效机制,让"流动博物馆"更好地服务校园、惠及师生。

辽宁省博物馆创新宣传方式,与中国文物报、辽沈晚报及其官方微信平台等合作,筹办展览并推出新馆试开馆及馆史回顾展专题报道;利用微博、微信公众平台等宣传新馆建设、试开馆、展览及国际博物馆日、文化遗产日和各项社教活动等资讯,力争全方位、多角度、持续不断地进行宣传推广。

完成《辽金历史与考古》第六、七辑以及《辽宁省博物馆馆刊(2014)》的编辑出版工作,《北燕冯素弗墓》考古发掘报告于2015年10月正式出版。

辽宁省文物考古研究所完成了《凌源小喇嘛沟辽墓》和《羊草庄汉墓》考古发掘报告的编写和出版工作。

【机构及人员】

2015年,辽宁省共有文物机构132个,均为事业单位,总数与2014年持平。文物机构中文物保护管理机构60个,比2014年减少1个;博物馆64个,比2014年增加1个;文物科研机构4个,与2013年持平;文物商店3个,与2013年持平;其他文物机构1个,与2013年持平。

从业人员总数3725人,比2014年减少93人。其中高级职称296人,比2014年增加6人;中级职称849人,比2014年增加8人;其他2580人,比2014年增加360人。

【对外交流与合作】

2015年6月3~7日,应韩国国立大邱博物馆的邀请,辽宁省博物馆4名同志赴韩国国立大邱博物馆,与相关人员就展览策划与交流、社会教育、博物馆宣传等方面进行座谈与交流。

2015年7月24日~9月6日,大连现代博物馆举办"奥地利百年绘画展1860~1960"展览。

2015年8月26~30日,应东亚文化遗产保护学会的邀请,辽宁省博物馆3名同志赴日本奈良参加东亚文化遗产保护国际研讨会,并与日本奈良博物馆相关人员就东亚地区文化遗产保护科学领域研究与技术、文化遗产保护修复等进行研讨与交流。

2015年9月8日～11月8日，大连现代博物馆与法国勒阿弗尔市历史博物馆在大连现代博物馆举办"拿破仑·波拿巴文物展"，共展出55件／套展品，以绘画、信札、实物、法国民法典原件等为主要内容。

2015年10月2日～11月22日，应台湾财团法人人间文教基金会的邀请，旅顺博物馆赴台湾佛光山佛陀纪念馆举办"画说红楼——旅顺博物馆馆藏《红楼梦画册展》"，展出文物展品13件／套，其中一级文物1件。

2015年10月24日～2016年2月14日，辽宁省博物馆引进"欧洲玻璃艺术史珍品——捷克共和国布拉格国家工艺美术博物馆收藏"展览。

2015年11月25日，辽宁省文物考古研究所与日本奈良文化财研究所在辽宁合作举办了"2011～2015年辽西地区东晋十六国时期都城文化研究学术讨论会"。

吉林省

【概述】

2015年，吉林省文博事业得到了长足的发展，文物行政执法能力和文物安全工作水平进一步提升；全省博物馆硬件设施进一步改善，《博物馆条例》宣传贯彻活动形式多样，博物馆建设成果颇丰；考古工作成果丰硕；吉林省文物局网站提升改版，实现了全省文物工作动态化报道；文物宣传、人才培养等文物事业基础工作扎实推进。

【执法督察与安全保卫】

（一）执法督察

加强文物行政违法案件执法督察工作，增强文物执法效能。把加强文物行政执法督察作为年度重点工作之一，不断加强对基层文物执法部门的监督和指导，不断增强地方文物执法部门的责任意识，落实属地管理责任，并积极协调国家文物局、地方政府和相关部门，帮助地方文物执法部门办案解决实际困难和问题，加大办案力度，重点督办查办了一批文物行政违法案件，有效地推进了全省文物行政执法工作。

重点督办了五家子遗址保护范围违法施工案，长春市双阳区文广新局及时发现违法行为，及时下达"停止侵害通知书"和"限期整改通知书"，及时上报信息。在国家文物局、吉林省文物局及长春市公安局双阳分局经文保科的指导和配合下，使遭到破坏的遗址得到及时保护，电力部门承担了考古勘探、抢救性考古发掘费用。同时，对违法单位中国能源建设集团辽宁电力勘测设计院有限公司给予行政处罚。

处理省级文物保护单位骚达沟遗址范围内违法施工案件，认真履行文物部门管理职责，坚持经常性的执法巡查和执法检查，及时发现违法线索，及时处理报告，并根据案情及时向公安机关移交，追究违法人员刑事责任，维护了法律尊严，确保了文物安全。

按照全国文物局长座谈会确定的加强文物执法队伍建设的工作目标，为有效解决吉林省一线执法人员执法水平不高，文物执法能力偏弱的问题，吉林省文物局积极争取国家文物局支持，在8月6～11日组织开展了全国文物行政执法吉林片区培训，全省各级文物行政执法人员100余人参加了培训。此次培训组织严密，教学内容丰富，培训效果显著，具有很强的针对性、实用性和操作性，通过文物行政执法培训提高了参训人员的业务素质和执法水平，为推进文物行政执法工作奠定了基础。

为进一步提高吉林省文物行政执法案件的办案质量，2015年吉林省文物局组织全省文物行政执法机构参加了"2014～2015文物行政执法十大指导性案例遴选推介活动"。"其中，"长春市东方教育集团房地产开发有限公司擅自在市级文物保护单位的保护范围内进行建设工程案"入选十大指导性案例。

（二）安全保卫

2015年，为尽快推动吉林省全国重点文物保护单位的安全防护工程建设，提升全省不可移动文物安全防护水平，吉林省文物局积极争取国家文物局支持，加强了对各地项目的指导，根据省内全国重点文物保护单位的保护现状和安全风险，配合文物系统纪念抗战胜利70周年等工作重点，有针对性地对省内76处全国重点文物保护单位进行筛选分类，确定申报重点，较好地推动了2015年吉林省全国重点文物保护单位安全防护项目的申报工作。2015年共向国家文物局报送了各类全国重点文物保护单位的安防、消防、防雷的立项报告和方案文本37个，其中27个保护项目立项获国家审核批准，12个项目设计方案经国家文物局审核通过并着手准备实施。

以加强田野文物安全为重点，全面组织开展日常文物安全检查，确保文物安全。

一是加强对文物安全工作的指导，及时组织开展经常性的文物安全检查工作。2015年，为全面加强和改进文物安全工作，吉林省文物局按照吉林省文化厅党组的统一要求，多次组织开展全省文物安全检查和整改，并在重要的时间节点上下发了多个通知，对全省的博物馆、文物保护单位进行了全面的安全隐患排查整治工作，做到了警钟长鸣，常抓不懈。

二是有针对性地组织开展了全省田野文物安全专项督察工作，进一步加强田野文物安全工作。为遏制盗窃盗掘古遗址、古墓葬案件多发势头，确保田野文物安全，吉林省文物局会同吉林省公安厅，及时下发了《关于进一步做好田野文物安全工作的通知》，并联合组织开展了全省田野文物的安全检查和专项督察，进一步强化了田野文物安全保卫工作职责，共同推进田野文物安全管理工作。重点对田野遗址较多、被盗风险较大的四平地区进行了跟踪指导，协调吉林省公安机关对重点案件进行督办，取得了较好效果。4月13日，梨树县文物管理所通过群众举报成功制止在省级文物保护单位玻璃城子城址发现的清代石碑被盗卖，及时保护了文物安全，抓获盗卖分子2人并移交公安机关处理。4月21日晚，梨树县文物部门在全国重点文物保护单位偏脸城城址内夜巡蹲守看护时，又成功抓获7名盗掘分子，收缴交通车辆3台，金属探测器3台，犯罪嫌疑人及作案工具移交辖区派出所处理。

三是组织开展传统村落的消防安全专项督察，全面加强文物消防安全工作。为做好文物消防工作，吉林省文物局组织全省各级文化文物部门加强文物安全防范，逐步健全文物消防安全制度，加强消防设施建设，排除火灾等安全隐患，特别是旅游和节假日客流高峰期，加大排查整治力度，确保国家文物和群众人身安全不受损失。开展了以确定为文物保护单位为重点的传统村落的消防检查，重点检查文物建筑消防设施设备及防火措施、雷电防护措施情况，整治用火用电等各类火灾隐患和雷击风险情况，落实文物安全责任制、制定应急管理措施。通过消防检查，各地普遍增强了安全意识，部分地区还加强了消防、防雷设施建设。

【不可移动文物的保护管理】

（一）概况

引进社会组织承担和参与文物保护工作，成立吉林省古迹遗址保护协会，并陆续开展全省优秀文物保护工程等活动。

历史文化街区保护取得突破。4月22日，住房和城乡建设部、国家文物局公布首批30个中国历史文化街区，吉林省长春市第一汽车制造厂历史文化街区名列其中，标志着吉林省集中成片历史文化街区的保护工作取得历史性突破。

争取国家补助资金成果显著。从全省文物事业发展的角度积极谋划项目118项，获得国家文物局批准77项，申请国家专项补助资金3.3亿元。到"十二五"末，吉林省76处全国重点文物保护单位（99处遗迹或单体建筑），已实施文物保护项目73项，实施率达到73.7%。

（二）大遗址保护

在统筹规划、科学设计的前提下，渤海大遗址率先启动了展示提升工程。渤海中京城遗址启动展示提升一期工程，完成了前期招投标等准备工作。八连城遗址完成展示提升一期工程方案设计。

（三）重点文物保护工程

重点文物保护工程进展顺利。重点督办33处文物保护工程的进展情况，截至2015年年底，竣工6项，如期开工25项，其余2项已完成前期准备工作；列入吉林省政府重点督办的2项工程全部完成，列入吉林省文化厅2015年重点工作目标责任制台账的11项重点工程在年内全部启动。

（四）世界文化遗产

积极谋划项目，加大保护投入，科学优质实施，高句丽世界文化遗产保护管理工作取得了一定成效。

编制遗产保护总体规划。现行遗产保护规划编制于2003年，从提升整体文物保护水平与促进协调发展的角度出发，2015年最终编制完成了《洞沟古墓群保护总体规划》。新规划进一步细划了重点保护区和一般保护区，对重点保护区按照国家法律法规严格保护；一般保护区适当减少审批程序，使之可操作性更强。该规划正在审批中。

加大遗产保护投入。2015年，投资3000余万元实施了丸都山城遗址本体保护、将军坟和好太王碑变形破坏与岩土环境监测、高句丽世界文化遗产监测预警等7项工程，修缮古城墙6947米，恢复古遗址1处，安装高清摄像头185个，清理发掘高句丽墓葬114座，修建排水沟渠1000余米，安装遗产监测探头28个。

开展遗产监测预警工作。继续遗产监测预警信息系统建设，对将军坟周边地质环境进行24小时自动化监测，与环保、气象、国土等部门共同监测遗产区域大气温湿度、风速、光照度、降雨量、地表水、噪声质量等10余种自然环境数据，建立遗产视频监测系统，在保护遗产安全的同时，监测游客量、遗产区域建设项目情况及可能发生的自然灾害。通过种种监测措施，积累了一定数据，为总结分析遗产预警值奠定了基础。

做好遗产安全保卫工作。聘请业余文物保护员，每天对遗产至少巡查一次，每周上报一次巡查结果。对将军坟、好太王碑等野外重点遗产实行人防和技防相结合，24小时看守，全力保证文物安全。全年没有发生一次文物刑事案件。

正确处理保护与发展的关系。在建设项目报批工作中，一方面严格以保护规划为依据，不符合要求的项目坚决不上报；另一方面，根据经济社会发展需求和保护区内土地实际情况，通过向国家文物局申请等方式，逐步调整出部分可利用土地，尽量满足民生项目建设等用地需求。2015年，完成了梅河—集安铁路K238、364米铁路道口引桥改造工程申报工作，正在办理集安—青石公路改造项目手续。

【考古发掘】

（一）概况

2015年，吉林省对大安市后套木嘎遗址、农安县左家山遗址、吉林市东团山遗址、吉林市龙潭山城、集安市霸王朝山城、鸭绿江上游积石墓—东甸子墓群、桦甸市苏密城、图们市微波站关、白城市城四家子城址、乾安县春捺钵遗址群后鸣字区、安图县宝马城遗址、磐石市八面佛遗址、蛟河市前进古城、大安市尹家窝堡遗址、图们市磨盘村山城等15处遗址进行了主动性考古发掘工作；为配合文物保护工程，对集安市山城下墓区、梨树县偏脸城城址进行了考古工作，取得了重要收获。

（二）重要考古项目

1. 乾安县春捺钵遗址群后鸣字区考古项目

发掘时间为2015年5～9月，发掘面积815平方米。

后鸣字区遗址位于吉林省乾安县赞字乡后鸣字村西的花敖泡湖的东南岸。为配合春捺钵遗址群保护规划的编制、搞清楚春捺钵遗址文化内涵，吉林省文物考古研究所联合吉林大学边疆考古研究中心对后鸣字区遗址进行了考古调查、勘探与发掘。

2015年度发掘区位于小城的2号建筑址和东北角城墙，遗迹中区的B080、B089群组以及B092群组，揭露建筑台基1座、灰坑12个、灶11个、灶面遗迹6个。

2号建筑址经发掘证实为金代建筑，各土台的结构以及出土遗存各有差异，说明土台群内土台的分工不同。出土辽金时期建筑构件、陶瓷器、铁器、铜钱、石磨等遗物410件。在3座土台的早期地层中发现辽代篦点纹陶片，明确了遗址年代始于辽代，金代沿用。此外还发现了较多的马、羊、蚌壳、雉类、鱼类等动物骨骼，为确定遗址是辽金时期渔猎遗址提供了重要证据。

2. 安图县宝马城遗址考古项目

发掘时间为2015年7～10月，发掘面积998平方米。

宝马城遗址位于安图县二道白河镇，2007年被列为吉林省文物保护单位。

2015年，为进一步了解宝马城的建筑形制与布局，吉林省文物考古研究所、吉林大学边疆考古研究中心对宝马城中轴线上居中的土包进行了发掘。此次发掘确认一座大型夯土台基（编号JZ2），由建筑台基和月台南北两部分组成，平面呈"凸"字形，方向北偏东7°，建筑台基东西宽21米、南北长约14米，月台东西长17米、南北宽8.65米，台基、月台四周砌有包砖，包砖外侧紧接散水，散水外侧为河卵石地面，台基与月台高出河卵石地面约1米。庭院东西两侧各发现排水沟一条，均为明沟，贯穿发掘区南北，排水沟开口宽0.4～0.5米，底部宽约0.2米，深约0.4米。

出土遗物种类繁多，以建筑构件为大宗。瓦当均为兽面，形制基本相同；滴水种类较多，纹样不一；脊饰主要有凤鸟与人面鸟身的迦陵频迦；鸱吻虽已破损，但体量较大，纹样复杂，刻画细腻。铁器以铁钉为主，铜器以鎏金铜环较有代表性，瓷器均为施化妆土的白瓷，还有少量的泥质灰陶的陶片，同时发现一件破损的砖质棋盘。

2015年发掘的建筑基址规模大，结构严整，构筑工巧规范，其中庭院以大块河卵石墁铺的做法极为壮观，为金代建筑中所罕见，是研究金代官式建筑结构与布局、祭祀礼仪制度以及当时手工业水平的重要材料。

3. 图们市磨盘村山城考古项目

发掘时间为2015年6～10月，发掘面积800平方米。

磨盘村山城位于图们市与延吉市交界处，在属图们市行政管辖的长安镇磨盘村南面的城子山上。该山城为金代末期"东夏国"的"南京"治所。

2015年，吉林省文物考古研究所、延边州文物保护中心对磨盘村山城的2、3号建筑址及1、2号院落进行了考古发掘,并在城内进行了近6万平方米的钻探工作。2014、2015年度考古钻探结果显示,在城内中心区域自北向南,由低渐高分布有21处人工修整的台地,其范围南北长280米、东西宽110米。目前在此区域已发现一组建筑群,11处建筑基址。

在2014年发掘了2014J1后,2015年继续发掘了两处房址2015J2和2015J3。

此次发掘出土了大量文物,不仅有建筑构件,还有陶质生活器皿,铁制生产工具、兵器,钱币以及石刻人像等。值得关注的是在建筑群内的地层中出土了渤海早期凤鸟纹瓦当和绳纹、网格纹板瓦。

此次发掘初步探明了城内建筑群的布局,明晰了建筑址规模和柱网格局,确认了两座院落内遗存的性质,并出土了大量的东夏国时期遗物,为鲜见于文献记载的金东夏国研究增添了不可多得的实物资料。城中发现的渤海早期遗存,更为今后探寻和研究渤海"东牟山"早期都城提供了极为重要的线索。

【博物馆与可移动文物保护】

(一)博物馆

1.博物馆建设

2015年吉林省博物馆总数达到115家,国有文物部门所属博物馆76家(69个机构,加挂7个牌子),国有行业性博物馆25家(24个机构,加挂1个牌子),非国有博物馆14家。其中,一级馆2家,分别是吉林省博物院和吉林省自然博物馆;二级馆5家,分别是伪满皇宫博物院、吉林市博物馆(吉林市陨石博物馆)、四平战役纪念馆、白城市博物馆、延边博物馆(延边朝鲜族民俗博物馆、延边朝鲜族革命博物馆);三级馆4家,分别是白山市长白山满族文化博物馆、靖宇火山矿泉群地质博物馆(靖宇博物馆)、抚松人参博物馆、镇赉县博物馆。

2.博物馆间的交流与合作

2015年是中国人民抗日战争胜利暨世界反法西斯战争胜利70周年,经东北三省相关部门和单位协商,决定以纪念中国人民抗日战争胜利暨世界反法西斯战争胜利70周年为契机,配合全国性纪念活动,由东北三省相关文博单位发起,联合三省抗战遗迹及日本侵华罪证旧址等单位,自愿组成东北抗战遗迹联盟。联盟成员单位达110家,共推出各类展览165个,举办各类活动90多项。东北沦陷史陈列馆等单位推出了"日本罪证文物展""共同的胜利"等东北抗战专题展览,将东北三省的沦陷与抗争史研究、展示以及抗战遗迹的保护与利用工作不断引向深入,迈上新的台阶。

吉林省博物馆协会继续发挥行业引导协作的纽带作用,为吉林省博物馆、纪念馆搭建文博界人才建设、学术交流和创新发展方面的平台,组织开展了中国博物馆协会传媒专业委员会学术年会等学术活动,扩大了博物馆影响力,提升了博物馆的社会知名度。

3.重要陈列展览

2015年,吉林省博物馆、纪念馆累计举办临时展览310场,开展教育活动1870次。吉林省博物院推出了"旗装雅韵——吉林省博物院藏清代满族服饰展""关东百年老幌""铁血抗战 物怀英灵——纪念中国人民抗日战争胜利70周年文物精品展""白山黑水抗联魂——弘扬伟大东北抗联精神专题图片展""纪念世界反法西斯战争暨抗日战争胜利70周年美术作品展"等展览,伪满皇宫博物院、吉林省自然博物馆推出了"古韵茶香——镇江博物馆藏历代茶具精品展""勿忘九一八""长白山植物"等优秀展览,得到了广大观众的好评。

4．博物馆青少年教育

为更好地发挥博物馆青少年教育功能，促进博物馆青少年教育与学校教育有效衔接。2015年，吉林省文物局结合文化部"春雨工程"援助时机，举办了"春雨工程"援助项目暨吉林省博物馆青少年教育项目推广培训会，对省内文博工作者开展博物馆青少年教育功能活动进行培训。同时，吉林省文化厅、吉林省教育厅联合印发了完善博物馆青少年教育功能实施方案，各博物馆陆续开展博物馆教育活动，继吉林省博物院试点后又涌现出一批典型单位。如吉林市博物馆进行了青少年教育活动的前期调研工作，形成了教育活动成果汇编；伪满皇宫博物院与吉林省教育厅、长春市教育局等教育机构联合开展社教活动，组织"伪满皇宫博物院爱国主义宣讲团""伪满皇宫博物院流动大课堂""勿忘国耻 珍爱和平——东北沦陷十年史实展览"进学校等社教宣传活动，深入挖掘展品背后的故事，按照重参与、重过程、重体验的教育理念，将博物馆教育纳入大、中、小学日常教学体系。

（二）可移动文物保护

1．概况

截至2015年年底，吉林省博物馆、纪念馆馆藏珍贵文物23742件／套，其中一级文物678件／套、二级文物4007件／套、三级文物18342件／套。

2．可移动文物保护技术、方法及应用

吉林省文物考古研究所、榆树市博物馆编制完成了可移动文物预防性保护方案，吉林市博物馆编制了馆藏铁质文物保护修复方案。截至2015年年底，项目均已开始实施，计划于2016年结项。

【社会文物管理】

吉林省具有文物拍卖资质的公司1家，为吉林省虹桥拍卖有限公司；文物商店3家，为吉林省文物商店、吉林省天盛文物有限公司和四平市天盛文物有限公司。

2015年，吉林省虹桥拍卖有限公司举办拍卖会1次，共分4场次，上拍标的618件，文物标的34件，拍卖成交237件，成交总额876200元，成交比例38.35％。吉林省文物店承办首届中国长春2015年全国文物艺术品交流会。

【科技与信息】

2015年吉林省博物馆不断完善文物资源信息化建设工作，先后完成了吉林省博物院"铁血抗战 物怀英灵——纪念中国人民抗日战争胜利70周年文物精品展"、东北抗日联军纪念馆"黑土军魂展"和伪满皇宫博物院"日本侵华罪证文物展"展览数字化方案编制工作，并在东北抗战遗迹联盟网站上线展出。

此外，吉林省文物局组织相关单位编制了"吉林省博物馆展览（文物）数字化保护项目方案"，通过遴选吉林省内各博物馆、纪念馆的精品展览和部分珍贵文物，集中进行数字化制作与传输。通过实施本项目，实现了对吉林省博物馆精品陈列展览（文物）的数字化保护和资源共享，突破了文化遗产保护、利用、陈列展览在时间、空间、地域、资源等方面的诸多阻碍，开辟了网络传播共享新途径，扩大了文化遗产在各个方面、领域的应用以及博物馆的社会影响力。

【文博教育与培训】

2015年，吉林省共培训相关业务人员111人。参加国家文物局主办的"县级文物行政部门负责人培训"的7人，为县（区）级文体局主要负责人；参加"展览策划培训"的3人，为吉林省博物院、吉林省自然博物馆和伪满皇宫博物院业务人员；参加"中国古代建筑油饰彩画传统工艺及修复保护培训"的1人，为吉林市文庙博物馆业务人员；参加"玉石器鉴定培训"的1人，为吉林省博物院业务人员；参加"2015年度考古领队初任培训"的6人，为吉林省文物考古研究所、吉林市文管办、集安市文物局及吉林大学边疆考古中心考古专业人员；参加吉林省文物局主办"全省文物信息联络员骨干培训"的90人，为全省各级文体局负责文物宣传工作的骨干。

【文博宣传与出版】

为全面做好我国第十个文化遗产日宣传庆祝活动，吉林省各市（州）开展了地方特色鲜明、内容形式多样的系列宣传庆祝活动。吉林省文物局协同长春市文广新局在长春市文庙广场举办了内容丰富、形式多样的中国文化遗产日主场城市宣传庆祝活动。活动内容包括"文物法规面对面"——采取展板的形式向社会民众宣传《中华人民共和国文物保护法》《博物馆条例》《吉林省文物保护条例》和《长春市文物保护条例》等文物法律法规；"国宝就在我身边"——长春市全国重点文物保护单位图片展；"文物知识送给您"——向市民发放《中国文物报·中国文化遗产日特刊》，旨在普及文物知识，提高民众文物保护意识。

2015年3月国务院出台《博物馆条例》后，吉林省积极开展《博物馆条例》宣传贯彻活动，印发了《吉林省贯彻落实博物馆条例实施意见》，并在"5·18"国际博物馆日吉林市主场系列活动中举办"《博物馆条例》漫画展""全省各博物馆工作成果展""吉林地区第一次可移动文物普查成果展"以及"吉林市历史文化精粹"文物展示秀等展览，向广大市民宣传文物保护知识，提高群众文物保护意识。

伪满皇宫博物院在"5·18""9·3""9·18"等特殊纪念日组织大型活动，利用独有的文化资源和博物馆文化，与驻长春各小学、中学共同开展以入队、入团为形式的主题活动，培养他们热爱祖国、建设祖国的情怀。与驻长春各大机关、企业单位共同开展重温入党誓词活动，激励大家勿忘肩负的责任，努力工作，为建设祖国贡献力量。

【机构及人员】

2015年，吉林省文物机构总数为138个，其中文物保护管理机构52个、博物馆76个、文物商店1个、文物科研机构3个、其他文物机构6个。机构总数较2014年减少2个，有2个博物馆转为行业博物馆管理，不计入统计数据。

2015年，吉林省从业人员总数1457人，其中专业技术人员1300人，包括正高级职称49人、副高级职称154人、中级职称311人；按单位性质分，文物保护管理机构138人、博物馆1127人、文物商店10人、文物科研机构74人、其他文物机构108人。

黑龙江省

【概述】

2015年，黑龙江省文物工作认真贯彻习总书记关于加强文物保护重要论述精神，遵循"保护为主、抢救第一、合理利用、加强管理"文物工作方针和文物保护基本原则，按照国家文物局和省委、省政府工作部署和要求，积极推动全省文物事业全面协调可持续发展。

【法规建设】

结合黑龙江省实际，制定《黑龙江省全国重点文物保护单位文物保护规划、保护工程申报及保护工程施工管理暂行规定》，于2015年2月9日正式实施，有效规范全省文物保护项目的申报程序、标准，进一步提高了申报的科学性、准确性，使市、县文物部门申报项目流程更加清晰明确，文物保护项目申报呈现精细化管理。

会同黑龙江省人大、省法制办、省住建厅等单位共同开展《黑龙江省历史文化建筑保护条例》起草和立法调研工作。该条例经征求意见、立法调研、专家论证、立法协调等程序，由黑龙江省第十二届人民代表大会常务委员会第二十三次会议于2015年12月18日通过并公布，自2016年3月1日起施行。

【执法督察与安全保卫】

（一）执法督察

严格贯彻国家文物局工作部署，认真抓好落实工作。主要对各级文物保护单位古建筑和近现代代表性建筑安全、春节期间文物安全、违法违规设立功德箱、文物保护单位开设私人会所等工作在全省范围内开展自查自纠和专项检查，对重点区域和重要文物保护单位进行专项督察，发现问题及时指出，对安全工作滞后的单位进行通报批评并责令整改。通过一系列细致有效的工作，切实遏制了安全隐患苗头，为文物安全提供了有效保障。

严肃处理文物违法案件。督办国家文物局转来《关于北京园林古建有限公司破坏金长城的报告》的举报，责成齐齐哈尔市文广新局进行调查处理。对群众举报侵华日军第七三一部队旧址保护工作存在问题开展相关调查，责成哈尔滨市委宣传部、平房区政府和侵华日军第七三一部队罪证陈列馆等相关部门向国家文物局做出专项说明。

（二）安全保卫

对全国重点文物保护单位"三防"工程实施情况进行检查。按照国家文物局要求，对2012～2014年国家文物局批复同意的全国重点文物保护单位颐园街一号欧式建筑安全防范技术工程、哈尔滨文庙安全技术防范工程、侵华日军第七三一部队旧址安全技术防范工程和金上京会宁府遗址安全技术防范工程进行检查。各项工程能够按照设计方案进行施工，安全技术防范系统功能达到建设方、招标文件及设计方案的各项要求，实现安全技术防范

中国
文物年鉴

2016

效用。

积极申报"三防"项目，组织方案编制。2015年向国家文物局上报的中东铁路建筑群（海林市）安防工程立项，哈尔滨文庙防雷工程和消防工程立项，伪满洲国哈尔滨警察厅旧址消防工程立项，侵华日军第七三一部队旧址安防完善工程、消防工程和防雷工程立项，侵华日军第七三一部队旧址安防完善工程、消防工程和防雷工程方案均得到国家文物局批复。2014年上报国家文物局文物"消防安全百项工程"的横道河子中东铁路建筑群安全项目立项申请得到批复。

【不可移动文物的保护和管理】

（一）概况

2015年，黑龙江省不可移动文物保护工作以全国重点文物保护单位和省级文物保护单位为基本对象，以侵华日军第七三一部队旧址等侵华日军罪证文物、东北抗日联军文物的保护工作为重点，开展了一批文物保护单位的保护规划编制，实施了一批具有示范意义的文物本体保护、环境整治、设施改造和展示工程。

（二）大遗址保护

抓好长城保护落实工作。5～6月，按照国家文物局统一部署，组织黑龙江省长城沿线文物单位登陆全国长城综合管理信息系统，填报录入各项数据、信息，并将最终数据上报国家文物局。9月，完成黑龙江省长城沿线长城保护员统计上报工作。10月27日，以黑龙江省政府名义策划召开长城保护工作会议，对今后的长城保护工作进行了部署。

指导金上京会宁府遗址开展国家考古遗址公园立项后的各项准备工作。开展金上京会宁府遗址皇城西部建筑址发掘工作，亚沟石刻防风化保护工程竣工，金上京会宁府遗址安防工程基本完成。

（三）全国重点文物保护单位

2015年共审核上报30余个保护规划和修缮工程立项、修缮工程技术方案、"三防"技术方案、文物保护抢救性设施建设、建设控制地带内开展工程建设行政许可等项目。其中卜奎清真寺修缮、中东铁路建筑群——昂昂溪建筑群修缮、中东铁路建筑群——铁路治安所驻地旧址修缮、哈尔滨颐园街一号欧式建筑保护规划编制、墨尔根至漠河古驿站驿道（大兴安岭段）保护规划编制、侵华日军第七三一细菌部队安达特别实验场遗址保护规划编制均落实了专项资金。2015年共争取9个文物保护项目资金支持，拨付专项资金13424万元。

积极指导各地开展文物保护工程建设和保护规划编制。亚沟石刻防风化保护、侵华日军第七三一部队旧址本部旧址保护展示等一批文物保护工程相继竣工。金界壕遗址部分水冲沟保护、金上京会宁府遗址安防等一批工程相继实施。塔子城址保护规划、瓦里霍吞城址保护规划、哈尔滨颐园街一号欧式建筑保护规划等一批规划陆续报国家文物局审批，启动编制。

对全国重点文物保护单位文物保护经费使用进行有效监管。2015年10月，按照国家文物局对国保单位文物保护工程及专项资金使用情况实地督察相关要求，黑龙江省文物局组织有关各地对2012～2014年下拨的33个全国重点文物保护单位文物保护工程及专项资金使用情况进行了自查，形成详细、规范的自查报告并报国家文物局。

继续强化"四有"建设工作。第七批国保单位保护标志树立工作全部完成，第七批全国重点文物保护单位保护范围和建设控制地带划定工作继续推进。

（四）其他

配合重点工程开展相关文物保护工作。一是开展哈尔滨地铁2号线一期工程涉及文物影响评估和行政审批工作。经严格审核，将文物影响评估报告和文物保护方案按行政审批程序上报国家文物局并获批复。二是积极开展霁虹桥保护工作。与相关部门协调沟通，对铁路建设单位的设计方案提出符合文物保护要求的措施意见。初步完成霁虹桥文物保护方案编制工作，并积极开展行政审批前的各项准备工作。三是开展哈尔滨至牡丹江铁路客运专线鲜丰隧道穿越全国重点文物保护单位亚沟石刻建设控制地带的审批工作。按照国家文物局修改意见重新编制完成文物影响评估报告，上报国家文物局并获批复。

【考古发掘】

（一）概况

2015年，黑龙江省开展大遗址考古2项，分别为渤海上京龙泉府遗址寺庙遗址发掘、金上京会宁府遗址皇城西部建筑址发掘；开展主动性课题考古2项，分别为饶河小南山遗址发掘、齐齐哈尔市洪河新石器及青铜时代遗址发掘；配合文物项目考古2项，分别为抚远莽吉塔站故城遗址勘探试掘、泰来塔子城遗址勘探试掘；专题性考古调查与发掘2项，分别为大兴安岭地区岩画考古调查与发掘、侵华日军第七三一部队旧址锅炉房遗址和地下回水池遗址及动物焚烧炉遗址发掘。

（二）重要考古项目

1. 渤海上京龙泉府遗址寺庙遗址

2014年11月～2015年11月，黑龙江省文物考古研究所对渤海上京城寺庙遗址及周边附属遗迹进行发掘，发掘总面积4028平方米。发掘厘清了寺庙遗址的建筑规模和寺院格局，同时确定了院落围墙的范围与结构。发掘中出土了数量较多的佛教遗物，其中大量为小型佛像，亦可见中型和大型佛像的残块。出土的建筑构件亦有相当数量，多数为瓦和瓦当。此次发掘为进一步探究渤海时期寺庙建筑布局提供了重要资料。

2. 阿城金上京会宁府遗址皇城西部建筑址

2015年5～10月，黑龙江省文物考古研究所对金上京皇城进行了局部勘探，涉及皇城城墙及四至范围，并对第四殿址西侧的建筑址进行考古发掘，揭露面积3100余平方米。出土遗物有灰瓦、青砖等建筑构件和铁器、瓷器、石器、铜器及北宋钱币等。此次揭露的皇城西部建筑址为上京皇城西区中部的一组建筑遗存，属于中心宫殿区西侧一处重要的附属建筑，也是金上京城首次揭示的一处完整的带院落的建筑址，为了解金代都城布局与建筑特征提供了重要的基础材料。

3. 饶河小南山遗址

2015年7～11月，黑龙江省文物考古研究所对饶河小南山遗址进行考古发掘。此次发掘位于小南山东坡的中部，发掘面积300平方米，发掘获得的文化遗存可初步分为早晚两期。早期遗存距今约9135～8595年，有大量的玉器、石器和陶器。墓葬为竖穴墓，在山体基岩上开凿墓坑，推断有燎尸习俗。晚期遗存出自第2层，包括陶器和石器。小南山遗址早期遗存中发现的玉器比以往认识的兴隆洼文化中的玉器年代略早，是目前我国玉器文化最早的实物证据。这对研究我国和东亚玉器文化的起源、发展和传播具有重要的意义，对研究该地区全新世早期人类生活方式和社会复杂化进程也有重要的作用。小南山遗址晚期遗存与黑龙江下游的沃兹涅谢诺夫卡文化有接近之处，是该文化遗存在我国境内首次发现，其年代为新石器时代末期。

4. 齐齐哈尔市洪河新石器及青铜时代遗址

在2013年和2014年对该遗址进行两次正式的考古发掘后，黑龙江省文物考古研究所于2015年7～11月对洪河遗址进行了第三次发掘，此次发掘加扩方总计发掘面积为750平方米。清理新石器及青铜时代灰坑28个，新石器时代房址2座，青铜时代房址5座。出土不同时期、不同质地遗物1400余件，其中新石器时代出土遗物有陶器、石器、骨器等，青铜时代出土遗物较少，有陶器、石器、骨器等。此次发掘获得的新石器时代遗存为建立嫩江流域新石器时代的文化序列以及进一步探究昂昂溪文化更深层次的相关问题提供了重要资料，也为研究东北地区渔猎定居聚落型生活模式提供了重要依据。从属于青铜时代的地层及房址中出土的遗物来看，其与以往熟知的白金宝文化有着相当大的近似性，对研究白金宝文化的地域类型将起到相当重要的作用。

5. 侵华日军第七三一部队锅炉房、地下回水池及动物焚烧炉遗址

2015年4～11月，黑龙江省文物考古研究所对侵华日军第七三一部队旧址中锅炉房遗址、地下回水池遗址和动物焚烧炉遗址进行考古发掘工作。发掘明确了锅炉房遗址分为东西两部分，东部为发电机组及配电间，西部为锅炉房及烟囱部分。锅炉房遗址南侧为锅炉用水处理车间。地下回水池池体部分呈长方体，池体内有东西向防水墙体将池体分为南、北两部分，且南部和北部均被7段南北向短墙隔开；池体上方有5处通道检查口、40个通风口，在池体中间东侧设有一处工作房。动物焚烧炉平面分为南、中、北三部分，南部为斜顶隔间，中部为尖顶锅炉间，北部为斜向烟道和烟囱。出土遗物大部分为铁器，近200件。本次发掘为研究侵华日军第七三一部队的历史和当时的建筑提供了翔实的资料。

【博物馆与可移动文物保护】

（一）博物馆

截至2015年年底，黑龙江省等级备案博物馆208座，包括文化（文物）系统所属博物馆122座、行业所属博物馆38座、民办博物馆48座，其中国家一级博物馆4座、二级博物馆7座、三级博物馆18座。

1. 博物馆建设

大力推进黑龙江省博物馆新馆建设工程。按照省委省政府的部署，积极推进扩建工程立项审批工作，推进扩建工程建筑方案深化设计工作，并积极筹措落实扩建资金，完善新馆展陈方案编写工作。在原有5个基本陈列大纲不断修订的同时，重点推进扩建部分大石油、大粮仓、大生态3个展馆陈列大纲的编写工作。

高度重视藏品征集和保护管理工作。研究制定征藏范围、标准、流程等制度规范，加强文物藏品征集专项资金管理，规范博物馆文物藏品征集行为，提高资金使用效益。严格执行黑龙江省文物局与黑龙江省财政厅联合制发的《黑龙江省省直文物藏品征集专项资金管理使用暂行办法》和《进一步完善文物藏品征集经费支出手续的通知》。各省直博物馆按照自身专业特点开展藏品征集，全年共征集文物1万余件／套，包括黑龙江省博物馆征集的第四纪古生物化石系列、黑龙江本土动植物标本系列和宿万盛书画作品及个人收藏品，东北烈士纪念馆征集的侵华日军武器装备系列、侵华日军生活用品和抗日军民实物，革命领袖纪念馆征集的毛泽东著作和单行本文献等文物，黑龙江省民族博物馆征集的蒙古族、满族、朝鲜族等民族民俗文物等，进一步丰富了馆藏，为陈列布展和研究工作提供了重要

的实物基础。

开展博物馆运行评估后续工作。一方面组织评估结果为优秀的国家三级博物馆佳木斯博物馆、鹤岗市博物馆填写国家二级博物馆申报材料，组织省级文博专家对相关材料进行初评并报国家文物局复核。另一方面组织评估结果未达标的博物馆重新填报国家二、三级博物馆运行评估申请，重新开展博物馆运行的定性评估和定量评估工作。按照国家文物局的统一部署，8月起组织开展全省非国有博物馆运行评估工作，按照国家文物局《非国有博物馆运行状况评估规则（试行）》要求，评选出1家优秀、18家合格、6家基本合格和9家不合格的非国有博物馆，并督促"基本合格"和"不合格"的非国有博物馆进行整改。

完成博物馆年检工作。对全省各级各类博物馆的珍贵文物数量、人员情况、陈列展览、教育活动、观众情况、安全情况以及博物馆增减情况进行统计，进一步摸清博物馆资源家底。全省共有193家博物馆参加博物馆年检。

配合开展民办博物馆反腐倡廉专项检查。按照《黑龙江省人民政府办公厅关于开展社会组织反腐倡廉专项检查的通知》要求，组织全省民办博物馆开展对照检查工作，形成自查报告并认真填写《全省社会组织反腐倡廉工作对照检查表》，及时提交相关材料。同时，配合省民政厅开展有关民办博物馆的社会组织评估工作。

推行博物馆理事会制度建设。将理事会建设作为博物馆发挥公共文化服务职能作用的重要手段加以推进，认真完善总结黑龙江理事会试点地区齐齐哈尔市博物馆和大庆市博物馆的工作经验，探索符合黑龙江省博物馆理事会建设的发展方向，切实提升博物馆的专业化水平和服务社会的能力。

推进博物馆藏品数字化。按照"互联网+"要求，推进博物馆藏品的数字化，为藏品登录及以后的保护、管理和利用提供了更为便利的方式，依托网络打造文物藏品第二研究展示平台。黑龙江省博物馆、东北烈士纪念馆、黑龙江省民族博物馆等单位着手开展藏品数字化工作，结合本馆自身特点制定藏品数字化方案。绥化市博物馆率先上线了全景式3D虚拟博物馆，打破了实体博物馆在时间空间上的局限。

2．重要陈列展览

黑龙江省内各级各类博物馆坚持办馆方向，举办特色展览，截至2015年年底共举办临时展览350余个，接待观众约1400万人次，较好地发挥了服务社会、服务群众的作用。梧桐河抗联纪念馆的"东北抗联圣地——梧桐河抗日历史陈列"、大庆石油科技馆的"科技大庆——创新·奉献·和谐"同获第十二届（2014年度）全国博物馆十大陈列展览优胜奖。

紧紧围绕"中国人民抗日战争胜利暨世界反法西斯战争胜利70周年"主题，充分发挥抗战类博物馆、纪念馆在藏品资源、陈列展览方面的宣传优势，精心谋划，认真实施，组织协调开展了一系列主题特色鲜明的纪念活动。积极协调东北抗联博物馆、侵华日军第七三一部队罪证陈列馆新馆布展和开馆工作。8月1日，"抗战十四年——东北抗日联军历史陈列"正式面向社会展出。8月15日，侵华日军第七三一部队罪证陈列馆新馆开馆，展览以实物展示为主，照片、图表、地图、场景复原和视频展示并重。争取国家陈列布展专项补助1260万元，用于林口县八女投江遗址纪念馆、孙吴日本侵华罪证陈列馆、虎林市侵华日军虎头要塞博物馆等6家抗战类博物馆、纪念馆基本陈列的改陈布展工作，展览均在9月3日抗日战争胜利纪念日前竣工并对外开放。黑龙江省文物局组织全省博物馆报送抗战文物专题展览计划，其中东宁县要塞博物馆"走进埋在山下的历史"、双鸭山市博物馆"完达壮歌——抗联烽火"等8个展览列入国家文物局集中宣传推介展示名单。东北抗联博物馆

"抗战十四年"和侵华日军第七三一部队旧址陈列馆"铁证"列入国家文物局抗战胜利70周年精品展览数字化展示项目。

办好俄罗斯杰出艺术家油画作品常设展系列活动。展览以哈尔滨美术馆为举办场地，一楼为临时展厅，全年共举办"冰雪俄罗斯""丁香季·油画情"等12期俄罗斯油画展；二楼常设"俄罗斯人民画家精品展"，共展出55位人民画家的216幅作品，集俄罗斯人民画家及其作品之大成。

3. 博物馆青少年教育

加强博物馆青少年教育工作。按照《博物馆条例》关于利用博物馆资源开展教育教学的要求，加强与教育部门合作，积极探索有黑龙江省特色、覆盖面广的博物馆青少年教育项目，重点做好教育资源库和项目库建设并形成机制，使博物馆教育与学校教育相互补充、相互促进。

（二）可移动文物保护

为进一步加强可移动文物保护，做好可移动文物的保护修复工作。2015年10月，黑龙江省文物局批复黑龙江省博物馆成立可移动文物保护中心。该保护中心以可移动文物保护需求为立足点，加强自然科学、人文科学等多学科的综合研究，实施可移动文物保护修复项目，并加强与国内外科研机构、高校等合作交流，提升保护与研究能力，使黑龙江的可移动文物保护和修复工作更加规范化与制度化。

（三）第一次全国可移动文物普查

根据国家文物局"一普"工作部署，黑龙江省2015年普查工作主要包括三方面：

一是完成文物认定和清库建账收尾工作。全省13个地市（区、县），2个省直管县，省农垦系和省直文博单位统均已完成文物认定工作。各地清库建账工作接近尾声，各地在纸质藏品账的基础上采取电子登记账等多种方式进行账目管理，达到摸清家底的目的。

二是加快推进文物信息采集登录工作。根据工作实际，从5月开始执行文物信息登录推进月报制度，及时督促工作进度。分别于6月和9月举办了省直四馆普查工作推进会和全省普查工作推进会。截至12月31日，全省平台已登录文物信息215199套、495119件，其中珍贵文物信息43829套、82771件。

三是部署数据审核工作。部署各级普查机构按照《第一次全国可移动文物普查数据审核工作管理办法》要求进行审核，同时省普查办制定了总体审核程序：由地市级普查办对辖区收藏单位录入文物信息进行实地审核，审核无误报省级普查办复核，省级普查办以地市为单位组织专家对收藏单位数据质量及各级普查办对藏品性质判定进行集中审核和培训，这样既保证藏品信息准确又确保藏品性质无误。对于平台单位管理信息，8月1日省普查办进行了一次清查，并将平台注册信息存在的问题告知各地进行自查、修正，提高平台注册信息的准确率。

【文博教育与培训】

为提升黑龙江省文博系统专业队伍岗位技能素质，发挥文化阵地宣传教育功能作用，7月举办了黑龙江省讲解岗位技能竞赛。参赛选手代表了黑龙江省各级各类博物馆讲解员队伍的整体水平和精神风貌。此次讲解技能比赛不仅是全省文博系统讲解工作的阶段性总结，也是一次汇报展示，真正锻炼了队伍，沟通了情感，为大家互相交流学习、切磋技艺提供了一个重要的平台。

【文博宣传与出版】

积极开展文物宣传工作。一是做好抗战文物保护和纪念抗战胜利70周年活动安排。与吉林、辽宁共同倡议，联合成立东北抗战遗迹联盟，共同致力于东北三省抗战文物保护，将每年9月1日定为东北抗战遗迹联盟活动主题日。整合黑龙江省抗战文物资源，吸收省内近50家抗战单位组建黑龙江省抗战文物单位联盟，共同致力于黑龙江省抗战文物保护。配合国家文物局、中国文物报社开展抗战文物调研及宣传工作，提供了抗战类文物保护单位的简介、照片及开展宣传活动的资料，广泛宣传了黑龙江省抗战文物。二是认真组织"5·18"国际博物馆日、文化遗产日宣传活动。"5·18"国际博物馆日，由黑龙江省文化厅发起、东北烈士纪念馆承办、10个抗战类博物馆共同参与制作黑龙江抗战历史图片展联展，同时各地举办一批纪念意义鲜明、弘扬爱国情怀的重点展览。在我国第十个文化遗产日，以汤原县为黑龙江省主会场，召集省内文物单位同步开展了宣传活动。此外，各地博物馆围绕抗战胜利主题开展了内容丰富、形式多样的博物馆日宣传活动。鸡西市博物馆联合东北民俗博物馆共同举办"党旗飘扬 光耀鸡西——纪念抗战胜利七十周年专题展"。鹤岗市博物馆制作了日军侵华罪证展专题展，印制了近万份有关文物保护、《博物馆条例》等相关宣传单。同江市赫哲族博物馆举办抗战胜利专题展，展示了赫哲族同胞的抗日事迹。

2015年，黑龙江省文物局高质量完成《俄罗斯人民画家作品集粹》的编辑出版工作，画册以哈尔滨美术馆"俄罗斯人民画家精品展"的油画作品为基础，收集了58位俄罗斯人民画家的233幅作品，突出反映了俄罗斯油画的艺术成就和创作水平；完成《黑龙江博物馆概览》的编辑出版工作，以图文并茂的形式介绍了全省193家博物馆的基本信息、展陈特色和社会服务情况，成为文博工作重要的参考工具书。

【机构及人员】

截至2015年年底，黑龙江省共有文物机构250个，从业人员2993人，其中专业技术人员1371人，包括正高级职称87人、副高级职称259人、中级职称572人。

上海市

【概述】

2015年，上海市文物局及时完成了30余处文物建筑保护工程，实现了全国重点文物保护单位没有重大险情的目标。在各类文物保护工程实施过程中，始终高度重视工程质量、进度和安全问题，严格依照《中华人民共和国文物保护法》《上海市文物保护条例》和《文物保护工程管理办法》等有关法律规定，遵循"不改变文物原状"的原则，确保文化遗产的真实性、完整性得以保存和延续，文物保护"四有"工作也有了长足发展。通过市、区两级财政不断加强投入，一批文物保护单位的周边环境得到明显改善。

【行政审批制度改革】

配合国家行政审批制度改革，下放1项审批事项作为集中审批，2项行政审批到浦东新区做试点。加强事中事后监管力度，制订完成《上海市文物拍卖企业举办文物拍卖会诚信积分管理规定》，完成了权力清单、责任清单的表格填报工作。

【执法督察与安全保卫】

上海市文博系统牢固树立安全意识、责任意识，坚持安全第一，做到警钟长鸣，2015年全市未发生重大文物安全事故。

健全联合执法长效机制。上海市文物局与上海市文化市场行政执法总队继续加强协作，加大对文保单位的执法巡查和消防检查，落实文物安全责任制，实行文物安全事故责任追究制度。

开展文物安全隐患整治专项行动。根据国家文物局的统一部署，上海市文物局会同公安、消防、文化执法总队等部门，对上海市近千处文物建筑及博物馆、纪念馆等文物收藏、展示机构进行安全大检查，及时落实整改措施，整改率达100%。

【不可移动文物的保护和管理】

（一）概况

截至2015年年底，上海市共有全国重点文物保护单位29处，市级文物保护单位238处，区（县）级文物保护单位402处。中国历史文化名镇10座，中国历史文化名村2座，中国历史文化街区1个，中国历史文化名街3条。

上海市文物局根据市委、市政府有关部署，有序推进《上海市新一轮城市总体规划（2040年）》中《历史文化名城保护专项规划》，以及《上海市新一轮城市总体规划战略议题研究》中《上海城市历史文化保护与城乡特色风貌体系研究》的编制工作。

中国
文物年鉴
2016

（二）全面梳理全市不可移动文物

上海市文物局根据国家文物局下发的《关于进一步加强不可移动文物基础工作的通知》的部署要求和上海市委书记韩正同志的指示精神，于2015年6月召开了上海市文物工作负责人会议，并下发通知，要求各区县进一步加强不可移动文物的保护管理。11月24日再次召开上海市各区县文物保护点督察会，对各区县梳理公布情况进行全面督察。

（三）细化管理文保工程，延续城市文脉

继续推进上海市文物保护工程项目库数字化建设；完成国家文物局委托的《近现代文物建筑保护与利用导则》的编制工作，为我国近现代文物建筑的保护与利用行为制订规范；完成上海市市第二批文物保护工程资质的申报工作，以及具有文物保护工程资质单位的年审工作；加大人才队伍建设，继续开展文物保护工程从业人员培训工作。

（四）完成多处文物保护单位修缮工程

2015年，除了配合抗战胜利70周年对四行仓库抗日纪念地、金山卫城侵华日军登陆地点、大韩民国临时政府旧址等重要抗战史迹进行修缮之外，上海市文物局还积极开展多处文物保护单位修缮工程和技防安防改造工程，排除安全隐患，包括上海音乐厅、青浦迎祥桥、书隐楼、三山会馆等。

（五）成功举办首届国际建筑遗产保护博览会

8月，2015国际建筑遗产保护博览会在上海展览中心成功举办。此届博览会以"建筑不老，遗产永恒"为主题，分为讲座论坛、展览展示、互动体验等板块，70余家来自世界各地的建筑遗产保护代表性机构参加展览。博览会期间，举办了多场学术论坛，专家学者畅所欲言，广大市民踊跃参与。

【考古发掘】

（一）"长江口Ⅰ号"沉船水下考古调查取得新进展

7～9月，上海市文物保护研究中心对"长江口Ⅰ号"沉船进行水下考古调查。基本确认了沉船的材质、尺寸、规模、船货分布和埋藏情况，对沉船进行了详细扫测和测绘。本次调查与专业打捞机构以及高校合作，自主研制透明水袋，应用多种技术手段，在零能见度条件下，实现了对水下考古队员的实时监控和精确考古测量，获得了沉船在水下的光学影像，保证了潜水作业的安全和考古工作的科学性。本次调查成果填补了上海水下考古工作的空白。

（二）成功举办第二届世界考古论坛

12月13～18日，由中国社会科学院和上海市人民政府共同主办的"第二届世界考古论坛·上海"在上海大学召开，论坛主题为"文化多样性与文化交流的考古学探索"。论坛活动内容有世界考古论坛奖、世界考古学主题论坛演讲、公众考古讲座等。

【博物馆与可移动文物保护】

（一）博物馆

1. 博物馆建设

1月1日，国内首家地铁博物馆——上海地铁博物馆（一期）开馆。新落成的上海地铁博物馆位于吴中路1779号，紧邻上海地铁10号线紫藤路站。博物馆总建筑面积5000平方米，其中一期开馆面积2800平方米。博物馆以"安全地铁、科技地铁、绿色地铁、人文地铁"为主题，以地铁发展历史、地铁功能、地铁文化、地铁安全、世界地铁等几大板块进

中国
文物年鉴
2016

行布展和展示。

2015年4月19日，上海自然博物馆（上海科技馆分馆）正式对外开放。博物馆坐落于上海市静安雕塑公园内，建筑面积45257平方米，展览教育服务面积32200平方米，成为上海市重要的科普教育基地和公众社会文化交流平台。上海自然博物馆以"自然·人·和谐"为主题，通过"演化的乐章""生命的画卷""文明的史诗"三大主线，呈现了起源之谜、生命长河、演化之道、大地探珍、缤纷生命、生态万象、生存智慧、人地之缘、上海故事、未来之路等10个常设展区及临展厅、4D影院、探索中心等配套功能区域。

8月13日，上海四行仓库抗战纪念馆建成开馆。纪念馆位于上海市文物保护单位原四行仓库（四行信托部沪分部仓库）旧址西部，总建筑面积约3800平方米，分3层，其中1、2层为常设展厅，3层为临展厅。上海四行仓库抗战纪念馆以中外著名的"四行仓库保卫战"为基本陈列，按照"尊重历史，真实反映"的理念，陈列内容分为"血鏖淞沪""坚守四行""孤军抗争""不朽丰碑"四个部分，陈列设计上除了版面、实物等常规形式，还辅以战斗场景、沙盘模型、微缩景箱、油画雕塑、互动游戏和影视片等展示手段，给观众以全新体验与感受。

"5·18"国际博物馆日到来之际，位于金山区金山大道1800号的金山博物馆新馆正式向社会开放。金山博物馆新馆由"金山史迹馆""历代灯具馆""古陶陈列馆"和"金山规划展示馆"四个常设展览和一个临时展厅组成，以不同的专题展现了金山地区的悠久历史，突出了金山博物馆的馆藏特色，彰显了金山未来的发展方向。

12月5日，上海国际酒文化博物馆正式开馆。该馆坐落于松江区的上海佘山国家旅游度假区内，建筑独具特色，与上万平方米的大酒窖融为一体。博物馆通过大量关于葡萄酒文化的藏品，呈现酒文化的七千年历史，同时传播了各国酒文化与健康、艺术、礼仪、生活等方方面面的理念。

2．博物馆间的交流与合作

3月17日，山西博物院与上海博物馆合作共建框架协议签约仪式在上海博物馆举行。两馆以"优势互补、资源共享、合作共赢、共同发展"为合作目标，立足自身馆藏特点和地域文化特色，在博物馆运行管理、公共关系、人员培训、科研项目、专家咨询、文物保护与修复、陈列展览、图书出版、教育推广、文创产品开发等多领域开展深层次的双向交流合作，以促进双方知识互补和能力提升，全面推进两馆的科学管理水平，切实增强博物馆的文化传播力和影响力。

8月6日，"故宫博物院、上海博物馆藏明清贸易瓷展"在上海博物馆开展。本次展览从故宫博物院和上海博物馆藏品中遴选出160余件明清时期的贸易瓷予以展示，旨在反映这一时期中国陶瓷外销的状况。

11月18日，由湖南省博物馆和上海博物馆联合举办的"酌彼金罍——皿方罍与湖南出土青铜器精粹展"在上海博物馆开展。本次展览是湖南省博物馆以2014年"皿方罍回归"这一重大文化事件为契机而举办的，共精选了包括皿方罍在内的11件湖南出土著名青铜器珍品。这是皿方罍回归后首次走出湖南展出。

3．重要陈列展览

7月3日～10月10日，"盛世威仪：俄罗斯皇家军械珍藏展"在上海博物馆展出。展览集中展示了来自莫斯科克里姆林宫博物馆的201件、近120组馆藏精品，是国内首次集中反映俄罗斯沙皇与帝国时期军械艺术的主题展览。

7月16日~10月7日，"惟砚作田：上海博物馆藏砚精粹展"在上海博物馆举办。本次展览遴选了馆藏精品96件／套，通过这些精品佳作，为观众展现砚史的发展脉络。展览期间，上海博物馆还举办了"砚学与砚艺学术研讨会"。来自故宫博物院、陕西历史博物馆、辽宁省博物馆、浙江省博物馆、中央美院等全国20余家相关研究机构的40余位专家代表参加了研讨会，共提交论文33篇。

12月10日，上海博物馆举办的"吴湖帆书画鉴藏特展"向公众开放，展出相关古书画文物97组（113件）。展览期间上海博物馆还举办了"吴湖帆书画鉴藏学术研讨会"，并首次通过网络预约形式向社会公众开放旁听席位。

12月10日，"2015年上海市博物馆文创设计大赛作品展"在上海艺术礼品博物馆开幕，在本次大赛中脱颖而出的优秀作品获得了集中展示的机会。大赛旨在进一步提高上海市博物馆文化产品的设计开发水平，引导和鼓励全市博物馆充分利用社会力量，加强博物馆文化产品的创意设计，提高公众对博物馆文化的认同。

4．其他

上海市社会力量举办博物馆资金扶持工作持续推进。2015年上海市社会力量举办博物馆扶持资金工作于5月正式启动，共收到52家场馆的89项申请。上海市文物局经过材料梳理、资格审核、专家初评、定评等环节，确定了2015年度扶持资金资助项目名单，并向社会公示。共有24个场馆的32个申请项目获得资金扶持。

不断完善博物馆青少年教育功能试点工作。2015年是上海市文物局承担国家文物局"完善博物馆青少年教育功能试点"项目的第二年。在重点培育国有博物馆优秀教育项目的基础上，进一步扩大范围，推动一批青少年教育工作基础较好的行业博物馆及非国有博物馆与本地区教育部门、中小学建立合作关系，共同挖掘、研究开展博物馆青少年教育资源项目，积极探索实现博物馆教育资源利用最大化的有效途径和手段，并在全市推广。

（二）可移动文物保护

9月11日，位于龙吴路1118号的上海博物馆文物保护科技中心正式挂牌。为了进一步推进上海博物馆的文物保护工作，上海博物馆整合馆内文物保护和修复资源，组建成立"文物保护科技中心"，肩负国家文物局重点科研基地创新研究和专业学术期刊编辑出版，以及上海博物馆文物保护、文物修复、科技考古、古代工艺技术等研究和应用功能，配备了一批先进的科研和修复装备，定位于发展成为国内一流、国际先进的一家文物保护科技创新研究与技术服务机构。文保中心的落成，标志着上海博物馆未来将进一步整合馆内科技资源，创新驱动，转型发展，提升文物保护科技自主创新能力，开创可持续发展的文物保护科技新局面。

（三）第一次全国可移动文物普查

上海市普查办着力抓好各区县及主要文物收藏单位的统筹协调，实行责任分工，严把质量控制和数据审核关。截至2015年年底，本市各国有单位在可移动文物普查平台上共登录文物132224件／套，实际数量434184件。上海市历史博物馆、闵行区博物馆、宝山区文物保护管理所、金山区博物馆、嘉定博物馆、闸北区革命史料陈列馆、长宁区革命文物陈列馆、上海古猗园、嘉定区图书馆等75家国有单位已经完成全部文物的信息采集登录。上海博物馆、中共一大会址纪念馆、韬奋纪念馆等文物收藏数量较多的收藏单位，进一步加快了文物信息采集登录进度。17个区县中嘉定、闵行、宝山、杨浦、闸北、静安、金山等7个区县基本完成了所有区属国有单位的文物信息采集登录。

【社会文物管理】

2015年，文物临时进境124人次、3594件，文物出境鉴定72人次、2118件，文物临时进境复出境44人次、1341件，复仿制品出境鉴定531件。文物进出境展览共计64次，文物展品千余件。

【科技与信息】

完成《文物展柜密封技术要求及检测》和《文物展柜基本技术要求及检测》2项国家技术标准报批稿，《馆藏文物预防性保护方案编写规范》《馆藏文物防震规范》《馆藏文物保存环境控制 调湿材料》《馆藏文物保存环境控制 甲醛吸附材料》4项文物保护行业技术标准通过最终评审并于2015年年底颁布实施。承担的上海市科技计划重点课题"博物馆文物保护关键技术研究"通过市科委组织的中期检查。继续开展"汉代铜镜铸造工艺技术研究""博物馆室内展陈照明环境调控技术成果示范""丝织品文物劣化分析和保护研究"等立项课题。年内发表研究论文19篇、科技文摘3篇。授权发明专利"文物熏蒸消毒方法"1项，申请发明专利2项。

在文物信息化建设方面，年内完成上海博物馆新一轮网站改版，主要调整了页面设计风格，优化了栏目结构，全面升级了使用功能。新版网站新增了"推荐路线"，引导观众在一定时间内有效参观；首创"每月一珍"栏目，满足观众对博物馆藏品深度了解的需求，对单件文物精品进行全方位、多媒体式的详细解读，得到社会各界的好评。

【文博宣传与出版】

2015年国际博物馆日的活动主题是"致力于可持续发展社会的博物馆"，上海市文物局组织全市博物馆举办一系列活动，搭建博物馆与公众沟通的互动平台。全市102家博物馆在5月18日向公众免费开放，3家博物馆半价开放。5月18日当天，全市博物馆共接待观众超过10万人次。全市博物馆组织开展152场面向社会的免费文化活动，临时展览、互动活动、学术讲座广受欢迎。全市35家博物馆在5月18日延长开放至9点。上海市文广影视局网站和文化上海微信举行了《博物馆条例》知识竞赛，推出博物馆文创产品设计大赛，通过鼓励社会力量参与，开发一批兼具创新性和实用性，适应市场趋向和公众需求的博物馆文化产品。

2015年上海电影节开幕式恰逢文化遗产日开幕，又是世界电影诞生120周年、中国电影诞生110周年，上海市文物局精心策划《上海电影历史图志》，便于广大市民了解上海电影产业昔日的辉煌。上海市文物局协调全市80余处文物建筑免费开放，使平时不具备对外开放条件的一些文物建筑向市民打开大门。集中展示上海抗战遗产，为社会公众提供较为全面的本市抗战文物分布信息，结合纪念中国人民抗日战争暨世界反法西斯战争胜利70周年，上海市文物局编印了4张共计20万份《抗战史迹导览图》，在文化遗产日当天首发。

【机构及人员】

上海市文化广播影视管理局（上海市文物局）所属7家机构，包括文物保护管理及科研机构：上海市文物保护研究中心；博物馆：中共一大会址纪念馆、上海博物馆、上海市历史博物馆、上海鲁迅纪念馆、上海世博会博物馆；文物商店：上海文物商店。

上海市文化广播影视管理局（上海市文物局）所属事业单位人员共计587名，其中大专学历以下73人，大专学历129人，大学本科学历297人，硕士学历73人，博士学历15人。

■【对外交流与合作】

4月14～17日，上海博物馆会同中国航空规划建设发展有限公司和北京交通大学在北京联合举办"博物馆文物展陈防震技术国际学术研讨会"，来自美国、日本、希腊的5位博物馆防震专家和国内专家代表作了专题报告。本次会议是我国在馆藏文物防震保护领域首次举办的专业学术研讨会。

11月24～28日，上海博物馆与日本东京国立博物馆、韩国国立博物馆联合在上海召开"中日韩文物防灾国际学术研讨会"。来自日本、韩国和国内的50多位学者进行专题交流，并考察了汶川地震遗址博物馆。

江苏省

【概述】

2015年，江苏省文物系统贯彻落实十八届四中、五中全会精神和江苏省委省政府的决策部署，文物基础工作和重点项目稳步推进，取得了显著的成绩，扩大了江苏文物工作在全国文博界的影响力，提升了文博工作在全省经济社会发展中的重要作用。江苏省文物局组织编制完成江苏省"十三五"文物事业发展规划，明确了五年发展目标和任务。

【法规建设】

1月16日，江苏省第十二届人民代表大会常务委员会第14次会议批准《南京市城墙保护条例》，自2015年4月1日起施行。2月2日，江苏省文物局、省宗教局出台《江苏省宗教活动场所文物安全管理暂行办法》，自公布之日起施行。

【执法督察与安全保卫】

（一）执法督察

加大文物违法案件督察力度，推动地方对文物违法案件查处工作，有效打击和遏制了文物违法行为。2015年，江苏省文物局督察指导了省级文物保护单位韩桥煤矿旧址遭破坏案，南京市级文物保护单位颜料坊49号被拆案，无锡市横山草堂、敦睦中学旧址被毁案，金坛三星村遗址保护范围内非法建设案，泰州省保单位汪氏宅被破坏案等30余起重大文物违法案件，罚款人民币200余万元，行政问责13人，移交公安机关追究刑事责任4起。江苏省文物局报送的"明故宫飞机场旧址飞行员俱乐部被擅自拆除案""韩桥煤矿旧址部分建筑被擅自拆除案"被国家文物局评为"2014～2015文物行政执法十大指导性案例"。"中航工业科技城发展有限公司擅自拆除不可移动文物案"被文化部评为"2013～2015年度全国文化市场综合执法十佳案卷"。

初步建成江苏省文物行政执法监控平台，在全省遴选8个地级市作为试点地区与省级平台对接，采用"1+13"模式，实现层级监督指导，提高文物行政执法科技化水平。

继续深化江浙沪文物行政执法合作长效机制，开展工作交流和培训。联合江苏省公安厅下发通知，对打击文物违法犯罪工作作出统一部署。协助司法机关对54件涉案物品进行司法鉴定。

（二）安全保卫

全省文物安全综合管理实验区建设被列入2015年江苏省委深化改革领导小组工作要点。常州市、如皋市、盐城大丰区被列为2015年江苏省文物安全综合管理实验区建设单位。在镇江市召开文物安全综合管理实验区现场会，首批试点单位南京太平天国历史博物馆、镇江博物馆、徐州博物馆等通过经验介绍、成果演示、现场演习等方式，全面展示了实验区建设的成效。

博物馆、纪念馆、文物保护单位安防、消防、防雷工作得到加强，全省文物得到有效保护。

【不可移动文物保护与管理】

（一）概况

截至2015年年底，全省共有各级文物保护单位4300多处，其中省级文物保护单位833处，全国重点文物保护单位226处。世界文化遗产3处，列入我国申报世界文化遗产预备名单4处。国家历史文化名城12座，中国历史文化街区5个，中国历史文化名镇27座，中国历史文化名村10座，中国传统村落26个。省级历史文化名城5座、名镇7座、名村3座、保护区1处。

按照统筹协调、重点引导、兼顾一般的基本原则，重点实施了大遗址保护工程、大运河遗产保护工程、抗战文物抢救保护工程、名城名镇名村重要文物资源抢救保护工程等，提高文物保护对地方经济社会发展的贡献率，提升文物保护的社会影响力和公众认知度。贯彻国家文物局"纪念中国人民抗战胜利70周年推进抗战文物保护利用工作"电视电话会议精神，对南京抗日航空烈士公墓等21个代表性抗战文物予以修缮保护、展陈提升并对外开放，各市进一步加强抗战文物的保护、展示和利用，充分发挥其证史育人的社会功能。按照国家文物局要求，开展"三普"文物点核查，配合国家文物局以及江苏省纪委、省委办公厅对利用历史建筑等公共资源开办高档餐饮和私人会所进行整治。

（二）大遗址保护

推进大遗址保护与考古遗址公园建设，扬州城遗址"十二五"期间大遗址保护工程通过国家文物局组织的专项检查和评估。龙虬庄考古遗址公园规划获得国家文物局批准。无锡阖闾城考古遗址公园建设工作稳步推进。

（三）世界文化遗产

进一步加强世界文化遗产保护与管理，完成江苏省文化遗产地基本信息采集并上报国家监测预警平台，提交了年度监测工作报告，明孝陵监测预警平台建设通过国家文物局评审正式立项。

加强运河遗产保护管理，推动大运河文化带建设，完成了大运河（江苏段）遗产保护管理年度报告，调整了大运河江苏段缓冲区范围，规范涉及运河遗产工程建设项目的报审管理。7月27日，江苏省政府在淮安召开江苏大运河文化带建设座谈会，研究部署大运河文化带建设，以运河遗产资源为支撑，以运河沿线城市为节点，将大运河文化带打造成一道既相互衔接又融为一体，纵贯江苏南北的亮丽文化长廊。

1月22日和3月26日，国家文物局在昆山、苏州分别召开江南水乡古镇联合申遗工作座谈会、推进会，确定苏州为联合申遗牵头城市。增加苏州木渎、黎里、震泽、凤凰，无锡荡口、惠山和常州孟河等古镇加入联合申遗行列，江苏省参加联合申遗古镇已有13个。3月27日，国家文物局在南京召开"海上丝绸之路保护和申遗"工作会议，江苏省开展遗产资源调查，确定南京石头城遗迹等27处遗产点上报国家文物局。由南京市牵头的中国明清城墙联合申遗工作推进、文本编制专家咨询会分别在湖北荆州和北京召开，建立中国明清城墙保护与协调指导委员会，成立中国明清城墙保护与申遗专家委员会，成立中国明清城墙保护与申遗城市联盟。9月30日，江苏省政府在镇江召开全省世界文化遗产工作推进会，总结部署全省世界文化遗产保护和管理工作，规范、指导全省世界文化遗产申报。

中国
文物年鉴
2016

（四）文物保护工程

规范文物保护工程管理，按工程计划实施检查制度，确保工程质量。开展工程质量评比活动，苏州市全晋会馆维修保护工程等11个项目获得第四届江苏省文物保护优秀工程评比相关奖项。南京国民政府主席官邸旧址（美龄宫）修缮工程获评"第二届（2014年度）全国十佳文物保护工程"。

12月12～13日，江苏省文物局在常州召开全省文物保护工程会议，加强文物保护工程队伍建设，新公布两批16家文物资质单位，全省文物保护工程各类资质单位达到163家。

（五）其他

常州市被国务院公布为国家历史文化名城，至此，江苏省列入国家历史文化名城的城市已达12个。高邮市申报国家历史文化名城工作进展顺利，住房和城乡建设部、国家文物局已完成对高邮市的检查评估。

南京梅园新村、颐和路，苏州平江、山塘街以及扬州南河下等5个历史文化街区被住房和城乡建设部、国家文物局公布为"中国历史文化街区"。

国家文物局"全国重点文物保护单位和省级文物保护单位集中成片传统村落整体保护利用"工程苏州东村保护项目基本完成。首批中国传统村落保护工程项目建设通过了江苏省住房和城乡建设厅、江苏省文物局等部门的检查。

实施了首批历史文化名城名镇名村内重要文物资源抢救保护工程。配合江苏省住房和城乡建设厅完成了徐州市历史文化名城保护规划（修编）、扬州湾子街、兴化东门等历史文化街区保护规划和常州孟河镇、如皋白蒲镇、苏州东山镇等历史文化名镇保护规划的编制、论证、评审。南京江宁区前杨柳村等6个项目成功申报住房和城乡建设部2015年中国传统村落保护计划。

【考古发掘】

（一）概况

启动江苏太湖水下文物调查与考古发掘试点工作，《江苏太湖水下考古工作立项书》和《江苏太湖古航道及水下文化遗产调查工作方案（2015）》获得国家文物局批准。联合国家文物局水下文化遗产保护中心成立了江苏太湖水下考古领导小组，设立太湖水下考古工作站，开展了太湖水下考古调查以及相关文物点的试掘和水下探摸工作。

组织实施基本建设工程文物保护，完成无锡、常州两市新沟河延伸拓浚工程的考古发掘。组织实施川东港水利工程、连镇铁路沿线文物调查考古勘探和发掘，对一批配合基本建设考古项目进行实地检查验收。

邳州下邳古城、新河煎药庙墓地、句容孔塘遗址、无锡杨家遗址、南京定淮门城墙遗址、泗洪韩井遗址、太仓樊村泾元代遗址等考古发掘取得新成果。江苏省文物局委托省考古学会组织开展江苏省田野考古奖评比，盱眙泗州城遗址考古发掘等24个项目获奖。

11月27～29日，江苏省文物局在徐州召开全省考古工作会议，对"十二五"期间江苏考古工作进行了总结。

（二）重要考古项目

2011年10月～2015年12月，南京博物院考古研究所对江苏兴化、东台蒋庄遗址进行了抢救性考古发掘。蒋庄遗址位于江苏省兴化、东台两市交界处，以泰东河为界，遗址分为东西两区，总面积45万平方米。发掘工作主要集中于西区，总发掘面积3500平方米，揭露良渚文化墓地1处，清理墓葬284座，发现房址8座、灰坑110余座以及水井、灰沟等聚落遗存，出土玉、石、陶、骨器等不同材质遗物近1200件。蒋庄遗址是长江以北地区首次发现随葬琮、璧等玉质礼器的高等级良渚文化墓地，是良渚文化迄今为止发现保存骨骸最为完整和丰富的墓地，突破了以往学术界认为良渚文化分布范围北不过长江的传统观点，对研究良渚文明都邑聚三重社会结构以及国家形态具有重要意义。

【博物馆与可移动文物保护】

（一）博物馆

1．博物馆建设

贯彻实施国务院颁布的《博物馆条例》，进一步明确博物馆设立备案制度、提升办馆质量、强化藏品管理、提高博物馆现代公共文化服务水平、发挥博物馆行业组织作用等工作要求。镇江博物馆、茅山新四军纪念馆、无锡博物院、徐州博物馆、淮安市博物馆等探索建立了理事会制度，不断完善博物馆法人治理结构。苏州博物馆列入国家文物局智慧博物馆试点单位。

江苏省文物局委托苏州市文物局完成非国有博物馆设立备案课题研究。根据国家文物局《关于组织开展2014年度非国有博物馆运行评估工作的通知》要求，江苏省文物局完成了省内48家非国有博物馆运行评估的组织实施工作，实现了对非国有博物馆的动态管理，提升了非国有博物馆自身的管理运行水平。

南京梅园新村纪念馆、南京渡江胜利纪念馆、常熟博物馆、南通博物苑、周恩来纪念馆、宝应博物馆、南京云锦博物馆、求雨山文化名人纪念馆、苏州戏曲博物馆被列为2015年度江苏省博物馆陈列展览提升工程项目实施单位。南京博物院、苏州博物馆获评首批"全国博物馆文化产品示范单位"。国家文物局确定南京博物院、南京市六朝博物馆为博物馆陈列展览数字化项目试点单位。

2．博物馆间的交流与合作

进一步深化博物馆免费开放，促进全省馆藏文物资源共享。江苏省文物局研究确定10个展览入选2015年度全省馆藏文物巡回展项目，分别为南京博物院"大吉羊——南京博物院藏羊文物展"，南京抗日航空纪念馆"碧血忠魂——抗日战争中的中外航空英烈图片及实物展"，南通博物苑"梦绕梅花楼——南通博物苑藏李方膺作品展"，吴江博物馆"香具雅韵——吴江博物馆馆藏香具精品展"，淮安市博物馆"淮安明清民国书画作品联展"，扬州博物馆"心线神针——陆树娴、陆俊俭、陆蔚华刺绣作品展"，徐州圣旨博物馆"紫气东来 圣旨驾到——徐州圣旨博物馆馆藏圣旨展"，泰州市博物馆"陈毅与泰州——泰州抗战老电影展"，新四军纪念馆"铁军印记——新四军在江苏抗战文物展"，无锡博物院"抗日烽火在无锡——无锡博物院藏抗战文物及图片展"。10个展览全年在省内巡展67场次，接待观众150余万人次。

3．重要陈列展览

全省2015年共举办各类展览1000多个，接待观众6000余万人次。南京市博物馆"六朝历史文明"获评第十二届（2014年度）全国博物馆十大陈列展览精品奖。南京博物院"和·合——中国传统文化和人文精神系列展"入选国家2015年度"弘扬优秀传统文化、培育社会主义核心价值观"主题展览。侵华日军南京大屠杀遇难同胞纪念馆"伟大的胜利正义的审判"（暂定名）和茅山新四军纪念馆"新四军苏南抗日斗争历史基本陈列展"入选国家文物局抗战文物展数字化项目。配合江苏廉政文化周活动，江苏省文物局策划组织了"江苏廉政文化图片史料展"。

南京市博物馆的"六朝历史文明"展，通过"六朝帝都""千古风流""六朝风采"和"六朝人杰"四个展览单元，依托六朝建康城遗址，展示了1300余件／套南京出土的六朝文物，从"城""人""事""美"的角度全面展示了六朝历史文化，让观众充分领略了极富个性色彩的六朝时期人文艺术。

2015年10月10日，作为"江苏廉政文化周"重要内容之一，江苏省文物局策划组织的"江苏廉政史料图片展"在南京开幕。展览分为"廉政史话 佳话流传""勤廉官吏 身体力行""风物遗存 润物无声"三个部分，图文并茂地介绍了江苏地区130多位历代人物的廉政故事、生平和遗迹遗存。

4. 博物馆青少年教育

2015年，国家文物局继续将江苏省列为"完善博物馆青少年教育功能试点"地区，江苏省文物局按照"标准化、均等化"的原则认真组织实施，联合省文明办、省教育厅于10月12～13日共同召开了完善博物馆青少年教育功能试点工作推进会，建立了江苏省深化博物馆青少年教育工作的部门联动机制；上报了《2015年度完善博物馆青少年教育功能试点工作报告》；南京、无锡、苏州、泰州、常州等市已初步形成中小学生定期参观博物馆的长效机制。江苏省文物局向全省博物馆征集"博物馆青少年教育项目库"案例，遴选了42个教育活动案例进入首批项目库。

（二）可移动文物保护

2015年共审核并上报国家文物局各类博物馆文物修复方案39个，获批项目22个。组织完成了南京侵华日军大屠杀遇难同胞纪念馆及扬州隋炀帝墓1600余件文物鉴定定级工作，共认定珍贵文物977件／套，其中一级文物69件／套。确定高淳区博物馆、张家港市博物馆、姜堰区博物馆、泰兴市博物馆等4家博物馆列入2015年度博物馆预防性保护工程项目。根据国家文物局《关于发布〈可移动文物修复管理办法〉的通知》要求，审核通过了南京图书馆等9家单位的可移动文物修复资质申请。国家文物局批复同意苏州博物馆青铜器类珍贵文物数字化保护方案。

（三）第一次全国可移动文物普查

截至2015年年底，江苏省在普查平台完成信息注册的收藏单位571家，共登录藏品54万余件／套，其中文物收藏量在10万件／套以下的收藏单位已全部完成普查信息采集任务；组织专家完成了徐州市31000余条普查数据的离线审核。

针对普查工作面临的问题和困难，江苏省普查办召开了全省普查工作推进会，邀请了省内10所高校及系统外单位参会并交流普查工作经验。举办了两期业务培训，全省各级普查机构也以不同形式开展了普查培训工作，共培训普查员1000余人次。向国家文物局普查办推介26名江苏省"普查之星"。

"南京市第一次全国可移动文物普查阶段性成果展""吴珍撷萃——苏州市第一次全国可移动文物普查精品特展"和淮安市"普查之星"推介表彰活动等一系列活动的开展，有力推进了江苏省可移动文物普查工作的顺利开展。

【社会文物管理】

根据国家文物局《关于做好拍卖企业经营文物拍卖许可审批工作的通知》，拍卖企业经营文物拍卖许可下放至省级文物行政管理部门。截至2015年年底,江苏省获得国家文物局颁发的文物拍卖许可证的企业共有27家,其中取得一、二、三类拍卖资质的13家,取得二、三类拍卖资质的14家。

2015年度共审核批复文物拍卖39场,审核拍卖标的24749件,其中文物标的14003件(撤拍文物标的28件),成交金额17868.87万元。

【科技与信息】

完成江苏省政府重点调研课题"发挥博物馆在构建公共文化服务体系中重要作用研究";完成国家文物局普查办委托课题"江苏省教育系统可移动文物调查、认定、登记及管理机制研究";完成国家文物局"博物馆及可移动文物管理综合调研"。国家文物局委托江苏省文物局开展的"文物行政执法与刑事司法相衔接"课题研究基本完成。完成2015年度全省文物课题评审工作,确定13个项目为年度支持课题。

东南大学传统木构建筑营造技艺研究国家文物局重点科研基地正式挂牌。

推进文物资源数据库与管理平台建设,完成全国重点文物保护单位综合管理系统文物基础信息采集录入,完成江苏省文物保护单位管理平台软件开发和测试。

【文博教育与培训】

江苏省文物局与南京大学合作,创新培训模式,于9月、10月分两期对全省文博管理人才和江苏对口支援市州文博干部约180人开展了文物保护综合知识培训,每期培训为7天,提升全省基层文博干部和对口支援的新疆伊犁州、西藏拉萨市基层文博干部业务素质和行政能力。

协助国家文物局在无锡举办全国文创人才培训班、在南京举办全国文物外事工作会议暨业务培训。举办了江苏省第一次可移动文物普查、太湖水下考古、宗教场所文物安全管理等各类业务培训班。在全省遴选12名文物行政执法业务骨干,组建江苏省首批"文物行政执法讲师团",为各市开展文物法制培训工作提供优秀师资力量。全省127人通过国家文物局第一批文物保护工程责任设计师和责任工程师考核,取得了文物保护工程责任设计师和责任工程师资格。

【文博宣传与出版】

5月14~16日,江苏省文物局围绕"博物馆致力于一个可持续发展的社会"活动主题,组织开展"5·18"国际博物馆日系列活动,江苏省主会场系列活动在南京博物院举行,举办了江苏省2015国际博物馆日主题论坛,全省各地博物馆、纪念馆开展了讲座、展览、鉴宝、非遗展演等100余项丰富多彩的活动,江苏卫视《看文化》栏目进行了专题宣传。

6月13日,江苏省文物局与镇江市人民政府联合举办文化遗产日暨第七届江苏省文物节活动,围绕"保护成果 全民共享"活动主题,举办了"江苏省'十二五'文化遗产保护成果展"。全省各地举办了各类文物展及文化遗产进校园、进军营、进工厂活动,开展文化遗产摄影展、摄影大赛、为民鉴宝活动,向公众宣传展示文化遗产,号召公众参与文物保护。

聚焦世遗,扎实推进申遗预备名单项目保护和申报宣传,江苏省文物局组织拍摄了《江苏文化遗产》专题宣传片,向全社会宣传推介江苏文化遗产,取得了较好的社会反响。

组织开展世界反法西斯战争胜利暨中国抗战胜利70周年系列活动。

做好"江苏省文物局"官网的运行维护和日常宣传，编发网稿1156篇，在《中国文物报》等刊发文稿70多篇。

编辑出版《2007～2014年文物课题选编》《江苏文物》《江苏考古（2012～2013）》《江苏抗战遗存》《江苏省县级博物馆提升工程报告》《江苏省2014年国际博物馆日主题论坛论文集》《2015年度江苏省文博论文集》等研究成果。启动《中国文物志》江苏省相关内容的编撰工作。

【机构及人员】

2015年，江苏省共有文物保护机构51个，文物商店8个，获得国家文物局颁发文物拍卖许可证的企业27个，国家考古发掘资质单位7个（考古领队69人），文物科研机构4个，其他文物机构7个。从业人员共7406人，其中专业技术人员2451人，包括正高级职称164人、副高级职称350人、中级职称1007人。

【其他】

江苏省文物工作年会召开。2月6日，江苏省文物工作年会在南京召开，各市、县（市）及部分区文广新局（文物）分管局长，各市文广新局（文物局）文物部门和文化行政综合执法机构负责人，各市博物馆馆长，南京中山陵园管理局、南京中国近现代史遗址博物馆负责人，南京博物院、省考古所、省文保所负责人以及省文物局机关处以上干部参加会议。会议的主要任务是学习贯彻党的十八届三中、四中全会精神和习近平总书记关于文物保护重要论述，以及全国文物局长会议、全省文化广电新闻出版工作会议精神，总结2014年全省文物工作，部署2015年工作任务。会议总结了2014年全省文物工作取得的成绩，分析了当前形势和突出问题，确定2015年为"文物法制推进年"，提出了总体思路和主要任务。

开展行政审批改革和"一站式"服务。2月28日，江苏省文物局派出人员进驻江苏省政务服务中心工作，17类28项行政许可事项全部进入省政务服务中心大厅窗口受理办结。

浙江省

【概述】

2015年，浙江省进一步深化文物系统自身改革，强化文物行政执法督察、不可移动文物保护、考古管理和博物馆建设，提升文物保护科技水平，努力提升公众的文化遗产保护意识，各方面工作稳步推进。

【执法督察与安全保卫】

2015年，浙江全省各级文物执法监察机构共出动巡查20981人次，检查文博单位10813次，发现安全隐患328处，整改到位287处；发现制止涉嫌违法行为53起，立案20起。全年全省立案查处文物一般程序案件36起，结案33起，罚款187.75万元。

各地文物执法监察机构与公安部门密切协作，联合打击文物犯罪行动。1月，永嘉县文物监察大队配合警方破获一起文物盗窃案，追回柱础14个。5月，嘉兴市秀洲区文物监察大队联合市刑警支队、市文物处、文保所，对县级文保单位沈曾植墓被盗一案进行调查，抓获犯罪嫌疑人9名，追缴朝珠、玉器、银簪、铜钱若干件；东阳市文物监察中队配合公安机关，对省级文保单位严济慈故居明缝牛腿、明间格扇门格心被盗案进行立案查处，追回了被盗构件。

2015年，浙江省的文物执法监察机构进一步加强对下级文物违法案件查处的督察与指导，督察指导乐清碉楼之蔡家碉楼被拆、西塘古建筑群之王宅被部分拆除等案件20余起。此外，浙江省文物监察总队组织开展自查自纠，并派人员赶赴13处传统村落，就文物安全责任制落实等进行重点督察，针对突出问题提出整改意见。文物执法交叉检查活动顺利开展。全年全省共受理各类文物举报58起，处置办结58起。

文物部门进行管辖海域内文化遗产联合执法，进一步强化了与浙江省海监总队的协作，有效维护浙江省管辖海域内文化遗产安全。

【不可移动文物的保护和管理】

截至2015年年底，浙江省共有世界文化遗产2处、全国重点文物保护单位231处、省级文物保护单位624处。

2015年，浙江省抓紧实施安吉古城、绍兴越国贵族墓、湖州毗山遗址、慈溪上林湖越窑遗址、武义吕祖谦及家族墓等大遗址考古调查，组织对相关全国重点文物保护单位保护规划进行论证，13处国保保护规划编制获国家文物局批准立项，嘉兴马家浜遗址保护规划获省政府批准，大窑龙泉窑遗址、上山遗址、安吉古城遗址等省级考古遗址公园规划通过省级专家评审。

受国家文物局委托，浙江省开展全国重点文物保护单位保护方案的审查与批准工作，累计审查、上报国保保护工程立项申请28项，审批或向国家文物局上报国保保护维修方案和施工图49项。同时，浙江省注重加强文物保护工程中期管理，对温州市、金华市、衢州市、丽水市等地全国重点文物保护单位保护工程进行现场检查，组织对湖州市南浔区小莲庄之走马楼、馨德堂等全国重点文物保护单位维修工程进行竣工验收。

加强全国重点文物保护单位保护规划编制审批，将台州府城墙保护规划上报国家文物局审查；对丽水市莲都区通济堰等一批全国重点文物保护单位保护范围、建设控制地带内建设项目方案进行审查或论证；审查并向国家文物局上报涉及全国重点文物保护单位建设控制地带建设项目9项。

巩固大运河保护和申遗工作成果，协调大运河沿线各地做好保护管理和遗产监测等工作，积极推动大运河保护管理的法制化、科学化、规范化；协调处理好大运河沿线建设项目与保护的关系，举办全省大运河保护管理培训班。

督促良渚古城遗址所在地大力实施环境整治、突出普遍价值提炼、遗址本体保护和遗产价值展示、申遗文本材料编制、监测体系建设等准备工作；积极争取浙江省政府和国家文物局对良渚古城申遗项目的支持，指导良渚遗址管委会迎接国家文物局申遗项目考察评估组现场考察；组织召开良渚古城遗址保护申遗专家评审会。

江南水乡古镇申遗项目已被国家文物局纳入"十三五"申遗计划，浙江省会同江苏省文物局建立了两省共同推动的联合申遗工作机制。根据国家文物局统一部署，协调宁波、温州、舟山、台州、杭州、湖州、龙泉等城市做好"海上丝绸之路"申遗点遴选上报工作，顺利完成并向国家文物局上报浙江全省"海丝"遗产点遴选材料。此外，浙江省文物局协调推进临海台州府城墙参与"中国明清城墙"联合申遗项目前期工作；组织召开浙江青瓷窑遗址申遗专家咨询会，协调指导慈溪、龙泉、上虞等地实质性启动浙江青瓷窑遗址联合申遗前期准备工作。

协调推进国保和省保单位集中成片传统村落的整体保护与利用，分步有序推动建德新叶、诸暨斯宅、永嘉芙蓉等国家文物局首批传统村落保护利用项目的文物维修、环境整治、展示利用及民居改善等工作，配合国家文物局开展了对首批项目实施情况的中期检查；向国家文物局上报第二批传统村落保护利用项目11个，完成了9个传统村落文物保护工程总体方案审查、6个村落的工程技术方案审查。

会同浙江省建设厅支持指导温州、海宁、龙泉、余姚等城市申报国家历史文化名城，配合完成住房和城乡建设部、国家文物局对温州市申报国家历史文化名城的实地考察评估；参与丽水等城市总体规划、宁波等名城保护规划及景宁鹤溪、永嘉枫林等历史文化名镇、名村保护规划的评审；全省4个历史文化街区入选首批中国历史文化街区。

配合抗战胜利70周年纪念活动，加强全省抗战文物专题调查、保护及展示等工作，组织编制全省抗战文物保护利用规划，协助浙江省政协文史委开展抗战遗址保护利用专题调研。杭州侵华日军投降仪式旧址和千人坑遗址、宁波樟村四明山烈士陵园入选第二批国家级抗战纪念设施遗址名录。

【考古发掘】

2015年，浙江省不断强化考古管理，考古发掘获得重要成果。文物部门组织编制五年考古工作规划3项，依法实施考古发掘项目36项，上虞禁山早期越窑遗址被评为"2014年度全国十大考古新发现"。同时，浙江省积极推进水下考古，建立全省水下考古工作业务指导机构——水下文化遗产中心，成立了国家文物局水下文化遗产保护舟山工作站。中国第一艘水下考古船"中国考古01"号在舟山完成了白节山海域水下文物重点调查二期项目。

1. 余杭良渚古城遗址

2015年，浙江省对良渚古城内的莫角山遗址、姜家山遗址、钟家港南段进行考古发掘，同时对老虎岭为代表的高坝系统、鲤鱼山为代表的低坝系统进行试掘和大规模勘探，启动了安溪路以东的大规模勘探。

其中大莫角山遗址新发现和确认3座土台房基遗迹。在建筑基址西南侧还分布有一处"沟槽状遗迹"，推测是一处木构建筑。小莫角山遗址经过发掘发现4座房屋建筑遗迹，其中1座年代较早，规模较大，另外3座叠压于早期阶段房址上，年代较晚。姜家山遗址位于莫角山遗址西部，试掘时发现良渚文化墓葬1座，棺椁俱备，为良渚文化贵族大墓；经过发掘又发现13座良渚文化墓葬，年代与反山墓地相当，应为一处贵族墓地。

此外，为配合良渚古城遗址公园规划及城内防洪航运需要，莫角山东部南北向钟家港河道布方发掘300平方米，发现一段良渚文化晚期以木桩及竹片构成的护岸遗迹，是城内首次发现。

安溪路以东勘探发现台地21处，该区应为良渚古城外围一处重要的郊区聚落群。

2. 义乌桥头遗址发掘

桥头遗址是金衢地区上山文化时期环壕遗迹。2015年考古工作基本确认了环壕分布，并进一步明确了三面人工环壕、一面连接（古）河道的判断。环壕内沿基本完整，外沿破坏严重，在南部和西北角得到局部保存。遗址显示的古河道与人工环壕相结合的遗迹现象十分重要，是浙江新石器时代早期聚落考古的新发现。

3. 余杭玉架山遗址发掘

余杭玉架山遗址位于浙江省杭州市余杭区，遗址首次发现由6个环壕组成的完整的聚落。2015年的发掘工作，一是了解了玉架山遗址南部"古河道"的形状、走向、年代、形成原因等；二是从玉架山遗址环壕Ⅰ西北部深入，全面地了解了环壕Ⅰ。发掘获取了比较丰富的良渚文化晚期一手资料，为了解遗址性状、与古城"外廓城"的关系及良渚文化晚期文化面貌等提供了线索，具有重要学术意义。

4. 上林湖越窑荷花芯窑址发掘

2014年9月～2015年10月，浙江省文物考古研究所与慈溪市文物管理委员会对荷花芯窑址进行了主动性考古发掘。荷花芯窑址是上林湖地区较具代表性的唐宋时期越窑窑址。此次发掘面积近1200平方米，清理了唐、五代、北宋等时期丰富地层堆积，揭露了包括房址、贮泥池、辘轳坑、釉料缸、道路和匣钵挡墙等在内的丰富遗迹现象，为恢复唐宋时期越窑制瓷工艺、窑场格局及推动考古遗址公园建设等提供了大量翔实的野外材料。

5. 上虞凤凰山窑址发掘

2015年10～12月，浙江省文物考古研究所等对上虞凤凰山早期越窑遗址进行主动性考古发掘。发掘面积300平方米，揭露窑炉一处，并出土大量高质量、高档次的成熟青瓷器。

凤凰山窑址产品质量精、档次高、种类丰富、器形复杂、胎质细腻、青釉莹润、装饰华丽、装烧成熟，以之为代表的凤凰山窑址群反映了三国—西晋时期窑业发展的最高水平，再次证明了曹娥江中下游地区是汉六朝时期窑业的生产中心。发现的窑炉处于早期的三段式龙窑向唐宋时期龙窑的过渡阶段，对于探索龙窑技术演进具有承上启下的重要意义。

6. 永嘉殿岭山窑址勘探发掘

为配合甬台温天然气管道工程建设，2015年8~12月，浙江省文物考古研究所和永嘉县博物馆对永嘉殿岭山窑址进行考古勘探和发掘，发现并清理墓葬5座、灰坑7个、灰沟1条，年代均为明清至近代，无完整器物，也未见到龙窑遗迹；发现大量东汉时期印纹陶罍、弦纹罐、亚腰形窑具等器物残片，可见附近确有东汉窑址的分布。本次考古发掘为认识永嘉窑址早期烧造历史提供了线索。

7. 长兴五峰张家湾土墩遗存发掘

为配合长兴太湖高级中学新建工程，文物部门对长兴五峰张家湾土墩遗存实施发掘，共发现土墩26座，已发掘15座，清理西周春秋时期土墩墓8座，战国时期土坑墓8座，两汉时期土坑墓、砖室墓百余座，明清时期砖室墓1座、窑炉遗迹2座。土墩堆筑、墓葬营造过程大致可分为两类：两周时期建有土墩墓，两汉时期在上面挖坑堆土建墓，形成一更大的土墩；或是两汉时期在当时地表上直接挖坑堆土建墓形成土墩。

从墓葬营造和出土随葬器物可发现，至少在西汉早期已有中原楚文化因素渗入当地埋葬习俗中。本次发掘对认知长兴地区西周至两汉时期丧葬文化，本地区商周时期土墩墓的发展演变及两汉时期外来文化因素对当地丧葬习俗的影响具有极为重要的价值。

8. 韩杕及东平郡主合葬墓发掘

为配合杭长高速公路延伸段（泗安至宜兴）建设，文物部门对长兴县泗安镇云峰村一处古墓地进行配合性发掘，发现南宋中期墓葬1座及其墓园。墓葬为方形石板椁砖室双穴合葬墓，已被多次盗扰。出土墓志铭证实此墓为韩杕及东平郡主的夫妻合葬墓。墓园占地2000余平方米，发现拜台、墓祠、神道、泮池和石像生，发掘出土了大量南宋时期砖模建筑构件。

合葬墓与墓园的发掘，为研究浙江北部南宋墓葬形制提供了十分重要的材料，也为研究南宋时期古代建筑及建筑构件提供了重要实物资料。

9. 温州市瓯海区莲花峰墓地发掘

2015年8月19~21日，为配合温州绕城高速西南线第4标段工程建设需要，浙江省文物考古研究所对温州市瓯海区莲花峰墓地进行抢救性发掘，共发掘清末至民国时期墓葬6处（已受到不同程度破坏，个别可晚至新中国成立初期），采集到两块明代夫妻墓志和一块明代狮子戏球花板残件（但未发现相关墓葬）。墓志分别属于王谦及其妻周氏。王谦是明代卫所官员，曾任职温州卫指挥佥事和福建泉州卫，周氏是卫所官员子女出身，两人合葬于永嘉建牙乡西华山莲花峰。这两块墓志对于研究明代卫所制度和卫所官员之间姻亲状况有一定价值。

10. 乐清龟山窑址考古发掘

2014年10月29日~2015年1月27日，浙江省文物考古研究所对位于永嘉县乌牛街道水对头村的乐清龟山窑址进行抢救性考古发掘，清理龙窑窑炉3座、探沟3条，获得大量瓷器和窑具标本。从产品和窑具分析，其烧造年代集中在吴越国晚期（即末代国王钱俶当政时期），但大量器物仍保留晚唐特征，生产工艺发展明显滞后，晚唐传统工艺（松子泥点、明火叠烧）和吴越国末期出现的新工艺（垫圈支垫一匣一器、泥条叠烧）并存，具有鲜明的地方特色和时代共性。

发掘揭露了与上林湖越窑不同的生产行为模式和地层堆积形态，通过新旧工艺并存，第一次通过考古揭示了青瓷手工业生产地区发展的不平衡，对研究唐宋越窑的生产、发展

中国文物年鉴 2016

具有重要学术价值。

11. 湖州市寺前遗址发掘

寺前遗址位于湖州市南浔区旧馆镇寺桥村。2015年考古发掘主要是发现了一处宋元时期池塘。池塘内东南边缘处出土大量宋元时期陶瓷器，据初步整理统计，可复原器物200余件，多为日常生活用器及建筑构件，品质良莠不齐且残破，推测为当时当地人生活废弃品。值得注意的是，这些瓷器分别来自浙江龙泉窑、福建建窑、江西吉州窑等，表明当地宋元时期商品贸易相当繁荣。

12. 安吉古城考古发掘

2015年安吉古城考古发掘总面积780平方米。其中古城发掘东区布探方9个，发掘面积450平方米，发现东西向古河道一条。河道北岸发现厚2.5米的文化堆积，共分为13层，另发现灰坑13个、沟7条、水井2个，从出土遗物判断堆积应为三国、两晋时期。古城发掘西区布探方4个，发掘面积180平方米，可分为12层。其中第10层为城墙夯土，第8、9、11、12层均为战国时期堆积，据此判断，该部分城墙为战国时期夯筑。

在西城墙上开探沟一条，长30米、宽5米，发掘面积150平方米。表土层下即暴露硬质夯土，平面可见与城墙截面顺向的条带状夯土。城内发现叠压城墙的春秋晚期陶片堆积，还发现一座打破城墙的西汉早中期之交的竖穴土坑墓。据此判断，城墙堆筑不晚于春秋晚期，废弃年代当不晚于西汉中期。

13. 安吉上马山墓地考古发掘

上马山墓地位于安吉县城北偏西约18公里的天子湖镇良朋村，自2007年起连续进行抢救性发掘，2015年共发掘土墩3座，清理墓葬12座（仅1座为楚式墓，其余均为西汉竖穴土坑墓），出土各类随葬器物183件。

14. 安吉县天子湖镇五福土墩遗存发掘

为配合天子湖工业园区建设工程，文物部门对天子湖镇原五福村五福墓地进行考古发掘，共清理土墩遗存3座，发现汉代、南北朝以及明清时期墓葬与窑址，出土了汉代陶瓷器、铜器、铁器、料器、石器，南北朝陶砖，明清陶瓷器等器物。

五福汉墓是目前安吉地区发掘规模最大的西汉早期土墩墓，为研究汉代土墩遗存的埋藏方式、西汉早中期家族墓地的墓葬制度及安吉地区汉代历史与社会面貌等提供了较为重要的资料。

15. 湖州市和孚镇后村遗址发掘

为配合太嘉河工程及环湖河道工程，2015年文物部门对和孚镇双福桥村后村遗址进行考古发掘，发掘面积850平方米，遗存堆积主要包含宋元与战国中晚期两个阶段。

宋元时期遗迹主要为大型灰沟，地层内出土大量宋元时期陶瓷器，以龙泉窑、吉州窑产品为主，另有一定的长沙窑、铁店窑、景德镇窑产品。战国时期遗迹主要为遗址边缘、临水区域连续分布的灰坑遗迹，灰坑间有明显关联性，应是具有相近功能的遗迹分布区，或为村落边缘农业生产区。

后村遗址发掘为了解太湖南岸地区战国时期社会面貌及宋元时期的历史变迁提供了较为丰富的资料，尤其是战国时期生产功能区的发现，弥补了对古越人社会生产、生活研究的若干空白，具有较为重要的学术价值。

16. 宁波镇海九龙湖鱼山遗址发掘

2014年9月~2015年2月，宁波市文物考古研究所联合中国社会科学院考古研究所等单位，对宁波市镇海区九龙湖镇河头村的鱼山遗址进行了Ⅰ、Ⅱ两期抢救性考古发掘。总发掘面积4300平方米，清理不同时期遗迹现象260余处，出土陶、瓷、铜、石、玉、骨、角、木质文物标本600余件／套。

鱼山遗址是目前已知距离海岸线最近的河姆渡文化遗址之一，也是近年来宁绍地区古代文化遗存的重要发现之一。发掘结果表明，该遗址文化堆积深厚、遗迹遗物丰富、延续时间较长、文化发展连贯，不仅填补了镇海史前文明的空白，改写了镇海地方史，也揭开了宁绍地区考古学文化序列的新图卷。遗址不同时期文化层间隔自然层的堆积特点十分特殊，为深入探讨不同时期的人地关系，特别是滨海地区早期人类活动与环境变迁的关系提供了新案例。

17. 宁波北仑大榭遗址勘探与试掘

2015年9～12月，宁波市文物考古研究所联合北仑区文保所对北仑区大榭街道下厂村钱家和万家墩自然村之间的大榭遗址进行了抢救性考古勘探和试掘，勘探面积约3万平方米，试掘面积24平方米。勘探和试掘结果表明，大榭遗址总分布面积约2万平方米，文化堆积较单纯，文化层可分为两层，平均厚度约50厘米，主体文化遗存所处时代应在良渚文化早、中期。

大榭遗址地理位置独特，是史前时期宁绍平原与舟山群岛之间文化交流、传播和人群迁徙的桥梁，对研究该时期的环境变迁、人地关系、对外交往及海岛文化、海洋文化等具有重要价值。

18. 宁波慈溪横河乌玉桥古墓发掘

2015年1～5月，宁波市文物考古研究所联合慈溪市文管办对慈溪市横河镇乌玉桥村西北的乌玉桥古墓进行抢救性考古发掘，共清理春秋战国墓3座、宋墓1座、明墓2座。明代墓包括明弘治年间都察院右都御史史琳之墓，发现时已遭严重损坏，仅存部分墓园、墓室和地坪，采集到石门、铁门环、仿木石构件、石兽残件、雕花石条等遗物若干。

本次发现与发掘对考证商周时期土墩石室墓、明代高等级贵族墓葬的形制及丧葬制度有一定参考价值。

19. 宁波鄞州鄞江宋元时期水利遗存发掘

2014年3月～2015年11月，宁波市文物考古研究所联合中国国家博物馆、中国科学院等单位，对鄞州区鄞江镇它山堰1号地块进行抢救性考古发掘和遥感探测。发掘面积1070平方米，揭露宋元时期古河道、石砌堤岸、道路、灶、房址等遗迹多处，出土各类遗物620余件。

鄞江镇一带自唐太和七年（833年）它山堰建造以来，不断修筑各类配套水利设施。此次发现的古河道，推测应为地方文献记载的沟通鄞西南塘河与鄞江之间的河道"小港"。历史上由于"小港"多受水患、雍沙之害，曾于宋元时期多次修筑堤岸（坝）拦固。此次发现的石砌堤岸应与这一时期的水患治理活动相关。这些发现为研究宋元时期鄞江水利建设史和经济发展史提供了新的实物佐证。

20. 宁波海曙月湖西区二期二号地块发掘

2015年7月，为配合宁波市海曙区月湖西区二期二号地块建设，宁波市文物考古研究所进行了抢救性考古发掘。发掘面积约1140平方米，共清理清代房址1座，明代灰坑、水池各1座，元明时期水沟4条，元代抛石遗迹1处，南宋桩基遗迹1处，宋代墓葬1座，出土各时期完整及可复原器物500余件。

本次发掘证明该区域在唐代尚属月湖湖区范围，宋元以后月湖因填湖而居逐渐缩小，在一个侧面见证了宁波城市的发展与变迁。

21. 杭州市上仓桥路11号南宋临安城址东城墙遗迹发掘

2015年4～7月，杭州市文物考古研究所对上仓桥路11号地块进行考古发掘，揭露了南宋临安城址东城墙遗迹。本次东城墙遗迹发掘为历年临安城同类遗迹中发掘面积最大、揭露最充分、保存最好的一次，不仅为复原城墙结构提供了重要实物依据，也为复原南宋临安城东城墙线性分布提供了准确的坐标。

22. 杭州市上城区平安里元明清杭州城东城墙遗址发掘

2015年10～12月，为配合杭州市上城区江城路原平安里小学地块开发建设，杭州市文物考古研究所对项目所涉地块进行了考古发掘，发现元明清时期杭州城东城墙遗迹。该段城墙遗迹为元末杭州城市东扩时始建，明清两代一直沿用，至民国及新中国成立初期渐遭毁弃。城墙遗迹呈南北走向，总长48米，包括城墙主体和马面两部分，是历年来元代城墙调查、发掘中保存最好、结构最清晰的一处，和上仓桥路临安城东城墙一起，成为宋元时期江南城市城墙营造的重要例证。

23. 杭州市上城区紫城巷南宋引水供水设施遗存发掘

2015年4～9月，为配合杭州市上城区涌金街道紫城巷西湖天地二期建设，杭州市文物考古研究所对项目所涉地块进行考古发掘，发现宋元明清时期房址、水井、水池、水沟、道路等与南宋临安城城市供水系统相关的重要遗迹，类型丰富。其中木管水沟及与其沟通的水井等遗迹，应与《咸淳临安志》所记引西湖水以供城内居民取汲的诸井有关。这是杭州地区首次揭露的与引西湖水入城有关的地下设施，意义重大。

24. 杭州市萧山区北海塘柴塘遗存发掘

2015年，杭州市文物考古研究所对萧山区北干街道塘湾城中村改造安置房地块的古钱塘江南岸萧山北海塘遗存进行勘探和发掘。揭露的海塘遗存长10.8米、宽16.9米、高10.3米，地层堆积共分12层，第8层起为海塘本体。文献记载，海塘最早建造于北宋，沿用至清代，后被石塘替代。此次发现的柴塘结构海塘在杭州地区属首次发现，为研究萧山北海塘、杭州古代海塘及其文化价值、古代水利技术史等提供了重要实物资料，也为钱塘江古海塘申遗提供了新的基础材料。

25. 杭州市萧山区水漾坞战国至明代墓群发掘

2015年7～11月，为配合杭州市萧山区湘湖旅游度假区湘湖逍遥庄园水漾湖项目建设，杭州市文物考古研究所对项目所涉地块进行考古发掘，共清理战国至明代墓葬34座，其中战国土墩墓1座、汉代墓13座、六朝墓5座、唐代墓3座、宋代墓5座、明代墓7座。其中一处汉墓出土3件青铜钱母范，这是浙江地区汉墓中首次发现青铜母范。

26. 杭州市余杭区学军中学海创园分校汉至明代墓群发掘

2015年7～11月，为配合杭州学军中学海创园分校项目建设，杭州市文物考古研究所联合余杭博物馆对建设所涉地块进行了考古发掘，清理汉墓21座、六朝墓145座、唐墓25座、宋墓5座、明清墓8座，出土文物380余件／套。其中一座六朝墓规模较大，墓壁砌合平整严密，墓砖模印有"隆安二年晋故巴东郡汉丰县令施氏"文字，明确记载该墓墓主曾任东晋巴东郡汉丰县（今重庆开县）县令，对确定同类规格墓葬主人身份提供了重要资料。一处唐墓出土砖质墓志一方，志文可见"唐故刘府君墓志铭"，为本地点甚至杭州地区所见类似墓葬提供了明确可靠的断代依据。

中国
文物年鉴

2016

27. 杭州植物园桃源岭南宋纪年墓发掘

2015年11～12月，杭州市文物考古研究所对位于杭州植物园桃源岭的古墓进行考古发掘，发现长方形并列三室券顶砖墓1座，出土墓志、铁券、砚台、石人像、铜镜、铜钱和瓷器等随葬品。根据形制特点与墓志记载等情况推测，桃源岭南宋墓应为夫妻并穴合葬墓，中为男主人，左右为妻妾。本次发掘出土的石人像及铁券等随葬品在杭州地区较为少见，是研究杭州地区南宋墓葬的重要材料。

28. 南宋临安城外城城墙考古物探调查

2015年5～11月，杭州市文物考古研究所与浙江大学文化遗产研究院合作，采用探地雷达等物探技术手段，以2D、3D相结合的数据采集方式，重点对临安城外城城墙遗迹实施探测和实验，逐步摸索出一套行之有效的探测方法，使在不具备发掘条件下准确复原临安城墙的线性分布和结构成为可能，也使当前临安城研究的广度和深度得以拓展。

【博物馆与可移动文物保护】

（一）博物馆

2015年，浙江省进一步加强博物馆建设与管理水平，继续推动、完善特色博物馆体系构建，促进非国有博物馆健康发展；夯实馆藏文物科学管理基础；开展《博物馆条例》的宣传、贯彻、落实，持续深化博物馆免费开放，有效提升博物馆公共文化服务能力和项目；进一步加强馆际合作、促进馆藏资源整合共享，强化博物馆陈列展览精品意识，全面完成年度目标。

浙江自然博物园核心馆区、中国丝绸博物馆改扩建工程顺利推进，金华市博物馆、丽水市博物馆新馆开馆，台州市博物馆新馆建设工程顺利推进，温州市龙湾区博物馆改扩建工程完工，武义县博物馆新馆奠基开工，乐清市、瓯海区、温岭市、临海市、黄岩区等一批博物馆完成土建施工。

浙江省完成了全省未定级国有博物馆运行评估试点，开展了非国有博物馆运行评估，建立起覆盖全省各级博物馆的运行评估系统；在宁波华茂美术馆开展法人治理结构试点，帮助、指导该馆建立非国有博物馆理事会制度；举办第三期全省博物馆馆长培训班。

继续做好馆藏文物的鉴定建档和征集，定级鉴定馆藏文物832件／套，对浙江省博物馆等20余家单位的3245件／套待征集文物进行鉴定。依据文物保护行业标准，规范、提高博物馆藏品的保护、修复工作水平，审批可移动文物修复方案5个。

完成浙江省第二批国有博物馆对口帮扶民办博物馆工作，支持民办博物馆走进国有博物馆举办展览，委托浙江省博物馆举办全省民办博物馆馆长培训班，指导非国有博物馆的规范化发展。

为进一步深化博物馆免费开放，浙江省开展2015年度完善博物馆青少年教育功能试点，建立全省博物馆青少年教育项目库，组织2015年全省博物馆十佳青少年教育项目评选，提升教育项目库质量，推广完善博物馆青少年教育功能试点工作经验。

为进一步加强馆际合作，促进馆藏资源整合共享，强化博物馆陈列展览精品意识，浙江省充实、完善全省博物馆陈列展览交流平台，召开全省博物馆陈列展览交流会，促进资源共享，提供更多的公共文化服务产品。积极组织参加第十二届（2014年度）全国博物馆十大陈列展览精品评选活动，荣获两项精品推介优胜奖；组织开展第九届（2014年度）全省博物馆陈列展览精品项目申报评选，评选精品奖10个、优秀奖5个。

（二）可移动文物保护

推进纺织品文物保护国家文物局科研基地及新疆、西藏工作站建设，与甘肃省博物馆签署了建立甘肃工作站的协议；积极承担全国重要纺织品文物的保护修复，组织浙江省文物保护科研基地、浙江大学文物保护与科技考古试验基地为有关文博单位提供技术服务，进一步发挥文博科研基地的作用。

（三）第一次全国可移动文物普查

全面推进第一次全国可移动文物普查工作，完成普查登录平台650家收藏单位的账号注册及维护，全面开展文物信息采集登录审核，组织实施离线数据预审。根据相关标准规范，全面完成文物调查及数据库管理系统建设项目数据的批量转换导入后续核对，以保证数据质量。全省申报藏品总数88.7万件／套，登录藏品总数86.5万件／套，完成登录单位642家，藏品登录进度和收藏单位完成比例为97.5％和98.8％。

■【社会文物管理】

2015年，浙江省简政放权、加强监管，做好社会文物的日常管理。全年审核文物拍卖经营活动45场、文物拍卖标的36477件／套，撤拍137件／套。做好国家文物局文物拍卖经营资质审批权限下放承接工作，审批新增文物拍卖企业1家，配合国家文物局开展文物拍卖企业经营管理情况调研活动。根据国家文物局要求，指导、推进西泠印社艺术品鉴定评估中心开展民间收藏文物鉴定试点工作。

■【科技与信息】

2015年，浙江省完善文物保护科技合作模式，提升文物保护科技整体水平。国家文化遗产保护科技创新联盟（浙江省）成员单位各研究小组依托相关课题，积极推进技术研发、装备升级、人才培养、成果转化，举办各种类型学术研讨；召开浙江省文物保护装备产业创新联盟技术研讨交流会，新增3家成员单位；完成省文物保护科技项目立项评审工作，20个项目通过专家评审并立项；多个历年项目上报了中期检查表或结项验收材料。

国家"十二五"科技计划项目"文化遗产数字化公共服务平台与产业化应用示范"及国家"十二五"科技计划课题"古代建筑营造传统工艺科学化研究""古代建筑基本材料（砖、瓦、灰）科学化研究"通过科技部组织的结项验收。

文物部门积极参加国家重点研发计划"'一带一路'文化遗产保护与传承科技"专项申报，组织参与国家自然科学基金相关文物保护科技项目，支持国家文物局文物保护科技优秀青年研究计划"丝绸之路纺织纤维的精细鉴别及技术交流"项目的研究。

2015年，由浙江省文物监察总队牵头组织开展的"天地一体"文物执法监察预警系统软件开发及试点工作全面启动。至12月，系统研发及平台部署已基本完成并通过中期验收，省级平台与部分试点单位实现了互联对接。

■【文博教育与培训】

8月，浙江省文物监察总队在杭州组织举办第二届第二期全省文物执法监察业务骨干人员学习班，来自全省的21名业务骨干参加培训。

9月7～11日，由浙江省文物局主办的全省不可移动文物保护专业人员培训班在杭州举办，全省各市、县（市、区）文物管理部门的主要负责人、业务骨干80余人参加培训。

10月，浙江省文物监察总队在绍兴市柯桥区举办全省文物行政执法监察人员培训班，来自全省的百余名执法人员参加培训。

10月12～14日，由浙江省文物局主办、浙江省文物考古研究所承办的2015年度浙江省大运河保护管理培训班在杭州举办，全省大运河浙江段沿线主要地区文物部门相关业务负责人30余人参加培训。

此外，浙江省结合实际需要，先后举办浙江古代青瓷鉴定培训班、可移动文物普查进度管理与数据审核培训班、浙江古代书画鉴定培训班等。

【文博宣传与出版】

2015年，浙江省在衢州举行2015年文化遗产日浙江主场城市活动，与《钱江晚报》合作开展专题宣传活动；在湖州市举行第39个国际博物馆日暨湖州博物馆联盟馆藏集萃展开幕仪式，组织召开"浙江省公共文化体系视野下的博物馆"学术研讨会；首次开展浙江省年度考古重要发现评选活动，举办浙江省重要考古发现公众分享会。积极开展纪念抗战胜利70周年宣传活动，加快推进全省抗战文物的认定公布、保护规划编制等工作。做好第一次全国可移动文物普查宣传，印发普查工作简报，做好浙江文物网普查网络信息平台及全国可移动文物公众网浙江地方频道的维护更新，积极参加《中国文物报》普查征文活动。杭州、湖州、金华等地文物部门均开通了微信公众号，营造了良好氛围。

【机构及人员】

2015年，浙江省共有各类文物机构388家，比2014年增41家，从业人员8321人，比2014年增加1281人。其中文物保护管理机构96家，从业人员2668人；博物馆机构224家（含部分文物系统外博物馆），从业人员4516人；文物商店9家，从业人员91人；文物科研机构5家，从业人员166人；其他文物机构54家，从业人员880人。

在各类文物机构从业人员中，高级职称588人（其中文物保护管理机构160人、博物馆368人、文物科研机构44人、其他文物机构15人、文物商店1人），较2014年增加94人；中级职称958人（其中文物保护管理机构296人、博物馆607人、文物商店9人、文物科研机构24人、其他文物机构22人），较2014年增加102人。

【对外交流与合作】

1月10日，应美国二十一世纪学会邀请，经国家外专局批准，在浙江省文物局组织下，文化遗产保护与利用培训团一行13人赴美参加为期20天的培训，对美国的博物馆宣传、运营管理、展览策划、教育活动等方面进行了考察学习。

3月17日，"布里亚特的神灵——俄罗斯艺术家达西作品展"在湖州市博物馆开展。本次展览共展出达西作品68件（其中雕塑56件、绘画12件），涵盖了作者各个时期的代表作。

6月28日～7月18日，意大利历史文化遗产保护与利用培训团一行19人赴意大利罗马和佛罗伦萨参加以文化遗产保护为主题的培训。

7月9日，由日本福井县立恐龙博物馆主办的"南亚恐龙时代"特别展览开幕仪式在日本福井县立恐龙博物馆举行，浙江自然博物馆等单位参与展览。

9月15日，中国丝绸博物馆年度特展"丝路之绸：起源、传播与交流"开幕。为配合展览的举行，10月12日，由中国丝绸博物馆主办，中国科学院自然科学史研究所、北京大学中国古代史研究中心、浙江大学"一带一路"合作与发展协同创新中心、英国李约瑟研究所、丹麦国家基金会纺织品研究中心、英国国际敦煌项目、韩国传统文化大学等国内外相关机构联办的"丝路之绸：起源、传播与交流"国际学术报告会在杭开幕。会上成立了"国际丝路之绸研究联盟"，致力于加强合作研究和资源共享。

10月21日，"仍存曹家——曹其镛夫妇珍藏中国古代漆器特展"在浙江省博物馆武林馆区开幕，展出了从香港著名实业家、收藏家曹其镛夫妇珍藏的数百件漆器中甄选的148件漆器精品，年代跨度从宋元至明清。为配合展览，由浙江省博物馆、浙江省浙博漆器研究基金会和中国文物学会漆器珐琅器专业委员会共同主办，浙江省博物馆中国古代漆器研究中心承办的"中国漆器文化研究回顾与展望学术研讨会"同期举行，来自国内外的120余位专家学者就中国古代漆器文化的历史与发展进行了探讨研究。

9月23～24日，由浙江自然博物馆和台湾自然科学博物馆联合主办的"恐龙蛋·诞恐龙"展览在杭举行。这也是世界上首个系统介绍恐龙蛋的主题展示。

11月22日，"首期阿拉伯国家文物（纸质）修复专家研修班"在宁波开班。本次研修班由文化部外联局、浙江省文化厅和宁波市文化广电新闻出版局共同主办，来自埃及等10个阿拉伯国家的博物馆、档案馆、图书馆领域20名文物修复专家接受了我国文物（纸质）修复专业领域顶级专家的授课。

12月8～9日举办的"东亚纸张保护方法与纸张制造传统"项目成果发布及学术研讨会系联合国教科文组织发起的一项地区性文化保护研究课题，也是宁波市天一阁博物馆首次受托承担的国际性标准规范制定工作。由天一阁主持编写的《古籍与文书修复导则》作为课题成果《纸质文物保护与修复操作指南》的主要内容，得到东亚五国百余名纸质文物保护修复领域专家的一致认可。

11月25日，由浙江省博物馆和绍兴博物馆联合举办的"另眼相看——意大利摄影家马达罗先生镜头下的杭州和绍兴"（绍兴站）开展。展览共展出马达罗在1976～1981年拍摄浙江的104张照片。

安徽省

【概述】

2015年，在安徽省委省政府的高度重视下，在国家文物局的大力支持下，安徽省各级文物部门和文博单位深入贯彻十八大和十八届三中、四中、五中全会精神，认真贯彻落实习近平总书记系列重要讲话精神，坚持文物工作方针，稳中求进、改革创新，抓主抓重、攻坚克难，各项工作取得显著成绩。

【法规建设】

开展凌家滩遗址保护条例立法工作。由安徽省人大常委会教科文卫工委牵头，安徽省人大常委会法工委、省文化厅（省文物局）等人员组成立法起草小组。坚持以人为本，开门立法，注重时代性、地方性和操作性，追求立良法、善法的理念。在《文物保护法》等法律法规基础上，先后赴陕西、湖南、辽宁及内蒙古等地学习大遗址保护工作及立法经验。多次赴现场调研召开座谈会，广泛征求意见，形成《凌家滩遗址保护条例（送审稿）》。11月17日安徽省人大常委会召开会议进行一审，根据代表意见作进一步修改完善。

【执法督察与安全保卫】

（一）执法督察

2015年，安徽省文物局对各级文物保护单位和文博单位开展各项安全检查7545次，查出各类安全隐患684项，完成隐患整改502项，隐患整改率达73.3％，文博单位安全隐患排查整治取得了实效。落实文物、公安部门打击和防范文物犯罪联合工作机制，加强与公安部门的密切协作，强化安全监管巡查，通过采取严打、严防、严管、严治措施，始终保持对文物犯罪活动的高压强震态势，全年侦破各类文物案件30余起。开展全省夏季消防安全检查、汛期文物安全巡查、文物保护单位设立私人会所自查、全国重点文物保护单位安防消防防雷工程工地检查、全省文博系统贯彻落实安全生产铸安行动、冬季文物消防隐患排查整治等。为加强文物消防安全标准化管理，开展贯彻执行《文物建筑消防安全管理十项规定》活动。举办全省文物行政执法人员培训班，对全省300余名文物行政执法人员进行资格认证考核，依法规范执法行为。

（二）安全保卫

"文博单位安全防范系统监管平台"课题（二期）项目通过结项验收。潜口民宅、泾县查济古建筑群、芜湖市博物馆、铜陵市博物馆等文博单位安防、消防项目顺利完成并通过验收，正式投入运行；六安王陵安防工程、潜口民宅防雷工程、独山革命旧址群消防工程、黟县宏村消防工程等安全项目按预定计划实施；黄田村古建筑群消防工程、江村古建筑群消防工程、怀远教会建筑旧址消防工程、太白楼安防工程等项目进入实施准备阶段，全省文博单位安全防护工程建设稳步推进。

【不可移动文物的保护和管理】

（一）概况

2015年，完成休宁齐云山石刻保护二期工程以及泾县查济二甲祠、旌德江村古建筑群笃修堂、绩溪龙川胡氏宗祠、安庆振风塔、歙县南谯楼、阜阳城隍庙大殿等一批重点文物修缮工程。实施徽州区岩寺新四军军部旧址文峰塔、泾县新四军军部旧址大会堂维修工程，维修天长抗大八分校建筑群、太湖抗日英烈园、潜山野寨抗日阵亡将士墓等一批抗战省保单位。新四军江北指挥部纪念馆、戴安澜烈士墓等4处抗战遗址列入国务院公布的第二批国家级抗战纪念设施、遗址名录。

（二）大遗址保护

凤阳县明中都皇故城城墙修缮一期工程初步完成，二期工程正抓紧实施；明中都皇故城考古遗址公园区域内170万平方米考古勘探完成，考古发掘工作正有序进行。实施含山县凌家滩遗址防洪一期工程，加快推进墓葬、祭祀区展示工程和粮库区域改造整治工程，开展安全技防工程项目招标工作，组织开展防洪二期工程深化设计。

（三）重点文物保护项目

创新开展重点文物保护项目调度督察。针对国家重点文物保护项目普遍存在开工难、推进慢等情况，在全国率先探索建立国家重点文物保护项目调度督察制度，对列入国家文物局及国家发改委、财政部批准的重点文物项目的前期准备、履行程序、项目实施、经费使用等方面内容进行调度督察。截至12月29日，分别在合肥和歙县召开全省重点文物保护项目调度督察会，对全省2013～2015年尚未完成的专项补助资金额度在500万元以上的重点文物保护项目实施情况进行调度督察。

（四）世界文化遗产

加强世界文化遗产地保护管理。全国古村落消防试点工程——宏村安防消防工程开工。申报西递村敬爱堂、追慕堂、迪吉堂，宏村南湖书院、承志堂、乐叙堂蚁（虫）综合防治工程，西递、宏村古建筑群修缮工程，西递村基础设施建设及综合治理提升工程方案，宏村基础设施建设及综合治理提升工程立项报告。组织编制《柳孜运河遗址保护管理规划》《隋唐大运河百善老街段保护与环境整治方案》《柳孜运河遗址景区旅游发展规划》《通济渠泗县段保护性展示设计方案》《通济渠泗县段保护管理规划》等规划、方案或立项报告。安徽省文物考古研究所组织对宿州市大运河城区段、灵璧县花石纲遗址进行考古勘探并形成报告，组织专家进行论证验收，为城市规划建设服务。泗县成立大运河保护管理利用委员会，濉溪县成立大运河保护工作领导小组。建立柳孜运河遗址博物馆警务工作室，对柳孜运河遗址核心区和周边环境进行整治；成立监控中心，对柳孜运河遗址馆监控系统实施升级改造；对围墙、路灯门牌、排水、绿化及泗永公路南沿街民房统一设计进行改造；加大遗址馆西20余户搬迁与核心区周边环境整治力度，进行分区绿化。

推进凤阳、寿县参与中国明清城墙联合申遗工作。凤阳县和寿县均成立申遗工作机构，制定工作方案，完成申遗文本编制。安徽省文物局对寿县古城墙、凤阳明中都皇城城墙申遗文本进行审核并提出初审意见。安徽省人民政府向国家文物局出具《安徽省人民政府关于推荐凤阳明中都皇城城墙和寿县古城墙参与中国明清城墙联合申报世界文化遗产项目的函》。寿县对原寿县人民政府颁布的《寿县古城墙保护管理暂行办法》进行修订。安徽省文物局提请安徽省人民政府公布实施《寿县古城墙保护总体规划》。指导、支持歙县古徽州城墙打包列入申报中国世界文化遗产预备名单，歙县政府已委托南京大学编制申遗文本。

（五）其他

文物保护样板工程和传统村落整体保护利用扎实推进。黄田一期7处古建筑维修工程竣工并通过验收，二期工程大部分项目开工，黄田消防工程招投标工作完成。呈坎一期10处古建筑维修完成9处，二期10处古建筑有4处施工，其余6处正在进行前期准备工作。开展传统村落保护利用工作专项检查，加快推进第一批3个传统村落保护利用项目，积极争取第二批国保省保集中成片传统村落文物保护工程项目，组织人员参加国家文物局传统村落保护利用培训。

修改完善《安徽省文物保护工程管理办法》，制订出台《安徽省文物保护工程竣工验收管理暂行办法》。公布第四批文物保护工程资质单位53家。

【考古发掘】

（一）概况

配合基本建设，对芜湖凤凰嘴遗址、东至华龙洞、凤阳明中都皇故城、繁昌窑遗址、阜阳台家寺遗址等进行考古发掘，发掘面积近万平方米，其中东至华龙洞遗址发现较为完整的古人类头骨化石，并在11月下旬举行考古成果发布会。安徽省文物考古研究所与国家文物局水下文化遗产保护中心联合组成水下考古队，开展太平湖水下考古。完成并发表六安市景泽御臻园工地墓葬、含山县韦岗遗址、凤阳县府城镇乔涧子遗址等考古发掘简报。

（二）重要考古项目

1. 繁昌窑遗址考古发掘

2015年3～12月，安徽省文物考古研究所和繁昌县文物局联合对繁昌窑遗址进行了第二次学术性考古发掘，发掘面积约475平方米。发现作坊基址1处，重要遗迹有房址1处、淘洗池1个、陶车基座2处、水井1个、排水沟1条、车辙1处、南宋早期墓葬1座。出土青白瓷碗、盏、盘、碟等各类可复原瓷器约200余件。此外，还发现了荡箍、碾轮、擂钵等制瓷工具。本次发掘首次较完整地揭露了青白瓷成型作坊，为了解和研究南方陶瓷遗址作坊布局与结构提供了重要参考资料。陈腐池、陶车基座位于房址内，排列有序，是研究青白瓷原料加工、成型工艺等课题的珍贵资料。车辙遗迹属于首次发现，推测应为独轮车车辙，为探索青白瓷加工作坊内的运输工具及作坊布局提供了重要线索。

2. 华龙洞遗址考古发掘

华龙洞是继周口店、蓝田、和县、南京之后，在中国发现包含有头骨的直立人（猿人）化石的又一处重要地点。2015年，安徽省文物考古研究所与中国科学院古脊椎动物与古人类研究所合作，联合东至县文物管理所，对华龙洞遗址进行了第三次发掘。发掘出土1件保存有眼眶和部分面部的头骨，1件保存有眼眶上缘（眉脊部分）的头骨残片，3件下颌骨残段（附带4枚牙齿），1件上颌骨残段（附带1枚牙齿），3枚单个牙齿，以及若干头骨碎片。在2014年第二次发掘和2015年第三次发掘工作中，共发现30余种动物化石，包括东方剑齿象、巴氏大熊猫、谷氏大额牛、中国犀、中国鬣狗、貘、熊以及鸟类和陆龟化石等共计6000余件，部分动物化石表面保存有古人生存活动的证据，即切割和砍砸痕迹，另有若干件石制品发现。通过两年的发掘工作，研究人员对华龙洞遗址的地质构造有了初步判断，推测华龙洞是一个古老洞穴（或岩厦）坍塌形成的。

3．萧窑欧盘窑址考古发掘

2015年5～10月，安徽省文物考古研究所联合萧县博物馆对欧盘遗址进行抢救性考古发掘。清理瓷窑址6座、料池4座、房址15座、灰坑50个、墓葬1座、灰沟7条、柱洞类遗迹2个、灶类遗迹1处、路基1条，另有特殊遗迹3处。出土文物近万件，与窑址烧造相关的遗物主要有制料工具类，包括石凳、擂钵和碾轮；窑具类，包括窑柱、支柱、支托、垫板和数量众多的支钉等。生活用具类有陶罐、陶盆等。瓷器以青瓷为主，釉色有青绿和青黄两种，白瓷也有少量发现，器类以碗、豆（高足盘）为主，杯、盏、盆、钵和壶也有相当数量，另有少量碟、多足砚等。此次发掘有力推动了中国瓷窑址考古研究中南北交界地带窑业生产等问题的认识与探索进程。

4．芜湖凤凰嘴遗址考古发掘

2014年10月～2015年7月，安徽省文物考古研究所对凤凰嘴遗址核心区域进行抢救性考古发掘，发掘面积2000平方米。考古发掘和初步研究表明，该遗址包括新石器时代末期（钱山漾文化、广富林文化）、春秋中晚期到战国早期、宋代三个阶段的文化遗存。新石器时代末期遗迹包括地层、灰坑、灰沟等，出土大量陶器、石器等遗物，包括陶鼎、陶豆、陶壶、陶罐、石锛等。春秋中晚期到战国早期遗迹主要有地层、灰坑等，出土遗物有陶器、石器、原始瓷器、青铜器等，包括陶鬲、陶鼎、陶罐、陶豆、原始瓷碗、石锛、石镞、铜镰等。宋代遗存有水井等，出土遗物有大量瓷器，包括碗、高足杯、盏等。该遗址新石器时代末期遗存距今约4400～4300年，此次发掘为该地区文明探源研究提供了重要的第一手资料，同时对该地区新石器时代末期与宁镇核心区、环太湖地区以及江淮地区文化交流研究具有重要价值。

【博物馆与可移动文物保护】

（一）博物馆

1．博物馆建设

2015年，安徽省登记备案的各级各类博物馆、纪念馆197座，其中行业性国有博物馆27座、非国有博物馆66座；隶属文化文物行政管理部门的博物馆、纪念馆104座；国家一级博物馆1座，二级博物馆7座，三级博物馆24座。

全省博物馆完成清库建档、藏品数据采集工作，并在第一次全国可移动文物普查信息平台登录。随着各市县新建馆的交付使用，藏品展示环境得到改善，博物馆展厅安装空调系统，文物展柜采用环保材料制成。同时，藏品保管环境也得到极大改善，全省等级博物馆库房藏品均已上架入匣。各级各类博物馆库房管理制度日趋完善，藏品入藏手续齐全，总登记账清晰。新入藏的藏品均有备案，及时记入藏品总账。藏品提用手续齐全，进、出库记录清晰。

开展安徽省非国有博物馆运行评估工作，参评单位共50家。评估采取自主申报、专家评估、现场复核、统一公布的方式进行。

2．馆际交流与合作

召开安徽省博物馆协会五届五次常务理事会暨全省博物馆展览联盟第三次工作会议，陈列展览联盟成员增至100家。充分利用陈列展览联盟平台，将原创展览在各市县级馆交流展出。"镜里乾坤——铜镜背后的故事"在芜湖市博物馆新馆展出；"氤氲长虹——纪念黄宾虹诞辰150周年特展"赴中国徽州文化博物馆、马鞍山市博物馆、宿州市博物馆展出；

"岸芷汀兰——台北故宫博物院书画珍品复本展"赴凤阳县博物馆展出。开展纪念中国人民抗日战争胜利70周年活动，20多家市县博物馆共同举办"江淮壮歌——安徽抗战史实图片展"。"大山与高原——黄绍京油画作品展""纪念潘玉良诞辰120周年美术作品展"分别赴黑龙江省博物馆展出。"旷代风华——安徽博物院藏潘玉良作品展""安徽博物院院藏歙砚展"分别在无锡博物院展出。

引进"墨韵冰魂北国情——黑龙江省博物馆藏于志学展"旧邦新命——新文化运动百年纪念展""炎黄之胄——黄胄诞辰90周年艺术展""异趣同辉——广东省博物馆馆藏清代外销艺术精品展"等省外优秀展览。

3．重要陈列展览

全年共举办各类临时展览515个。其中，安徽博物院展览工作以特色原创展为主，国内引进展为辅，从量向质转变，推出"皖江洪流——纪念抗战胜利70周年特展"，该展览入选国家文物局2015年全国博物馆展览季活动项目。

（二）可移动文物保护

2015年，安徽省馆藏三级以上文物55377件／套，藏品保存状况良好，全部实现上架入匣。安徽博物院实施馆藏天长汉墓出土漆木器脱水保护项目及相关研究，进一步加强"出土漆木器国家文物局重点科研基地安徽工作站"建设，推进安徽博物院文物科技保护马鞍山工作站建设。

安徽省文物局委托出土木漆器保护国家文物局重点科研基地安徽工作站开展馆藏漆木器保护保存状况调查。巢湖博物馆放王岗出土的200多件木漆器，阜阳市博物馆收藏的5000枚竹简，无为县60余件木漆器，天长汉墓出土的饱水木漆器等均完成保护工作。

完成《六安市经开区汉墓群出土竹木漆器保护修复方案》和《南陵铁拐宋墓出土文物保护修复方案》的文本申报和经费预算申报工作。

【社会文物管理】

安徽省文物总店发挥国有文物商店主渠道作用，走出去，请进来，拓宽经营渠道，举办多场次文物展销活动，文物经营任务基本完成，经济效益和社会效益均得到明显提升。

文物鉴定工作有序、严谨、及时。安徽省文物鉴定站全年共受理委托鉴定审核66次，完成10769件／套文物鉴定审核工作。为司法机关办理涉案文物鉴定36起，其中涉案可移动文物292件／套，不可移动文物40处。开展"鉴宝江淮行"活动，接待群众咨询30余次，鉴定文物艺术品2000余件。完成16家文博单位馆藏文物鉴定工作，共计鉴定文物6719余件／套。开展可移动文物普查鉴定，审核文物14869件／套。

【科技与信息】

推进馆藏文物科技保护，建设区域性馆藏文物保存环境监测中心，改善和调控文物库房的预防性保护设施，全面提升预防性科技保护能力。

安徽博物院承担的7项安徽省社会科学联合会项目结项，完成2015~2017年安徽博物院院级课题申报、审评、立项工作，编制完成《安徽博物院馆藏文物保存环境监测与调控方案（二期）》并获国家文物局立项，完成《文物保护行业标准——馆藏文物保存设施文物包装盒（囊匣）》送审稿，"徽州版画保护与展示研究"获2015年安徽省社会科学创新发展研究课题立项。启动"安徽博物院馆藏文物数据化保护项目"，构建馆藏文物数字化采集平台、馆藏文物数字化保护资源库以及馆藏数字资源展示传播和共享应用平台，形成馆藏文物数字化保护管理系统"一库两平台"框架。

安徽省文物考古研究所主持的"凌家滩遗址及所在裕溪河流域调查发掘"项目获国家社科基金重大项目支持。

【文博教育与培训】

承办第一次全国可移动文物普查2015年省级普查办主任工作会、全国油画保护与修复基本技能高级培训班、全国文博系统展览策划培训班。举办可移动文物普查数据管理应用及藏品科技保护培训会、可移动文物普查推进和数据审核培训会、省级文物保护单位记录档案编制工作培训班、文物保护工程培训班、馆藏文物科技保护培训班。举办安徽省博物馆、纪念馆讲解员大赛。

【文博宣传与出版】

在芜湖方特东方神画主题公园举办文化遗产日主场启动仪式，开展参观芜湖博物馆、文化遗产走进安徽师范大学、精彩非遗走进美好乡村等系列活动，中央、省及市级媒体联动，主题突出、影响广泛。国际博物馆日等文物宣传活动反响热烈。

把握时间节点，配合重点工作，在《中国文物报》《中国文化报》《安徽日报》刊发专版文章（照片），重点推介安徽古民居古村落保护、文物保护样板工程、抗战陈列展览、太平湖水下考古等工作，进一步提升了安徽文物保护工作的影响力。举办全省文物宣传信息工作培训班，对安徽博物院等24个全省文物宣传信息工作先进单位给予表彰。

《安徽省全国重点文物保护单位纵览》《中国文物地图集·安徽分册》《"十一五"以来安徽省建设工程考古成果展图录》等图书正式出版。

【机构及人员】

截至2015年，安徽省共有文物保护管理机构95个，从业人员572人，其中中级职称115人、副高级职称31人、正高级职称2人。

博物馆171个，其中综合类81个，从业人员1422人，包括中级职称244人、副高级职称80人、正高级职称30人；历史类48个，从业人员674人，包括中级职称63人、副高级职称14人、高级职称2人；艺术类15个，从业人员275人，包括中级职称34人、副高级职称4人、高级职称5人；自然科技类6个，从业人员83人，包括中级职称13人、副高级职称4人、正高级职称1人；其他类21个，从业人员327人，包括中级职称31人、副高级职称14人、高级职称5人。

文物商店1个，从业人员39人，其中中级职称9人、副高级职称1人。

文物科研机构1个，从业人员46人，其中中级职称19人、副高级职称6人、正高级职称6人。

其他文物机构9个，从业人员94人，其中中级职称3人、副高级职称3人、正高级职称1人。

【对外交流与合作】

进一步推进皖台两地文化交流，与台湾佛光山佛陀博物馆达成协议，举办了"星云大师一笔字书法展"；"安徽佛教文物精品展"等5个展览将赴台展出。

9月24日，海峡两岸（合肥）纪念刘铭传首任台湾巡抚130周年大会在肥西县铭传乡刘铭传故居举行。

福建省

【概述】

2015年，在福建省委、省政府的领导下，在国家文物局的支持下，全省文博系统深入学习和贯彻习近平总书记关于加强文化遗产保护的系列指示批示，突出重点，开拓进取，创新工作方法，圆满完成各项任务，取得了丰硕成果。

【执法督察与安全保卫】

开展文物安全和田野文物被盗情况调查，基本摸清省级以上文物保护单位安全防护、安全隐患和田野文物安全等状况。按照国家文物局统一部署，开展古建筑重大险情排查。

【不可移动文物的保护和管理】

（一）概况

截至2015年，福建省拥有全国重点文物保护单位137处、291个点，省级文物保护单位674处，县市级文物保护单位5000处，形成了国家、省、市（县、区）三级文物保护体系。

（二）大遗址保护

加强万寿岩遗址、城村汉城遗址、德化窑遗址、昙石山遗址、明清海防遗址等大遗址保护，推进万寿岩和城村汉城考古遗址公园建设。万寿岩大遗址环境整治方案已经批复，万寿岩本体保护和地质病害治理工程已获国家文物局立项；实施城村汉城遗址核心组成部分——高胡坪宫殿遗址保护工程，编制北城门、下寺岗和北岗等遗迹保护展示方案，编制汉城遗址安防工程方案并获国家文物局批复。在深化考古工作的基础上，组织编制德化窑遗址保护规划。

（三）全国重点文物保护单位

完成第四至七批全国重点文物保护单位保护范围划定工作。

落实国家文物局关于文物保护工程审核制度改革的部署，组织2015年文物保护项目的立项、技术方案的编制，审核和申报了全国重点文物保护单位保护规划立项、保护工程、安全防护工程立项70余项；经国家文物局或福建省文物局批准的全国重点文物保护单位保护项目包括保护规划立项14项、保护规划1项，保护工程和保护展示立项31项、技术方案13项，安全防护工程立项18项、技术方案6项。

（四）世界文化遗产

加强福建土楼的保护管理，印发《福建省文化厅关于实施〈福建省"福建土楼"世界文化遗产保护条例〉有关意见的函》，组织编制二宜楼等土楼的保护维修和消防、防雷技术方案并获国家文物局批准。开展全省世界文化遗产地巡视工作，由福建省文物局领导率队赴福建土楼、武夷山巡视，并邀请福建省消防总队防火部负责同志参加。巡视主要围绕

《福建省"福建土楼"世界文化遗产保护条例》和《福建省武夷山世界文化和自然遗产保护条例》的执行情况、管理体制协调情况、遗产地范围内建设控制情况、遗产地商业行为的规范、文化遗产安全防范情况、遗产监测情况等内容展开。巡视结束后，福建省文物局以通报的形式要求地方针对存在的问题限期整改。

推进鼓浪屿申报世界文化遗产工作。会同厦门市组织召开了鼓浪屿文化遗产价值专家研讨会，完成申报文本和保护规划的完善和报批，持续实施遗产本体维修、环境整治、展示与阐释等工作。

开展海上丝绸之路、闽南红砖建筑文化遗产的保护和研究工作。在泉州召开海上丝绸之路与世界文化遗产申报学术研讨会；在武夷山召开"万里茶道"文化遗产保护利用座谈会和"万里茶道"文化遗产保护利用研讨会。

（五）其他

推进城镇化进程中传统文化的保护与传承。全面实施连城培田村、永安吉山村、沧海村3个传统村落整体保护利用工程，启动南安漳州寮村7个列入国家文物局第二批整体保护利用传统村落的保护展示工程。根据国家文物局统一部署，开展传统村落文物保护专项督察。会同福建省住房和城乡建设厅、福建省财政厅评审公布了第一批339个省级传统村落名录。

继续实施涉台文物保护工程。开展朱子文物调查和保护利用工作，组织实施林则徐故居等涉台文物保护工程。

进一步完善文物保护工程管理制度。配合新出台的文物保护工程资质管理办法，开展全省文物保护工程勘察设计、施工、监理暂定级资质的审查、认定、清理和特定范围施工二级资质申报认定工作。

【考古发掘】

（一）概况

开展泉州古船保护调研、保护项目立项编制与报批，并获国家文物局批准。启动福建明清海防线性文化遗产考古学调查的前期工作。开展汀江流域、闽江下游考古学专题调查的田野工作和福州新店古城、南靖东溪窑址、福州淮安窑址的调查勘探与研究工作。

开展武夷山葫芦山遗址、将乐岩子洞遗址、德化辽田尘—永春苦寨坑窑址、南靖封门坑窑址、武夷山城村汉城北城门遗址、连江黄岐屿遗址、屏南溪坪遗址等7项考古发掘。

做好基本建设中文物调查勘探与重要遗址抢救性考古发掘，组织上杭白沙水库、厦门新机场、平潭海上风电场等10余个项目的文物调查勘探工作，开展南平延顺高速、漳州核电厂等项目范围重要遗址的抢救性考古发掘工作，协调光泽馒头山遗址保护工作。

配合国家文物局水下文化遗产保护中心开展"福建平潭海域（以海坛海峡为中心）水下考古区域调查"，参与国家海洋局公益课题"水下文物探测、保护技术体系研究与示范"。开展漳州海域水下文化遗产重点调查。

（二）重要考古项目

1. 漳平奇和洞遗址周边史前洞穴遗址考古调查

2015年3～5月，福建博物院联合龙岩、三明等地文物部门对奇和洞遗址周边进行了考古调查，发现穿云洞、留阳洞、慧林洞等3处史前洞穴遗址。

穿云洞位于漳平市赤水镇岭兜村，洞深30米、宽3.9米、高3～3.2米，洞口宽4.1米。文化遗存包括旧石器时代晚期人工活动面、商周时代墓葬1座和旧石器时代至商周时期的陶器、石器等遗物。

留阳洞位于龙岩市新罗区小池镇汪洋村，洞口最宽处达12米，洞内最宽处超过18米，最深处超过18米，洞高2～3米。文化遗物包括新石器时代绳纹、素面陶片以及动物骨骼化石和螺壳。

慧林洞位于大田县广平镇广平村东北后庵山东麓，洞口宽21米，进深10米，高3.8米，洞内总面积约400平方米。发现较多的新石器时代陶片。

三个洞穴遗址与奇和洞遗址三期文化有年代上的对应，丰富了奇和洞遗址的文化内涵，为福建新石器时代早期文化序列框架的建立提供了重要的实物资料。

2．将乐岩仔洞遗址考古发掘

2014年9月～2015年1月，中国社会科学院考古研究所、福建博物院、将乐县博物馆组成联合考古队对岩仔洞遗址山顶区域进行考古发掘，发掘面积200平方米。发现墓葬2座，沟1条，房址2座，灰坑、柱洞10余个，以及陶、石、骨器千余件和大量木炭样品等。两座墓葬均位于岩隙中，M1发现随葬品2件；M2发现保存状况较差的儿童人骨1具，无随葬品。两座房址均倚靠岩体，依地势构建，推测为干栏式建筑。岩仔洞遗址出土遗物与明溪南山4号洞遗存极为相似，其年代距今5300～4300年，代表了闽西北地区新石器时代晚期独特的考古学文化。

3．泉州辽田尖山—苦寨坑窑址考古发掘

2015年11月起，福建博物院与泉州市博物馆、德化县、永春县文物部门组成考古队，对位于永春县介福乡与德化县三班镇交界处的辽田尖山—苦寨坑窑址进行考古发掘，发掘面积约350平方米。发现原始瓷窑炉遗迹17座，其中辽田尖山8座、苦寨坑9座，窑炉均属于龙窑形制，山坡向上挖穴而建，由火膛和窑室组成，通长4米左右，宽1米左右。出土器物以原始瓷为主，另有少量陶器，器形有尊、罐、钵、豆、纺轮等。此外还有数量较多的圆形垫饼。窑址保存好、规模大，年代为商代至西周早期，是福建省目前发现年代最早的原始瓷窑址，对研究我国瓷器起源有着重要意义。

4．南靖东溪窑封门坑窑址考古发掘

2015年1～5月，福建博物院和南靖县文物保护中心、南靖县博物馆组成考古队，对封门坑窑址进行考古发掘，发掘面积1020平方米。揭露窑炉遗迹4座，作坊遗迹1处，居住遗迹1处。4座窑炉遗迹有叠压打破关系，Y1～Y3均为横室阶级窑，Y4为龙窑。作坊遗迹位于窑炉西部约20米，有瓷土淘洗池、练泥池、贮泥池以及拉坯制瓷平台，包括鹅卵石砌的池11个、沟4条、灰坑2个、道路1条、挡土墙3道、平台3个。居住遗迹包括房基4组、天井3个、排水沟1条以及道路2条。产品以青花、白瓷、青瓷为主，亦有部分米黄釉、酱釉产品，多为日用生活器。其中第三期窑炉的产品与"泰兴号"沉船出水的部分瓷器相同。

东溪窑是明清时期著名的外销瓷产地之一，此次发掘揭露的窑炉、作坊、居住遗迹，连同附近开采瓷土的矿洞遗迹构成了完整的制瓷工艺流程，对于研究福建明清时期陶瓷业发展有着重要意义。

【博物馆与可移动文物保护】

（一）博物馆

1．博物馆建设

认真做好博物馆设立的备案工作。2015年完成7个博物馆的设立备案，其中国有博物馆3

个、非国有博物馆4个。组织开展福建省民办博物馆调研，福建省非国有博物馆数量达20个。

2015年，福建省文物局参照博物馆评估定性标准，结合实际对福建省18家非国有博物馆运行情况进行评估。同时，福建省文物局还将运行评估推广到福建省所有博物馆，推动福建省博物馆规范运行，提升整体水平。

福建博物院获评"2015年度全国最具创新力博物馆"，"双百"活动魅力绽放，"纸上、网上、空中博物馆"深度提升，"文博大看台"精彩纷呈；在第八届海峡两岸（厦门）文博会评奖活动中，获最佳展览展示奖金奖以及最佳设计奖、组织奖；被第一届全国青年运动会组委会授予"特别贡献奖"。

福州市林则徐纪念馆与三坊七巷、乌山历史风貌区共同被评为国家5A级旅游景区。

2．博物馆间的交流与合作

由福建省文化厅主办，福建省文物局承办的"派江吻海山水相依——八闽古村落古民居摄影展"在中国美术馆展出，展示了福建省在弘扬传承中华优秀传统文化，在文化遗产保护、利用、传承等方面所取得的成果。

福建·中国闽台缘博物馆"李友邦将军与台湾义勇队"到台湾展出。展览期间，邀请李友邦之子、台湾芦洲古迹维护文教基金会理事长李力群及部分台湾义勇队家属追忆李友邦将军及义勇队抗日功绩。

福建省昙石山遗址博物馆与南平市博物馆联合举办的"闽瓷遗珍——南平茶洋窑出土瓷器展"，应陕西铜川耀州窑博物馆的邀请，与耀州窑博物馆的"范金琢玉——耀州窑历代陶瓷精品展"进行了馆际交流。

福建博物院承办了"客家文化博物馆联盟2015年年会暨主题学术论坛"活动。

3．重要陈列展览

2015年，福建全省博物馆围绕不同主题举办各类专题展览928场次，接待观众25996606人次。

为纪念中国人民抗日战争暨世界人民反法西斯战争胜利70周年，由中共福建省委宣传部、中共福建省委省直机关工委、中共福建省委党史研究室、福建省文化厅主办，福建省文物局、福建省革命历史纪念馆承办的"血肉长城，民族之魂——福建省纪念中国人民抗日战争暨世界反法西斯战争胜利70周年大型主题展览"在福建省革命历史纪念馆展出；福建·中国闽台缘博物馆先后举办了"铁血铸军魂——中国远征军中的黄埔军人文物展""纪念抗日战争胜利70周年书作展""中国战斗——抗日战争时期木刻版画展"和"闽台抗战 海峡壮歌——福建省纪念抗日战争胜利70周年史实展"等展览。

福建博物院配合第一届全国青年运动会举办了"博·戏——中国古代体育文物展"，配合林则徐诞辰举办了"纪念民族英雄林则徐诞辰230周年暨当代禁毒展"，配合"纪念世界反法西斯战争胜利和中国人民抗日战争胜利70周年"举办了"国家记忆——美国国家档案馆馆藏中缅印战场摄影展"。

4．博物馆青少年教育

2015年8月，福建省被国家文物局确定为全国"完善博物馆青少年教育功能"试点省份。福建省文物局确定华侨博物院、宁化县博物馆为试点单位，分别就博物馆青少年教育项目库建设和中小学生参观博物馆长效机制的建立为重点开展试点工作，各级博物馆开展的青少年教育项目超过120项，参与青少年人数超过76000人次，涵盖场馆教育项目、家庭教育项目、社区教育项目、学校教育项目等11大类别，形成《福建省博物馆青少年教育项目库》。截至2015年10月，福建省各博物馆与450余所中小学校签订共建协议，成为中小学生校外教育基地。试点的两个项目均通过国家文物局组织的结项验收。

（二）可移动文物保护

福建省文物局极其重视和加强博物馆馆藏文物保护工作。编制完成馆藏文物保存环境建设方案2个，馆藏文物保护修复方案2个，并获国家文物局立项审批。2015年，争取国家馆藏文物保护专项经费1650万元。

（三）第一次全国可移动文物普查

按照国家文物局的统一部署，组织福建省各博物馆开展第一次全国可移动文物普查。举办福建省可移动文物普查登录骨干培训班。组织开展福建省文物系统外国有单位收藏文物的认定工作，指导各地开展信息采集及登录工作。重点检查各级普查办和各国有收藏单位在国家文物局普查登录平台的注册情况、系统外国有单位文物认定工作的完成进度、文物信息采集与登录工作的进展情况、普查培训情况以及普查经费保障情况，推动普查工作的进一步开展。2015年完成全省博物馆藏品普查数据采集、登录工作，在国家普查平台登录上报文物藏品269877件／套（532168件）。

【社会文物管理】

2015年，福建省文物鉴定中心共受理文物临时进境审核登记9人次，审核登记各类文物与工艺品32件／套；受理各类文物出境审核9人次，鉴定各类文物与工艺品2166件／套（其中禁止出境文物1833件／套），文物复仿制品出境283件／套；受理临时进境文物复出境审核3人次，审核文物与工艺品5件／套。

全年共审核文物拍卖标的33场次，审核各类文物拍卖标的15190件／套，撤拍70件／套。

【文博教育与培训】

按照国家文物局"金鼎工程"计划和福建省专业技术人员培训计划，完成全国文物行政执法人员（福建片区）培训班，完成福建省博物馆讲解员培训班、陈列展览策划培训班、馆藏文物保管人员培训班以及博物馆建设与发展专题研修班等。

在国家文物局支持下举办文物安全培训班，全省文物系统、部分全国重点文物保护单位和世界文化遗产管理机构的文物安全管理人员共120人参加培训。在中央文化干部管理学院举办全省传统村落与乡土建筑保护利用专题培训班，来自市县区的40名基层文物干部参加了培训。举办文物保护工程勘察设计研修班暨世界文化遗产保护管理培训班，省文物保护工程专家库建筑类专家，文物保护工程勘察设计甲级、乙级资质单位技术负责人和设计人员，设区市文物部门及世界文化遗产管理机构负责人共80余人参加培训。举办文物保护工程勘察设计、施工、监理人员培训班，学员360人。分两期举办全省基层文博人员考古知识技能培训班，学员150人。

江西省

【概述】

2015年，在江西省委、省政府的正确领导下，在国家文物局的精心指导和大力支持下，江西省文物系统干部职工认真贯彻落实文物工作方针，围绕中心、服务大局，突出重点、打造亮点，全省文物工作取得明显成效。

【执法督察与安全保卫】

采取各文博单位自查自改、市县文物主管部门与公安消防部门联合检查、省级主管部门重点抽查的形式，加强对全省文博单位文物安全检查。2015年，全省各级文物部门开展文物安全检查137次，文物执法督察139次，共检查各类文物保护单位3047处。为切实推进各项工作要求落到实处，使专项检查工作不留死角、收到实效，江西省文物局及时制定了抽查工作方案，全面整合局机关及省直文博单位的精干力量，组成11个督察组深入全省开展专项督察的抽查工作。7月，督察组分赴全省各地对传统村落的消防安全监管工作展开实地抽查，全面检查了古村落、古建筑在消防及保护利用方面存在的问题，针对性地提出了整改意见。10月，联合江西省公安厅治安总队、消防总队组成4个督察组开展了全省文物安全检查暨安全隐患整改"回头看"重点督察工作。通过全面排查、彻底整治和重点督察，确保了全省文物、博物馆单位的安全和稳定。

为加强江西省全国重点文物保护单位文物安全防范设施建设，提升安全防范水平，积极组织各地做好全国重点文物保护单位安防、消防和防雷工程的立项报告和方案编制工作。2015年，共争取中央财政三防资金12180万元，项目37个。

2015年，江西省文物局先后督办了乐安县流坑古村中巷董洪志宅（中巷36-3号）失火案、赣州佛塔—宝福院塔违法建设案等，有效遏制了违法行为和安全事故的发生；多次下发文件，多次召开墩墩汉墓考古发掘、文物保护与安全联席会会议，协调武警、公安力量进驻墩墩汉墓开展安全保卫工作；协调南昌市武警支队分四批押运900余件／套文物至江西省博物馆进行保管。

【不可移动文物的保护和管理】

（一）概况

2015年，江西省文物局认真抓好全国重点文物保护单位立项报告和设计方案编制、报批及资金申报工作，有284个项目获得国家重点文物保护专项经费58933万元。同时，加大重大项目推进力度，全力做好景德镇御窑厂遗址保护利用、赣南等原中央苏区革命遗址保护利用和中国传统村落文物整体保护利用等重点工作，取得丰硕成果。

（二）大遗址保护

2015年，习近平总书记、李克强总理、张高丽副总理、刘延东副总理等中央领导及江西省领导相继就景德镇御窑遗址保护利用问题作出重要批示，江西省文物局积极落实，主要进行了以下几项工作：一是开展调研，起草了《关于认真贯彻落实中央领导重要批示精神加大景德镇御窑厂遗址保护工作力度的报告》。二是积极向国家文物局沟通汇报，梳理出《2015～2017年御窑厂窑址重点保护项目》，争取国家重点文物保护专项经费2180万元。三是将御窑厂遗址保护性设施建设项目列为全省重大项目，纳入国家"十三五"保护性设施建设重点项目，涉及资金7亿多元。四是《景德镇御窑厂遗址保护规划》修编立项和遗址博物馆选址已获国家文物局批复，启动规划的修编工作，并对遗址博物馆拟建区域进行考古调查发掘。

（三）全国重点文物保护单位

赣南等原中央苏区革命遗址保护利用工作持续开展，2015年有341个方案通过国家文物局评审，187个项目争取到国家重点文物保护专项经费3.1亿元。一是推进项目实施，严格把好准入关、进度关、质量关、验收关、管理关和利用关，项目招投标、施工、竣工验收等工作稳步推进，开工率、完工率、竣工率等指标均符合预期。二是加强项目督导，派出5个督导组分赴赣州市、吉安市、抚州市、上饶市等地实地督导，推进项目工程的实施。三是重视项目宣传，《中国文物报》多版面对江西省赣南等原中央苏区革命遗址保护利用工作进行全面、深度报道，社会反响良好。

（四）世界文化遗产

加强对世界文化景观——庐山的文物保护管理工作，争取国家重点文物保护专项经费2699万元用于庐山会议旧址及庐山别墅建筑群的保护维修和安全防范等工程。

（五）其他

抗战文物保护利用工作。一是全面排查抗战文物，江西省共有132处抗战文物点。二是加大抗战文物维修经费投入，争取国家重点文物保护专项经费3551万元用于上高会战遗址、瑶里改编旧址和庐山民国图书馆等抗战文物保护，各地也投入2088万元用于抗战文物点保护维修和展示利用。三是推进抗战文物合理利用，瑶里改编旧址、万家岭战役遗址、上高会战遗址、庐山大厦、民国图书馆、南昌新四军军部旧址等抗战遗迹遗址经保护维修后对外开放，有的设立陈展陈列，有的开辟为抗战纪念馆。特别是在2015年抗战胜利70周年纪念日期间，各地抗战内容的文物保护单位陆续对外开放、开展主题纪念活动，受到广泛好评。南昌新四军军部旧址陈列馆、万家岭大捷纪念园、马当炮台遗址被国务院列入第二批国家级抗战纪念设施、遗址名录。

中国传统村落文物整体保护利用工作。全面推进2014年度首批5个试点传统村落文物保护维修利用项目，按时完成2015年度试点的17个传统村落文物保护项目立项、方案编制和资金申报工作，工程招投标工作有序开展。在江西省基层文保专项经费中拨出2000万元用于10个省保成片传统村落的文物保护维修。

不可移动文物保护基础工作。一是按照《古建筑保养维护操作规程》要求，认真做好古建筑类文物保养维护，以及相关资料汇总、整理工作。二是调查不可移动文物增减和文物消失情况，汇总各地不可移动文物名录和文物保护单位公布情况，江西省100个县（市、区）均已公布不可移动文物名录。三是进一步完善全国重点文物保护单位有关信息数据，开展了古建筑类全国重点文物保护单位重大险情排查工作。

历史文化名城、名镇、名村和街区保护工作。一是瑞金市被列入国家历史文化名城，江西省国家历史文化名城增至4处。二是江西省人民政府公布了第一批18个省级历史文化街区名单。三是进一步明确省级历史文化街区申报条件、申报程序和申报材料等具体要求，加强省级历史文化街区保护规划编制工作。四是做好历史文化名镇名村保护规划编制、评审、公布实施等工作。五是做好历史文化名镇、名村中的文物保护工作，老围村、关西村等实施了一批文物保护工程。

【考古发掘】

（一）概况

2015年，江西省文物局积极做好高铁、核电厂、高速公路等全省大型基本建设项目的文物评估调查和考古发掘工作，组织实施了南昌西汉海昏侯墓、景德镇御窑厂遗址、龙虎山大上清宫遗址、新干牛头城址、赣州七里镇窑址等一批主动性考古发掘项目。其中，南昌西汉海昏侯墓考古发掘工作取得重大成果。

（二）重要考古项目

2011年3月以来，在国家文物局的高度重视和专家组的精心指导下，南昌西汉海昏侯墓考古发掘保护工作取得重大成果，目前已出土各类文物1万余件/套。其中，数以千计的竹简和近百版木牍是我国简牍发现史上又一次重大发现；整套乐器的出土再现了西汉列侯的用乐制度；出土的偶车马，特别是两辆乐车，为西汉列侯的车舆制度作了全新的诠释；出土的火锅、蒸馏酒具、孔子画像都是目前所知全国最早的；出土的大量马蹄金、麟趾金、错金银、包金、鎏金车马器、青铜器、玉器、漆器等，工艺精湛，图案精美，十分珍贵。

南昌西汉海昏侯墓是我国迄今为止发现的文物保存最完好、墓园及主墓内结构最完整、墓园区及城池区布局最清晰、出土文物品类数量最丰富的大遗址，对于研究我国汉代政治、经济、文化具有十分重要的学术、历史和艺术价值，将全面提升江西文化的影响力。江西省文物局先后多次召开文物安全、考古工作进展、文物临时保管、墓壁加固方案、展览展示等协调会、推进会和论证会，制定了各类出土文物特别是有机类文物现场应急处理方案和保护预案，确保文物不受损害，保护方法科学合理。

【博物馆与可移动文物保护】

（一）博物馆

1. 概况

2015年，江西省共有141家在省级文物行政部门备案且功能比较完善的博物馆，其中文化（文物）系统管理的国有博物馆108家、行业性国有博物馆10家、非国有博物馆23家，包括国家一级博物馆4家、二级博物馆5家、三级博物馆22家。

吉安市博物馆、吉州窑博物馆、高安元青花博物馆、江西矿冶博物馆、景德镇中国陶瓷博物馆、赣州市博物馆等新馆陆续完工并对外开放。樟树、靖安、永丰、万年等县（市）级博物馆新馆建设正在进行中。南昌新四军军部旧址陈列馆、湘赣革命纪念馆、莲花一支枪纪念馆入选第三批80个国家国防教育示范基地。

根据国家文物局要求，江西省文物局组织开展了对省内非国有博物馆的首次运行评估工作，共有18家非国有博物馆参与，其中3家为自愿参加，评估结果均为"合格"等次；4家未按规定参加评估，为"不合格"等次。通过此次评估，基本反映了全省非国有博物馆的发展状态，也发现了存在的主要问题。

2. 博物馆间的交流与合作

馆际交流扩大，如景德镇御窑博物馆与故宫博物院联合举办"大明御窑瓷器——御窑遗址出土与传世洪武、永乐、宣德瓷器对比展"，与东莞市博物馆举办"冰肌玉骨——景德镇出土历代白瓷珍品展"，与西安曲江艺术博物馆、广东省博物馆、湖北省博物馆联合举办"明代海上丝绸之路精品展"，与东莞袁崇焕纪念园合作举办"景德镇出土元代瓷器展"；南昌八一起义纪念馆引进"井冈山精神""党和国家第一代领导人廉政图片展""不屈的抗争""八路军总部在太行""伟大贡献——中国与世界反法西斯战争""黄埔军校与抗日战争"等主题展览，同时将"从南昌起义走出的共和国将帅展""伟大的开端——南昌起义"展览送至平津战役纪念馆、广东革命历史博物馆等；苏州碑刻博物馆"百世一系——苏派碑刻名家作品（拓片）展"在宜春、新余等地巡展。

3. 重要陈列展览

2015年，江西省各博物馆、纪念馆举办基本陈列和临时展览500余个，免费接待观众达3000万人次。经实施"全省百馆展示工程"，大部分文化系统管理的博物馆基本陈列得到更新，展示水平得到提升。江西省博物馆"明宫玉带知多少——江西明代藩王系墓出土玉带精品赏析"等8个展览入选《2015年度全国博物馆展览季活动推介目录》；瑞金中央革命根据地纪念馆"中央苏区反腐倡廉史"入选国家文物局2016年度"弘扬优秀传统文化、培育社会主义核心价值观"主题展览项目。

南昌西汉大墓考古发掘成果展：2015年11月14日～12月16日，由江西省文化厅、江西省文物局联合主办，江西省博物馆和江西省文物考古研究所承办的"南昌西汉大墓考古发掘成果展"在江西省博物馆开展，展出陶瓷器、青铜器、玉器、金器等共计152件／套。短短32天接待观众18.08万人次，创下了日参观量13300人的最高纪录，中央电视台新闻频道等累计播发展览相关稿件62篇。此次展览极大地提高了江西人民的文化自豪感，提高了人民群众的文物保护意识，提升了江西文化的传播力和影响力。

幽蓝神采——高安元青花文物展：2015年7月25日，高安市博物馆（高安元青花博物馆）新馆建成并正式对外免费开放，首次把深藏密室30余年的19件元青花国宝、4件釉里红瓷器全部对外展出。中央电视台新闻联播、江西卫视新闻以及新华社、人民日报、光明日报、文汇报、江西日报等国内各大主流媒体争相进行了报道。自开馆起至12月共接待观众近22万余人次，展览受到国内外观众的一致好评。

瓷业高峰是此都——景德镇瓷器、瓷业与城市发展史陈列：2015年10月18日，景德镇中国陶瓷博物馆开馆，其基本陈列以时代为序，以瓷都、瓷业、瓷器发展历史为主题，全面反映了景德镇悠久的制瓷历史和辉煌的陶瓷成就。展览充分利用多种信息技术、多媒体技术，结合光、电、声效果，给观众以全新的文化体验。

赣州市博物馆新馆陈列：2015年12月31日，赣州市博物馆新馆开馆试运行，客家摇篮赣州、赣州七里镇窑陶瓷、恐龙奇观、丰饶赣州、植物园和防震减灾科普馆等6个展厅向社会免费开放。其中，客家摇篮赣州展厅分为"客家源流"和"经济文化"两大篇章15个单元，从历史、经济、文化、民俗等多个板块全面地展示了赣州历史文化；赣州七里镇窑陶瓷展厅专题展示江西古代五大名窑之一、全国重点文物保护单位七里镇窑的烧造历史、制作工艺、历次考古发掘和出土文物等；恐龙奇观展厅展出馆藏珍稀恐龙化石及多种鸟类、哺乳类动物的标本，分"恐龙之前的演化乐章""恐龙嘉年华""恐龙之后的生命华彩"

三个篇章；丰饶赣州展厅专门展示赣州本土地矿植物、动物等，分"秀丽山川""绿色宝库""大地馈赠""文明生态"四个单元全方位展示赣州的丰饶物产；植物园展区收集展示各类热带雨林及沙生植物300余种，以活体植物为主要展示对象，以生态景观为主要展示形式，以植物的趣味性为主要展示亮点；防震减灾科普馆从地震的成因、传播及预防入手，介绍了全球、中国以及赣南的主要地震带分布，介绍了各类防震减灾技术和市民避震常识。

（二）可移动文物保护

江西省博物馆2008年取得国家文物局颁发的可移动文物修复一级资质和可移动文物技术保护设计甲级资质，业务范围为陶器、瓷器、铜器、书法绘画，以及文件、宣传品、档案文书类文物技术保护设计。2015年新增木器、铁器、金银器、古籍善本、文物保存微环境控制技术保护的业务范围。

2015年安源路矿工人运动纪念馆珍贵纸质文物保护修复、庐山博物馆珍贵纸质文物保护修复、萍乡博物馆珍贵纸质文物保护修复、铅山县博物馆文物预防性保护和馆藏书画保护修复项目获得国家重点文物保护专项资金补助。

（三）第一次全国可移动文物普查

2015年是第一次全国可移动文物普查工作攻坚之年，为积极推进全省普查工作，江西省普查办加大培训力度，陆续在鹰潭、宜春、吉安、九江市举办全省可移动文物普查审核工作培训班，分片开展各级普查办及收藏单位审核操作培训，提高数据质量，将数据审核关口前移；调整省普查领导小组办公室成员名单，增设工作督察组；在鹰潭举办全省设区市区普查办主任工作会议暨普查工作现场推进会；下发《关于建立全省可移动文物普查信息息月报制度的通知》《关于加快推进可移动文物普查工作的通知》，要求各地不松劲、不打折、不返工、不失手。

截至2015年年底，江西省在第一次全国可移动文物普查信息登录平台注册国有文物收藏单位382家，账号注册率为100％，激活率100％；登录藏品323114件／套，完成率100％。

【社会文物管理】

江西省文物商店始终坚持以诚待客，做到以真立市、以精求利、以信拢人。货源上，由于市场低迷，主动压减了收购，全年不足300万，但由于货精路对，仍取得较好业绩。客源上，始终保持老客有热线，新客有分析。主动推荐店里的精品官窑，走向市场、走近客户，业务经营额度全年近600万。继续坚持灵活多样的经营方式，招客上店，送货参展、参拍，集中成批推荐入市等，想方设法提高业务经营量，提升赢利水平，保持在同行中历代陶瓷有影响有实力的地位，同时加大精品文物入国有馆藏的工作力度，收到了较好效果。

【文博教育与培训】

2015年12月，江西省文物局在南昌举办了全省博物馆馆长培训班，来自全省各设区市、省直管县（市）文化（文物）局分管领导、文物科（所）长以及各博物馆馆长约180余人进行了为期3天的集中学习。

组织各设区市、省直管县（市）文化（文物）局分管领导和省直、南昌市直博物馆负责同志收听收看国家文物局召开的宣传贯彻落实《博物馆条例》电视电话会议和纪念中国人民抗日战争胜利70周年推进抗战文物保护利用工作电视电话会议等。

【文博宣传与出版】

　　江西全省文物系统以国际博物馆日、文化遗产日为契机，结合实际开展了各具特色的宣传活动，拓展延伸了博物馆的传播力和辐射力。

　　为宣传造势、营造氛围，江西省决定从2015年起将国际博物馆日和中国文化遗产日两项活动合并开展，每年确定一个主会场，活动为期一个月。2015年5月18日，由江西省文物局主办，九江市文化广电新闻出版局、九江市文物局承办的首届江西省主场城市活动在九江市启动，各地结合自身实际，在一个月内陆续推出精彩纷呈的活动，重点宣传了《博物馆条例》和抗战胜利70周年主题等，形成广泛的宣传声势和浓厚的舆论氛围。

【对外交流与合作】

　　景德镇御窑博物馆在台湾新北市立莺歌陶瓷博物馆举办"意想青花瓷展"；在澳门民政总署画廊举办"洁素莹然——景德镇出土永乐官窑精品展"。

　　江西省博物馆"千年瓷都——景德镇当代陶瓷艺术精品展"在意大利米兰和俄罗斯的莫斯科、彼尔姆及乌法等3个城市巡展。

山东省

■【概述】

2015年，山东省文物系统总结"十二五"经验，科学谋划"十三五"开局，在省委、省政府的正确领导和国家文物局的大力支持下，认真学习贯彻党的十八届三中、四中、五中全会和习近平总书记文物保护重要论述精神，围绕中心、服务大局，开拓创新、主动作为，深入实施"七区两带"文化遗产保护片区和重点项目带动战略，着力让文物在保护和利用中"活"起来，推动全省文物事业发展取得新的成绩。

■【法规建设】

《山东省曲阜孔庙、孔林、孔府保护管理条例》列入山东省人大常委会地方立法计划并完成起草。

《山东省考古遗址公园管理办法》已征求意见并完成调研。

《齐长城保护条例》立法前期工作启动。

■【执法督察与安全保卫】

开展山东省政府系统课题"文物安全管理及行政执法"调研，提出了加强文物安全管理工作的意见。

强化多部门联合监管和执法机制，督办查处了即墨市违法破坏拆除文物保护单位案、青岛湛山炮台旧址遭破坏案等重大文物违法案件，对政府和法人违法单位实施了行政处罚，追究了相关责任人员的责任；对涉及枣庄市省级文物保护单位铁道游击队旧址、成武县县级文物保护单位棂星门等多起群众举报进行了现场核实，依法纠正了违法行为。

会同山东省公安厅加强打击和防范文物犯罪，全年查处文物行政违法案件24起，破获涉文物犯罪案件31起，抓获犯罪嫌疑人72人，打掉团伙14个，追缴文物百余件。

不断探索完善多部门联合执法机制，多举措确保文物安全。2015年，山东省文物局和山东省海洋与渔业厅正式签署了水下文化遗产保护工作合作框架协议，联合成立山东省管辖海域内文化遗产保护联合执法办公室，启动了联合执法专项行动，标志着两部门联合执法工作进入实质阶段；推进"文物安全天网工程"试点，与公安机关天网监控指挥中心互通共享，对田野文物实施24小时全方位监控，在完成日照市、济南市长清区试点工作的基础上，启动了《文物安全天网工程实施导则》编制工作。

强化文物和文博单位安全管理，根据国家和山东省关于安全工作的要求部署，落实文物建筑消防安全管理十项规定，开展"安全隐患大排查、快整治、严执法"集中行动，清查文博单位危险化学品易燃易爆危险品，确保了文物安全。

【不可移动文物的保护和管理】

（一）概况

山东省深入实施"七区两带"文化遗产保护片区和重点项目带动战略，实现了文物保护由各自为战向区域统筹、由单体保护向整体片区保护的转变，全省文物保护重点工程取得重大突破。2015年，国家文物局批准山东省文物保护专项补助资金项目164项，争取国家财政资金8.2亿元，连续四年位居全国第一。全年全省省级以上文物保护单位建成景区并对公众开放53处，总数已达560处。文博事业的投入直接产出比达到1：10.58，文化遗产成为文化旅游等产业的重要支撑，成为地方经济发展新的增长点。

（二）大遗址保护

全年上报国家文物局遗址类保护利用工程设计方案21个、批复14个，遗址类保护工程项目立项30个、批复19个，保护规划立项项目20个、批复16个，拨付遗址类国家文物保护专项资金2.7亿。

"曲阜片区"及中华文化标志城规划建设。加强"曲阜片区"文物本体保护工作，完成了孔府保护维修等10余项古建筑保护工程。"三孔"古建筑彩绘保护工程于7月18日正式开工，这是自清末以来首次对"三孔"等古建筑彩绘进行全面、系统的维修保护，将重点对以孔庙大成门、大成殿、启圣王殿、崇圣祠等建筑为代表的约2.4万平方米清早期官式彩绘，以孔府慕恩堂、忠恕堂等为代表的约1.1万平方米早期地方彩绘，以孔庙弘道门、孔府西花厅等为代表的约0.6万平方米苏式彩绘进行全面系统的维修保护。推进中华文化标志城规划建设，组织实施《国家大遗址保护曲阜片区文化遗产保护总体规划》，召开了中华文化标志城专家咨询委员会第五次工作会议，建设完成一批孔孟文化遗产地世界银行贷款项目。

加快推进国家考古遗址公园建设。鲁国故城国家考古遗址公园完成东南角、北城墙中段保护与展示等4大区域20项工程；南旺枢纽国家考古遗址公园建设基本完工；大汶口遗址公园入口建设、章丘城子崖考古遗址公园入口建设和北城垣保护展示等工程进展顺利；齐国故城小城城墙遗迹保护展示、小城宫殿遗址环境整治及展示、临淄墓群春秋殉车马本体保护、东周殉马坑本体保护、城子崖遗址西城垣展厅内城垣遗迹本体保护、明德王墓地陵园垣墙抢救性保护工程等一批工程启动建设。

启动省级考古遗址公园建设。两城镇遗址、大辛庄遗址等7处首批省级考古遗址公园立项名单已上报省政府；定陶王陵黄肠题凑汉墓整体保护工程正式启动，是近年来国内单体文物保护重大项目之一。

（三）文物保护单位

山东省政府核定公布第五批省级文物保护单位418处，总数增至1711处，位居全国首位。77处抗战遗址、纪念设施首次作为单独类型列入省级文保单位，全省省级以上抗战遗址、纪念设施总数达到128处。

强化文物保护单位保护和管理工作，全年完成薛国故城城墙一期保护等30项省级以上文物保护单位保护工程；审核上报邹城三孟彩绘、嘉祥青山寺等60处全国重点文物保护单位的项目立项、保护规划和修缮方案，审核批复临清清真东寺、宁阳禹王庙、东楮岛海草房等35处省级文物保护单位保护修缮方案。

大力推进"齐长城人文自然景观带"规划建设，齐长城总体保护规划已编制完成并进入实施阶段。贯彻落实国务院长城保护工作会议精神，进一步完善齐长城"四有"工作，明确保护范围和建设控制地带，统一制作保护界桩保护标志碑；启动齐长城保护地方立法工作，研究落实齐长城保护具体实施意见。齐长城保护工程全面展开，按轻重缓急、分批分期实施抢救性保护工程项目，编制完成齐长城重点区段的抢险和维修方案的立项和方案审核9个，首批长清段、临朐段、安丘段等18个段落的修缮工程于6月24日集中开工，设计总长度61266米，投资预算2.4亿元。

（四）世界文化遗产

扎实推进大运河山东段申遗后保护利用工作，打造改善当地民居环境、促进旅游等产业发展的惠民工程。《大运河历史文化长廊建设规划》纲要通过专家评审。基本完成大运河世界遗产省级监测平台建设。完成德州码头、南运河德州段、会通河阳谷段、会通河临清段、南旺枢纽段等相关遗产点段保护展示工程立项以及方案的编制及审核报送工作。全国政协和山东省政协分别对申遗后大运河山东段保护利用工作进行了专题调研。

对接国家"一带一路"战略，服务山东蓝黄经济区建设，启动"海上丝绸之路"申遗和"山东海疆历史文化廊道"规划建设，多举措加强山东省管辖海域文化遗产保护。组织召开推进"海上丝绸之路"申遗工作座谈会，正式启动申遗工作，遴选推荐了29个申遗遗产点上报国家文物局。创新性地提出"十三五"期间规划建设"山东海疆历史文化廊道"的构想，整合山东"海上丝绸之路"遗产、水下文化遗产、明清沿海海防设施和近现代建筑资源，统筹实施历史文化遗产的保护与利用工程，结合沿海交通线路和相关旅游景区建设，构筑"山东海疆历史文化廊道"，已被纳入国家文物局文物事业发展"十三五"规划框架。

（五）"乡村记忆"工程

"乡村记忆"工程是山东省文物局提出的乡村文化遗产保护创新工程，列入了2015年省委常委工作要点、省政府《政府工作报告》和山东省"文化惠民、服务群众"16件实事，建立了由山东省委宣传部、山东省文物局牵头的部门联席会议机制。在普查摸底和试点推进的基础上，经联席会议单位和专家委员会的论证评审，报经省政府同意，公布了山东省第一批300个"乡村记忆"工程文化遗产名单，包括传统文化乡镇7个，传统文化村落、街区171个，传统民居66个，乡村（社区）博物馆56个。制定印发了《"乡村记忆"工程技术导则》，为全面推进"乡村记忆"工程提供了科学指导和技术守则。组织编制《山东省"乡村记忆"工程总体规划》，做好工程的宣传推介、技术培训等基础工作。着力推进工程试点，邹城上九山村、周村李家疃、荣成东楮岛等试点单位保护利用工作初见成效。

【考古发掘】

2015年，山东全省考古调查里程1624公里，勘探面积约1643万平方米，实施20项大遗址保护中的考古勘探、发掘项目，获得一批重要考古发现；山东省水下考古研究中心正式成立，山东海域文化遗产资源调查、明清海防遗址调查等工作全面铺开。

配合基本建设工程，组织89项考古调查、勘探和发掘，出具56份工程选址意见书。组织完成济青高速公路改扩建工程穿越后李遗址、纪国故城遗址，曲阜北关派出所鲁故城内建设工程等13项涉及省级以上文物保护单位的专项保护方案申报，已获国家文物局批复7项。

推进考古工作制度化，严格执行《关于加强大遗址保护工作指导意见》《山东省考古工作管理办法》。全年上报发掘项目29项考古，获批20项，其中主动性考古发掘项目14项；审批考古勘探项目16项；组织验收考古项目9项。

【博物馆与可移动文物保护】

（一）博物馆

1. 博物馆建设

山东省政府出台《关于促进非国有博物馆发展的意见》，推出了一系列扶持优惠政策。这是全国首个以省政府名义印发的促进博物馆发展文件，有力促进了非国有博物馆发展。截至2015年年底，全省各级各类博物馆已达352家，其中国有博物馆152家、行业性国有博物馆73家、非国有博物馆127家，共有288家博物馆、纪念馆免费开放。

2. 博物馆间的交流与合作

整合全省馆藏文物资源，着力打造精品文物巡回展览品牌，让馆藏文物"活"起来。按照省级协调推进，地方协同配合，坚持公益性，突出均等化，"内展""外展"相结合，"固展""巡展"相结合，试点先行、先易后难的工作思路，整合盘活全省馆藏文物资源，打破博物馆地域、级别限制，集中打造了10个左右的馆藏精品文物展览品牌在省内巡展，并向省外推介。"'齐鲁瑰宝'精品文物展""'走近大师'系列展"等一批精品巡回展已开始省内巡展，每到一地均引起强烈社会反响。"石上史诗——山东汉画像石拓片精品展""山东佛教造像艺术展"等展览的巡展工作也已准备就绪。

3. 重要展览

截至2015年年底，山东省各博物馆共举办基本陈列、临时展览2952个，接待观众6182万人次，其中青少年观众2160万人次。"泰山——中华民族的精神家园主题文化展"入选全国"弘扬优秀传统文化、培育社会主义核心价值观"主题展览项目。

按照山东省委省政府纪念抗战胜利70周年活动部署，隆重举办"山东抗日战争主题展"。该展览立足山东省文物资源优势，从全省遴选抗战文物382件、历史图片625幅，是山东抗战文物史料最多、最系统的一次抗战主题展览，累计参观人数达68万。展览筹备期间，还面向全社会开展了抗战文物征集活动，受到社会各界的广泛关注和积极响应，台湾同胞许伯夷先生、贺郁芬女士无偿捐赠了珍藏多年的图书资料《历史写真》《圣战纪念》等共20种、百余件珍贵抗战文物。配合纪念活动，组织全省文物系统推出52个抗战专题展览，向国家文物局推荐上报45个，其中山东博物馆"山东抗日战争主题展"、台儿庄大战纪念馆"台儿庄大战基本陈列"、山东省政府旧址和八路军115师司令部旧址纪念馆"山东抗日根据地纪念展"被列入国家文物局重点推介名单。

4. 其他

山东省作为国家文物局确定的试点省份，连续两年承担完善博物馆青少年教育功能试点，取得初步试点成果；圆满完成"经济社会发展变迁物证征藏"试点工作。

山东数字化博物馆一期项目顺利通过国家文物局和中国博物馆协会专家评审，实现了2000余件馆藏珍贵文物的网上共享和展示，开通上线以来累计吸引观众超过1000万人次，成为让馆藏文物"活"起来的新平台。

（二）可移动文物保护

山东省文物保护修复中心正式成立，整合加快全省可移动文物保护修复网络建设，全年争取省级以上可移动文物保护修复项目21项，15个项目已开工。

（三）第一次全国可移动文物普查

基本完成了文物认定工作，第一次全国可移动文物普查信息登录工作取得较快进展，共630个单位完成了预估数量的文物信息登录，普查登录可移动文物2486566件／套（4719837件）。全面转入数据审核工作，截至2015年年底已审核文物数据超过百万条，差错率不超过0.2%。

加大普查宣传和成果利用力度，组织开展了"山东省第一次可移动文物普查阶段性成果展"巡展，国家文物局组织中央主流媒体采访团专题采访报道了山东文物普查工作。

【科技与信息】

经积极争取，国家乡土建筑保护研究重点科研基地、国家明清官式建筑保护研究重点科研曲阜分基地落户山东。

成功举办2015（济南）国际文物保护装备博览会，与国际知名展览集团强强联手，着力打造国内首个集展会、科研、学术、应用于一体的国际文物保护装备展览平台，国际国内近200家单位和企业参展，省内外文博系统的近3000名专业人士到会，观众总数近2万人。

加快推进山东省文物保护重点课题研究，完成"半岛沿海文化遗产保护规划及类型技术规范研究"专题课题、"十三五"规划课题的申报和论证。

【文博教育与培训】

加强人才培训工作，2015年举办全省县（市、区）文物局长培训班、全省博物馆馆长培训班等各类业务培训班14个，培训1100余人次。

【文博宣传与出版】

利用"5·18"国际博物馆日、中国文化遗产日等文物节庆和重要的节日庆典，举办专题展览、公众参与体验活动、文化惠民公益活动等形式多样、丰富多彩的社会宣传，普及文物保护法律法规和保护知识，取得良好效果。

与山东广播电视台联合举办"金牌讲解员暨山东省第六届讲解员大赛"活动，以"让文物活起来，讲好山东故事"为主题，历时3个月，播出专题节目12场，并首次采取了全媒体推送的形式，观众超过700万人次，取得了良好的宣传效果。

由山东省委宣传部、省政府新闻办、省文物局共同主办"文化遗产保护全国媒体齐鲁行"活动，组织50多名中央驻鲁和省级各级各类媒体记者分两个阶段到8市集中采访报道文物保护工作，编发各类稿件近500篇。

2015年，出版《山东文物》杂志6期。《中国文物报》刊发山东文博专版6期，《中国日报》刊发中英文专版3期，中新网、中国山东网、《山东画报》以及《走向世界》刊发专题报道6个，《大众日报》《联合日报》以专栏、专题报道等形式刊发文物稿件30余篇。

【对外交流与合作】

加强文物对外交流合作，"孔子文化展""青州龙兴寺佛教造像展""大羽华裳：中华明清服饰展"等展览成为对外文物交流的品牌项目，2015年在美国、俄罗斯、韩国、日本、波兰、罗马尼亚等国家和香港、台湾地区举办了10个展览；配合国家文物局赴香港举办"中国汉代文物展"、赴韩国举办"中国佛教艺术展"。

成功举办了2015年中韩两国人文交流重点项目"中韩儒学对话会"，启动第四届尼山世界文明论坛筹备工作。

【其他】

山东省文物局以学习贯彻落实习近平总书记文物保护重要论述精神为总抓手，统一思想认识，形成合力共识，采取切实措施推动全省文物工作在保护和利用中"活"起来。先后召开了全省学习贯彻习近平总书记文物保护重要论述精神座谈会、省文物局党组学习中心组（扩大）读书会，编印了《学习习近平总书记关于文物保护工作的重要论述》学习材料，编发了《全省文物系统领导干部学习习总书记文物保护重要论述精神体会》专辑。提出并组织实施传承弘扬优秀传统文化、让文物在保护和利用中"活"起来的总体思路，先后推出了一系列新举措，在全国学习贯彻习近平总书记文物保护重要论述精神座谈会上作了典型发言，《中国文物报》头版头条刊发了《山东推出让文物活起来组合拳》系列报道。以"创新、协调、绿色、开放、共享"发展理念谋划文物事业发展，系统总结梳理"十二五"全省文物工作的实践经验，认真查找问题不足，初步拟定了"十三五"时期的目标任务、重大工程和政策措施。

积极推进行政审批制度改革，梳理完成并经省编办核定公布了山东省文物局责任清单，确定政府职责4项、具体责任事项16项、事中事后监管制度15项；确定行政审批事项27项、行政权力事项117项，取消和下放行政审批事项12项。实行网上行政审批，让权力在阳光下运行，提高审批效能。

加强机构和队伍建设，山东省文物局直属事业单位省水下考古研究中心、省文物保护修复中心于6月24日揭牌，省文物保护科研修复工场于同日奠基。市、县文物保护机构和队伍建设取得新进展。

河南省

【概述】

2015年，河南省文物工作深入贯彻党的十八大和十八届三中、四中、五中全会精神，以及习近平总书记系列重要讲话精神，以"三严三实"专题教育为动力，认真贯彻执行文物工作方针，坚持保护利用并重、传承创新并举、合作交流并行，在助发展、惠民生、促开放上下功夫，深化改革，求实创新，全省文物保护工作助力社会经济发展的作用进一步提升。

【法规建设】

对《河南省消防条例》《河南省宗教场所安全监督管理办法》等6个地方法规草案涉及文物保护的内容进行审核；结合文物法制建设形势，积极筹备修订《河南省实施〈文物保护法〉办法》等地方法规前期调研工作。

【执法督察与安全保卫】

（一）执法督察

加大文物执法督察力度，督办查处全国重点文物保护单位偃师商城遗址保护范围内违法建设、新郑双洎河治理工程破坏郑韩故城东城墙等21起文物违法案件。开展涉案文物鉴定85件，为司法机关有效打击各类文物犯罪提供了有力证据，维护了河南全省文物安全形势的整体稳定。组织专家开展文物行政处罚案卷评查工作，向国家文物局推荐全国十大指导性案例2个。

（二）安全保卫

组织开展双节期间文物安全专项检查、夏季消防安全集中整治专项行动。河南省文物局领导班子带队对中国文字博物馆等86个文物博物馆单位进行重点检查，对存在重大安全隐患的8个地方下发了整改通知书督促整改。推进登封"天地之中"历史建筑群、汤阴岳飞庙、项城袁寨古民居等保护单位的安防、消防、防雷工程建设。对全省各地2014年度文物安全工作完成情况进行考评通报；对全省2014年度157名优秀文物保护员进行表彰奖励。

【不可移动文物的保护和管理】

（一）概况

截至2015年年底，河南全省共有全国重点文物保护单位358处，河南省一至六批文物保护单位902处。12月12日，河南省政府召开专题会议，审议第七批省级文物保护单位推荐名单，共计329处。

（二）大遗址保护

河南省完善重点项目跟踪机制和日常检查机制，加强日常统计工作，注重沟通协调配合，进一步提升大遗址保护管理水平。

大遗址保护规划方面，河南省16处大遗址中有13处已公布实施，其他3处，邙山陵墓群、北宋东京城遗址正在制定之中，北阳平遗址总体保护规划已经国家文物局批复立项。全年围绕隋唐洛阳城、郑韩故城等重要大遗址保护工程，申请保护展示立项项目17个。

大遗址考古方面，组织上报了隋唐洛阳城宁人坊遗址、回洛仓遗址、九洲池遗址等16个与大遗址保护有关的主动性考古发掘项目，均获国家文物局批准，正在按照考古工作计划实施，为相关遗址保护展示工作奠定了基础。

大遗址管理方面，对河南省16处大遗址"十一五"及"十二五"期间专项法规和规范性文件、土地属性与使用状况、规划编制、公众开放、考古工作、测绘工作、保护与展示工程、遗址博物馆、考古遗址公园建设等方面的情况进行摸底调查，对郑韩故城和偃师商城"十二五"期间保护工程实施情况和效果进行实地检查、评估等。

（三）全国重点文物单位

积极组织做好开封城墙、商丘归德府城墙、洛阳关林等文物建筑保护修缮工程。组织完成了《舞阳贾湖遗址保护展示方案》等10部全国重点文物保护单位规划、方案编制工作。组织编制89个全国重点文物保护单位文物保护项目立项和11个保护规划立项。复核《平顶山应国墓地文物保护规划》等6个保护规划。完成30个全国重点文物保护单位修缮工程、保护设施建设工程、环境整治工程立项申报工作。组织开展全省文物保护工程项目专项检查，认真落实开工备案、竣工验收等程序要求，确保工作质量。强调竣工报告等资料的完整、准确性，组织人员对保护工程竣工报告文本规范进行研究。

（四）世界文化遗产

积极开展对世界文化遗产地的巡视和调研工作，切实保障遗产及周边环境安全。组织洛阳龙门石窟、登封"天地之中"历史建筑群、大运河河南段、丝绸之路河南段管理部门编制立项报告及规划方案。编制上报安阳殷墟遗址展示专项规划、新安汉函谷关遗址本体抢险加固工程等立项报告；组织对通济渠商丘夏邑段、卫河（永济渠）滑县浚县段遗产点（段）缓冲区进行调整。积极会同湖南、湖北等8省推进万里茶道申报世界文化遗产工作。

（五）传统村落保护

组织对新县丁李湾等10余处传统村落保护工作进行专题调研，筛选40处传统村落列入河南省第七批省级文物保护单位申报名单。联合河南省住房和城乡建设厅等部门，公布了第三批河南省传统村落名录，河南省级传统村落总数达到511处。争取财政资金支持，重点做好郏县临沣寨、清丰县双庙乡单拐村等传统村落保护。组织编制孟津县卫坡村、罗山县何家冲等12处传统村落保护方案。

【考古发掘】

（一）概况

服务经济社会发展大局，配合全省基本建设，报批136项考古发掘项目。加强科学研究，组织申报主动性考古发掘项目36项。组织召开2015年全省考古工作会议，推动考古发掘工程科学规范管理。组织举办"2014年度河南省五大考古新发现"评选活动，进一步扩大考古工作的社会影响。在"2014年度全国十大考古新发现"评选中，隋代回洛仓与黎阳仓粮食仓储遗址、郑州东赵遗址成功入选。

继续做好南水北调河南段文物保护项目田野考古发掘资料的验收工作，完成了10个省辖市受水区考古发掘项目以及丹江口水库水源地旧石器时代遗址调查文物保护项目验收工作。完成了南京师范大学后屯遗址等项目发掘资料移交工作。组织实施18个大型建设项目选址、选线前的文物调查工作，研究确定8个大型建设项目的选址、选线，组织审核了37个涉及全国重点文物保护单位和省级文物保护单位的基本建设项目选址、建设方案。

（二）重要考古项目

1. 灵井许昌人旧石器遗址考古项目

2015年，河南省文物考古研究院和中国科学院古脊椎动物与古人类研究所对灵井许昌人遗址进行发掘，5月，首次发现两块古人类肢骨化石，均属未成年个体。肢骨中一件为左侧股骨远端后面残片，另一件为左侧股骨近端残段，股骨头的骨松质已部分缺失，上面的齿痕可能是古人类留下的。由于化石同出土于13号探方，相距较近，可能属于同一个体。肢骨化石是自2005年灵井许昌人遗址发掘以来的首次发现，也是第一次在9号探方以外发现的古人类化石。这次发掘还出土一件顶骨化石断块，其性状和2014年发现的"许昌人2号头骨"接近。除了古人类化石以外，2015年在第11层还发掘出土了1000多件哺乳动物化石和加工精美的石器。石器中小型手镐和钻具制作精致，左右对称，可代表本遗址石器制作的最高水平。

2. 洛阳伊川徐阳东周墓地考古项目

徐阳墓地位于洛阳市西南伊川县鸣皋镇徐阳村，墓葬主要分布在以徐阳村为中心的顺阳河及其支流两岸台地上。2015年6月，经国家文物局批准，洛阳市文物考古研究院先后两次对徐阳墓地进行了考古性发掘，清理墓葬2座，出土一批具有东周时期特征的陶器、铜器、石器、骨器等遗物，以及具有西北戎人埋葬习俗的陪葬车马坑。墓葬中的一座被盗扰，仅在盗洞口采集到少量饰夔龙纹、蟠螭纹的铜鼎口、耳残片等。另一座墓未清理完，在墓室西侧棺椁之间发现饰夔龙、蟠螭纹的铜鼎、铜壶、铜簠和漆器痕迹，墓室东侧棺椁之间发现龙形纽夔龙、蟠螭纹铜镈钟、钮钟、石磬等随葬遗物。车马坑为长方形竖穴土坑，东西向。已清理发现车7辆、马3匹，北部发现马、牛、羊头蹄，排列规整。陪葬车马坑中埋葬马牛羊头蹄的习俗与春秋战国时期的西北地区戎人葬俗相似，中原文化区极少发现。

徐阳墓地无论从时间、地域、规模、习俗等都可以与春秋时期活跃在这一区域的陆浑戎形成唯一对应关系。因此认为徐阳墓地应为陆浑戎贵族墓地，车马坑应为陆浑戎国君或高级贵族墓的陪葬。徐阳墓地的发现印证了陆浑戎迁徙、灭国的历史事件，对探索中华文明形成过程中的民族融合与发展具有十分重要的学术价值。

3. 信阳战国城阳城址八号墓考古项目

城阳城址八号墓位于河南省信阳市平桥区城阳城址保护区。2015年8月起，河南省文物考古研究院开始对墓葬进行发掘。八号墓平面呈"甲"字形，坐西向东，由墓道、墓室两部分组成，全长18.5米左右，面积127平方米左右。墓道东部被现代坑打破，平面大致呈长方形。墓室平面大致呈方形，自上而下呈阶梯状逐层内收，共发现5级台阶。椁室平面呈长方形，由主室、前室、南侧室、北侧室以及北后室、中后室、南后室组成。前室虽然被盗严重，仍发现不少陶器和彩绘漆木器。南侧室发现有床榻、竹席、木俑、木几、投壶箭以及铜镜、铜剑等。北侧室发现有木质车舆、弓、箭、箭囊、瑟，以及铜矛、铜戈、车輨、车辖等。南后室保存完好，发现有陶方壶、圆壶、鉴等仿铜陶礼器，表面多施彩绘。中后室发现40余个荷叶包裹，以及雕刻木案、陶鬲、陶罐等。初步观察荷叶包裹内有水稻、小米等粮食。主室棺椁保存完好，双棺双椁，其中外棺盖板为弧形，上覆织物（多朽），内侧髹红漆，内棺盖板平，表面有红色彩绘，内侧髹红漆。南后室陶壶和陶鬲可确定为战国

中国
文物年鉴
2016

中期楚文化遗存。其他诸如彩色髹漆竹席、长柄矛、耳杯、案、几等漆木器十分精美。特别是墓主人全身敷裹的织物，是信阳地区乃至河南全省战国时期楚墓首次发现。在全国楚文化墓葬中，这样完整织物的发现也十分罕见。

4. 洛阳汉魏洛阳城太极殿遗址考古项目

太极殿遗址位于北魏宫城中部偏西北处，北距河南孟津县平乐镇金村约1000米，南距宫城正门阊阖门遗址约460米。2012年起，结合文化遗产保护的需要，国家文物局、河南省文物局、洛阳市文物局等各级部门大力支持协助，中国社会科学院考古研究所洛阳汉魏故城考古队对太极殿遗址进行了全面勘察，明确了其规模范围、形制结构、保存状况和时代序列。发掘结果显示，太极殿由居中的太极殿主殿和两侧略小的太极东、西堂组成，三殿东西并列在同一条东西轴线上。三座殿基占地面积达8000平方米，外围还辅以回廊、院墙、宫门等附属建筑，从而构成规划有序、布局严谨、规模庞大的太极殿宫殿建筑群。对殿址夯土的解剖表明，太极殿始建于曹魏时期，北魏修补沿用，延至北周时期仍有营建。

5. 巩义东区唐宋墓考古项目

2015年5～8月，河南省文物考古研究院委托巩义市文物考古研究所对位于巩义东区的河南弘成天玺置业有限公司天玺尚城项目进行钻探，发现西晋至宋代的24座墓葬，随后进行了发掘清理。其中有3座墓出土墓志和特征比较明显的随葬品，主要有瓷器、三彩及单彩器、铜器、铁器、石质墓志及墨书砖志等。在这些出土文物中，三彩或单彩的茶具以及绞胎瓷器的发现尤为重要。三彩或单彩的茶具出土于唐代中晚期的3座墓葬中，3座墓均为小型墓，由墓道、甬道和墓室组成。茶具主要有三彩或单彩的炉及坐俑、茶盘、茶碾、茶罐、执壶，还有瓷碗、瓷碟、瓷盏等。绞胎器出土于唐代以及宋代早期的墓葬中，主要有枕、杯以及碗等。

这一考古发现为研究唐代茶文化以及唐代绞胎瓷器提供了极为珍贵的资料，为研究陆羽及其与巩县（今巩义市）的关系提供了直接依据，具有重要的学术价值。

【博物馆与可移动文物保护】

（一）博物馆

1. 博物馆建设

积极协调推进偃师二里头遗址博物馆和中原考古博物院建设的前期工作，实施河南博物院主展馆改造工程，加快开封、商丘、漯河、南阳等地博物馆建设和陈列布展工作。具有中原文化特色的博物馆网络体系日益完善，全省博物馆、纪念馆总数达到288家。

开展2014年度博物馆免费开放绩效考评工作，对全省纳入中央财政经费补助的93家免费开放博物馆开展绩效考评工作，通过自评、省辖市推荐、专家实地抽查和集中复核、评审，综合确定考评等级，共评出20家优秀、58家合格、14家基本合格、1家不合格。开展2014年度博物馆年检备案工作，圆满完成全省博物馆的年检、备案工作。

在郑州、洛阳等地积极推进博物馆理事会制度试点工作，2015年11月河南博物院等已正式组建理事会。按照国家文物局部署，结合河南实际，组织开展了全省基层文物收藏单位藏品检查和调研工作。完成了全省非国有博物馆规范化建设评估等工作。

2. 博物馆间的交流与合作

继续推进省际博物馆合作交流，扩大河南文化影响力。"大象中原——河南历史文化展"赴国家博物馆展出，展览汇集河南精品文物105件／套，从都城文化、制度文化、根亲文化、思想源流、科技文教等方面系统反映了河南古代文明的辉煌成就；河南博物院"生命·超越——中原文化中的动物映像展"等7个原创展览先后赴浙江、江西、新疆、内蒙古等多地展出。

3．重要陈列展览

组织全省博物馆、纪念馆深入学习贯彻《博物馆条例》，积极落实中央免费开放部署，全省博物馆纪念馆累计举办陈列展览1000多个，年接待观众近5000万人次，7个陈列展览获评为"河南省优秀陈列展览"，10个展览入选《2015年度全国博物馆展览季活动推介目录》，郑州博物馆的"古都郑州"展和洛阳博物馆的"河洛文明"展列入2015年度全国12个数字化展览项目中，洛阳博物馆"唐代洛阳展"获得第十二届（2014年度）全国十大精品陈列优胜奖。开展中国人民抗日战争暨世界反法西斯战争胜利70周年纪念活动，组织全省20多个抗战题材展览项目，其中洛阳八路军驻洛办事处纪念馆的"气壮山河——抗战歌曲唱片（史料）展"入选为国家文物局"纪念中国抗日战争胜利暨反法西斯战争胜利70周年"精品展览数字化项目。

（二）可移动文物保护

1．概况

截至2015年年底，河南全省博物馆、纪念馆馆藏三级以上文物总数235443件／套，其中一级文物1915件／套，二级文物13679件／套，三级文物219849件／套。

2．可移动文物保护科研基地建设

全年投入210万元支持河南省文物科技保护中心、郑州博物馆、洛阳博物馆、洛阳市文物考古研究院、驻马店市文物管理所等单位的文物保护实验室及修复室建设。

3．可移动文物保护技术、方法及应用

开展可移动文物保护修复项目申报工作，共获批可移动文物保护项目11个，争取经费1234万元，获批项目正在有序实施。完成郑州、洛阳、新乡、焦作等地文物博物馆单位书画、陶器、青铜器保护修复等工作7项，修复文物1000余件。成功举办全省纸质文物修复培训班和全省青铜器保护修复培训班等。

（三）第一次全国可移动文物普查

积极做好第一次全国可移动文物普查工作。全年先后组织可移动文物普查数据审核培训班2期，对8个省辖市53个文物收藏单位的1.5万余件／套文物进行现场鉴定复核。截至2015年年底，初步统计全省藏品总量为190万余件／套，已完成数据录入145万余件／套。

【社会文物管理】

办理文物和文物复仿制品出境、临时进境共4起，配合海关检验进出境携带疑似文物3起，审核进出境文物、文物复仿制品等43件。

严格文物拍卖资质管理，加强文物市场监管，审核文物拍卖会14场。完成河南省第五批文物复仿制品基地命名工作。

【科技与信息】

在河南省文物局和河南省科学院科技合作框架协议下，河南省科学院地理研究所联合中国科学院遥感与数字地球研究所（联合国教科文组织国际自然与文化遗产空间技术中心）、河南省文物考古研究院、河南省文物建筑保护研究院共同完成的"河南省不可移动文物地理信息系统研发及文物特征分析"项目，通过河南省科技厅组织的成果鉴定，获得2015年河南省科技进步三等奖。

进行河南省重点科技攻关项目"丙烯酸复合凝胶材料在土遗址保护中的应用研究"，完成《荥阳小胡村墓地合金技术分析》报告，《鹤壁宋庄墓地出土青铜器制作技术分析》初稿完成。

"中原地区古城址病害形成机理及防治对策研究""河南传统民居调查""河南省文物保护工程信息资料数据库"等3项课题进展顺利。"河南文物建筑遗存彩画信息深度采集沁阳北大寺信息补充采集""无人机在文物建筑保护中的应用研究""三维扫描技术在河南省石窟寺类文物保护工作中的应用"等7项文建方面的课题已进入内业资料整理阶段。

【文博教育与培训】

加强人才队伍建设，组织举办全省文物保护修复、文物鉴定、讲解员、文物调查勘探等专业人员培训班16期，培训人员1200余人次，为各项工作的顺利实施提供了人才支撑。

【文博宣传与出版】

持续开展文物宣传工作，利用文化遗产日、国际博物馆日、古迹遗址日、法制宣传日、中国人民抗日战争暨世界反法西斯战争胜利70周年等重要时间节点，从有形文化遗产和无形文化遗产两个方面精心策划开展了一系列特色活动，广泛开展文物保护法律法规宣传教育，增强全社会文物法制意识。

编辑完成《河南文化遗产——第七批全国重点文物保护单位》，出版《禹州新峰汉墓》等考古发掘报告。

【机构及人员】

2015年，河南全省文物保护机构总数为544个，与2014年持平，其中文物保护管理机构124个，文物商店6个，文物科研机构15个。人员总数12012人，比2014年增加40人，其中高级职称475人，比2014年增加58人；中级职称1140人，比2014年增加60人。

【对外交流与合作】

赴瑞典成功举办"洛阳——丝绸之路上的世界大都会：唐代文明展"；受国家文物局委托，在意大利成功举办"汉唐中原——河南文物精品展"；圆满完成赴加拿大"河南木版年画"展、赴塞浦路斯"中塞文化对话展"、赴韩国"百济定林寺与洛阳永宁寺文物交流展"等；与台北历史博物馆合作主办"盛世风华——洛阳唐三彩特展"；与加拿大中华文化中心签订了2016～2018年展览合作协议；积极参与国家文物局赴法国"汉风"文物展、赴香港"汉武盛世"文物展等，扩大了河南文物在对外文化交流中的影响力。

与瑞典斯德哥尔摩大学进行铁器文物保护合作研究，与日本国立奈良文化财研究所合作开展唐三彩研究，均取得了较好的成果。与丹麦、澳大利亚和韩国的合作交流日益加深。

湖北省

【概述】

2015年，湖北省文物系统深入学习贯彻党的十八届三中、四中、五中全会和习近平总书记系列重要讲话精神，按照"四个全面"战略布局总要求，坚持稳中求进工作总基调，主动适应新常态，凝神聚力，锐意进取，真抓实干，文物保护工作亮点纷呈，博物馆建设蓬勃发展，文物安全监管成效显著，综合管理成果丰硕，圆满完成全年各项任务。

【法规建设】

组织中南财经政法大学等高校专家学者完成《湖北省文物安全管理办法（送审稿）》文本的修编起草审定工作，并按时上报省政府法制办。

【执法督察与安全保卫】

组织传统村落文物保护专项督察。抽查49个省级及以上文物保护单位、7个历史文化名村中建筑类不可移动文物保护情况。依法调查处理武当山古建筑群五龙宫、潜江龙湾遗址等保护范围内违建工程，先后5次会同相关部门对荆州城墙城楼、武当山玉虚宫、襄阳米公祠等文物点安全隐患整治情况进行督办检查。全年开展文物执法巡查7518次，查处文物违法事件94起。

文物安全保护综治考核。赴各地开展考核专题调研，制定2015年全省文物安全保护综治考评办法和考核细则，明确组织领导、制度措施、安全监管、执法督察巡查、文物安全防护工程项目和资金管理、文物安全事故和案件六个方面考核内容和考评分值。按照地方自评和省综合考评相结合的方式，对照考核内容，对各市州2015年文物安全保护综治工作进行复核评分，结果报送湖北省综治办，并印发考评情况通报。

文物消防安全专项检查。开展全省文物消防安全隐患排查整治和夏季文物消防安全专项检查工作，检查各地消防安全责任落实、消防安全隐患排查整治情况。检查文物、博物馆单位378个，检查文物点4242处，排查发现消防安全隐患280处，及时整改到位。

田野文物防控体系建设。通过自上而下逐级签订文物保护责任状，推动田野文物保护单位落实安全主体职责，建立"县、乡镇、社区"等组成的联合巡查管护网络，形成田野文物安全监管常态化工作机制。推进科技在田野文物监管方面的应用，田野文物智能巡查系统项目通过国家工业和信息化部与国家文物局评审，成为2015年文物保护装备产业化及应用示范项目，实现湖北文物安全装备进入国家平台零的突破。

全省文物系统博物馆安全达标。推动黄石、十堰等6家博物馆争取地方财政落实达标经费。荆州、黄石等7家市州级博物馆，丹江口、麻城等5家县（市、区）博物馆完成安全达标工作。

全国重点文物保护单位安防消防防雷设施建设。编制52项全国重点文物保护单位安全防护工程立项报告和设计方案并报送国家文物局，49项获批复。召开全省文物安全防护工程建设推进会、文物消防安全百项工程建设推进会和重点地区田野文物安全防护工程建设现场会，推进工程建设进度。唐崖土司城址安防工程、湘鄂西革命根据地旧址之洪湖瞿家湾安防工程、鱼木寨消防工程等10个项目已建成并交付使用。

打击和防范文物违法犯罪。加强与公安部门协调配合，会同湖北省公安厅刑侦总队现场督办随县羊子山墓群、应城市三樟冢墓群、荆州区马山墓群、枣阳市郭家庙墓群等盗掘案件。全年共破获盗掘古墓案12起，摧毁犯罪团伙9个，抓获犯罪嫌疑人36名，追缴文物70件。

【不可移动文物的保护和管理】

（一）概况

2015年，湖北省继续实施"四片两区一水一线"不可移动文物保护战略，全面推进不可移动文物保护与利用，大遗址保护亮点纷呈，重点文物保护单位维修与合理利用顺利推进，世界文化遗产保护与管理取得重大突破，重大文化遗产保护工程成果丰硕，各项基础工作进一步夯实。

（二）大遗址保护

规划编制工作有序推进。组织召开大遗址保护荆州片区保护总体规划编制协调会，成立大遗址荆州片区文物保护总体规划编制工作领导小组及工作专班，制定工作计划。

加强学术研究。召开纪南城考古发掘40周年学术研讨会、考古资产保护利用盘龙城论坛、纪念石家河遗址考古发掘60年学术研讨会。

田野考古、文物保护展示工程有新进展。荆州纪南城遗址、八岭山墓群、潜江龙湾遗址、武汉盘龙城遗址、天门石家河遗址、荆门屈家岭遗址、大冶铜绿山四方塘遗址及省级大遗址试点项目黄冈禹王城考古勘探、发掘工作取得重要新发现。龙湾遗址博物馆主体建筑封顶，石家河文化考古研究中心建成即将投入使用，盘龙城遗址博物馆陈列方案进入深化设计阶段，擂鼓墩曾侯乙墓展示棚修缮工程启动。

（三）全国重点文物保护单位

审批勘察设计方案、保护规划。完成王明璠府第、沈鸿宾故居等43项全国重点文物保护单位文物保护工程立项、8项文物保护规划立项的初审工作。完成45项全国重点文物保护单位文物保护勘察设计方案的审核（核准）工作。国家文物局批复通过《施州城址保护规划》。

实施文物保护工程。先后启动武汉中共中央机关旧址、阳新龙港革命旧址、鱼木寨等52项全国重点文物保护单位的修复修缮、虫害防治等文物保护工程，投入经费17385万元，一批重要文物保护状况得到改善。

完善"四有"工作。5月5日，湖北省人民政府公布湖北省第五至七批全国重点文物保护单位的保护范围和建设控制地带。

（四）世界文化遗产

唐崖土司城址成功列入《世界遗产名录》。7月4日，第39届世界遗产大会上审议同意湖北唐崖土司城址、湖南老司城遗址、贵州海龙屯遗址组成的"中国土司遗产"列入《世界遗产名录》。这是湖北省继武当山古建筑群、钟祥明显陵之后的第3处世界文化遗产。

加强对武当山古建筑群、钟祥明显陵两处世界文化遗产的管理与监测。编制完成《武当山古建筑群2014～2015年保护状况报告》《武当山建筑群保护与管理总体规划

（2015～2035）》，并报国家文物局。实施武当山建筑群之仙都桥、元和观东道院、火星庙、冲虚庵，以及明显陵白蚁危害综合治理、影壁保护性监测、明楼抢救加固、地堰修缮等文物保护工程。

推进对《中国世界文化遗产预备名单》项目的保护与研究。召开黄石矿冶工业遗产申报世界文化遗产专家咨询会议，实施铜绿山古铜矿遗址白蚁防治工程（二期），启动《汉冶萍煤铁厂矿旧址修缮方案》编制。在荆州举办中国明清城墙联合申遗第三次会议。对鹤峰容美土司爵府遗址进行考古发掘。

万里茶道申报《中国世界文化遗产预备名单》工作稳步推进。分别在湖北省武汉市、湖南省益阳市召开万里茶道工作推进会，明确湖北省为申遗联络省份，武汉市为申遗联络城市，确定万里茶道申报世界文化遗产节点城市（推荐名单）、《万里茶道文化遗产遴选条件》，制定《2016年万里茶道申遗工作计划》，提出力争2017年将万里茶道列入《中国世界文化遗产预备名单》的阶段目标。武汉、襄阳、咸宁等万里茶道上的重要城市均成立工作领导小组，组建工作专班加强基础工作。万里茶道重要文物建筑之一汉口东正教堂修缮工程通过竣工验收。

（五）传统村落保护

与湖北省住房和城乡建设厅联合召开赤壁市申报省级历史文化名城暨羊楼洞传统村落保护工作座谈会、联合向国家申报传统村落的项目方案和资金概算。

列入国家文物局首批传统村落保护与利用工作项目的鹤峰县五里乡五里村、利川市谋道镇鱼木村、赤壁市赵李桥镇羊楼洞村均已成立领导小组，建立中国传统村落档案，编制保护发展规划，完成传统村落文物保护工程总体方案，并分别启动文物保护工程。五里村五里坪革命旧址一期文物保护工程、鱼木村连五间文物保护工程已完成并验收，羊楼洞村一期文物保护工程、二期文物保护工程方案已完成。

武汉市黄陂区木兰乡双泉村大余湾、阳新县浮屠镇玉堍村、枣阳市新市镇前湾村、大悟县宣化镇铁店村八字沟、罗田县九资河镇官基坪村新屋垸民居等5处传统村落2015年被列入国家文物局第二批传统村落保护与利用工作项目。玉堍村李蘅石故居及李氏宗祠文物保护工程已批复，前湾村前湾民居、铁店村八字沟民居已立项，官基坪村新屋垸民居文物保护工程顺利推进。

（六）其他

抗战文物保护。对湖北省现存抗战文物资源进行摸底调查。启动中共鄂豫边区委员会旧址等7处全国重点文物保护单位和恩施抗战遗址等6处省级文物保护单位的维修保护工作，石牌抗战遗址、咸安"三一八惨案"丛葬坑、恩施地委县委旧址（恩施抗战历史陈列馆）于9月3日中国抗战胜利纪念日前对外开放。此外，与发改、旅游等部门共同积极向国家推荐中共鄂豫边区委员会旧址、石牌抗战遗址、天岳关抗日将士阵亡纪念亭、恩施抗战遗址等重要抗战文物，争取列入全国红色旅游经典景区名录。

文庙类建筑保护与利用。对湖北省现存文庙类建筑资源进行调查，形成湖北文庙类文物建筑名录。完成武汉问津书院一、二期文物保护工程并组织竣工验收，完成郧阳府学宫建筑群主体部分复建工程。

三峡工程文物保护。湖北省长江三峡工程文物保护专项顺利通过国家文物局行政性终验，完成《长江三峡枢纽工程竣工验收坝区征地移民安置初验报告》审核，编制完成三峡后续历史文化遗产保护项目实施方案。

南水北调工程文物保护。遇真宫顶升工程、土石方垫高工程通过阶段性验收；遇真宫文物复建工程开工；开展南水北调工程考古发掘项目结项工作。

【考古发掘】

（一）概况

经国家文物局批准，全年实施17项主动性考古发掘项目，发掘面积12550平方米；实施16项配合基本建设的考古发掘项目、3项抢救性考古发掘项目，发掘面积10351平方米。

恩施唐崖土司城址考古工作获第二届"世界考古论坛·上海"会议颁发的"世界重大田野考古发现奖"，枣阳郭家庙曾国墓地考古发掘项目获评"2014年度全国十大考古新发现"。

（二）重要考古项目

1. 大冶铜绿山四方塘遗址考古发掘项目

四方塘遗址位于黄石市大冶市，为全国重点文物保护单位铜绿山古铜矿遗址的一部分。2015年，湖北省文物考古研究所继续对四方塘遗址进行发掘，发掘面积800平方米。新发现墓葬81座，其中近代墓2座、春秋墓78座、西周墓1座，出土各类器物98件。此外，发掘灰坑6座、残炉（窑）2座。四方塘遗址墓地的发掘表明，这是一处保存较完整、以春秋时期为主的矿冶生产低层管理者、技师、矿工等人员的公共墓地。墓葬葬俗和随葬品特征明显，至迟在春秋中期当属楚国。

2. 枣阳郭家庙墓地考古发掘项目

郭家庙墓地位于襄阳市枣阳市，为省级文物保护单位。2015年，湖北省文物考古研究所继续对郭家庙墓地进行发掘，发掘面积1500平方米。勘探确定墓葬98座，已发掘清理墓葬45座，出土青铜器300余件／套，器类有鼎、壶、簋、盘、匜，以及编钟1套（13件）。通过此次发掘，进一步理清了郭家庙墓地的埋葬制度与分布规律。

3. 盘龙城遗址考古发掘项目

盘龙城遗址位于武汉市黄陂区，为全国重点文物保护单位。2015年，武汉大学考古系对盘龙城遗址进行发掘，发掘面积1800平方米。在杨家湾南坡大型建筑基址外围进行发掘，探明该基址规模与城垣地区一号宫殿相当。在基址西北部发现6座集中分布的墓葬，M17出土有大量青铜器等随葬品，其中青铜带鋬觚形器、兽面纹大型牌形青铜饰件为以往未见的新器形，绿松石镶金片饰件为中原文化系统所见最早的成形金器，该墓还出土有铜爵、铜斝等其他铜器及多件玉器。大型建筑与高等级墓地的存在，说明盘龙城遗址的晚期中心应该从城址一带迁移到了杨家湾南坡。对遗址外围、盘龙湖北岸的小王家嘴进行发掘，清理商时期遗迹单位共29个，其中21个遗迹长1米、宽0.5米左右，可能为婴儿墓。另外，完成勘探面积50万平方米，摸清盘龙城各地点遗址分布范围，对一些重点遗迹进行定位，发现了盘龙城外城垣的线索。

（三）水下文化遗产保护

经湖北省机构编制委员会批准，"湖北省水下文化遗产保护中心"正式挂牌成立。组织实施丹江口库区水下文化遗产调查工作，重点调查以沧浪亭为代表的人文景观、水文题刻，以采石场为代表的工业遗址。联合河南省文物部门，首次对河南省淅川县龙城遗址进行水下探摸。开展长江历史沉船调查和湖泗窑址群水下部分调查。与武汉长江航道救助打捞局签订框架合作协议，并接收其捐赠的马当沉船文物16件／套。承担"国家水下（内水）文化遗产保护"十三五规划"编制工作。完成《中山舰水下考古科研报告》《内陆水下文化遗产资源前期调查规范》。

【博物馆与可移动文物保护】

（一）博物馆

1. 博物馆建设

全年新设立备案博物馆9家（其中国有博物馆3家、非国有博物馆6家），全省博物馆总数达204家。2015年全省博物馆、纪念馆举办陈列展览600余个，开展各类社会教育活动超过1000场次，接待观众2200余万人次，其中湖北省博物馆年接待观众170万人次。

推进博物馆基础设施建设，着力改善场馆硬件，提升服务能力。湖北省博物馆三期扩建工程有序开展，完成施工图设计审核和建筑规划许可审批，按计划完成12个项目的招标，控制中心设施设备安装基本就绪，文展大楼建设具备整体开工条件。宜昌、孝感、天门等地市级博物馆主体竣工，红安、黄梅、通山、南漳、枣阳等县（市）级博物馆建设有序推进。

开展2014年度非国有博物馆运行评估，39家非国有博物馆参加。经组织专家评估并报国家文物局复核确认，1家获优秀，32家为合格，6家为不合格。

2. 博物馆间的交流与合作

加强对全省馆藏文物的借用、复制等规范管理，积极鼓励和支持各博物馆开展馆际交流，提高馆藏文物利用率。全年完成湖北省博物馆、武汉博物馆、随州博物馆等6家博物馆文物交流展览项目9批次、一级文物75件／套的借展审批及报备工作。

宜昌市博物馆、通化市博物馆、周口市博物馆联合举办"抗战英烈高志航专题展"；浠水闻一多纪念馆联合昆明市博物馆举办"龙泉记忆——闻一多特展"。

3. 重要陈列展览

湖北省博物馆举办"中流砥柱——湖北省纪念中国抗日战争暨世界反法西斯战争胜利70周年展览""穆穆曾侯——郭家庙考古汇报展"；辛亥革命武昌起义纪念馆举办"保卫大武汉——纪念抗日战争胜利70周年文物文献展"。

全省各地市博物馆举办各类展览，如武汉博物馆"掌中珍玩——武汉博物馆馆藏鼻烟壶展"，武汉市革命博物馆"武汉·1938抗战图片展""探索与奠基——武昌中央农民运动讲习所历史陈列""铭记历史珍爱和平——纪念世界反法西斯战争暨湖北抗战胜利70周年展"，武汉市中山舰博物馆"烽火下的民族魂——中山舰抗战文物专题展"，恩施市博物馆"恩施抗战历史陈列"，阳市博物馆"诸葛亮躬耕时期的历史记忆——樊城大型三国墓出土文物展"，荆门市博物馆"古楚遗珍——郭店楚简特展"，鄂州市博物馆"以铜为鉴——鄂州铜镜文化展"，黄冈市博物馆"纪念抗战胜利70周年——鄂东抗战文物展"，神农架自然博物馆"丛林之王"，武汉大禹文化博物馆"历史的瞬间——毛泽东宣传画珍藏展"。

4. 文物征集工作

湖北省博物馆先后接受台湾友人捐赠的抗战实物、荆楚网捐赠的"抗战史证大抢救"史证资料、第二届中国湖北艺术品博览会参会单位捐赠的艺术品及抗战文物和省级非遗传承人、鄂派紫砂陶艺大师江城先生捐赠的"楚风汉韵"紫砂壶艺术作品等近100件。

在"2015年辛亥革命实物捐赠仪式"上，21个海内外民间收藏团体、94位民间收藏家向辛亥革命博物馆捐赠217件／套辛亥革命实物。活动举行四年以来，辛亥革命博物馆共获捐赠实物698件／套，其中文物374件／套。"双十捐赠日"已成为辛亥革命博物馆的文化品牌，倍受社会关注。

全省各地博物馆开展文物征集，如宜昌市博物馆征集土家族特色民俗品1562件／套，黄冈市博物馆征集体现有黄冈历史文化、红色文化等价值的实物藏品300件，荆门市博物馆征集古建筑、碑刻、民俗等类别的文物200余件。

5. 博物馆青少年教育

与湖北省教育厅联合召开全省完善博物馆青少年教育功能工作推进会，宣传推介湖北省博物馆"礼乐学堂"、武汉博物馆"文物知识小课堂"、荆州博物馆"文物修复我在行"等13个优秀项目。

开展特色社会教育活动项目。湖北省博物馆开展"礼乐学堂"系列教育课程，组织活动100余场，2万余名中小学生参加；武汉革命博物馆"铭记历史　珍爱和平——纪念抗日战争胜利70周年"主题系列活动先后举办70场次，走进全省21所高校、中学；黄冈市博物馆开展暑期"快乐考古行"活动，取得很好的社会反响。

（二）可移动文物保护

1. 概况

截至2015年年底，湖北全省博物馆、纪念馆馆藏文物藏品及标本总量169.74万件／套，珍贵文物11.3343万件／套。

2. 可移动文物保护科研基地建设

出土木漆器保护国家文物局重点科研基地全年承担"出土有机质文物现场提取技术研究与应用示范""出土木漆器乙二醛脱水技术优化研究""出土木质文物糟朽病害评估方法的初步研究"等10项各类课题。

3. 可移动文物保护技术、方法及应用

出土木漆器保护国家文物局重点科研基地全年获专利2项，分别为"一种用于古代丝织文物的保护加固液、制备方法及保护加固方法"（专利号CN104562669A，2015-04-29），"变形木质文物矫形装置"（专利号CN204367121U，2015-06-03）。

（三）第一次全国可移动文物普查

2015年，湖北省在普查平台新建收藏单位并完成平台信息注册518家，完成率100%；普查平台申报藏品总数170万件／套，已采集1080744件／套，已登录1017569件／套，实际登录总量超过180万件／套，登录比例62.85%；平台申报珍贵文物112795件／套，已登录70021件／套，登录比例62.08%。全年省级专家组提交审核11万余件／套藏品数据，各地市州专家组审核96余万件／套藏品数据。

通过可移动文物普查，开展文物信息采集登录，进一步摸清了馆藏资源家底，夯实了基础工作。

【社会文物管理】

全年审核文物艺术品拍卖会10场，审核拍卖标的3794件／套。审核进出境文物274件／套，审核私人携带出境艺术品17件／套。配合打击文物犯罪工作，为随州、十堰、长阳、大悟、大冶、阳新等公安部门鉴定涉案文物104件／套。

【科技与信息】

加快推进"考古工地数字化平台"建设。2月，该平台文物局版完成开发并上线试运行。7月，该平台获评"首届（2014年度）全国十佳文博技术产品"。12月，湖北省文物局启动"考古工地数字化平台"示范项目结项准备工作，经过一年多的示范运行，各示范考古工地在考古工作的勘探、发掘、整理阶段均充分使用该平台，做好田野信息采集、数据管理、发掘资料研究和展示，起到了很好的示范效果。

加强大遗址保护项目中的科技支撑。按照全省加强大遗址保护科技支撑、推进科技手段在大遗址保护与利用工作中应用的总体部署，湖北省文物考古研究所委托湖北省海达文化遗产保护科技研究院实施石家河遗址、屈家岭遗址机载激光遥感测绘项目并通过验收；5月，湖北省海达文化遗产保护科技研究院启动对容美土司遗址的三维数字化建模与虚拟复原；7～8月，武汉大学、湖北省文物考古研究所与湖北省海达文化遗产保护科技研究院对曾侯乙陪葬墓帐体青铜构件进行了复原，率先实现文物构件的虚拟无损拼接（组装），填补了该领域的空白。

【文博教育与培训】

举办第三届、第四届湖北省文物保护工程从业资格人员培训班，"三区人才支持计划"文物保护工程专项培训班。启动鄂东考古实习基地建设。举办"文物建筑防火设计导则（试行）"辅导培训。

举办可移动文物保护修复培训班，60余名文物保护工作者参加培训，组织9名学员开展为期3个月的学习实践。举办第一次全国可移动文物普查培训班，培训全省普查骨干180余人。

委托湖北艺术职业学院举办湖北省博物馆讲解员与社会教育培训班，64名讲解员参加。

【文博宣传与出版】

开展国际博物馆日全省主场城市活动。5月15日，在恩施土家族苗族自治州举办首个"5·18"国际博物馆日主场城市活动。推出"铁血军魂——滇西战役纪实文物展""全省博物馆建设成就暨馆藏精品文物图片展""咸丰唐崖土司城遗址保护图片展""第一次全国可移动文物普查图片展""博物馆条例宣传图片展"；开展国家级非物质文化遗产"摆手舞""肉连响""撒叶儿嗬"展演；开展抗战知识竞答。全省博物馆围绕主题，举办20个各具特色的专题展览、近百场特色社会教育活动。

举办文化遗产日系列活动。6月12日，湖北省文化厅就全省文化遗产保护工作及文化遗产日主题宣传活动接受湖北省人民政府门户网站专题访谈。6月13日，由湖北省文化厅、湖北省文物局、黄石市人民政府主办的"2015年中国文化遗产日暨首届湖北省主场城市活动"在黄石市举行。活动现场推出"全省文化遗产保护出版成果""湖北省重要考古发现及全省非物质文化遗产保护成就图片"等系列展览。16个全省非物质文化遗产代表性项目的传承人现场展示技艺，现场发放《中华人民共和国文物保护法》《博物馆条例》《湖北博物馆地图》等宣传资料，宣传文化遗产知识，动员社会广泛参与。

围绕唐崖土司城址申遗成功、纪念抗战胜利70周年和传统村落保护等重点工作，全面

中国
文物年鉴
2016

开展文物宣传报道，中国文物报、湖北日报、楚天都市报、长江日报、国家文物局网站、荆楚网等媒体刊发80多篇新闻宣传稿。配合中国文物报社，对部分地市的抗战文物、文物保护单位、民办博物馆等进行专题采访，全面开展深度报道。抓好抗战文物保护利用主题宣传，组织内容丰富、形式多样、特色鲜明的系列宣传。

利用新媒体开展宣传。7月5日，湖北省文物局官网、微信和微博正式开通运行。为加强管理，制定《湖北省文物局网站管理办法（试行）》。全年官方网站共发布新闻报道和工作动态257条，各类通知公告93条，上传各类文字资料2702篇、图片上千幅，浏览人数近7万；微博发布消息116条，阅读量3万多次；微信公众号发布消息21次。

出版《湖北南水北调工程考古报告集（第六卷）》《郧县上宝盖》《武当山柳树沟墓群》等专著。

【机构及人员】

2015年，湖北省有文物机构331个，其中文物科研机构3个、文物保护管理机构48个、博物馆204个、文物商店1个、其他文物机构75个；从业人员5045人，其中专业技术人才2175人，包括正高级职称85人、副高级职称266人、中级职称997人、初级职称及以下827人。

【对外交流与合作】

赴外展览，扩大荆楚文化影响。湖北省博物馆在台中自然科学博物馆举办"鼎立三十——看先民铸鼎熔金的科学智慧特展"；湖北省博物馆、昆明市博物馆、云南滇西抗战纪念馆、台湾鸿禧美术馆、香港香江博物馆等联合策划举办"四万万人民——中国抗日战争暨世界反法西斯战争胜利七十周年特展"；湖北省博物馆、武当博物馆、蕲春县博物馆、丹江口市博物馆在美国佛罗里达瑞林博物馆共同举办"皇家品味"展。

引进外展，丰富博物馆参观内容。湖北省博物馆引进"奥地利百年绘画展1860～1960"，引进俄罗斯"胜利：1945～2015！——纪念世界反法西斯战争胜利70周年俄罗斯美术作品展"，引进加泰罗尼亚"骑士·密码——苏比拉克回顾展"。

湖南省

【概述】

2015年，在省委、省政府和国家文物局的支持、指导下，湖南省文物工作取得了突出成绩，中国土司遗址申报世界文化遗产成功，湖南省博物馆改扩建工程有力推进，传统村落保护利用、文化遗产园区保护等工作有序推进。

【执法督察与安全保卫】

（一）执法督察

实现文物安全督察常规化。全年共计开展文物安全检查15349人次，发现隐患1008处，整改809处；完成行政执法巡查11329人次，查处违法行为29起。联合消防总队完成了元旦、春节等重大节假日期间文物安全大检查工作，配合国家文物局督察司完成了全省传统村落文物古建筑安全管理工作专项督察。

督察督办了郴州市永兴县省级文物保护单位板梁村古建筑群违法建设案、张家界市慈利县县级文物保护单位白公城遗址违法建设案，郴州市桂东县万寿宫违法建设案。调查处理益阳市全国重点文物保护单位羊舞岭古窑址破坏案，省级文物保护单位郴州市永兴县板梁村古建筑群刘绍苏宅失火案等文物违法案件。

（二）安全保卫

继2014年将"国有文物保护不力，造成文物损毁、遗失或被盗"纳入考核后，2015年将出现国有文物保护不力，造成文物损毁、遗失或被盗，"且未能及时立案调查并依法处理到位的"情况纳入考核范围，国有文物安全绩效考核权重加大、范围扩大。

炭河里遗址安防工程、渌江书院安防工程、涧岩头周家大院防雷工程、洪江古建筑群文物消防专项规划等重点安全项目顺利推进；上报获批工程立项33项，湖南省文物局审批工程设计方案20项，争取中央文物保护专项资金6791万元；完成谭嗣同故居消防工程、柳子庙防雷工程、湘阴文庙安防工程等10项工程的检查验收；指导树德山庄消防工程、上甘棠村古建筑群消防工程、魏家寨古城遗址安防工程等。

【不可移动文物的保护和管理】

（一）概况

截至2015年年底，湖南省共有各类文物点20366处，其中全国重点文物保护单位183处，省级重点文物保护单位862处，列入国家大遗址保护项目8个，列入国家考古遗址公园立项项目5个。

（二）大遗址保护

长沙铜官窑出土文物保护方案、陈家坪遗址保护展示工程设计方案、谭家坡一号龙窑内部展陈提质改造方案、炭河里遗址重要青铜器出土地点展示方案、城头山遗址核心区环境整治工程勘察设计方案、城头山遗址南部凸台保护及木桥建设工程设计方案等获国家文物局批复，炭河里国家考古遗址公园建设环境整治方案与遗址本体保护展示方案已批复。

永顺老司城遗址文物本体保护工程获评"第二届（2014年度）全国十佳文物保护工程"。城头山遗址6号遗迹馆本体保护等4个项目竣工并通过验收，遗址博物馆已建成并对外开放；彭头山遗址环境整治与小型展览主体工程完成；八十垱遗址继续结合遗址区百姓需求对遗址本体进行保护；炭河里遗址博物馆建设主体工程完成；长沙铜官窑谭家坡一号龙窑抢救性保护工程竣工并就工程质量进行了前期评估，长沙铜官窑遗址博物馆建设主体工程完成；里耶古城遗址麦茶溪口片区本体保护展示工程正在实施；汉代长沙王陵墓群谷山片区环境整治工程正在进行前期准备工作。永顺老司城国家考古遗址公园9月29日建成开园。

（三）全国重点文物保护单位

1. 近现代重要史迹及代表性建筑

湖南省苏维埃政府旧址、岳阳教会学校、永顺县和龙山县湘鄂川黔革命根据地旧址、邓中夏故居、湘南起义旧址群——彭公庙联席会议旧址胡氏祠堂八角亭、湘南起义旧址群——工农革命军第一军第一师第一团团部旧址沐泉书院、湘南起义旧址群——中共嘉禾南区支部活动旧址萧克故居、湘南起义旧址群——板梁暴动夺枪旧址中村宗祠和树德山庄等国保单位的10个维修工程立项报告获国家文物局审批通过。

湖南省苏维埃政府旧址壁画保护修复工程立项报告、中共湘区委员会旧址保养维护工程立项报告、胡耀邦故居环境整治工程立项报告、湘南起义旧址群——郴县苏维埃政府旧址陈家大屋保护工程立项报告、厂窖遗址保护工程立项报告和厂窖惨案遗址环境整治工程等6个工程立项报告获国家文物局审批通过。

大云山三战三捷摩崖石刻本体保护勘察设计方案和胡耀邦故居环境整治工程方案通过审批。

中共平江县委旧址修缮工程、安江农校纪念园修缮第二期工程、湘南起义旧址群——中共湘南驻汝城特别工作委员会旧址修缮工程、湘南起义旧址群——汝城会议旧址朱家大院保护修缮工程、湘南起义旧址群——桂阳县苏维埃政府旧址保护修缮工程和何叔衡故居、谢觉哉故居、蔡锷公馆的展示利用工程等8个立项报告已报国家文物局待批。

2. 古建筑

澧州古城墙保护规划、澧州文庙保护规划、岳阳文庙保护规划等3个保护规划通过审批。

侍郎坦摩崖石刻群保护规划编制立项、久安背翰林祠保护规划编制立项、阳华岩摩崖保护规划编制立项、新化北塔保护规划编制立项、湘桂古道永州段保护规划编制立项、武冈城墙保护规划编制立项、天心阁古城墙保护规划编制立项、邵阳北塔保护规划编制立项、乾州文庙保护规划编制立项、浏阳文庙保护规划编制立项、朝阳岩石刻保护规划编制立项、王船山故居及墓保护规划编制立项、南岳摩崖石刻保护规划编制立项等13个立项报告通过审批。

岳阳文庙保护修缮工程立项、武冈城墙修缮工程立项、新化北塔壁画保护工程立项、阳华岩摩崖抢险加固工程立项、濂溪故里古建筑群月岩摩崖石刻抢险加固工程立项、新化北塔修缮工程立项、炎帝陵本体保护工程立项、高椅村古建群壁画彩绘保护工程立项、柳子庙展示工程立项、洪江古建筑群财神殿／大佛寺修缮工程立项、湘桂古道永州段修缮工程（一期）立项、澧州文庙修缮工程立项、浏阳文庙修缮工程立项、洪江古建筑群石质文物抢险加固工程立项、上甘棠村古建筑群——月陂亭摩崖石刻危岩加固保护工程立项、南岳庙第四期修缮工程立项等16项工程立项通过审批。

（四）世界文化遗产

按照国家文物局部署，由湖南省牵头组织，联合湖北、贵州开展的三省三地"中国土司遗址"成功入选世界文化遗产名录。

凤凰区域性防御系、侗族村寨（通道、绥宁）等国家世界文化遗产预备名单保护管理工作全面推进。截至2015年年底，省、市、县三级政府及相关部门高度重视，分别成立了专门的工作机构，制订工作制度并投入专项工作经费，各项前期工作取得显著成果。凤凰区域性防御体系申遗文物本体维修、环境整治等基础工作有序推进。侗族村寨申遗完成了遗产的价值研究、文物本体的修缮保护、保护管理规划与申遗文本编制等工作。

中国万里茶道（湖南段）申遗前期工作扎实推进，积极完成万里茶道湖南段申遗推荐点的初步遴选与专家考察工作，全面组织遗产地所在市、县两级政府进一步加强各遗产点的保护管理基础工作。

（五）其他

下发《湖南省文物局关于切实做好抗战文物保护利用工作的通知》，督察指导地方做好辖区内各级别抗战类不可移动文物的排查、保护、展示、开放和管理工作，并开展相关工作充分发挥抗战题材博物馆宣传教育功能。批复抗战类国保大云山三战三捷摩崖石刻的本体保护勘察设计方案和抗战类省保八路军驻湘通讯处旧址（长沙）修缮工程方案。

深入推进28个全国重点文物保护单位和省级文物保护单位集中成片整体保护利用项目，深化省、市、县、乡、村五级文物保护利用联动机制，主动协调传统村落所在地县委、县政府聚合各部门力量，整合多方面资金，融合文物保护和产业发展，形成了合力推进传统村落保护发展的良好态势，已初见成效。同时，组织发挥高校和社科专业人员力量，为传统村落保护利用提供智慧支撑，如支持中南大学中国村落文化研究中心开展相关研究，举办中国传统村落保护与研究论坛，汇聚智慧，凝聚共识，促进保护。引导社会和民间力量、资金参与传统村落的活化利用，湖南省文物局与湖南省文化厅组织11个传统村落参加省政府在香港举办的"港洽周"专题招商活动，开展宣传推介和招商引资引智。

【考古发掘】

（一）概况

基本建设考古方面。批复广空驻长沙部队经济适用住房统建项目等基建工程中的文物调查、勘探项目53个；审查同意长沙铜官窑国家考古遗址公园配套服务项目一期工程等文物调查勘探工作报告20个、石长铁路复线工程等考古发掘工作报告8个。

主动性考古发掘项目申报方面。经积极申报，国家文物局确认炭河里遗址200平方米、城头山遗址100平方米、湘阴文星镇岳州窑遗址800平方米、澧县孙家岗遗址150平方米、保靖四方城500平方米、屈原管理区罗城遗址100平方米，共计1850平方米主动性考古发掘项目。

考古遗产保护利用方面。积极推动万里茶路文物资源的调查与研究，指导武陵山片区考古工作站建设文本编制，推动澧阳平原与环洞庭湖生态经济圈文物资源调研、长沙走马楼三国简牍保护整理项目结项验收等；积极协调里耶、铜官窑、城头山等大遗址出土文物移交事宜。

（二）重要考古项目

1. 孟加拉国毗诃罗普尔遗址

该项目为中孟合作考古项目。发掘历时50余天，考古发掘面积1200平方米，在高僧阿底峡故乡毗诃罗普尔发现两组庞大遗址群，为孟加拉国历史上首次发现。该项目得到新华社等20余家国内主流媒体的关注和报道，获得广泛国际影响。

2. 蓝山县五里坪古墓

该项目为抢救性发掘项目。清理汉晋时期墓葬188座，其中土坑墓160座、砖室墓28座，共出土器物1000余件／套。五里坪古墓群的大规模发掘与发现在湘南地区属首次。此次发现为建立湘南地区汉晋时期墓葬的分期、年代框架的构建以及深入认识湘南地区的埋葬习俗等提供了新的考古资料，也为进一步了解汉晋时期湘南与湘北、岭南之间的文化交流与传播提供了宝贵线索。

3. 岳阳茹山宋墓

该项目为抢救性发掘项目。出土器物46件，是湖南省截至2015年12月发现出土瓷器数量最多、质量最高的宋墓，也是湖南发现的首座真正意义上的宋代仿木构砖室墓。

4. 常德七里桥明代荣王府义官墓群

该项目为抢救性发掘项目。发掘明代墓葬10座，是湖南省常德市截至2015年12月发现规模最大、保存最好、墓葬形制最完整的明代义官墓群。

（三）其他

12月14日，以永顺老司城遗址为代表的中国西南土司遗址考古调查和发现，在上海举办的第二届"世界考古论坛"上荣获"世界重大田野考古发现奖"。"基本建设工程中地下文物调查、勘探、发掘的审核"已被列入湖南省2015年版政府定价行政审批前置服务收费目录清单和涉企经营服务目录清单。组织开展"十二五"期间湖南省优秀考古工地评选活动，并评选出"益阳羊舞岭窑址"等15个优秀考古工地。

【博物馆与可移动文物保护】

（一）博物馆

1. 博物馆建设

全年完成张家界市博物馆、岳阳县博物馆、盛砚砚台博物馆、博汉奇石博物馆等4家新馆的设立备案。截至2015年年底，湖南省依法依规设立的博物馆从130家增加到134家。

湖南省博物馆改扩建工程有力推进，法人治理结构改革顺利完成。长沙市博物馆新馆部分开放；株洲市博物馆新馆、张家界市博物馆新馆正在实施基本陈列布展前期程序工作；湘潭市博物馆新馆基本陈列的布展工程正在实施；娄底市博物馆新馆基本陈列内容方案初稿编制完成，正在进行修改完善；邵阳市博物馆新馆土建工程已完成，基本陈列内容方案已编制完成，正在实施基本陈列布展前期程序工作；常德博物馆老馆改造土建工程正在实施中；岳阳博物馆基本陈列的陈列布展工程已完成；湘西州博物馆新馆正在土建中；郴州市博物馆新馆开建；怀化市博物馆新馆已经确定建设规划。安化黑茶博物馆（安化县博物馆）新馆已建成开馆；岳阳县博物馆馆舍已改扩建完成，"新墙河抗日血战史实陈列"布展完成并对外开放；城头山遗址博物馆新馆已建成，基本陈列的布展工程正在实施。

根据国家文物局的统一部署，湖南省文物局组织开展了2014年度非国有博物馆运行评估工作，并提出了评估结论，形成评估报告。湖南省依法依规设立的17家非国有博物馆中评估合格的14家，不合格的3家。

2015年，纳入中央免费开放范围的77家免费开放博物馆、纪念馆运转良好。截至11月30日，湖南省免费开放和实行低票价的博物馆、纪念馆参观人数总计近2700万人次，共推出临时展览215个。为深化博物馆免费开放，践行"保护成果　全民共享"，由湖南省文化厅、湖南省教育厅主办，湖南省文物局、湖南省博物馆承办的湖南省"百馆微展览进校园、进社区、进企业"活动，旨在通过该活动，使每一座博物馆（纪念馆）与所在城市的大中小学校、社区、大中型企业建立固定的馆校、馆社、馆企长效联系机制，提供博物馆文化作品服务，提高和扩大社会对博物馆工作的参与度和参与面，使公共文化服务的社会效益最大化。

2．博物馆间的交流与合作

湖南省博物馆与首都博物馆联合举办"凤舞九天——楚文物特展"，与湘江新区规划展示馆举办"湖南出土的商代晚期青铜器"和"艺术长沙"展览，与北京市劳动人民文化宫联合举办"知古鉴今——《资治通鉴》展"等。

3．重要陈列展览

组织开展湖南省十年（2006～2015）博物馆精品陈列展览评选活动，"中国出了个毛泽东"等20个陈列展览获评精品奖。

配合湖南抗日战争纪念馆建设，完成全省抗战文物资料征集普查阶段的工作，形成全省抗战文物清单；完成湖南抗日战争纪念馆基本陈列"中流砥柱　血肉长城——湖南抗日战争历史陈列"的大部分文物展品的征集，配合省委宣传部完成了该陈列的布展工作；配合省委宣传部完成中国人民抗日战争胜利受降纪念馆"胜利的见证——中国人民抗日战争胜利芷江受降史实陈列"的改版改造提质，配合省委宣传部完成了厂窖惨案遇难同胞纪念馆基本陈列改版改造提质工作；指导完成岳阳县博物馆基本陈列"新墙河抗日血战史实陈列"的布展工作。

（二）可移动文物保护

截至2015年年底，湖南省各博物馆、纪念馆馆藏国家三级以上文物64835件／套。

启动湖南省文物考古研究所实验室与文物保护基地项目。

2015年，湖南省文物局组织各相关单位编制的《韶山毛泽东纪念馆馆藏纺织品保护修复方案》等12个可移动文物保护修复及馆藏文物预防性保护、数字化保护方案获国家文物局审批通过。

（三）第一次全国可移动文物普查

完成538家国有单位在全国可移动文物信息登录平台的登记注册；完成全省文物系统外国有单位文物认定工作，共确定文物系统外有文物收藏的单位231家，认定文物22万余件／套。

文物信息采集登录进展突出。文物认定程序完成后，湖南省确定需采集登录全国可移动文物平台的文物为88万余件／套。2015年，全省已完成35万余件／套文物的采集和登录工作，登录完成率40％。

湖南省普查办公室编印9期（总31期）普查简报印发各地。

【社会文物管理】

印发全国首创的《文物拍卖标的审核申报格式文本》，该文本是对全省民间收藏（社会）文物流通和商业经营规范管理的重要举措之一；下发《关于同意委托湖南省文物交流鉴定中心承担文物拍卖标的拍前实物审核工作的复函》，全方位规范文物拍卖中拟拍品实物审核的管理。

为进一步加强对湖南省文物商店的监督管理，促进文物商店的持续健康发展，印发了《关于开展全省文物商店有关情况调查工作的通知》，组织在全省范围内对文物商店的有关情况开展了调查。调查完成后，湖南省文物局发出《关于全省文物商店调查情况的通报》，通报了调查的总体情况及调查对象单位存在的主要问题，对下一步工作提出了明确要求。

【科技与信息】

湖南省考古所开展了湖南古代传统灰浆工艺复原及其应用研究、湖南炭化水稻的研究、库房文物三维信息的存储与数字建模技术的应用研究、考古工地三维建模可视化展示研究、脱水在文物库房中的保存监测；开展南方土遗址加固材料筛选及加固效果评估、戊二醛饱水木质文物脱水定型修复工艺及新型交联剂加固计筛选研究等多个项目研究。

湖南省博物馆启动图片管理系统并录入约7万张各类照片，完成"博物馆项目管理系统"开发、测试。

【文博教育与培训】

组织举办湖南省2015年度文物保护工程专业人员培训、全省普查数据审核培训班、第二批国保省保集中成片传统村落整体利用培训班、全省文物执法和巡查档案制作培训班等，培训近500人次。

组织10名学员分2期参加国家局举办的"全国县级文物行政部门负责人培训班"，至此，湖南省122县市区文物行政部门负责人通过5年时间完成轮训；选派10余人参加中国古代建筑油饰彩画传统工艺及修复保护培训班、文物保护工程勘察与方案设计培训班、玉石鉴定班、中国传统木结构建筑营造技艺研讨班、展览策划培训班等。

【文博宣传与出版】

利用文化遗产日、国际博物馆日等文物节庆开展集中宣传，主办全省文物保护成果全民共享现场经验交流会、百馆微展览三进活动、丹青绘遗产等活动；在《中国文物报》发表展现湖南文物工作成就及文物工作者风采的专稿、专版；在国家文物局红楼橱窗组织以"大美三湘"为主题的湖南文化遗产户外展览；编辑出版3期《湖南省文化遗产》杂志。岳麓书院与凤凰网联合推出"国学频道"。湖南省博物馆、省考古所等在期刊和学术会议上公开发表各类学术论文270篇，出版著作19部，完成《湘阴麦山》《岳阳唐宋墓》及《巫山麦沱》等大型考古发掘报告。

【机构及人员】

截至2015年9月30日，湖南省共有国有文博机构220个，从业人员4112人，其中包括在编人员2752人、临时聘用及返聘人员1360人。从专业技术职称来看，各类专业技术人才718人，其中副高级及以上职称190人、中级职级528人；从学历来看，本科及以上学历人员1552人。

老司城遗址成功申报世界文化遗产后，经湖南省人民政府同意，湖南省文化厅、湖南省人力资源和社会保障厅决定，授予湖南省文物考古研究所、永顺县老司城遗址申遗办（管理处）、永顺县文物管理局等20个单位"老司城遗址成功申报世界文化遗产先进单位"称号"。

【对外交流与合作】

成功与意大利罗马威尼斯王宫合作举办"马王堆文物特展"、在美国加利福尼亚宝乐博物馆举办"齐白石艺术大展"、与法国吉美亚洲艺术博物馆举办"汉风展"、与香港历史博物馆举办"汉武盛世展"，引进美国激扬美术学会联合主办的"安迪·活霍乐与摄影"展等。意大利佛罗伦萨特罗奇博物馆馆长、旧金山亚洲艺术博物馆馆长及哥伦比亚大学老师来访。

中国
文物年鉴
2016

广东省

【概述】

2015年，广东省文物系统紧紧围绕党和国家大政方针，稳中求进、改革创新，各项工作取得显著成效。在指导思想上，深入学习贯彻习近平总书记关于保护历史文物的重要指示，坚持"保护为主、抢救第一、合理利用、加强管理"的文物工作方针，坚持依法保护，科学保护。在管理方式上，继续推进行政审批制度改革，全面落实国务院规范行政审批管理的要求，加强事中、事后监管，加快培育社会组织。在基础工作中，狠抓工程管理和方案审批，大力开展省级以上文物保护单位保护规划编制和"四有"工作，努力夯实文物保护管理基础。

【执法督察与安全保卫】

进一步夯实文物安全基础。结合抗战胜利纪念活动，加强对抗战史迹的保护利用工作，广东省文物局组成两个检查组对珠海市、中山市等6个抗战文物比较集中的市进行检查。督办湛江国保单位唐氏墓群、珠海市省级文物保护单位"大王宫工丈"摩崖石刻、湛江省级文物保护单位新坡广济桥、揭西县文物保护单位中华医院被损毁等文物安全事件。制定《广东省文物安全巡查制度》初稿。完成全省文物行政执法人员信息采集工作；制定《广东省文物古建筑夏季消防安全检查工作方案》并完成检查；审核文物保护单位、博物馆的安防、消防、防雷工程20余项；办理各级各类文物安全信访件10余件。

【不可移动文物的保护与管理】

（一）概况

广东省现有文物普查登记点37156处，其中核定公布为不可移动文物的25159处。全省现有世界文化遗产1处；全国重点文物保护单位98处，省级文物保护单位615处（含水下文物保护区2处）；国家大遗址3处，省级大遗址8处。全省现有国家历史文化名城8座，省级历史文化名城15座；国家级、省级历史文化名镇名村91个（其中国家级名镇10个、名村15个）；中国历史文化名街5个；中国历史文化街区1个，省级历史文化街区20个；中国传统村落126个，广东省传统村落186个。

（二）全国重点文物保护单位

全年共审核、审批全国重点文物保护单位保护工程18项，其中古建筑类13项、近现代类5项；审核并向国家文物局上报3处在文物保护单位保护范围和建设控制地带内进行的建设工程方案；组织专家对4处文物保护工程进行竣工验收。

（三）世界文化遗产

积极推进广东省海上丝绸之路申报中国世界文化遗产预备名单各项工作。5月，经广东省政府同意，印发《广东省海上丝绸之路史迹申报世界文化遗产工作方案》到相关市人民政府。8月11日，广东省文化厅举办"广东省海上丝绸之路文化遗产保护研讨会"，国家世界文化遗产专家、广东省内相关高校和科研单位的专家学者和澳门特别行政区文化局的代表，以及广州、汕头、江门、阳江、湛江、潮州等申遗城市政府和文物主管部门负责同志参加了会议。8月底，广东省海上丝绸之路6个申遗城市的申报材料按时报送至国家文物局。

此外，广州的南越国遗迹和海上丝绸之路遗产已列入中国世界文化遗产预备名单。

（四）抗战史迹的保护利用

2015年4月，广东省文化厅组成两个检查组抽取了珠海市、中山市、云浮市、东莞市、深圳市、韶关市等6个抗战文物比较集中的市进行检查。重点抽查珠海市三灶岛侵华日军罪行遗迹，中山市珠江纵队司令部旧址（古氏宗祠），云浮市蔡廷锴故居、三罗民众抗日指挥部旧址，东莞市大岭山抗日根据地旧址，深圳市土洋东纵司令部旧址，以及韶关市中共广东省委中共粤北省委机关旧址、薛岳故居等全国重点文物保护单位和省级文物保护单位。5月，以广东省文化厅上线民声热线为契机，广东省文物局对广州的新一军公墓、粤军第一师纪念碑、增城正果镇白面石村抗日阵亡将士纪念亭、白云区日军修建机场和飞机库遗址和侵华日军碉堡群进行专题调研。

【考古发掘】

（一）概况

2015年组织广东省内考古单位配合大型基本建设工程进行文物考古调查、勘探和发掘，全年累计完成文物调查、勘探项目50多个，线型项目总长度约2000千米，调查面积达150万平方米，发现各类遗址、墓葬、遗物点等古代文化遗存200余处；发掘项目10多个，发掘面积近3万平方米。主动性发掘项目"郁南磨刀山遗址"是广东省内首次进行科学考古发掘的露天旧石器遗址，填补了广东旧石器时代早期文化遗存的空白，把广东人类活动的历史大幅提前至数十万年前，是广东史前考古的重大突破，被评为"2014年度全国十大考古新发现"。

（二）重要考古项目

1. "南海Ⅰ号"保护发掘项目

2015年度"南海Ⅰ号"沉船考古发掘季为3月9日～5月26日，期间发掘出土各类小件文物1678件／套。部分瓷器、银器、铜器、漆器和印章等是本季新品种，具有非常高的艺术价值和历史价值。

2. 上下川岛水下考古调查项目

上下川岛水下及陆地考古调查项目是2015年国家文物局水下文化遗产保护中心重点项目之一，2015年5月台山上下川岛水下考古调查正式开展。上下川岛是海上丝绸之路水下文化遗存的富矿区，由于采用了陆地结合水下，物探结合潜水的全方位方式，取得了较好的成果。共发现两处重要的陆地遗址，一条沉船和一个水下遗物点，收集到沉船资料5处。物探调查梳理出约30处疑点，物探扫测范围超过4平方千米。采集各类遗物过百件，年代横跨新石器时期到清代。

3. 南澳海域水下考古调查项目

2015年7月，在"南澳Ⅰ号"东北约330米的位置，又发现另一艘古代沉船。广东省考古所组织调查队经过近15天的水下调查，对包括"南澳Ⅰ号"在内的6万平方米的范围进行了大范围的物探扫测，结合扫测结果分析，选取了7个可疑点，用排除法最后确定了沉船的准确坐标，采集数十件完整或可复原的瓷器。根据鉴定和相关资料分析，沉船的年代为南宋晚期。

中国
文物年鉴
2016

【博物馆与可移动文物保护】

（一）博物馆

截至2015年年底，全省依法设立博物馆263家，其中国家一级博物馆4家（位居全国第5位），国家二级博物馆20家（居全国第1位），国家三级博物馆25家（与湖北省并列第2位）。全省共有国有博物馆194家，其中隶属文化文物系统的165家。全省共有免费开放的博物馆245家，收费博物馆18家均为符合国家规定可以收费的古建筑、古遗址、古墓葬类国有博物馆和少量非国有博物馆。

出台《广东省国有博物馆运行评估标准（试行）》，11月启动全省国有博物馆运行评估工作。继续开展博物馆免费开放工作，重新核定中央补助地方博物馆、纪念馆免费开放专项补助资金。完成广东省博物馆理事会改革试点工作任务，出台博物馆章程，吸纳专业人士、各界群众参与管理。

丰富博物馆展览。新推出"石湾生肖羊陶塑与羊文化展""纪念甲午战争120周年"等7个展览，另有15个展览送到了省内28家文化单位展出，吸引观众65万人次。由广东省文化厅与新疆维吾尔自治区文化厅联合主办的"南粤隽秀——广东省博物馆藏岭南画派精品特展"于5月中旬在新疆维吾尔自治区博物馆举行首站展出，7月下旬在昌吉自治州博物馆展出。

扶持民办博物馆发展。开展国有博物馆与民办博物馆的对口帮扶活动，支持省内24家重点博物馆发展资金700万元。2015年广东省省年检合格的民办博物馆有63家，比2014年增加了19家。为了使民办博物馆的管理更加规范，广东省文物局组织省文物鉴定委员会对16家民办博物馆进行了巡回鉴定，并开展了3次专项督察。

（二）第一次全国可移动文物普查

2015年是第一次全国可移动文物普查数据登录年、数据审核年、质量保障年。按照国家普查办和省政府工作部署，对照"文物收藏量在10万件以下的收藏单位全部完成普查登录任务，省级博物馆、考古所、文物商店等大型文物收藏单位应完成70％普查登录任务"的年度工作目标，全省各地普查办全力以赴推进普查工作。

截至12月31日，全省已注册收藏单位498家，居全国第9位；已登录藏品709654件／套，居全国第5位（实际数量为1558260件，居全国第8位）。同时，抓紧推进数据审核工作，并对完成审核的部分地市、收藏单位进行质量验收。

【社会文物管理】

加强对文物市场的监督管理，规范文物经营活动和民间文物收藏行为，促进文物市场健康发展。

强化对文物拍卖经营活动的管理，规范资质审查、资格审批、拍卖标的审核备案和文物拍卖企业的年检制度，对具有文物经营资质的3家单位及其分店进行了年审。全年共审核文物拍卖企业举办的拍卖活动29场，审核文物标的6314件。

【科技与信息】

促进文化遗产保护管理规范化、程序化和标准化建设。委托科研单位和社会组织开展"不可移动文物分级分类保护管理与利用""海上丝绸之路遗迹调查与研究""珠三角建筑遗产利用模式""历史文化名镇名村和文物保护单位保护规划编制指引""不可移动文物认定参考标准""文物保护工程管理工作规范"和"国有博物馆运行评估标准"等课题研究。

【文博教育与培训】

举办建筑遗产合理利用研讨班。广东省文物局面向国内以及港澳地区公开征集建筑遗产合理利用方面的论文,得到了积极响应。

此外,2015年还相继举办了广东省民办博物馆馆长培训班、广东省2015年文物保护管理培训班、广东省田野考古培训班、广东省文博系统书画装裱第一期培训班、广东省2015年书画古籍版本鉴定培训班,并举办了3期第一次全国可移动文物普查培训班。

【文博宣传与出版】

举办国际博物馆日主场活动。5月17日,广东省"国际博物馆日"主会场活动在惠州市博物馆举行,粤港澳三地近40家文博单位设立摊位向公众展示自身特色。活动内容包括"保护遗产、传承发展"图片展,《博物馆条例》宣传活动,民办博物馆宣传展示,粤港澳三地博物馆宣传展示,国有博物馆与民办博物馆签订对口帮扶协议,评选广东省"最具创意博物馆"和"最佳做法博物馆",免费鉴宝,文物鉴赏和讲座等。

完成第三次全国文物普查成果名录《广东文化遗产》(共十三册),编辑出版《广东文化遗产——海上丝绸之路史迹》《广东省建筑遗产活动利用论文集》等一批反映广东省文化遗产特色的书刊。

【对外交流与合作】

粤港澳三地继续开展"海上瓷路——粤港澳文物大展""岭南印记——粤港澳考古成果展""粤港澳藏孙中山次女孙琬、戴恩赛文物联展""岭南派艺术传承——赵少昂作品大展"等合作展览。6月15日召开的粤港澳文化合作第十五次会议上,三地共同签订了《粤港澳区域博物馆证协议书》,并就2016年的展览合作、专业交流、人才培训以及馆际合作等进行了商讨。

【其他】

广东省文物局25项行政许可事项已全部进驻网上办事大厅办理,按照网上办事大厅建设标准优化办事程序,简化办事环节,明确办理时限,公开权责运行流程。另有行政检查4项、行政指导4项、行政确认2项和其他事项24项,将逐步参照行政审批标准规范管理。

将文物保护工程乙(二)级及以下资质审批职能转移给广东省古迹保护协会,经过评审,新增22家资质单位。

推广购买服务,已通过合同、委托、采购等方式,公开向社会购买文物档案资料整理、工程方案技术评估、工程竣工技术验收和各类科研课题。

中国
文物年鉴
2016

广西壮族自治区

【概述】

2015年，广西各项文物工作进展顺利。国家和自治区共投入4亿多元用于文物保护，实施左江花山岩画文化景观、桂林甑皮岩遗址、柳州旧机场及城防工事旧址一期等重点文物保护展示、环境整治工程以及各类考古调查、勘探、发掘工作100多项，抢救保护了大批文物，在多个学术领域取得重要学术成果。超额完成百家博物馆建设任务，继续开展第一次可移动文物普查工作，广西民族博物馆"BEIXNUENGX（贝侬）——壮族文化展"荣获第十二届全国十大陈列展览精品奖。

【执法督察与安全保卫】

2015年，编制完成18个全国重点文物保护单位安防消防防雷项目立项申报和设计方案。3~4月，广西各级文化（文物）部门共检查建筑类文物保护单位942处，排查消防安全隐患189处，完成隐患整改153处。4月，自治区文化厅和广西公安消防总队组成联合督察组，对14个设区市的文物消防安全工作进行督察。

妥善处理两起媒体炒作的文物保护突发事件；组织力量追缴武鸣县出土的铜鼓，移交给武鸣县博物馆保管收藏；完成9起案件涉案文物鉴定工作。

自治区文物管理机构对纳入中国传统村落整体保护利用项目的8处国家级、自治区级文物保护单位的传统村落开展文物保护专项检查工作，对灵川县九屋镇江头村等5个传统村落文物保护情况进行现场检查，相关市、县文物管理机构对传统村落的建筑类文物保护单位进行自查和整改。

【不可移动文物的保护和管理】

（一）概况

先后完成桂林甑皮岩遗址、柳州旧机场及城防工事旧址一期、钟山英家戏台等一批文物保护与展示工程。编制灵山大芦村古建筑群、富川瑶族风雨桥群、兴安水源头村古建筑群、明清海防——防城港白龙炮台、龙骧炮台、杨瑞山墓等一批中国传统村落、抗战文物、全国重点文物保护单位、大遗址维修保护方案，以及合浦汉墓群、高岭坡遗址、秦城遗址、顶蛳山遗址等一批文物遗址的保护规划。审批共青团南宁地委旧址、藤县授三公祠、大新县养利古城南门楼等一批文物行政许可项目。开展桂林靖江王陵靖江昭和王陵、安肃王陵、温裕王陵遗址、灵川江头村和长岗岭村古建筑群（爱莲家祠）、贺州临贺故城、陆川谢鲁山庄等一批文物保护工程竣工验收。完成桂林甑皮岩国家考古遗址公园文物保护与展示工程及配套服务设施建设。推进合浦汉墓群金鸡岭重点保护区汉墓葬群保护及保存环境治理工程、考古勘探发掘。争取国家文化和自然遗产保护设施建设中央预算内投

中国
文物年鉴
2016

资5290万元专用于三江侗族自治县程阳永济桥、崇左市花山岩画等文物保护设施建设。组织开展国家历史文化名城、中国传统村落、"美丽广西"、广西特色名镇名村建设等涉及的文物保护项目。八路军桂林办事处旧址被列入国务院公布的第二批中国抗战纪念设施、遗址名单。藤县文物保护展示用房建设项目、北海近代建筑群保护设施建设项目稳步实施。

（二）大遗址保护

完成桂林甑皮岩遗址国家考古遗址公园文物保护与展示工程以及配套服务设施建设。成功举办大遗址保护与旅游融合高峰论坛暨国家考古遗址公园联盟第五届联席会。积极推进合浦汉墓群禁山、金鸡岭重点保护区涉及建设用地范围的考古勘探发掘工作及保存环境治理工程。验收靖江昭和王陵、安肃王陵、温裕王陵遗址保护工程。组织编制明清海防——防城港白龙炮台、龙骧炮台、杨瑞山墓、北海地角炮台等一批大遗址维修保护方案。

（三）世界文化遗产

左江花山岩画文化景观申报世界文化遗产工作进展顺利，被列入2015年自治区政府工作报告和自治区领导联系推进的重大项目（事项）。自治区人民政府批准公布实施《左江花山岩画文化景观保护管理总体规划》。2015年争取国家专项补助资金6300多万元用于左江花山岩画文化景观保护性展示工程、监测预警体系建设等项目。完成左江花山岩画文化景观遗产区内环境整治、基础设施建设和左江花山岩画文化景观展示中心（崇左市壮族博物馆）、宁明花山岩画保护监测站（宁明花山岩画展示中心）陈列布展。为配合花山岩画文化景观申遗工作，调查试掘龙州县大湾贝丘遗址。完成申遗网页建设及开通。通过联合国教科文组织世界遗产委员会国际咨询评估机构专家现场考察评估和世界遗产委员会委托的专家组织视频咨询评估，列入正式向世界遗产大会推荐名单。

此外，积极推进灵渠、海上丝绸之路、三江侗族村寨保护、管理、研究、展示等申遗基础工作。派员参加国家文物局召开的海上丝绸之路保护和申遗工作会议，指导钦州、防城港、梧州、玉林等4市开展遗产点辨认、遴选工作，督促北海市做好相关遗产点的保护、管理与展示工作，推进合浦汉墓群等遗产点保护及金鸡岭重点保护区考古勘探发掘工作。配合海上丝绸之路申遗工作完成合浦县英罗窑遗址试掘，开展钦州市、玉林市"海上丝绸之路"遗产点调查、试掘、价值研究等工作。

【考古发掘】

（一）概况

2015年，广西考古机构配合水利、电力、铁路、公路等国家和自治区重点工程，组织实施左江治旱工程驮英水库及灌区、合浦至湛江铁路、大藤峡水利枢纽、邕宁水利枢纽、乐业至百色高速公路等20余个项目的考古调查、勘探工作；完成大藤峡水利枢纽工程涉及的桂平弩滩村明代巡检司城址、上林县智城唐代城址等考古发掘项目，全年发掘面积4800平方米、出土器物1100件／套。

组织开展那文化（稻作文化）、骆越文化田野考古工作，调查试掘隆安县娅怀洞洞穴、田东县利老大石铲遗址等，出土一批重要文物，取得重要学术成果。开展现代人类起源等课题研究，成立左江花山岩画研究中心、灵渠研究中心等。7～8月，与国家文物局水下文化遗产保护中心开展防城港市防城区江山乡白龙村怪石滩（江山半岛西南端）附近海域水下文化遗产调查，出土一批陶瓷器。

（二）重要考古项目

1. 防城港庙厂万口海域水下文化遗产调查项目

7~8月，为落实国家"一带一路"战略，探究北部湾水下文化遗产，广西文物保护与考古研究所联合国家文物局水下文化遗产保护中心共同组织实施了防城港海域水下考古调查。

本次调查围绕水下遗存线索点，对防城港市防城区江山乡白龙村怪石滩（江山半岛西南端）附近海域的4个区域进行物探扫测，总扫测面积约2329155平方米，在珍珠港出海口发现1处沉船疑点，经确认为现代铁质船，在怪石滩海域搜索发现唐代至清代的陶瓷器。同时对国家海洋局第三海洋研究所提供线索的位于中越边境的3处沉船疑点进行了排查，确认为现代铁质船（2艘）或木质船。综合遗物、古迹、史籍判断，防城港海域是古代北部湾海路必经之地，是古代官商往来、军旅海防、物资转运的一个重要节点。

2. 桂平弩滩村巡检司城址考古项目

滩村巡检司城址位于桂平市南木镇弩滩村一队黔江东北岸的二级台地上。该城址建于明嘉靖十六年（1538年）左右，发现于1975年。

为加快大藤峡水利枢纽工程的考古工作，2015年10月，广西文物保护与考古研究所联合四川大学历史文化学院考古学系对弩滩村明代巡检司城址进行考古发掘工作，发掘面积5100平方米。城址平面呈长方形，西北—东南向，面积约19400平方米。城内发现道路2条、房址30座、作坊1处、沟62条、水井2口、灰坑106个、地面13处。城址西北角发现一处铁器锻冶作坊，锻冶炉及其周围出土少量铁块及铁砂。房址主要发现于城址南部及东部，多数仅见柱洞，少数残存砖石墙基。出土的陶瓷器以青花瓷为主，占全部出土陶瓷器的70%以上。另发现少量钱币、铜镜、砚台、黛砚、铁器等。弩滩村巡检司城址是全国首次对明代巡检司遗址进行考古发掘，具有重要的学术价值和意义，有助于深化明朝中央政府在边疆民族地区基层军政机构设置情况的认识，有助于认识明代广西地区的民族关系及社会发展，也为考古学研究增添了新的资料。

3. 合浦县英罗唐代窑址及宋代遗址考古项目

英罗窑址位于北海市合浦县山口镇英罗村委东面约300米塘尾水库东西两岸的斜坡上，1993年列为合浦县文物保护单位。

4~6月，广西文物保护与考古研究所会同合浦县文物管理局对英罗窑址进行考古调查及试掘，发现唐代及宋代遗存。残存的窑址主要位于堤坝以南敞开的东西两段斜坡上，东段约长50米，西段残长150米。试掘面积111平方米，文化堆积分为表土层、宋代文化层和唐代文化层。唐代遗迹有龙窑1座、练泥坑1组，龙窑两侧为废品堆，遗物有陶瓷器、泥范、烧土等。宋代遗迹有灰沟、灰坑，遗物有陶瓷器、铁器、砖瓦构件等。英罗窑址是一处唐代的窑口、宋代的聚落遗址。目前在北部湾沿岸的防城港、越南等地发现有类似于英罗窑址出土的唐代瓷器。

4. 龙州县大湾贝丘遗址考古项目

大湾贝丘遗址位于龙州县龙州镇岭南村大湾屯东北约1000米处的左江上游（丽江段）右岸一处台地上，距今6000年左右，属于新石器时代中晚期，发现于2008年，分布面积约400平方米。

为配合左江花山岩画文化景观申报世界文化遗产工作，11~12月，广西文物保护与考古研究所会同龙州县文物管理所对大湾贝丘遗址进行考古发掘工作。试掘面积32平方米，发现红烧土遗迹、灰坑和墓葬等少量新石器时代的文化遗迹。出土新石器时代遗物700多件，以石器为主，另有少量蚌器。发现了大量的水陆生动物遗骸，初步判断有猪、鹿、鼠、鱼等。从地层堆积、遗迹和出土器物综合来看，大湾贝丘遗址与左江流域其他贝丘遗址文化面貌差别不大，应同属一个地方类型。

5. 隆安县娅怀洞遗址考古项目

娅怀洞遗址位于隆安县乔建镇博浪村博浪屯的一座孤山上，发现于2014年，由前洞厅和内洞两部分组成，占地面积100多平方米。

为配合那文化（稻作文化）研究课题，5～12月，广西文物保护与考古研究所会同隆安县文物管理所对娅怀洞遗址进行考古试掘工作。试掘面积15平方米，发现用火遗迹，出土石器、陶器、骨器、蚌器等文化遗物10000多件。娅怀洞遗址堆积深厚，文化内涵十分丰富，遗物众多，延续时间长，包含了新、旧石器时代不同时期的文化遗存。此次出土的石制品数量巨大，文化面貌独特，对于研究广西地区史前文化具有重要意义；出土的大量动植物遗存，为研究这一地区史前人类的生业经济、复原古代环境提供了珍贵的实物资料。

6. 田东县利老遗址考古项目

利老遗址位于田东县作登乡大板村大勤屯南面的利老坡上，于2010年文物调查时发现，2012年田东县人民政府公布为田东县文物保护单位。

9～12月，为配合广西那文化（稻作文化）研究课题，广西文物保护与考古研究所会同田东县博物馆对利老遗址进行发掘。发掘面积600平方米，共发现新石器时代灰坑10个、沟1条，沟内出土大量石器、陶器标本。墓葬3座，均为长方形竖穴土坑墓，出土了陶壶及陶杯，无论器形还是纹饰均为广西此前所未见。除陶器外，墓葬中还发现石铲和砾石随葬的现象。遗物主要有石器和陶器两大类。从目前发现情况看，遗址文化面貌较为独特，是一种新发现的考古学文化类型。遗址出土的石铲不仅磨制精美，而且造型独特，具有强烈的礼器特征，是广西目前发现的一种新型石铲形态。另外出土的筒形陶杯为广西史前考古中首次发现。在陶壶、陶杯上装饰的成组勾连云纹，一改广西史前陶器纹饰单一、布局杂乱的情况，表明遗址所属群体在审美艺术方面有了长足的进步。

【博物馆与可移动文物保护】

（一）博物馆

"十二五"期间，广西共建设博物馆153家，其中国有企业博物馆16家，新增民办博物馆55家、行业博物馆82家。

2015年广西有112家博物馆、纪念馆免费向公众开放。各级各类博物馆、纪念馆、文物管理所收藏文物50.86万件／套，其中一级文物382件／套、二级文物5395件／套、三级文物67023件／套。全年新征集文物26730件／套。

广西博物馆和昆仑关战役博物馆等10多家博物馆举办抗战主题展览，其中广西博物馆举办的"广西人的抗战——纪念中国人民抗日战争暨世界反法西斯战争胜利70周年展览"入选国家文物局向全国重点推介的抗战主题展览项目。举办"那山那水那人——广西壮族文化展""广西人的抗战——纪念中国人民抗日战争暨世界反法西斯战争胜利70周年展览""美丽广西·五彩八桂民族服饰文化展"等基本陈列和临时展览498个，观众人数达到1825.05万人次。广西博物馆参加的"丝路帆远——海上丝绸之路文物精品九省（自治区）联展""茶马古道——八省（自治区）文物特展"在国内巡展。广西民族博物馆策划实施的"BEIXNUENGX（贝侬）——壮族文化展"陈列获评第十二届（2014年度）全国博物馆十大陈列展览精品奖，是全国首个荣获精品奖的民族文化专题陈列。崇左市壮族博物馆策划实施的左江花山岩画文化景观展示中心有力支持了左江花山岩画文化景观的申遗工作。

（二）可移动文物保护

2015年，国家、自治区安排可移动文物保护专项补助经费4246万元，组织开展广西民族博物馆纺织品、广西文物保护与考古研究所馆藏合浦县文昌塔汉墓群出土金属文物、广西壮族自治区博物馆馆藏书画等文物保护与修复工作，广西民族博物馆、广西壮族自治区博物馆、桂林博物馆等博物馆可移动文物预防性保护工作。

（三）第一次全国可移动文物普查

继续开展第一次全国可移动文物普查工作，并按照时间节点完成普查第二阶段文物数据登录工作。全区274家国有收藏单位全部完成在全国可移动文物信息登录平台上的注册和登录，登录藏品327624件／套（实际数量965228件）。

【文博教育与培训】

2015年，广西先后举办馆藏文物预防性保护技术、可移动文物普查数据审核与管理、《博物馆条例》学习、广西文物行政执法、广西村史室建设指导、文物陈列展览讲解技巧等专题培训班8期，培训文博专业人员近300人。选送文物管理和专业技术人员参加国家文物局、中国文化遗产研究院举办的各类文物修复技术、陈列展览、文物保护方案编制等培训班。组织广西文物保护研究设计中心、广西文物保护与考古研究所相关人员参加文物保护工程专业人员培训班，参加国家文物局、中国古迹遗址保护协会组织的文物保护工程专业人员考试。

【文博宣传与出版】

广西民族博物馆举办的"三月三""畅享民歌""看见""我与花山"，广西博物馆举办的"品味广西""少儿民族服装秀""知识堂""暑期训练营"，广西自然博物馆举办的"手拉手""进学校、进社区、进乡村"等免费开放活动均受到广大市民青睐。

出版《2009～2013年度合浦汉晋墓发掘报告》《城镇化与古村落保护论文集》《左江花山岩画文化景观》《左江花山岩画论文选集》《左江花山岩画研究报告集》《左江右江流域考古》等图书。

【机构及人员】

截至2015年年底，广西共有各级文物博物馆机构206个，其中文物行政主管部门7个，博物馆（纪念馆）124个（国家一级博物馆1个、二级博物馆6个、三级博物馆17个），文物管理所（站）67个，文物商店4个，文物考古研究所1个，文物考古工作队（考古队）2个，文物保护研究设计中心1个，自治区、市、县三级文物保护网络健全。

全区文博系统从业人员2595人，比上年增加351人。专业技术人员1106人，其中正高级职称40人、副高级职称84人、中级职称429人。

【对外交流与合作】

6～9月，国家文物局和香港特区政府康乐及文化事务署在香港历史博物馆举办"汉武盛世：帝国的巩固和对外交流"，广西有21件／套文物参展。

7月，广西民族博物馆在台湾佛光山佛陀纪念馆举办"美丽广西·五彩八桂民族服饰文化展"。

9月，广西民族博物馆参加的中美民族博物馆合作项目——"中国西南部拼布艺术展"在美国密歇根州展出。

10月15～17日，广西举办首届中国—东盟那文化（稻作文化）论坛，越南、泰国、老挝、柬埔寨、缅甸、印度、澳大利亚等国家和国内相关领域的知名专家、学者近30人参与探讨。

12月8日，依托武鸣县元龙坡、安等秧古墓群发掘30周年，举办广西骆越文化研究学术座谈会，广西骆越文化研究的影响逐步扩大。

【其他】

2015年，召开自治区文博系统以及广西民族文化艺术研究院高级专业技术人才座谈会、广西博物馆协会各专业委员会成立大会和第二届理事长会议、中国古代铜鼓研究会第五届理事会第二次会议等。

9月29日，组织召开全区文博系统高级专业技术人才座谈会，全区100多名文博系统以及广西民族文化艺术研究院的高级专业技术人才参加了此次座谈会。此次座谈会是广西首次召开的全区文博系统高级专业技术人才座谈会，对广西文博事业的发展起到了积极的推动作用。

11月18～20日，由国家文物局指导，国家考古遗址公园联盟、中国社会科学院考古研究所、自治区文化厅、桂林市人民政府共同主办的全国大遗址保护与旅游融合高峰论坛暨国家考古遗址公园联盟第五届联席会在桂林市举行。会议通过了《大遗址保护与旅游融合桂林宣言》。

海南省

【概述】

2015年，海南省政府及文物行政主管部门按照"保护为主、抢救第一、合理利用、加强管理"文物工作方针和文物保护基本原则，按照国家文物局和省委、省政府工作部署和要求，切实落实各项文物基础工作和重点项目，取得了显著的成绩。

【执法督察与安全保卫】

海南省政府及文物行政主管部门切实落实国家文物局关于开展2015年度文物执法检查工作的系列部署，及时向全省文化文物部门发出通知，进一步加强对全省文物消防安全工作的监管。明确要求各市县要加强检查防范，措施到位，不留死角，确保文物安全。

2015年，海南省文化市场行政执法总队不断加强文物安全检查与行政执法力度，先后多次巡查国家级文物保护单位、省级文物保护单位、市县级文物保护单位等。全省总体情况良好，没有文物案件和文物行政执法案件发生。

2015年元旦期间，国保单位海口秀英炮台外围建筑工地施工时，挖出了一块写有"秀英炮台"字样的牌匾，施工单位立即停止施工并向省市有关部门报告。海南省文物局与省文化市场行政执法总队接到报告后，立即赶往海口秀英炮台外围建筑工地查明情况，要求海口秀英炮台管理处加强保护现场等待有关专家鉴定。

【不可移动文物的保护和管理】

截至2015年，海南省共有国家重点文物保护单位24处、27个点，省级文物保护单位216处，市县级文物保护单位375处。

海南省全国重点文物保护单位"四有"工作基本完成，安全状况良好。目前儋州故城、海瑞墓、美榔双塔、丘濬故居、丘浚墓、东坡书院、五公祠、中共琼崖一大旧址等8处设立了专门的管理处，其他单位由当地文体局设专职人员负责管理。落笔洞遗址、儋州故城、海瑞墓、丘浚故居及墓、东坡书院、五公祠、中共琼崖第一次代表大会旧址、蔡家宅、甘泉岛沉船遗址、北礁沉船遗址保护规划编制完成了保护规划并上报国家文物局，其中中共琼崖一大旧址及丘浚墓保护规划已通过海南省人民政府审批。完成斗柄塔、崖城学宫等7处全国重点文物保护单位保护规划、方案立项工作。完成秀英炮台修缮工程并对外开放，完成丘浚墓修缮和环境整治工工程，完成美榔双塔石坝、石坊等维修及绿化、保护设施工程。开展东坡书院修缮工程。开展蔡家宅维修保护及安防工程。投入国家经费723.55万元开展海南省琼海市蔡家宅组群建筑防雷工程、海南省华光礁Ⅰ号出水木船保护方案（Ⅰ期）、海南省华光礁Ⅰ号出水陶瓷器脱盐及保护修复（Ⅰ期）、海南省华光礁Ⅰ号出水铁器保护方案（Ⅰ期）等项目。

开展第三批省级文物保护单位申报工作，完成150处单位申报材料的审核。对儒符石塔、琼山学宫大成殿、陵水县农民协会旧址、东方感恩学宫等10处省级文物保护单位开展了保护修缮工程。对梁云龙墓、李氏古墓群、陈得平墓、曾鹏墓、吴元猷墓、王国宪故居、挺秀坊等10处市、县级文物保护单位实施了修缮和环境整治工程。

按照国家文物局《关于推荐全国重点文物保护工程方案审核专家库专家的函》的要求，完成海南省全国重点文物保护工程方案审核专家库专家的推荐工作，并将专家材料报送国家文物局。经国家文物局批准海南省有两名专家进入国家专家库，为进一步做好海南省文物保护、利用和管理工作创造了有利条件。

【考古发掘】

完成陵水桥山遗址2014～2015年的发掘工作，对三亚市江林遗址进行了试掘。完成了南港码头扩建工程的考古调查与勘探工作。做好陵水桥山遗址2015～2016年考古发掘项目的前期筹备工作。委托海南省考古所开展天角潭水利枢纽项目库区考古调查工作。

完成2015年西沙水下考古工作项目。经国家文物局批准，与国家文物局水下文化遗产中心、三沙市政府通力合作，于2015年4～5月间开展了西沙群岛2015年度水下考古工作。该项目工作范围为西沙永乐环礁海域，包括珊瑚岛一号沉船遗址水下考古发掘、甘泉岛遗址陆上考古调查、金银岛一号沉船遗址水下考古调查、永乐环礁礁盘外海域物理探测调查等内容，是对南海水下文化遗产进行综合研究和科学保护的一个重要项目。珊瑚岛一号沉船遗址发现石构件274件，提取37件；甘泉岛遗址发现宋、明清、近代遗存17处，采集标本55件；金银岛一号沉船遗址发现大量石构件和瓷片。永乐环礁礁盘外海发现水下疑点多处。

【博物馆与可移动文物保护】

（一）博物馆

1. 博物馆建设

截至2015年，海南省共有各类博物馆、纪念馆29家，其中有19家文化文物部门归口管理的公共博物馆、纪念馆列入国家免费开放名单，还有一批博物馆、纪念馆自行向社会免费开放。

2015年，海南省博物馆结合展览开展"琪琪格邀你到我家"——民族风情主题社教活动、我的假期我做主暑期活动第二季、"铁血二战"主题社教活动、社会科学普及月专题活动——海洋知识科普巡展，走进海南师范大学、海口经济学院等多所高校，取得了良好的社会反响。2015年全国第十七次社会科学普及工作经验交流会授予海南省博物馆"全国社会科学普及教育基地"荣誉称号。海南省博物馆二期建设工程于2015年6月底交付。建成后的海南省博物馆占地面积达到4.5万平方米，馆藏文物达2万余件。展示内容以历史文化、海洋文化、民族民俗文化、非物质文化遗产和艺术为主。

国家南海博物馆于2015年年底启动建设。国家南海博物馆是海南省委、省政府贯彻落实"一带一路"战略，以和平、开放、包容、互信、互利精神为主旨，展示南海人文历史、南海文明、南海自然资源及生态、中国南海文化遗产保护以及与南海周边国家友好交往历史，集收藏、研究南海相关物证的现代文化设施。项目位于博鳌经济圈的琼海市潭门镇，距离博鳌论坛会址约9公里。项目规划用地面积10万平方米，建筑面积70593平方米，总投资84971万元。

中国
文物年鉴
2016

海南省民族博物馆拆除重建工程列入2014年海南省委、省政府为民办实事事项，重建后的海南省民族博物馆于2015年年底交付，馆藏文物3万余件。基本陈列以纺织文化为主线，充分展示海南目前唯一的世界文化遗产——黎锦及苗、回族等各民族纺织文化。

2. 博物馆间的交流与合作

2015年，在博物馆基本陈列的基础上加强省内外馆际交流与合作。引进"五彩呼伦贝尔""圆明重光——圆明园文化展""九天揽月——中国探月工程（海南）展""纪念抗日战争胜利70周年图片展""天山往事——古代新疆丝路文明展""盛世中华——庆祝新中国成立六十六周年共和国百名将军书画作品展""史前文明——甘肃彩陶展""丝路帆远——海上丝绸之路七省文物精品展"等精品展览9个，以及书画、雕塑等临时展览25个。

3. 重要陈列展览

海南省博物馆原创展览"大海的方向——华光礁Ⅰ号沉船特展"继续全国巡展，先后抵达新疆博物馆、甘肃省博物馆、内蒙古呼伦贝尔民族博物院、黑龙江省博物馆、四川省博物院等展出。

（二）可移动文物保护

海南省博物馆成立了可移动文物保护实验室。完成华光礁Ⅰ号出水陶瓷、铁器及木船构件脱盐脱硫（Ⅰ期）保护修复实施工程。为三亚市博物馆修复白釉碗1件，青釉划花碗2件，青花瓷瓶1件，青釉吉字大碗1件。为保亭县博物馆修复黑釉陶扁壶1件，石斧2件。

全面提升博物馆文物库房的保藏条件。配置保藏柜，制作囊匣、纸夹等，购置包装用无酸纸，购置除氧剂和密闭多层压合塑料。全面提升博物馆展柜的性能，将珍贵文物保存在全功能展柜中，将书画类文物展出于可控制相对温度的木制墙体连排式落地展柜中。购置恒温恒湿设备，对不同质地类别的文物采用不同方式加以保护。

（三）第一次全国可移动文物普查

2015年，海南省于第一次全国可移动文物信息登录平台注册收藏单位51家，上报文物55410件／套（实际数量109647件）。其中，博物馆、纪念馆等国有文物收藏单位上报文物45779件／套（实际数量97512件），其中珍贵文物1945件／套。

【社会文物管理】

海南省文物局按照《文物保护法》规定和国家文物局《关于做好拍卖企业经营文物拍卖许可审批工作的通知》要求，认真做好文物拍卖许可对接工作，认真履行审批职责，严格执行审批程序和标准，积极协调省政务中心、工商、商务等相关部门，确保《文物拍卖许可证》审批、年审、变更、注销等工作正常开展，切实加强事中、事后监管，不断提升服务质量。

海南省现有海南安达信文物拍卖有限公司和海南恒鑫文物拍卖有限公司两家获得二、三类文物拍卖许可证的文物经营企业。其中海南恒鑫文物拍卖有限公司是国家文物局下放文物拍卖许可审批权后，海南省审批并颁发文物拍卖许可证的第一家二、三类文物经营企业。

【文博教育与培训】

2015年，组织全省文博干部管理培训班，全省可移动文物普查培训班，博物馆安全教育、礼仪和一线员工业务技能培训班等，参加培训人员超过600余人次。此外，派员参加省内外培训班24个。

　　承办由海南省政府和国家文物局主办的海上丝绸之路文化遗产保护研讨会，来自国内外专家学者70余人齐聚一堂，共同探讨海上丝绸之路文化遗产保护大计。

【文博宣传与出版】

　　2015年，海南省文物局和各级文博单位认真落实习近平总书记关于文物保护的一系列指示，围绕"让文物活起来"这一主题，利用"5·18"国际博物馆日和中国文化遗产日等特定节日，印发《文物保护法》宣传册，开展巡展进校园等形式多样、丰富多彩的宣传活动。

　　《带你走进博物馆·海南省博物馆》获评"全国优秀社会科学普及作品"。

【机构及人员】

　　2015年海南省共有文物机构30个，其中文物保护管理机构13个、博物馆16个、文物科研机构1个。省级文物保护管理机构1个、博物馆2个、文物科研机构1个，市级文物保护管理机构12个、博物馆2个，县级博物馆12个。

　　取得文物保护工程施工资质的单位1个，为海南献林林建筑安装工程有限公司（文物保护工程一级施工资质单位）。

　　取得考古发掘资质的单位1个，为海南省文物考古研究所（海南省博物馆）。

中国
文物年鉴
2016

重庆市

【概述】

2015年，重庆市文物系统全面贯彻落实党的十八大和十八届三中、四中、五中全会精神以及习近平总书记关于传承弘扬优秀传统文化、加强文物保护的重要论述及指示精神，积极适应经济发展新常态，自觉服务于全市经济社会全面发展的大局，统筹推进文物保护与合理利用，进一步加强改革和管理，夯实全市文物保护基础，各项工作稳步推进。

【法规建设】

重庆市政府第105次常务会议审定通过了《重庆市抗日战争遗址保护利用办法》，这是全国第一个关于抗战遗址保护的地方性政府规章。重庆市政府办公厅、重庆警备区政治部联合印发了《关于加强抗日战争遗址保护利用工作的通知》，明确了50个重点抗战遗址保护利用工作任务。

相继启动《重庆市钓鱼城遗址保护办法》《大足石刻保护条例》《重庆红岩文物保护管理办法》等世界文化遗产、全国重点文物保护单位法规编制和修订工作，并纳入重庆市政府2016年度、2017年度立法计划，以适应文物保护和合理利用工作的新形势和新要求。

重庆市政府审定《重庆市历史文化名城保护总体规划》《重庆市主城区传统风貌保护与利用规划》，并批准纳入城市规划。公布潼南区杨氏民宅等7个全国重点文物保护单位保护规划。编制完成《重庆市五大功能区文化遗产保护与利用总体规划》《重庆市都市功能核心区和拓展区地下文物重点控制地带专项规划》。

【行政审批制度改革】

适应国家文物保护工程行政审批制度改革，及时研究起草重庆市实施意见，规范立项审批、方案编制和经费申报等关键环节，对应调整项目申报程序和申报时限，按规定程序开展项目申报。积极与市发展改革委协调，深化市级文物保护工程行政审批制度改革，规范招投标、经费审核等程序环节，提高行政效率。规范市级安防工程立项申报与审批程序，合理设定方案编制、评审和批准流程标准；简化博物馆安防立项方案审批流程，改为市文物局单独评审。将利用市级、区县级文物拍摄电影、电视剧，或利用市级以上文物举办其他活动的行政审批权限下放区县。调整博物馆设立、变更与终止审核为行政确认。开展市文物局权力清单清理，明确市文物局行政审批事项。

【执法督察与安全保卫】

（一）执法督察

积极做好事故案件的督察工作，督促重庆市南岸区、渝中区政府依法调查处理草亭、

中国
文物年鉴
2016

江全泰号、李耀庭公馆火灾事故；督促重庆市巴南区政府和解放军重庆通信学院抓紧做好南泉日本战俘营和陈诚、顾祝同、罗广文公馆的修复展陈工作；协助重庆市文化执法总队依法调查处理重庆市巴南区南泉梁家边日本战俘营被违法拆除案件。

（二）安全保卫

2015年，重庆市文物局与38个区县（自治县）文化委签订了文物安全目标责任书，强化了文物安全责任；组织开展文物保护单位安全调研，通过对336处文物保护单位的安全管理、安全防护设施、安全隐患等情况的调查了解，进一步摸清全市市级以上文物保护单位的安全状况；组织指导重庆红岩联线管理中心、重庆自然博物馆、重庆大韩民国临时政府旧址陈列馆、陈独秀旧居陈列馆、北碚区博物馆等文博单位开展消防、防恐等应急处突演练；联合重庆市公安消防总队制定《文物建筑消防安全检查导则》；联合重庆市公安消防总队、重庆市城乡建委、重庆市文化执法总队开展了历史文化名镇文物消防安全检查、传统村落文物保护专项督察、夏季文物古建筑消防安全检查、冬季文物消防安全隐患排查整治等专项检查工作，及时排查整改消除安全隐患。

加强文物安全防范基础建设，积极向国家文物局申报文物安全防范工程项目，争取资金1123万元；实施完成了八路军重庆办事处旧址、歌乐山烈士陵园总馆、桂园、特园、"中美合作所"集中营旧址、宝顶山摩崖造像、钓鱼城遗址等重大安全防范工程。积极推进文物消防安全"百项工程"，组织编制湖广会馆、杨氏民宅、南腰界红三军司令部旧址的消防工程设计方案。

【不可移动文物的保护和管理】

（一）概况

2015年，重庆市文物系统统筹推进文物保护与合理利用，进一步加强改革和管理，夯实全市文物保护基础，完成了34处第七批国保单位保护范围和建控地带划定工作，完成第三批市级文物保护单位申报资料初审、专家现场审核、专家评审论证；编制完成川渝石窟寺专项调研及立项文本；围绕纪念抗战胜利70周年、抗战遗址保护利用，颁布实施《重庆市抗日战争遗址保护利用办法》；全面完成大足石刻千手观音造像抢救性修复工程、世界佛学院汉藏教理院旧址等8个抢救维修工程；推动文物对外开放利用，完成南泉抗战旧址群（孔园、听泉楼）陈列布展并对外开放。

（二）大遗址保护

实施合川钓鱼城遗址危岩整治（一期）、钓鱼城遗址摩崖石刻及碑刻保护工程（一期）等重点工程。开展范家堰遗址考古发掘工作，发现高台、排水沟、水池等建筑基地遗迹，为钓鱼城遗址的完整性、真实性提供了实物资料和历史证据。同时，摸清了钓鱼城遗址作为古代军事城塞的布局结构、功能分区，夯实了钓鱼城遗址保护基础，也为编制钓鱼城遗址保护展示方案提供了基础资料。

（三）全国重点文物保护单位

文物保护项目管理规范有效。一是国家重点文物保护项目储备和申报得到加强。策划储备全国重点文物保护项目160个，申报国家重点文物保护专项资金年度实施项目74个。二是文物保护专项资金使用管理日趋规范。组织开展专项资金项目申报培训，严格财务管理，推进中央财政资金使用管理的规范化、制度化。三是文物保护项目工程质量管理得到加强。定期组织专家对文物保护项目现场巡查、指导，文物保护工程管理质量明显提高。

文物保护规划引领作用明显。市政府新增公布潼南区杨氏民宅、丰都县高家镇旧石器遗址、合川区涞滩二佛寺摩崖造像、合川区育才中学旧址、巫山县龙骨坡遗址、渝中区湖广会馆、奉节县白帝城等7个全国重点文物保护单位保护规划，进一步强化文保单位保护利用的法律依据。

文物保护主动性进一步增强。加强与规划部门的协调，在全国率先开展以全国重点文物保护单位为重点的文物保护单位定点定位入库工作，实行主城区文物保护与城市规划的"一张图"管理，实现了文物保护与城市规划的有机结合和有效管理。

抗战遗址保护进一步加强。按照市政府安排，全面完成世界佛学院汉藏教理院旧址等8个抗战遗址抢救维修工作，其中全国重点文物保护单位5个。大力推动文物系统内抗战遗址对外开放，完成全国重点文物保护单位南泉抗战旧址群（孔园、听泉楼）陈列布展并对外开放，全市129处抗战遗址实现对外开放。

（四）世界文化遗产

2015年3月，大足宝顶山石刻景区提档升级工程取得重大进展，完成景区生态停车场、瑞相广场、游客中心、礼佛大道等宝顶景区主要参观通道等的建设，投入试运行。6月，世界文化遗产大足石刻千手观音造像抢救性保护修复工程顺利完工，保护修复完成后的千手观音造像于6月13日"中国文化遗产日"正式对外开放。大足石刻博物馆、大足石质文物保护中心建成并投入使用。

编制完善合川钓鱼城遗址世界文化遗产保护规划、申报文本、管理法规。开展合川钓鱼城遗址—范家堰遗址考古发掘。实施合川钓鱼城遗址王坚记功碑、三圣岩、千佛崖本体保护等重点文物保护工程，顺利完成涪陵白鹤梁参观廊道观察窗更换。

【考古发掘】

（一）概况

2015年，全市先后开展考古调查51项、考古发掘55项。发掘文物点129处，发掘面积39850平方米，出土文物8098件／套。合川区钓鱼城范家堰遗址、渝中区朝天门城墙遗址等城址考古方面取得了重要发现。

（二）重要考古项目

1．渝中区朝天门城墙遗址

2015年5月，重庆市文化遗产研究院对渝中区朝天门城墙遗址开展抢救性考古发掘工作。考古面积800平方米，发现清理蜀汉至民国时期的各类遗迹36处，出土陶、瓷、铜、铁、琉璃及石质器物标本1200余件。现存遗存以宋、明、清三个时期的城墙为主，平面呈西南东北走向，依山傍水而建，夯土甃石结构，由基槽、包边石墙、女墙、顶部道路及内部夯土等几部分构成。清理结果显示，遗址内涵丰富，兴废频繁，城墙内侧及顶部发现蜀汉、宋、元、明、清及民国至近代以来的石墙、房址、阶梯道路、排水沟、水池及防空洞等建筑遗存叠压分布。

朝天门城墙是重庆古城垣的重要组成部分，遗址金城汤池、城堤一体的筑城理念具有浓厚的地域特点，是古代山地城市规划和防御工程技术水平的重要体现，对研究重庆地方史、宋蒙战争史、中国城市史均有重要价值。

2．合川区钓鱼城范家堰遗址

2015年3～12月，重庆市文化遗产研究院对合川区钓鱼城范家堰遗址进行考古发掘。发现清理宋代房址、道路、灰坑、排水沟、墙、碾盘、城门、龛等各类建筑遗迹117处，基本廓清了遗址的布局结构。衙署主要由东部的前、中、后三进院落及西部水池亭榭等景观建筑构成，坐北朝南，依山构筑。初步判断为宋元衙署遗址，与合州徙治钓鱼城密切相关，很可能是州治衙署或戎司驻所。

遗址整体布局错落有致，设计科学合理，是目前已发现的保存较为完整的宋元衙署遗址，对山地城市规划、地方衙署制度研究具有重要价值。

【博物馆与可移动文物保护】

（一）博物馆

1. 博物馆建设

重庆自然博物馆新馆、大足石刻博物馆等相继对外开放，白鹤梁水下博物馆观察窗更换后重新对外开放。重庆工业博物馆及工业文化博览园破土动工。武隆县博物馆改造升级后重新开馆，万州、大渡口、永川、忠县、秀山、奉节、江津、万盛、梁平、巫溪等10个区县博物馆新馆建设正在推进。

开展2014年度重庆市免费开放博物馆纪念馆绩效考核。经综合考核评估，重庆中国三峡博物馆、红岩革命历史博物馆等7家单位考核结果为优秀，重庆自然博物馆等11家单位考核结果为良好，铜梁博物馆等22家单位考评结果为合格，长江石文化艺术博物馆等8家单位考评结果为基本合格。

开展2014年度重庆市非国有博物馆运行评估。根据国家文物局统一部署，参加此次评估的非国有博物馆共13家，其中重庆宝林博物馆为优秀，重庆巴渝名匾文化艺术博物馆等10家博物馆为合格，节瞿塘关遗址博物馆等2家博物馆为基本合格。

2. 博物馆交流与合作

重庆市各博物馆与国内博物馆联合办展10个，包括重庆中国三峡博物馆"新春献瑞：馆藏年画展"到江西宜春博物馆展出，"馆藏钱币展"到云南大理博物馆展出；陈独秀旧居陈列馆与南湖革命纪念馆共同推出"开天辟地——中国共产党创建史展览"等。

3. 重要陈列展览

汉景帝的地下王国：陕西汉阳陵文物特展：2015年2月4日～5月31日展出，精选陕西汉阳陵博物馆馆藏文物120件／套，包括汉阳陵出土各式人物陶俑、陶塑动物、生活器具、建筑材料、车马器具、兵器等，其中以独特的着衣式彩绘陶俑最具代表性。

欧洲绘画三百年——16世纪至18世纪欧洲油画展：2015年3月24日～6月21日展出，精选意大利都灵萨包达美术馆馆藏绘画61件／套，题材涉及宗教、神话、风景、风俗、静物、动物与肖像。

巴蜀的怒吼：川渝儿女大抗战：2015年8月27日～11月1日展出，纪念中国人民抗日战争胜利70周年，展示川渝地区人民在70年前为国家与民族存亡做出巨大牺牲和贡献的历史。

重庆抗战大后方工程成果展：2015年7月30日～10月30日展出，全面反映新中国成立以来重庆在抗战遗址保护等方面所取得的成就，以及在海内外抗战文化交流中所产生的影响。

红岩风范 千秋楷模：2015年8～12月展出，以南方局历史研究为基础，通过一个个真实的故事，展示以周恩来为代表的红岩先辈在争取民族独立和人民解放的斗争实践中所体现出的共产党人的伟大人格和精神风范。

4．博物馆青少年教育

重庆市文物局依托重庆中国三峡博物馆、重庆自然博物馆等单位开展博物馆青少年教育功能试点，重点推进校本课程、远程教育、互动体验项目和流动展览进校园等教育项目库建设，共挖掘教育课程和体验项目203项。试点期间开展青少年教育活动340场次，参与学生人数16.5万人次，初步建立青少年学生参观博物馆长效机制。

（二）可移动文物保护

1．概况

截至2015年年底，重庆市国有收藏单位可移动文物总量初步统计达到445256件／套，实际数量超过130万件／套。国有博物馆、纪念馆馆藏珍贵文物30281件／套，其中一级文物1332件、二级文物2796件、三级文物26153件。

2．文化遗产保护科研基地建设

重庆市文物局组织开展了2015年度重庆市文化遗产保护科研基地申报工作，公布了首批4个重庆市文化遗产保护科研基地名单，包括重庆中国三峡博物馆馆藏文物有害生物控制研究中心、重庆红岩革命历史博物馆数字化保护与应用研究中心、重庆市文化遗产研究院考古发掘现场及出土文物保护研究中心、重庆大足石刻研究院南方石质文物保护研究中心。其中重庆中国三峡博物馆在原来研究部的基础上，组建了博物馆学、三峡文化、抗战文化等6个研究所，强化了科研创新平台建设。

3．可移动文物保护技术、方法及应用

全年共修复珍贵文物1195件。重点开展金属器、陶瓷器、纺织品、纸质文物修复，大力实施博物馆预防性保护项目，使文物库房安全防护和环境监测调控设备设施建设质量逐步提升，馆藏珍贵文物保存环境明显改善。

重庆市文物局向国家文物局申报的14个馆藏珍贵文物保护方案、3个预防性保护方案获批，三峡后续工作出土文物再修复新增6个项目。

重庆市文化遗产研究院开展了"鎏金青铜器凝胶除锈方法"研究，通过清洗实验和效果测试，证实该凝胶体系能够有效去除各种铜锈，确保鎏金层的光泽。这一研究成果可为相关文物保护领域提供借鉴。

（三）第一次全国可移动文物普查

扎实推进第一次全国可移动文物普查工作，对各区县普查工作进行专项督察，建立检查督导、质量抽查和数据审验机制，狠抓进度管理和质量控制。截至2015年12月31日，142个国有文物收藏单位采集数据253402件／套（实有文物数量676385件），登录数据236826件／套（实有文物数量648831件）。

【社会文物管理】

重庆市文物局鉴定组牵头组织专家开展涉案文物鉴定48次，鉴定文物570件；开展馆藏文物鉴定13次，鉴定文物1441件。新审批设立文物拍卖资质企业1家，完成3家文物拍卖企业2383件／套拍卖标的的审核备案。开展公益鉴定活动2次，为文物艺术品收藏爱好者提供免费鉴定及咨询服务。

■ 【科技与信息】

各博物馆全年主持或参与国家级、省部级、部门级等科研项目56项，发表论文336篇。获得文物杀虫灭菌装置、文物杀虫灭菌器、文物虫霉病害处理系统、文物除尘刷、文物吸尘装置等实用新型专利5个。

重庆中国三峡博物馆完成了本馆信息化建设规范及基础软件开发项目方案的编制并进入招标阶段，馆内媒资智能管理系统初具规模，老照片系统利用效果日益明显。实施馆藏古籍数字化项目，开发古籍资源管理系统，建立了民国图书书目数据库。

重庆红岩革命历史博物馆加快中国红村网营运建设，完成了红村网测试版、红村游手机网APP苹果系统建设与开发；完成并实施了中国红色资源数据库基本框架方案，努力打造红色文化云服务平台、红色全媒体网媒集团和红色文化特色产业电商模式。

■ 【文博教育与培训】

重庆市文物局举办全市可移动文物普查数据审核与管理培训班，共145人参加培训。

重庆红岩革命历史博物馆"红色小记者培训班"和"小小讲解员培训班"举办12期、培训342人。

重庆自然博物馆举办品牌社教活动"2015年环球自然日"重庆赛区及全球总决赛活动，103支中小学生队伍围绕"自然界大事件"主题展开了激烈角逐。

巫山博物馆举办志愿者培训班，邀请重庆中国三峡博物馆教育专员就普通话基础、讲解礼仪、博物馆志愿服务概况与服务规范、博物馆社会教育案例分析等举办培训，培训博物馆工作人员、讲解员、志愿者等200余人次。

■ 【文博宣传与出版】

国际博物馆日至中国文化遗产日期间，重庆市举办了第六届文化遗产宣传月活动，策划推出国际博物馆日活动、中国文化遗产日主场城市活动、惠民活动、走进文化遗产、专题展览、文化遗产大讲堂、特色活动、媒体宣传等8大板块60余项文化遗产宣传活动。活动吸引了广大市民积极参与，有效地普及了文化遗产保护知识，展示了全市文化遗产事业取得的新成果，增强了全社会文化遗产保护意识。

2015年第十个中国文化遗产日主场城市活动由国家文物局、重庆市人民政府主办，重庆市文化委、重庆市文物局，大足区人民政府、重庆中国三峡博物馆承办。在大足现场的活动主要有千手观音造像抢救性保护工程竣工仪式、2015年中国文化遗产日重庆大足主场城市活动开幕式、大足石刻博物馆开馆仪式、中国石质文物保护国际学术研讨会等。在重庆中国三峡博物馆举行全国文物保护成果展、中国传统村落摄影展、中国文化遗产美术展和2015年白鹤梁内水文化遗产保护与利用国际学术研讨会等活动。

全年出版图书67种。重庆中国三峡博物馆出版《迷宫洞遗址》《族群融合与社会整合：清代重庆移民家族研究》《三峡地区历史时期考古发现与研究》《杨庶堪集》《重庆中国三峡博物馆馆藏玉器》《重庆中国三峡博物馆馆藏铜镜》《重庆中国三峡博物馆馆藏鼻烟壶》等图书；红岩革命历史博物馆编辑《红岩精神研究》4期，出版《台湾共产党抗日斗争史》《胡厥文诗词集》等图书。

大足石刻博物馆承担的国家"十二五"期间重点图书出版项目《大足石刻全集》（9卷

17册），已编辑完成5卷10册。红岩革命历史博物馆《台湾共产党抗日斗争史》入选中宣部"纪念中国人民抗日战争暨世界反法西斯战争胜利70周年百种重点选题"和"十二五"国家重点图书出版规划项目。

【机构及人员】

截至2015年年底，重庆市共有文博机构116个，包括独立文物行政主管部门1个、区县文物保护管理机构29个、博物馆81个、文物商店2个、文物科研机构1个、其他文物机构3个。

从业人员2632人，有专业技术人员958人，其中正高职称38人、副高职称116人、中级职称306人。

【对外交流与合作】

重庆中国三峡博物馆启动与台湾鸿禧美术馆合作办展项目，与韩国釜山博物馆签署了《合作备忘录》。大韩民国临时政府旧址陈列馆与韩国独立纪念馆联合主办了"中韩历史研究学术研讨会"。北碚区博物馆承办了"老舍与纪念世界反法西斯战争胜利70周年暨第七届老舍国际学术研讨会"、中美学者"卢作孚与北碚抗战文化研究"座谈会。

为庆祝中法建交50周年，"自然的吟唱——重庆中国三峡博物馆馆藏花鸟画精品展"在巴黎中国文化中心展出。

重庆中国三峡博物馆和意大利驻重庆总领事馆、意大利都灵萨包达美术馆联合举办"欧洲绘画三百年——16世纪至18世纪欧洲油画展"，引进"重庆遇上威尔士——英国威尔士当代艺术展""通往未来的回路——日本新时代艺术家作品展"等境外展览5个。

【其他】

2015年3月、4月，重庆市三峡文物保护专项先后通过国家文物局专家组验收和行政终验，成为重庆市第一个通过终验的三峡专项。历经20余年的三峡文物保护工作圆满结束，全面完成国务院三建委下达的三峡文物保护项目787项（规划752项）。其中，完成地面文物保护项目246项，包括原地保护实施57项、搬迁保护实施91项、留取资料实施98项；完成地下文物保护项目541项，勘探面积1084万平方米，发掘面积131万平方米。

完成2015年度、2016年度三峡后续文物保护项目申报工作。实施2014年度批准的三峡后续新建项目28个、续建项目18个，截至2015年12月31日已完工12个。

四川省

【概述】

2015年，四川文物事业持续发展。文物安全工作持续强化，不可移动文物保护工作成绩突出，芦山地震灾后文物抢救保护工作深入推进，第一次全国可移动文物普查扎实开展，博物馆公共文化服务能力不断提升，纪念抗战胜利70周年相关陈列展览获得社会一致好评，文物对外交流更加活跃。

【执法督察与安全保卫】

文物安全监管和安全隐患整治工作有效开展，古建筑类全国重点文物保护单位重大险情排查收效明显。文物安全巡查检查工作扎实进行，全省文物行政部门开展文物安全巡查检查4000余次、整改安全隐患200余项。

文物行政执法工作持续强化，"都江堰灵岩寺及千佛塔保护范围和建设控制地带违法建设"等文物违法案件及时处理。《文物违法行为举报管理办法》在四川全省范围内试行，广大群众参与文物保护的热情持续高涨。文物与公安、工商、海关等部门协作配合继续加强，严打、严防、严管、严治的长效工作机制不断健全，文物违法犯罪多发势头得到进一步遏制。

【不可移动文物保护和管理】

（一）大遗址保护

邛窑遗址保护和考古遗址公园建设深入推进，一号窑包保护性大棚建设主体工程基本完成，遗址内11处窑包整体保护、遗址区临河岸防护加固及环境整治工程有序实施。三星堆遗址、城坝遗址、邛窑遗址、宝墩遗址等大遗址考古工作有效进行，大邑高山古城遗址及崇州紫竹古城遗址考古工作取得重大成果。

完成全省"十一五"至"十二五"时期大遗址保护基本情况调研，上报玉堂窑址文物保护规划编制、罗家坝遗址安防等立项10余项，其中8项立项获批。同时，《罗家坝遗址防洪工程及冲沟治理工程设计方案》《茶马古道—净居庵石牌坊及附属建筑抢险修缮保护设计方案》等技术保护方案获国家文物局批准。

（二）全国重点文物保护单位

2015年完成青川郝家坪战国墓、长青春科尔寺、青城山古建筑群、拉日马石板藏寨等15处全国重点文物保护单位保护规划的编制立项，完成五粮液老窖池遗址、报恩塔、大象山摩崖造像、开善寺正殿等25处全国重点文物保护单位保护规划文本上报，完成龙居寺中殿、开禧寺、巴巴寺、陈子昂读书台、吴玉章故居等90项全国重点文物保护单位文物保护工程的申报立项，完成燊海井、资中文庙、荣县大佛石窟等35项全国重点文物保护单位保护工程设计方案的审核批复。同时，完成庞统祠墓、燊海井、三苏祠、陈子昂读书台、邓小平故居等20余项文物保护工程，且全部通过专家竣工验收。

（三）世界文化遗产

积极推进蜀道申遗工作，相关资源调查、基础研究、价值认定等工作扎实开展，荔枝道、阴平道考古调查取得重要成果。《蜀道申遗预备清单（文化遗产部分）》编制完成并上报住房和城乡建设部及世界遗产委员会备案，"蜀道申遗专家咨询论证会"成功召开，《蜀道申遗文本（文化遗产部分）》编制完成。

邀请国家文物局有关负责同志以及北京大学等高校的专家，在成都召开了德格印经院申遗工作推进会暨专家论证会，就下一步申遗具体工作梳理了思路。

世界文化遗产地监测预警工作深入推进。"世界文化遗产青城山—都江堰动态监测与预警系统项目"获批立项，峨眉山—乐山大佛、青城山—都江堰遗产地监测基础数据与中国文化遗产研究院世界文化遗产监测中心数据库基本对接。

《乐山大佛世界遗产保护管理规划》基本完成，《青城山古建筑群白蚁防治工程》等立项获批。

（四）传统村落

全国首批51个启动"国保省保集中成片传统村落整体保护利用"工作的泸县方洞镇石牌坊村和古蔺县二郎镇红军街社区保护利用工作有序开展，文物维修保护工程正式开工并有序推进。

在第三批中国传统村落中遴选上报广元市昭化区昭化镇城关村等6个国保省保单位集中成片村落，配合住建厅完成四川省40个列入中央财政支持范围的中国传统村落建设项目的相关审核工作，下达巴中市平昌县白衣古镇和自贡市大安区牛佛镇两处省保集中成片传统村落整体保护利用补助资金900万元。此外，阆中市华光楼历史文化街区于2015年4月被评为第一批中国历史文化街区。

【考古发掘】

（一）概况

2015年，四川省文物考古研究院共完成考古发掘32项，发掘面积约24960平方米，出土各类文物2220余件／套；成都文物考古研究所共完成考古发掘24项，发掘面积约36230平方米，出土各类文物6000余件／套。重大考古发现主要有广汉三星堆遗址、宣汉罗家坝遗址、大邑高山古城遗址和成都通锦路唐五代园林遗址等。

（二）重要考古项目

1. 广汉三星堆遗址

按照《三星堆遗址2011～2015年度考古工作规划》，2015年四川省文物考古研究院在三星堆遗址青关山、李家院子和马屁股等三个地点再次进行了发掘，发掘总面积977.5平方米。在青关山台地F1的东南部初步揭露出另一座长方形红烧土建筑基址F3，并在二层台地的土台中部发现一宽约20米、底部与一级土台地表齐平的大沟状凹地；在三星堆遗址东北部仓包包台地发现始筑于三星堆遗址第三期的城墙。青关山城墙、李家院子城墙和马屁股城墙拐角的确认，进一步深化和完善了对青关山土台、仓包包台地和外廓城东北角的认识，从而基本合围出比较完整的三星堆外廓城，并在外廓城的东北部率先闭合出一座仓包包小城，使三星堆城址尤其是城址北部的布局和营建过程更加清晰。

2．宣汉罗家坝遗址

2015年12月，四川省文物考古研究院对罗家坝遗址进行了考古发掘，发掘总面积约300平方米。本次发掘共发现各类遗迹75个，其中灰坑71个、墓葬3座、沟1条；出土石器、陶器、铜器、铁器等各类小件共205件，其年代主要为新石器和商周时期。此次发掘所发现的遗迹和遗物不仅完善了罗家坝遗址新石器时代末期的文化内涵，而且还填补了罗家坝遗址商周时期和川东北地区新石器中晚期的文化空白，为建立川东北新石器时代文化序列提供了重要资料。

3．大邑高山古城遗址

2015年，成都文物考古研究所对高山城址中部偏南的位置进行了考古发掘，发掘总面积800平方米。发现墓葬、人祭坑、奠基坑、灰坑、灰沟、水井、建筑遗存等大量遗迹，其中最主要的收获是发现了一处保存较好的宝墩文化墓地，还出土了一批陶器、石器、玉器等遗物。为研究以高山古城遗址为代表的宝墩文化早期阶段的聚落结构与聚落变迁、人地关系以及社会发展状况等提供了重要的实物资料。

4．成都通锦路唐五代园林遗址

2015年3～7月，为配合"中铁·通锦坊"项目建设，成都文物考古研究所对位于成都市金牛区通锦路3号的工程建设区域进行了抢救性考古发掘，发掘总面积约2500平方米。共清理汉代至明代墓葬18座、水井1口、灰坑8个、沟渠3条、池塘1座，同时出土数量众多、类型丰富的生活日用陶瓷器和少量与佛教有关的石刻造像及建筑构件。此次发现的园林建筑群遗址毗邻成都著名的古代寺院——万佛寺，它的发现对于研究隋唐五代成都的城市发展史和园林建筑艺术具有重要的学术参考价值。

【博物馆与可移动文物保护】

（一）博物馆

1．博物馆建设

截至2015年12月31日，四川省共有博物馆248家，其中文物类博物馆155家、行业类博物馆17家、民办类博物馆76家，包括国家一级博物馆7家、二级博物馆7家、三级博物馆18家。全年接待参观人数6638万人次，其中免费参观观众5117万人次、未成年观众1551.8万人次；举办各种临时展览549次，策划教育项目941项，开展教育活动4564次。

2015年，根据国家文物局要求，四川省文物局对全省69家非国有博物馆进行了运行评估。其中，成都华希昆虫博物馆、四川省建川博物馆评估结果为优秀，10家博物馆评估结果为合格，24家博物馆评估结果为基本合格，33家博物馆评估结果为不合格（包括9家未报送评估资料的非国有博物馆）。

2．重要文物陈列展览

为纪念中国人民抗日战争胜利70周年，全省各地博物馆举办了相关的陈列展览，比较重要的有四川建川博物馆举办的"侵华日军罪行展"，赵一曼纪念馆举办的"赵一曼生平事迹展"，泸州市博物馆举办的"抗战泸州——泸州市纪念抗战胜利70周年专题展"，邓小平故里管理局举办的"铭记历史，珍视和平——纪念中国人民抗日战争暨世界反法西斯战争胜利70周年专题展"等，取得了良好的社会反响。

此外，四川博物院与深圳博物馆于1月在深圳举办了"天府遗珍——四川宋代文物精品展"，于4月在广州和旅顺分别举办了"四川博物院藏精品文物展"和"大千临摹敦煌壁画展"，于8月在大连和哈尔滨分别举办了"格萨尔王唐卡及藏族艺术展"和"四川博物院藏古琴文化展"。金沙遗址博物馆与山西博物院、山西考古研究所于7月7日～10月7日联合举办"霸：迷失千年的古国"展。成都杜甫草堂博物馆于1月30日～2月26日举办"香梅春韵——第四十三届梅花艺术展"，9月27日～10月20日举办"风雨一甲子，辉煌续新篇——杜甫草堂博物馆建馆六十周年专题图片展"。成都武侯祠博物馆在成都大庙会期间（2月17～3月5日）举办"蜀汉王朝的背影——成都地区三国文化遗迹图片展"。

3．其他

5月，四川博物院流动博物馆获评"首届（2014年度）全国十佳文博技术产品"；9月22日，四川博物院"大篷车"流动博物馆成立巴中分馆。

9月，全国首家博物馆教育研究所在四川博物院成立，该研究所由四川博物院和四川省教育科学研究所联合创建，旨在搭建馆校合作平台，充分利用博物馆资源，促进博物馆教育与学校教育教学及教育科研的深度融合，指导学校博物馆建设及学校博物馆教育活动，培训教师利用博物馆的教育资源，深入开展优秀传统文化教育，落实立德树人根本任务。

（二）可移动文物保护

根据国家文物局《关于发布〈可移动文物修复管理办法〉的通知》要求，四川省文物局在全省范围内开展了可移动文物修复资质认定工作，对原已取得资质的相关单位进行了复查。通过专家评审、现场查看等程序，授予四川博物院、四川省文物考古研究院、成都文物考古研究所、绵阳博物馆、四川广汉三星堆博物馆、成都杜甫草堂博物馆、四川西部文献修复中心、成都博艺文物保护工程有限公司等8家单位可移动文物修复资质。同时，增加了四川博物院、四川省文物考古研究院、成都文物考古研究所、绵阳博物馆、四川广汉三星堆博物馆等5家单位的修复范围。

2015年，四川博物院文物保护修复中心修复馆藏陶器文物38件、书画文物22幅，并为会理县文管所、雅安市荥经县博物馆、芦山县文管所、雅安市雨城区文管所、甘孜州藏族博物馆、成都市图书馆等单位修复各类可移动文物220余件，为中国重庆三峡博物馆、成都博物馆等单位分析文物样品300多件。成都杜甫草堂博物馆修复馆内书画和古籍藏品100册／件，修复馆外古籍藏品及书画文物80册／件。

（三）第一次全国可移动文物普查

2015年，四川省第一次全国可移动文物普查工作深入推进，四川省人民政府办公厅下发《关于加快推进我省第一次可移动文物普查工作的通知》，四川省文物局多次对四川省文物考古研究院等文物收藏量大的重点单位和各市州进行实地督导，同时联合四川省教育厅开展高等院校普查工作专项督导，强力推进全省可移动文物普查各项工作。截至2015年年底，全省注册登记国有文物收藏单位705家，完成文物信息采集登录80万件／套。

3月18日，四川省文物局在广汉三星堆博物馆举办"2015年四川省第一次全国可移动文物普查文物信息采集登录培训班"，全省各市州、省直文博单位及部分高校普查办的负责同志及业务技术骨干共80余人参加了培训。

7月21日～8月10日，四川省文物局集中技术力量并从部分市州抽调业务骨干30人次，分3组对绵阳、巴中、广元、乐山、攀枝花、凉山州、泸州、自贡、宜宾和眉山10个市州进行了"一普"实地督导调研。督导抽查数据47070条，指导一线普查员修改完善信息16770条，发出书面督导函1件。

■【社会文物管理】

社会文物管理工作扎实开展，文物拍卖市场有序健康发展。2015年，全省15家文物拍卖企业共举办文物艺术品拍卖会20场，累计成交标的1241件，成交金额5289.9076万元。

认真履行文物进出境审核职责，禁止文物出境5次、30余件／套，办理文物复仿制品出境1次、2件，文物临时出境复入境1次、127件／套，文物临时入境1次、86件／套，文物临时入境复出境1次、86件／套。

认真开展馆藏文物鉴定、文博单位拟征集文物鉴定以及"一普"文物认定工作，共计鉴定文物6000余件／套；开展涉案文物鉴定40次，鉴定物品1622件／套。

■【科技与信息】

四川博物院文物保护修复中心研发的"石质文物专用托架"获外观设计专利，"一种石质文物用托架"获使用新型专利。"四川省科技支撑计划项目——四川省馆藏文物在'5·12'汶川地震中受损原因分析及通用防震技术研究"项目结项。全年发表学术论文46篇，举办学术会议3场，参加学术会议48场。

金沙遗址博物馆自主立项课题"金沙玉器工艺研究"以及国家文物局立项的"城市中大遗址保护与利用的探索及实践——以金沙国家考古遗址公园为例"深入开展。全年共发表《三星堆象头冠与中印象头神之比较》《止戈兴仁，百姓福祉——金沙遗址博物馆征藏战国秦汉铜戈解析》等论文10篇，派员参加全国及国际性学术交流会议7次。

成都杜甫草堂博物馆继续开展国家社科基金重大项目、四川省重大文化工程"巴蜀全书"2013年度子项目"宋代巴蜀杜诗学文献研究"相关工作，同时举办"成都杜甫草堂博物馆诗歌文化建设讨论会""东巴文化讨论会"等学术讨论，派员参加3次国际学术会议、8次全国或地区学术会议。全年发表论文26篇。

■【文博教育与培训】

2月6日，四川省文物局对专家库进行更新并在成都召开文物保护部分专家座谈会，省内70余名专家代表参加了会议。

5月18~23日，国家文物局在成都市举办"2015年度全国文物行政执法人员（四川片区）培训班"，来自全省21个市州文化文物系统的120余名学员参加了培训。

11月6日，由联合国教科文组织亚太地区世界遗产培训与研究中心（北京）主办，广元市皇泽寺博物馆、绵阳市文广新局、成都市文物信息中心承办的亚太地区文化线路保护与管理研讨会及培训会在四川广元开幕，邀请了国内外资深专家前来授课，并利用"蜀道"沿线遗址遗迹进行了现场教学。

■【文博宣传与出版】

四川省文物考古研究院编辑出版《宣汉罗家坝》《考古宜宾五千年》《忠县中坝》《越南义立》《乐山西坝窑》等考古报告，发表《四川绵阳市涪城区桐子梁东汉崖墓发掘简报》《东汉三国早期佛像》《中国西南四川考古强度结果及其对新石器时代晚期地磁场强度变化的制约》等简报和论文13篇。成都文物考古研究所编辑出版《安岳卧佛院考古调查与研究》《绵阳崖墓》《成都考古发现（2013）》《南方民族考古（第十一辑）》等专著。四川博物院出版《红军长征珍贵文物系列解读》（第一、二辑）。金沙遗址博物馆出版《与神共舞：非洲雕刻艺术》《霸：迷失千年的古国》图录。武侯祠博物馆出版《诸葛亮与三国文化（八）》《全国三国文化遗址、遗迹（成都地区）调查报告》和《三国志版本荟萃》《三国故事真与假》《走进武侯祠100问》。邓小平故里管理局完成《广安传说邓小平》编辑工作。

【对外交流与合作】

2014年9月17日～2015年9月7日，由四川省文化厅、四川省文物局联合美国宝尔博物馆、休斯敦自然博物馆举办的"神秘的古蜀文化"美国巡展在洛杉矶、休斯敦顺利展出并圆满闭幕。此次巡展共展出三星堆、金沙遗址出土精美文物120件／套，其中一级文物24件／套。展览在休斯敦自然博物馆展出期间，国务院副总理刘延东参观了该展，对展览为促进中美文明对话所作的积极贡献表示充分肯定。

2015年8月15日，为纪念抗日战争暨世界反法西斯战争胜利70周年，国家文物局组织、四川省建川博物馆与美国海外抗日战争纪念馆合作举办的"尊重历史·珍惜和平"文物展在美国旧金山顺利开幕。此次展览是我国在海外举办的规模最大的纪念抗日战争胜利70周年主题展览，四川省建川博物馆提供了73套（127件）文物。

【芦山地震灾后文物抢救保护】

按照《芦山地震灾后恢复重建总体规划》相关要求，芦山地震灾后文物抢救保护各项工作深入推进，纳入总体规划的137个不可移动文物抢救保护项目以及相关博物馆纪念馆和可移动文物修复项目均取得了显著成果。国家文物局重点工程茶马古道·观音阁等灾后文物抢救保护重点工程顺利完工并得到国家文物局充分肯定，并获评"第二届（2014年度）全国十佳文物保护工程"。

同时，"4·20"芦山强烈地震纪念馆展陈和实物征集工作有效开展，根据《四川省文化厅关于做好"4·20"芦山强烈地震及灾后重建实物资料征集工作的通知》要求，"4·20"芦山强烈地震纪念馆共收集文献类资料24918件，实物类资料3109件，口述类资料2件。

贵州省

【概述】

2015年是实施"十二五"规划的收官之年，也是贵州省文化遗产保护与利用成果最丰硕之年，全省上下齐心协力，认真贯彻落实习近平总书记系列重要讲话精神和省委、省政府各项决策部署，坚持"加速发展、加快转型、推动跨越"主基调、主战略，积极主动适应新常态，文化遗产多项工作取得重大突破，呈现新的亮点。

【行政审批制度改革】

根据贵州省人民政府统一安排，2015年完成全省文物行政审批制度改革并进驻省政务服务中心。其中，审批事项8项，行政许可事项5项，行政服务事项2项，非行政许可事项1项。

【执法督察与安全保卫】

2月，贵州省文物局与各市（州）文物行政部门签订了文物安全责任书。按照《关于做好冬季文物消防安全专项检查工作的通知》，2月下旬到3月中旬，抽调人员组成检查组，对贵阳、遵义、安顺和黔东南州开展文物消防安全专项检查工作情况进行了抽查。6月初，下发了《关于开展夏季文物安全检查的通知》，部署了全省夏季文物安全检查工作，对开展汛期文物安全、火灾隐患排查工作作出要求。根据国家文物局《关于开展全国重点文物保护单位安防消防防雷工程工地检查的通知》工作要求，部署了各地自查工作，开展了工程工地现场检查工作。

继续抓好对各市（州）文物安全与行政执法巡查工作的督导。按照国家文物局《文物安全与行政执法信息上报及公告办法》的相关要求，切实执行文物安全与执法督察公示公告制度，于6月上旬完成贵州省2015年上半年文物安全与行政执法信息统计上报工作。

【不可移动文物的保护和管理】

（一）全国重点文物保护单位

组织编制茶马古道、海龙屯、东山古建筑群、楼上村古建筑群等文物保护、环境整治、展示利用工程立项报告81项。组织编制三门塘古建筑群、葛镜桥、重安江水碾群、"二十四道拐"抗战公路等保护规划立项报告19项。组织编制岩门长官司城、石阡府文庙、红军四渡赤水战役旧址、寨英村古建筑群等修缮工程设计方案21项。配合贵州省发改委推进自然和文化遗产保护项目，组织对阳明洞和阳明祠、文昌阁和甲秀楼、飞云崖古建筑群基础设施建设项目可研报告评审。

批复同意全国重点文物保护单位保护工程16个，包括茶马古道—马岭古道（含木桥）

修缮工程、楼上古建筑群—传统民居、梓潼宫（含戏楼）修缮工程、红军四渡赤水战役旧址—土城盐号旧址修缮工程等。

开展全国重点文物保护单位险情排查和专项资金使用工作。从4月开始，重点开展省内全国重点文物保护单位险情排查工作，对险情较严重的文保单位进行抢险加固。全年共计投入不可移动文物修缮资金6.5亿元。

（二）世界文化遗产

7月4日，海龙屯土司遗址在德国波恩举行的第39届世界遗产大会上被列入《世界文化遗产名录》，实现了贵州省世界文化遗产零的突破。

（三）其他

按照贵州省政府《关于加强传统村落保护发展的意见》以及住房和城乡建设部、国家文物局等的统一安排，坚持传统村落保护基本原则、明确保护目的、目标和意义，坚持传统村落分层分级保护利用思路，督促指导相关市县扎实推进国保、省保集中成片的传统村落保护和综合利用工作。

按照精准扶贫的思路，以文化遗产保护和带动乡村经济发展为重要抓手，继续实施贵州省文化遗产保护"百村计划"。结合实际，推进黎平堂安、乌当渡寨、印江合水、赫章海雀生态博物馆的建设。

【考古发掘】

（一）概况

2015年完成考古调查、勘探70余项，调查面积逾1000平方公里，发现地面和地下文物点100余处；开展考古发掘项目12项，其中主动发掘项目3项，配合基本建设发掘项目9项，出土各类文物标本数千件。

遵义新蒲播州杨氏土司墓地发掘被评为"2014年度全国十大考古新发现"以及"中国社会科学院考古学论坛·2014年中国考古新发现"。海龙屯土司遗址与湖南永顺老司城遗址、湖北唐崖土司城遗址以"中国西南土司遗址"项目入选"2015世界考古论坛·上海"田野考古发现奖。

（二）重要考古项目

1. 马场镇牛坡洞遗址

2015年11~12月，与中国社会科学院考古研究所合作，对马场牛坡洞遗址进行第四期发掘。发掘面积近30平方米，出土石器、陶器、骨器等文物标本数百件。

2. 习水黄金湾遗址

位于习水县土城镇黄金湾村，总面积逾4万平方米，累计钻探面积3万余平方米，发掘面积1500余平方米。已发现新石器时代房址1座、陶窑1座、灰坑7座，汉晋时期房址6座、灶坑4座、墓葬33座、灰坑40余座、灰沟3条，出土陶器、石器、铜器、铁器、银器等各类遗物万余件/片。该遗址的新石器时代遗存整体与峡江和川南地区的新石器时代晚期遗存面貌接近，是该类遗存在黔北地区的首次明确发现，新石器时代陶窑是贵州省发现的时代最早、保存最好、结构最完整的陶窑，在西南地区亦十分罕见。汉代遗存具有聚落遗址的性质，墓地规划严整，墓葬类型多样、保存较好、随葬品丰富，与汉武帝开发西南夷地区的史实具有一定的契合度。

3．习水宝寨遗址

位于习水县土城镇黄金湾村宝寨组下宝寨，总面积约5300平方米，累计钻探面积1000余平方米，试掘面积10平方米。遗址地层堆积共分8层，其中第6～8层为春秋战国时期堆积。共清理春秋战国时期灰坑2座，出土遗物以陶器为主，包含尖底杯等典型器物，整体面貌与峡江地区的春秋战国时期文化遗存具有较多的一致性。

4．杨辉墓祠遗址

杨辉墓祠遗址位于遵义县团溪镇白果村，为国家文物局"杨辉墓及墓祠"主动发掘项目的一部分，主要对杨辉墓祠（雷音寺）进行考古发掘。通过考古发掘，雷音寺的范围布局已基本清楚，其进深80余米、面阔50余米，总面积约4000平方米，自正殿至山门至少可分5级，建筑单元可分为正殿、耳房、下殿、配殿、围墙、后墙及两侧排水沟等。除遗迹外，此次发掘出土大量的遗物，包括明代瓦当、滴水、板瓦、青花瓷片等。杨辉墓祠是古播州地区目前发现的年代最早、规模较大的古建筑群基址，对于研究杨氏土司的丧葬、祭祀制度具有重要意义。

【博物馆与可移动文物保护】

2015年，投资5亿元的贵州省博物馆新馆基本建成，于1月开始试运行；投资1.48亿元、建筑面积19000余平方米的遵义会议纪念馆新陈列馆，于1月15日遵义会议召开80周年之际开放。贵阳乌当渡寨布依族音乐生态博物馆、印江合水传统造纸生态博物馆正在积极筹建，相关工作已在进行中。

在全省范围内组织开展博物馆年检工作，全省86个博物馆、纪念馆、陈列馆参加了年检，合格的为84个。按照国家文物局要求，完成非国有博物馆运行评估工作。

按照中央关于"弘扬中华民族优秀传统文化，培育社会主义核心价值观"的精神，狠抓博物馆陈列展览精品，努力提升博物馆陈列展览水平。2015年，推荐遵义会议纪念馆"遵义会议伟大转折"为贵州省陈列展览精品项目。组织编制审查《麻江历史文化陈列馆设计方案》《榕江红七军军部旧址陈列馆陈列布展方案》《镇远和平村旧址陈列馆陈列布展设计方案》。

2015年，贵州省博物馆引进了意大利"璀璨的欧洲绘画艺术展：16～18世纪的绘画艺术""威尼斯之辉展"、西班牙"苏比拉克中国巡回大展"，以及浙江省博物馆的"掇翠融青——自然与心灵交融的青色世界"、中国园林博物馆的"瓷上园林"。

【文博教育与培训】

继续加强与北京大学、同济大学、东南大学、贵州师范大学和联合国教科文组织、全球文化遗产基金会、友成基金会等高校与机构的合作，加强与法国、德国等国家相关机构在学术会议、人才培训、博物馆展览、人员互访等方面的合作，推进全省文化遗产保护的国际性视域。

组织全省文博骨干参加贵州省文化遗产创意产业培训班等。

【文博宣传与出版】

在博物馆日、文化遗产日等重要时间点开展丰富多彩的宣传活动，普及文化遗产知识，发放文物法规宣传资料5万余份。

贵州省博物馆策划、编纂了馆藏书画、瓷器以及《楚辞考辨》《黔诗纪略后编》《阳明先生遗像题跋》等22种图书。贵州省文物考古研究所编写出版《土司，考古与公众——海龙囤公众考古的实践与思考》《夜郎寻踪》《海龙屯考古手记》等图书。

【机构及人员】

截至2015年年底，贵州省文物保护机构总数为187个，其中文物保护管理机构90个、博物馆95个、文物科研机构2个，文博从业人数为1843人。

云南省

【概述】

在文化厅党组和厅领导的正确领导下，在云南省文物局全体同志的辛勤劳动和共同努力下，2015年文物工作顺利推进，成效显著，亮点突出。

【不可移动文物的保护和管理】

（一）概况

2015年云南省文物局申报并实施全国重点文物保护和基础设施建设项目57个，落实国家文物保护经费2.35亿元；审核省级文物保护项目，确定实施85个，安排经费7200万。2015年省级财政首次安排省级文物保护单位消防专项经费2000万元，建立和实施了"一项一策"文物消防制度。

（二）全国重点文物保护单位

申报国家文化和自然遗产保护设施建设项目。向国家发展和改革委员会、国家文物局申报并落实云南全国重点文物保护单位2015年中央预算内投资项目8个，资金1616万元。其中，腾冲县和顺图书馆88万元，禄丰县腊玛古猿化石地点190万元，建水县纳楼长官司署300万元，景洪市曼飞龙塔110万元，勐海县景真八角亭120万元，勐海县曼短佛寺123万元，元谋猿人遗址595万元，孟连县宣抚使署90万元，涉及水电改造、道路维修、管理用房建设、消防安防设施设备建设等内容。

向国家文物局申报文物保护单位保护项目。向国家文物局上报并落实安宁文庙、会泽会馆、秀山古建筑群、景迈古茶园等32个全国重点文物保护单位保护维修项目，落实经费2.0718亿元。其中，文物维修项目23个，保护规划编制项目6个，消防工程项目3个，云南省大批全国重点文物保护单位得到维修保护。

（三）世界文化遗产

扎实推进景迈山古茶林申遗工作。对景迈山古茶林全国重点文物保护单位的保护规划进行论证，为申报世界文化遗产提供了基础保障。完成申报文本和规划文本的编制工作，并正式向国家文物局递交申请。制定景迈山古茶林民居维修、环境整治和民居加固技术导则，检查指导景迈山古茶林管委会开展6个村落及其民居的整治和维修工作。组织编制完成景迈大寨建筑维修方案和环境整治方案，芒景上寨、下寨民居维修和环境整治方案以及忙洪村民居维修和环境整治方案，上报国家文物局对项目经费进行审核，落实2015年景迈山古茶林保护经费8000多万元。

（四）其他

成功申报会泽为国家级历史文化名城、石屏县古城区为国家级历史文化街区、梁河县阿昌族乡九保村为省级历史文化名村、通海县旧县和御城为省级历史文化名街，全省历史文化名城（村、镇）总数达到81个。会同云南省住房与城乡建设厅，对云南省2014年被列为第一批中国传统村落保护名单的36个村落的保护利用规划进行评审。安排专项经费，组织相关州市和县区的文物部门开展了云南滇缅公路文物遗迹遗物的调查，基本查清了云南滇缅公路作为文化线路的资源状况，为保护和展示提供了依据。

【考古发掘】

2015年，配合基本建设工程和科研项目，完成了曲靖八塔台古墓群、澜沧仙人坟墓地、晋宁金砂山墓地、通海兴义遗址、云龙三岔河遗址和嵩明桃园墓地等10余处考古发掘申报工作，完成了阿岗水库、威信旧城至水田公路改造项目、凤庆县城西环路禾家庄至县一中公路、丽江金沙江石鼓大桥、上关至鹤庆高速公路、昭阳区烟堆山至鲁甸县新街段、弥勒至蒙自铁路、嵩明银翔云南汽车产业园项目、华坪至丽江高速大理至永胜连接线、云南新建铁路祥云（大理）至临沧线等55处建设项目的考古调查勘探工作，并为建设单位出具了《云南省建设工程文物保护意见书》，较好的保护了文物，促进了地方经济的发展。

【科技与信息】

协调解决文物科技经费，实施大理三塔互联网病害监测系统建设、石钟山石窟物联网环境监测系统建设、曹溪寺彩塑数字化保护项目、筇竹寺彩塑数字化保护项目、寿国寺壁画数字化保护项目、通海古建筑群三维扫描数据库建设、丽江古城区大觉寺三维扫描数据库建设和古代壁画传统矿物颜料开发利用项目。

云南祥云大波那青铜墓地考古发掘因广泛应用现代科学技术对考古墓地进行测绘、分析和研究而荣获"中国社会科学院考古学论坛·2014年中国考古新发现"，安宁曹溪寺文物保护维修项目因在古建筑彩画传统工艺和矿物颜料研发上有重大突破而荣获"第二届（2014年度）全国十佳文物保护工程"，云南省考古所考古夏令营因在文物考古工地和历史文化展示宣传中有重大创新而荣获"全国公共考古第三届论坛一等奖"。

【文博教育与培训】

按照国家文物局2015年全国县级文物行政部门负责人培训班培训学员报名工作的通知要求，积极协调各州市县文化局，选送维西县、德钦县、香格里拉县、师宗县、沾益县、景洪市、勐海县、勐腊县、南华县、永仁县、瑞丽市、玉龙县、绥江县、通海县和古城区等20个县的文化局负责人参加在中央文化管理干部学院举办的第22～25期培训班。

【文博宣传与出版】

加强文化遗产保护和宣传。组织"国际博物馆日"宣传，举办"驻华使节探寻茶马古道"活动，促进了普洱景迈山古茶园保护和申遗工作。

【其他】

积极推进文博事业改革。云南省文物局颁布试行《云南省全国重点文物保护单位文物保护工程审批管理规定》，完善文物保护工程的检查验收制度，对文物保护项目实施跟踪监督和全程检查；开展了文物保护技术方案审批制度改革，实行文物保护项目技术文件和经费预算的第三方评估，保证了文物保护项目咨询评估的公开、公平和公正。

西藏自治区

【概述】

2015年是全面完成"十二五"规划的收官之年，西藏自治区各级文物部门深入贯彻党的十八大和十八届三中、四中、五中全会精神，认真落实习近平总书记关于文物保护工作的重要论述和全国文物局长会议精神，紧紧围绕全区改革发展稳定大局，突出重点、强化措施，各项工作齐头并进、成效明显。局党组全面履行文物保护工作职责，积极主动作为，按照"常规工作不等不推、专项工作保质保量、重点工作攻坚克难"的要求，着力抓好文物系统安全稳定、重点文物保护项目、可移动文物普查等基础工作和文物系统自身建设，推动文物保护工作取得了新发展。

【法规建设】

2015年7月30日，自治区十届人大常委会第十九次会议审议通过了《西藏自治区布达拉宫文化遗产保护管理条例》，使布达拉宫文化遗产保护纳入了法治化轨道。

【执法督察与安全保卫】

召开全区文物安全工作专题会议，与各地市文物部门签订《2015年文物安全责任书》，督促各地根据本地区本部门的实际情况制定落实安全责任制的具体办法，把文物安全责任层层分解，具体落实到每一个岗位、每一个人，并对《文物安全责任书》落实执行情况进行经常性的监督检查、督促落实。

切实加大文物安消防检查和文物执法巡查力度。加大对文保单位安全防范工作的日常检查和指导，特别是做好各类节日、重大宗教活动以及文物保护维修工程施工现场的安全工作，对存在的问题和隐患及时排查、及时整改，坚持实行文物安全工作一票否决制，确保文物单位的绝对安全。

加强日常联合执法工作。各地市、县公安机关根据当地文物安全形势和安全保护的实际，派出专门警力与文物部门联合执法，经常性开展文物安全巡查、检查工作，对文物违法犯罪行为予以坚决打击。一是对田野文物密集区和文物案件频发的重点区域加大布防、监控和巡查力度，对可疑车辆和人员实施盘查和登记，从中发现案件线索；二是加强对旧货、古玩市场的监管力度，坚决取缔利用旧货、古玩等名义经营文物的行为。

针对全国重点文物保护单位和部分区保、县保单位的消防安全工作，组织修建千盏灯房，消除了最大的火险隐患。对布达拉宫、罗布林卡、强巴林寺、哲蚌寺等全国重点文物保护单位应用分布式文物古建筑高压喷雾灭火系统，积极组织实施布达拉宫雷电灾害防御基础研究项目及西藏自治区布达拉宫安消防整合提升工程。各地、县加大安消防设施的建设力度及资金投入，消除了本体建筑存在的安全隐患，确保了文物的安全。

【不可移动文物的保护和管理】

（一）概况

截至2015年10月，西藏已调查登记的文物点有4277处，各级文物保护单位1424处，其中国家级55处、自治区级391处、县级978处；世界文化遗产1处3个点（有布达拉宫及其扩展项目大昭寺、罗布林卡）；国家级历史文化名城3个（拉萨市、日喀则市和江孜县）；中国历史文化名镇2个（山南市乃东县昌珠镇、日喀则市萨迦县萨迦镇）；中国历史文化名街1个（拉萨八廓街）；国家历史文化名村3个（日喀则市吉隆县邦兴村、林芝市工布江达县措高村、拉萨市尼木县吞巴乡吞达村）。

（二）大遗址

古格王国遗址被列入西藏"十一五"重点文物保护工程项目，工程于2014年竣工，已委托设计单位开展保护规划编制工作。藏王墓被列入西藏"十二五"文物保护规划之中，工程于2015年10月已竣工，保护规划已通过国家文物局评审。卡若遗址被列入西藏"十二五"文物保护规划之中，工程于2015年11月开工，保护规划已上报国家文物局审批。

（三）全国重点文物保护单位

2015年，聂唐卓玛拉康等31个文物保护项目已完工并通过自治区验收，占"十二五"规划项目的67%；白居寺等12个文物保护工程已开工建设，占规划项目的26%。组织实施公堂寺等3处抢救性项目，组织专家对21处文物保护维修设计方案进行评审。

（四）世界文化遗产

4月26～29日，完成联合国教科文组织赴藏开展布达拉宫历史建筑群反应性监测工作的各项准备、接待、考察等工作。

（五）其他

认真做好"4·25"地震文物受损评估工作，国家文物局拨付100万元用于受损文物的临时加固、支护等，完成《西藏"4·25"地震文物受损调研评估报告》。

【考古发掘】

（一）概况

文物考古发掘研究成绩显著，完成主动考古项目9项、配合基本建设考古项目6项，调查面积3000余平方公里，发掘面积4000平方米。阿里故如甲木墓地和曲踏墓地评获"2014年度全国十大考古新发现"。

（二）重要考古项目

6～8月，西藏自治区文物保护研究所联合中国社会科学院考古研究所对西藏阿里地区札达县曲踏墓地进行了考古发掘。考古发掘面积近500平方米，在曲踏Ⅱ区新发现并清理墓葬2座，重新清理了2012年札达县文物局发现的1座墓葬。自7月初开始对曲踏Ⅰ区进行发掘，共发现和清理墓葬6座、房址1处。发现并调查遗址区1处。发掘和采集一批珍贵文物，包括陶器、铜器、铁器、木器、草编器、料珠以及大量人骨和动物骨等。

7～8月，西藏自治区文物保护研究所联合四川大学历史文化学院对西藏山南地区琼结县邦嘎遗址进行了考古发掘。发掘工作主要侧重于通过浮选采集小动物骨骼、植物种子与木炭等标本，解决遗址各层位年代、动物养殖与作物种植等问题，进而对遗址的文化性质有一个初步的解读。发掘期间，考古队还对遗址所在区域进行了地形测绘，为下一步的遗址环境研究提供了基础资料。同时还对西藏山南地区琼结河谷两岸进行了考古调查，新发现2处墓地、3处岩画地点。新发现的两处墓地，其一为吐蕃时期封土墓，附近即为第二岩画地点；另一处为土丘墓。岩画均为点状凿击而成，图案以圆形凹坑与线条组合的构图为主，与藏北地区的岩画有着明显区别，也与邻近的贡嘎县多吉扎岩画区别明显。这些岩画的发现，为研究雅砻部族中心区域的琼结河谷的早期历史提供了新的资料，具有极高的学术价值。

2015年7～8月，西藏自治区文物保护研究所自治区文研所与陕西省考古研究院联合考古工作队对阿里琼隆遗址进行考古调查。遗址位于阿里地区札达县达巴乡曲龙村象泉河北岸一级台地、冲沟与土林地貌山体上。考古调查发现洞室743座、院落104座、房址45座、护墙27道、墙体25座、玛尼墙13道、塔20座、碉楼1座、其他遗迹2座，并对地形与遗迹分布进行了测绘和航拍。在觉莫拉康石窟群发现礼佛窟1座、禅修窟23座、佛塔4座，采集了壁画残块、悬塑木样、擦擦等标本或样品。在琼隆卡尔恩遗址发现早期佛寺建筑1座。在曲米色布岩画点发现岩画40余组。

【博物馆与可移动文物保护】

（一）博物馆建设

西藏自治区已基本形成以西藏博物馆为龙头，日喀则博物馆、林芝藏东南博物馆、西藏牦牛博物馆、布达拉宫珍宝馆和雪城各类原状展览、清代驻藏大臣衙门旧址陈列馆、根顿群培专题馆等为主体的博物馆格局。民办博物馆墨竹工卡群觉古代兵器博物馆建成运行。

西藏博物馆除"古韵流芳——西藏博物馆馆藏戏曲用具展""历史的见证——西藏地方与祖国关系史陈列""净苑盛莲——二十一度母唐卡展"3个基本陈列展览外，还于"5·18"国际博物馆日推出了"守望传承——西藏博物馆馆藏捐赠征集移交文物展"、雪顿节推出了"西藏传统服饰"微型展览等，取得了良好的社会效益。报送的"千山之巅、万水之源"精品文物展入选国家文物局2016年"弘扬优秀传统文化、培育社会主义核心价值观"主题展览。

罗布林卡在中国园林博物馆、北京颐和园分别举办了"藏地魂宝——罗布林卡文物精品展"和"雪域藏珍——布林卡文物精品展"，展现了西藏传统文化的魅力。

（二）第一次全国可移动文物普查

第一次全国可移动文物普查工作取得阶段性成果，已完成全区1295处国有单位文物收藏情况调查，采集文物数据95035件、登录64965件，基本摸清了西藏可移动文物的家底。

根据西藏文物藏品的特点，自治区普查办编印了《西藏自治区第一次全国可移动文物普查文物登录标准》。为凸显地方民族文物特点，根据国家标准，区普查办因地制宜组织编印了藏汉双语版的《藏传佛教名号译名规范》专用书，各地（市）的培训课程中也设置了《藏传佛教造像和唐卡鉴定标准》《藏传佛教神像译名规范》等专题。

为普查工作有效推进，组织编印涉及文物法律、法规、文物鉴定知识等内容的双语版《西藏自治区可移动文物普查宣传与工作手册》，向各寺庙发放，让僧尼了解普查的内容。同时将部分僧尼纳入普查员队伍，使僧尼的积极性得到了有效提高。

【科技与信息】

组织实施了布达拉宫管理处、西藏博物馆、罗布林卡管理处的预防性保护项目，逐步建成特色文物科技保护平台。西藏博物馆不可分割历史数字化展示项目已经立项。

【文博教育与培训】

根据中央民族工作会议和对口支援西藏工作会议精神，按照山西省人民政府工作安排，在山西省文物局的帮助支持下，2015年11月23～27日，在太原市举办了西藏自治区文物局长培训班，西藏自治区11个地市县文物局长和文物保护工程管理人员23人参加了为期5天的培训。

2015年，西藏自治区文物局还先后选派45名干部和专业技术人员参加了国家文物局以及其他单位举办的各类培训班，学到了知识，提高了水平。

【文博宣传与出版】

以文化遗产日、国际博物馆日、"12·4"法制宣传日为契机，对《中华人民共和国文物保护法》《博物馆条例》《西藏自治区文物保护条例》和《西藏自治区布达拉宫文化遗产保护管理条例》等法律法规进行广泛宣传。

在文化遗产日组织布达拉宫管理处、罗布林卡管理处、西藏博物馆、西藏文物研究所、西藏文物鉴定中心、文物总店等单位和自治区文化厅非遗处承办"第十个文化遗产日西藏非遗五进校园活动"，受到广大师生的一致好评。

编辑印刷《西藏文物》（季刊）4期、《布达拉宫馆刊》（半年刊）2期、《西藏博物馆》（半年刊）2期、《西藏文物保护研究所年报》1期、《古建筑测绘图集》1期，这些刊物宣传介绍了西藏文物的保护、研究、发掘成果，展示了西藏文博事业的发展成就。

【机构及人员】

自治区党委批准成立自治区文物局党组，配备正厅级党组书记、局长，从文化厅脱离独立承担文物保护工作职责；布达拉宫管理处、罗布林卡管理处、西藏博物馆成立党委，配备专职书记；7地市成立了合署办公或由文化局管理的正处级、副处级文物局；74个县区成立了合署办公的科级文物局。

截至2015年年底，全区共有文物保护管理机构88个，工作人员374名，其中专业技术人员135人，包括高级职称3人、副高级职称18人、中级职称39人。

陕西省

【概述】

2015年是全面深化改革关键之年、全面依法治国的开局之年。在陕西省委、省政府的正确领导下，陕西省文物局深入学习贯彻党的十八届三中、四中、五中全会精神和习近平总书记关于文物保护的系列重要讲话，以总书记来陕视察为契机，立足陕西经济社会发展大局，紧扣陕西文物事业发展"十二五"规划总体目标和年度目标任务，坚持文物工作方针，统筹推进事业发展，科学谋划"十三五"发展规划，乘势而上，阔步前行，超额完成目标任务，为建设西部文化强省、提升陕西影响力做出了积极贡献。

【法规建设】

2015年，陕西省人民政府公布了《陕西省群众依法保护文物奖励办法》，按当地经济水平作为奖励系数的创新思路，得到中央政治局常委刘云山同志和中央政治局委员刘延东同志肯定。《陕西省帝陵保护条例》被陕西省人大教科文卫委员会列入重点立法计划；陕西省人大启动神木石峁遗址保护立法，积极协助榆林市人大起草发布《关于加强石峁遗址保护工作的决议》，《石峁遗址保护条例（草案）》已被批准列入预备审议项目；以《博物馆条例》颁布为契机，结合陕西博物馆事业实际起草《陕西省博物馆管理办法》，待陕西省政府审定后颁布。

【执法督察与安全保卫】

（一）执法督察

2015年，陕西省文物局继续强化文物行政部门监管责任，与全省12个市（区）文物行政管理部门及10个直属单位签订文物安全责任书和消防安全责任书。全年下达督察通知14份，查处秦咸阳城遗址西部芳香园建设项目、咸阳帝陵保护范围内建设公益墓园项目、商洛大云寺周边违法建设等案件，及时纠正违法建设行为。组织专家对典型行政处罚案件进行评查，选送的3份行政执法案卷全部入围"全国文物行政执法十大指导性案例"。

（二）安全保卫

2015年，累计投入近2000万元，有力保障24个安技防工程项目实施，文物安技防水平有效提升。协同陕西省消防总队督导全省文物系统认真细致做好消防安全工作，组织开展全省文物系统消防安全检查、火灾隐患排查、夏季消防安全检查和冬春季节火灾防控工作等专项检查。联合陕西省消防总队在秦始皇帝陵博物院举办全省文物安全暨消防应急救援综合演练，推动文博单位消防安全工作常态化。

2015年，陕西省文物局与陕西省公安厅联合召开"全省打击文物犯罪工作会议"，表彰2014年度文物和公安系统45个先进集体。持续打击、保持高压，连续五年部署联合打击文物犯罪专项"雄鹰"行动，有力震慑了犯罪分子，有效降低文物犯罪发案率。陕西省文物局、西安市文物局分别与陕西省公安厅、西安市公安局签署了战略合作协议，"文物安全大防控体系建设"顺利启动，联合打击防范文物违法犯罪基础更为坚实。

【不可移动文物的保护和管理】

（一）概况

截至2015年底，陕西省共有49058处文物古迹，包括古遗址23453处、古墓葬14367处、石窟石刻1068处、古建筑6702处、近现代史迹等文物点3468处，其中全国重点文物保护单位235处、省级文物保护单位811处、县级文物保护单位2090处。随着"丝绸之路：长安—天山廊道路网"申报世界文化遗产成功，陕西的世界文化遗产增至3处9个点。

（二）大遗址保护

2015年积极推动陕西省重大文化项目建设。秦兵马俑文化景区提档升级工作进展顺利，北大门建设工程主体完工，文物科技保护中心（含铜车马展厅）、综合博物馆以及秦兵马俑二、三号坑展厅中央空调和设备中心等项目设计任务书编写完成，选址方案上报国家文物局审批。统万城遗址西北墩台保护加固工程完工，完成遗址博物馆和相关服务配套设施方案。石峁考古遗址公园建设顺利启动，保护规划获国家文物局批准，外城东门遗址保护工程获批立项，组织实施围栏保护、墙体加固等保护工程。《秦始皇陵文化景区建设总体规划》和《中国石峁遗址公园概念规划》分获2015年度陕西省优秀城乡规划设计二、三等奖。大明宫遗址、汉阳陵、秦始皇帝陵在全国首次国家考古遗址公园运营评估中占据前三名。

（三）全国重点文物保护单位

从2014年年底着手安排"十二五"评估总结评估，适时启动《陕西文物事业"十三五"规划》编制，目前该规划已顺利完成，并呈报国家文物局和陕西省发改委。在国内率先启动《陕西省文物保护总体规划》修编，已通过专家会对初稿征求了意见。

完成全国重点文物保护单位保护规划8部，西安城墙、阿房宫遗址、龙岗寺遗址、乾陵的保护规划经陕西省人民政府审议公布，实施数量为历年之最。杨官寨遗址、郑国渠首遗址、石峁遗址保护规划和汉阳陵国家考古遗址公园规划通过国家文物局审批。

（四）世界文化遗产

按照世界遗产理念和标准编制完成《陕西省申报世界文化遗产工作规划》，有力推动黄帝陵、汉唐帝陵、西安城墙等重要遗产申遗步伐。及时完成《丝绸之路陕西省七处遗产点保护状况报告》，经国家文物局上送联合国教科文组织世界遗产中心，并积极与丝绸之路沿线国家开展文物保护和研究方面的合作交流。与哈萨克斯坦共和国文化体育部、哈萨克斯坦共和国国家博物馆签署"文化遗产领域交流合作备忘录"，指导西北大学文化遗产学院与乌兹别克斯坦科学院考古研究所合作展开"中亚考古与文化遗产保护"，在乌兹别克斯坦东南部的西天山西端区域一带开展考古调查和发掘工作并取得重要成果。

（五）其他

组织完成韩城党家村传统古村落保护维修工程，实施杨家沟村、尧头村等传统古村落的保护工作。在安定镇、高家堡、云盖寺等文化旅游名镇先后实施文物保护工程50余项，批准文物保护工程立项30多项，有力地加强了文化旅游名镇建设中的文物保护工作。联合陕西省住房与城乡建设厅、财政厅、文化厅公布陕西省第一批传统村落名单171个，对传统村落中文物保护单位情况进行调研摸底，编制《陕西省传统村落保护规划》，夯实城镇规划建设中文物资源保护基础。

工业遗产调查工作顺利启动，会同陕西省工信厅制定了《陕西省"一五"时期工业遗产调查工作方案》并开展实地调查工作，已完成王石凹煤矿、长岭机器厂、宝鸡石油管厂等15家企业调查工作。蜀道调查和陕西古塔调查全面完成。

【考古发掘】

（一）概况

完成大型建设项目考古调查23项，调查面积1500万平方米、线路457公里，开展考古勘探项目128项、勘探面积1200万平方米，发掘古墓葬336座，发掘遗址8770平方米，出土各类文物1600余件／套，有力保障了陕西省重点建设项目的顺利开展。

完成周原、丰镐、秦咸阳城等大遗址考古勘探276万平方米。

主动性考古工作成果显著：周原遗址水网系统的发现和确认填补了周代都邑性遗址给水（池苑）系统的空白，杨官寨遗址发现国内首次确认的大型庙底沟文化墓地，秦雍城遗址发现雍城郊外祭祀天地和五帝的固定场所——雍畤，石峁遗址樊庄子"祭坛"发现石围建筑并在外城东门址新出土玉钺等。

（二）重要考古项目

1. 陕西宝鸡周原遗址

基于对周原都邑性聚落的理解，由陕西省考古研究院、中国社会科学院考古研究所、北京大学组成的周原考古队，从2014年9月启动了周原遗址新一轮考古工作。在2014年工作的基础上，2015年3～12月，考古队对周原水系有关的池渠遗迹进行了重点勘探和发掘，同时还继续对贺家以北区域进行了发掘。针对水系共完成重点勘探面积约67万平方米，抽样勘探面积108万平方米，发现并确认淤土遗迹4处、人工沟渠14条。

初步认为周原遗址内存在着自然水系与人工水系、蓄水池与引水渠、干渠与支渠等不同层次的水系遗存，它们共同构成了周原遗址的水网系统。该水网系统的发现与确认，进一步强化了以往所发现的诸多重要遗迹之间的有机联系，加深了以往对周原遗址聚落扩张过程与水源关系的认识，为了解周原遗址内部不同功能区的分布提供了新的视角。

2. 陕西榆林寨峁梁遗址

寨峁梁遗址位于陕西省榆林市榆阳区安崖镇房崖村，与村庄隔开光川相望，西南相距约800米。为配合神（木）佳（县）米（脂）高速公路建设，陕西省考古研究院联合榆林市文物考古勘探工作队、榆阳区文管办于2014年开始对该遗址进行考古发掘，2015年继续对该遗址进行清理。经过连续两年的考古发掘，揭示出一座保存较好、遗存丰富的龙山时代小型石城聚落。

寨峁梁遗址发掘的遗迹主要包括南城墙1段、房址109座／组和灰坑（窖穴）14个。遗物方面，寨峁梁遗址修复陶器及陶、骨、石等小件器物数量逾300件。结合上述遗存，寨峁梁遗址的主体内涵应为距今4500～4300年的河套地区龙山时期考古遗存。寨峁梁遗址为迄今发现北方地区保存较好、揭露最为完整的史前石城聚落，各类遗迹间层位关系明确、内在关系密切，为探讨龙山早期的聚落布局、规模、社会结构等提供了重要的实物资料。

【博物馆与可移动文物保护】

（一）博物馆

1. 博物馆建设

2015年陕西省新增博物馆12座，博物馆总数达到253座。

列入省文化重点工程的陕西考古博物馆筹建工作取得重大突破，《设计任务书》和《陈列策展任务书》编制完毕，取得西安市长安区项目准入批复、环境评估和建设用地预审批复，已完成建设用地的勘测界定工作。

地市博物馆建设取得重要进展，咸阳博物院项目土建工程和陈列大纲已完成，延安市博物馆建设建筑设计方案和陈列大纲通过论证，杨凌农业历史博物馆建设规划、建设方案和征地手续已完成，经过9个月试运行的安康博物馆正式对外开放。

虚拟博物馆建设取得新成绩，新上线数字博物馆网络虚拟馆14家，上线数字博物馆虚拟馆总数达到123家。数字博物馆建设取得新进展，建成数字博物馆实体馆，完成3项新媒体互动平台子项目和陕西文物全民文物知识地图项目。文化产业发展搭建新平台，依托数字博物馆推出全国首家省级文创电子商务平台，"陕西博物馆文创产品交易平台"上线试运行。

2. 博物馆间的交流与合作

2015年，为了纪念抗日战争胜利70周年，协调组织推出14个不同类型的抗战专题展览，从不同角度反映中国人民抗击侵略者的伟大壮举和爱国情怀。这些展览包括"延安与中国人民抗日战争""延安抗日战争时期的国际友人""民族大义——抗战中的陕军""一个公民的抗战收藏""中国人民抗日战争暨世界反法西斯战争胜利70周年主题展""安吴堡战时青年训练班革命旧址纪念抗战胜利70周年陈列展览""'河声岳色铸国魂'——陕西抗日纪念展""纪念抗战胜利70周年老照片展"等。

帮助并协调秦始皇帝陵博物院引进"泱泱大国——齐文化展"。同时，协调批准汉阳陵博物馆"陕西汉阳陵文物特展：微笑彩俑——汉景帝的地下王国"、陕西历史博物馆"骁腾万里——中国古代马文化展""丝绸之路——大西北遗珍展"、西安半坡博物馆"远古回声——半坡遗址与半坡文化"等25个展览赴外地巡回展出。

3. 重要陈列展览

全年全省博物馆参观人数突破3200万人次，免费开放博物馆参观人数超1500万人次，共举办各种临展500多个。"延安与中国人民抗日战争"等纪念中国人民抗日战争暨世界反法西斯战争胜利70周年系列展览、"取经归来——一代宗师唐玄奘展"等配合重大活动临展反响热烈。"唐两京三彩精华展"入选国家文物局公布的2016年度社会主义核心价值观展览项目。全省24项陈列展览入选"2015年度全国博物馆展览季活动推荐目录"，总量居全国之首。

4. 博物馆青少年教育

陕西省成为全国"完善博物馆青少年教育功能试点"重点省份，建立教育活动项目库，全省69座博物馆167个青少年教育项目入库，中小学生定期参观博物馆的长效机制初步形成，《完善博物馆青少年教育功能试点报告》被陕西省委宣传部评为全省宣传思想文化工作优秀调研成果。

（二）可移动文物保护

1．概况

截至2015年底，全省可移动的文物中馆藏文物100万件／套，其中一级文物8000余件／套、国宝级文物123件／套。

2．可移动文物保护科研基地建设

砖石质文物保护国家文物局重点科研基地强化科研工作的管理和督促，加大砖石文物保护成果的推广应用。国家文物局课题"文物多孔隙材料的超声CT检测系统研究"完成了超声CT检测软件的研发；古建砖墙可溶盐情况调研、户外试验场地建造、排盐砂浆评估试验、阻盐工艺试验等研究完成了年度目标；国家标准"馆藏砖石质文物病害分类与图示""馆藏砖石质文物保护修复档案记录"已完成报批稿，行业标准"馆藏砖石质文物病害检测评估规范"已颁布执行。发挥砖石质文物保护平台的优势，联合西安建筑科技大学、武汉大学等共同完成了《茂陵石刻保护廊房设计方案》及《茂陵石刻本体保护方案》的编制，并已通过了国家文物局的方案评审；与成都博物院合作完成了《四川省绵阳市汉平阳府君阙保护修复设计方案》和《四川省成都市天府广场古遗址出土石兽保护修复方案》的编制工作。砖石基地宝鸡青铜博物院实验室建设方案和碑林工作站实验室建设方案的编制工作已完成，目前正在进行政府采购。韩城博物馆工作站实验室建设草案已完成，现正根据该馆意见进行相应调整。

陶质彩绘文物保护国家文物局重点科研基地承担国家级课题3项、省部级课题1项，完成陕西彬县冯晖墓、唐昭陵和河南焦作陶仓楼等81件文物的保护修复工作。继续开展中比文物保护，完成第三期第二年度设备采购工作及开放修复室建设招标工作；中英合作稳步推进，完善了陶瓷岩相分析研究系统；与美国莱特州立大学合作开展保护材料调研和研发及性能评估实验研究工作。

考古发掘现场文物保护国家文物局重点科研基地开展文物保护科研项目5项，室内文物保护修复项目12项，考古发掘现场文物保护项目14项。保护修复各种材质文物300余件／套、院藏壁画24平方米，抢救揭取壁画约22平方米。在新疆设立考古发掘现场文物保护国家文物局重点科研基地新疆工作站，并以该工作站为依托开展了丝绸之路沿线部分金属及冶金遗物的科学研究及保护修复工作。

国际科技合作基地重点推进完成了与德国海德堡大学科学院合作开展"陕西佛教刻经研究"项目的前期立项审批工作，并签署了正式合作协议。基地先后与法国大使馆、哈萨克斯坦文物保护合作考察团就合作开展茂陵石刻保护、丝绸之路文物保护合作项目进行了初步洽谈，达成了初步的合作意向。

3．可移动文物保护技术、方法及应用

馆藏文物修复有序开展，完成西安碑林博物馆、秦始皇帝陵博物院等9家单位馆藏文物保护修复方案，组织修复宝鸡、汉中、安康等市县濒危珍贵文物120件／套。协助修复隋炀帝墓出土萧后冠工作成为媒体广泛焦点。

（三）第一次全国可移动文物普查

第一次全国可移动文物普查工作推进有力，召开全省普查质量控制会，举办4期文物数据质量控制标准培训班，有效地确保了普查工作质量。截至2015年12月，审核登录文物72万余件／套。全省可移动文物信息采集和登录工作基本完成，普查数据录入保持全国领先。

中国
文物年鉴
2016

【社会文物管理】

2015年，完成外展文物审核2批224件／套，含一级品42件／套；旅客个人携运临时入境2批2件，临时出境1批1件；复仿制品出境5批16件，主要为秦俑复仿制品。鉴定审核拍卖标的7批2196件／套，撤拍7件／套。根据陕西省文物局博物馆与社会文物处指派，完成国家文物局下放审批权后的新版文物拍卖许可证正副本的设计印制工作，完成2家拍卖公司的换证文印。

【科技与信息】

2015年，制订下发《2015年陕西省文物保护科技工作指导意见》，推动陕西历史博物馆成立"陕西壁画保护修复研究基地"，会同陕西省工信厅向工信部和国家文物局申报了2015年文物保护装备产业化及应用示范项目。科技部科技支撑计划"遗址博物馆环境监测与调控关键技术研究"项目顺利通过结项验收，多项创新性研究成果为遗址博物馆文物的预防性保护提出了系统解决方案。"西汉彩绘兵马俑彩绘层微米级龟裂缝隙显微修复与动态检测技术"项目通过验收，达到世界先进水平。启动"青铜器数据库及科技鉴定"项目，并完成150余件青铜器的检测鉴定，为通过现代科技手段鉴定文物建立科学谱系奠定坚实基础。

【文博教育与培训】

博物馆教育纳入国民教育体系新举措，在全国率先举办博物馆教育教师培训班，培训全省教育系统200多位教师。

精准定位基层文博队伍岗位任职需求，举办全省市县级文物局长培训班、基层文管所负责人培训班等。

强化属地管理法定责任，会同陕西省公安厅，分别与商洛市和安康市政府联合举办"增强文物法律意识，提升文物保护能力"文物安全工作培训班。

【文博宣传与出版】

全年组织各类新闻媒体宣传陕西文物工作发表各类新闻报道和宣传文章5000余条／篇。积极向陕西省委、省政府上报文物信息，陕西省委宣传部《每日要情》采用陕西省文物局信息47条。在纪念中国人民抗日战争暨世界反法西斯战争胜利70周年之际，举行陕西省抗战遗址保护利用情况新闻发布会，在省政府网站"陕西抗战文物保护利用情况"接受在线访谈。结合学习习总书记文物保护重要论述、博物馆日、文化遗产日、《博物馆条例》颁布等重大事件和重要节点，主动、快速、集中开展全方位宣传，掀起全省范围文化遗产宣传热潮。积极开展博物馆进校园、进社区、进工厂活动，宣传文化遗产，弘扬传统文化。

历时6年的《陕西省志·文物志》重修工作圆满完成，顺利通过省方志办终审，2016年有望正式出版发行。《说说秦俑那些事》《寻找历史的足迹（青少版）》入选国家广电新闻出版总局首届向全国推荐的86部中华优秀传统文化普及图书名单。

【机构及人员】

通过与陕西省编办沟通协调，确定陕西省文物局直属事业单位分类意见，其中公益一类3个，分别为陕西历史博物馆、陕西省考古研究院、陕西省文物保护研究院；公益二类7个，分别为秦始皇帝陵博物院、西安碑林博物馆、汉阳陵博物馆、陕西省文物交流中心、陕西省文物信息咨询中心、陕西省文物鉴定研究中心和陕西省文物局机关服务中心。

【对外交流与合作】

2015年，共派出35个团组115人次赴美国、俄罗斯、哈萨克斯坦以及香港特别行政区、台湾地区等15个国家和地区进行交流；接待港澳台客人及美国、德国、南非、洪都拉斯、沙特阿拉伯、阿富汗、柬埔寨等72个国家的外宾和国际组织的官员188批4179人次。完成印度总理莫迪、联合国教科文组织总干事博科娃、刘延东副总理陪同俄罗斯副总理专访和蒙古、阿塞拜疆、塞尔维亚总统等重要接待。邀请来自英国、韩国的专家3批共5人来陕西交流。授予30多年来长期推动陕西与日本文物领域交流的村山英树先生"陕西文化遗产大使"荣誉称号。

全年组织出境展览3个、入境展览4个。积极推进"取经归来——一代宗师唐玄奘展"等3个展览项目列入国家文物局海外推介精品项目目录。庆祝中国丹麦建交65周年的重要活动"秦始皇——中国陕西兵马俑展"得到了双方国家元首的高度重视。与柬埔寨王国政府文化艺术部联合举办"高棉的微笑——吴哥艺术特展"，丰富两地人民文化交流。举办"文明与互鉴——陕西文物对外交流合作50年成果展"并出版《文明与互鉴——陕西文物对外交流合作50年》，全面总结近50年来陕西文物对外交流成果。

甘肃省

【概述】

2015年，甘肃工作围绕经济社会发展的主题主线，积极主动融入"一带一路"战略，深入推进华夏文明传承创新区建设，突出重点、统筹兼顾，全面完成各项工作任务。大堡子山流失文物成功追索返还产生较大社会影响，推进落实丝绸之路文化遗产圆桌会议、简牍学国际学术研讨会、丝绸之路文明展等活动，协调集中省内外考古力量开展敦煌机场扩建工程文物勘探和考古发掘工作，进一步深化博物馆建设管理和免费开放工作，大力推进"走出去"战略，促进文物与相关领域融合发展，推动科技特别是信息技术在文物保护利用领域的应用和实践。

【法规建设】

甘肃省文物局配合省人大加快《甘肃永靖炳灵寺石窟保护条例》《甘肃省长城保护条例》立法进程，开展立法调研，完成了法规草案起草等工作。

【执法督察与安全保卫】

甘肃省文物局会同公安、住建、宗教、旅游等职能部门在全省集中开展了为期两个月的文物安全排查整治活动，检查各级文物保护单位120处，博物馆、纪念馆26个，以及一批文物保护（考古）工地、历史文化名城名镇名村及文物保护单位集中分布的传统村落，下达安全隐患整改通知书29份。修订印发《甘肃省文物局文物安全目标责任考核办法》并与各市州文物部门分别签订《文物安全目标责任书》，年终结合文物安全大检查进行全面考核；对长城保护状况进行专项执法检查，排查整治长城安全隐患及相关违法行为，落实长城沿线安全管理责任；在国家文物局支持下举办了全国文物安全管理人员培训班（甘肃片区），同时编印了《文物安全监管行政执法督察工作手册》，做到文物工作者人手一本。加强文博单位"三防"（消防、安防、防雷）工程建设，组织实施重点"三防"工程11项。

庆阳市环县全国重点文物保护单位兴隆山古建筑群祖师殿发生火灾事故，白银市景泰县明长城索桥段遭人为破坏，零星盗掘古遗址古墓葬案件，在文物保护单位保护范围和建设控制地带内违法建设等案件得到依法查处。

【不可移动文物的保护和管理】

（一）概况

文物保护基础工作持续加强，完成了21处全国重点文物保护单位文物保护规划编制，报请省政府公布11处全国重点文物保护单位保护规划，完成了全省一至四批全国重点文物保护单位记录档案备案工作，组织开展省级文物保护单位记录档案编制工作，督促指导各地完善市县级文物保护单位"四有"工作；完成全省古建筑类全国重点文物保护单位重大险情排查，基本建成全省不可移动文物管理信息系统。

（二）大遗址保护

考古遗址公园建设持续实施。组织完成《大地湾国家考古遗址公园规划》，F901遗址保护大厅新建工程开工建设；大堡子山遗址及墓群文物本体保护方案和展示利用方案由国家文物局批复同意，完成了形式设计的各项准备工作。

（三）全国重点文物保护单位

拉卜楞寺文物保护工程中的夏卜丹殿、喜金刚学院等6项维修工程竣工，10项维修工程开工实施，16项维修设计方案获得国家文物局批准；组织实施榆中青城古民居保护修缮、泾川南石窟寺1号窟抢险加固、武威海藏寺保护维修等21项全国重点文物保护单位保护工程；水帘洞石窟群壁画、彩塑及浮雕保护修复工程获评"第二届（2014年度）全国十佳文物保护工程"。

（四）世界文化遗产

基本完成甘肃省7处世界遗产地监测预警体系建设，向国家文物局上报了年度监测报告和丝绸之路甘肃段保护状况报告；嘉峪关文化遗产保护工程接近尾声，关城本体保护维修项目全部竣工。基本完成全省长城保护范围和建设控制地带划定意见审核工作，实施了涉及9个县（市、区）的长城保护工程，在38个长城沿线县（市、区）树立了长城保护标志碑和界桩。

【考古发掘】

（一）概况

全力配合甘肃省"6873"交通突破行动，对兰州至合作铁路、宝鸡至兰州客运专线等71项重点项目开展了考古调查及文物保护工作，保障了重点项目的顺利实施。同时，结合重大学术研究组织开展12项主动性考古调查与发掘工作。为配合丝绸之路（敦煌）国际文化博览会，协调集中省内外考古力量冒着严寒会战敦煌，加快开展配合敦煌机场扩建工程的文物勘探和考古发掘工作，为工程施工抢出时间。

（二）重要考古项目

礼县大堡子山秦公陵园进行了再度发掘，完成了礼县圆顶山遗址内的龙槐村全面勘探，勘探面积18万平方米，发现各类遗迹182处。赵坪村和圆顶山部分勘探，共清理墓葬5座，发掘面积600平方米，出土有铜器、陶器、玉石器、金器、骨角器等。在两座秦公大墓之间布5米×5米探方16个，发掘面积400平方米，发现厚40～70厘米的踩踏面、柱洞、殉葬马坑、建筑基址等遗迹。殉葬马坑和礼县西山遗址相似，均带有祭祀性质，其附葬的车马坑对研究秦人嬴姓宗族车马埋藏制度具有一定的借鉴意义。

肃北马鬃山玉矿遗址调查研究取得新成果。径保尔草场玉矿遗址发掘面积1500平方米，发现遗迹42处，出土陶片、石器、玉料、骨块等。在敦煌地区开展的玉矿遗址调查中，新发现旱峡玉矿遗址。遗址东西长3000米、南北宽1000米，面积300万平方米，共发现各类遗迹145处。调查全面揭示了河西走廊地区早期玉矿遗址的空间分布及各聚落的形态，为我们认识"玉石之路"及其河西走廊地区早期采玉人群等问题提供了新资料。

继续开展泾川佛教窖藏遗址考古发掘，发掘面积2100平方米，发现各类遗迹39处。出土物以砖瓦和陶瓷片居多，石刻佛造像残件有少量发现，对于判断建筑基址的性质有指示性作用。

中国社会科学院与甘肃省文物考古研究所合作开展的临洮马家窑遗址考古发掘项目，发掘面积500平方米。共清理马家窑文化房址2座，齐家文化灰坑25个、灰沟2条、祭祀坑1座，出土大量马家窑及齐家文化陶器残片以及陶、石、骨、贝等300余件／套。基本了解了瓦家坪台地南侧的文化层堆积及遗迹分布，进一步搞清了马家窑遗址文化堆积的性质和内涵，同时增加了一批齐家文化资料，丰富了该遗址文化内涵。尤其是马家窑时期房址、灰坑等遗迹的发现和确认，丰富了马家窑类型遗存聚落形态的资料，对马家窑文化内涵特征、聚落布局及社会结构等方面的研究具有重要意义。

【博物馆与可移动文物保护】

（一）博物馆

1. 博物馆建设

组织专家审核论证了定西市博物馆、康县博物馆等24个博物馆的陈列展览大纲和形式设计方案。完成了2014年度全省博物馆年检，178个博物馆合格，合格率为97％。文物、财政部门继续联合实施博物馆免费开放绩效考评，在原有112个博物馆的基础上，将11个自行免费开放的博物馆纪念馆纳入2014年度绩效考评范围，根据考评结果安排补助经费，建立了有进有出、良性循环的管理机制。规范非国有博物馆备案程序，完成8家非国有博物馆的备案工作。

2. 博物馆间的交流与合作

注重开展馆际交流与业务合作，以交流促发展，以合作促发展。敦煌研究院、甘肃省博物馆、敦煌市博物馆等单位赴省外举办、参与"丝路瑰宝——敦煌艺术大展""丝路遗粹——甘肃省文物精华展""敦煌精品文物展""丝绸之路展"等展览30余个，积极展示甘肃省文物精品；引进"西北汉简与陈杰简书展""碧海遗珍——华光礁Ⅰ号沉船特展""秦韵——秦文化与西戎文化十年考古成果展""亘古天书2015中国岩画展"等临时展览20余个，丰富博物馆展陈，进一步满足广大观众多元文化需求。大地湾博物馆、酒泉市博物馆、古浪战役纪念馆等10余家单位围绕博物馆管理模式、藏品保护、展览筹划等工作开展了丰富多彩的馆际交流活动，积极探讨，交流工作经验。协调国有博物馆结对帮扶非国有博物馆。

3. 重要陈列展览

敦煌研究院在香港举办"敦煌——说不完的故事"，甘肃省博物馆配合大堡子山流失文物回归举办"秦韵——大堡子山流失文物回归特展"。甘肃简牍博物馆举办"古塞奇珍——甘肃古代简牍暨汉简书法展"，敦煌研究院、敦煌市博物馆举办"敦煌：生灵的歌"，甘肃省博物馆举办"华夏文明在甘肃"，甘肃省文物考古研究所举办"秦与戎——早期秦文化考古十年展"。

4. 文化遗产"历史再现"工程

文化遗产"历史再现"工程是甘肃省政府确定的2015年度重大文化工程之一，在甘肃省委、省政府主管领导的直接指导下，省文物局组织制定了《甘肃省实施文化遗产"历史再现"工程意见》，经省政府常务会议研究审议后由省政府办公厅印发实施。制订了甘肃博物馆分类及设立标准，印发了省领导小组工作制度及年度工作安排意见，在全国开创性地建立了博物馆特别是非国有博物馆建设管理标准体系；发布"历史再现"工程博物馆

logo标识，颁授制式标牌，初步建起"历史再现"工程CI形象识别系统。省领导小组在张掖市和临夏州两次召开现场推进会议，委托省博物馆协会分两批公布"历史再现"工程博物馆名录并在《甘肃日报》刊载。截至2015年年底，甘肃省博物馆数量增至385个，"历史再现"工程被甘肃省委宣传部评为2015年度全省宣传思想文化工作创新奖。各类博物馆特别是"乡村记忆"博物馆日益成为重要的基层宣传思想文化阵地和非遗保护传承基地，对推进精准扶贫也具有重要意义。

（二）可移动文物保护

1. 概况

截至2015年年底，315个国有单位共申报文物藏品419672件／套，采集登录文物数据370340条，向国家普查平台提交数据28万余条。甘肃省文物鉴定委员会专家对全省文物系统104个国有文物收藏单位2002年以来新增的29093件／套文物藏品进行了鉴定定级，全省新增珍贵文物5849件／套，新增重点保护古生物化石1023件。

2. 文物保护科研基地建设

敦煌研究院国家古代壁画与土遗址保护工程技术研究中心、古代壁画保护国家文物局重点科研基地、甘肃省古代壁画与土遗址保护重点实验室运行良好，以文物保护领域的关键技术研究和集成创新作为主要发展方向，相继取得了一系列成果，充分发挥了科技在文化遗产保护中的支撑与引领作用。

甘肃省博物馆纺织品文物保护国家文物局重点科研基地甘肃工作站、甘肃省文物考古研究所出土木漆器保护国家文物局重点科研基地兰州工作站建成，进一步提升了甘肃省丝织品和木漆器科技保护水平。

敦煌研究院、甘肃省博物馆、甘肃省文物考古研究所、天水市博物馆等单位可移动文物保护能力得到显著改善。

3. 可移动文物保护技术、方法及应用

敦煌研究院、甘肃省文物考古研究所、兰州市博物馆等12个单位完成了可移动文物保护方案的编制和申报立项工作。甘肃省文物考古研究所的出土文物抢救性保护修复项目、玉门花海毕家滩出土棺板晋律注保护修复项目及成县尖川出土竹木漆器保护修复项目通过验收，张家川马家塬战国墓地M16、M18出土金属文物保护修复项目通过中期评估。庄浪县博物馆和民乐县博物馆馆藏青铜器和铁质文物、永昌县博物馆馆藏石质文物、岷县博物馆馆藏纸质文物保护修复项目基本完成。

【社会文物管理】

配合司法部门鉴定涉案文物880余件／套，指导博物馆征集社会流散文物1100余件／套。

按照国家文物局要求，依法完成未来四方集团拍卖有限公司3期文物艺术品拍卖会拍卖标的的审核、批复和备案工作。与甘肃省公安厅、甘肃省工商局联合启动了全省古玩旧货市场检查工作，初步掌握了全省古玩旧货市场的基本情况。

【科技与信息】

完成了敦煌研究院、甘肃省文物考古研究所承担的两项国家级科研课题申请结项材料的审核上报；完成了敦煌研究院、天水市博物馆等3家单位承担的4项省级课题结项验收。

中国
文物年鉴
2016

【文博教育与培训】

6月11～15日，甘肃省文物考古研究所和美国哈佛大学人类学系联合举办了地理信息系统（ArcGIS）短期培训班。

8月17～20日，由国家文物局主办、甘肃省文物局承办的全国文物安全管理培训班（甘肃片区）在天水市举办。

9月6～11日，甘肃省文物考古研究所和酒泉市文物管理局联合举办了田野考古与文物保护培训班（酒泉片区）。

11月13日，由甘肃省委宣传部、甘肃省文化厅、甘肃省文物局和中国岩画学会主办的"一带一路·甘肃岩画专题研讨会暨首届岩画研究保护专业知识培训班"在兰州举办。

11月14～15日，甘肃省文物局在兰州举办了全省非国有博物馆馆长培训班，全省18个非国有博物馆负责人、业务骨干共25人参加了培训。

【文博宣传与出版】

甘肃省文物局借助兰州国际马拉松赛人气，成功策划举办2015年文化遗产日主场宣传活动，组织开展文物保护成果和非遗展演，与兰州文理学院联合举办文化遗产公益讲座，在《甘肃日报》刊发文物保护成果专版，产生较好社会反响。配合大堡子山流失文物追索返还，组织中央及地方媒体赴礼县实地考察采访。开通甘肃省文物局官方微信平台，充分利用新媒体、自媒体广泛深入地宣传文物保护利用工作。

甘肃省文博系统2015年主要出版物有《千年凿击而成的顶尖神话：莫高窟》《敦煌佛教感通画研究》《西域敦煌宗教论稿续编》《元代畏兀儿历史文化与文献研究》《回鹘学译文集新编》《敦煌文化与唐代文学国际学术研讨会论文集》《丝绸之路民族古文献与文化研究》《飞天花雨下的佛陀微笑》《敦煌石窟艺术简史》、《中国石窟艺术炳灵寺》《敦煌文化探微》《敦煌莫高窟第454窟研究》《敦煌十六国至隋石窟艺术》《西北地区土遗址周边植物图册》《潮湿环境下考古现场土遗址保护探索性研究》《西藏罗布林卡壁画保护修复工程报告》《中国古代石灰类材料研究》《魅力敦煌》《西夏文物·甘肃编》《秦韵——大堡子山出土文物精粹》《甘肃省博物馆年鉴·2014》《金塔居延遗址与丝绸之路历史文化研究》《金塔文化遗产研究文集》《酒泉文化遗产研究》《肃北岩画》《甘南藏族自治州文物保护单位名录》《伏羲与史前社会》等。

【机构及人员】

全省设文物局的市州7个：兰州、嘉峪关、酒泉、张掖、武威、定西、平凉市；设文物局的县市区15个：礼县、会宁、景泰、秦安、武山、民乐、高台、肃南、临泽、山丹、敦煌、瓜州、肃北县和甘州区、肃州区。

全省文物、博物馆从业人员中，专业人员1334人，中级及以上职称676人。

【对外交流与合作】

甘肃省文物局与印度国家考古调查局签署了友好合作意向书。甘肃省直文博单位与美、俄、英、日等国家及台湾地区相关机构在石窟保护、考古研究、佛教艺术等领域开展深入持久的合作，专家学者参加各类国际性学术活动近40次，在相关学术平台发出了"甘肃声音"。

敦煌研究院举办大数据环境下的世界文化遗产保存与使用国际学术研讨会、敦煌与中外关系国际学术研讨会,在香港举办"敦煌——说不完的故事"并配合举办相关活动23场次,接待观众20万人次。

甘肃省精品文物参展的"汉代文物展"结束在法国展出后又赴香港巡展。赴美国"秦汉文明展""敦煌艺术展",赴台湾地区"武则天与大唐盛世展""秦文化展",赴日本"唐代陶俑展"等6个外展完成了前期组织和筹备工作。

青海省

【概述】

2015年，在青海省委、省政府的正确领导下，在国家文物局的大力支持和青海省文化新闻出版厅党组的具体指导下，青海省文物系统深入贯彻落实党的十八大及十八届四中、五中全会精神，认真学习习近平总书记关于加强文物保护工作重要论述精神和国家文物局长会议精神，紧紧围绕国家文物局2015年工作重点及青海省文物工作年度确定的目标任务，抢抓机遇，狠抓落实，全省文物工作取得了新突破，新成效，文物工作整体步入新的发展阶段。

【制度建设】

为了更好地适应文物事业发展的形势，发挥好文物职能部门的作用，2015年青海省文物管理局以制度建设为保障，认真贯彻《青海省文物保护工程管理办法（试行）》和《文物保护工程建设企事业单位信息实行备案办法（试行）》，进一步理顺工作机制，完善部门规章制度。印发了《青海省文物管理局工作规则》《青海省文物管理局职责》《青海省文物管理局内设机构职责》等规章制度，并严格遵照执行。

【执法督察与安全保卫】

2015年，文物安全工作常抓不懈，进一步加强监督，严厉打击文物违法犯罪行为。全年文物安全大检查3次，先后对全省7个市（州）、19个县（区）、40多个文博保护单位和博物馆进行了检查。印发了《关于加强汛期文物安全工作的紧急通知》，全面排查安全防范隐患，明确措施，加大安全隐患整改力度。国庆前后，组织人员对全省文博单位、考古工地、传统村落项目工程、文物保护项目工程、文物安全等进行了安全督察。2015年组织专家对6起案件的162件／套涉案文物进行了鉴定；与公安部门共同破获文物盗窃案件2起，并依法移交司法机关审理。

2015年，青海省文物管理局分别与公安消防、西宁海关、青海省交通运输厅建立了长效合作机制，为文物安全联合执法奠定了良好的基础。年初，积极与青海省交通运输厅协调，加强沟通，召开了交通基础设施建设项目工作座谈会，并与交通运输厅建立工作联席会议制度、工作联系机制。与公安消防部门联合转发国家文物局、公安部关于《文物建筑消防安全管理十项规定》的通知。与西宁海关缉私局联合印发了《关于加强打击文物走私协作配合办法》的通知，明确了双方在工作中加强针对涉及文物的情报信息的交流、互通机制。10月，根据省公安厅办公室《关于做好全省公共安全视频资源调查摸底工作填报说明》的通知精神，青海省文物管理局安排有关人员对全省公共安全视频资源进行了摸底调查，对青海省范围内全国重点文物保护单位、省级文物保护单位及博物馆共482家单位的公共视频监控安装情况进行了调查统计,其中安装公共安全视频设备符合要求的仅21家。

【不可移动文物的保护和管理】

(一)概况

截至2015年年底,青海省有全国重点文物保护单位45处,省级文物保护单位415处,县(市)级文物保护单位888处;国家级历史文化名城1个,国家级历史文化名镇1个,国家级历史文化名村6个,国家级传统村落41个,省级传统村落231个。

(二)大遗址保护

喇家国家考古遗址公园建设有序推进。一是建立喇家国家考古遗址公园建设工作联席会议制度和专报制度。2015年召开了3次喇家国家考古遗址公园建设工作领导小组办公室联席会议,1次喇家专题协调会,上报喇家专报6期。二是统筹安排考古工作。继续坚持考古先行的工作思路,保证考古工作贯穿于遗址公园建设始终。三是积极申报相关立项。2015年,国家文物局批复同意了喇家国家考古遗址公园的4个立项和1个方案,国家文物局授权青海省文物管理局批复同意了4个方案。四是确保资金落实。2015年喇家国家考古遗址公园建设项目申请国家重点文物保护专项补助资金,落实喇家遗址房址遗迹保护与展示工程、喇家遗址环境整治工程等前期费用、喇家遗址2015年度考古发掘经费,共计850万元。

(三)全国重点文物保护单位

2015年下达国家文物保护专项资金2.8741亿元,比2014年增加1.27亿元,项目申报数量和落实资金总量再次突破历史纪录。玉树地震灾后重建文化遗产抢救保护工程格萨尔三十大将军灵塔及达那寺抢险修缮项目获评"第二届(2014年度)全国十佳文物保护工程"。

在项目工程管理中,严格按《青海省文物保护工程管理办法(试行)》《文物保护工程建设企事业单位信息实行备案办法(试行)》要求,狠抓工程勘察设计、方案编制、招投标、监理、施工、验收等各个环节。5月15日,组织省内专家对全国重点文物保护单位中国第一个核武器研制基地旧址安全防范工程项目进行了验收;9月18~29日,组织省内专家赴9个县对"十二五"期间实施的26处文物保护工程项目、省级文物保护工程、传统村落、文物保护工程、考古发掘工地,针对工程项目落地、工程质量及工程安全等方面进行了检查;11月20日,组织省内外专家对全国重点文物保护单位喇家遗址公园保护性回填工程建设项目进行了阶段性验收。顺利完成玉树灾后4处全国重点文物保护单位文物保护工程项目的档案整理工作。

(四)传统村落保护

2015年,青海省文物管理局在全省范围内开展传统村落文物保护的专项督察,认真落实传统村落整体保护利用项目。同仁县年都乎村、郭麻日村作为国家文物局确定的首批国省保文保单位集中成片的传统村落,全年对50户民居进行维修保护。年都乎村、保安城内村通过本体保护、环境整治、展示利用等6个工程立项,已委托资质单位编制文物保护等相关方案。郭麻日村、年都乎村、保安城内村的消防、安防、防雷方案正在编制当中。

(五)长城保护

一是积极落实刘延东副总理在内蒙古调研召开长城保护工作座谈会讲话精神。根据会议精神,进一步理清思路,加大宣传力度,拓宽思路、加强研究,管理机制和措施,着力提升长城保护和利用水平。9月,召开青海省长城保护工作专题座谈会,对今后长城保护提出了明确的思路和要求。二是长城保护工程陆续开工。2014年审批的青海省明长城保护项

中国
文物年鉴
2016

目工程，除门源段（三期）工程外，其余修缮项目全部落实。2015年湟中二期、门源一期二阶段开工，大通一期二阶段、贵德明长城完成招标，平安、乐都段完成方案申报。三是顺利完成专家组检查和评估。7月，国家长城项目办对青海省十年来的长城保护工作进行了检查和评估。根据国家长城办指示精神和专家意见建议，督促完成明长城门源段、贵德段开工前的工程技交底工作。

【考古发掘】

（一）概况

一是配合基础建设做好考古调查及勘探工作，完成了贵德古城、民和县银海专业养殖场、祁连县黑河黄藏寺水库、西宁—塔尔寺高速公路、德令哈光伏电厂、湟水北干渠和湟水西干渠等基础建设的考古勘探工作。

二是开展抢救性考古发掘和部分考古调查资料整理工作。完成了民和积石峡干渠工程建设涉及胡李家遗址的抢救性考古发掘工作；开展了都兰哇沿水库考古发掘资料整理工作，完成了发掘报告的初稿；《贵南尕马台》考古发掘报告已完成三校工作。

（二）重要考古项目

1. 喇家遗址公园考古发掘

7~11月，青海省文物考古研究所与四川大学考古系、喇家遗址博物馆合作，进行了2014年度喇家国家考古遗址公园考古资料整理工作，完成了2015年的考古发掘任务。在遗址公园排污管道、样板房、化粪池、消防水池建设区域内完成发掘面积近1000平方米，发现房址4座、墓葬4座、灰坑70余个、沟2条，出土遗物有陶器、石器、玉器和骨器等。本次考古发掘不仅对喇家遗址的聚落布局有了更新的认识，而且不同时期文化遗存的发现进一步丰富了喇家遗址的文化内涵。

2. 玉树州、果洛州考古调查

7~8月，青海省文物考古研究所与四川大学考古学系等合作进行了"三江源地区古墓群考古与文物保护项目"第4个年度的调查工作。调查区域涉及玉树州治多县，果洛州玛沁、武德、达日三县。

治多县工作集中在登额曲下游进行。考古队在参雄尕朔遗址2013年发掘区北部发掘了1米×1米探方1个。这次发掘在2013年发掘第4层与第5层间新增一个文化层，说明参雄尕朔遗址人类活动较为频繁的两个阶段的时间间隔可能比较大。此外新发现岩画地点1处。

果洛州的调查工作主要以黄河一级支流曲什温河、东柯曲、柯曲贡麻以及玛沁县城（大武镇）为核心区域。在调查中共发现细石器地点16处（其中4处有烧灰、火塘类遗存），岩画点1处，石丘墓群6处，石棺墓2处，古遗址1处，古寺院遗址1处，以及多处性质不明的土石遗迹，获取石核、细石核、细石叶、兽骨等遗物600余件。岩画地点的发现在果洛州尚属首次。采集到的细石器与玉树州登额曲流域类似，技术特征类同，但石制品种类更为丰富，有一定数量的小型工具，在石料选择等方面也有明显的区域性特点。

这些新发现为研究青藏高原东北部地区细石器工业的特点、年代以及区域谱系等问题提供了新的资料。

3. 青海省兴海县羊曲水电站南坎沿遗址试掘

9~11月，青海省文物考古研究所派出考古队对南坎沿遗址进行试掘，探方规格5米×5米，发掘面积25平方米，发掘深度约2.6米。虽然发掘面积小，但依然出土了较为丰富的文物，主要有陶器、石器和骨器。通过出土陶器可知该遗址的内涵主要为宗日文化，还见有马家窑文化半山类型因素。此次发掘进一步确认了南坎沿遗址的文化属性，了解了地层堆积情况，为大规模发掘提供了重要参考。大量宗日式陶器和细石器的出土也为研究宗日文化及这一时期当地先民的生业模式提供了重要的实物资料。

【博物馆与可移动文物保护】

（一）博物馆

截至2015年年底，青海省有31家博物馆，其中系统内博物馆22家（国家二级博物馆1个、三级博物馆5个），非国有博物馆7家。

已列入国家博物馆免费开放序列的博物馆、纪念馆16家，年度免费开放补助资金总额2744.17万元。

全省博物馆坚持"三贴近"原则，提高精品意识，丰富展览内容，2015年共举办展览110余个，接待观众量355万人次。推出了"江河源文明展""丝路遗珍大展""茶马古道五省区联展""丝路之绸""彩绘大观"等极具地域、民族特色的基本陈列和巡展。

为进一步推动青海文化遗产的保护，提高对外宣传力度，推出了一系列极具地域、民族特色的基本陈列和巡展。青海省博物馆与西北五省区博物馆联办的"丝绸之路——大西北遗珍"展于4月10日~6月30日、9月6日~11月6日先后赴天津博物馆、宁夏博物馆展出。7月28日~10月25日，青海省博物馆5件文物参与了由北京艺术博物馆主办的"齐家玉文化展"。9月2日~11月30日，在青海省文化新闻出版厅的安排部署下，与侵华日军第七三一部队罪证陈列馆、青海省民俗博物馆等多家兄弟单位联合承办了"侵华日军第七三一部队罪证图片展"。12月26日，青海省博物馆9件文物参与的山东博物馆主办"黄河入海流——黄河流域史前陶器展"开展。

（二）第一次全国可移动文物普查

青海省高度重视第一次全国可移动文物普查工作，举办了全省第一次全国可移动文物普查培训班（第三期），各级普查办、省直文博单位的普查业务骨干130人参加了培训。

截至2015年12月31日，青海省普查办先后组织文物认定专家近100人次、技术审核人员90余人次，对全省8个市州、47个区县的264家收藏单位开展普查认定、登记造册、文物拍摄和登录上传工作，共认定藏品50146件／套。

【社会文物管理】

2015年，青海省共有文物商店1个，文物藏品4478件，销售额177万元。

【科技与信息】

按照国家文物局《关于全国重点文物保护单位综合管理系统试运行及组织开展信息数据报送工作的通知》要求，青海省文物管理局迅速组织全省各市（州）相关单位安排专人负责数据填报及日常管理和运行，并按要求积极开展首次数据填报工作。填报过程中，青海省文物管理局在全面做好填报方法培训的基础上，协助完善历史资料，汇总上报基础信息中存在的不足，对个别填报滞后的单位予以重点督办，确保填报数据的准确性与完整性。

中国
文物年鉴
2016

【文博教育与培训】

4月26～29日，由青海省博物馆主办，青海省文物商店承办的全省文博系统文物鉴赏知识培训班举办。

6月23～26日，由国家文物局主办，青海省文物管理局承办的"全国文物事业'十三五'规划编制培训班"在青海西宁举办。

8月，邀请"京青专家服务团"的专家对青海省文物保护工程方案编制分4个区域进行指导和培训。

11月25～27日，组织举办了全省文博管理干部培训班，召开了全省文物行业党风廉政工作会议。

【文博宣传与出版】

充分利用电视、报刊、网络等各种媒体，多层次、全方位地报道、宣传文物法律法规，努力提高公众的文物保护意识。一是做好专题活动宣传。利用国际博物馆日和文化遗产日开展丰富多彩的宣传活动。二是积极参与青海文化旅游艺术节活动。由青海省文物管理局牵头组织的"丝绸之路在青海"展览、"民间藏品鉴赏"及"文物艺术品展销"3项活动圆满成功。三是做好业内媒体与阵地宣传。国际博物馆日在《西宁晚报》上对近年来全省博物馆免费开放工作进行整版报道宣传。文化遗产日在《中国文物报》专版宣传近年来青海省文物事业取得的成绩。通过当地报刊，在全省范围内开展以《博物馆条例》为主题的文物知识竞赛活动，掀起广大群众学习文物知识的热潮。四是启动《青海文物》复刊工作，为全省文博工作者提供一个理想的交流、研究平台。启动青海文物丛书编辑工作，出版《青海古建筑图论》。建立青海文物信息工作制度，全年共编发青海文物信息25期。

【机构及人员】

截至2015年12月31日，青海省有省级文物行政部门1个、州级文物行政部门2个、县级文物局（文物管理所）25个，各类博物馆31个，考古所1个，文物商店1个；全省文博行业从业人员361人，其中专业技术人员191人。

宁夏回族自治区

【概述】

2015年，在宁夏回族自治区党委、政府的正确领导下，在国家文物局的大力支持下，全区文物系统深入贯彻落实党的十八届三中、四中、五中全会和习近平总书记系列重要讲话精神，以习近平总书记文物保护重要论述为统领，圆满完成了文物博物馆事业发展"十二五"规划的目标任务。

【法规建设】

修编《银川市西夏陵保护条例》，经银川市人大常委会通过，报请自治区人大常委会审议。《宁夏回族自治区长城保护条例》列入自治区人大常委会立法调研计划。

【执法督察与安全保卫】

2015年，组织文物执法人员参加全国文物行政执法人员福建培训班，培训执法人员18人。大力加强文物执法与监管工作，成效明显，共办理涉及文物案件3起，即中卫市海原县水务局擅自在文物保护单位的保护范围内进行其他建设工程案，石嘴山市全国重点文物保护单位"省嵬城址"盗挖案，吴忠市天隆房地产开发有限公司擅自在自治区级文物保护单位马月坡寨子保护范围内进行建设工程案。

编制完成了《宁夏全区博物馆行业反恐怖标准》，报自治区反恐怖领导小组办公室备案。

积极推进第七批全国重点文物保护单位"三防"建设，承天寺塔、宏佛塔的防雷工程竣工并通过验收，田州塔防雷工程、平罗玉皇阁消防和安防工程、中卫高庙防雷和安防工程获得国家文物局立项批复，建设方案经自治区文物局批准，陆续开工建设。

6月和12月两次开展全区文物安全督察，对长城等国保单位排查出的安全隐患，责成相关单位立即整改，确保取得实效。

【不可移动文物的保护和管理】

（一）概况

截至2015年年底，宁夏已登记不可移动文物3818处，其中全国重点文物保护单位35处（古遗址14处、古墓葬3处、古建筑15处、石窟寺及石刻2处、近现代重要史迹及代表性建筑1处），自治区文物保护单位125处（其中古遗址类59处、古墓葬6处、古建筑18处、石窟寺及石刻24处、近现代重要史迹及代表性建筑17处、其他1处），市县文物保护单位345处。

（二）全国重点文物保护单位

完成了18处第七批全国重点文物保护单位保护范围划定和保护标志碑的制作。开展了

中国
文物年鉴
2016

《宁夏境内长城保护总体规划》和全国重点文物保护单位菜园遗址、鸽子山遗址、张家场城址保护规划文本编制工作。实施了明长城三关口段、水洞沟遗址、贺兰口岩画、固原古城一期、须弥山石窟、董府等单位的保护性加固修缮工程。明长城水洞沟段、明长城三关口段和董府抢险加固保护工程通过国家文物局专家组验收。

（三）世界文化遗产

西夏陵申报世界文化遗产。宁夏回族自治区党委、政府高度重视西夏陵申遗工作，将西夏陵申遗列为自治区重大文化工程，调整充实西夏陵申遗组织机构，制定完善《西夏陵申报世界文化遗产工作推进方案》，召开西夏陵申遗冲刺动员会，编制申遗文本和专项规划方案，实施了文物本体保护、环境整治、遗址博物馆建设等工程。2015年9月，宁夏回族自治区与国家文物局联合主办西夏陵突出普遍价值研讨会，国内30余位知名西夏学和申遗专家参会。

丝绸之路（固原段）申报世界文化遗产扩展项目。指导固原市积极开展申遗文本编制工作，编制固原古城北城墙西段及西城墙北段抢险加固和须弥山抢险加固工程方案，实施隋唐墓地环境整治、固原古城加固保护一期工程。完成了须弥山石窟子孙宫考古调查测绘工作，开展北朝隋唐墓地中唐墓的考古发掘，出土了壁画等大量珍贵文物。

【考古发掘】

（一）概况

2015年，文物考古科研机构积极开展文物调查、勘探和考古发掘工作。全年围绕课题研究开展考古发掘工作7次，配合基本建设考古调查6次，抢救性考古发掘1次。

（二）重要考古项目

1. 水洞沟旧石器遗址第2地点考古发掘

6～7月，宁夏文物考古研究所联合中国科学院古脊椎动物与古人类研究所对水洞沟遗址第2地点进行了发掘。在第2地点原有T1、T2发掘区北侧，靠近边沟河处开辟T3发掘区，共布1米×1米探方154个，实际发掘面积约92平方米。共出土石制品3415件、哺乳动物化石953件、鸵鸟蛋皮碎片995件（其中有少量装饰品成品及半成品），采集炭屑样339份，发现疑似火塘30个。

2. 鸽子山遗址考古发掘

8～9月，宁夏文物考古研究所和中科院古脊椎动物与古人类研究所对鸽子山遗址的第10地点继续进行考古发掘，并对第10地点的北侧的第15地点做试掘工作。第10地点共计出土遗物2600余件，主要为石叶、石核、烧石、石磨棒等石制品以及动物骨骼、牙齿、炭化木等。第15地点共计出土石制品及炭样标本250多件，其中比较重要的是在第2层与第3层之间出土的一件打制且磨光的石斧毛坯。另外，在遗址附近采集到管状装饰品以及钻孔的鸵鸟串珠等。

3. 隆德沙塘北塬新石器遗址考古发掘

2015年，宁夏文物考古研究所对隆德沙塘遗址北塬新石器遗址进行了第二次发掘。发掘面积800平方米，清理房址8座、灰坑137个、窑址2处、灰沟1条、墓葬1座，出土可复原陶器及其他各类陶、石、玉、骨等小件240余件。出土遗物和2013年基本类似，生活用具以罐、盆、器盖为主，另外还有少量的斝、盉等；生产工具依旧以石镞、石刀、骨锥为大件，另外还有较多的陶拍、陶刀、骨针、鹿角等。

4．固原须弥山石窟调查测绘工作

5月20日～10月25日，宁夏文物考古研究所对须弥山大佛楼区1～5窟主要洞窟及5窟5座附窟、子孙宫区6～39窟及所属附窟进行文字记录和多图像三维信息采集；对须弥山大佛楼区、子孙宫区各石窟进行全站仪测量；对须弥山大佛楼区、子孙宫区进行全景式航空摄影测量；对大佛楼区第1窟、第5窟两座洞窟进行航空摄影测量及正射影像采集。

5．开城安西王府遗址1号基址考古发掘

8～11月，宁夏文物考古研究所对开城安西王府长虫梁城址1号基址进行考古发掘。出土遗物主要为砖瓦石块等建筑材料，大量琉璃砖瓦、石材饰件等高规格材料显示了遗址的地位与规模。

6．宁夏古城调查测绘

2014年宁夏古城考古调查测绘项目经国家文物局批准立项。2015年2～12月，对全区范围内7处全国重点文物保护单位、32处自治区文物保护单位的古城遗址进行全面考古调查与测绘信息采集工作。完成了项目调研、考古调查、设计航空摄影、数字测绘、影像图获取、三维建模、三维交互展示系统，编写了宁夏古城址考古调查报告，完成了考古调查平台建设、系统应用开发以及软硬件的采购和系统的试运行。

【博物馆与可移动文物保护】

（一）博物馆

截至2015年年底，宁夏共有博物馆75家，其中国有博物馆60家、非国有博物馆15家。全年推出和引进"怒吼吧，黄河——中国抗日战争暨世界反法西斯战争胜利70周年图片展"等大型展览48个，自办"天方异彩——世界伊斯兰国家民俗风情摄影展"等展览12个，参观人数达571.4万人次，其中未成年人88.57万人次。宁夏博物馆被中纪委驻文化部纪检组、监察部驻文化部监察局评为"廉政文化教育基地"，被全国总工会授予全国教科文卫体系统先进工会组织；固原博物馆被评为"自治区社会科学普及活动优秀组织单位"。

1．博物馆建设

完成了2015年度博物馆年检工作，参加年检的45家博物馆全部合格。积极推进固原博物馆展览提升项目，完成了项目招标和施工前的准备工作。

宁夏博物馆积极做好回族文物征集工作，2015年共征集文物187件／套。宁夏固原博物馆积极做好丝绸之路（固原段）文物征集工作，完成了丝绸之路（固原段）文物征集方案的报批。银川市西夏陵管理处配合西夏陵遗址博物馆建设，征集西夏文物203件／套。

2．博物馆间的交流与合作

宁夏博物馆与云南省图书馆、甘肃省博物馆、敦煌博物院、海南省博物馆、甘肃书画院、广西民族博物馆、郑州市博物馆、四川自贡博物馆等单位联合举办各类展览21个，推出"丝绸之路——大西北遗珍""宁夏岩画特展""回乡漫步——宁夏回族民俗文物特展"3项主题展览在全国11个省区巡回展出，对宣传宁夏历史文化、提高宁夏对外知名度和影响力发挥了重要作用。

固原博物馆与甘肃静宁博物馆联合举办了"九九羊春——乙未年羊文物图片展"；赴内蒙古博物院参加了"相映成辉——草原丝绸之路文物精华"展，展出文物15件／套；赴国家博物馆参加了"丝绸之路"展，展出文物32件／套。

银川市文物局、银川市贺兰山岩画管理处联合安徽宿州市博物馆和界首市博物馆组织

"宁夏贺兰山岩画拓片精粹展"。

3.重要陈列展览

1月7日～4月30日，在陕西历史博物馆开办"丝路梵韵——西夏佛教文物精品展"。通过对西夏佛教艺术精品的展示，全面真实地揭示西夏佛教艺术文化的博大精深和独特魅力，反映出西夏在丝绸之路上的重要作用。

3月12日～4月15日、8月24日～8月27日，分别在上海历史博物馆和澳门教科文中心举办"久远的记忆——宁夏岩画展"。通过遴选不同历史时期、各北方游牧民族所刻制的岩画拓片、复制品，展示了宁夏岩画独特的艺术魅力和深厚的文化内涵，为观众打开了解北方游牧民族的窗口。

8月15日～9月6日，在宁夏博物馆举办"怒吼吧，黄河——纪念中国抗日战争暨世界反法西斯战争胜利70周年图片展"。

2015年9月1日～12月1日，在宁夏博物馆举办"丝绸之路——大西北遗珍"展览。通过对丝绸之路沿线出土文物的展示，让人遥想千年古道的车辙人流，感受丝绸之路曾经的繁盛。

2015年9月20日～10月7日，在宁夏文化馆举办"中阿友谊·丝路映像——回乡·故乡·他乡纪实图片展"。

（二）可移动文物保护

截至2015年年底，宁夏全区博物馆、纪念馆馆藏文物共计103783件／套，其中一级文物367件／套、二级文物3752件／套、三级文物8716件／套。

宁夏文物考古研究所、宁夏博物馆、宁夏固原博物馆完成了《馆藏文物预防性保护方案》的编写及申报工作，并获国家文物局批准，10月启动实施项目。广泛开展文物科技保护、文物复仿制礼品开发及学术成果宣传活动，积极做好文物修复保护工作，先后修复馆内外书画类、陶瓷类、金属类、纺织品、石质类文物296件，其中陶瓷器123件、金属器91件、纸质书画类10件、丝织品8件、木质经书37件，清洗石器27件。完成355件金属文物成分测试。完成"唐梁元珍墓室壁画保护修复项目"中剩余壁画的保护修复工作。完成国家重点保护修复项目"馆藏西夏青铜六楞瓶"和10件馆藏西夏铁器的本体保护修复工作。

（三）第一次全国可移动文物普查

2015年，自治区文物局有序推进全区第一次全国可移动文物普查工作，在全区5个片区举办了可移动文物普查人员培训班，进行了信息采集、软件操作、数据报送等方面的业务培训，完成71家国有收藏单位平台注册登记工作，全部完成信息采集、登录工作，登录文物69380余件／套（28万余件），上传照片30余万张。县（区）级数据审核工作全面完成，市级数据审核工作接近尾声，自治区级审核上报数据5.7万余条，完成上报量的82%。

【文博教育与培训】

6月，宁夏岩画研究中心承办全区岩画微腐蚀断代及保护高级研修班，60名基层考古业务骨干参加了培训。

8月，固原博物馆选派讲解员参加了由宁夏科协、宁夏科技厅联合主办的2015年宁夏科普讲解竞赛，分获一、二等奖，并被授予2015年"宁夏科普十佳使者"称号。

【文博宣传与出版】

利用国际博物馆日、文化遗产日和宁夏长城保护宣传日等开展主题宣传活动。在石嘴山市举办文化遗产日主场城市活动，推出文化遗产保护成果展、非遗保护成果图片展等系列展览，邀请文物专家进行免费文物鉴定咨询。宁夏博物馆在玉皇阁广场举办图片展览并进行文化遗产知识有奖问答和"扫描二维码，关注宁夏博物馆"活动，在馆内举办学剪纸、做岩画拓片等趣味性强的观众互动活动。固原博物馆联合宁夏师范学院，开展"感悟汉字深厚底蕴、弘扬中华传统文明"汉字听写大赛活动。银川市邀请《神秘的西夏》作者唐荣尧举办"西夏陵与西夏文化"专题讲座。青铜峡市文管所制作发布了《青铜峡黄河铁桥》宣传片和长城保护电子宣传画，并开展"走进黄河铁桥 感知历史文化"公众体验文物修缮加固现场活动。

2015年共出版考古著作四本，分别为《宁夏古长城》《须弥山圆光寺考古报告》《长城资源调查报告》《须弥山石窟图录》。

【机构及人员】

截至2015年年底，宁夏共有文博单位38个，其中文物保护管理机构22个；从业人员636人，其中专业技术人员316人，具有高级职称的51人，具有中级职称的103人。

【对外交流与合作】

9月1～20日，宁夏文物考古研究所邀请台湾历史语言研究所研究员王明珂院士到自治区讲学。

9月17日，德国莱卡公司监事会主席考夫曼博士一行向银川市西夏陵管理处西夏博物馆无偿捐赠20世纪30年代一名德国飞行员拍摄的西夏陵3号陵鸟瞰图及相关历史照片，并授予永久收藏权。

银川市西夏陵管理处积极与大英博物馆、俄罗斯圣彼得堡博物馆联系，就借展、复制、拍照文物资料相关事宜达成初步意向。

宁夏文物考古研究所与日本奈良县立橿原考古研究所签订合作协议，每年选派具有硕士以上学历、外语水平较好的高层次专业技术人才赴该所进行研修。

中国
文物年鉴
2016

新疆维吾尔自治区

【概述】

2015年，新疆维吾尔自治区文物局认真贯彻落实党的十八届三中、四中、五中全会精神，习总书记关于历史文物保护重要论述精神，新疆维吾尔自治区党委八届八次、九次、十次全委（扩大）会议精神，结合国家"一带一路"战略，紧紧围绕实现新疆社会稳定和长治久安总目标，服务大局，着力发挥文物在改善民生、推动发展、"去极端化"和教育人民增进团结方面的积极作用，推动各项工作取得新的进展。

【行政审批制度改革】

加快文物行政审批制度改革，按照国务院和新疆维吾尔自治区有关要求，继续开展简政放权工作，向社会公布2015年部门权责清单，对下放到自治区本级实施的行政审批事项进行梳理、公布，积极配合新疆维吾尔自治区发改委、工商局实施有关投资项目在线联合审批、网上行政审批制度改革工作。

【执法督察与安全保卫】

（一）执法督察

根据哈密地区文物局上报的《哈密阔克亚尔遗址被破坏的文物违法案件的报告》，新疆维吾尔自治区文物行政执法总队立即上报国家文物局，并赴现场督办完成材料收集和与有关各方的沟通，案件已由哈密地区文物局督办。

根据吐鲁番地区文物局上报的《关于吐鲁番地区博物馆馆藏一级文物"元杭州泰和大楼某行铺招贴"丢失情况的报告》，新疆维吾尔自治区文物行政执法总队与新疆维吾尔自治区公安厅刑警总队联合召开会议，专题研究吐鲁番文物遗失问题，组成联合调查组赴吐鲁番进行调查取证工作，并形成调查报告上报国家文物局。目前丢失文物尚未找到，责成地区文物局和公安部门协同追查。

根据喀什地区文物局上报的《关于请求对全国重点文物保护单位托库孜萨来遗址被盗一事调查处理的请示》，新疆维吾尔自治区文物局与新疆生产建设兵团文物局组成联合调查组赴事发现场进行调查。此案件由巴楚县文物局和兵团图木舒克市文物局对全国文物保护单位的管辖权争执引发，经过协调，基本达成一致意见。调查报告已上报新疆维吾尔自治区人民政府。

根据阿克苏文物局上报的《关于库俄铁路有限公司擅自在自治区文物保护单位——可可沙炼铁遗址保护范围内进行违法建设的报告》。新疆维吾尔自治区文物行政执法总队按照《文物安全与行政执法信息上报及公告办法》将案情上报国家文物局，同时由公安、文物、媒体等部门组成联合调查组，赴库车县对可可沙炼铁遗址被破坏的情况进行实地勘察，同时对库车县境内大故城遗址、库土鲁克宫遗址、沙卡乌烽燧、阔空巴孜烽燧等几处遗址进行了调查，完成调查报告。目前已完成整改。

根据喀什地区文物局上报的《关于莎车县加满清真寺遭破坏情况调查报告》，新疆维吾尔自治区文物行政执法总队组织人员赶赴莎车县进行了为期两天的调查，同时对莎车县博物馆免费开放工作和野外文物保护工作进行督察。案件经当地文物部门办理完毕，完成了整改。

新疆维吾尔自治区文物局按照《依法没收、追缴文物的移交办法》及相关的法律法规，委托喀什地区文物局接收了喀什海关移交的没收走私文物3件，均为一般文物。

（二）安全保卫

根据国家文物局和新疆维吾尔自治区文化厅的要求，于2015年1月组织开展了全疆文物系统安全大检查活动。此次活动属于每年春节前的例行检查，主要针对直属单位防火防盗以及人员安全方面进行检查。通过检查，各单位对安全工作提高了认识，春节期间没有发生任何安全事故。

2015年5月，新疆维吾尔自治区文物行政执法总队印发《关于开展世界文化遗产、全国和自治区文物保护单位安全检查的通知》，要求全疆文博单位按照《中华人民共和国文物保护法》《世界文化遗产保护管理办法》《中国世界文化遗产监测巡视管理办法》《文物保护单位执法巡查办法》等法律法规对本辖区内世界文化遗产、全国和自治区重点文物保护单位进行一次全面的安全检查，主要检查本地区对世界文化遗产、全国和自治区重点文物保护单位的日常维护和监测，存在的安全隐患及采取的控制措施，制定的参观游览服务管理办法和游览区内设置服务项目是否符合文化遗产保护规划的管理要求。此次专项检查达到了预期的效果。

为落实新疆维吾尔自治区人民政府《全区夏季消防安全排查整治行动方案》，新疆维吾尔自治区文物局结合国家文物局2015年文物安全工作要求，成立文物单位夏季消防安全排查整治行动领导小组，安排部署2015年全疆夏季文物消防安全工作，圆满完成各项任务。7~9月，自治区文物执法总队组织开展了全区夏季文物安全大检查活动。主要针对全国重点文物保护单位和自治区文物保护单位以及各级博物馆安防、消防工作进行检查。

【不可移动文物的保护和管理】

（一）概况

截至2015年年底，新疆维吾尔自治区共有全国重点文物保护单位113处、自治区级文物保护单位558处、县市级文物保护单位4317处，其中世界文化遗产6处、国家考古遗址公园1处、长城烽燧212处。9月，八路军驻新疆办事处旧址等2处文物保护单位入选第二批100处国家级抗战纪念设施、遗址名录。

（二）大遗址保护

加大长城保护工作力度，启动或继续实施克孜勒苏柯尔克孜自治州、巴音郭楞蒙古自治州、吐鲁番市、哈密地区、和田地区等5地州市烽燧保护维修工程，维修加固遗址点121处，占新疆长城资源总数的一半以上。

继续推进坎儿井保护工程，开展吐鲁番地区坎儿井保护工程（五期），加固维修坎儿井15条，总长达68千米，有效保护坎儿井本体及周边原始风貌，缓解当地用水困难，惠及各族群众。

开展大遗址基本情况调查，全面了解和掌握新疆大遗址保护的基本情况，为国家文物局《大遗址保护"十三五"专项规划》编制提供翔实的材料和数据。运行长城资源保护管理信息系统，指导各地文物部门收集、填报长城基础数据，补充完善长城烽燧"四有"工作。

（三）全国重点文物保护单位

2015年，新疆维吾尔自治区获国家文物局批准立项的全国重点文物保护单位文物保护项目有46个，争取国家重点文物保护专项补助资金经费8579万元。实施了纳达齐牛录关帝庙修缮工程等31个文物保护工程项目（含跨年度延续项目）。启动编制阔纳齐兰遗址、默拉纳额什丁麻扎、龟兹故城、唐王城遗址、乌什喀特古城遗址等5处全国重点文物保护单位文物保护规划。完成速檀·歪思汗麻扎、吐虎鲁克·铁木尔汗麻扎、吐峪沟石窟文物保护规划文本编制工作。

组织开展全国重点文物保护单位综合管理系统试运行及信息数据报送、核实不可移动文物名录公布情况等基础性"四有"工作。进行文物保护工程、古建筑类全国重点文物保护单位重大险情排查等一系列检查工作。积极参与第二届（2014年度）全国十佳文物保护工程评选活动，扎实开展文物保护工程项目的初选、推荐工作。

（四）世界文化遗产

丝绸之路申遗成功后，新疆继续组织实施交河故城—雅尔湖石窟壁画保护修复项目、交河故城环境监测项目、高昌故城保护展示项目、北庭故城遗址安全技术防范系统工程、克孜尔石窟保护区山洪防治工程、克孜尔石窟数字化项目、克孜尔石窟安防升级改造工程等一系列文物保护项目。按照联合国教科文组织有关世界文化遗产的保护理念和要求，分类确定保护措施和重点，改善文物保存状况，健全遗产地的保护展示设施，进一步促进了遗产地的旅游业发展，使文化遗产保护惠及于民，反哺社会。

【考古发掘】

（一）概况

2015年中国社科院考古研究所、北京大学、中国人民大学，西北大学和新疆维吾尔自治区文物考古研究所在全疆开展考古工作，完成配合基建工程、大遗址保护工程的前期考古调查、发掘勘探工作，完成玛纳斯县黑梁湾墓地、尼勒克县吉仁台沟口遗址和墓地、和硕县红山沟墓地、布尔津县海流滩墓地、木垒县平顶山古墓群遗址、塔什库尔干县提孜那甫乡吉尔赞喀勒墓群、巴里坤石人子沟遗址、温泉县阿敦乔鲁墓地、青河县查干郭勒乡三海子墓葬及鹿石遗址、吐峪沟沟西区石窟群、通古斯巴什古城等主动性考古发掘的年度工作计划，配合文物保护工程的苏巴什佛寺遗址、吐鲁番烽燧、巴州烽燧群保护工程等考古发掘项目；启动了霍城县阿力麻里古城科技勘探、哈密市拉甫却克古城考古勘查项目及其他基本建设所涉及的考古发掘。总计考古项目21个，调查发掘墓葬198座，遗址9350平方米。

（二）重要考古项目

1. 玛纳斯县黑梁湾墓地

墓地位于玛纳斯县包家店镇黑梁湾村，部分墓葬被盗掘和破坏。2015年5月开展考古发掘工作，发掘3座墓葬。其中一座墓葬为竖穴偏室墓，双人合葬，葬式为二次扰乱葬，发现有残留的木棺痕迹。在墓葬东北角发现有大量烧过的羊骨碎片，在木棺头端出土单耳黑陶杯2件，陶方盘1件。根据以往考古工作及墓葬形制，初步推测该墓葬年代为战国至秦汉时期，本次发掘对于研究玛纳斯县乃至天山北麓一线战国至秦汉时期的历史与考古学文化具

中国
文物年鉴
2016

有一定的意义。

2. 尼勒克县吉仁台沟口遗址和墓地

遗存位于尼勒克县科克浩特浩尔蒙古民族乡恰勒格尔村草场，喀什河北岸吉仁台峡谷谷口山坡上。2015年6～9月，新疆文物考古研究所在此发掘墓葬70座，清理遗址600余平方米。依据墓葬封堆、墓室结构、人骨葬式和随葬品等不同，墓葬年代从青铜时代至隋唐时期；遗址年代与青铜时代墓葬大体一致，遗迹现象有房址4座、灶址6处，灰坑20余座，出土数量较多的陶、铜和石制品。同时在遗址中发现大量使用煤做燃料的痕迹，将煤的使用历史最少上推千年，发现迄今为止最早的人类用火遗迹。

3. 和硕县红山沟墓地

墓地位于和硕县乃仁克乡查汗屯格村南红山沟旁，与其东北部的红山墓地、乌兰托里盖墓地共同构成红山古墓群。2015年7月、10～11月开展考古发掘工作，共发掘墓葬5座、石围石堆遗迹14处、居址2处，发掘面积1200余平方米，出土遗物50余件。从出土器物上判断，这些墓葬分属察吾乎文化中晚期的遗存。石围石堆遗迹未出土任何遗物，其年代、文化属性尚需商榷。居址面积较大，层位堆积相对简单，但从出土器物判断，时代与该墓地早期墓葬年代相当。

【博物馆与可移动文物保护】

（一）博物馆

1. 博物馆建设

伊犁哈萨克自治州博物馆、新和县博物馆、库车县博物馆、鄯善县博物馆、阿瓦提县博物馆新馆主体工程建设完工。克孜勒苏柯尔克孜自治州博物馆、尼勒克县博物馆、和布克赛尔蒙古自治县博物馆、洛浦县博物馆、焉耆县博物馆新馆建成并对外开放。

2. 博物馆间的交流与合作

新疆维吾尔自治区博物馆引进中国美术馆"走向西部——我们新疆好地方"、广东省博物馆"折衷·融合——岭南画展"、湖北省博物馆"瑞玉呈祥——湖北省博物馆典藏明清玉器展"、青岛市博物馆"红红火火新疆梦——山东民间木版年画展"。选送"丝路梵相壁画展""天山往事丝路展""大西北遗珍展"赴陕西、海南、天津等地巡展。

吐鲁番博物馆引进宁夏博物馆"回乡漫步——宁夏回族民俗文物展"、郑州市华夏文化艺术博物馆"龙龟砚魁——汉唐宋元名砚展"。选送"翰墨留香 丝路溢彩——吐鲁番出土文书精粹展"赴长沙简牍博物馆展览，"天山往事——古代新疆丝路文明展"在江西、山东、四川、海南等7个省市展出，"吐鲁番巨犀化石展"在上海自然博物馆展出。巴音郭楞蒙古自治州博物馆引进半坡博物馆"远古回声——半坡遗址与半坡文化展"。昌吉回族自治州博物馆引进重庆中国三峡博物馆"掌中珍玩——鼻烟壶专题展"。哈密地区博物馆联合中国科学院古脊椎动物与古人类研究所举办"飞向白垩纪——中国翼龙展"。

3. 重要陈列展览

2015年，举办的陈列展览主要有"西域历史的记忆——新疆历史文物陈列""新疆民族风情陈列""逝者越千年——新疆古代干尸陈列""舞动生命 乐扬心声——新疆古代舞乐艺术的记忆""丝路梵相——新疆和田达玛沟佛教遗址出土壁画艺术展""丝路梵韵——龟兹石窟佛教壁画艺术展""海上丝绸之路考古发现——'大海的方向'华光礁 I 号沉船特展""翰墨留香 丝路溢彩——吐鲁番出土文书精粹展""吐鲁番巨犀化石展""巴音郭楞通史"等。

（二）可移动文物保护

1．概况

截至2015年12月31日，新疆可移动文物总量19万余件／套（47万余件），其中一级文物707件／套，二级文物1339件／套，三级文物4038件／套，馆藏珍贵文物全部实现了信息化管理。

2．可移动文物保护修复基地建设情况

新疆龟兹研究院和上海印刷集团签订新的战略合作协议，成立新疆龟兹研究院上海工作站。在新疆文物考古研究所成立"考古发掘现场文物保护国家文物局重点科研基地新疆工作站"和"金属与矿冶文化遗产研究国家文物局重点科研基地新疆工作站"。新疆维吾尔自治区博物馆"纺织品文物保护国家文物局重点科研基地新疆工作站"按工作计划顺利推进，并取得了一定成果。

3．可移动文物保护技术和方法及应用情况

2015年，共有12个可移动文物科技保护项目得到国家文物局批复立项。主要有"新疆维吾尔自治区博物馆馆藏阿斯塔纳彩绘泥塑文物保护修复""新疆维吾尔自治区文物考古研究所所藏尼雅墓地出土纺织品文物修复保护""哈密地区博物馆馆藏陶器保护修复""伊犁哈萨克自治州博物馆馆藏青铜器修复保护""喀什地区博物馆可移动文物预防性保护""和田地区博物馆可移动文物预防性保护""阿克苏地区博物馆可移动文物预防性保护"等。

中德四方联合开展"丝路霓裳——中亚东部公元前十世纪至公元前后的服饰对话"国际合作项目，通过为期5年的多学科交叉研究，将实现人才培养和对文物的修复、复原、展示等多项成果。

【社会文物管理】

截至2015年12月31日，新疆尚没有文物拍卖企业，没有进行过文物拍卖活动；未成立文物进出境审核机构，正在为积极申请成立文物进出境审核机构做准备；文物商店1家（新疆文物总店），文物库存数量24188件，无珍贵文物。

【科技与信息】

全疆所有馆藏珍贵文物全部实现了信息化管理。

"新疆维吾尔自治区博物馆馆藏文物数字化保护"项目实施顺利，已完成1000余件馆藏珍贵文物三维信息化建设工作。

新疆维吾尔自治区文物考古研究所与浙江大学、中国丝绸博物馆合作完成"新疆维吾尔自治区文物考古研究所所藏营盘墓地出土纺织品文物数字化保护"工作。

【文博教育与培训】

3月18日，新疆维吾尔自治区文物局召开《新疆通志·文物志》编撰人员培训会。

3月30日，由新疆维吾尔自治区文化厅、文物局与西北大学联合举办的新疆文化遗产管理高级研修班在西北大学开班。

4月25～26日，由新疆维吾尔自治区文物局主办的"全疆流动博物馆讲解员培训班"在乌鲁木齐举办。

8月28～31日，新疆维吾尔自治区文物局在阿克苏地区举办了"全区文物局长、博物馆长业务培训班"。

10月27日，由新疆维吾尔自治区文物局与中国文物交流中心共同主办的全区"文化遗产创意产业暨文博版权保护利用"培训班在乌鲁木齐举办。

11月16～18日，由新疆维吾尔自治区文物局主办、南疆三地州文物局协办、喀什地区文物局承办的南疆三地州文物保护管理所所长（负责人）业务培训班在喀什市举办。

11月28日，由新疆维吾尔自治区文物局主办，新疆维吾尔自治区博物馆承办的全疆文物保管员员培训班在新疆维吾尔自治区博物馆开班。

【文博宣传与出版】

2015年新疆维吾尔自治区文物局加强与新闻媒体的合作交流，进一步加大文物宣传工作力度。积极配合新疆电视台百集纪录片《让历史告诉未来》的有关拍摄工作。出版发行图书《新疆文化遗产——全国重点文物保护单位》。与新疆维吾尔自治区政府文化顾问小岛康誉联合出版图书《新疆世界文化遗产图典》及明信片，并举办首发式。

围绕国际博物馆日、文化遗产日组织开展了图片展等一系列宣传活动。对各类符合文物法规的文物拍摄宣传活动给予积极支持，及时办理有关审批、报批手续。保证《新疆文物简讯》、新疆文物局官方网站正常出版和运转。通过一系列宣传活动，扩大了文物保护工作的影响力，推动了文物保护的社会化进程。

【机构及人员】

截至2015年年底，新疆维吾尔自治区共有文物业机构189个，包括文物保护管理机构99个、博物馆86个、文物科研机构2个、文物总店1个、文物古迹保护中心1个。新疆文物行业从业人数1849人（比2014年减少99人），其中文物保护管理机构308人、博物馆1098人、文物科研机构83人、文物商店26人、其他单位334人，专业技术人员包括高级职称66人、中级职称187人。

【对外交流与合作】

3月16～18日，初步选定70件／套文物参加由中国文物交流中心与美国国家美术馆计划于2017年在美国举办的"从王国到帝国——中国文物展览"。

5月14日，韩国国立中央博物馆亚洲部部长金承熙一行到访，围绕韩国国立中央博物馆2018年出版馆藏中亚特别是新疆文物展品事宜，探讨了开展合作认定、共同研究的可能性及举办展览的初步意向。

6月23日～10月5日，新疆维吾尔自治区文物局选送16件／套文物参加由中国文物交流中心在香港历史博物馆举办的"汉武盛世展"。

6月25日，与法国科研中心中亚考古研究所就进一步开展项目合作，以及尽快出版中法克里雅河联合考古项目报告等事宜达成了一致意见。

11月16～23日，"海外中国文物调查——海外新疆石窟寺文物调查"项目组一行赴韩国国立中央博物馆调查新疆流失海外文物，共计调查文物200余件。

10月30日，与哈萨克斯坦共和国文化体育部文化艺术司就分别在哈萨克斯坦和中国新疆互办文物展览、考古发掘、文物保护、科研等多领域合作达成了初步意向。

中国
文物年鉴

2016

其他 >>>

新疆生产建设兵团

【概述】

2015年，新疆生产建设兵团文物局为深入贯彻党的十八大和十八届三中、四中、五中全会精神，认真学习贯彻习近平总书记系列重要讲话精神特别是关于文物工作的重要批示指示精神，紧紧围绕协调推进"四个全面"战略布局，按照国家文物局的统一部署，进一步加强文物保护利用，推动兵团文物管理和保护工作更好地适应兵团经济社会事业发展要求。新疆生产建设兵团各级党委高度重视文物工作，加大对兵团文物工作的宣传力度，继续开展第一次全国可移动文物普查工作，加强了可移动文物预防性保护专项资金管理，推进了军垦遗址小李庄重点文物保护工作。

【不可移动文物的保护和管理】

经第三方论证，向国家文物局呈报了《白杨沟佛寺遗址抢险加固工程设计方案》《兵团辖区岩画调查工作计划》《十三师焉布拉克古墓群保护性设施工程设计方案》《石人子沟（红山口）遗址群保护规划立项报告》《图木舒克馆藏残块比划一期保护方案》等立项报告及经费预算。

指导八师石河子市文体局制定了《小李庄军垦旧址立项方案》和《小李庄军垦旧址保护修缮设计方案》，并上报国家文物局，待批准后将全面实施。同时，会同新疆生产建设兵团财务局划拨了八师军垦遗址小李庄重点文物保护专项资金2300万元。

八师石河子市投入800万元对市级文物保护单位兵团小礼堂进行了保护修缮，恢复其小剧院的作用，工程现已完成90%，进入收尾阶段。六师五家渠市投资800万元，制定原六师司令部办公楼修缮工程勘察设计方案并进行了修缮。

【博物馆与可移动文物保护】

（一）博物馆

在国家文物局的重视支持下，新疆生产建设兵团文物局联合财务局向兵团军垦博物馆、六师五家渠市博物馆、三五九旅屯垦纪念馆、十四师四十七团屯垦戍边纪念馆下拨了兵团重点文物保护专项补助资金2155万元，用于博物馆可移动文物预防性保护。为加强资金管理，确保专款专用，要求各馆制定并报送了资金使用计划和资金管理办法。2015年12月，各项目单位制定了保护方案阶段并开始组织实施。

将兵团军垦博物馆作为兵团建立法人治理结构试点单位，组织筹备建立理事会制度的各项事宜。兵团军垦博物馆、六师五家渠市博物馆、三五九旅屯垦纪念馆、十四师四十七团屯垦戍边纪念馆四馆免费开放，全年接待观众130万人次。

（二）第一次全国可移动文物普查

国家文物局高度重视新疆生产建设兵团可移动文物普查工作，大力支持基层文物骨干队伍培训，在注重兵团前期业务骨干培训的基础上，2015年4月派专家赴兵团开展业务指导。4月13～17日在兵团军垦博物馆举办了第一次全国可移动文物普查信息登录及鉴定业务培训班，就普查信息采集登录、登录平台操作、普查审核与质量控制、数据安全管理及使用、文物认定与影像采集等进行了培训。兵团各师（市）文物局业务骨干及53个国有收藏单位的80人参训。

按照国家文物局第一次全国可移动文物普查信息登录工作要求，2015年4月新疆生产建设兵团文物局在兵团军垦博物馆举办了兵团可移动文物普查信息登录及鉴定业务专期培训班，兵团可移动文物普查信息登录工作全面启动。截至2015年12月20日，兵团辖区内国有文物收藏单位已全部完成平台注册工作，平台显示已采集藏品29090件／套，登录藏品27978件／套，其中珍贵藏品148件／套。

■【文博教育与培训】

一师阿拉尔市积极与台州援疆指挥部对接，争取台州援建专项资金，成功举办了"2015年师市基层文物工作实用人才培训班"。

大连市

【概述】

2015年，大连市文物工作以习近平总书记关于加强文物保护的系列重要论述为指导，在大连市委、市政府的正确领导下，积极围绕国家文物局和辽宁省文物局的工作部署，认真贯彻落实文物保护法律法规，本着摸清底数、理清思路、打牢基础、点面结合、合理规划、科学论证、有序推进的工作原则，有效地促进了文物的保护传承和展示利用。

【执法督察与安全保卫】

根据国家文物局制定的《文物保护单位巡查办法》相关规定，大连市文物局组织大连市文化市场综合执法总队在上、下半年各进行了一次主要针对市级以上文物保护单位保护情况文物专项执法大检查。在两次检查中，共出动人员800余人次，车辆240余台次。向文物保护管理及所有人、使用人、看护人宣传文物保护法律法规，提高相关人员依法保护文物的意识。

健全完善文物看护组织及看护队伍。为规范大连市文物看护工作，2015年10月大连市文物局制定了《大连市文物看护管理实施办法》及《文物看护协议书》。依据《文物保护法》以及新出台的《大连市文物看护管理实施办法》，按每处市级以上文物保护单位不少于3人的要求健全了看护组织和看护队伍，全市228处市级以上文物保护单位共有看护人600多名。要求各区（市）县文物主管部门与文物看护人签订文物看护协议，明确文物看护人的责任和义务。

积极实施文保单位消防、防雷工程建设。完成了全国重点文物保护单位旅顺监狱旧址消防系统改造工作立项报告的编制工作，批复了市级文物保护单位天后宫防雷工程项目，落实文物保护补助资金约29万元。

【不可移动文物的保护和管理】

（一）概况

截至2015年年底，大连市共有全国重点文物保护单位35处，辽宁省级文物保护单位84处，大连市级文物保护单位109处，区县级文物保护单位177处。

（二）全国重点文物保护单位

2015年，大连市申请国家重点文物保护专项补助资金2300万元用于文物保护工作。《中苏友谊塔、关东厅博物馆旧址、关东军司令部旧址文物保护规划》和《小珠山遗址保护规划》完成方案编制并通过辽宁省文物局和辽宁省住房和城乡建设厅组织的专家评审，根据专家意见对方案修改后经辽宁省文物局上报国家文物局。

（三）其他

7月，大连市文物局联合大连市规划局向辽宁省文物局和省住房与城乡建设厅上报了大连市第九批省级文物保护单位保护范围和建设控制地带的意见报告。

8月，大连市财政局联合大连市文物局出台了《大连市不可移动文物保护专项补助经费管理办法》，为不可移动文物保护提供了制度保障。根据《大连市不可移动文物保护专项补助经费管理办法》，市财政当年投入近500万元资金用于省、市级文物修缮保护工作。

【考古发掘】

为配合地方经济建设，2015年大连市文物局组织大连市文物考古研究所完成了丹大铁路新建杏树屯牵引站外部供电工程、大连新兴66kV输变电工程、华能大连第二热电厂（2×350MW）接入系统工程、杏树屯220KV开关站新建工程站址、大连铁营（西中岛）220千伏输变电工程、大连文体66千伏开关站输变电工程以及大连地铁5号线、7号线共8个基本建设项目的考古调查工作；组织大连市文物考古研究所配合国家文物局水下文化遗产保护中心、辽宁省文物考古研究所对大连地区明清海防遗址开展调查；积极配合辽宁省文物保护中心对中东铁路建筑群大连段开展实地调查工作。

【博物馆与可移动文物保护】

（一）博物馆

截至2015年年底，大连市有各类博物馆、纪念馆30个。其中国有博物馆11个，即旅顺博物馆、旅顺日俄监狱旧址博物馆、大连现代博物馆、大连汉墓博物馆、大连自然博物馆、大连武术文化博物馆、大连金州博物馆、普兰店市博物馆、瓦房店市博物馆、庄河市博物馆、大连大学博物馆；纪念馆2个，即旅顺万忠墓纪念馆和关向应纪念馆；美术馆1个，即大连美术馆；陈列馆1个，即大连金石滩毛泽东像章陈列馆；民办注册博物馆15个。国有博物馆馆藏文物中，国家一级文物245件，国家二级文物2568件，国家三级文物25493件。

2015年，大连市文博系统所属各博物馆、纪念馆除基本陈列展览外，举办各类临时展览57个，其中市财政专门列支了430余万元，引进举办了"金缕玉衣——汉代中山国王陵考古揭秘展""丹青风华——台湾鸿禧美术馆藏十九世纪中国绘画展""瓷国明珠——福建德化瓷展"等精品展览12个。全年接待参观人数224.5万人次，比2014年增加近40万人次。

旅顺博物馆首次组织研究小组对馆藏的罗振玉书籍进行了系统整理，共整理出馆藏罗振玉刻印本藏书123部（744册／件）、罗振玉手稿63部（81册／件），为建立"罗振玉研究文库"奠定了基础。

8月29日～9月3日，旅顺博物馆和北京大学中国古代史研究中心就"旅顺博物馆藏新疆出土文书残片整理与研究"开展了学术交流。

（二）第一次全国可移动文物普查

2015年，按照国家文物局和辽宁省文物局部署，大连市完成了8.3万件／套国有可移动文物信息的采集、录入和上传工作。

【文博教育与培训】

2015年，大连市文物局先后开展了全市文物行政管理人员，文物执法骨干，文物保护单位的管理使用人、产权人，文物看护人专门培训，培训600余人次。培训既锻炼了文物保护队伍，又提升了文物保护社会主体的责任意识和业务素质。

【文博宣传与出版】

大连市文物局与辽阳银行大连分行、中摄联（CPF摄影）大连分会共同举办了"辽阳银行杯"首届大连文物建筑摄影大赛，通过镜头记录了大连文物建筑的风貌，反映了大连城市百年的变迁，为文物保护工作营造了良好的社会氛围。

大连市文博系统先后编撰出版了《旅顺博物馆概览》《旅顺博物馆年鉴（2014）》《墨林星凤——旅顺博物馆藏罗振玉旧藏碑帖选》《旅顺博物馆学苑（2015）》、《画说红楼——清·孙温孙允谟绘红楼梦画册》《梦影红楼——旅顺博物馆藏全本红楼梦》《大连近代史研究（第12卷）》《带你走进博物馆·旅顺日俄监狱旧址博物馆》等图书。

7月，由旅顺博物馆编著、上海古籍出版社出版的《旅顺博物馆所藏甲骨》被中国出版协会古籍出版工作委员会评为2014年度全国优秀古籍图书奖二等奖。

由大连市文化广播影视局、大连广播电视台联合录制的两集纪录片《大连往事（三）——苏联红军在旅大》制作完成，先后在中央电视台第10频道《探索·发现》以及大连广播电视台新闻综合频道、生活频道和高清频道播出。旅顺博物馆参与录制的纪录片《国宝档案》之《传奇——抢救出来的清宫档案》与《传奇——大内书画蒙难记》在中央电视台第4频道播出。旅顺日俄监狱旧址博物馆参与拍摄的电视专题片《回望铁窗》在中央电视台播出。

【机构及人数】

2015年，大连市共有文物机构31个，其中文物保护管理机构（文物行政主管部门）15个，国有博物馆、纪念馆15个，文物商店1个。

文物机构从业人员330人，其中文物保护管理机构33人，国有博物馆、纪念馆278人，大连文物总店19人。其中博物馆、纪念馆工作人员有高级职称23人，中级职称74人，初级职称86人；大连文物总店工作人员有初级职称9人。

【对外交流与合作】

2015年7月和10月，旅顺博物馆、日本北九州市立自然史·历史博物馆和韩国仁川广域市立博物馆举行的"东亚友好博物馆实务者会议"和"东亚友好博物馆馆长会议"在旅顺博物馆顺利召开。会议成果颇丰，签署了新的《有关东亚友好博物馆的协议》。

2015年正值曹雪芹诞辰300周年，旅顺博物馆的"画说红楼——旅顺博物馆藏《红楼梦画册》展"在台湾佛光山佛陀纪念馆展出。

中国
文物年鉴
2016

青岛市

【概述】

2015年是全面完成"十二五"规划的收官之年和启动"十三五"规划的谋划之年，青岛市各项文物工作顺利推进。

【执法督察与安全保卫】

文物安全工作扎实到位。与青岛市直文博单位、各区市文化文物部门签订了文物安全责任书；与市公安、消防、气象等部门密切合作，完成了元旦春节期间和季节性、例行性文物安全检查。

积极推进文保单位"三防"工程建设，崂山道教建筑群消防工程项目、德国总督楼旧址安防工程项目（暂未安排补助资金）、水师饭店旧址与观象台旧址消防和防雷工程等6个项目的施工方案已获得国家文物局审批，并按国家文物局要求组织完成修订和报备；万字会旧址防雷工程、智藏寺安防工程2个项目获得国家文物局立项批复；11月底上报青岛医药商店旧址消防、安防、防雷工程等19个工程立项计划。

按照山东省文物局要求组织实施了"文物系统安全生产和对外开放单位安全管理工作""青岛市古建筑全国重点文物保护单位重大险情排查工作""文物单位火灾安全隐患排查整治工作"等活动，取得了较好效果，促进了青岛市文物安全工作落实，无文物安全责任事故。

配合山东省文物局、国家文物局完成对湛山炮台旧址遭破坏事件、即墨市旧城改造中文物遭破坏案件执法督察工作，代市委办公厅市政府办公厅拟写了《关于近期我市发生两起文物保护单位遭破坏典型事件的通报》。

【不可移动文物的保护与管理】

组织完成莱西西沙埠遗址、胶州板桥镇遗址、赵家庄遗址、祓国都城遗址和平度东岳石遗址、大泽山石刻及智藏寺墓塔林等7个遗址及石刻类保护规划立项报告的编制工作，并获批复通过。完成胶海关旧址、俾斯麦兵营、八大关近现代建筑、欧人监狱旧址以及琅琊台大台基、齐长城黄岛段等9处重点文保单位修缮方案立项的报批、立项批复。19项文物保护项目获国家文物局专项资金支持，共计4949万元。

编制完成《即墨故城遗址及六曲山墓群文物保护专项规划》并上报审批，编制完成《三里河遗址文物保护规划》，编制崂山道教建筑群、琅琊台遗址保护规划初稿。启动西沙埠遗址、板桥镇遗址等新立项项目的文物保护规划编制工作。

按照国家文物局海上丝绸之路保护与申遗工作会议精神，重点针对黄岛、胶州、即墨等重点区域开展海上丝绸之路申遗调查研究和勘探发掘。已探明胶州板桥镇遗址、黄岛琅

中国文物年鉴 2016

琊台遗址等与海上丝绸之路相关的文物保护单位10余处，琅琊港、密州港、金口港等港口7处，即墨雄崖所、凤凰村、南栲栳村、黄岛祝家庄、蒋家庄等近10处传统村落。通过开展明清海防遗迹前期调查工作，普查古镇口炮台、亭子兰炮台、雄崖所古城等海防遗迹34处。

文物保护工程取得重要成果，八大关近现代建筑中的居庸关路10号、香港西路10号、黄海路16号、黄海路18号、山海关路13号、医药商店旧址、观象台旧址修缮工程竣工。全面启动水师饭店旧址、青岛山炮台旧址等文物保护建筑修缮工程。组织实施齐长城黄岛段抢修工程。

开拓新领域，开展"乡村记忆"工程。山东省九厅局公布了第一批"乡村记忆"工程文化遗产名单，即墨雄崖所村等7个传统文化村落，平度东潘家埠传统民居等3处传统民居和胶州市九兴博物馆等4处博物馆被纳入首批山东省"乡村记忆"工程文化遗产名单。开展"乡村记忆"工程挂牌保护，对列入乡村记忆工程名录的传统村落、民居和博物馆统一悬挂保护标识牌。

推进第五批山东省文物保护单位的申报工作。经省文物局审核，省政府正式公布北阡遗址等17处不可移动文物为第五批山东省文物保护单位。

实施第十批市级文物保护单位普查遴选工作。经各区、市对辖区内的不可移动文物的先行普查，共申报不可移动文物113处，初步确定75处不可移动文物为第十批市级文物保护单位的候选名单。完成八大关近现代建筑标识牌等市级及以上文物保护单位保护标志树立工作。

编制完成国家文物局委托《近现代建筑保养维护工程技术规程》，将于2016年由国家文物局正式发布。

【考古发掘】

完成八大关近现代建筑、欧人监狱旧址、青岛啤酒厂早期建筑、胶海关旧址以及即墨故城遗址及六曲山墓群2015年考古工作计划等7处方案编制，并获山东省文物局批准实施。

配合琅琊台遗址保护规划编制，完成了对琅琊台、小台、斋堂岛等遗址的考古勘探。配合黄岛区齐长城黄岛段抢救性修缮工作，完成对月季山西坡段、东坡段、刘家大村南山段齐长城的进一步考古调查、勘探，并编写了相关考古工作报告。开展青岛港董家口港区疏港铁路工程规划用地的相关考古勘探工作，并编写了相关考古工作报告。按照计划完成了即墨故城遗址及六曲山汉墓群的考古勘探工作。

发挥文物工作在经济建设、民生工程中的作用，协调完成胶东机场项目占地范围内的考古调查勘探工作等，确保了大型基本建设工程的顺利实施。

【博物馆与可移动文物保护】

（一）博物馆

随着青岛市《关于促进民办博物馆发展若干政策》的颁布，社会参与公共文化服务呈现出强劲势头，民办博物馆建设发展异军突起。2015年上半年青岛崇汉轩汉画像艺术博物馆、青岛黄海学院博物馆、山东威达学生装博物馆、平度市勇华民俗博物馆、黄岛辛安民俗博物馆、青岛嘉木艺术博物馆、青岛九水生态园林博物馆等7家非国有博物馆获山东省文物局批准备案。全市依法注册登记的博物馆已达48家，继续位居山东省首位。青岛秋宝斋指墨画博物馆、平度市何家楼陶艺博物馆等10余家博物馆报山东省文物局待批。2015年公布的山东省第一批乡村记忆博物馆中，青岛胶东非物质文化遗产博物馆、胶州九兴博物馆、莱西市胶东民俗博物馆、平度市勇华民俗博物馆等4家博物馆入选。

深化博物馆免费开放工作，建立博物馆免费开放绩效考评机制。2015年青岛市免费开放博物馆28家，举办展览活动230余项，观众达250万人次，博物馆服务水平进一步提高。启动扶持奖励政策，联合青岛市财政局下发《青岛市民办博物馆补助奖励实施细则》，鼓励非国有博物馆免费开放、举办特色展览和开展学术研究，对全市16家非国有博物馆奖励扶持51.5万元。

指导博物馆建设规范发展，推动博物馆行业技术进步。组织专家指导大沽河博物馆、城阳区博物馆、黄岛区博物馆、道路交通博物馆等博物馆的陈列大纲编写以及建馆规范、规划设计、功能布局。根据山东省文物局部署，积极组织青岛各文博单位参加山东省国际文物保护装备博览会，青岛市博物馆、德国总督楼旧址博物馆、青岛海产博物馆、中国海军博物馆等特色博物馆参展，宣传展示多项成果。

（二）可移动文物保护

配合山东省文物局在全市文博系统开展可移动文物保护现状调研。对系统内9家博物馆的金属、陶瓷、石质、纺织品、纸质书画、壁画、漆木器等7大类34461件珍贵文物的保存状况进行了排查摸底，同时对展厅、库房、展具、修复设备、修复人员、经费需求等软硬件指标进行统计调查，为编制可移动文物保护规划、推进文物修复工作提供基础资料。指导黄岛区博物馆与山东省文物保护修复中心开展青铜器修复工作。

（三）第一次全国可移动文物普查

完成第一次全国可移动文物普查第二阶段工作，成果显著。完成青岛全市95家国有单位的文物最终认定工作，累计登录文物55万件，基本摸清了青岛市国有单位文物的数量，为馆藏文物数字化管理、利用打下坚实的基础。

【科技与信息】

国家文物局水下文化遗产保护中心北海基地建设项目开工。国家文物局水下文化遗产保护中心北海基地项目被列入《2015年政府工作报告确定事项》，青岛文物市局通力协调市发展和改革委、市财政局、蓝色硅谷核心区管委、市工务局、即墨市政府等5个部门17个处室和单位，精心组织编制可研报告、设计任务书、方案征选、招标代理、方案设计、勘察和环评等工作，完成土地证、规划证、建筑方案审批、初设审核、概算审核、审图、预算审核、人防等行政审批事项，落实市政府财力投资1500万元，制定了年度项目进度计划表，按规定纳入市政府投资项目监督管理系统。12月21日施工、监理单位开标，青建集团股份公司和青岛华鹏工程咨询公司中标，12月底开工建设。

中国
文物年鉴
2016

宁波市

【概述】

2015年，宁波市文博系统认真学习贯彻习近平总书记关于文化遗产保护工作重要论述精神，按照年初确定的工作目标任务，积极争取各方支持，突出重点，强化落实，在保护利用、公共服务、行业管理等方面取得了新进展，较好地完成了各项工作计划，为"十三五"开局之年奠定了良好的基础。

【法规建设】

7月1日，《宁波市历史文化名城名镇名村保护条例》正式施行，这是宁波市自1986年12月被授予国家第二批历史文化名城称号以来，首次以地方立法形式出台专门的保护条例，填补了宁波作为国家历史文化名城却没有历史文化保护专门法规的空白。

9月7日，发布新版《宁波历史文化名城保护规划（公示稿）》。相比1997年制订的版本，第一次提出"市域"的概念，涉及范围面积达9618平方公里，构建了全域范围的保护框架。

2015年年底，完成《宁波市文物保护点的确定和取消管理办法》立法后评估工作。

【执法督察与安全保卫】

2015年，宁波继续实施日常文物安全巡查月报工作，重点文物联合执法检查，健全责任文保员制度，做到"技防工程智能化""消防工程户籍化"和"人防工作社会化"。

根据《国家文物局关于开展古建筑类全国重点文物保护单位重大险情排查工作的通知》要求，结合夏季文物安全检查工作，2015年6～7月开展了全市古建筑类全国重点文物保护单位重大险情排查工作。市县两级文物部门组织力量对宁波市省级以上古建筑类文物保护单位安全隐患进行逐一排查，重点掌握古建筑类全国重点文物保护单位重大险情状况、已实施文物保护工程情况、抢险工作计划，以及在"十三五"期间古建筑保护管理相关工作思路、措施和重大项目。

【不可移动文物的保护和管理】

（一）概况

截至2015年年底，宁波市有世界文化遗产1处（中国大运河）；各级文物保护单位590处，其中全国重点文物保护单位31处、省级文物保护单位58处、市级文物保护单位10处、县（区）级文物保护单位491处；各级文物保护点1067处。

2015年，宁波市对30处古建类文保单位、文保点开展测绘工作。完成了47处省级以上文保单位"两划"工作，由浙江省人民政府正式公布。推荐申报第七批浙江省级文物保护单位51处，配合市规划局共同完成宁波市第三批历史文化名村28个和首批历史建筑300余处名录推荐公布工作。塔山遗址等8处国保单位的保护规划获国家文物局立项批准。

顺利实施全国重点文物保护单位江北天主教堂主楼修复工程，开展了郡庙抢险加固工程前期工作。省级文物保护单位灵桥基础加固全面完成，保国寺科技保护中心设计方案获批筹建，大运河浙东运河余姚段保护区划内姚江及慈江堤防加固工程项目顺利获批。保国寺大殿维修工程方案经专家论证初步方案深化完善。海曙秀水街、余姚武胜门等历史街区文物建筑保护修缮启动，鄞江、慈城等名镇保护规划文保项目继续实施。配合市规划局开展了首批市级历史文化名村保护评估和第五批省级名镇名村推荐申报工作。鄞江镇荣膺第五批省级历史文化名镇。它山堰荣膺第二批世界灌溉工程遗产。

（二）世界文化遗产

2015年，宁波市全面启动了世界文化遗产大运河（宁波段）的后续管理工作。宁波市政府出台了《关于进一步加强大运河遗产保护管理的通知》。大运河遗产保护管理委员会办公室正式挂牌。大运河遗产和国保单位预警监测平台一期建设顺利完成。启动了大运河遗产控制性详细规划的编制和专题宣传片拍摄。调研编制了河海博物馆建设可行性报告。

积极推动"海上丝绸之路"和上林湖申遗工作。认真梳理全市范围内"海丝"遗产，确定保国寺、永丰库遗址、天童寺、阿育王寺、上林湖越窑遗址等5处遗产重新申报国家"海丝"遗产预备名单。成功举办第十四届宁波海上丝绸之路文化周和第三届上林湖越窑青瓷文化节，召开"海洋印痕——海图、海洋文化与海上丝绸之路"学术研讨会。

【考古发掘】

（一）概况

2015年宁波市田野考古成果丰硕，配合基本建设和项目开发，共完成抢救性考古调查项目25项、考古勘探与发掘项目20多项，其中镇海九龙湖鱼山遗址获得河姆渡文化谱系的重大发现成果，北仑小港鲍家洋村、慈溪横河乌玉桥、东钱湖沙山村等古墓葬考古发掘也有惊喜发现。稳步推进主动性考古课题研究，完成"宁波地区古代城址考古工作计划（2013～2016）"之鄞江古城野外考古工作，鄞江镇它山堰1号地块工程建设发现了宋元时期的古河道、石砌堤岸、道路等重要遗迹。继续深化宁波考古"走出去"战略，参与北京地区全国考古会战，全年共完成调查发掘项目18项。

水下考古继续推进。国家水下考古基地全面运行，成功举办了宁波基地落成开放一周年系列活动，完善、调整、提升了宁波基地功能，重点开展基地智能化库房、标本陈列室、科技保护实验室等的筹建工作。与上海方面合作完成"长江口Ⅰ号"水下考古调查项目，迈出了宁波市水下考古跨省合作的第一步。自行组织并实施完成宁波首个配合基本建设水下考古项目——三门湾大桥（宁波段）水下考古调查。派员参加了舟山海域、西沙群岛、中沙群岛、辽宁、安徽等地水下考古工作和2015年"全国水下文化遗产保护（考古）培训班"培训、助教和"水下考古减压舱技术操作"培训。

（二）重要考古项目

1. 鄞江古城野外考古工作

2014年3月～2015年7月，为配合宁波市鄞州区鄞江镇它山堰1号地块工程建设，同时结合国家文物局立项课题宁波地区古代城址考古工作计划（2013～2016），宁波市文物考古研究所联合鄞州区文物管理委员会办公室、中国国家博物馆等专业机构对它山堰1号地块进行抢救性考古发掘和遥感探测。共完成发掘面积1070平方米，发掘出宋元时期的古河道、石砌堤岸、道路、灶、房址等遗迹多处，出土各类遗物620余件。

2．三门湾大桥及接线工程水下考古调查

3月17～30日，为配合三门湾大桥及接线工程建设，国家水下文化遗产保护宁波基地（宁波市文物考古研究所）在相关考古文博单位的协助下，对三门湾大桥及接线工程（宁波段）中的岳井洋—崇挽门、岳井洋—马岙、力洋港和青山港大桥所经过水域开展水下考古调查。此次调查采用旁侧声呐、多波束测深仪、浅地层剖面仪、磁力仪等高科技设备进行全覆盖探测，探测海域面积达2071574平方米，发现一处水下异常点，之后经专业人员潜水探摸，排除其为文物资源的可能性。

3．"小白礁Ⅰ号"船体保护修复（Ⅰ）期项目

6月，"小白礁Ⅰ号"沉船保护修复（Ⅰ）期2015～2016年度工作项目进入实施阶段。项目团队开展了样品采集、船体构件病害调查和保存状况评估等工作，针对"小白礁Ⅰ号"沉船特点，确定保护修复项目主要包括脱盐脱硫保护、脱水处理、填充加固、干燥定型、复原研究、安装复原等一系列工作。

【博物馆与可移动文物保护】

（一）博物馆

截至2015年年底，宁波市共有博物馆、纪念馆、陈列馆128家，其中国有博物馆43家、非国有博物馆85家。

2015年，宁波市积极推进博物馆建设。象山县博物馆正式建成开馆，慈溪积极筹备新馆陈列，奉化、宁海筹建国有综合博物馆。天一阁博物馆和宁波博物馆实施扩建与二次提升项目。深化文化体制改革，探索建立博物馆法人治理结构制度，宁波博物馆、中国港口博物馆先后成立首届理事会。编制了市直博物馆文物借用、捐赠、征集三项管理办法，起草了博物馆周末直通车方案，编印了全市博物馆（纪念馆）图录。

加强非国有博物馆规范化管理和标准化建设，国家、省、市三级联动开展评估工作，完成首批宁波市非国有博物馆星级评定，评选出三星级博物馆3家、二星级博物馆6家、一星级博物馆3家。同时，积极推荐创建全国非国有博物馆运行示范馆和省级非国有博物馆合格馆。行业专题博物馆宁波教育博物馆正式开放。宁波党史馆、城市展览馆建馆与筹展同步进行。

中国港口博物馆基本陈列获得第十二届（2014年度）全国博物馆十大陈列展览精品推介优胜奖；在第二届浙江省"博物馆免费开放最佳做法"评选中，宁波博物馆被推介为"最佳社会参与"，余姚河姆渡博物馆被推介为"最佳未成年人教育"。

（二）第一次全国可移动文物普查

基本完成"一普"第二阶段数据采集登录工作。全年市、县两级普查办集中精力抓进度、抓质量，99家国有收藏单位藏品数据采集登录17.4万件，市普查办数据审核完成90％。同时，实施"边普查、边展示、边成果转化"，认定一批珍贵文物，积极组织做好"一普"宣传工作和成果临展，应时策划举办了抗战胜利70周年活动。此外还开展了普查员征文、百大新发现评选等活动。镇海等单位还接受了来自社会的藏品捐赠。

■【科技与信息】

编撰完成联合国教科文组织委托的《古籍与文书修复导则（中国部分）》，成功举办联合国教科文"纸张保护：东亚纸张保护方法和纸张制造传统"项目成果发布会暨东亚纸质文物保护学术研讨会系列活动。

持续开展"小白礁Ⅰ号"船体保护修复（Ⅰ期）项目，重点进行"小白礁Ⅰ号"船体脱盐脱硫、日常保护维护等工作；协助做好慈溪潮塘江元代沉船保护修复项目批复立项与设计招标工作；与中国社科院考古研究所合作建立"科技考古·宁波讲坛"。

宁波市文物考古研究所与华东师范大学河口海岸国家重点实验室联合申报的"宁波姚江平原新石器遗址记录的全新世中期水涝灾害及古人类响应与适应对策"项目，获得国家自然科学基金面上项目经费资助。

■【文博教育与培训】

4月，宁波市文物考古博物馆学会和宁波市现代服务业公共职业培训平台合作举办了全宁波市文博会员专业素质提升培训班，来自各县（市）区文博单位、行业（民办）博物馆、社会研究机构的近百名会员参加。11月，在宁波举办了首期阿拉伯国家文物（纸质）修复专家研修班。

10月22～23日，宁波市文化广电新闻出版局、共青团宁波市委员会共同举办了"薪火相传"——2015年宁波市青年文物保护专业人员技能大赛。天一阁博物馆夺得团体奖金奖。五名表现出色参赛队员被评选为个人优胜奖，并被授予"宁波市青年岗位能手"称号。

■【文博宣传与出版】

2015年，宁波市策划举办了传统节日、国际博物馆日、古迹遗址日和文化遗产日活动，参与浙江及国家文物局主场活动。围绕"海丝"申遗开展了海丝文化周活动。

继续利用微博、微信等新媒体开展文物保护宣传工作，天一阁博物馆、宁波博物馆、保国寺古建筑博物馆和中国港口博物馆设立了独立的微信公众号。宁波文化遗产保护网开通10周年，截至12月8日，累计发布信息15400余条，点击率突破250万人次。

继续推进"宁波文物考古研究丛书"出版计划，正式出版《新技术·新方法·新思路——首届"水下考古·宁波论坛"文集》和《于家山——越窑遗址考古发掘报告》《渔山遗珠——宁波象山"小白礁Ⅰ号"出水文物精品图录》《水下考古在中国——专题陈列图录》等。此外，启动《天一阁藏方志汇刊》的出版准备工作，已完成馆藏历代方志389部、1952册的拍摄工作。出版《宁波国宝——宁波全国重点文物保护单位图录》《天一流芳——天一阁珍藏系列丛书》《天一阁文丛（第13期）》《明清两朝实录中所见宁波史料》等图书。

■【机构及人员】

2015年，宁波市共有各类文物机构58个，包括文物保护管理机构15个、具有独立建制或法人资格的国有文博事业单位43个（包含系统外纪念馆），其中市本级5个。全市国有文博事业机构从业人数535人，其中市本级289人，具有高级职称的43人。

【对外交流与合作】

3月13日，宁波诺丁汉大学、宁波博物馆以及奥克兰大学新西兰拉丁美洲研究中心、英国诺丁汉大学语言与文化学院、亚洲太平洋研究学院等海外大学和研究机构共同主办了"新丝绸之路：中国—拉丁美洲学术研讨会"。

9月23~30日，为宣传"2015丝绸之路旅游年"，宁波市保国寺古建筑博物馆派员参加日韩国际旅游推介会等交流活动。

9月21~24日，宁波博物馆代表团前往友好城市鲁昂进行了工作访问，"海上丝绸之路联展"与"鲁昂铁艺展"达成互展意向。

11月23日，日本元兴寺文化财研究所一行到宁波市保国寺古建筑博物馆进行文化交流活动。

厦门市

【概述】

2015年，厦门市文物工作全面贯彻党的十八大和十八届三中、四中、五中全会精神，深入贯彻习近平总书记关于加强文物保护工作一系列指示精神，按照国务院和国家、福建省文物局部署要求，围绕"四个全面"战略布局，运用"美丽厦门·共同缔造"理念实施文化遗产保护，推动文物工作再上新台阶。

【法规建设】

2015年，厦门市在推进鼓浪屿申遗工作中，研究出台《厦门经济特区鼓浪屿历史风貌建筑保护条例实施细则》和《厦门市鼓浪屿建设活动管理办法》，起草《鼓浪屿文化遗产地非户籍人口管理办法》，开展《厦门市鼓浪屿风景名胜区管理办法》规章立法后评估，为文化遗产地保护提供法律依据。

【执法督察与安全保卫】

（一）执法督察

建立健全与厦门市公安局联动的文物执法督察机制，向全市公布全国统一举报电话"12359"。认真组织思明区营平市场附近"三普"文物点神甫楼遭受破坏调查，配合厦门市公安局进行省级文物保护单位福海卢厝门构建被盗案调查，对业主在市级文物保护单位霞阳杨宅保护范围内违章搭盖行为进行了及时制止并责令改正。

（二）安全保卫

2015年4月，投入200余万元建设集地理信息系统、移动执法系统、会商系统、国家级文保单位视频监控系统为一体的厦门市文化市场信息化监管监控平台，构建文化市场"大数据"管理模式。9月，监管监控系统通过验收并顺利运行。积极推进监管监控功能拓展、相关部门互联互通、部分文保单位视频监控点增补等工作，系统运行后网络巡查文物保护单位1520家次。坚持市、区两级文物行政部门和执法部门每月安全检查、执法巡查和文物保护单位文保员每周巡查制度，重点查纠少数文物保护单位责任制落实不够、管护不规范等问题。安排资金对部分文物保护单位老化供电线路进行改造，对部分文保单位灭火器进行补充和更换，提高文物安全防范能力。

【不可移动文物的保护和管理】

（一）概况

2015年，厦门市共普查登记不可移动文物2136处，纳入文物保护单位名单的227处（262个点）。其中，全国重点文物保护单位7处（34个点），省级文物保护单位39处（44

中国
文物年鉴
2016

个点），市级文物保护单位110处（113个点），县、区级文物保护单位71处（71个点）。完成第七批全国重点文物保护单位和第八批省级文物保护单位保护标志碑安装。

（二）世界文化遗产

厦门市于2008年启动鼓浪屿申报世界文化遗产工作。2012年，鼓浪屿被列入中国世界文化遗产预备名单。2015年7月14日，国家文物局正式发出函告，原则同意推荐鼓浪屿作为我国2017年申报世界文化遗产项目。9月30日，向联合国教科文组织提交预审文本并通过格式审查。12月23日，向国家文物局递交正式文本并通过专家评审。

围绕建设"美丽厦门精华版"和确保2017年申报世界文化遗产成功，厦门市委、市政府成立了鼓浪屿整治提升工作领导小组，全力推进鼓浪屿整治提升和申遗工作。

一是完善机制。对原鼓浪屿整治提升工作领导小组办公室及其下设的4个工作组、鼓浪屿申遗工作领导小组办公室及其内设的6个工作部进行整合。建立例会制度，定期通报工作进展，协调解决问题。推进鼓浪屿整治提升总体规划与文化遗产地保护规划制定。加强建设保障，明确开元国投为代建公司，编制2016年度申遗专项资金预算共计4.25亿元。强化专业人员保障，从市规划、建设、文广新局、市委党校等部门抽调规划、建设、文保、外语等专业人员充实申遗干部队伍。

二是修编档案。根据《国家文物局关于"鼓浪屿"申报世界文化遗产事的复函》和《国家文物局鼓浪屿保护规划九点意见》要求，以及8月13日国家文物局召开鼓浪屿申遗文本修编研讨会精神，委托北京国文琰文化遗产保护中心修改完善申遗文本，并邀请文本专家再次赴鼓浪屿收集补充申遗文本资料。做好现有遗产核心要素文史资料、申遗过程档案及修缮、监测等专项档案的收集、整理和编制工作，建成数字档案室，并派员赴北京、南京、菲律宾等地，收集完善鼓浪屿文物史料。

三是加快推进修缮、展示和监测设施建设等工作。大力推进53个核心要素项目修缮，全年9个项目竣工、10个项目正在施工、4个项目准备施工，其余项目正按照大修、日常维护、不修进行分类（其中15处为日常维修、5处为修缮、1处为不修）。另有12个国保建筑已完成房屋质量安全检测，修缮方案已报国家文物局审批。加快文化遗产展示，确定鼓浪屿开发公司为申遗展示代建单位，制定《鼓浪屿文化遗产阐释与展示实施规划》。加快监测系统建设，在原有17个监控探头的基础上，完成2批次24个监控探头安装验收。

四是强化申遗宣传。制定《鼓浪屿申报世界文化遗产宣传方案》，同步编印《鼓浪屿申遗知多少》入户宣传手册，向居民商家宣传申遗目的和意义。制定《鼓浪屿"美丽厦门共同缔造"行动方案》，建立鼓浪屿"工作坊"制度，设立志愿者驿站，召开居民商家代表座谈会，启动居民人口特征结构、居民需求调查。着力解决民生问题，深化"网格医生"服务。

五是加快配套保障。制定《鼓浪屿申遗核心要素建筑及周边环境调查与整治》《鼓浪屿申遗线路沿线建筑及周边环境调查与整治》《鼓浪屿第五立面整治数据统计》等整治清单，移交鼓浪屿整治提升各工作组。全年完成申遗核心要素环境、申遗线路及周边环境、"第五立面"整治、腾迁安置前期摸底工作，部分项目已如期进场施工；龙头路等鼓浪屿核心商业街区建筑外立面整治提升示范路段改造已有初步设计成果。

（三）全国重点文物保护单位

除完成鼓浪屿相关全国重点文保单位维修工程立项报告和设计方案上报，组织部分全国重点文物保护单位维修外，厦门大学南安楼、映雪楼，集美大学尚忠楼群，青礁慈济宫等保护修缮工程一次性通过验收。完成破狱斗争旧址和陈嘉庚墓文物保护规划编制。

（四）其他

推进闽南红砖建筑申遗工作，厦门市文物局派员会同翔安区相关部门赴台湾地区进行学习考察，启动《闽南红砖建筑》编辑工作。

启动大嶝金门县政府旧址二期维修工程，编制工程预算方案，中央财政和市财政分别安排该项目专项经费500万和199万。委托上海同济大学规划院编制"8·23"炮战遗址群保护规划，完成第二次专家评审，原则通过保护规划方案。

推进福海卢厝、江夏堂等省级文物保护单位保护修缮工程。完成胡贵墓、陈黯墓、吕世宜墓等市级文物保护单位修缮。完成吴必达故居、文公书院、同安钟楼等三处区级文物保护单位修缮工程，并对外开放。

历经五年实地调查、梳理汇总和专家评审，厦门市人民政府公布了第六批52处市级文物保护单位和第三批25处涉台文物古迹名单及保护范围。会同厦门市规划委将全市不可移动文物名录中公布的文物点纳入全市"多规合一"一张图，完成思明、集美两区不可移动文物保护范围划定。

【考古发掘】

（一）概况

2015年，配合基本建设项目开展了翔安苏养斋墓的发掘和整理、厦门"第一广场"古代墓葬的发掘、厦门市轨道交通二号线二期工程考古调查钻探、厦门市"第二东通道"考古调查等；围绕课题研究开展了厦门周边海域水下文物考古工作等。

（二）重要考古项目

1. 翔安苏养斋墓的发掘和整理

2014年12月～2015年1月，为配合基本建设，厦门市博物馆会同翔安区文化馆对翔安苏养斋墓进行了抢救性考古发掘。该墓葬为长方形竖穴土坑双室墓，由南向北分南、北两个墓室。清理出部分文物及棺钉，其中玉器5件，有镯、扳指、牌、璧、带扣；铜鎏金顶子1件，铜鎏金串珠22颗；铜钱8枚，计有顺治通宝2枚、康熙通宝1枚、乾隆通宝2枚、嘉庆通宝1枚、字迹模糊不清1枚、残损1枚；铁质饰件1件。该墓葬在建造时未使用常见的红砖，而是以"三合土"浇筑墓壁，大块花岗岩石条铺墓顶。这种建造墓穴（室）的方式在厦门地区尚属首见。

2. 厦门"第一广场"古代墓葬的发掘

2015年7月，为配合基本建设，厦门市博物馆对"第一广场"工地内的古代墓葬进行了抢救性考古发掘。该墓葬共两座，均坐东北朝西南，为竖穴土坑砖石墓。西侧墓葬编为M1，早年即遭破坏，出土有墓室墙砖和铺地方砖。东侧墓葬编为M2，为双室合葬墓，墓室东西向并排，大小结构基本一致。墓葬填土中发现铜钱4枚，其中北宋元丰通宝、元祐通宝和南宋庆元通宝各1枚，另有1枚字迹模糊，难以辨识。据此判断M2年代至少不早于南宋。因为没有墓志等记载确切年代及墓主身份信息的文物出土，其年代下限暂时无法确定。此次发掘出土遗物不多，但买地券及其独特的版式为研究厦门地区古代宗教信仰、丧葬仪俗等提供了实物资料。另外，这两座墓葬离海边很近，地势也不高，在以往的考古资料中十分少见，如此安置墓地是偶然为之，还是特定风俗使然，还需今后继续收集资料做进一步研究。

【博物馆与可移动文物保护】

（一）博物馆

1．博物馆建设

厦门市博物馆积极推进特区馆改扩建项目。拟改扩建新增建筑面积3646平方米，该筹建项目二次方案于2015年11月下旬完成并上报市委研究审议；完成文保中心办公楼与文物修复室的修缮工作；开展文物库房改造工作，完成二楼文物库房的部分土作项目和二、三楼库房通道防盗网安装；完成郑成功纪念馆LED灯照明系统改造、主楼中央空调维修、附属馆舍及局部园区维修整改工作，协助厦门市气象站防雷中心和厦门市避雷监测技术中心的防雷装置检测工作，配合厦门市鼓浪屿风景区建设开发公司维修瞰青别墅。

2015年，厦门市文物局完成对厦门市博物馆、同安区博物馆、厦门市陈嘉庚纪念馆、厦门市华侨博物院、厦门奥林匹克博物馆、厦门观复博物馆、福建省源古博物馆、厦门市九朝汇宝博物馆等8家博物馆的年检工作。

厦门市奥林匹克博物馆获全国博物馆考核优秀单位、2015年度全国科普教育信息化优秀基地称号。

完成鼓浪屿馅饼食品文化博物馆申办工作，并获得福建省文物局批复。

2．博物馆间的交流与合作

加强与故宫博物院的交流合作，在厦门市博物馆举办"天保九如——故宫博物院典藏如意展"；推进鼓浪屿故宫外国文物馆筹备和建设工作，完成立项报批、方案设计和施工前期准备，同步推进展陈方案制定。

厦门市博物馆引进的"丝路帆远——海上丝绸之路文物精品九省（市、区）联展""林则徐廉政事迹展"等广受好评。

3．重要陈列展览

2015年，厦门市各博物馆共举办18个临时展览，2个馆藏书画展出省展出。全年各馆共接待游客340万余人次，比2014年增加50万余人次。完成征集评奖"忘不了乡愁——闽南文化生态"摄影展，并于文化遗产日之际正式展出。

（二）可移动文物保护

推进闽台字画、清代圣旨等44件文物修复，完成清代圣旨招投标工作；完成"鹭江号"复原陈列及二次维修工程招投标工作，10月下旬开始施工。

（三）第一次全国可移动文物普查

2015年，厦门市扎实推进第一次全国可移动文物普查工作，全市28家国有单位共收藏可移动文物32442件／套。截至12月底，已全部完成信息采集、数据审核（二审）和平台登录工作。

【社会文物管理】

协助公安、海关进行涉案、涉嫌文物鉴定10次300多件，涉案金额34万元。

对易方达、伯雅、福建文浩、厦门匡时等数家拍卖公司字画拍卖进行预前监管，涉及相关拍品1500多件。

日常开展民间文物鉴定30次100多件。

【科技与信息】

2015年，参与厦门市政协、厦门市社科联调研有关厦门市旧城区文物保护、厦门文物艺术品市场的课题；开展海洋公益性项目"水下文物探测、保护技术体系研究与示范"年度工作。

【文博教育与培训】

2015年，厦门市文物局协调福建省文物局在厦门举办全省文物保护工程（厦门片区）培训班，来自厦门、漳州、龙岩等地区的35家勘察、设计、施工等文物保护资质企业共计117人参加了培训，达到了加强和规范文物保护工程管理，提升企业和专业技术人员技能水平的目的。

【文博宣传与出版】

自《博物馆条例》下发以来，厦门市各博物馆积极组织学习贯彻，通过通告栏张贴、网站宣传、微博转发等方式积极宣传相关内容。组织开展"5·18"国际博物馆日和文化遗产日活动，围绕活动主题开展各种宣传和文化活动。坚持文化遗产宣传进社区、进校园、进课堂、进军营，着力强化全体市民文化遗产保护意识。

配合厦门市政协完成《厦门传统村落》编写工作，完成《厦门闽南红砖建筑》一书编辑工作。完成《各国水下文化遗产保护法律法规选编》编辑工作。完成《厦门古陶瓷》和《风土海沧》系列丛书之《龙佑温厝卷》《丝蕴三都卷》编写工作。

【机构及人员】

2015年，厦门市文物机构总数19个，其中文物保护管理机构8个、博物馆9个、文物商店1个、其他文物机构1个；文物从业人员349人，其中专业技术人员82人，包括中级职称37人、副高级职称18人、正高级职称14人。

中国
文物年鉴

2016

深圳市

【概述】

2015年，深圳市不断探索创新不可移动文物保护机制，积极推进文物保护工程建设，大力发展博物馆事业，传承城市文化根脉，文物保护保护成效显著。

【执法督察与安全保卫】

加强文物安全防范工作，深圳市文物局组织开展了两次全市文物安全大检查专项活动，实地检查了部分市级文物保护单位和国有博物馆。各区文物行政部门也组织检查辖区内的各级文物保护单位、各类未定级不可移动文物和各博物馆，对检查中发现的安全隐患，依法督促相关单位予以整改。

【不可移动文物的保护和管理】

2015年，深圳市不可移动文物的保护工作进展顺利，全国重点文物保护单位大鹏所城等重点文物保护工程项目持续推进，出台了《深圳市文物保护补助经费使用管理暂行办法》，建立了非国有不可移动文物补助机制。

全国重点文物保护单位大鹏所城二期保护工程由深圳市大鹏新区负责，深圳市文物局负责指导协调。2015年完成了所城内历史建筑修缮工程并验收移交。完成了赖恩爵将军第修缮工程、三个片区路面的铺装、街区的立面修缮工程、所有电缆敷设及配电房设备安装等。

各项文物保护工程进展顺利。广东省文物保护单位大万世居整体保护工程基本完工，维修项目土建工程基本完成，抹灰和水电工程全面完工。广东省文物保护单位茂盛世居整体保护工程继续推进，技术方案审核完成，进入施工监理单位招投标阶段。

组织开展不可移动文物测绘工作。2015年，深圳市文物局全面启动全市不可移动文物位置测绘工作，在规土部门测绘公司指导下，全面完成全市文物的深圳坐标数据标注，不可移动文物分布信息有效纳入到城市建设规划中，城市建设中的文物保护工作得到进一步规范和加强。

出台《深圳市文物保护补助经费使用管理暂行办法》，建立非国有不可移动文物补助机制。补助经费分为两部分，一部分为非国有不可移动文物安全补助经费，另一部分为市级以上文物保护单位的维修经费。

【考古发掘】

配合基建工程，深圳市文物考古鉴定所组织开展滇西北送电至广东特高压直流输电工程（东方换流站）、深圳职业技术学院官龙山校区建设工程、400KV核深线增容改造工程、大鹏新区丰树学校建设工程用地范围、广深沿江高速公路（深圳段）项目二期工程、哈工大和南方科技大学校区扩建工程建设工地、宝安区铁仔山遗址东区文物考古调查及勘探工作。

【博物馆与可移动文物保护】

（一）博物馆

1．博物馆建设

截至2015年12月31日，深圳市登记在册的博物馆共有42家，其中非国有博物馆26家，每年接待观众400多万人次。深圳市现有三级以上博物馆6家，其中深圳博物馆为国家一级博物馆，深圳中英街历史博物馆、深圳市南山区南头古城博物馆、深圳（宝安）劳务工博物馆、深圳市大鹏新区大鹏古城博物馆、深圳古生物博物馆为国家三级博物馆。深圳市博物馆类别有综合类、历史类、革命纪念类和行业类，文物藏品6万多件，其中已确定的三级以上文物5000多件。

深圳博物馆于1988年11月开馆，现有文物藏品3万余件。深圳博物馆新馆于2008年12月开馆，是全国首座以改革开放史为核心内容的博物馆，常年展出"深圳改革开放史"等展览。2015年，深圳博物馆接待国内外观众155万多人次，其中包括赞比亚总统伦古、尼泊尔副总统帕玛南德·贾阿、斯洛文尼亚副总理戴扬·日丹、埃塞俄比亚联邦院议长卡萨·特克勒伯尔汉等重要贵宾，讲解接待服务备受赞誉。

2．重要陈列展览

2015年，深圳市各博物馆除常设展览外还策划举办各类展览21个。其中深圳博物馆筹办了"四川宋代窖藏文物精品展""湖南省宋元明铜器与金银器展""深圳、东莞、惠州、汕尾、河源出土文物联展"3个原创专题展，引进临时、专题性展览13个，包括"河南博物院藏汉唐文物精品展""西周霸国文物珍品展""欧豪年八十晋一书画精品展"等，深受媒体关注及观众好评。

3．其他

继续对非国有博物馆进行门票补贴。根据2012年12月印发实施的《深圳市民办博物馆扶持办法》，2015年拨付非国有博物馆门票补贴总计367万元。

博物馆志愿者增至2050人，其中注册个人志愿者893人、团体志愿者1157人，队伍规模及素质处于国内博物馆前列。参与服务6300多人次，累计服务时间2万多小时，成为博物馆公共文化服务的重要补充力量。建立志愿者档案信息库，健全志愿者讲解员管理制度，搭建起稳固有效的志愿者交流平台，根据志愿者个人情况量身定制服务方案，极大地增强了志愿者队伍的稳定性。举办志愿者文艺汇演、书法培训、潮汕擂茶品尝、小志愿者才艺大赛等丰富多彩的活动，组织赴市内和四川多家博物馆交流宣讲，获得高度评价。

（二）可移动文物保护

深圳博物馆顺利完成国家文物局经济社会发展变迁物证征藏试点第一阶段工作，制定《深圳市经济社会发展变迁物证征藏工作流程》《标准导则》《资源调查报告》和《试点工作报告》；参与广东省试点工作，制定全省征藏工作流程和标准导则，为广东乃至全国博物馆开展该项工作提供了经验。修订《藏品征集工作管理办法》，建立《藏品鉴定专家库工作章程》，推动征集工作有序开展。征集各类文物、实物526件，包括欧豪年书画，周鹏飞、艾青、吴南生书法作品，以及一批抗战文献照片等重要藏品，馆藏体系不断完善。

深圳博物馆编制的《馆藏文物预防性保护方案》通过国家文物局审核。深圳博物馆获得可移动文物复制、拓印资质，以及瓷器、金银器等12类文物修复资质，业务范围进一步扩大。深圳博物馆完成本馆及其他文博机构81件藏品的保护修复，包括21件珍贵文物，文物保护覆盖面和专业性日益提升。

（三）第一次全国可移动文物普查

完成第一次全国可移动文物普查的数据录入等工作。深圳市有20家国有单位列入本次普查登记范围，普查数量为61026件，其中一级文物50件／套，二级文物有282件／套，三级文物有5330件／套。

【文博教育与培训】

不断提升社会服务意识，深化与教育部门的合作，编写博物馆校本课程教材，系统介绍深圳历史、民俗文化以及中国古代青铜器、陶瓷器、书画基本知识，向全市中小学校推广。为深圳市福田区委党校提供现场教学讲解，选派多名研究人员深入基层党组织和社区讲授党课和特区发展历史。

【文博宣传与出版】

成功举办国际博物馆日活动、文化遗产日活动、环球自然日活动、缪斯少年暑期体验营、寒假特别活动等，开展诸多创新探索。国际博物馆日，深圳博物馆首次于夜间开放，开展体验式参观，社会反响热烈。暑期体验营持续一个半月，举办陶艺制作、古琴、皮影戏体验等活动28场，期期爆满。在国内博物馆中率先建立小讲解员培训班分级培训，对青少年学生进行持续、深度培训。举办品牌活动"非遗手工坊"20多场、"博物馆小讲堂"30多场、著名专家讲座10多场，市民观众踊跃参加。"博物馆小讲堂"被深圳市福田区委宣传部作为"学在福田"内容，列入"福田·传承——文化遗产进校园"活动。

积极拓展与文化机构的合作，共同举办深圳市第九届客家文化节、广东省青少年曲艺选拔赛、优秀青年曲艺家作品展演、深陕曲艺家交流演出等活动。

2015年，深圳博物馆出版学术著作及展览图录5本，公开发表学术论文37篇。专著《咒语·图像·法术：密教与中晚唐文学研究》被深圳市委宣传部、深圳市社科联列入《深圳学派建设丛书》，得到专项经费支持。

开展龙岗区、大鹏新区、坪山新区山岗地区先秦两汉文物普查资料的整理及报告编写；继续进行龙华新区斜岭岗遗址东区和西丽水库周边32处遗址考古发掘的文物整理及报告编写。

【机构及人员】

管理机构在市级层面为深圳市文体旅游（文物）局，下设深圳市文物管理办公室专职负责文物保护工作；区级层面，福田、罗湖、南山、宝安和龙岗等区设置文物管理办公室专职负责文物保护工作，其他各区基本由文化科或文体科兼职负责文物工作。

文物保护专业机构包括深圳博物馆等42家各类博物馆、深圳市文物考古鉴定所、深圳宝安区文物保护所。

文物管理机构和博物馆从业人员400余人，其中博士14人、硕士62人、大学本科124人。专业人员中，正高级职称8人，副高级职称30人，中级职称68人。

故宫博物院

【概述】

2015年是深入学习贯彻落实十八届五中全会精神的第一年，也是故宫博物院成立90周年，是实现"中国梦"、追逐"故宫梦"的承前启后、继往开来的重要时期。在文化部的领导和国家文物局的业务指导下，故宫博物院以90年院庆为契机，深入开展"三严三实"专题教育，秉持创新、协调、绿色、开放、共享的发展理念，逐步破解发展难题，不懈推动以藏品保管和古建筑保护为主要内容的"平安故宫"建设，以优秀的实体展览、数字展示、科研出版以及专家讲坛等多种形式，不断提升公众服务能力和服务质量，为故宫文化遗产保护和博物馆建设谱写出新的时代篇章。

故宫博物院全年接待观众1506万人次，比2014年减少1.24％；门票收入为7.08亿元，比2014年减少2.2％。

【"平安故宫"工程】

2015年是"平安故宫"工程实现近期目标的节点。"平安故宫"工程领导协调小组由雒树刚组长主持召开第二、三次全体会议，落实刘延东副总理第三次专题调研"平安故宫"工程时的指示，要求各成员单位狠抓落实，重点解决突出问题，按时完成阶段性任务。同时，为建立健全落实"平安故宫"工程的长效机制，故宫博物院成立非建制的安全部，下辖保卫处、开放管理处及新成立的消防处和安全技术处。

"平安故宫"工程7个子项目进展如下：北院区建设项目于12月18日举办项目启动仪式，正进一步完善工程前期各项工作和建筑设计方案。地下文物库房改造、基础设施改造正紧锣密鼓地进行开工前的审批工作。世界文化遗产监测有序推进，其中午门城台监测项目结项，观众动态监测系统开始二期建设。故宫安全防范新系统进展顺利，安防报警系统改造工程通过验收，预警防控能力加强。院藏文物防震方面，在形成防震规划的同时，继续推进库房防震改造。院藏文物抢救性科技修复保护方面，院内修复文物668件，合作修复文物76件／套，技术复制与人工临摹180件，制作文物囊匣108件。

【古建筑保护】

推动古建修缮工程向古建保护研究项目转化，提升古建筑保护项目中科研内容的比重。除永寿宫、午门雁翅楼、宝蕴楼等3处古建筑修缮工程竣工外，将养心殿、乾隆花园、大高玄殿、紫禁城城墙四大修缮工程作为具有科研性质的维修项目，坚持专家阶段性会诊制度，以求实现故宫百年大修质的飞跃。其中大高玄殿修缮工程已开工。

明清官式建筑保护研究国家文物局重点科研基地暨故宫研究院古建筑研究所开办官式古建筑营造技艺木作、裱糊作培训班，组织安排学员进行冬季专项练习，促进年轻人学习锻炼，努力实现从实践到理论，用理论指导实践的最终目标。

初步完成《宁寿宫花园建筑彩画研究》，继续明清宫廷建筑大事史料长编、中国明清建筑历史图集、清代乾隆时期皇宫内檐装修研究，启动"故宫彩画颜色效果绘制图""灵沼轩全面记录研究"项目。

【文物管理与科技保护】

修订《故宫博物院藏品管理规定》，继续推进三年文物清理工作，配合全国第一次可移动文物普查工作，上报国家文物局、北京市文物局四批院藏品数据。第一批为钱币类，第二批为雕塑类、绘画类、玉石器类、铜器类，第三批为铭刻类、金银器类、漆器类、外国文物、其他文物，第四批为织绣类、文具类、生活用具、钟表仪器、宗教文物。截至2015年年底，共提交1293844条文物数据、458245个文物影像。全年接受捐赠藏品19件/套。

加强文物科技保护工作。与国际文物修护学会（IIC）签署《国际文物修护学会和故宫博物院成立国际文物修护学会培训中心的框架协议》，成立国际文物修护学会培训中心，主办以"预防性保护科学"为主题的第一届专题培训班。举办"故宫博物院文物保护修复技艺特展"，展示非物质文化遗产传承。开展"养心殿保护修复项目"可移动文物伤况的初步勘查。

【安全保卫与开放管理】

增强安全意识，强化安保建设。成立消防处、安全技术处，组建安全部，安全监管和综合治理保障力量得到强化，进一步优化人防、物防、技防网络，有力促进设施保障、技术应用的整体协调，安全保障综合能力得到进一步提升。消防报警系统改造工程完工，视频监控系统无缝隙加密工程完成前端施工，门禁系统升级改造项目完成软件开发、与钥匙管理系统对接等工作，文物藏品全时空技术防范项目通过初步验收，应急指挥平台项目、高压消防给水系统改造项目按计划推进。全年组织联合大检查5次，开展安全培训，举办消防安全知识专题讲座3场，并联合驻院消防队在端门城楼进行消防实战演习。

扩大开放面积，实施分流限流。2015年，宝蕴楼、慈宁宫—寿康宫区域、午门—雁翅楼区域、东华门区域、端门数字馆等五大新区域开放，故宫博物院开放面积由52%增至65%，吸引观众向中轴线以外区域分流。此外，故宫博物院自6月13日起试行、10月10日正式实施每日限流8万及实名制售票措施。为保障限流分流工作顺利实施，售票口全部移至端门西朝房；与公安、武警等相关部门积极联动，设置四道管控措施；设立"黑名单"制度，限制黑导游、倒票人员等各类非法人员购票进入；院内标示牌统一更换为与环境相和谐的样式，并在重点区域增加多个标示牌，方便引导观众。召开多次联席会议，研究制订限流方案、细化限流管控措施，形成一套完整、可操作性强的限流安保方案，暑期限流25次，国庆假期限流5次，11月限流2次，累计32个超过8万观众的接待日全部实施了限流。

为营造良好参观环境，对东长房前后区域综合景观进行提升，增加绿植景观，对古树进行有效保护，在御花园安装树篦子和藤条保护罩。调整开放区域观众座椅171处，增加临时果皮箱202个，更换靠背座椅木板200套。春节、"五一"、暑期、"十一"等小长假和黄金周期间增设临时指路及提示牌70余块。

【展览与公众服务】

故宫博物院90年院庆推出系列展览，让院庆年成为"文物展览年"。全年共举办"石渠宝笈特展""普天同庆——清代万寿盛典展""清淡含蓄——故宫博物院汝窑瓷器展""庆隆尊养——崇庆皇太后专题展"等18项重量级展览。"石渠宝笈特展"吸引17万余名观众，《人民日报》评论其堪称近年来中国文博界最成功、最具影响力的展览。此外，全年共赴境内文博机构举办或参与展览9个。

不断增进文化交流与互动，举办和参加各类涉外展览6项，如赴澳门艺术博物馆举办"太乙嵯峨——紫禁城建筑艺术特展"，赴澳大利亚维多利亚州国家美术馆举办"盛世乾隆展"，赴美国大都会艺术博物馆参加"中国·镜花水月展"等。

开展丰富多彩的宣传教育活动。在国际博物馆日、中国文化遗产日举办"从故宫·向未来"亲子艺术活动、"支持故宫限流"宣传活动。寒暑假期间举办"故宫钟表趣谈""走进故宫陶瓷馆"等教育活动。赴西城区青年湖小学开展"皇帝的新衣"动手教育活动，与北京市汇文中学联合举办相关课程及培训。推出结合清代八旗制度和清宫武备收藏开发的全新课程——甲胄八旗动手教育课程，为观众举办"朝珠DIY""拓片制作"等动手教育项目。"故宫讲坛"共举办22场讲座，在秦皇岛市"故宫大讲堂"举办10场讲座。志愿者共131人次参与服务，开展"石渠宝笈特展"讲解等服务工作，服务观众4万余人次。

【学术科研】

整合学术资源，建设学术故宫。成立明清宫廷制作技艺研究所、文博法治研究所，使故宫研究院发展为一室十四所的机构规模，初步完成故宫学术研究布局。国家社科基金重大项目"新中国出土墓志"（二期工程）、"故宫藏殷墟甲骨文整理与研究"进展顺利，并有成果出版。故宫明清宫殿遗址考古将现场发掘与大众观摩融为一体，开创了首都文博界边发掘边开放的人文考古新模式。

故宫学院拓宽合作渠道，助力博物馆人才培养。故宫学院受国家文物局委托，面向全国文博业界开设玉石器鉴定培训班、官式古建筑木构保护及木作营造技艺培训班、文物安全联合执法人员文物鉴定培训班、藏传佛教文物保管与保护培训班。在故宫学院（苏州）举办10场"故宫讲坛走进苏州"讲座，与北京国际职业教育学校、北京联合大学合作探索职业教育人才培养模式。

举办各类学术培训、讲座，召开学术研讨会，取得丰收学术成果。举办22场故宫专题学术讲座及第四届故宫学高校教师讲习班，面向院内员工举办满文中级培训班、明代书画鉴定培训班。召开"故宫博物院90年暨普天同庆——清代万寿盛典展学术研讨会""宋代五大名窑科学技术国际学术讨论会"等7项重要学术研讨会。完成《清风雅韵：清代宫廷戏曲研讨会论文集》《宫廷与江南学术研讨会论文集》《故宫文物南迁史料长编》出版工作，编纂《故宫学研究报告（2015）》。

【信息化建设】

全新改版建设的故宫博物院青少版及英文版网站完成开发工作并通过在线测试。启动中文版主站建设项目，"故宫名画记"书画互动欣赏栏目上线。发布"韩熙载夜宴图""每日故宫""清代皇帝服饰""故宫陶瓷馆"等4款APP，前三款均入选AppStore"2015年度精选"，被评为"本年度最具想象力、创造力和吸引力的作品"。承担文化部创新工程"故宫书画的全媒体传播策略和关键技术研究"，开展"院藏玻璃底片整理数字化及保护研究"。

展厅数字展示方面，端门数字馆进入试运行，第一期展览（即常设展）共有数字古建（VR节目）、数字沙盘、数字长卷、数字法书（兰亭序）、数字绘画（写生珍禽图）、数字多宝阁、数字宫廷原状（三希堂）、数字宫廷文物（织绣和服饰）9个交互节目。

应用技术研究方面，对《角楼》VR节目数据进行提升和修正。开启以御花园为研究对象的三维数据可视化研究，启动"V故宫"线上三维数据应用项目开发。虚拟现实演播厅共接待119场、2554人次。

【出版与文创】

故宫出版社全年出版图书141种，其中新书109种，重印书32种。2个项目获得国家资助。《故宫藏画的故事》《建筑紫禁城》《故宫画谱》等16种图书入选中小学生图书馆（室）推荐书目；《清墨图录——张子高藏墨》获得第五届中华优秀出版物奖图书提名奖；《米芾书法全集》电子版获得第五届中华优秀出版物奖；《中国古代金银首饰》获得第十届文津奖；《故宫识珍》获评2014年度全国文化遗产十佳图书。

加大文创研发力度，增强文创产品展示。故宫博物院文化创意体验馆开馆，集中展示和销售故宫博物院研发的各类文创产品。研发"海水江崖"和"如意琉璃"系列产品、故宫博物院建院90周年建筑系列藏书票等文创产品。参加2015年香港国际授权展、第四届中国苏州文化创意设计产品交易博览会、第十届中国（义乌）文化产品交易会、第九届中国杭州文化创意产业博览会、第八届海峡两岸文化产品博览会。完成"紫禁城杯"文化产品创意设计大赛和"紫禁城"标识、"紫禁城及英文"标识的商标注册。

【对外交流】

充分开展馆际交流与合作。与卡地亚制表工坊、美国博物馆联盟签署合作意向书；与印度国家博物馆签署展览合作意向书；与香港特区政府康乐及文化事务署签署人员交流合作意向书；与台北故宫博物院开展满文教学合作交流；与卢浮宫学院、法国国家文化遗产学院等交流探索培养博物馆人才的多元化模式。

举办多项活动，增进不同文化间的相互了解。主办首届"紫禁城论坛"，33位国内外著名博物馆的馆长及来宾围绕"博物馆的传统职能及未来使命"这一主题深入交流，审议通过并发布了以"和谐互动、共享文化"为主题的《紫禁城宣言》。邀请美驻华大使及其他外交人员参加第四届驻华使节进故宫活动。国际博物馆协会国际博物馆培训中心举办2015年春季、秋季及非洲特别培训班。

全年派出赴外出访团组37个。

【内部管理】

紧密结合文化部及故宫博物院"三严三实"专题教育实施方案，以加强党员干部思想教育为重点，认真贯彻落实党风廉政建设，加强党的组织建设、思想建设和作风建设。认真学习十八大以及十八届三中、四中、五中全会等重要会议的相关精神和习近平总书记系列重要讲话，召开院党委民主生活会，结合实际工作，查找自身不足，认真开展批评和自我批评，对查摆出的问题汇总整改内容，督促落实。

做好统战工作，加强同民主党派团体的沟通交流。召开第七届一次职工代表大会，开展贯穿全年的工作竞赛，充分激发职工爱岗敬业的热情，增强职工凝聚力。加强共青团组织建设，开展"紫禁鉴赏"系列讲座及"寻找最美青春记忆"活动，由青年组织开展适合青年需求的各项活动，成立话剧社"海棠社"、自行车骑行队"紫微星之队"。积极开展与兄弟单位团组织的合作交流。

进一步健全规章制度，完善《故宫博物院规章制度汇编》。新发布实施《故宫博物院预算项目审核管理办法》《预算处工作职责》《故宫博物院指纹身份信息采集存储管理办法（试行）》。

维护故宫良好形象，积极主动做好宣传报道，结合重要活动和工作，积极组织策划媒体宣传29场次，向媒体发布新闻稿106篇，接待专题采访100余次。通过平均每月2～3次举办新闻发布会及媒体专场等方式，邀请40余家媒体记者前来，将故宫重点工作最新进展及时向社会公布。实时监测日常舆情，就热点、敏感、负面话题制定媒体预案，进行舆情应对25次。

加强人才队伍建设。完成2015年应届高校毕业生接收工作及年度专业技术职务评审聘任工作。调整内设机构，完成新入院员工、新任职中层干部、业务人员等的培训活动。

严格执行财务工作制度，做好预算执行、决算申报、财务综合评价、国有资产及会计档案管理、税务、统计、票务及票据管理、政府采购、日常财务报销等工作，宣传落实各项财经政策。做好预算工作，编制故宫博物院2016～2018年三年支出规划和2016年"一上"预算上报，开展"故宫博物院预算项目审核管理办法及操作规程"培训。执行审计职能，完成内部控制评估、工程进度款审核、工程结算款审核、招标文件审核、古建整体保护维修工程项目的结算审核、全过程造价跟踪审核工作。

根据全院发展，以协调全局、深化管理为原则，做好精神文明建设、院容环境整治、办公设备维护、通讯保障服务、安全用电监测管理及房管、水暖、医疗卫生等服务工作。

中国国家博物馆

【概述】

2015年，在文化部的领导下，馆领导班子带领全馆干部职工发奋努力，按照"人才立馆、藏品立馆、学术立馆、服务立馆"的办馆方针，圆满完成各项工作。

【组织建设】

按照文化部党组部署，深入贯彻全面从严治党要求，严格落实党委主体责任，开展"三严三实"教育活动，不断加强党建和廉政建设。召开中共国家博物馆第三次党代会，选举产生出新一届党委会和纪律检查委员会。提出全面建设"世界一流"大博物馆。积极弘扬中华优秀传统文化，宣传"中国梦"，举办纪念习近平总书记在国家博物馆发表"中国梦"讲话三周年系列活动。

【制度建设】

2015年，国家博物馆继续加强制度建设，着力加强细节管理，规范内部工作流程，各项管理工作扎实推进。新制定的全馆性规章制度包括《中国国家博物馆稿酬管理办法》《中国国家博物馆研究人员参加国（境）外学术交流活动管理办法》《中国国家博物馆项目资金管理办法》《中国国家博物馆预算执行责任考核办法》《中国国家博物馆财务管理测评与奖惩办法》《中国国家博物馆所属企业负责人履职待遇、业务支出管理办法》《中国国家博物馆财务管理测评与奖惩办法》《中国国家博物馆所属企业负责人履职待遇、业务支出管理办法》《中国国家博物馆管理工作规则》《中国国家博物馆文物藏品征集经费管理办法》《中国国家博物馆藏品保护、管理与研究项目管理办法》《中国国家博物馆信访工作办法》《中国国家博物馆临时展览审批及筹展费收取办法》等。

【安全保卫】

国家博物馆按照"预防为主、防控结合"的原则，坚持安全隐患早发现、早处理，在安全保卫工作中取得了很好的效果，圆满完成了2015年度安全保卫工作。

进一步建立健全反恐怖防范工作领导机制，加强与武警、警卫局、公安、消防、交通等单位的联勤联动，不断提高反恐能力和应变能力，全年共接待完成各类勤务232次，排查危险品5000余件。

重视消防安全工作，推行消防安全标准化管理，全年共督促整改违规情况110余起，配合节假日、重大活动等对全馆实施安全大检查9次。

在观众接待服务方面，为确保开放期间的观众人身安全，采取"疏导外围、控制场内、突出重点、分层设防、分片管理、重点巡逻、强化监控、明确归口岗位职责"等多种方式，有效提高了开放期间对观众人身安全的保障能力。在文物库区安全管理方面，定期进行综合检查，强化日常安全管理措施，确保了文物库区的安全，保障了文物清点工作的顺利开展。

在完成日常安全保障任务基础上，于中国人民抗日战争暨世界反法西斯战争胜利70周年纪念活动期间，圆满完成国家博物馆核心区、制高点、加强管控区等区域的安全保障工作。

【考古发掘】

2015年，国家博物馆继续开展对山西绛县周家庄等项目的田野考古发掘工作，开展古代矿冶遗址遥感考古和三峡考古等项目，所有项目均有效推进。

1. 田野考古项目

包括山西绛县周家庄遗址的钻探与发掘、江苏泗洪县韩井遗址的发掘与整理、山西滹沱河区域的考古调查、陕西关中秦汉离宫别馆遗址调查总结、河北西部地区新时期时代早期遗址考古调查等。

2. 遥感考古项目

包括国家科技支撑计划"中华文明探源及其相关文物保护技术研究（2013～2015）"项目的"遥感技术在中华文明探源中的应用研究"课题（课题编号：2013BAK08B06），其中研究子课题"重要遗址地貌环境分析"于12月通过项目考核。还包括浊漳河上游地区早期文化考古、中国古代矿冶遗址遥感考古、宁波地区古代港口及海防设施遥感考古调查与研究、杭州湾海岸线变迁研究、黄淮地区早期文化遥感考古、齐长城遥感考古调查、福建地区古代窑址调查与研究等项目。

【博物馆与可移动文物保护】

（一）文物征集与保护

2015年国家博物馆文物征集工作成果显著。在古代文物征集方面，充分利用各种途径，积极主动开拓征集渠道，与社会各界广泛深入合作，新征集古代珍贵文物42件／套，其中主动征集14件／套具有重大价值的古代珍贵文物；接收境内外社会各界无偿捐赠文物6件／套；接收国家机关事务管理局划拨文物艺术品22件。在近现代文物征集方面，征集艺术类及近现代实物到文物2270件／套，其中艺术类藏品426件／套、近现代历史类实物26件／套、历史图片1700张，接收中央礼品118件／套。

国家博物馆文物科技保护部门完成了馆藏文物和合作项目任务中的文物保护、修复、复制等工作。在文物保护日常工作方面，始终保持展厅、文物库房温湿度实时监测系统的正常运行，完成馆内无线温湿度监测系统日常维护，积极应对馆内文物普查工作中发现的各类文物库房病虫害、霉菌突发状况，妥善处理各处库房生霉、生虫文物。同时，继续开展对传统文物修复保护技术的有序传承，对专业技术干部进行多种模式培养。

11月20日，金属文物保护国家文物局重点科研基地挂牌仪式在中国国家博物馆石榴庄文保中心举行。当日下午，举行了第一届金属文物保护国家文物局重点科研基地学术委员会科研基地发展规划学术交流研讨会。

（二）可移动文物普查

建立健全国家博物馆藏品信息管理系统，把第一次全国可移动文物普查登录的指标项与国家博物馆藏品管理系统指标项相结合，不断完善藏品数据信息，实现国家博物馆藏品管理系统建设与可移动文物普查工作同步进行。经过两年的艰苦努力，国家博物馆馆藏文物普查工作取得历史性的进展，在国家博物馆百年建馆史上第一次摸清了家底，对全国可移动文物普查工作起到了示范和引领的作用。截至2015年年底，国家博物馆共登记文物藏品130余万件／套。

（三）陈列展览

2015年，国家博物馆举办了一系列具有时代特点和文化艺术内涵的展览，充分发挥国家文化客厅窗口作用。

2015年是抗日战争胜利70周年，也是世界反法西斯战争胜利70周年。7月7日，国家博物馆以习近平总书记文艺座谈会精神为指导，以文艺为主题，举办了特色鲜明的"抗战与文艺：纪念抗日战争胜利70周年馆藏文物系列展"，引起巨大反响，中央电视台新闻联播节目对展览进行了专门介绍。以党的领袖和人民群众为主题，举办"领袖·人民——馆藏现代经典美术作品展"。此外，以馆藏珍品为基础，举办"中国国家博物馆典藏——甲骨文、金文集粹"和"近藏集粹——中国国家博物馆新入藏文物专题展"等。

2015年，国家博物馆举办陈列展览59个，接待观众729万人次。其中新展览37个，包括"文怀沙一百零五岁法书展""九峰三泖——萧海春画展""时代领跑者——美术作品展""学艺融通——饶宗颐百岁艺术展""渡海白云贯古今——黄君璧书画展""艺外言中——朱振南现代水墨展""丹青传情——赵丹、赵青父女绘画联展""雪海流香——赵梅生九十艺术回顾展""抱华追梦——何水法花鸟画展""正道沧桑——刘宝纯书画全国巡展""袁运甫画展""江山万里行——董继宁山水画展""中国艺术研究院著名艺术家系列精品展""大道书怀——中国艺术研究院中国书法院院展"等多个具有中国传统文化艺术特色的临时展览，对弘扬中国优秀传统文化艺术、培育社会主义核心价值观具有重要意义。这些展览进一步丰富了国博的特色展陈体系。

2015年，国家博物馆与波兰、俄罗斯、美国等国家相关机构合作举办了"来自肖邦故乡的珍宝：15至20世纪的波兰艺术""伏尔加河回响——特列恰科夫画廊藏巡回画派精品""生命之绘——迪士尼经典动画艺术展""安娜·高美雕塑艺术展""博特罗在中国——费尔南多·博特罗作品展"等国际交流大展，在国内外产生了巨大反响。

【科技与信息】

截至12月31日，国家博物馆网站平均每月点击量85.2万，访问量位列国内文博网站前列，Alexa网站世界排名始终位于大中华区博物馆网站榜首。新浪、腾讯、人民三个微博的粉丝总量近435万，国家博物馆和小博两个微信订阅人数达40.4万人，微视粉丝1.2万，国家博物馆头条号订阅人数3.4万。6月13日，国家博物馆荷兰语网站上线，国家博物馆成为目前国际仅有的3家拥有9种外语版本网站的博物馆之一。网站在2015年度文化部网站群绩效评估中第四次蝉联"年度最佳奖"，同时蝉联"互动交流领先奖"。国家博物馆网站展览频道在电子政务理事会组织评选的年度政府网站评选中获得"2015·政府网站精品栏目"。

"国博典藏《乾隆南巡图》长卷数字展示专题展览"全年共播放场次近1500场，累计播放时长约800小时。

【文博教育与培训】

国家博物馆以青少年教育工作为重点，依托北京市中小学校，推出了多项公共文化服务内容，完成从"教育活动"到"教育课程"的转变。国博课程注重内容上的独创性，形成了围绕中华传统文化，阐释社会主义核心价值，培养学生核心素养的课程体系。按内容不同，国博课程分为"稚趣"系列、"认知"系列、"博悟"系列和"养成"系列。按目标对象不同，国博课程分为"阳光少年"系列、"社会大课堂"系列和"文化博览"系列。各系列课程在内容上相互关联、相互补充，构成学生知识体系的完整链条，符合学生的学习规律，彰显了国博课程"个性化"的教学体系。积极开展北京市中小学生综合实践课活动，已累计接待中小学生近20万人次。7月9日，《中华传统文化——博物馆综合实践课程》成果推广会在国家博物馆举行。2015年，国家博物馆接待未成年人观众从2011年30万人次、占比8%，增长到了131万人次、占比18%。

在学术讲座和培训工作方面完成大量工作。全年组织、参加各类学术研讨活动70余次，多次举办各类博物馆业务培训或派专家外出进行讲座。举办"饶宗颐的学术与艺术"研讨会等学术研讨会。组织完成"中国博物馆协会出版专业委员会一届二次会议暨2015年全国性学术研讨会"。依托"国博讲堂"平台，全年组织学术讲座14场，内容涵盖历史、艺术、文物、考古、博物馆等多个领域，主讲人是来自国内外博物馆界、科研院所、高等院校等机构的著名专家、学者，共计接待馆内外听众约5000余人，充分体现了国家博物馆作为公益性文化机构的重要价值。

【文博宣传与出版】

全年组织新闻发布24次，监测到各类宣传报道14.9万条，其中电视254条、报刊7334条、新媒体141118条。针对特展安排了舆情监测、观众满意度调查和观众留言研究等专项工作，全年共完成分析报告10个，共计50余万字。成立课题组，专项调研"国家博物馆公共关系问题"，形成5万余字的调研报告。配合"5·18"国际博物馆日，向进馆观众免费发放《走进博物馆》服务指南15000册、《博物馆条例》宣传资料600册以及围绕国际博物馆日主题的《倡议书》2000份。

国家博物馆艺术品鉴定中心坚持面向社会、服务群众，2015年共举办8次文物艺术品公益鉴赏活动，参与活动的收藏爱好者人数和鉴定藏品数目为历年最多。

2015年，国家博物馆职工在学术研究方面取得了较大进展，成果丰硕。全年共完成科研项目22个，发表论文200多篇，出版项目31项。大型出版项目《中国国家博物馆馆藏文物研究丛书》得到重大推进。重点项目《海外藏中国古代文物精粹：英国国立维多利亚与艾伯特博物馆卷》正式出版。

《中国国家博物馆馆刊》坚持"历史与艺术并重"的定位，反映历史、文物、艺术、博物馆学研究的最新成果，主要栏目有考古学研究、艺术史研究、古代史与文物研究、近现代史与文物研究、文物科技、博物馆学、国博新闻等，2015年共出刊12期（第138～149期）。8月，被纳入2015年北京大学核心期刊目录。11月10日，被文化部和国家新闻出版广电总局认定为首批A类学术期刊。

【对外交流与合作】

2015年，中国国家博物馆作为中国文化交流的重要窗口，不仅对外文化交流活动异彩纷呈，更配合政治大局，作为重要文化外交活动的平台发挥了文化软实力的窗口作用。除国际大展外，全年共举办6次大型外事活动。1月30日，"纪念中法建交50周年系列活动"

闭幕式在国家博物馆举办，李克强总理与法国总理瓦尔斯共同参观了"永远的思想者——罗丹雕塑回顾展"，发表讲话并共进晚餐。12月16日，李克强总理在国家博物馆宴请俄罗斯总理梅德韦杰夫，并到"中国古代青铜器艺术"展厅参观后母戊鼎和大盂鼎等镇馆之宝，国家博物馆向梅德韦杰夫总理赠送了国家博物馆《百年收藏集粹》图集。4月5日，庆祝中泰建交40周年暨诗琳通公主60寿辰文化演出在国家博物馆剧场举办两场，刘延东副总理、诗琳通公主、中泰文化部领导及部分外国使节出席并观看了首演，国家博物馆向诗琳通公主赠送了《中国国家博物馆典藏——中国古代书法》等。9月20日，马凯副总理在国家博物馆会见并宴请英国国务大臣奥斯本，一起参观"中国古代青铜器艺术"和"中国古代佛造像艺术"专题陈列，并共同见证国家博物馆与大英博物馆合作"百件文物讲述世界史"展览启动。6月23日，文化部"港澳大学生内地文化实践活动"开幕式连续第五年在国家博物馆举办，文化部部长雒树刚出席开幕式并致辞。6月30日，文化部部长雒树刚在国家博物馆会见毛里求斯共和国艺术与文化部部长桑塔拉姆·巴布一行，双方共同签署了《中华人民共和国文化部与毛里求斯共和国文化部文化合作协定2015年至2017年执行计划》。

全年接待外宾来访团组200余个、4800余次。接待新加坡总统陈庆炎、塞浦路斯总统阿纳斯塔西亚迪斯、俄罗斯总理梅德韦杰夫、法国总理曼奴埃尔·瓦尔斯、英国首席国务大臣兼财政大臣奥斯本、泰国公主诗琳通、玻利维亚副总统加西亚、阿根廷副总统兼议长布杜、芬兰副总理兼财政部长安蒂·林纳、拉美议会议长卡斯蒂略、非洲联盟委员会主席祖玛、蒙古议长恩赫包勒德、纳米比亚全国委员会主席卡佩雷、密克罗尼西亚国会议长韦斯利等。接待议长（及以上）级别代表团21个。接待美国大都会艺术博物馆等各国顶级博物馆馆长代表团20个。

全年共派出团组20个、58人次。

此外，圆满完成与德国、柬埔寨、韩国、澳大利亚、英国等各国博物馆专业人才的交流与培训项目。

恭王府管理中心

【概述】

2015年，在文化部党组的正确领导下，在社会各界的关心支持下，在全体职工的共同努力下，恭王府管理中心以十八大精神为统领，认真学习贯彻十八届三中、四中、五中全会和习近平总书记系列重要讲话精神，坚持以园林为依托，以历史为脉络，以特色博物馆建设和文化空间营造为工作重心，充分履行文物保护、旅游开放、博物馆建设、文化空间营造和文化产业五大职能赋予的责任与担当，深入挖掘历史、文化、旅游、民俗方面的特色资源，加强管理、服务、业务和经营能力建设。

【制度建设】

2015年是恭王府的"制度建设年"。围绕这个主题，恭王府认真做好中央巡视组反馈意见的整改落实，在人事管理、资产管理、经费管理、工程管理、经营管理等各个领域，对原有的200多项规章制度、工作规范和工作流程进行全面梳理，对照部党组的要求进行了全面修改完善。

中心领导班子率先垂范，成员分工明确，凝聚力、战斗力强，在综合职能、业务研究、支撑保障、经营开发四大领域沟通配合、恪尽职守。恭王府的人事管理、资产管理、经费管理、工程管理、经营管理均有法则可循、有制度可依。涉及经费、工程等重大决策时，严格执行部门初核、分管领导初审、财务复核、审计终核、主管领导复审、领导班子审定的"三审三核"制度，每一项工作的运转都严谨、良性、有序。

2015年新起草制定、修订的规章制度有《恭王府管理中心公务接待管理办法》《恭王府信息化建设"十三五"规划方案》《恭王府因公出国办理流程》《恭王府管理中心因公临时出国管理办法》《职工（因私出国／境）审批流程》《规范加值班费计算标准和审批程序的规定》《委派到下属企业工作的人员管理办法》《恭王府管理中心劳保用品发放管理办法》《恭王府管理中心学术研究机构管理办法》《展览项目合作及安全协议》《非遗展览展示活动、藏品管理、长廊管理制度》等，具体可行条例达870条。

【旅游服务】

恭王府把2015年确定为旅游服务质量提升年，不仅圆满完成了旅游接待、政务接待、外事接待等任务，还完成了基础设施和景区服务的升级改造。

从1月1日至11月23日"两防改造"闭馆止，恭王府共接待游客超300万人次，每个开放日平均接待游客11555人次，比2014年增加2098人次。尤其是国庆节、黄金周单日游客接待量和总人数都创出了新高。

在圆满完成300万游客的旅游接待工作外，恭王府还免费接待残疾人游客20601人，接

中国
文物年鉴
2016

待国内外参观来访团组139个、3600人。此外作为中央国家机关工委公布的第一批6个廉政教育基地之一，接待了175批、6000余名学员参观学习。

在繁重的接待工作之外，为提升服务质量，高效率完成了基础设施和景区服务的升级改造。完成游客中心改造，使旅游咨询、投诉接待、书报阅览、行李寄存、轮椅租借、手机充电等多项原本分散在园区不同地方的贴心服务集合成一站式服务。增设游览服务大厅，包括团队讲解服务、散客讲解服务、自助语音导游机租赁、团队预订、旅行社导游服务、手机APP服务、影视厅等多样游览服务，能满足不同游客的不同需求。

2015年，恭王府共计改造厕所3座。小小厕所看似不登大雅之堂，却是一个景区内最能反映服务质量和环境的重要标志，该改造项目被北京市政府评为"旅游厕所提升改造项目"示范工程。

■【安防、消防工作】

多年来的旅游开放让恭王府的古建园林难以喘息，许多设施设备破坏严重，形势严峻。在高强度的安保压力下，恭王府用"安防、消防、人防、技防的前提是心防"来要求干部职工提高警惕，全体员工都是"安全员"，每天的园区人员巡视不下几十次。

11月下旬开始，恭王府启动消防、安防系统改造工程，涉及火灾自动报警及联动控制系统、监控中心气体灭火系统、室外庭院消防自动水炮系统、视频安防监控系统、入侵报警系统、电子巡更系统、库房、厕所等20余项改造。

■【国家非物质文化遗产展示保护】

2015年，恭王府全力打造"国家非物质文化遗产展示保护基地"，以独具特色的展览、展示、展演、展销和研讨、研究、研修"四展三研"模式开展工作。先后与江苏、河北、山东、四川、河南、广东、福建、江西等省合作，举办了木雕、年画、织绣染、皮影、青茶等中华传统技艺的展览展示，并开展相关学术研究，编辑出版相关著述。启动以"中国非物质文化遗产——传统技艺类专业分类标准"为学术核心的研究项目。

文化遗产日当天，恭王府将展、演、研相结合，集中推出皮影、唐卡、非遗传承人造像、非遗成果等展览，以及昆曲、古琴、皮影戏等演出。展，多角度成系列、全面展示非遗十年成果；演，物质遗产与非物质文化遗产交相呼应；研，用国家学科教育将非遗保护推向高处。数万名观众热情参与，与非遗亲密接触。其中"影舞人生——国家级非遗皮影精品展"，短短28天展期参观人数达46万人。中秋节前夕，恭王府还把这批皮影精品带出了国门，赴美国布莱恩特大学举办中秋特展。活动举办正逢习近平主席访美之际，中国传统技艺在美国赢得了广泛的关注。

据恭王府和国家图书馆数据中心合作统计，2015年各大媒体对恭王府的源发新闻报道多达4000条，其中60%的内容是关于恭王府的非遗工作。仅中央电视台《朝闻天下》《新闻直播间》两档节目，就已播出5次时长3分钟以上的恭王府非遗工作专题报道。

■【文化活动】

2015年，围绕"打造活态文化空间、弘扬中华传统文化"的主题，恭王府继续开展一系列精彩纷呈的文化活动。元旦欣唱、纳福迎祥过大年、春分祈福、海棠雅集、端午诗会、昆曲古琴演出季、梅香雅韵、中秋寄唱等相继登场，赢得较广社会影响，已成为恭王府新的文化名牌。

通过梳理历史脉络，重新挖掘在历史上有影响力的文化盛事，并结合中国的时令和民俗，恭王府将本身蕴含的大量传统文化因子不停释放，经年不断的文化活动获得当今文化界的高度认可，使恭王府成为名副其实的"活态文化空间"。将文化活动融入历史空间、将"游园"打造成为"文化之约"，恭王府自觉肩负了文化担当，让6万平方米有限的空间变成无限，让宝贵的文化遗产"活"了起来。

【特色展览】

截至2015年年底，恭王府全年各类展览数量突破60个，在已有文物展、艺术展、非遗展三大展览类别基础上，又诞生了两大新的展览类别——影像展、园艺展。

9月，恭王府影像系列艺术展厅正式投入使用，"9·3大阅兵摄影展"为首个开幕展览，后又举办了"国家记忆——老照片展"。

10月，恭王府联合北京市植物园、北京颐和园举办了秋季"芳菊送福"菊花展和"云外天香"桂花展，近60个品种、上百盆菊花和各式桂花在恭王府院落展出，开创了"园艺展"先河，填补了恭王府秋冬季节绿化工作的一处空白。

中国文物学会

【概述】

2015年，中国文物学会认真学习习近平总书记关于文化遗产保护重要指示精神。1月30日，《中国文物报》发表中国文物学会《要像爱护自己的生命一样保护文化遗产》专题文章，交流学习收获体会。《中国文物科学研究》2015年第一期编发学习习近平总书记关于文物保护系列指示与论述专栏，刊载一批学习文章。

2015年，中国文物学会在国家文物局的领导下，围绕文物事业发展的中心，积极开展工作和活动，取得良好成绩。12月17日，民政部印发《关于表彰全国先进社会组织的决定》，中国文物学会荣获"全国先进社会组织"的称号。

【组织建设】

中国文物学会坚持民主集中制的领导制度。按照《章程》的规定，2015年两次召开常务理事会议，研究决定学会发展建设的重大问题。

3月19日，中国文物学会召开2015年分支机构负责人会议。副会长兼秘书长黄元在会议上汇报了2014年工作。会长单霁翔在会议上讲话中强调：一是要坚持学术立会。要搭建学术平台，开展学术研究和学术交流，促进文化遗产保护理论和实践的进步；注重发挥学会专家学者的优势，基于文物保护领域提供学术上的咨询、技术上的建言。二是要坚持人才兴会。加强学会组织建设，关键在于汇集人才。不仅要凝聚老一代专家学者，发挥他们的智慧和力量，支撑学会学术活动，也要注重团结中年学者，培养青年专业技术人员，发挥他们的骨干作用。三是要坚持制度治会。坚持民主集中制的组织制度和领导制度，重大问题常务理事会集体研究决定。依靠制度管人办事，自觉维护学会的声誉和诚信。大运河专业委员会、玉器专业委员会、工业遗产委员会和对外联络工作委员会在会议上交流了工作经验。

10月29日，召开中国文物学会第七届理事会第三次会议，会议决定黄元不再担任中国文物学会秘书长。会议以无记名投票方式，增选郭旃、安泳锝为副会长，杨晓波为秘书长。

2015年，中国文物学会相继成立文博出版传媒专业委员会、古建筑主材专业委员会、文物安全专业委员会、法律专业委员会；终止文物保护宣传工作委员会和影视专业委员会。截至2015年年底，学会共设立27个分支机构，广泛吸纳专业人才，全面覆盖业务范围，组织基础更加巩固。

【学术活动】

2015年，中国文物学会全年组织学术活动18次。

（一）重点活动项目

8月11日，由中国文物学会主编、北京出版集团出版的记录新中国成立以来捐献文物精品及文物捐献者事迹的大型系列图书——《新中国捐献文物精品全集》出版首发式在故宫博物院建福宫隆重举行。《新中国捐献文物精品全集》2015年度出版了徐悲鸿、廖静文卷，张伯驹、潘素卷，郑振铎卷。该书系统地收录了新中国成立以来各界人士向国有博物馆（院）捐赠的文物精品，全面展示了文物捐献者的感人事迹和爱国情怀，是对一代又一代文物捐献者无私奉献的爱国主义精神的褒扬和感恩，也是贯彻习近平总书记保护文化遗产、让文物活起来、增强国家文化软实力等一系列指示重要精神的一项重点工程。

9月25日，由全国政协文史和学习委员会、中国文物学会共同主办，中国文物学会世界遗产研究委员会承办的纪念中国加入《保护世界文化和自然遗产公约》30周年座谈会在全国政协礼堂举行。座谈会由张廷皓、郭旃主持，专家学者和来自各世界遗产地管理机构负责人出席座谈会，并围绕世界遗产保护做了热情洋溢的发言。全国政协文史和学习委员会副主任龙新民在讲话中指出，世界遗产，是人类文明的珍贵历史遗存和大自然的神奇造化，是人与自然和谐相处的典范，是人类社会可持续发展的不竭动力，是全人类共同的宝贵财富。要兑现保护传承世界遗产的承诺，接受国际社会的监督，扎扎实实做好世界遗产的保护与管理工作，有各级政府、各类遗产工作者和广大人民群众的责任。中国文物学会会长单霁翔在《中国世界文化遗产保护之路》的主旨演讲中指出，30年来世界文化遗产的申报、保护和管理已经成为中国文化遗产事业的重要组成部分，也成为人们文化生活中一项重要内容，不仅影响着新的文化遗产保护理念的形成，也在改变着人们对于世界文明和传统文化的认识和态度。

（二）专题学术活动

2015年，各个分支机构积极开展专题学术活动。大体分为三类。

一是专题研讨。包括中国文物学会和天津滨海新区主办的"20世纪建筑遗产保护与城市创新发展论坛"，中国文物学会青铜器专业委员会举办的中国早期铜镜学术研讨会，浙江省博物馆和中国文物学会漆器珐琅器专业委员会共同主办的中国漆器文化研究的回顾与展望国际学术研讨会，中国文物学会文物修复专业委员会、河南省文物局、新乡市文化广电新闻出版局联合主办的第十三届全国文物修复技术研讨会，中国文物学会民族民俗专业委员会主办的少数民族抗战文物调研和座谈会，中国文物学会玉器专业委员会主办的丝绸之路与玉文化研讨会，中国文物学会历史文化名街专业委员会、清控人居建设集团、清控人居遗产研究院、北京清华同衡规划设计研究院、福州市三坊七巷管理委员会、福州市三坊七巷保护开发有限公司及CBC学院联合主办的"城市复兴论坛——社区文化传承"等。

二是学术年会。包括中国文物学会纺织文物专业委员会首届学术年会，中国文物学会历史文化名楼保护专业委员会第十届年会，中国文物学会会馆专业委员会2015年年会暨第七届（洛阳）学术研讨会，中国文物学会历史名街专业委员会2015年会，2015中国第六届工业遗产学术研讨会等。

三是咨询服务。如中国文物学会20世纪建筑遗产委员会举办"首届中国20世纪建筑遗产"评选活动，中国文物学会世界遗产研究委员会承办的云南保山文化遗产保护与文化提升战略研讨会，中国文物学会大运河专业委员会与北京市通州区文化委员会联合举办的文化遗产日活动，中国文物学会大运河专业委员会于铁道出版社召开的《千年国脉——走读大运河》图书编辑出版讨论会等。

【文化服务】

2015年元旦，中国文物学会仿复制专业委员会与杭州市西湖博物馆举办"中国木版年画——杭州特展"，展示了我国不同地域的历史文化和风格特色，为杭州人民欢度新春佳节送去美好祝福。中国文物学会仿复制专业委员会协助北京艺术博物馆汇集了全国著名年画社的200幅木版年画作品，于2月13日在法国奥布亚市举办"中国木版年画法国展"；该专业委员会还与北京白塔寺管理处合作，于12月6日举办了"唐卡艺术臻品展"。

6月13日，由内蒙古自治区人民政府和故宫博物院主办，中国文物学会和内蒙古文物学会协办，内蒙古民族艺术剧院"我从草原来——2015年中国文化遗产日公益演出"在故宫博物院举行。内蒙古艺术家们向首都观众展示了马头琴、呼麦、长调等世界非物质文化遗产的独特魅力，唱响了来自草原的天籁，献上了一场民族艺术的视听盛宴。

10月23日，由中国民间文艺家协会、中国文物学会、浙江省文学艺术界联合会共同主办的第六届中国民间艺人节在浙江省杭州市吴山广场隆重开幕。本届民间艺人节围绕"保护、传承、创新、发展"主题，来自全国各地100多名民间工艺大师携带精品力作在艺人节集中亮相，为群众提供了丰富多彩的文化服务和文化体验。

【学术园地】

中国文物学会与中国文化遗产研究院合办《中国文物科学研究》，力求反映文物保护科技发展前沿的新动态、新进展。世界遗产研究会编印《世界遗产在中国》，传统建筑园林委员会编印《传统建筑园林通讯》，雕塑专业委员会书画雕塑专业委员会编印《艺术》，从不同角度传播文化遗产保护知识。

2015年，各个专业委员会编印《中国工业遗产调查研究与保护》《城市工业用地更新于工业遗产保护》《中国会馆文化研究》《中国会馆》《中国历史文化名楼》《中国历史文化名楼诗歌集》《丝绸之路与玉文化研究》《城市化与古村落保护研究》《较少人口民族文物保护研讨会论文汇编》《美丽中国——宽窄梦》等图书，汇集了学会取得的多方面学术成果。

【专家联谊】

10月21日，中国文物学会在北京湖广会馆举办重阳节老专家联谊会。文博界60多位老专家参加活动，听取单霁翔院长介绍故宫博物院建院90周年活动盛况，考察了湖广会馆文物保护成果。

中国古迹遗址保护协会（ICOMOS/China）

【概述】

2015年，中国古迹遗址保护协会（ICOMOS/China，以下简称协会）在国家文物局的正确领导下，在协会理事会的具体指导和团体及个人会员的大力支持下，围绕国家文物局重点工作，配合政府简政放权、职能下放等改革举措，一方面发挥专家优势，继续服务我国世界文化遗产申报工作；另一方面加强作为行业协会的管理能力，承接文物保护工程资质单位日常管理和文物保护工程责任设计师和责任工程师的资质考核工作；此外还承担了《中国文物古迹保护准则》的修订工作等。协会进一步加强自身建设，配合完成业务主管单位文化部、登记管理机关民政部开展的各项社团相关工作；遵照《章程》，召开协会常务理事会，继续推动协会二级专业科学委员会建设，发展团体会员等，开展了大量工作。

【世界文化遗产】

1. 世界文化遗产项目申报

6月28日～7月8日，理事长童明康率团参加了在德国波恩召开的联合国教科文组织第39届世界遗产委员会会议，湖南永顺老司城遗址、湖北恩施土司遗址、贵州遵义海龙屯联合申报的"土司遗址"项目，成功列入《世界遗产名录》，成为我国列入《世界遗产名录》的第34处世界文化遗产，我国世界遗产数量增至48处。

"土司遗址"申遗成功，使生活在中国西南山区的土家族、苗族和仡佬族第一次拥有了自己的世界文化遗产，说明世界遗产保护理念在中国更广大区域和更多民族间得到传播，中国政府在文化多样性保护方面的努力在全世界范围内得到了肯定。

2. 世界文化遗产项目评审

5月11日，受国家文物局委托，协会在北京召开"2017年世界文化遗产申报项目评审会"，理事长童明康，常务副理事长关强，秘书长陆琼，副理事长吕舟、陈同滨、侯卫东，中国文化遗产研究院院长刘曙光，中国文化遗产研究院研究员、国家文物局考古专家组组长黄景略，中国社会科学院学部委员、考古研究所研究员刘庆柱，中国社会科学院考古研究所研究员安家瑶、唐际根，北京大学城市与环境学院副院长、北京大学世界遗产研究中心副主任陈耀华，以及国家文物局世界遗产处相关负责同志参加了会议。专家审议了"鼓浪屿""良渚古城遗址""普洱景迈山古茶林""西夏陵""关圣文化建筑群"等申报项目，为国家文物局确定2017年申报项目、审核申遗文本和补充材料提供了专业技术咨询。

【国际古迹遗址理事会（ICOMOS）相关活动】

10月26～29日，第19届国际古迹遗址理事会（ICOMOS）顾问委员会暨科学理事会在日本举行，理事长童明康，ICOMOS执委、协会秘书长陆琼，秘书处处长郑军等参加了会

中国
文物年鉴

2016

议，并向与会专家赠送了2015年修订版《中国文物古迹保护准则》。

2015年是国际古迹遗理事会（ICOMOS）成立50周年，也是中国加入《世界遗产公约》30周年，协会响应ICOMOS"4·18"国际古迹遗址日活动号召，发动团体会员单位开展有关宣传纪念活动。中国建筑设计研究院建筑历史研究所、福建闽越王城博物馆、北京北海公园、陕西省文化遗产研究院等会员单位，举办了遗产日主题海报宣传、学术讲座、馆际交流等形式多样的纪念活动。

【《中国文物古迹保护准则》出版与推广】

《中国文物古迹保护准则》（以下简称《准则》）修订工作完成。"4·18"国际古迹遗址日期间，《中国文物报》推出理事长童明康的署名文章，介绍、宣传修订后的《准则》，标志着《准则》2015年修订版正式发布。11月，《准则》修订版由文物出版社正式出版。

10～12月，协会分别在首都师范大学、清华大学、北京大学和广东工业大学举办了有关《准则》的宣传和讲座活动。协会副理事长吕舟先后在清华大学、北京大学考古文博学院、广东工业大学等单位进行了"文化遗产语境下的《中国文物古迹保护准则》"的专题讲座。此外，协会副理事长吕舟专门为广东、山西省文物局举办的文物保护工程业务培训班进行了《准则》专题授课；秘书处处长郑军在国家文物局主办的大运河和丝绸之路沿线保护管理培训班，以及福建省、吉林省举办的培训班讲授了修订版《准则》的新内容。

【文物保护工程资质管理】

7月28～30日，完成2015年文物保护工程专业人员考核工作。248家文物保护工程勘察设计甲级、施工一级资质单位的2902名考生报名通过审核。实际参考2877人，通过考核2469人。

11月6日，协会与中国文物报社联合举办了第二届（2014年度）全国十佳文物保护工程评选推介活动，河北承德普乐寺、山西省太原市窦大夫祠保护工程等项目获评该奖项。

做好文物保护工程资质单位的日常管理工作。12月，完成62个全国文物保护工程勘察设计、施工、监理资质单位到期证书的换发工作。

【重要活动与会议】

1月30日，筹备召开2015年协会常务理事会。理事长童明康主持了会议。会上审议通过协会2014年工作报告和财务报告，以及2015年重点工作计划；审议通过了四川省文物考古研究院等8个单位成立协会专业委员会的申请。

8月28～30日，协会与中国文物保护技术协会、中国城市科学研究会共同主办"2015年（上海）国际建筑遗产保护博览会"，理事长童明康出席开幕式并做题为《树立正确的保护理念，深入推进建筑遗产保护》的讲话。

10月19～21日，协会石窟专业委员会理事会暨石窟窟檐保护研讨会在陕西彬县召开，理事长童明康出席会议并讲话。对于今后的窟檐建设，童明康提出了五项基本原则：第一是保护原则；第二是坚固耐用原则；第三是可逆原则；第四是和谐原则；第五是兼顾原则。会上石窟专业委员会理事会进行了换届选举。协会理事、中国考古学会常务理事、河南省文物局副局长孙英民，洛阳市龙门石窟世界文化遗产园区党工委书记、管委会主任于迎分别当选新一届石窟专业委员会主任、常务副主任。会议期间还举办了彬县大佛寺石窟学术报告会。

10月23日，协会历史村镇专业委员会在京召开成立大会。理事长童明康、常务副理事长关强、副理事长兼秘书长郭旃等，以及来自全国9省的36位历史村镇代表出席大会。会上为新当选的专家委员会委员颁发了聘书，为历史村镇专委会进行了揭牌。大会表决通过了历史村镇专业委员会的议事规则，选举产生了由清华大学建筑学院教授张杰任主席，浙江省文化厅副巡视员、浙江省文物局副局长吴志强任副主席的专委会执行机构，以及由郭旃任主任委员，赵中枢、周俭、孙华、杜晓帆、罗德胤、Sofia Kolonias 和 Giora Solar 为委员的第一届专委会。

12月，协会文化线路（西南片区）遗产保护与研究专业委员会完成筹备工作，定于2016年1月召开成立大会。

【自身能力建设】

完成协会年检工作，年检合格。

协助国家文物局指派的审计部门，完成协会2012～2014年政府拨入社会团体财政资金使用情况的财务审计工作。

发展团体会员7个，个人会员49名。

完成《保护世界文化和自然遗产公约操作指南》2015版终校工作；编印《世界文化遗产管理》中文版和《世界遗产申报筹备》中文版；编辑的《红河哈尼梯田文化景观可持续发展国际研讨会论文集》（双语版）由世界知识出版社正式出版。

中国
文物年鉴

2016

中国博物馆协会

【概述】

2015年，在博物馆事业快速发展形势下，中国博协在引导行业发展，促进学术研究，推动对外交流方面的功能日益呈现。截至2015年年底，中国博协共有会员9543名，下属专业委员会35个，是我国在博物馆领域会员数量最多，覆盖专业领域最广，行业影响力最大的行业组织和学术团体。

【学术研究】

（一）中国博物馆学科建设工作

2015年被中国博物馆协会确定为博物馆学科建设年，为进一步推动中国博物馆的学科建设工作，为博物馆事业的发展提供学术支撑，中国博物馆协会开展了一系列工作。

第一，积极参加《博物馆条例》解读宣传，努力服务于博物馆法制建设。2015年国务院颁布实施的《博物馆条例》，是全国第一部博物馆行业的行政法规，也是国家文物局2015年的中心工作之一，《条例》的学习、领会、宣传和贯彻是年内全国博物馆领域的头等大事。按照国家文物局的要求，中国博物馆协会参加了相关工作，通过大量资料分析、反复领会和专题研讨，撰写了《条例》部分条文的释义，由法制出版社出版；通过平面和数字等媒体发表多篇文章，详细解读《条例》的相关规定；先后为全国文物系统领导干部及10多个省市文物局或文博单位进行培训讲座或出席专题学术研讨会，共同解读、研讨《条例》实施中的具体问题，推动《条例》贯彻落实。

第二，启动首届"全国博物馆学优秀学术成果评选"活动。为鼓励博物馆学研究，归纳研究特点，引领研究方向，促使理论与实践更好地结合，支撑博物馆事业的健康发展，由中国博物馆协会主办的"全国博物馆学优秀学术成果评选"活动正式启动。9月17日，评选初评会在哈尔滨举行，通过了论文53篇（含硕博士学位论文10篇）、译文10篇、著作10部、译著4部，终评结果将于2016年5月18日国际博物馆日主场城市活动当天公布并颁发证书。

第三，举办"反思·前瞻：博物馆在中国——纪念中国博物馆事业110周年"学术研讨会。中国博物馆事业已经走过了110年，取得了举世瞩目的辉煌成就。在中国第一座公共博物馆——南通博物苑诞生110周年之际，中国博物馆协会联合南通市人民政府于2015年11月26～28日在江苏南通召开了"反思·前瞻：博物馆在中国——纪念中国博物馆事业110周年"学术研讨会。

第四，学术研究资源全面升级。为了更好地支持广大会员开展学术研究，协会与中国知网合作，对中国博物馆协会网站学术成果栏目进行改版，充分发挥中国知网海量学术资源优势和科学化、标准化的学术评价体系，为协会学术资源增容、升级，助力博物馆学术发展。改版工作已全面完成，进入试运行阶段，协会会员可以登录系统，免费使用中国知网的学术资源。

第五，基本完成了第一部《亚太地区博物馆发展现状调查研究报告》。2012年国际博协亚太地区联盟自中国武汉会议之后，启动了"亚太地区博物馆现状与公共需求调查项目"，具体实施单位为中国博物馆协会。其第一阶段的报告已于2013年巴西大会上进行了发布。2015年，由国际博协中国国家委员会（即中国博物馆协会）组成的项目小组，在蒙古、阿塞拜疆、孟加拉国、韩国、尼泊尔、伊朗、巴基斯坦、日本、土耳其、马来西亚等国家委员会的大力支持下，进一步推进了项目研究。目前该项目已顺利完成，2015年版项目报告在12月3日国际博协亚太地区联盟大会期间试发布，全部文本将于2016年7月国际博协米兰大会期间正式出版。

第六，启动《中国大百科全书·博物馆卷》的编纂筹备工作。《中国大百科全书》是国务院持续支持的国家级大型出版项目，经协商，中国大百科全书出版社有限公司与协会合作编辑《中国大百科全书》第三版中博物馆学科部分。2015年协会组织专门力量基本完成了框架设计和编纂准备工作。

第七，组织博物馆高层管理人员学术研讨会。为了更好地了解国际博物馆的管理理念与实践，提升国内博物馆的科学规划和管理水平，协会先后举办了3期博物馆高级管理人员学术研讨会，主题分别为"已建成的博物馆是否需要规划和再规划""观众友好型展览设计"和"城市、博物馆和软实力"。

（二）专业委员会学术活动

中国博物馆协会下属各专业委员会陆续召开了年会暨学术研讨会，促进了博物馆间的学术交流与合作，加强了会员之间的学习和交流。

5月，由中国博物馆协会博物馆学专业委员会主办的"博物馆学术影响力定量评价体系建设研讨会"在广西南宁召开；数字化专委会和其他单位联合主办的"第十三届博物馆数字化推广论坛"——数字三维技术在文化遗产保护中的应用学术研讨会在京召开。

8月，由中国博物馆协会航海博物馆专业委员会及其他相关单位联合主办的"丝路的延伸：亚洲海洋历史与文化"国际学术研讨会在上海召开。

9月，博物馆学专业委员会2015年年会暨"致力于社会可持续发展的博物馆"学术研讨会在哈尔滨召开；民族博物馆专业委员会第三届会员代表大会暨学术研讨会在云南楚雄召开。

10月，2015（郑州）国际博协安全委员会第41届年会，2015（郑州）中国博协安全专业委员会年会暨"科技、创新——博物馆与文化遗产安全"主题研讨会在郑州召开；纪念馆专业委员会2015年年会暨"纪念类博物馆国际化问题研究"高峰论坛在沈阳召开；考古与遗址博物馆专委会2015年年会暨"遗址保护与社会经济发展"学术研讨会在江西萍乡召开；展览交流专委会2015年年会暨"博物馆文化元素的传播与应用"论坛在上海召开；名人故居专委会在上海召开了年会，主题为"先进文化的传承与弘扬"。

11月，由法律专业委员会主办的"国有文物被盗追索法律问题"学术研讨会在故宫博物院召开；"丝绸之路"沿线博物馆专委会2015年年会暨西南八省区"茶马古道"联展和"茶马古道与一带一路建设"学术论坛在云南召开。

12月，由华侨博物馆专业委员会主办的"华侨博物馆与华侨华人研究"学术研讨会暨2015年华侨博物馆专业委员会年会在北京召开；由文创产品专业委员会主办的"中国博物馆协会文创产品专业委员会文化产业论坛"暨2015年会在广东省召开。

（三）学术出版

2015年，中国博物馆协会完成主办的信息性月刊《中国博物馆通讯》12期与学术性刊物《中国博物馆》4期的出版工作。两种刊物优势互补，成为博物馆界发表学术论著、交流业务成果的平台。

服务行业和会员

（一）博物馆行业指导、行业规范工作

2015年，中国博物馆协会卓有成效地开展了一系列具有行业指导、行业规范意义的工作，包括参加第十二届（2014年度）全国博物馆十大精品推介活动及最具创新力博物馆推介；完成国家文物局交办的非国有博物馆运行评估工作；合作举办全国博物馆文化产品示范单位推介活动；举办第七届"牵手历史——中国博物馆十佳志愿者之星"活动；开展2015年博物馆陈列展览设计、施工单位资质评估推介工作等。

第十二届（2014年度）全国博物馆十大精品推介活动由国家文物局指导，中国博物馆协会、中国文物报社主办，评选出精品奖10个、优胜奖10个、国际及港澳台合作奖2个。"全国最具创新力博物馆"是中国博物馆协会设立、组织评选和颁发的荣誉称号，2015年经过推荐和评选，获得最具创新力博物馆称号的两家博物馆是福建博物院、建川博物馆。

6～9月，中国博物馆协会在中国博协团体会员单位中开展了2015年博物馆陈列展览设计、施工单位资质评估推介工作。经中国博协官方网站开通申报系统，接受资质评估申报和资料初审等环节后，9月22日中国博协组织召开专家委员会会议，对所申报材料进行了审核和评议，专家会议评估推介结果在中国博物馆协会网站进行了公示。

（二）专业培训

为满足会员单位的培训需求，中国博物馆协会在2015年组织实施了不同层次和类别的培训课程。6月在上海举办中国博物馆协会第五期新入职员工培训班，来自全国43家会员单位的72位学员参加了培训；6月和10月，在西安举办了两期2015年讲解员培训班，来自全国108家会员单位的128位讲解员参加培训。此外，协会与故宫博物院、国际博物馆协会共同主办了两期"国际博协培训中心培训班"，主题分别为"博物馆展览"和"建设参与型博物馆"。8月31日～9月9日，培训中心还在坦桑尼亚阿鲁沙举办了一期特别培训班，主题为"今天的博物馆：从收藏到营销"。

在协会的指导下，各专业委员会为满足会员单位提升业务水平和加强交流的需求，也举办了本专业相关的各类培训班，如市场推广与公共关系专委会举办的"2015年博物馆英文讲解员（含外事人员）培训班"；区域博物馆专委会举办的"智慧博物馆背景下的观众研究"英语培训班；文创产品专委会和市场推广与公共关系专委会联合主办的"2015年科技文创培训班"；乐器专业委员会举办的"中国博物馆协会第二届国际音乐考古培训班"；安全专业委员会举办的"2015年全国博物馆安防技术及管理培训班"等。

【国际交流与合作】

2015年，中国博物馆协会同时兼任国际博协中国国家委员会和国际博协亚太地区联盟的职能。在国家文物局的指导下，协会始终把握"积极主动与审慎选择相结合"的工作基调，加强与国际博协等国际组织合作，不断拓展对外合作交流的深度和广度。

按照惯例，中国博物馆协会代表出席了国际博协咨询委员会会议、国际博协2015年年会、国际博协北京培训中心第二次管理委员会会议，以及国际博协第131次及132次执行委员会会议。

与美国盖蒂领导力学院合作，选派会员单位优秀高级管理人员赴美研修。

与"世界最佳遗产利用组织"签署合作谅解备忘录。"世界最佳遗产利用组织"是致力于国际博物馆以最佳方式促进文化遗产可持续利用的重要国际合作交流平台。2012年以来该组织与中国博协建立了良好的合作关系，并且每年都在其论坛和展览会期间向全世界推介中国博物馆在文化遗产保护和利用方面的成功经验。为进一步深化交流合作，经报国家文物局批准，中国博物馆协会代表于6月对位于克罗地亚的"世界最佳遗产利用组织"总部进行工作访问，并签署双方合作谅解备忘录。

12月3～7日，由国际博协亚太地区联盟主办，国际博协菲律宾国家委员会、菲律宾旅游局、伊洛伊洛省政府等多个机构共同承办的国际博物馆协会亚太地区联盟2015年大会在菲律宾伊洛伊洛市举行，共有来自21个国家的近百名代表参加。此次大会的主题是"博物馆致力于可持续社会的实现路径"。大会上，包括中国专家在内的20名专家学者、博物馆馆长就"文化、博物馆与可持续发展""文化、博物馆与城市可持续发展""博物馆与跨文化交流""创造可持续发展的博物馆和社区"四个分专题发表见解、分享经验。此外，参加大会的国内博物馆和相关文博机构的代表，还就我国博物馆与亚太地区其他国家博物馆，特别是与丝绸之路沿线国家博物馆的业务合作进行了交流和探讨。

纪事篇

1月3日 中共中央政治局委员、国务院副总理刘延东参观国家博物馆举办的"丝绸之路"文物展。

云南省级文物保护单位大理白族自治州巍山县南诏镇拱辰楼发生火灾。

1月4日 国家文物局会同云南省文物局组成督察组赴云南巍山拱辰楼火灾事故现场调查。

1月7日 国家文物局在北京召开云南巍山拱辰楼火灾事故督察情况媒体通报会。

1月8日 国家文物局督察司对福建福州仓山区20处消失文物点及台江区苍霞历史地段8处遭破坏的历史建筑进行现场督察。

1月8～15日 国家文物局派检查组分赴河北、山西、安徽、湖北、贵州、福建等地暗访文物建筑消防安全工作。

1月9日 国家文物局部署全国文物系统学习贯彻习近平总书记文物保护重要论述精神。

"中国社会科学院考古学论坛·2014年中国考古新发现"在北京召开,公布了2014年全国6项重大考古发现。

北京鲁迅博物馆(北京新文化运动纪念馆)与广州孙中山大元帅府纪念馆共同主办的"战争国家女性——抗战时期的宋庆龄和她的姐妹"展览在北大红楼开幕。

1月10日 文化部副部长、国家文物局局长励小捷就贯彻落实习近平总书记关于文物保护重要论述精神接受《光明日报》记者专访。

1月12日 文化部部长雒树刚在中国国家博物馆调研。

1月13日 国家文物局印发《关于提升博物馆陈列展览质量的指导意见》。

1月14日 国务院总理李克强主持召开国务院常务会议,审议通过《博物馆条例(草案)》。

1月15日 遵义会议召开80周年纪念日,经改扩建的遵义会议新陈列馆正式向公众免费开放。

1月16日	国家文物局主办的"传承中华文明促进文化交流——中国文物交流中心交流合作回顾"在北大红楼橱窗开展。
1月17日	中国文物保护基金会主办的第七届"薪火相传——寻找文化遗产守护者年度杰出人物（集体）"颁奖典礼在北京举行。
1月19日	文化部副部长、国家文物局局长励小捷主持召开党组中心组学习扩大会，传达学习习近平总书记在十八届中央纪委五次全会上的重要讲话和中央政治局常委、中央纪委书记王岐山作的工作报告。
1月22日	国家文物局向山西、福建、贵州省文物局发出文物安全督察通知。
1月23日	国家文物局向媒体通报对各地文物建筑消防安全暗访抽查发现的问题，以及下一阶段将要采取的措施。 中国古籍保护协会第一次会员代表大会暨协会成立大会在北京召开。 中国世界文化遗产监测中心作为中国文化遗产研究院内设机构正式成立并独立开展工作。
1月24日	贵州省博物馆新馆开放试运行。
1月26日	恭王府电子商务平台上线启动仪式在北京举行，恭王府成为首个开通官方电子商务旗舰店的国家级重点文物保护单位。
1月27日	国家文物局就暗访抽查文物消防安全工作有关情况向各省、自治区、直辖市文物局（文化厅）发出通报。
1月28日	我国现存唯一宋代双塔安徽宣城市广教寺双塔全面修缮完毕。
1月28～30日	国家文物局局长励小捷赴浙江调研、指导传统村落保护利用工作。
1月30日	国务院总理李克强与法国总理瓦尔斯共同出席在国家博物馆举办的中法建交50周年纪念活动闭幕式并参观罗丹雕塑展。

2月

| 2月4日 | 文化部副部长、国家文物局局长励小捷在北京会见波兰文化和民族遗产部部长玛格扎塔·欧米拉诺夫斯卡一行。 |
| 2月5日 | 国家文物局召开局务扩大会议，贯彻习近平总书记重要讲话精神， |

落实全国文物局长会议部署，就局机关和直属单位的年度重点工作进行总结，对2015年重点工作作出具体安排。

2月6日　　中国文物交流中心与匈牙利工艺美术馆合作主办的"华夏瑰宝展"在匈牙利工艺美术馆开幕。

2月9日　　国务院总理李克强签署659号国务院令，公布《博物馆条例》。
中央第二巡视组向文化部反馈专项巡视情况。
中国文化遗产研究院召开院党委中心组扩大学习会，深入学习贯彻习近平总书记关于传承弘扬中华优秀传统文化、加强文物保护重要论述精神。

2月10日　　世界遗产观察研讨会暨《世界遗产委员会大会年度观察报告》发布会在清华大学举行。

2月12日　　文化部部长雒树刚一行考察全国重点文物保护单位智化寺、孚王府和北大红楼的文物安全工作，并在国家文物局进行了调研座谈。

2月13日　　文化部召开党风廉政建设工作会议，贯彻落实十八届中央纪委五次全会和国务院第三次廉政工作会议精神，部署中央巡视组反馈意见整改任务，安排2015年党风廉政建设和反腐败工作。
国家文物局邀请教育部、工业和信息化部、中国科学院、中国地震局及浙江、陕西、甘肃三省科技厅、文物局有关负责同志，共同研究建立跨部门、跨地区协同创新工作机制，联合推动"一带一路"文化遗产保护与传承科技专项建议纳入"十三五"国家重点研发计划。

2月14日　　习近平总书记来到陕西铜川市照金镇，向陕甘边革命根据地英雄纪念碑敬献花篮并参观纪念馆。

2月15日　　习近平总书记参观西安古城墙及月城内的城墙博物馆。

2月22日　　原国家文物局副局长、离休干部沈竹同志逝世，享年85岁。

2月26日　　国家文物局党组召开2015年党风廉政建设工作会议。

2月27日　　故宫研究院新成立明清宫廷制作技艺研究所和文博法治研究所。

3月

3月1日　　国家文物局水下文化遗产保护工作会议在北京举行。

中国
文物年鉴

2016

陕西省政府办公厅印发的《陕西省群众保护文物奖励办法》正式施行。这是我国出台的首个省级群众保护文物奖励办法。

3月2日　　国家文物局在北京召开文物系统全国人大代表、政协委员座谈会。

国家文物局召开第一次全国可移动文物普查进展情况新闻通报会，宣告普查工作取得重要阶段性成果。

文化部党组中心组在北京召开集体学习会，学习习近平总书记在2月2日中央举办的省部级主要领导干部学习贯彻党的十八届四中全会精神全面推进依法治国专题研讨班上的重要讲话。

3月3日　　国家文物局在中国文物信息咨询中心召开三峡工程文物保护专项终验工作启动会。

3月11～17日　　国家文物局组织专家组检查评估三峡工程文物保护项目的实施情况。

3月12～14日　　国家文物局文物保护司专家组赴安徽泾县黄田和徽州区呈坎检查文物保护样板工程实施情况。

3月17日　　侵华日军南京大屠杀遇难同胞纪念馆获赠120件二战文物，包括战时美军绘制的丝质作战地图、"中国战区日本投降签字典礼"系列图片等。

3月17～30日　　国家水下文化遗产保护宁波基地配合三门湾大桥及接线工程建设（宁波段）的水下考古调查顺利实施，这是宁波地区首个配合基本建设工程的水下考古项目。

3月20日　　国务院公布的我国博物馆行业第一部全国性法规文件《博物馆条例》正式施行，国家文物局于当日印发《关于贯彻执行〈博物馆条例〉的实施意见》并在北京召开贯彻落实《博物馆条例》电视电话会议，研究部署宣传贯彻《博物馆条例》的有关工作。

3月22日　　经福建省文物局初步确认，匈牙利自然科学博物馆展出的"肉身坐佛"应是福建省大田县吴山乡阳春村1995年被盗的章公祖师像。

3月22～26日　　国家文物局主办的全国文物宣传骨干培训班在浙江绍兴举行。

3月23～25日　　文化部副部长、国家文物局局长励小捷赴山西调研古建筑保护工作。

3月24～25日　　陕西唐韩休墓及富平桑园窑址考古发现学术研讨会暨中国考古学会三国至隋唐考古专业委员会成立会议在陕西西安举行。

3月25日	国家文物局主办的"第一次全国可移动文物普查2014年度成果展"在北大红楼橱窗展出。
3月26日	文化部副部长、国家文物局局长励小捷一行在四川成都调研《博物馆条例》学习贯彻情况，并召开非国有博物馆馆长座谈会。 全国"金鼎工程"联络员工作会议在北京召开，研究落实《全国文博人才发展中长期规划纲要（2014～2020年）》。
3月27日	国家文物局在江苏南京召开海上丝绸之路保护和申遗工作会议。 国家文物局官网公布首批12家国家考古遗址公园运行评估完成。
3月28日	中央政治局委员、国务院副总理刘延东在广西桂林出席美国飞虎队桂林遗址公园开园仪式，并会见美国飞虎队历史委员会主席詹姆斯·怀特黑德一行。
3月28～29日	中国考古学会和日本中国考古学会主办的中国考古学研究中日论坛在北京大学召开。
3月29日	国务院印发《关于进一步促进展览业改革发展的若干意见》。
3月30日	嘉峪关世界文化遗产监测预警管理平台正式投入使用。
3月31日	文化部副部长、国家文物局局长励小捷在北京会见旧金山侨领、海外抗日战争纪念馆馆长方李邦琴。 国家文物局在安徽合肥召开第一次全国可移动文物普查2015年省级普查办主任工作会。

4月

4月1日	国家宗教局、统战部、公安部、住房和城乡建设部、国家旅游局、国家文物局六部门联合发布《关于开展整治违法违规设立功德箱等借教敛财问题专项工作的通知》。 陕西省文物局与丹麦摩斯盖德博物馆联合举办的"秦始皇——中国陕西兵马俑"展览在丹麦摩斯盖德博物馆开幕。
4月2日	中国文物交流中心与台北历史博物馆联合主办的"七宝瑞光——中国南方佛教艺术展"在台北历史博物馆开幕。
4月3日	住房和城乡建设部、国家文物局公布第一批中国历史文化街区。

4月8日	全国文物保护标准化技术委员会2014年年会在北京召开，会议审议并通过了《文物出境审核规范总则》等20项国家标准，《石质文物保护工程勘察规范》等9项行业标准报批稿，以及《馆藏文物病害描述及图示基础要素》等5项拟申请立项的国家标准。
4月9日	中国文物报社和中国考古学会联合发布"2014年度全国十大考古新发现"。
4月10日	国家古代壁画与土遗址保护工程技术研究中心山西工作站揭牌仪式在山西云冈石窟研究院举行。
4月12日	西沙群岛2015年度水下考古工作启动仪式在海南文昌清澜港举行。
4月13~16日	国家文物局组织开展三峡工程文物保护专项验收工作。
4月14~15日	"博物馆文物展陈防震技术国际学术研讨会"在北京召开。
4月15日	全国政协文史和学习委员会组织的"政府及有关部门要切实加强文物安全工作"调研组在北京太庙开展调研。
4月16日	国家文物局、国务院参事室、中央文史研究馆主办的"知古鉴今——《资治通鉴》"展览在劳动人民文化宫太庙艺术馆开幕。 文化部副部长、国家文物局局长励小捷在北京会见佛光山星云大师一行。
4月18日	国家文物局副局长童明康与柬埔寨文化艺术大臣彭萨格娜共同出席在广东省博物馆举行的"高棉的微笑——柬埔寨吴哥文物与艺术展"开幕式并致辞。 中国人民抗日战争胜利受降纪念馆提质改造后正式对外开放。 国家文物局主办的"道法唯真——首届全国十佳文物保护工程展"在北大红楼橱窗展出。
4月19日	中国文物交流中心与卡地亚当代艺术基金会在北京签署战略合作框架协议。
4月20日	国家文物局主办、中国文物交流中心与安徽省文物局承办的"全国文博系统展览策划培训班（2015）"在安徽合肥开班。
4月21日	文化部科技司在上海召开文化部重点实验室颁牌及2015年重点实验

室工作会议，南京博物院"近现代纸质文献脱酸保护技术文化部重点实验室"等6家重点实验室获颁牌。

4月21～22日　中国考古学会文化遗产保护指导委员会、湖南省文物局主办的"中国土司文化遗产保护论坛"在湖南永顺举行。

4月22日　文化部部长雒树刚向全国人大常委会作国务院关于加快公共文化服务体系建设工作情况的报告。

文化部副部长、国家文物局局长励小捷在北京会见澳门特别行政区社会文化司谭俊荣司长一行。

4月23日　首都博物馆和日内瓦艺术与历史博物馆主办的"日内瓦：时光之芯——瑞士钟表文化之源"展览在首都博物馆举办。

4月24日　国家主席习近平签署第二十八号主席令，公布《全国人民代表大会常务委员会关于修改〈中华人民共和国文物保护法〉的决定》已由第十二届全国人民代表大会常务委员会第十四次会议通过，自公布之日起施行。

4月25日　2015年全国水下文化遗产保护（考古）培训班在广东阳江正式开班，这是国家文物局水下文化遗产保护中心独立建制以来承办的第一个专业人才培训项目。

尼泊尔发生8.1级强烈地震，西藏自治区日喀则市85处各级文物保护单位不同程度受损。

4月25～28日　财政部、国家文物局组成联合调研组，赴江西就完善博物馆、纪念馆免费开放政策进行调研。

4月26日　国家文物局紧急拨付西藏灾区文物抢险资金，专门用于受尼泊尔强震影响而受损的国保单位应急抢险支护工作。

4月27～30日　国家文物局在北京中央文化管理干部学院组织开办"2015《博物馆条例》培训班"。

4月28日　北京人民大会堂举行庆祝"五一"国际劳动节暨表彰全国劳动模范和先进工作者大会。

4月28～29日　"万里茶道"文化遗产保护推进会在湖北武汉召开，沿线8省文物部门代表和有关专家领导参加会议，会上通过《"万里茶道"武汉会议备忘录》。

4月29日	北京鲁迅博物馆（北京新文化运动纪念馆）主办的"旧邦新命——新文化运动百年纪念展"开幕。
4月30日	国家文物局召开纪念中国人民抗日战争胜利70周年、推进抗战文物保护利用工作电视电话会议。 安徽博物院退休干部、研究馆员董伯信同志逝世，享年77岁。

5月

5月4日	工业和信息化部、国家文物局共同组织的"故宫博物院与中国电子科技集团公司战略合作协议签约仪式"在故宫博物院举行。
5月5～6日	重庆市文物局召开大足石刻千手观音造像抢救性保护修复工程验收会。
5月7日	国家文物局召开局系统青年学习习近平总书记文物保护重要论述交流会暨五四表彰会。 国家文物局与海关总署在北京正式签署《国家文物局、海关总署合作备忘录》。 中国博物馆协会博物馆学专业委员会主办的"博物馆学术影响力定量评价体系建设研讨会"在广西南宁召开。
5月8日	国家文物局举办"三严三实"专题教育党课，正式启动国家文物局系统处级以上领导干部"三严三实"专题教育。
5月13日	中国文物学会副会长，原国家文物局人事司司长侯菊坤同志逝世，享年64岁。 国家文物局主办的"岁月留痕——辽宁省博物馆馆史回顾"在北大红楼橱窗展出。
5月14日	国家主席习近平在西安大慈恩寺内会见印度总理莫迪，并共同参观大雄宝殿、大雁塔、玄奘三藏院等。
5月16～18日	第十二届（2014年度）全国博物馆十大陈列展览精品推介终评会暨颁奖仪式在河北石家庄举行。
5月18日	2015年"5·18"国际博物馆日全国主会场活动开幕式在河北博物院举行，本次国际博物馆日的主题是"博物馆致力于社会的可持续发展"。开幕式上公布了2015年度全国最具创新力博物馆的评选结

中国
文物年鉴
2016

果，福建博物院和建川博物馆获得此项殊荣。

中国博物馆协会正式启动"全国博物馆学优秀学术成果评选"活动。

云南省博物馆新馆正式开馆。

法国巴黎召开的联合国教科文组织《关于禁止和防止非法进出口文化财产和非法转让其所有权的方法的公约》第三次缔约国大会正式通过了《公约操作指南》，对我国追索流失文物具有重要意义。

5月18～23日	国家文物局组织检查组实地调研十年来（2005～2014）甘肃实施长城保护工程情况。
5月19日	文化部部长雒树刚在全国文化法治工作会议上表示，力争5年内使文化法治滞后局面明显改观。
5月23日	河北幽居寺北齐汉白玉释迦牟尼佛佛首捐赠仪式在台湾高雄佛光山隆重举行。 中华文化交流协会委托中国文物交流中心与河北博物院主办的"河北幽居寺塔石佛像暨佛塔宝藏艺术展"在台湾高雄佛光山佛陀纪念馆开幕。 国务院总理李克强在利马考古、人类学和历史博物馆出席中国—拉丁美洲文明互鉴系列活动。
5月24日	由国家文物局支持，台湾自然科学博物馆、湖北省博物馆联合主办的"鼎立三十——看先民铸鼎镕金的科学智慧"特展在台湾自然科学博物馆开幕。
5月25日	台湾沈春池文教基金会、中华文物交流协会、香港特区政府发展局与澳门特区政府社会文化司共同主办的第二届海峡两岸及港澳地区文化遗产活化再利用研讨会在台湾台中开幕。 "中国考古1号"返回海南文昌清澜港，西沙海域第二次大规模水下考古活动顺利结束。
5月26日	在公安部直接组织指挥下，辽宁公安机关会同河北、内蒙古、山西等6省区公安机关同步开展集中行动，一举破获公安部督办的盗掘古文化遗址古墓葬案，打掉盗掘犯罪团伙10个，抓获犯罪嫌疑人175名，追回涉案文物1168件。此案是新中国成立以来单案抓获犯罪嫌疑人数和追缴被盗文物数量最多的案件。
5月26～27日	耶鲁大学文化遗产保护学院、中国博物馆协会藏品保护专业委员会等单位联合举办的博物馆展示用光及微区褪色检测技术国际研讨会及培训班在北京耶鲁中心召开。

中国文物年鉴 2016

5月27日	中国世界文化遗产监测中心2015年年会在中国文化遗产研究院召开。 首都博物馆文物保护修复中心向媒体展示该中心最新研制成功的古代书画生物揭展剂。
5月29日	文化部副部长、国家文物局局长励小捷在北京会见法国国立吉美亚洲艺术博物馆馆长马卡利乌女士。
5月30日	中国文物交流中心与法国国立吉美亚洲艺术博物馆在北京签署了合作框架协议。 长江流域矿冶考古联盟成立大会在湖北大冶召开。

6月

6月1日	国家文物局建筑遗产保护规划进修班在北京建筑大学开班。 广东省文物考古研究所原副所长、研究馆员朱非素同志逝世，享年78岁。
6月2日	"明代御窑瓷器——景德镇御窑遗址出土与故宫博物院藏传世洪武、永乐、宣德瓷器对比展"在故宫博物院开幕。
6月3日	东北地区首家保护研究展示抗战遗迹的区域性民间组织——东北抗战遗迹联盟在吉林长春正式成立。
6月9日	文化部部长雒树刚在文化部恭王府管理中心调研。
6月10日	中国国家博物馆、中国民间文艺家协会、中国文物报社等机构联合发起的"抢救民间家书项目"在中国人民大学举行十周年座谈会。
6月11日	国务院批复同意将江苏省常州市列为国家历史文化名城。
6月12日	国家文物局在北京召开文物事业基本公共文化服务"十三五"规划编制座谈会。 2014年度全国文化遗产十佳图书评选结果公开。 国家文物局水下文化遗产保护中心和国家水下文化遗产保护武汉基地联合实施的2015年度丹江口库区水下考古调查工作顺利完成。 国家文物局、中国摄影家协会主办的"留住乡愁——中国传统村落摄影展"在北大红楼橱窗展出。 国家文物局划拨周代青铜器入藏上海博物馆仪式在上海博物馆举行。

6月13日	第十个中国文化遗产日主场城市活动在重庆大足和中国三峡博物馆相继举行，主题是"保护成果 全民共享"。 国家文物局主办的"记忆传承中国梦——'十二五'全国文物保护成果展"在重庆中国三峡博物馆开幕。"留住乡愁——中国传统村落摄影展""丹青记忆守望家园——中国文化遗产美术展"同时开展。
6月14日	我国首个文物保护装备产业基地落户重庆。 国家文物局水下文化遗产保护中心和重庆中国三峡博物馆共同主办的"2015年白鹤梁·内水文化遗产保护与利用国际学术研讨会"在重庆中国三峡博物馆举行。
6月16日	徐悲鸿纪念馆馆长、徐悲鸿画院名誉院长、中国书画家联谊会主席、徐悲鸿夫人廖静文逝世，享年92岁。
6月18～20日	中国政府文物代表团应邀访问西班牙。期间，文化部副部长、国家文物局局长励小捷与西班牙文化国务秘书何塞·马里亚·拉萨略共同签署《中国国家文物局与西班牙教育、文化与体育部关于促进文化遗产领域交流与合作的谅解备忘录》。
6月19日	住房和城乡建设部、国土资源部、公安部联合发布《关于坚决制止异地迁建传统建筑和依法打击盗卖构件行为的紧急通知》。
6月22～25日	文化部副部长、国家文物局局长励小捷率团访问印度，与印度考古局总局长拉科什·特瓦里总局长举行会谈。
6月23日	原深圳博物馆馆长、研究馆员黄崇岳同志逝世，享年78岁。 为纪念香港李郑屋汉墓发现60周年，中国文物交流中心与香港康乐及文化事务署主办、香港历史博物馆承办的"汉武盛世"展览在香港历史博物馆开幕。 京津冀三地文博界首次协同合作的"地域一体·文化一脉——京津冀历史文化展"在首都博物馆开幕。
6月24日	山东省水下考古研究中心、山东省文物保护修复中心正式成立。 中国博物馆协会志愿者工作委员会第二届常务委员第一次会议暨开幕式在湖北省博物馆举行。
6月24～25日	全国文物事业发展"十三五"规划编制培训班在青海西宁举办。
6月26日	文化部副部长、国家文物局局长励小捷以文物保护利用传承发展为题，在中共中央党校作形势和任务报告。

国家文物局与文化部驻外干部交流座谈会在北大红楼举行。

国家文物局、公安部联合印发《文物建筑消防安全管理十项规定》。

6月28日　第39届联合国教科文组织世界遗产委员会会议（世界遗产大会）在德国波恩开幕。

6月29日　联合国教科文组织在德国波恩举行的第39届世界遗产大会上发起全球联合保护遗产行动，呼吁所有国家阻止非法买卖及破坏世界遗产的行为。

中国文化遗产研究院组织开展2015年度"现代分析技术在文物保护中的应用"培训班。

6月30日　国务院总理李克强在法国总理瓦尔斯陪同下参观罗丹博物馆。当晚，会见联合国教科文组织总干事博科娃。

国家对外文化贸易基地（北京）正式宣布建设全国首个海外回流文物口岸交易市场。

7月

7月2日　国家文物局印发《关于开展传统村落文物保护专项督察的通知》。

7月3日　北京鲁迅博物馆（北京新文化运动纪念馆）主办的"中国战斗——抗日战争时期木刻版画展"在北京开幕。

7月4日　德国波恩召开的联合国教科文组织第39届世界遗产委员会会议上，中国"土司遗址"成功列入《世界遗产名录》。

国家文物局团委组织青年团员在北京鲁迅博物馆（北京新文化运动纪念馆）开展以"交流互鉴，传承创新"为主题的学习实践活动。

7月7日　习近平、李克强、张德江、俞正声、刘云山、王岐山、张高丽等党和国家领导人在中国人民抗日战争纪念馆参观纪念中国人民抗日战争暨世界反法西斯战争胜利70周年主题展览"伟大胜利 历史贡献"。

中国国家博物馆"抗战与文艺：纪念抗日战争胜利70周年馆藏文物系列展"开展。

全国首个3D抗日战争纪念馆——网上山东抗日战争纪念馆暨山东抗日战争主题展在山东博物馆举行开馆开展仪式。

传统木构建筑营造技艺研究国家文物局重点科研基地在东南大学揭牌。

7月9日	中国文化遗产研究院主办的"文物保护理念与技术国际学术研讨会暨纪念旧都文物整理委员会成立80年"大会在北京举行。
7月10~12日	中共中央政治局委员、国务院副总理刘延东在河北张家口调研,强调要处理好历史文物保护和城镇化及经济社会发展的关系,加强长城遗址和非物质文化遗产保护。
7月12日	国家文物局"田野考古发掘数字化记录与管理系统规范"项目在北京大学考古文博学院召开了以"数字化与田野考古的未来"为主题的课题启动会。
7月13日	全国文化厅局长座谈会暨"十三五"规划工作座谈会上,文化部部长雒树刚明确了"十三五"时期文化改革发展的总体思路和六项主要任务。
7月14~15日	首届(2014年度)全国十佳文博技术产品终评会在北京召开。
7月15日	184位外国驻华使节受邀参观了中国人民抗日战争纪念馆举办的纪念中国人民抗日战争暨世界反法西斯战争胜利70周年主题展览"伟大胜利 历史贡献"。 国家文物局、意大利文化和旅游部、拉齐奥大区博物馆管理局共同主办,河南博物院承办的"汉唐中原·河南文物精品展"在罗马威尼斯宫国家博物馆开幕。
7月16~17日	文化部副部长、国家文物局局长励小捷率工作组赴河北秦皇岛调研长城保护工作。
7月17~21日	文化部部长雒树刚在新疆调研基层文化建设、非遗保护和传承、文物考古等工作。
7月18日	国家明清官式建筑研究保护重点科研曲阜基地、山东省文物保护研究重点科研曲阜基地挂牌暨"三孔"古建筑彩绘保护工程开工仪式在山东曲阜举行。
7月20日	通过中法两国政府的友好合作和相关人士的积极努力,大堡子山流失文物移交仪式暨"秦韵——大堡子山流失文物回归特展"开幕式在甘肃省博物馆举行。
7月21日	故宫研究院书画研究所、陶瓷研究所、藏传佛教文物研究所、明清宫廷历史档案研究所、中国画法研究所、中外文化交流研究所成立。

中国
文物年鉴
2016

7月23日	国家文物局在北京召开纪念任质斌同志诞辰百年座谈会。
7月29日	2015年全国文物局长座谈会在贵州遵义召开。
	《中国文物志》编纂委员会第二次全体会议在贵州遵义召开。
	国家职业分类大典修订工作委员会全体会议在北京召开，会议审议通过并颁布了2015版《中华人民共和国职业分类大典》。其中由国家文物局承担修订并纳入的文博行业职业有9个。
7月30日	西藏自治区十届人大常委会第十九次会议一致表决通过了《西藏自治区布达拉宫文化遗产保护管理条例》。
	国家文物局赴广西桂林调研传统村落文物保护专项督察开展情况。

8月

8月1日	东北烈士纪念馆策划的"不屈的抗争——中国东北十四年抗战史实图片展"在北京鲁迅博物馆（北京新文化运动纪念馆）展出。
8月2日	国家文物局和公安部联合发布《关于加强打击和防范文物犯罪工作的通知》。
8月5日	原国家文物局局长张德勤同志逝世，享年83岁。
8月9日	中共中央政治局委员、国务院副总理刘延东在内蒙古自治区鄂尔多斯市主持召开长城保护工作座谈会。
8月10～16日	国家文物局团委主办，贵州省文物局、中国文化遗产研究院团支部协办的"根在基层·青春担当"中央国家机关青年干部调研实践活动贵州黄平调研团活动顺利开展。
8月12日	"干城曲——纪念中国人民抗日战争胜利70周年书画展"在北京鲁迅博物馆（北京新文化运动纪念馆）开幕。
8月14日	国家文物局文物违法举报中心在北京正式揭牌。
8月15日	辽宁阜新"万人坑"死难矿工纪念馆新馆开馆。
	国家文物局组织，四川省建川博物馆与美国海外抗日战争纪念馆合作举办的"尊重历史·珍惜和平"文物展在美国旧金山开幕。
8月16日	世界文化遗产北京周口店遗址第1地点（猿人洞）保护建筑工程正

中国
文物年鉴
2016

式启动。

8月17日	文化部党组中心组在北京召开"三严三实"专题教育第二专题集体学习会。 国家文物局公布"高层次文博行业人才提升计划"。
8月18日	国家文物局督察组赶赴甘肃景泰，对遭受破坏的全国重点文物保护单位明长城索桥堡遗址进行现场调查督导。
8月19日	国务院批复同意将江西瑞金列为国家历史文化名城。
8月19~23日	国家文物局局长励小捷在新疆就文物事业发展"十三五"规划编制工作进行专题调研。
8月20日	著名考古学家、北京大学考古文博学院教授吕遵谔先生逝世，享年87岁。
8月23日	江苏省文史馆馆员、江苏省文物鉴定委员、书画鉴定专家、苏州博物馆老同志、文物捐赠者钱镛先生逝世，享年102岁。
8月24日	国务院公布第二批100处国家级抗战纪念设施、遗址名录。
8月27日	国家文物局主办，中国文物报社与山东省文物局联合承办的山东文化遗产专辑"山东让文物在保护和利用中活起来"在北大红楼橱窗展出。
8月28日	中国文物报社与河南省文物局联合举办的《文物报》创刊30周年纪念座谈会在北京召开。
8月28~30日	2015·上海国际建筑遗产保护博览会在上海展览中心举办，这是我国举办的首个国际建筑遗产保护博览会。

中国
文物年鉴
2016

9月

9月1日	国家文物局组织参观在中国美术馆举办的"铸魂鉴史　珍爱和平——纪念中国人民抗日战争暨世界反法西斯战争胜利70周年美术作品展"及"胜利：1945~2015！——纪念世界反法西斯战争胜利70周年俄罗斯美术作品展"。 东北地区首家保护研究展示抗战遗迹的区域性民间组织——东北抗战遗迹联盟110家成员单位同时在所在地举行"以史为鉴、珍爱和

平"为主题的各种纪念活动165项。

9月7日　中共中央政治局常委、全国政协主席、中央代表团团长俞正声率团参观在西藏会展中心举办的"圆梦中国　西藏华章——西藏自治区成立50年成就展"。

文化部副部长、国家文物局局长励小捷率中国政府文物代表团访问柬埔寨，与柬埔寨副首相索安举行会谈，对吴哥古迹保护修复等合作项目深入交换意见。

2015年度国家文物局田野考古高级研修班在湖南省文物考古研究所长沙铜官窑基地正式开班。

中国18家抗战类纪念馆与俄罗斯卫国战争纪念馆等国外二战博物馆联合建立的国际二战博物馆协会在北京成立。

9月7～9日　国家文物局督察司、公安部消防局联合督察组对湖南省传统村落文物保护和文物消防安全进行了专项督察。

9月8日　文化部副部长、国家文物局局长励小捷率中国政府文物代表团考察由中国政府援助、中国文化遗产研究院承担的柬埔寨周萨神庙和茶胶寺保护修复项目。

中国文物交流中心与韩国汉城百济博物馆联合主办，中国社会科学院考古研究所承办的"中国古代都城文物展——汉魏晋南北朝"在韩国首尔开幕。

9月8～11日　第二批国保省保单位集中成片传统村落整体保护保护利用培训班（第一期）在湖南长沙举办。

9月10日　文化部部长、国家文物局局长励小捷与柬埔寨文化艺术大臣彭萨格娜签署中柬政府间《关于防止盗窃、盗掘和非法进出境文化财产的协定》。

9月11日　河南省文物局与瑞典世界文化博物馆共同主办的"洛阳——丝绸之路上世界大都会：唐代文明展"在瑞典首都斯德哥尔摩远东考古博物馆开幕。

9月11～12日　文化部部长雒树刚一行赴四川雅安调研灾后文化重建及文化遗产保护工作。

9月15日　国家文物局与国家自然科学基金委员会战略合作协议签约仪式在北京举行。

国家文物局、浙江省人民政府主办的"丝路之绸：起源、传播与交流"展在杭州西湖博物馆开幕。

9月16日	全国首家博物馆教育研究所在四川博物馆成立。 中国博物馆协会和加拿大洛德文化资源管理有限公司合作项目"博物馆高层管理人员学术研讨会"在北京举办。
9月18日	国家文物局文博人才培训示范基地暨文物保护职业教育教学指导委员会工作会议在北京召开。
9月20日	国际文物修护学会培训中心在故宫博物院成立。 故宫博物院与中国文物信息咨询中心、北京首都国际机场在首都国际机场T3航站楼联合举办"大美故宫"主题展。
9月21日	国家文物局副局长宋新潮在北京接受法国古董藏家克里斯蒂安·戴迪安返还的24件春秋时期秦国金饰片。
9月24日	著名考古学家、中国社会科学院考古研究所原所长、中国社会科学院荣誉学部委员王仲殊先生逝世,享年90岁。 中国文物交流中心与韩国国立中央博物馆合作举办的"古代佛教艺术展"在韩国首尔开幕。 国家文物局主办、中国文物报社和首都博物馆承办的"回望古都——首都博物馆新馆试运行十周年纪念展"在北大红楼橱窗开展。
9月25日	中共中央政治局常委、全国政协主席、中央代表团团长俞正声率中央代表团参观乌鲁木齐烈士事迹陈列馆。 全国政协文史和学习委员会、中国文物学会共同主办,中国文物学会世界遗产研究委员会承办的"纪念中国加入《保护世界文化和自然遗产公约》30周年座谈会"在全国政协礼堂召开。
9月26日	北京国际设计周组委会、中国文化遗产研究院主办的"文化遗产保护与再设计利用"主题峰会在北京中华世纪坛举行。
9 月28日	中国国家文物局与塞浦路斯共和国通信与工程部主办、中国文物交流中心与塞浦路斯考古局承办的"中塞文化对话展"在塞浦路斯利马索尔区考古博物馆开幕,该展览是中国首次在塞浦路斯举办的文物展。

10月

10月8日	国家文物局2015年度考古绘图培训班在陕西文物保护专修学院开班。

10月9日	联合国教科文组织世界记忆工程国际咨询委员会第12次会议在阿联酋阿布扎比举办，《南京大屠杀档案》被列入《世界记忆名录》。 国家文物局党组中心组在北大红楼主持召开"严以律己"专题学习会，并参观了新文化运动纪念主题陈列展览。 国家文物局主办、安徽博物院承办的"全国油画保护与修复技能高级培训班"在安徽合肥开班。
10月10日	中共中央政治局委员、国务院副总理刘延东出席故宫博物院成立90周年庆祝活动。
10月13日	国家文物局公布2016年度"弘扬优秀传统文化、培育社会主义核心价值观"主题展览项目征集结果，天津博物馆"器与道"等12个展览入选。
10月14日	《2015年度全国博物馆展览季活动推介目录》正式发布，全国各地博物馆的259个展览入选。
10月15日	文化部召开座谈会，重温习近平总书记在文艺工作座谈会上发表重要讲话一周年精神，深刻学习领会《中共中央关于繁荣发展社会主义文艺的意见》的精神要义。
10月17日	"国家水下文化遗产保护'十三五'规划暨'海上丝绸之路'申遗前期研究"研讨会在国家水下文化遗产保护宁波基地召开。 "中国首届传统村落保护利用国际高层研讨会"在浙江建德召开。
10月18日	国务院批复同意将广东惠州列为国家历史文化名城。 中国陶瓷博物馆在江西景德镇正式开馆。
10月18~19日	国家文物局局长励小捷一行赴河南淮阳看望文物系统派驻县和贫困村的干部，并调研文物保护工作。
10月19~21日	由中国古迹遗址保护协会石窟专业委员会主办、陕西省彬县人民政府承办的"中国古迹遗址保护协会石窟专业委员会理事会暨石窟窟檐保护研讨会"在陕西彬县大佛寺石窟召开。
10月21日	第25期全国县级文物行政部门负责人培训班在北京结束，标志着贯穿整个"十二五"期间的全国县级文物行政部门负责人培训项目顺利完成。
10月23日	中共中央国务院任命刘玉珠为国家文物局党组书记、局长，免去励

小捷文化部副部长、国家文物局党组书记、局长职务。

中国古迹遗址保护协会历史村镇专业委员会在北京成立。

10月26日 根据《中华人民共和国商务部和尼泊尔财政部关于地震灾后重建援助项目规划的谅解备忘录》约定，受商务部和国家文物局委托，中国文化遗产研究院派工作组赴尼泊尔进行现场考察，启动援助尼泊尔加德满都杜巴广场九层神庙修复项目。

10月26～28日 "2015（济南）国际文物保护装备博览会"在山东济南舜耕国际会展中心举行。

10月27日 首届全国文博技术产品发展论坛在山东济南舜耕国际会展中心举行。

10月27～29日 由中国文物学会文物修复专业委员会、河南省文物局、新乡市文化广电新闻出版局联合主办，新乡市博物馆承办的"第十三届全国文物修复技术研讨会"在河南新乡召开。

10月29日 国家文物局召开消防安全培训会。

"2015北京·中国文物国际博览会"在全国农业展览馆开幕。

第十届中国北京国际文化创意产业博览会在北京中国国际展览中心开幕。

11月

11月2日 国家文物局局长刘玉珠在北京会见格鲁吉亚文化和古迹保护部部长米哈伊尔·吉奥尔加泽一行。

11月3日 联合国教科文组织第38届大会在法国巴黎开幕。

由国家文物局主办、故宫博物院故宫学院承办的藏传佛教文物保管与保护培训班在故宫博物院开班。

11月4日 国家文物局水下文化遗产保护中心和辽宁省文物考古研究所在北京召开"丹东一号"水下考古调查项目专家论证会，确认辽宁丹东港海域发现的"丹东一号"沉舰为1894年甲午海战中北洋舰队的致远舰。

国家文物局文化遗产公开课在北京八达岭长城开课。

11月5～6日 第二届（2014年度）全国十佳文物保护工程推介终评会在北京召开。

11月6日 联合国教科文组织亚太地区世界遗产培训与研究中心（北京）主办的

中国
文物年鉴

2016

"亚太地区文化线路保护与管理研讨会及培训会"在四川广元开幕。
沈阳二战盟军战俘营旧址陈列馆和英国利物浦市文化局联合主办的
"无声之营——沈阳二战盟军战俘营史实展"在英国利物浦市圣乔
治大厅开幕。

11月9日　　　　重庆自然博物馆新馆正式开馆。

11月9～12日　　国家文物局在北京举办系统学习贯彻党的十八届五中全会精神培训
班，认真学习《中共中央关于制定国民经济和社会发展第十三个五
年规划的建议》等有关文件。

11月10日　　　国家文物局、宁夏回族自治区人民政府主办的"西夏陵突出普遍价
值学术研讨会"在宁夏银川召开。
"茶马古道——八省区文物特别展览"开幕式暨"古道记忆——驻
华使节探寻茶马古道活动"启动仪式在云南省博物馆举行。

11月12～14日　国家文物局组织有关专家对邛窑大遗址保护工作进行了专项评估。

11月13日　　　第二届中国—中东欧国家文化合作论坛在保加利亚首都索非亚举
行，中国文化部长雒树刚率中国政府文化代表团出席论坛。与会各
国以鼓掌表决的形式一致通过了《中国—中东欧国家2016～2017年
文化合作索非亚宣言》。

11月14日　　　外交部处理日本遗弃在华化学武器问题办公室和国防部处理日本遗
弃化学武器办公室联合主办的"还人民一片净土——处理日本遗弃
在华化学武器工作纪实展"在中国人民革命军事博物馆开幕。
江西南昌西汉海昏侯墓主椁室考古发掘正式启动。
中华文物交流协会与佛光山合作举办的佛教艺术系列文物展览"以
法相会——宝宁寺、毗卢寺明、清代水陆画展"在台湾佛光山佛陀
纪念馆开幕。

11月15～17日　国家文物局委托北京国文信文物保护修缮公司组织文物保护专家验
收组对安远庙保护修缮、烟雨楼古建筑保护修缮、殊像寺彩画保护
等28项古建筑和科技保护项目进行竣工验收。

11月16日　　　2015年首届"中国传统村落·黔东南峰会"在贵州黔东南苗族侗族
自治州召开。

11月17日　　　国家文物局局长刘玉珠主持召开文物局党组中心组"严以用权"专
题学习会。

11月17～18日	全国文物保护标准化技术委员会文物保护专用设施分技术委员会和文物保护装备产业化及应用协同工作平台成立大会在重庆召开。
11月19～20日	"大遗址保护与旅游融合高峰论坛暨国家考古遗址公园联盟第五届联席会"在广西桂林举行。
11月20日	首批"全国博物馆文化产品示范单位"遴选会在北京召开，中国国家博物馆等10家单位入选。 金属文物保护国家文物局重点科研基地挂牌仪式在中国国家博物馆文物科技保护中心举行。
11月23日	文化部在北京组织召开学习贯彻《中国共产党廉洁自律准则》和《中国共产党纪律处分条例》专题报告会。 国家文物局主办，中国文物交流中心与江苏省文物局共同承办的全国文物外事工作业务培训班在江苏南京开班。 国家文化部外联局、浙江省文化厅等单位承办的首期阿拉伯国家文物（纸质）修复专家研修班在浙江宁波万里学院举行开班仪式。
11月23～27日	山西省文物局在山西太原举办了西藏自治区文物局长培训班。
11月25日	"联合国教科文组织成立70周年暨中国加入《世界遗产公约》30周年成果发布会"在故宫博物院召开。 为庆祝中国与新加坡建交25周年，新加坡国家美术馆与中国文物交流中心共同主办的"吴冠中：大美无垠"展览在新加坡国家美术馆开幕。
11月26日	"南通博物苑110年暨中国博物馆事业110年学术研讨会"在中国博物馆事业的发祥地江苏南通举行。 全国古籍保护工作部际联席会议在北京举行。
11月27日	国家文物局局长刘玉珠在北京会见了沙特旅游与民族遗产总机构副主席哈班一行。 根据国家文物局的要求，湖南省文物局组织专家在长沙简牍博物馆对"长沙走马楼三国简牍保护整理项目"进行结项验收。
11月29日	"丝绸之路（敦煌）国际文化博览会组委会第一次会议"在北京人民大会堂召开。
11月30日	中国文物保护基金会社会文物保护专项基金江苏工作站在江苏宜兴揭牌成立。

12月1日　　文化部召开党组中心组学习会集体学习《中国共产党廉洁自律准则》和《中国共产党纪律处分条例》。

国内首部地方性抗日战争遗址地方性规章《重庆市抗日战争遗址保护利用办法》正式实施。

南京利济巷慰安所旧址陈列馆举行开馆仪式并试运行。

12月3日　　中国文物报社和苏州多棱镜网络科技有限公司合作建立的博物馆"看展览"云平台正式上线运行。

12月4日　　国际博物馆协会亚太地区联盟2015年大会在菲律宾伊洛伊洛开幕。

12月7日　　侵华日军南京大屠杀遇难同胞纪念馆三期扩容工程竣工开馆，举行"正义必胜、和平必胜、人民必胜"主题展开展仪式。

国家文物局主办的"大美三湘——湖南文化遗产掠影"在红楼橱窗展出。

12月8日　　联合国教科文组织"纸张保护：东亚纸张保护方法与纸张制造传统"项目成果发布会在浙江宁波天一阁博物馆举行。

12月9日　　国家文物局局长刘玉珠到中国文化遗产研究院调研。

第二届海上丝绸之路文化遗产保护论坛在海南海口召开。

12月10日　　美国政府在中国驻美国大使馆向中国政府移交美国海关截获的中国流失文物和古生物化石。国家文物局副局长顾玉才与美国国土安全部移民与海关执法局副局长丹尼尔·罗格斯戴尔签署交接证书。

"小白礁Ⅰ号"船体科技保护暨宁波基地科技保护实验室建设专家论证会在国家水下文化遗产保护宁波基地召开。

12月11日　　国家文物局局长刘玉珠到北京鲁迅博物馆（北京新文化运动纪念馆）调研。

12月14日　　出土木漆器保护国家文物局重点科研基地工作站研讨会在四川成都召开，并举行成都工作站挂牌仪式。

中国社会科学院、上海市人民政府联合主办的第二届世界考古论坛在上海召开。

12月15日　　中国博物馆协会与加拿大洛德文化资源有限公司合作举办的2015年第三次博物馆高层管理人员研讨会在北京召开，主题为"城市、博

中国文物年鉴 2016

物馆和软实力"。

12月17日	民政部发布《关于表彰全国先进社会组织的决定》，中国文物学会荣获"全国先进社会组织"称号。 西南博物馆联盟第三次会议在重庆召开。
12月21~22日	中国博物馆协会主办，中国博协社会教育专业委员会、中国国家博物馆、中国妇女儿童博物馆联合承办的"学校、家庭、博物馆在青少年综合素质评价体系建设中的权重关系"论坛暨社教专委会2015年年会在北京举行。
12月21~23日	中国共产党文化部直属机关第九次代表大会在北京召开，会议选举产生中国共产党文化部直属机关第九届委员会和纪律检查委员会。
12月23日	国家文物局召开党组扩大会议，国家文物局党组书记、局长刘玉珠传达中央经济工作会议和中央城市工作会议精神并就学习贯彻落实两个会议精神作出部署。 中国文物报社与天津恒达文博科技有限公司在北京举行"文博在线——文博数字化传播与服务平台"项目签约暨启动仪式。
12月28日	国务院法制办发布《中华人民共和国文物保护法修订草案（送审稿）》。
12月28~29日	国家文物局主办的2015年文物保护领域物联网建设技术创新联盟"博物馆智慧化之路——数据知识化和呈现方式"学术研讨会暨文物保护领域物联网建设技术创新联盟理事会全体会议在苏州博物馆召开。
12月30日	最高人民法院、最高人民检察院联合公布《关于办理妨害文物管理等刑事案件适用法律若干问题的解释》。 国家文物局召开干部大会宣布领导班子成员调整，顾玉才任国家文物局党组副书记，关强、刘曙光任国家文物局党组成员、副局长；免去童明康国家文物局党组成员、副局长职务。 中国博物馆协会和中国文物报社在北京召开"全国博物馆文化产品示范单位"入选名单发布会，中国国家博物馆等10家单位入选。
12月31日	国家文物局召开党组领导班子"三严三实"专题民主生活会。

中国
文物年鉴
2016

附录

2015年全国文物业主要指标

	机构数（个）	从业人员（人）					文物藏品（件／套）	
			专业技术人才					
			正高级职称	副高级职称	中级职称			一级品
总　计	8676	146098	45926	2110	5890	18314	41388558	108692
按单位性质分								
文物科研机构	122	5217	2671	326	589	1011	1177485	1367
文物保护管理机构	3307	32030	9017	164	876	3781	2073474	7658
博物馆	3852	89133	32460	1519	4205	12791	30441422	98364
文物商店	69	1466	624	7	62	310	7280219	59
其他文物机构	1326	18252	1154	94	158	421	415958	1244
按隶属关系分								
中　央	12	3592	1760	176	421	669	3282593	21029
省区市	297	18931	8307	676	1560	3181	15215333	30860
地　市	1570	44647	15485	713	2240	6619	8650851	26401
县市区	6797	78928	20374	545	1669	7845	14239781	30402
按部门分								
文物部门	7675	126776	40709	1667	5178	16283	31700062	95866
其他部门	1001	19322	5217	443	712	2031	9688496	12826

	参观人次（万人次）		本年收入合计（千元）		本年支出合计（千元）	实际使用房屋建筑面积（万平方米）		
		未成年人参观人次		经营收入			展览用房	文物库房
总　计	92508	24653	42462805	1641925	41327008	2660.516	1089.134	197.165
按单位性质分								
文物科研机构	396	49	2558488	79913	2363735	144.756		8.356
文物保护管理机构	14001	2676	8754600	374364	7902465	382.070	93.285	17.306
博物馆	78112	21927	21699873	1183129	21676386	2033.747	994.745	164.291
文物商店	0	0	601845		578605	14.804		6.941
其他文物机构	0	0	8847999	4519	8805817	85.139	1.104	0.272
按隶属关系分								
中　央	2257	376	2240035	9692	2304223	53.443	11.852	4.070
省区市	10929	3183	8837457	127194	8982417	310.261	96.917	43.640
地　市	31897	7766	13695669	183215	13060021	926.826	354.394	60.789
县市区	47425	13328	17689644	1321824	16980347	1369.986	625.972	88.666
按部门分								
文物部门	75659	20132	38539233	885401	36835157	2185.750	866.465	164.106
其他部门	16849	4521	3923572	756524	4491851	474.767	222.669	33.060

中国
文物年鉴
2016

2015年全国各地区

地 区	总计		文物科研机构		文物保护管理机构机构	
	机构数（个）	从业人员（人）	机构数（个）	从业人员（人）	机构数（个）	从业人员（人）
全　国	**8676**	**146098**	**122**	**5217**	**3307**	**32030**
中　央	12	3592	1	122		
北　京	110	4958	2	97	26	2651
天　津	39	998			8	131
河　北	304	8494	5	174	165	3973
山　西	343	7240	11	301	140	1887
内蒙古	183	2252	2	59	90	608
辽　宁	143	3725	4	109	60	1309
吉　林	138	1457	3	74	52	138
黑龙江	250	2993	2	55	86	308
上　海	110	3315			6	75
江　苏	423	7406	4	54	51	391
浙　江	388	8321	5	166	96	2668
安　徽	277	3502	1	46	95	542
福　建	145	2357	2	27	37	211
江　西	235	4285	2	54	66	569
山　东	506	11510	13	118	113	3196
河　南	544	12102	15	1265	124	2701
湖　北	302	5025	3	134	48	733
湖　南	265	4533	3	145	84	835
广　东	270	4406	4	184	34	336
广　西	206	2595	4	96	67	388
海　南	43	579			10	193
重　庆	113	2632	1	152	29	266
四　川	462	8277	4	99	175	1811
贵　州	186	1986	2	30	74	336
云　南	219	1855	2	36	124	680
西　藏	1184	1610	1	23	1044	731
陕　西	625	14099	15	389	211	2998
甘　肃	316	6855	5	1013	57	718
青　海	108	654	1	48	29	49
宁　夏	38	636	3	64	22	290
新　疆	189	1849	2	83	84	308

文物机构及从业人员数

博物馆		文物商店		其他文物机构	
机构数（个）	从业人员（人）	机构数（个）	从业人员（人）	机构数（个）	从业人员（人）
3852	**89133**	**69**	**1466**	**1326**	**18252**
4	3035			7	435
40	1260	2	202	40	748
22	783	1	84	8	
107	3519	3	17	24	811
100	3139	1	13	91	1900
84	1543	1	2	6	40
64	2100	3	51	12	156
76	1127	1	10	6	108
158	2618			4	12
99	3117	1	66	4	57
312	6181	8	206	48	574
224	4516	9	91	54	880
171	2781	1	39	9	94
98	2063	1	22	7	34
137	2985	4	55	26	622
312	6310	5	95	63	1791
248	6126	6	110	151	1900
175	3449	1	65	75	644
113	2736	2	56	63	761
177	3475	3	73	52	338
124	1996	4	32	7	83
18	275			15	111
78	2157	2	20	3	37
225	6107	2	42	56	218
73	1310	1	16	36	294
86	1063	2	38	5	38
7	222	1	9	131	625
249	8245	1	8	149	2459
150	3265	1	10	103	1849
23	262	1	8	54	287
12	270			1	12
86	1098	1	26	16	334

中国
文物年鉴
2016

2015年全国各地区文物业藏品数

地　区	文物藏品数（件／套）			本年新增藏品数（件／套）	本年修复藏品数（件／套）
	一级品	二级品	三级品		
全　国	41388558	108692	715367	3884591	616702	83803
中　央	3282593	21029	403322	1251359	1459	639
北　京	3678397	942	10909	72224	3102	844
天　津	1025328	1043	5367	134187	455	657
河　北	613234	1375	13254	60767	3540	1608
山　西	1197673	3706	9199	78659	15679	2346
内蒙古	572423	2266	6003	12731	7320	1116
辽　宁	754521	2024	13971	136605	13994	1979
吉　林	461091	567	4527	19381	11900	1515
黑龙江	773220	2990	6793	47078	34337	4049
上　海	3850202	2074	51400	193755	5295	373
江　苏	2601976	4034	18405	466821	30502	2676
浙　江	1331284	4141	12125	79512	78833	4915
安　徽	1021742	2608	5618	59987	13405	2527
福　建	561053	1083	3044	98267	21878	801
江　西	609512	4053	7596	59072	6101	663
山　东	2090547	12641	15412	96581	44313	19352
河　南	2101398	2461	17257	294458	53977	7101
湖　北	1947865	6797	10788	102080	28827	6345
湖　南	985246	1910	6820	63762	42315	3102
广　东	1283237	1380	14974	67141	51916	1408
广　西	508649	382	5395	67023	22564	404
海　南	45155	117	436	1805	527	65
重　庆	689914	2362	2949	27982	16912	3363
四　川	3679655	7979	12827	127937	55076	5932
贵　州	139048	699	2219	5763	2351	118
云　南	1301043	968	2272	17957	-7146	868
西　藏	262984	3150	18194	33620	752	45
陕　西	2885836	8612	15068	87292	21335	5197
甘　肃	609895	3655	12954	106246	13040	1589
青　海	179008	560	1164	1731	1715	612
宁　夏	103783	367	3752	8716	1825	296
新　疆	241046	717	1353	4092	18603	1298

2015年全国各地区文物业收入情况

| | 本年收入合计（千元） | | | | | |
	财政补助收入	上级补助收入	事业收入	经营收入	附属单位上缴收入	其他收入
总　计	42462805	32300111	1631251	3962214	1641925	8816	2918488
中　央	2240035	1675836	62330	336654	9692		155523
北　京	3911800	2954707	7958	377720	297262		274153
天　津	394503	267841	435	16517	1778		107932
河　北	1723103	1078332	22647	550994	10472		60658
山　西	1751825	1415254	68311	138243	29195		100822
内蒙古	614500	567788	3837	14079			28796
辽　宁	894976	809229	3868	18903	9393		53583
吉　林	544745	457021	17906	53254			16564
黑龙江	632327	472198	60430	723	92770		6206
上　海	1981970	1365566	59394	270889	39136		246985
江　苏	2093739	1564310	62422	45248	219788	1200	200771
浙　江	2946737	1986310	200984	498618	29978	714	230133
安　徽	816238	612733	100304	41518	2595		59088
福　建	734601	595553	77081	17471	5468		39028
江　西	771349	625280	53452	20337	18140	26	54114
山　东	2786622	1782165	78884	216625	382294	3340	323314
河　南	1825119	1375499	61986	276878	25212	641	84903
湖　北	1242703	995157	114895	55309	16485	330	60527
湖　南	1478803	1340908	28887	30387	6040		72581
广　东	1672539	1471313	24730	104917	9854		61725
广　西	692466	476462	82926	24149	49940		58989
海　南	318048	300898	2450	7215	1385		6100
重　庆	984140	801565	102931	27817	13425	1226	37176
四　川	2014212	1628598	45816	267879	10620	13	61286
贵　州	527598	406648	83990	19511	200		17249
云　南	509593	436451	15826	26785	364		30167
西　藏	594044	423307	2555	74874	4900		88408
陕　西	3144989	2310976	104917	169307	344858	1273	213658
甘　肃	1568005	1208314	36747	248602	7051		67291
青　海	238504	213091	457	8258			16698
宁　夏	272856	249501	12429	394	3630		6902
新　疆	540116	431300	29466	2139		53	77158

中国
文物年鉴

2016

2015年全国各地区文物业支出情况

| | 本年支出合计（千元） | | | |
	基本支出	项目支出	经营支出	其他支出
总　计	**41327008**	**14560459**	**23815625**	**1165477**	**1785447**
中　央	2304223	891858	1319883	1341	91141
北　京	4042593	788566	2929308	119920	204799
天　津	399498	182008	118893	1702	96895
河　北	1502531	730525	733937	24261	13808
山　西	1687240	533224	1118898	17740	17378
内蒙古	550782	261560	288587	630	5
辽　宁	823521	422890	380406	1939	18286
吉　林	562780	191869	361546	294	9071
黑龙江	537254	241419	286599	9236	
上　海	1738987	677328	982238	21231	58190
江　苏	1990202	680445	975948	198262	135547
浙　江	2950105	1196175	1605464	44965	103501
安　徽	691668	286356	362213	29167	13932
福　建	514805	174109	329364	5423	5909
江　西	1312578	331681	420588	12137	548172
山　东	2499120	896333	1057532	276079	269176
河　南	1780286	821829	905945	32333	20179
湖　北	1154312	333667	785448	12159	23038
湖　南	1579777	490246	1056672	6785	26074
广　东	1614104	580855	987599	7822	37828
广　西	597891	161073	384924	46410	5484
海　南	305029	52852	250992	1184	1
重　庆	796879	211851	562929	16023	6076
四　川	2022989	542479	1432935	21566	26009
贵　州	534405	140504	386694	2182	5025
云　南	515036	198170	306992	2378	7496
西　藏	823837	131037	689629	970	2201
陕　西	3072617	1414712	1406203	233072	18630
甘　肃	1442196	683326	734635	13511	10724
青　海	173260	56142	114000	20	3098
宁　夏	228367	89136	134912	4319	
新　疆	578136	166234	403712	416	7774

2015年全国各地区文物机构基本建设投资情况

	项目个数（个）	计划总投资（千元）	建筑面积（万平方米）	本年资金来源总计（千元）	本年国家预算内资金	本年完成投资额（千元）	竣工项目个数（个）	竣工项目面积（万平方米）
总　　计	740	23335301	529.51	4248475	2226508	2537707	137	61.81
中　　央	5	667462	40.96	163144	6300	18269		
北　　京	6	221939	1.47	55547	18645	41056	1	
天　　津	7	60051	0.88	18057	9710	11249	1	0.24
河　　北	15	816673	12.72	335466	85053	93401	2	4.61
山　　西	211	738879	44.20	360442	156085	515309	23	0.88
内　蒙　古	20	890328	55.32	37500	28700	56338	1	6.47
辽　　宁								
吉　　林	1	4618		4118	3000	1385		
黑　龙　江	21	179745	35.65	76707	11280	6056	5	7.97
上　　海	1	1990	0.05	1467	1467			
江　　苏	13	656172	7.95	152288	70005	110225	6	4.74
浙　　江	38	5299835	27.66	323988	211351	234016	9	1.80
安　　徽	13	42993	3.08	15296	14770	10270	5	0.25
福　　建	7	559331	5.85	63035	46035	67588	1	0.64
江　　西	8	82330	7.88	70292	56992		2	
山　　东	24	1797965	57.28	99250	67236	90450	8	11.55
河　　南	38	814551	30.37	121080	95618	49415	7	1.03
湖　　北	27	2589545	33.87	292173	254798	179171	10	2.29
湖　　南	17	1486146	12.73	483191	401992	298872	3	0.25
广　　东	11	1673975	10.47	121874	48088	65454		
广　　西	12	135716	18.15	89351	33090	24814	1	1.00
海　　南	14	1189799	20.18	96071	22897	40786	1	0.14
重　　庆	2	60250	1.55	8156	3000	1729		
四　　川	83	1093924	39.02	448236	169445	245697	21	3.24
贵　　州	4	656000	7.02	214300	34300	135800		
云　　南	43	314610	6.18	187881	134820	64884	7	0.60
西　　藏	4	41490	0.76	39500	36727	2990		
陕　　西	50	190309	23.09	138798	82550	60476	16	3.23
甘　　肃	27	927789	12.20	142474	61815	81223	4	5.10
青　　海								
宁　　夏	16	140527	3.46	88434	60380	30784	3	1.47
新　　疆	2	359	9.53	359	359			

2015年全国各地区文物保护科学研究机构基本情况

	机构数（个）	从业人员（人）	藏品数（件/套）	本年完成科研成果							进行考古发掘情况	
				省部级及以上科研课题数（个）	专利（个）	专著或图录（册）	论文数（篇）	古建维修、考古发掘报告（册）	获国家奖（个）	获省部奖（个）	考古发掘面积（万平方米）	出土器物（件/套）
总　计	122	5217		120	19	120	1065	293	7	24	131.400	162254
中　央	1	122			1	20	75	45				
北　京	2	97									3.270	1322
天　津												
河　北	5	174					10				3.229	165
山　西	11	301		3		4	80	2		1	9.422	22682
内蒙古	2	59					12				0.204	75
辽　宁	4	109				3	36	9			2.740	3300
吉　林	3	74					1				0.725	4560
黑龙江	2	55					19	4			1.893	600
上　海												
江　苏	4	54		2		3	4	5			79.180	1582
浙　江	5	166				4	65	15			2.881	10508
安　徽	1	46										
福　建	2	27					5			1	0.110	513
江　西	2	54				5	15	5		2	1.280	25000
山　东	13	118		3	1	8	26	22		5	1.462	260
河　南	15	1265		10		15	149	34	2	5	7.302	37445
湖　北	3	134		3			57	3	3	1	0.805	20000
湖　南	3	145				3	27	14			0.770	882
广　东	4	184				3		6			2.555	3300
广　西	4	96		3		4	17	20			0.530	1100
海　南												
重　庆	1	152		4		4	46	32			3.985	9553
四　川	4	99				2	19	9			2.496	2220
贵　州	2	30		3		2	13	53		2	0.430	1000
云　南	2	36				3	24	2			0.529	3882
西　藏	1	23				2	9	1			0.057	223
陕　西	15	389		16	2	12	54	5	1	7	3.656	8785
甘　肃	5	1013		69	15	20	51		1		0.851	2389
青　海	1	48					12	1			0.105	
宁　夏	3	64				1	2					
新　疆	2	83		4		2	37	6			0.935	908

2015年全国各地区文物保护管理机构基本情况

	机构数（个）	从业人员（人）	藏品数（件／套）	基本陈列（个）	举办展览（个）	参观人次（万人次）	未成年人参观人次	门票销售总额（千元）	本年收入合计（千元）	本年支出合计（千元）
总　计	3307	32030	2073474	869	597	14001.054	2675.889	3265631	8754600	7902465
北　京	26	2651	25687	29	15	1489.802	351.496	409672	1599224	1519785
天　津	8	131	2246	2	2	21.641	6.246	4307	42302	42617
河　北	165	3973	82373	37	15	949.563	225.352	385898	824487	583012
山　西	140	1887	187775	5	7	663.069	78.373	89610	279021	256595
内蒙古	90	608	50690	49	21	82.275	27.260	9585	181789	153822
辽　宁	60	1309	40954	43	28	206.685	56.854	48754	182254	172148
吉　林	52	138	4887						21018	27756
黑龙江	86	308	17384	19	15	64.256	21.800		55709	46244
上　海	6	75	2959		7	2.462	0.257		29533	29738
江　苏	51	391	29084	19	18	285.436	41.078	166	140088	134725
浙　江	96	2668	102638	120	78	2238.264	214.274	250342	1092342	1055750
安　徽	95	542	69143	57	54	234.876	115.846	10200	237116	131583
福　建	37	211	4354	4	8	46.618	14.926	480	120536	54136
江　西	66	569	102447	43	47	334.937	172.762	1660	119059	98810
山　东	113	3196	233039	30	15	1434.131	188.925	948116	590445	571630
河　南	124	2701	224619	23	6	1062.833	208.166	340757	477096	498569
湖　北	48	733	28487	23	31	227.033	51.665	9764	131979	114628
湖　南	84	835	150213	51	22	459.888	171.262	35070	280383	297990
广　东	34	336	22296	44	47	230.152	54.234	28575	87787	86291
广　西	67	388	34929	36	17	169.570	41.353		103398	90622
海　南	10	193	639	16	2	111.760	12.370	3142	21744	25168
重　庆	29	266	45085	16	16	109.564	29.370	10071	110368	100898
四　川	175	1811	199802	56	48	576.621	77.981	244198	546905	533464
贵　州	74	336	8932	21	7	131.576	28.543	340	94787	64146
云　南	124	680	91671	43	32	505.281	120.262	278	247605	200659
西　藏	1044	731	182056	1	1	526.296	141.969	233657	141975	119424
陕　西	211	2998	96732	49	15	1083.035	158.997	50930	556344	548090
甘　肃	57	718	2570	7	1	334.110	43.971	108122	182766	118796
青　海	29	49	1529		5	64.846	1.100	1210	33639	23835
宁　夏	22	290	26042	12	9	305.263	11.290	40050	152402	140592
新　疆	84	308	2212	14	8	49.210	7.907	677	70499	60942

中国文物年鉴
2016

2015年全国

	机构数 （个）	从业人员 （人）	藏品数 （件／套）	本年收入合计（千元）	
					财政补贴收入
总计	3852	89133	30441422	21699873	17284589
其中：免费开放	3102	64752	21097013	15065702	13086110
按机构类型分					
综合性	1503	36551	14470159	9365622	8102347
历史类	1446	36974	6475151	9165847	7127736
艺术类	308	4949	1872500	933544	583095
自然科技类	116	2692	2350882	950461	547840
其他	479	7967	5272730	1284399	923571
按隶属关系分					
中　央	4	3035	3270312	1623301	1316002
省区市	119	12261	8381326	5009173	4541646
地　　市	911	27921	6648951	7186939	6023322
县　　市	2818	45916	12140833	7880460	5403619
按系统分类					
文物部门	2981	73821	23183743	18690985	15621217
其他部门	435	9964	2391900	2578766	1625280
民办	436	5348	4865779	430122	38092

博物馆主要指标

基本陈列（个）	临时展览（个）	参观人次（万人次）		资产总计（千元）	实际使用房屋建筑面积（万平方米）
			未成年人参观人次		
9977	**11177**	**78111.687**	**21927.307**	**79577984**	**2033.747**
8005	9791	62298.165	18907.238	59685432	1580.345
4212	6170	26599.941	8265.738	35711065	896.322
3224	2861	39465.613	10362.792	24405107	725.364
758	1059	3580.294	790.166	6348424	106.836
353	167	2462.287	886.440	6223229	108.354
1430	920	6003.552	1622.172	6890159	196.871
44	140	2257.035	375.793	5531720	50.255
447	1018	10434.431	3075.840	18729256	267.686
2526	3978	26478.171	7062.282	21182002	674.533
6960	6041	38942.050	11413.392	34135006	1041.272
7672	9686	63136.386	17544.557	60253627	1594.853
1220	801	11725.023	3569.104	13472603	283.174
1085	690	3250.278	813.647	5851754	155.720

中国
文物年鉴
2016

2015年全国各地区

	机构数（个）	从业人员（人）	安全保卫人员（人）	藏品数（件／套）	基本陈列（个）	举办展览（个）	参观人次（万人次）	
								未成年人参观人次
总　计	3852	89133	21466	30441422	9977	11177	78111.687	21927.307
中　央	4	3035	677	3270312	44	140	2257.035	375.793
北　京	40	1260	305	1229829	92	177	579.291	121.394
天　津	22	783	125	673291	69	88	1002.663	301.164
河　北	107	3519	798	406132	230	377	2645.598	959.092
山　西	100	3139	850	808896	195	157	1465.577	299.763
内蒙古	84	1543	337	505570	273	182	1149.580	288.499
辽　宁	64	2100	383	453489	206	223	1157.613	324.103
吉　林	76	1127	220	416815	120	261	949.090	339.080
黑龙江	158	2618	578	750650	362	387	2091.825	642.238
上　海	99	3117	459	2152643	428	407	1935.116	476.923
江　苏	312	6181	1565	1754310	837	1053	7849.640	2101.667
浙　江	224	4516	1142	1186230	570	1139	4577.145	1218.594
安　徽	171	2781	767	733703	471	391	2679.931	801.265
福　建	98	2063	553	514057	266	522	2412.134	845.137
江　西	137	2985	791	415473	265	245	2949.228	1219.824
山　东	312	6310	1543	1619903	1134	1038	5129.758	1645.581
河　南	248	6126	1737	928893	530	543	4727.546	1461.354
湖　北	175	3449	785	1602377	510	454	2623.908	797.481
湖　南	113	2736	650	531079	201	237	4758.483	1716.363
广　东	177	3475	823	958465	497	963	4251.599	911.742
广　西	124	1996	529	422677	234	211	1655.484	511.465
海　南	18	275	110	43375	37	55	136.888	36.500
重　庆	78	2157	467	607418	247	202	2298.773	568.535
四　川	225	6107	1378	3414417	541	387	5996.771	1300.617
贵　州	73	1310	339	95327	126	99	1581.406	409.712
云　南	86	1063	228	1206919	255	211	1700.371	449.759
西　藏	7	222	33	68026	10	14	48.600	3.580
陕　西	249	8245	1903	2675637	652	392	4208.242	855.443
甘　肃	150	3265	903	558789	352	353	2190.989	652.421
青　海	23	262	86	154674	35	35	147.392	28.57
宁　夏	12	270	70	77592	32	48	198.04	47.348
新　疆	86	1098	332	204454	156	186	755.973	216.301

博物馆基本情况

门票销售总额（千元）	本年收入合计（千元）	本年支出合计（千元）	资产总计（千元）		实际使用房屋建筑面积（万平方米）			实际拥有产权面积（万平方米）
				固定资产原值		展览用房	库房	
3294613	**21699873**	**21676386**	**79577984**	**49676205**	**2033.747**	**994.745**	**164.291**	**2271.403**
815593	1623301	1744444	5531720	2115197	50.255	11.852	3.733	25.963
27387	610066	662520	1887932	1660958	28.066	13.293	1.488	15.106
10057	244561	259986	282552	151796	18.838	8.799	2.631	2.559
15724	533317	505449	2024116	1604222	97.441	33.155	3.087	87.860
228696	557616	519035	1686714	1088561	52.324	22.628	4.322	64.409
4601	391557	344964	2593459	1951818	57.996	28.490	3.862	27.070
106843	572428	52978	1556231	1209387	48.675	26.326	5.019	9.136
40439	313425	308370	488046	299792	26.427	15.729	1.859	11.467
51593	561279	475671	2298194	1897254	59.113	35.955	3.461	23.474
157716	1773437	156455	9049288	5081549	68.606	24.343	7.594	28.534
158847	1584191	1527090	7768121	6443905	211.811	108.480	12.488	166.022
30318	1171343	1236837	4035932	2612785	118.417	53.888	9.535	72.164
6214	467179	470268	1986117	1280306	65.567	33.950	5.792	77.127
	543122	411623	962949	463758	50.353	22.892	3.830	51.153
229	486741	1068335	2547015	1293506	54.708	28.051	5.068	77.595
186947	1503328	1256494	7184443	4190235	175.119	101.975	16.400	194.836
71217	667492	674222	2103057	1133729	97.029	52.795	10.869	81.302
3700	649959	620692	1991960	1256678	66.845	33.234	7.297	48.667
7386	954745	1048656	2415732	1014740	52.604	21.617	4.348	38.594
58408	1088356	1050890	3040975	1619262	112.648	44.888	7.957	140.203
873	407124	389653	1229253	678735	43.573	25.786	3.863	31.596
	87098	60920	121182	90144	4.465	1.775	0.200	1.366
126257	702401	549028	1295959	816005	50.103	22.287	3.871	33.728
291709	1338769	1360660	5961620	2877045	129.480	65.459	11.790	77.877
253	218739	317011	555420	323878	46.784	35.269	1.648	15.029
892	200682	246235	710826	620172	39.955	18.289	3.092	27.337
	31278	51940	53960	12006	4.650	1.811	0.290	7.628
889497	1452077	1502219	4844707	3398139	105.529	49.907	9.783	730.350
2981	578744	559601	2204186	1655100	52.681	27.752	4.728	73.977
	76278	73542	204370	161437	6.680	3.002	1.516	4.954
	90701	55105	146638	120125	10.330	4.436	0.717	10.528
236	218539	230590	815310	553981	26.678	16.633	2.156	13.794

中国
文物年鉴
2016

2015年全国各地区

	机构数（个）	从业人员（人）	库存文物数（件／套）	资产、负债、所有者权益（千元）		
				资产总计	负债合计	所有者权益合计
总　计	**69**	**1466**	**7280219**	**2263773**	**445413**	**1818360**
北　京	2	202	2410937	457876	70047	387829
天　津	1	84	349791	261338	14997	246341
河　北	3	17		80	146	-66
山　西	1	13	130233	8837	642	8195
内蒙古	1	2	1384	718	300	418
辽　宁	3	51	250723	63631	20414	43217
吉　林	1	10	30830	4907	5313	-406
黑龙江						
上　海	1	66	1694600	321046	9103	311943
江　苏	8	206	810910	300414	78706	221708
浙　江	9	91	21205	84761	31541	53220
安　徽	1	39	208793	22626	1671	20955
福　建	1	22	42642	9255	2636	6619
江　西	4	55	60786	10143	4584	5559
山　东	5	95	210450	133777	100331	33446
河　南	6	110	198299	30539	6342	24197
湖　北	1	65	199964	210920	306	210614
湖　南	2	56	221525	89538	28333	61205
广　东	3	73	236668	92324	6856	85468
广　西	4	32	38200	11650	6044	5606
海　南						
重　庆	2	20	37411	9576	2280	7296
四　川	2	42	50273	43809	24691	19118
贵　州	1	16	19850	22332	1224	21108
云　南	2	38		43581	14665	28916
西　藏	1	9	5656	4613	83	4530
陕　西	1	8	780	3352	1160	2192
甘　肃	1	10	21084	13555	10353	3202
青　海	1	8	4478	2007	935	1072
宁　夏						
新　疆	1	26	22747	6568	1710	4858

文物商店基本情况

损益（千元）					
营业总收入	营业总成本	营业利润	营业外收入	营业外支出	利润总额
585712	**573471**	**12241**	**16133**	**5134**	**23240**
55788	86414	-30626	88	1468	-32006
106550	96895	9655	1090		10745
185	242	-57	1		-56
6090	6343	-253	354		101
	5	-5			-5
13905	14868	-963	3217	703	1551
43	1869	-1826	764	134	-1196
65496	28459	37037			37037
143106	127330	15776	1511	1128	16159
26409	20532	5877	573	33	6417
11555	12327	-772	265		-507
4603	5654	-1051	37	18	-1032
4894	8081	-3187	332	22	-2877
13578	18704	-5126	436		-4690
15495	19632	-4137	876		-3261
14210	22146	-7936	400		-7536
12203	14931	-2728	3995	100	1167
37227	34746	2481	33	1	2513
3237	3507	-270	258	2	-14
4156	4410	-254	149	1	-106
19692	20390	-698			-698
1448	2175	-727			-727
8802	6867	1935	12		1947
100	100		1524	1524	
998	715	283	4		287
8233	8056	177			177
2052	1785	267	24		291
5657	6288	-631	190		-441

图书在版编目（CIP）数据

中国文物年鉴. 2016 / 国家文物局编. —— 北京 ：
文物出版社，2016.12
ISBN 978-7-5010-4823-6

Ⅰ．①中… Ⅱ．①国… Ⅲ．①文物工作－中国－
2016－年鉴 Ⅳ．①K87-54

中国版本图书馆CIP数据核字（2016）第281134号

中国文物年鉴 · 2016

编　　者：国家文物局

责任编辑：王　媛
责任校对：安艳娇
责任印制：张道奇

出版发行：文物出版社
社　　址：北京市东直门内北小街2号楼
邮　　编：100007
网　　址：http://www.wenwu.com
邮　　箱：web@wenwu.com
经　　销：新华书店
制　　版：北京文博利奥印刷有限公司
印　　刷：文物出版社印刷厂
开　　本：787mm×1092mm　1/16
印　　张：30.75
版　　次：2016年12月第1版
印　　次：2016年12月第1次印刷
书　　号：ISBN 978-7-5010-4823-6
定　　价：300.00元